北京市电力公司年鉴

2008年

《北京市电力公司年鉴》编委会

中国电力出版社
www.cepp.com.cn

图书在版编目（CIP）数据

北京市电力公司年鉴. 2008年 /《北京市电力公司年鉴》编委会编. —北京：中国电力出版社，2008
ISBN 978-7-5083-7846-6

Ⅰ. 北… Ⅱ. 北… Ⅲ. 电力工业-工业企业-北京市-2008-年鉴 Ⅳ. F426.61-54

中国版本图书馆CIP数据核字（2008）第140953号

中国电力出版社出版、发行
（北京三里河路6号 100044 http://www.cepp.com.cn）
北京盛通印刷股份有限公司印刷
*
2008年11月第一版 2008年11月北京第一次印刷
889毫米×1194毫米 16开本 23印张 662千字
印数 0001—2000册 定价：**158.00**元

《北京市电力公司年鉴（2008年）》

编辑说明

1 《北京市电力公司年鉴》是北京市电力公司（2008年3月，北京电力公司更名为北京市电力公司）的企业年鉴，是一部集史实性和资料性为一体的综合性工具书。本《年鉴》每年一期，按年度记载公司的重大事项。本期是第四期，记载年度为2007年1～12月。

2 本《年鉴》以马列主义、毛泽东思想、邓小平理论和“三个代表”重要思想为指导，遵循中国共产党十一届三中全会以来的路线、方针和政策，坚持“四项基本原则”，坚持以经济建设为中心，科学地反映公司的客观情况。

3 本《年鉴》的主要服务对象为北京市电力公司的全体员工及其他从事电力生产、建设、经营管理、科研技术的有关人员，以及与电力相关的政府和企事业单位的有关人员。

4 本《年鉴》的编纂宗旨是：全面、系统、真实地反映北京市电力公司在北京地区电网规划与建设中取得的成绩，总结公司生产运营工作的经验，弘扬公司干部职工在安全生产和为北京重大活动保供电中的奉献精神，展示公司优质服务和树立首都形象的企业风采。

5 本《年鉴》采用文章和条目两种体裁，以条目体为主，用规范的记述文体，直陈其事，文字力求言简意赅。本《年鉴》采用全彩版印刷，内容丰富，文、图、表并茂。

6 本《年鉴》的框架结构由篇目、栏目、条目3个层次组成。设有20个篇目：特载；大事记；公司概况；电网发展；经营管理；安全监督；生产管理；电网运行；电力市场；农电工作；科技与信息化；人力资源；党群工作；后勤和保卫；协、学会工作；供电公司；其他单位；人物及先进集体；重要讲话和重要文件；统计资料。

7 为了全面、及时反映2007年公司工作，重要讲话中登录了2008年的工作会报告和讲话；特载中，奥运电力建设、公司改制、北京电力发展展示厅建设记载时限延续至2008年事件完成。另外，为全面反映公司系统劳动模范情况，在人物及先进集体篇目中增加了北京市电力公司历年劳动模范基本情况统计表（截至2007年底），今后将逐年登录上一年度劳动模范获奖情况。

8 本《年鉴》所选文章和条目，均由各部门、各单位供稿，并经主管负责人审核。

篇目

目录

目录

人力资源

党群工作

后勤和保卫

协、学会工作

供电公司

目录

其他单位

目录

人物及先进集体

重要讲话和重要文件

统计资料

特　　载

TE ZAI

北京市市长王岐山对迎峰度夏和节能降耗减排工作作出重要指示

6月8日，在北京电力公司应急指挥中心，北京市市长王岐山组织北京市发改委、城八区政府以及市政、交通、公安、消防、电力等方面的主要领导召开了北京市迎峰度夏和节能降耗减排工作布置会。国家电网公司副总经理舒印彪、北京电力公司总经理时家林、党委书记郭要斌等领导陪同王岐山视察了北京电力调度通信中心、客户服务中心。在北京市迎峰度夏和节能降耗减排工作布置会上，王岐山对迎峰度夏和节能降耗减排工作作出重要指示：电力是城市运行的主要能源支柱，电力安全是城市建设、服务、管理的前提条件。北京作为国家首都，人口密度大，供电要求高，保证电力安全尤其重要。经过多年大规模建设和发展，北京电网供电能力得到很大增强，北京市民节能意识不断增强，为首都电网的迎峰度夏工作提供了有利条件。在此基础上，北京电力公司要以迎接党的“十七大”和完成“好运北京”奥运测试赛为契机，以确保2008年奥运会供电万无一失为目标，加强电网规划、建设，强化应急演练，全面提升电力安全运行的水准，满足城市日益增长的电力需求，确保2008年奥运会安全供电。各级政府、企事业单位、居民要共同努力，使节能降耗减排常态化，推进北京市第十次党代会提出的“更加繁荣、更加文明、更加和谐、更加宜居”目标的实现。

■ 6月8日，在北京电力公司应急指挥中心，北京市市长王岐山召开北京市迎峰度夏和节能降耗减排工作布置会。图为王岐山视察北京电力公司客户服务中心。

北京市政府与国家电网公司举行北京电网发展会谈

9月20日，北京市委、市政府和国家电网公司在奥运村220kV变电站举行北京电网发展会谈和北京2008年奥运供电主体工程竣工通电仪式，中共中央政治局委员、北京市市委书记刘淇，北京市市长王岐山，国家电网公司党组书记、总经理刘振亚等领导出席。双方充分肯定了签订《关于共同推进北京电网建设和发展的会谈纪要》一年来北京电网建设和奥运供电筹备工作取得的成绩，高度评价了政企合作、共谋发展的首都电网发展模式，结合北京市经济社会发展的新情况、新要求，就加快特高压电网发展，推进北京电网建设，做好节能减排工作，共同确保党的“十七大”和2008年北京奥运会安全可靠供电达成广泛共识。下阶段，北京市将积极把地区电网规划纳入市政规划，并在电网建设立项、征地、拆迁等方面给予大力支持。国家电网公司将在加快特高压电网建设的同时，高质、高效完成奥运相关电力工程，做好服务保障工作，确保为奥运会提供安全、可靠、优质的电力供应服务。

■ 9月20日，北京市政府和国家电网公司在奥运村220kV变电站举行北京电网发展会谈和北京2008年奥运会供电主体工程竣工通电仪式。图为中共中央政治局委员、北京市市委书记刘淇，市长王岐山，国家电网公司党组书记、总经理刘振亚在奥运村变电站共同启动模型按钮。

北京电力强网“0811”工程

2007年是“0811”工程的决战时期，公司紧紧围绕“一强三优”发展战略和“三抓一创”工作思路，结合首都地位和公司特点，走“集约化、专业化、精细化、标准化”发展之路，精心打造和树立“0811”阳光工程、精品工程形象。至2008年1月1日，电力强网“0811”工程目标已全面实现，电网“三步走”战略的第一步已顺利告捷，首都电网达到了一个新高度。

一、电力强网“0811”工程建设情况

（一）创建和完善“0811”工程体系

1. 实施精细化管理，完善“0811”基建工程制度建设

根据建设“一强三优”现代公司和“0811”工程的战略目标，公司按照精细化管理要求，着力开展“0811”基建工程体系的建设和完善。夯实“0811”工程管理基础，针对当时基建管理的实际情况出台了一批“0811”工程管理的规章制度，统一汇编为《精细化管理》一书。本书汇集了职能管理、安全质量管理、技术管理和施工管理等各项专业管理制度和配套管理制度。

8月10日，公司召开“0811”工程阶段总结暨再动员大会。

2. 加强标准化建设，促进工程全过程管理

在标准化建设方面，公司以国家电网公司推广的变电站典型设计为契机，在国家电网公司推荐方案的基础上出台了《220kV和110kV变电站典型设计实施方案》，形成了3个220kV变电站典型设计实施方案和6个110kV变电站典型设计实施方案。利用新的设计方法和设计理念，采用标准化设计方式，满足大规模电网建设的需要，充分发挥规模效益。树立精益求精的标准意识、精雕细琢的质量意识和精打细算的效益意识，公司结合“首都标准”和“典型设计”，编写完成了《北京电力公司基建工程施工工艺手册》。该手册综合了土建房屋、电气安装和电缆沟土建三个方面，介绍了工艺流程、施工工艺等作业规范，通过对于施工准备、施工程序、施工收尾的逐条规范，使每一个施工人员系统地了解施工中重要环节的注意事项，确保施工过程的安全，保证工程质量。全面提升了北京电力公司基建工程管理质量，使之能够真正代表首都基建施工工艺水平，为打造“0811”精品工程奠定了可靠的技术基础。

3. 加强职能管理，提高信息化管理水平

为确保“0811”工程务期必成，及时了解各建设单位和参建单位在实施“0811”工程过程中所遇到的困难和问题，时时掌握“0811”工程的进展情况，公司进行了“0811”基建工程信息平台的建设。信息平台的建设，使项目进度透明化，改变了当时项目计划管理的现状，便于公司内部及时掌握“0811”工程的建设进度。同时，基建部每月定期召开“0811”基建工程月度例会，会上各建设单位和参建单位分别汇报所承建的“0811”工程的建设进度和存在的问题，对各建设单位所提出的问题积极协调相关单位并逐一落实，并总结和推广各建设单位在实际工作中摸索出的工作经验和管理方法，分享成果共同提高。

4. 以奥运为契机，全力打造“0811”精品工程

公司提出了“出精品、出亮点、出经验”的工程建设目标，确定了被列为北京市奥运折子工程的220kV奥运村、红军营变电站和110kV南泥沟、安慧变电站作为争创国家电网公司基建标杆站工程的目标。为实现此目标，公司组织施工管理和技术人员对国家电网的部分优质工程进行了学习，完成了奥运村、红军营、南泥沟、安慧变电站

的创优方案。其中，外观设计力求与奥运建筑协调统一；内部设计在考虑其功能性的基础上加入更多人性化理念；设计风格提倡简约，线条明快；在材质的选择上多以金属板、壁基布为主，即满足了防火、安全，又体现了环保、节能的理念，符合绿色奥运的宗旨。在施工工艺和技术标准方面，制订了创优方案施工内容和措施，明确了各项施工工作的工艺及技术标准，使奥运电力工程真正体现出一流水平，确保了奥运工程建设质量。

（二）加强对外协调沟通，营造和谐外部建设环境

1. 建立“0811”工程绿色通道，争取政策支持

电力强网“0811”工程的顺利实施离不开地方政府的配合和帮助，离不开各委办局的支持和协作。特别是在现今条件下，电网建设的外部环境日益纷繁复杂，而行政审批环节日趋严谨。前期工作成为制约工程进展的一个主要原因，没有地方政府和各委办局的支持和配合，基建工程很难取得实质性的进展。北京市发展和改革委员会和各委办局为加快“0811”工程建设的前期工作做了大量的工作，积极探讨和加快推进电网建设项目前期流程的工作办法；并由北京市发改委牵头，召集北京市规委、建委、环保、土地等政府职能部门于2007年3月召开了加快电网项目审批工作协调会。出台了加快电网建设的支持政策，建立了“0811”工程绿色通道。

■ 北京市市委常委、常务副市长吉林亲自协调“0811”工程实施中遇到的问题。

2. 加强与地方政府沟通力度，营造和谐建设环境

同时，为加强公司与地方政府部门的沟通协调力度，为电网建设营造一个和谐宽松的建设环境，努力争取各级区县人民政府最大限度的支持与帮助。各供电公司组织了相关人员，针对属地范围内的“0811”工程项目进行归纳整理并向地方政府进行了汇报。汇报着重阐述了“0811”工程对促进地方经济社会发展的所起到的重要作用，反映了工程建设中需要地方政府协调解决的实际困难，争取到了各级政府的充分理解和大力支持。在各属地供电公司的积极促进下最终与地方政府部门建立了顺畅的沟通机制，特别是成立了区县政府主要领导任组长的电网建设领导协调小组，为发挥政府主导职能、解决电网建设难点问题起到了重要作用，为电网建设的顺利实施打下了坚实的基础。

二、工程完成情况

（一）基建竣工情况

2006年6月30日～2008年1月1日，北京变电站从267座增长至337座，新建2座500kV变电站，新建10座220kV变电站，扩建和增容9座220kV变电站，新建58座110kV变电站，扩建和增容16座110kV变电站，共计95座变电站，增加变电容量1694万kVA，北京电网供电能力增长33%。新投产110kV及以上架空线路842km，电缆98km。其中，500kV架空为91km；220kV架空为339km、电缆7.3km；110kV架空412km、电缆91km。

（二）消隐改造情况

主网完成变电49项、输电12项、电缆5项的生产改造工程，改善了相关设备的健康水平，提高了供电可靠性和输送能力。配网完成484条10kV及以下老旧和重过载的架空和电缆线路改造，完成56个开闭站相关设备改造，完成105座配电室改造和6座配电室改为小型开闭站工程，提高了配网健康水平和技术水平。继电保护和自动化专业完成各类改造共44套，有效提高了保护装置健康水平，提升了系统工作的准确性和稳定性。

（三）奥运配套工程

7项奥运折子输变电工程已竣工发电，其余5项奥运配套输变电工程除学院路变电站仍在施工外，全部竣工投运。奥运中心区电力隧道已基本完成。市政府相关部门明确的10kV架空线入地工作任务合计为62项电力工程建设项目，目前48项工程完工，5项工程在施，9项工程等待随路建设。公司负责投资建设的19个比赛场馆外电源工程中18项已经全部或部分送电，5个配套附属设施外电源工程建设已经有3项工程送电，其余将应业主要求逐步送电。

三、电力强网“0811”工程实施效果

（一）奥运场馆安全可靠水平

奥运比赛场馆及重要配套设施外电源基本实现电缆供电，实现来自不同方向电源的多路供电方式，满足 *N*–1 运行方式。奥运中心区具备了东西南北四方向的 110kV 电源变电站，其中，国家体育场采用 4 路供电，奥体中心、水立方等采用 3 路供电，奥运转播中心（IBC）采用 4 路供电、4 路备用方式，具备较高供电可靠性。

（二）电网供电能力

北京 110kV 及以上电网供电能力增长 33%，其中六大高端产业功能区新建和扩建了 23 座 110kV 变电站，供电能力增加 251 万 kW；3 个重点新城新扩建 9 座 110kV 变电站，供电能力增加 78 万 kW；远郊区新扩建 40 座 110kV 变电站，供电能力增加 305 万 kVA，供电能力提高了 48%。

预计到 2008 年 6 月 30 日，还将新建 2 座 500kV 变电站，新建 4 座 220kV 变电站，扩建 3 座 220kV 变电站，新建 5 座 110kV 变电站，扩建 5 座 110kV 变电站，增加变电容量 765 万 kVA。北京市 110kV 及以上电网供电能力累计增长 47%。

（三）电网安全稳定水平和设备重载情况

1. 安全稳定水平

2006 年夏季高峰负荷期间，若昌平、房山、顺义、安定站发生 500kV 变压器 *N*–1 故障，会产生不同程度的变压器过载问题，尤其是安定、顺义等站发生 *N*–1 事故情况下东部地区需要采取拉闸限电措施；部分 500kV 线路发生 *N*–1 掉闸，将造成相关变压器过载运行，部分 220kV 变电站电压低于额定值；共有 6 条 220kV 环网线路如果发生 *N*–1 故障，另一回运行线路将出现过载问题。上述过载问题的存在，直接威胁到局部地区电网的安全稳定运行，北京电网局部地区安全稳定水平存在严重的安全隐患。

500kV 朝阳、通州输变电工程及其相应 220kV 切改工程的建设，大大加强了东部电网的网架结构，提高了东部地区电网的安全稳定水平；500kV 昌平站内昌清线路倒间隔工程和 220kV 聂清破口入上庄工程的完成，完善了西北部电网的网架结构。

预计 2008 年夏季高峰负荷期间，北京电网所有 500kV 线路及主变压器，220kV 线路全部满足 *N*–1 运行要求。北京电网整体安全稳定水平，特别是奥运中心区的供电可靠性得到了大幅度的提高。

2. 度夏设备重载情况

2006 年度夏期间，正常方式下，北京电网 500kV 站共有 4 台变压器负载率超过 80%，其中 2 台变压器负载率超过 90%；共有 12 座变电站 23 台 220kV 变压器负载率超过 80%，其中 4 站 5 台变压器甚至过载运行，共有 4 站 6 套 110kV 开关自投装置因 220kV 变压器不满足 *N*–1 运行条件而需要停用；共有 5 座 220kV 变电站 8 套 10kV 系统负载率在 80% 以上，其中西直门站两套 10kV 系统正常方式下过载运行，共有 5 座 220kV 变电站的 10kV 开关自投装置需要停用，安全运行形势严峻。正常方式下，共有 35 个站的 50 台 110kV 主变压器负载率达到了 80% 以上，由于变压器负载不满足 *N*–1 运行条件，有 27 站 40 套 10kV 母联断路器自投装置需要停用。

500kV 朝阳、通州站的投产发电将有效解决 500kV 顺义、安定变电站的主变压器重载问题。220kV 昆玉河、八达岭、红军营、青云店等输变电工程和 220kV 西沙屯扩建、台湖扩建、草桥扩建、回龙观升压工程的建设投产有效缓解了 220kV 知春里、聂各庄、孙河、大兴、怀柔、西沙屯、台湖、草桥等变电站的主变压器过载和重载问题。110kV 北新桥、青龙桥、五棵松、施家务、史各庄等输变电工程的投产发电有效解决了北城、东北旺、沙窝、会战村、天宫院、沙河等 110kV 变电站主变压器重载的问题。北京电网各电压等级层面设备重载问题都得到了有效缓解。

预计 2008 年度夏大负荷期间，北京电网将消除 500kV 主变压器重载现象，220kV 变压器及负荷线路重载情况也较少。正常方式下，预计共有 2 站 5 台 220kV 变压器负载率在 80% 以上，只有 1 站 1 套 110kV 自投装置因 220kV 变压器不满足 *N*–1 运行条件需要停用；只有 220kV 西直门站 1 套 10kV 系统负载率在 80% 以上，共有 3 座 220kV 变电站的 10kV 开关自投装置需要停用。共有 3 站 4 台 110kV 主变压器负载率达到 80% 以上，由于变压器负载不满足 *N*–1 运行条件，有 4 站 4 套 10kV 母联断路器自投装置需要停用。

预计 2008 年度夏大负荷期间，35kV 及以上变压器重载数量与工程实施前相比将减少 84.5%，需要停用自投装置数量将减少 85.7%。

（四）电网装备技术水平

由于大批老旧和运行存在安全隐患的设备得到改造和更新，以及高可靠和免维护设备的大量采用，电网装备技术水平和设备健康状况明显提高。35～220kV输电线路的一类健康率由2005年的43.6%提高到了71%，10kV及以上断路器无油化率指标将由2005年底的76.7%提高到95%以上。35kV以上断路器组合化率由31%提高到58%，10kV线路电缆化率由34%提高到40%。

（五）供电可靠性

2005～2007年，供电可靠率分别为99.8967%、99.9037%、99.9382%，可靠率提高了0.0415%。用户平均停电时间为5.412小时，比2005年减少了3.6355小时。

北京农网供电可靠率为99.7951%，比2005年提高了0.1277个百分点；用户平均停电时间为17.95小时，比2005年减少了11.2小时。“0811”基建工程统计情况见统计资料。

■ 2008年1月16日，公司召开北京电力强网“0811”工程总结表彰大会。

奥运电力建设与保障

2007年是奥运决战年，北京电力公司将国家电网公司“努力超越、追求卓越”的企业精神与“更高、更快、更强”的奥林匹克运动精神相融合，加快推进奥运电力工程建设，确保了奥运电力工程如期竣工，实现了奥运电力工作由工程建设向保障筹备的重点工作转移。北京电力公司抓住保障“好运北京”系列测试赛安全供电的契机，对奥运供电保障指挥体系、供电保障方案及其各项组织措施、技术措施进行了综合演练，为2008年奥运会供电保障积累了经验、锻炼了队伍。与此同时，北京电力公司认真履行国家电网公司奥运合作伙伴协议，确保了合作伙伴权益的落实。

一、奥运电力工程全面竣工

2007年9月20日，在奥运村220kV变电站，北京市政府和国家电网公司就北京电网发展进行会谈，共同宣布北京2008年奥运供电主体工程竣工通电。奥运电力工程如期竣工，为奥运供电保障打下了坚实基础。

■ 9月20日，中共中央政治局委员、北京市市委书记刘淇，北京市市长王岐山，国家电网公司党组书记、总经理刘振亚等视察奥运村220kV变电站。

1. 输配电工程情况

截至2007年底，由北京电力公司投资建设的奥运工程项目中，直接为奥运场馆供电的12项输变电工程（其中有7项列入北京市政府奥运配电设施建设折子工程，分别是黄寺、奥运村、红军营3项220kV输变电工程以及五棵松、慧祥、安慧、郝家疃4项110kV输变电工程；有5项列入北京电力公司奥运配套输变电工程，分别是学院路、北工大、北京电视台、朝阳公园和小井110kV输变电工程）、公司投资承建的19个奥运比赛场馆及5个附属设施外电源工程、奥运中心区电力管线和场馆周边架空线入地工程基本完成。所有奥运比赛场（馆）实现送电。

完成了由北京电力公司投资建设的奥运比赛场馆及配套设施10kV外电源工程21项，完成配合奥运场馆周边道路改造和城市环境整治的10kV架空线入地工程48项。

2. 可靠性提升工程

为确保奥运供电万无一失，北京电力公司决定在加快推进“0811”工程建设，提高电网供电能力的基础上，投资18.3亿元，实施北京电网可靠性提升工程，进一步提高奥运中心区供电可靠性和北京城市电网整体抵御风险能力。

可靠性提升工程包括提高主网安全水平、提高奥运场馆供电可靠水平、提高城区电网可靠水平、提高远郊地区电网安全水平四部分内容共56项。可靠性提升工程基建项目共28项，分为三类：

（1）直接服务奥运工程：220kV八家—奥运村工程、朝阳公园和慈云寺第二方向电源工程、五棵松扩建工程、五棵松外电源工程4项。

（2）2008年上半年完成的提升项目：宝山220kV扩建工程等22项。

（3）推进项目：新建昌平—上庄220kV线路、动物园扩建工程2项。

3. 临时供电工程

已明确的奥运临时供电工程项目共计91项，包括BOB综合转播区29项、赛时场馆临时用电设施（包括非场馆和附属配套设施）39项和“好运北京”测试赛23项。所有临时供电工程均在2008年6月底全部完成。具体工程内容见统计资料中的奥运临时供电工程。

二、奥运电力保障筹备工作

2007年10月31日，“新北京 新奥运 新电力”北京电力公司奥运电力保障誓师大会在北京国际会议中心隆重举行，以本次大会为标志，奥运电力工作重心全面转向奥运电力保障与服务。

在奥运会举办期间，北京电力公司既要为奥运场馆、签约饭店、定点医院、电视广播、交通枢纽等240余个重要的用电单位、126个文化广场以及其他重要活动场所提供安全可靠的供电，又要满足城市运行对电力供应和服务的更高要求。奥运保电涉及32座220kV变电站，108条220kV线路，119座110kV变电站和221条110kV线路，涵盖了北京全网50%以上的设备，赛时需要约9000人的运行维护队伍。奥运供电保障工作所涉及的范围之广、持续之间之长、重要客户的数量之多、对供电可靠性的要求之高前所未有。特别是奥运会期间正值夏季电网负荷高峰和雷雨多发时期，更增加了赛时电力保障的压力。

北京市政府和国家电网公司高度重视奥运供电保障工作，北京市市委书记刘淇指示要“精益求精，不放过任何细节，做到万无一失”。国家电网公司总经理刘振亚明确指出：“奥运电力保障工作要做到万无一失。”

为了确保2008年奥运会的成功举办，北京电力公司确立了“以奥运赛事供电保障为核心，以奥运相关客户为重点，测赛结合，全面保障”的工作原则，明确了确保奥运供电万无一失的供电保障总体工作目标，超前谋划、精心筹备奥运供电保障与服务工作。

■ 10月31日，“新北京 新奥运 新电力”北京电力公司奥运电力保障誓师大会在北京国际会议中心隆重举行。

北京电力公司成立了奥运电力建设领导小组及工作机构，其中包括负责电网运行保障的奥运供电保障工作组、负责奥运场馆内部电力保障和服务的奥运重要用户（赛时）服务工作组和负责奥运合作伙伴工作和奥运保障对外协调的奥运综合协调工作组，建立了奥运供电保障工作的各项体系，明确了奥运会和残奥会期间的供电保障工作任务、目标和要求，确定了奥运会举办期间的供电保障工作组织管理模式和应急指挥模式。制定《奥运电力保障工作方案》，按照“谁建设，谁保障”的原则，31个比赛场馆的保电责任落实到了16个供电公司，各专业公司担负起供电主网安全运行的责任，做到了组织到位，责任落实，全面推进奥运供电保障筹备。

（一）电网运行方面

初步确定了2008年奥运期间北京电网500kV、220kV、110kV电网运行方式。

奥运会赛时，为重要客户提供电源的北京地区重点保电厂站线路包括：全部9座500kV变电站及北京电网内500kV线路；全部并入110kV及以上电压等级的发电厂及其并网线路；32座220kV变电站，占北京地区全部220kV变电站的56%；119座110kV变电站，占北京地区全部110kV变电站的49%；108条220kV线路，占北京地区全部220kV线路的61%；221条110kV线路，占北京地区全部110kV线路的41%。

奥运电力工程项目和电网可靠性提升工程项目完成后，北京地区除6个奥运签约饭店为单电源供电外，所有奥运比赛场馆（场馆群）、训练场馆、重要的奥运配套设施、奥运会定点医院、其他奥运会签约饭店均为2路或2路以上的外电源供电，满足$N-1$运行方式。

国家体育场采用4路供电，奥体中心场馆群、国家游泳中心等采用3路供电，奥运会国际广播中心（IBC）采用了4路供电、4路备用的方式，具备较高供电可靠性。部分大学体育馆在原有2路供电电源的基础上增加了不同方向的第三路电源。

除公路自行车赛场外，北京地区奥运比赛场馆（场馆群）及重要的奥运配套设施均由变电站直供的10kV电缆供电；除公路自行车赛场和铁人三项赛场外，北京地区奥运比赛场馆（场馆群）及重要的奥运配套设施均具备来自不同方向变电站的10kV外电源。

除北苑宾馆、吐哈石油宾馆、花园酒店、大江南花园酒店、顺义宾馆和学院路速8酒店6个奥运会签约饭店为单电源供电以外，其他提供2路或2路以上电源的奥运会训练场馆、定点医院、签约饭店等奥运重点客户，其上级电源均由不同的110kV变压器或220kV变压器供电。

（二）为奥运重要客户提供优质的用电服务方面

北京电力公司下属各相关供电公司均成立了奥运用电服务体系，根据奥运重要客户的重要性等级和公司制定的奥运会用电服务原则开展工作。奥运会期间，北京电网肩负着为奥运重要客户安全可靠供电的光荣使命，北京电力公司确定的北京奥运会和残奥会重要客户共244个，其中包括31个比赛场馆、45个训练场馆、124家签约饭店、22家定点医疗机构和22个其他配套设施。

2007年，由相关供电公司用电检查人员对所有奥运重要客户的受电装置进行全面的安全用电检查和隐患排查，指导客户做好电气设备维护和消缺，配合用户和相关主管部门对发现的问题进行整改。截至2007年底，公司与市旅游局和市卫生局共同开展了奥运签约宾馆和定点医院的用电安全隐患排查，并配合用户开展隐患整改工作，22家定点医疗单位共发现用电安全隐患167处，有22处隐患已整改完毕，91处隐患正在处理；124家签约饭店共发现532处安全隐患，有133处已整改完毕，256处隐患正在处理中。下一步将进一步落实其他客户的整改措施，并与“市08办”协调启动对奥运场馆用电安全隐患排查工作。

（三）比赛场馆保障方面

北京电力公司组织专家编写了用于指导奥运场馆赛时工作的《奥运场馆电力保障手册》，并以测试赛为契机，协助场馆团队编写了《用户侧电力保障手册》。编制了奥运赛时供电保障无线通讯配置方案，奥运赛时应急抢修装备和备品备件保障、设备厂商技术支持等方案。

■ 公司为奥运电力保障准备的各类抢修车辆。

公司组织了由领导带队的督导检查，进行了为期一个半月的督导检查工作，对各单位落实“问、查、改”阶段工作进行全面检查指导。

通过广泛深入的“问查”活动，系统梳理查找每个环节、每项工作、每个岗位的薄弱环节和隐患。特别对事关全局的带有苗头性、倾向性的问题进行深入分析，集中解决深层次的矛盾和问题。坚持边问、边查、边改，对查出的问题，严肃对待，认真分析，及时制定措施，落实责任，限期进行整改，使活动不流于形式，不做表面文章。

各单位对优质服务“百问百查”活动中查找出的各类问题全部进行了整改。城区供电公司完善了《优质服务绩效考核管理办法》等管理制度，按月对违反优质服务工作要求的事件进行考核。海淀供电公司完善应急抢修服务机制，截至年底，低压抢修平均到场时间22分钟。工程管理中心开通绿色通道，针对“0811”工程新建89项、扩建23项等奥运重点输变电工程，确保在15个工作日内全部完成招投标工作程序。客户服务中心设立VIP座席并开辟绿色通道，保证重大活动、政治保电及为重要客户服务信息的及时传递。

创一流同业对标

2007年，公司确定“充分保障首都经济社会发展的能源支柱企业，率先实现国家电网公司‘一强三优’战略目标的标杆企业”的定位，明确“建设国内一流、国际水准的责任效益型现代电力企业”的发展目标，提出分三步走战略。年初，公司作出《关于加强同业对标，争创一流企业工作的决定》，经公司一届三次职工代表大会审议通过，明确了创一流同业对标总体目标：到2008年末，同业对标全部指标达到国家电网公司平均值以上，成为国家电网公司同业对标人力资源、资产经营等主要专业评价的标杆。到2010年，成为国家电网公司同业对标各项专业评价的标杆，实现“国内一流”目标。到2020年，公司主要经济技术指标达到或超过国际知名城市电力企业，实现“国际水准”目标。

完善制度建设。按照“指标对标为先导、管理对标为核心、绩效提升为目标”的同业对标思路，调整了组织体系。强化同业对标管理工作的制度化和规范化，2007年修订、完善了《创一流同业对标工作实施办法》和《创一流同业对标典型经验管理办法（试行）》。为了规范外出调研和典型经验的总结工作，公司制定了《外出对标学习制度》和《典型经验的预课题制度》。

严格指标考核。对同业对标工作实行目标管理，各部门确定要实现的目标，并分解纳入基层单位的绩效考核，每季度针对确定目标进行考评。机关本部将同业对标的成效列为先进部室创建评价条件，年度进行评价。

有序开展国内对标。4月18～20日、5月23～26日，公司由副总工程师王常平、贺建平带队，分4批对山东电力集团公司、江苏省电力公司、福建省电力有限公司、浙江省电力公司进行创一流同业对标工作调研。调研的目的是向国家电网公司的标杆单位学习先进管理经验，进一步贯彻落实国家电网公司“集团化运作、集约化发展、精细化管理、标准化建设”的战略部署，推动电网发展方式和公司发展方式的根本性转变，提高科学发展水平。调研组成员包括总经理工作部、生产技术部、人力资源部、财务部、营销部及部分基层单位的领导和专工。调研组从安全管理、资产管理、人力资源、营销服务、生产管理等方面与4个单位开展了对口座谈和交流，从管理理念、管理架构到管理流程、实际操作等方面进行全方位学习，分析、查找相互之间的差距，明确改进方向。

9～10月，公司财务部、营销部、人力资源部、基建部相继组织基层单位专业管理人员，选择山东、上海、安徽、河南、江西等电力公司，开展资产经营、营销服务、人力资源、电网建设等专业对口学习。双方从管理方法的采用、各项管理环节的控制、管理制度的执行等操作层面进行对标。

积极推进国际对标。2007年，公司作出了与国际先进同行开展对标的决策，与新加坡、日本、德国等国家的优秀电力企业进行了广泛深入的交流，引进先进的管理理念、工作方法及技术手段。5月28日，新加坡能源电网有限公司副董事经理曾瑞棠一行抵达北京，与公司就双方国际对标事宜进行谈判。双方就国际对标技术方案进行了交流和磋商，并达成一致意见。此次谈判标志着北京电力公司国际对标工作全面启动。8月13日，在新加坡能源公司总部举行北京电力公司与新加坡能源电网有限公司国际对标签约仪式，公司工会主席李国华代表北京电力公司与新能源电网有限公司签订了《电网管理国际对标合同》，标志着双方技术交流正式开始。为确保此次对标取得实效，公司确立四项原则，即：学习理念，转变观念；强调过程，学习流程；消化吸收，转化成果；有序推进，节俭高效。公司相关技术人员分三批赴新加坡，实地对标学习，形成综合管理和人力资源、规划设计、设备状态监测、配网管理、生产管理和应急抢修、电缆网管理、继电保护自动化、营销服务8项成果报告，以及状态监测、配网运行、电缆网管理资料汇编。公司成立设备状态监测、综合检修、配网自动化3个推进小组，着手实施对标成果的转化。2007年，电力设备状态监测、配电线路旁路作业法以及大客户论坛等对标成果已在公司转化实施。

■ 11月，公司赴新加坡第三批对标人员实地对标学习。

总结提炼典型经验。将典型经验纳入预课题管理，由公司下达计划，使典型经验的培育更具针对性。2007年，公司27个单位共报送典型经验151项，比2006年增加61项，内容基本涵盖公司所有专业管理工作。共评出64项典型经验，使典型经验与公司管理现状同步。《电力突发事件应急客户服务机制》典型经验入选国家电网公司典型经验库，实现“零”的突破；公司《北京电网应急体系管理》在第六届输配电技术国际会议上进行交流。2007年，公司上报国家电网公司典型经验20项；各单位形成典型经验137项，比2006年增加45项。

加大培训力度。4月26日，邀请国家电网公司生产部主任王益民对公司班组长及以上人员进行创一流同业对标的培训；在公司领导干部培训班上邀请新加坡能源电网公司高层管理人员进行了电网管理和同业对标知识的培训；7月6日，邀请山东电力集团公司有关领导和专家到公司对本部和基层单位专业人员进行国际先进企业管理理念及二维对标等培训；6月28日，邀请华北电网有限公司有关人员进行典型经验的撰写培训。

■ 5月28日，邀请新加坡能源公司来京传授经验。

创办《对标 赶超》期刊，每月定期出版，内容涵盖公司各项主营业务。通过大量丰富翔实的文字报道、生动多彩的纪实图片，及时传达公司领导对各项专业工作的要求，宣传国际对标、安全生产、经营管理、科技创新、基层单位工作动态和经验亮点，全面反映公司在管理工作中的创新成果和进展。

国家电网公司发布的2007年同业对标指标数据排序。在47个（与2006年同口径）可对比指标中，公司位于前五位的指标27个，占指标总数57.4%，比2006年增长19个百分点；位于6～15位的指标18个，占指标总数38.4%，与2006年持平；位于16位以后的指标2个，占指标总数4.2%，比2006年减少19个百分点。在国家电网公司2007年度创一流同业对标综合评价中，公司被评为综合管理标杆单位，安全管理、营销服务、人力资源3个专业被评为专业管理标杆。公司被国家电网公司授予“创一流同业对标管理工作先进单位”荣誉称号。

2007年，公司依据《北京电力公司创一流同业对标指标体系（第四版）》，对16个供电公司的创一流同业对标工作分安全管理、资产经营、营销服务、调度管理、生产管理、人力资源、规划建设七类进行了对比评价。结果如下：

综合管理标杆单位：丰台供电公司、亦庄供电公司。

专业管理标杆单位：

安全管理：城区、朝阳、海淀、丰台、石景山、亦庄、房山、平谷、怀柔、密云、顺义、延庆供电公司。

资产经营：亦庄、朝阳、海淀供电公司。

营销服务：丰台、通州供电公司。

调度管理：城区、朝阳、丰台、海淀、石景山、亦庄、通州、昌平供电公司。

电网运行：城区、石景山供电公司。

人力资源：房山、大兴供电公司。

规划建设：丰台、亦庄供电公司。

开展“优质服务年”活动

2007年，北京电力公司积极响应国资委的倡议，按照国家电网公司统一部署，全面开展“优质服务年”活动。4月20日，北京电力公司召开以“和谐电力、服务首都、奉献奥运”为主题的“优质服务年”活动发布会，正式向社会发布了实施计划，并接受社会监督。

为确保“优质服务年”活动顺利开展，北京电力公司成立了党政一把手任组长的“优质服务年”活动领导小组，全面协调各项工作的开展。制定并下发了《北京电力公司开展“优质服务年”活动的实施方案》（京电营［2007］22号）和《北京电力公司深化“新北京、新奥运、新电力”优质服务工程、开展“优质服务年”活动实施计划》。“实施计划”共分为4个主题计划和18项具体措施，分别是：①奥运电力服务计划，奥运电力建设、奥运电力保障、奥运安全环境整治；②供电安全保障计划，打造坚强电网、保障安全供电、丰富停电告知方式、快速应急响应；③和谐电力创建计划，便捷购电、排忧送电、洁能推广、供用有序、科学引导、城乡和谐；④优质服务满意计划，贴心服务、志愿服务、星级服务、品质评价、行风监督。

北京电力公司为“优质服务年”活动制定了明确的目标，以“和谐电力、服务首都、奉献奥运”为主题，以落实“优质服务年”活动“八项承诺”、贯彻深化“新北京、新奥运、新电力”优质服务工程的决定为主要内容。把开展“优质服务年”活动与“0811”工程建设和奥运供电筹备工作相结合，与深入贯彻落实“三个十条”相结合，与建设国家电网服务品牌相结合，做到相互融合、相互促进，努力做到服务承诺兑现率100%，进一步提升整体服务水平。

“优质服务年”活动取得了显著的效果。主要表现在以下方面：

服务奥运电力建设。全面履行奥运合作伙伴的责任和义务，着力推进配套输变电工程建设，加强奥运电力运行指挥的组织管理体系和技术服务体系建设，提前做好比赛场馆、相关机构、新闻媒体等重要场所的供电保障工作。通过实施“0811”电力强网工程和奥运电力环境整治工程，全力打造坚强电网。开展了配套输变电工程、奥运场馆周边架空入地工程、奥运场馆及配套设施外电源工程建设。通过建立健全奥运工程管理制度，及时进行工程调度，确保工程质量和进度，北京电力公司负责投资建设的19个场馆中18项工程已经全部或部分送电，余下的公路自行车项目计划2008年初实施。

保障供电安全。以“主网稳定、配网可靠”为目标，加大电网建设与改造力度，强化电网结构，全面改善首都电网运行环境，提高事故反应速度，减少户均停电时间，为北京市实现“国家首都、国际城市、文化名城、宜居城市”的发展定位提供坚强可靠的能源支撑。保障安全供电，落实配电网建设标准“五统一”模式，确保了2007年城市户均停电时间较2006年减少1.43小时；农村地区户均停电时间较2006年减少6.5小时。

创建和谐电力。从细节入手，提供人性化服务，关注弱势群体，尽力为客户解决用电实际困难，“始于客户需要，终于客户满意”，把北京电力公司的优质服务送到每一位客户身边。通过95598热线、网站等方式受理客户报装，首次尝试了全公司范围内的同城报装。在城区供电公司成功试点的基础上，推出了以主动服务、便捷高效为宗旨，面对低压小容量报装客户的“一站式”服务举措，截至12月底，完成“一站式”服务9000多次，户均接电时间从同期15天缩短到4.88天，极大改善了客户的服务感受。

贴近客户，主动改善客户关系。针对不同客户群体的差异化需求，充分运用公司专业优势，公司成功举办了北京高新技术企业大客户论坛活动，海淀、通州供电公司针对本地区的客户群体情况，先后成功举办了新闻广播通信行业和大工业行业大客户论坛活动，为客户提供了专家式的技术咨询服务，赢得了客户对公司的充分理解，融洽了公司与客户之间的关系。完善了供电营业窗口规范化管理和形象建设标准，建成了涵盖16个供电公司的22个供电营业规范化服务窗口和9个示范化服务窗口（客户服务中心，城区、海淀、朝阳、丰台、大兴、怀柔、密云、顺义供电公司）。制定了供电服务品质评价实施细则，形成了外部评价、内部评价、第三方评价“三位一体”的供电服务品质评价体系，2007年发放客户满意度调查问卷34529份，客户满意度超过90%。优质服务工作得到了社会、政府的充分肯定，改善了公司的外部发展环境。

■ 4月20日，公司召开以“和谐电力、服务首都、奉献奥运”为主题的发布会，同时启动城区供电公司小报装“一站式服务”试点工作。

大 事 记

DA SHI JI

1月

12日 国内最大功率的1000kW燃气轮机发电车启用仪式在大屯变电站举行。该台发电车参照国际上先进城市应急抢险技术装备的发展趋势，按照满足首都特有的政治保电和应急抢险要求，由哈尔滨东安集团特为北京电力公司研制生产。该发电车是目前国内功率最大的移动电源，被称为“中国第一应急发电车”。

■ 1月12日，哈尔滨东安集团为公司研制的国内最大功率的1000kW燃气轮机发电车启用仪式在大屯变电站举行。(周宏　摄)

同日 经公司党政联席会议研究，公司人才交流服务中心正式启动，直接管理北京银杰供电民用电有限公司，按照一体化用工管理原则，对劳务人员实施统一管理。

14日 北京市国资委党委书记张凤朝在公司总经理时家林和党委书记郭要斌的陪同下，先后到调度通信中心和客户服务中心检查指导工作。张凤朝一行听取了北京电网规模、北京电网2006年夏冬季电网总体运行和近年来的负荷增长情况，以及北京电力公司启动电力强网“0811”工程和政治保电工作汇报。听取了客户服务中心相关的工作汇报并观看了客户服务中心介绍短片。在听取工作汇报后，张凤朝对公司工作提出希望，并肯定了北京电力客户服务中心在服务社会中所发挥的重要作用。

19日 公司党委下发京电党[2007]3号文件，对评选出的“十大首都电力之星”和“十大真情事迹”进行了公布和表彰。

23日 国家发改委价格司司长曹长庆来到王府井220kV变电站调研。曹长庆此次主要针对国家电网公司的经营状况和电价工作进行调研，重点了解电网建设方面的情况，以推进输配电价格改革。国家电网公司副总经理陈月明、北京电力公司总经理时家林和总会计师穆银安陪同。

30日 公司召开2006年度电力市场交易信息发布会，来自华北电力交易中心、北京五家地方电厂的领导和公司有关部门负责人参加会议。会上，北京电网电力交易中心发布了2006年度北京电力公司电力市场交易信息。各发电厂负责人汇报当前企业生产经营情况和对今后工作的意见和建议。华北电力交易中心介绍2007年华北电网的用电和发电形势，并对下一阶段华北电力市场的建设进行了展望。与会代表还对煤电联动、电量计量、电费支付、信息披露、发电计划指标转让等问题进行了讨论。

31日 国家电监会主席尤权一行来公司视察。国家电网公司副总经理陈进行、华北电网有限公司董事长马宗林、北京电力公司总经理时家林、副总经理王风雷等陪同。尤权一行先后到王府井220kV变电站、调度通信中心、应急指挥中心和客户服务中心视察工作，参观应急指挥车，并听取王府井变电站和北京电网基本情况、电网建设、春节及全国“两会”保电准备工作、公司应急指挥系统、95598客户服务热线等方面的工作汇报。

■ 1 月 31 日，国家电监会主席尤权一行来到北京电力公司视察工作。

1 月 31 ～ 2 月 1 日　公司召开一届三次职工代表大会暨 2007 年工作会议。公司副总师以上领导和来自公司各部门、直属单位的 200 名正式职工代表、11 名特邀代表参加会议。会议听取并审议《总经理行政工作报告》和《民主管理工作报告》；颁布《关于加强安全生产的决定》、《公司同业对标工作决定》等 4 项决定；审议通过了《北京电力公司一届三次职工代表大会关于总经理行政工作报告的决议》等 10 项决议。会议明确提出公司的发展战略。

2月

5 日　北京市市委常委、常务副市长翟鸿祥到公司检查工作并慰问职工。副市长翟鸿祥代表市委书记刘淇、市长王岐山对北京电力公司为首都建设作出的贡献表示感谢，转达了市委、市政府领导的慰问。翟鸿祥一行先后到北京市电力调度、公司“95598”客户服务大厅，听取电网运行情况和“95598”热线服务工作情况汇报。公司总经理时家林、党委书记郭要斌等领导陪同。北京市发改委副主任张工等陪同检查慰问。

6 日　公司召开 2007 年安全生产工作会。会议总结 2006 年公司安全生产工作，布置 2007 年工作任务，动员全体干部职工进一步抓好安全生产，推动公司安全生产水平稳步提高，实现“主网稳定、配网可靠”的工作目标。

9 日　公司召开 2007 年规划基建工作会。回顾 2006 年规划基建工作，总结经验，分析形势；部署 2007 年规划基建重点工作，明确任务，全面完成“0811”工程，开创首都电网建设的新局面。

14 日　国家电网公司总经理刘振亚、副总经理郑宝森一行来公司“95598”客户服务中心检查工作，并进行节日慰问。

26 日　在全国“两会”召开前，北京市市委书记刘淇，市委副书记、市长王岐山等市领导前往王府井变电站视察公司保电工作。公司总经理时家林、党委书记郭要斌、副总经理王风雷迎接市领导的到来。迎接市领导视察的还有国家电网公司副总经理曹志安，一同参加视察的北京市领导还有吉林、

■ 1月31日～2月1日，公司召开一届三次职工代表大会暨2007年工作会议。

陆昊、翟鸿祥和马振川。

■ 2月26日，北京市市委书记刘淇、市长王岐山等领导前往王府井变电站视察公司保电工作。

27日　公司召开2007年政治工作会议。公司副总师以上领导，机关各部门主任，各协学会负责人，直属单位党政正副职书记、纪委书记、工会主席、团组织负责人，离休干部代表，以及“十大首都电力之星”“十大真情事迹”代表共计203人参加会议。党委书记郭要斌做了题为《发挥党的政治优势，建设高素质的员工队伍，为创建和谐企业而努力奋斗》的政治工作报告。会上，公司党委对2006年度“十大首都电力之星”“十大真情事迹”获奖者进行表彰颁奖。公司总经理时家林为大会做了总结讲话。

28日　公司2007年党风廉政建设暨纪检监察工作会议在培训中心召开。公司党委书记郭要斌代表公司党委做了题为《全面加强领导干部作风建设，努力开创公司党风廉政建设工作新局面》的重要讲话。公司总经理时家林出席会议并做了重要讲话。公司纪委书记柏磊代表公司党委传达国家电网公司纪检监察工作会议精神，并做题为《做实基础，优化机制，努力提升党风廉政建设和纪检监察工作水平》的工作报告。公司副总师以上公司领导，本部各党支部书记、行政正职、机关党委负责人，所属各单位党政主要负责人、党委副书记、纪委书记、监察室主任出席会议。公司工会主席李国华主持大会并做总结发言。

■ 公司领导与“双十”代表合影。

3月

2日　国家电网公司副总经理陆启洲在国家电网公司总工程师栾军等陪同下，来公司检查全国“两会”保电工作。陆启洲视察客户服务中心、调度通信中心和前门110kV变电站。陆启洲代表国家电网公司党组、总经理刘振亚向公司工作在“两会”保电一线的干部职工表示慰问和感谢。

14日　北京市副市长吉林来公司视察工作。公司总经理时家林、党委书记郭要斌，副总经理单业才、王风雷、郭炬，总会计师穆银安及相关部门领导陪同视察。总经理时家林向市领导重点汇报了公司奥运电力工程筹备工作、“0811”工程进展情况、“新北京、新奥运、新电力”优质服务工程和2007年迎峰度夏的工作思路。吉林对公司为北京电力事业作出的贡献给予肯定，表示市政府将全力支持“0811”工程建设，并希望公司与市政府加强沟通共同推动首都经济社会发展。

16日　公司圆满完成了十届全国人大五次会议和全国政协十届五次的保电任务。“两会”期间，公司共计安排各级领导值班650人次，保电人员值班6442人次，现场保驾值班8915人次；

检查处理设备危急及重大缺陷22件，一般缺陷70件；开展人员特巡和专项检查25044人次，出车5468台次；出动事故抢修人员3000多人，车辆1200多台次。

19日　公司召开“百日安全”活动动员大会电视电话会议，正式启动以“落实措施抓基础，强化责任保平安”为主题的“百日安全”活动。此项活动从3月19日～6月30日，包括防止人身伤害事故、防止误调度事故、防止误操作事故、防止继电保护“三误”事故、防止外力破坏事故、防止基建安全事故、防止大面积停电事故七个方面28项具体工作举措。

27日　北京电力试验研究院顺利通过中国合格评定国家认可委员会检测和校准实验室认可，具备了按国际标准运行的质量管理和技术管理能力，实验室出具的试验结果将获得国际认可。

28日　公司在顺义隆重举行110kV郝家疃变电站竣工投产仪式暨“服务新奥运、电力展风采”再动员大会。北京市发改委、奥组委、“2008”工程建设指挥部等领导、顺义区委区政府的有关领导、公司总经理时家林、副总经理单业才、郭炬、副总工程师杨超出席郝家疃变电站的剪彩仪式。公司邀请了近20家社会新闻媒体和行业新闻媒体记者举行了奥运电力工程新闻发布会。该变电站安装变压器容量10万kVA，将为奥运会赛艇、皮划艇、激流回旋等水上项目提供强有力的电力保障。

■ 3月28日，公司举行110kV郝家疃变电站竣工投产仪式及“服务新奥运 电力展风采”再动员大会。（唐松寒　摄）

30日　公司召开了中国共产党北京电力公司代表大会。来自公司所属32个党委、总支共165名代表出席了会议。大会选举产生了公司出席北京市第十次党代会的两名代表。与会代表以无记名投票方式，差额选举出时家林、李顺平为出席中国共产党北京市第十次代表大会的代表。

4月

9日　全国政务公开领导小组办公室成员、中纪委监察专员王增泉，市纪委监察局梁玲主任、市国资委王铭达书记等到公司就“办事公开”工作进行调研检查，听取公司办事公开工作情况汇报，并现场观看门户网站上有关办事公开内容和95598客户服务中心。

20日　公司召开以“和谐电力、服务首都、奉献奥运”为主题的发布会，深化“新北京、新奥运、新电力”优质服务工程，正式发布北京电力公司“优质服务年”活动实施计划，同时启动城区供电公司小报装“一站式服务”试点工作。国资委助理巡视员、宣传处处长周荫良、北京市发改委电力管理处处长陈铁成、公司特邀行风监督员及18家新闻媒体记者应邀参会。公司“优质服务年”活动实施计划共包括4个服务主题、18项具体举措。

25日　公司全面启动“三线搭挂”整治工作。其目的是逐步消除通信线和广播电视线等弱电架空线违章搭挂电力架空线的现象，解决“三线搭挂”影响市容市貌、严重威胁电力设施安全等问题。整治目标是在2008年3月底前完成奥运场馆周边98条大街、280km街面长度的配电杆路上架空通信缆线整治工作。

5月

16日　北京电力公司带电作业技术中心成立大会在大雁楼会议中心举行。会上宣读了公司关于成立带电作业委员会和带电作业技术中心的文件，并举行带电作业技术中心揭牌仪式。

■ 5月16日，北京电力公司带电作业技术中心成立大会在大雁楼会议中心举行。

18日　公安部在北京电力公司组织召开打击盗窃、破坏“三电”设施违法犯罪专项行动研讨会，以贯彻落实中央关于开展打击盗窃、破坏电力、电信、广播电视设施违法犯罪活动精神。会议讨论了《打击盗窃破坏电力电信广播电视设施违法犯罪专项行动工作方案（征求意见稿）》。会议明确，将打击盗窃、破坏“三电”设施违法犯罪专项行动范围由20个省拓展到全国，分动员部署、集中整治和破案打击、总结考核三个阶段有序推进，重点从宣传发动、营造声势，严打开路、破案攻坚，重点治乱、严打销赃，强化措施、严密防范，督导考核、兑现奖惩五个方面着手开展治理工作，时间从6月份持续到年底。

20日　公司团委按照国家电网公司的统一部署，在全公司范围内开展以“和谐电力，服务社会”为主题的“青春光明行”主题日活动，在全市16个户外宣传点和40余个营业厅、供电所进行宣传咨询。此次活动旨在贯彻落实国资委关于开展“优质服务年”活动和国家电网公司关于开展“青春光明行”主题日活动的要求，进一步深化北京电力公司“新北京、新奥运、新电力”优质服务工程，共有千余人参加，发放宣传材料两万余份，接待用户3000余人。

21日　公司劳务人员岗位轮训开班仪式在培训中心清河校区举行，是公司有史以来第一次大规模组织的针对劳务人员的培训。公司目前聘用了6000余劳务人员，2007年完成约3075人次的劳务人员岗位轮训和取证培训，到2008年底，完成全部劳务人员的岗位轮训工作，以实现劳务人员的全员持证上岗目标。

22日　公司与北京市卫生局联合召开会议，启动联合工作计划，预计用一年时间，分阶段解决目前存在的用电安全隐患，确保奥运会定点医疗服务单位的电力供应和用电安全。公司营销部副主任赵磊介绍了联合工作计划的具体安排。从现在起到2008年8月31日，保障安全用电工作将分为三个阶段，分别为赛前用电安全隐患整改阶段、赛前保障安全用电演练阶段和赛时保障安全用电阶段。

25日　在解放军空政文工团蓝天剧院，公司召开“平凡孕育伟大劳动奉献光荣”主题表彰大会，共有首都劳动奖章、首都劳动奖状、全国知识型职工、全国学习型班组、全国用户满意服务明星、北京电力公司金牌员工、金牌班组、红旗供电所、攻坚克难特别贡献奖、十大感动家庭及巾帼示范岗共11个奖项，来自基层单位的20个集体及42名先进个人获得表彰，公司领导及近400名员工参加大会。

28日　新加坡能源电网有限公司副董事经理曾瑞棠一行抵达公司，双方就国际对标事宜进行了交流和磋商，决定在城市电网规划设计、运行管理、检修策略、电缆网综合管理、风险管理与应急机制建设等方面进行全方位对标。此次谈判标志着公司国际对标工作全面启动。

6月

5日　国家电网公司副总经理郑宝森一行来到正在建设当中的朝阳500kV变电站和密云220kV变电站，就基建工程安全质量管理及标准化建设进行调研并检查指导工作，并代表国家电网公司党组书记、总经理刘振亚对辛勤工作在工程现场的工作人员表示感谢和慰问。

同日　公司在全市范围内开展以“绿色电网、和谐家园，我们永远的追求”为主题的电网环保咨询活动，向广大市民宣传输变电设施电磁环境的科学知识，并在繁华地段30处公交车站设立配有电网环保宣传口号的公益广告。公司16个区域供电公司、共200多个营业网点进行了宣传咨询活动。

7日　公司110kV青龙桥变电站投运，标志着2007年北京市市政府“为民办实事”的首项电力工程圆满完成。变电站安装2台5万kVA变压器，供电能力比原有35kV老站提高了2.5倍，将有效缓解海淀区青龙桥及周边地区供电紧张状况，提高居民用电的安全性和可靠性。

同日　受持续高温天气的影响，北京地区最大瞬时负荷突破1000万kW大关，达到1001.4万kW，较2006年同期（829.5万kW）增长20.57%，比2006年地区负荷第一次突破1000万kW大关（7月5日）提前了28天。

同日　首都精神文明建设委员会以电视电话会议形式召开2006年度首都精神文明创建工作先进单位和先进个人表彰大会。北京电力公司继2005年度荣获“首都文明单位标兵”称号后，再次蝉联该殊荣。

8日　北京市市长王岐山组织北京市发改委、城八区政府以及市政、交通、公安、消防、电力等方面的主要领导在北京电力公司应急指挥中心召开北京市迎峰度夏和节能降耗减排工作布置会。国家电网公司副总经理舒印彪，北京电力公司总经理时家林、党委书记郭要斌等领导陪同王岐山视察了北京电力调度通信中心、客户服务中心。在听取北京电力公司汇报的2007年迎峰度夏工作主要情况后，王岐山充分肯定了北京电力公司为确保迎峰度夏安全供电所做的工作，并就节能降耗减排工作作了重要指示。

15日　北京电网电力交易大厅启用仪式隆重举行。国家电网公司、华北电监局、北京市发改委等领导出席仪式。北京市发改委副主任刘印春与公司总经理时家林共同为北京电网电力交易大厅揭牌。新落成的北京电网电力交易大厅划分服务、交易、洽谈三个专区，具备服务接待、交易组织、信息发布、业务咨询等多项功能。交易大厅的正式启用，标志着作为三级电力市场体系重要组成部分的北京电力市场建设进入崭新阶段。

■ 6月15日，公司总经理时家林和北京市发改委副主任刘印春为交易大厅揭牌。（王磊　摄）

20日　公司和市旅游局在建国饭店联合召开奥运签约饭店用电安全工作会议。会议启动联合工作方案，预计用一年时间，分阶段解决目前存在的用电安全隐患，规范电气运行管理，确保奥运会期间124家奥运签约饭店的电力供应和用电安全。会上，公司营销部主任贾海生介绍了联合工作计划的具体安排。

26日 15时57分北京电网瞬时最大负荷达到1121.9万kW，较2006年同期增长18.4%，突破2006年1081.1万kW的负荷峰值。

同日 北京电力公司党委召开庆祝中国共产党成立86周年暨表彰大会。公司党委常委、副局级调研员、公司副总师、公司机关处长以上部分党员干部、各单位党委（总支）书记、副书记、行政正职领导、工会主席、政工办、监察办主任及受表彰的先进集体和优秀个人代表等345人参加会议。会议对在2006～2007年度“争优创先”活动中涌现出来的先进基层党组织、先进党支部、优秀党委书记、优秀党务工作者及优秀共产党员予以表彰，先进党支部及优秀党员代表发言，交流了先进工作经验和体会。

28日 公司与北京市信息化工作办公室签署《推进“数字北京缴费通”便民售电服务合作备忘录》。“数字北京缴费通”售电服务网点主要设在社区、村镇，超市、日杂店、药店、彩票店等，可为自助或柜台服务形式。个体工商户可以通过“数字北京缴费通”服务热线“96199”申请开设便民售电网点。网点建设先行解决“人口密集”地区购电难的问题，逐步覆盖北京城乡地区。

7月

5日 公司在北京展览馆召开迎峰度夏暨优质服务启动誓师大会，全面启动2007年迎峰度夏优质服务工作。

20日 公司召开2007年年中工作会议。会议的主要任务是认真贯彻落实国家电网公司年中工作会议精神，全面总结公司上半年工作，分析公司发展面临的形势，部署公司下半年工作，统一思想，明确目标，推动公司战略稳步实施，确保全年工作任务的圆满完成。公司领导班子成员出席会议。公司副总经理石路主持会议。

24日 国家电网公司副总经理郑宝森在公司总经理时家林、副总经理单业才等陪同下，来到奥运村220kV变电站视察并指导工作。一同前往的还有参加国家电网公司2007年第二次重点工程建设协调会的代表。

27日 北京市市委常委、常务副市长吉林在北京市发改委有关领导的陪同下来公司视察指导工作，并与公司领导就电网建设及安全等问题进行研讨。吉林先后视察公司调度通信中心和客户服务中心，了解北京电网的负荷情况、迎峰度夏工作及夏季用电高峰期客户服务工作，并对7月底～8月初的电网负荷情况及公司采取的应急措施给予关注。公司总经理时家林介绍了“0811”工程的进展情况，并就迎峰度夏期间公司在电网改造、安全生产、反外力工作、需求侧管理等方面采取的应对措施，以及党的“十七大”和奥运测试赛的供电保障工作进行了详细汇报。

8月

8日 公司圆满完成北京2008年奥运会倒计时一周年庆典活动保电任务。

10日 在“0811”工程启动一周年之际，公司召开“0811”工程阶段总结暨再动员大会，全面总结“0811”工程阶段性成果，深入提炼建设工作经验，系统分析电网发展面临的形势，明确提出下阶段的工作重点。

13日 在新加坡能源有限公司总部，北京电力公司代表团团长李国华与新能源公司总经理林浩然共同签订《电网管理国际对标合同》，标志着北京电力公司与新能源公司的国际对标工作正式进入技术交流阶段。

■ 8月13日，在新加坡能源有限公司总部，公司工会主席李国华与新能源公司总经理林浩然共同签订《电网管理国际对标合同》。

同日　公司党委召开深入推进“迎奥运、讲文明、树新风、促发展”活动电视电话会议，对公司开展的“迎讲树促”工作进行再动员、再部署。公司副总师以上领导，公司各部门主任、副主任以及公司所属各单位领导班子成员等近千人分别在主会场和各分会场参加会议。会议宣读了《北京电力公司党委关于深入推进“迎奥运、讲文明、树新风、促发展”活动的通知》。

14 日　公司召开企业资源计划（ERP）系统实施项目启动会，标志着公司已完成安全生产管理、工程项目管理、工程物资管理、工程财务管理、固定资产管理等业务咨询工作，ERP 系统正式步入全面建设阶段。

21 日　16 时 48 分北京地区最大瞬时负荷为 1189.6 万 kW，比 2006 年同期增长 10.04%。

28 日　110kV 白浮变电站竣工发电。此工程由公司投资建设而成，将专为国家电网公司特高压直流试验基地提供安全可靠的电力保障。

9 月

10 日　国家电监会主席尤权、副主席史玉波在国家电网公司总经理助理栾军、北京电力公司总经理时家林、党委书记郭要斌等陪同下，到人民大会堂开闭站检查“十七大”安全供电准备工作。尤权到人民大会堂的两座开闭站听取汇报，检查设备运行情况，了解运行人员的工作情况；听取了公司副总经理王风雷就公司全力确保“十七大”安全供电工作的汇报。

20 日　北京市政府和国家电网公司在奥运村 220kV 变电站举行北京电网发展会谈和北京 2008 年奥运供电主体工程竣工通电仪式。中共中央政治局委员、北京市市委书记刘淇，北京市市长王岐山，国家电网公司党组书记、总经理刘振亚等领导参加会谈和仪式。双方充分肯定会谈纪要签署一年来的落实情况，研讨了北京经济社会发展新情况，并在加快特高压电网发展，推进北京电网建设，确保奥运会和党的“十七大”安全可靠供电，推进节能减排战略实施等方面达成共识。在通电仪式现场，刘淇、王岐山、刘振亚同时手按环形模型按钮，象征着奥运供电主体工程竣工投入运行，正式为奥运设施供电。

10 月

1 日　国家电网公司总经理刘振亚、副总经理郑宝森在国家电网公司总经理助理王敏、安监部主任燕福龙、营销部主任王相勤，华北电网有限公司董事长马宗林、总经理孙刚等陪同下，来到公司检查指导国庆节及“十七大”期间的安全供电工作，并进行节日慰问。刘振亚一行先后到公司市调听取

■ 10月1日，国家电网公司刘振亚总经理一行在公司市调检查工作。（唐松寒　摄）

调通中心介绍国庆节和“十七大”期间电网的负荷预测、公司供电保障准备情况和具体措施，随后到前门110kV变电站主控室及设备区，察看“十七大”重要客户电源分布图和设备运行情况。

15～21日　中国共产党第十七次全国代表大会在北京召开。公司圆满完成了“十七大”保电任务。“十七大”期间，公司共安排各级领导值班588人次，人员值班8677人次，现场保驾值班9360人次；人员特巡和专项检查8200处，50055人次，出车4629台次，制止外力隐患28处，对5大类167处环境隐患进行了24小时重点值守监控，保电人员、保障车辆等均创有史以来的保电工作之最。北京电网运行平稳，最大负荷为8423MW，发生在10月19日18:23，同比增长8.2%。

31日　“新北京　新奥运　新电力”北京电力公司奥运电力保障誓师大会在北京国际会议中心隆重举行。标志着公司奥运筹备工作由奥运电力工程建设向奥运供电力保障转移。

11月

1日　北京市发改委向北京电力公司和所属16个区县供电公司颁发了新的《北京市供电营业许可证》，标志着北京电力公司及16个分支机构有了法定的供电营业区域，受到法律保护。

7日　2007年优秀企业报评比活动在京举行，共有47家企业报参加评比。经现场无记名投票，包括《北京电力报》在内的13家报纸获得“优秀企业报”称号。

15日　北京电网冬季最大负荷达到1037.8万kW，超过2006年冬季最高负荷（1023万kW）。

23日　国家电网公司党风廉政建设责任制第一检查考核组一行三人，在组长李树林的带领下，对公司2007年度党风廉政建设责任制执行情况进行检查考核。公司部分领导、机关及基层单位的干部职工共计202人参加民主测评大会。公司党委书记郭要斌就公司2007年党风廉政建设和反腐败工作情况进行了专题汇报。

27日　在北京市发改委的统一部署和市公安部门的大力配合下，公司在全市范围内组织开展联合打击窃电专项行动。15时～21时30分，全公司范围出动反窃电行动小组72组共440余人，北京市公安局出动配合干警144人，行动车辆共计150余辆。反窃电小组共对有关工厂、饭店、餐馆、洗浴中心、娱乐城、居民住户600余户客户进行了专项检查，发现有窃电行为客户30户，窃电嫌疑客户2户。专项行动取得预期效果。

12月

3日　国内首个网省级电网集中控制中心北京电网控制中心成立并正式投入运行。

7日　北京市调在华北网调的统一组织下，进行联合反事故演习。北京电网事故设置为220kV奥运村站、黄寺站全停。演习历时两个小时，市调、区调两级调度针对事故情况及时调整电网运行方式、启动相关应急机制，迅速恢复了奥运重要用户供电。

8日　日均承担政治保电任务十数次的人民大会堂南、北变电站，迎来安全运行一万天。

18日　北京电力公司组织中央电视台、北京电视台、航天城、卫星地面站以及新浪网、搜狐网等20余家新闻和广播通信单位进行“新闻广播通信大客户论坛”活动，介绍北京电网的供电特点、客户内部自备电源的配备、反事故应急预案的制定和演练以及电能质量管理等方面的相关知识。

20日　北京电缆网运行监控中心投入运行。该监控中心全面提高了北京电缆网的安全运行水平和事故快速反应能力，初步实现电缆网络的可控、在控，为国内首个电缆系统大规模集中监控中心。

公司概况

GONG SI GAI KUANG

【综述】 北京电力公司是国家电网公司所属省级电力公司，其前身是1905年创建的京师华商电灯股份有限公司。经过几代北京电力人的励精图治、不懈努力，北京电力公司已经发展成为一家特大型现代电力企业，负责北京电网的建设和运营，公司的主营业务是为北京地区的所有用电客户提供电力供应和销售，同时承担着保障党中央、国务院等首脑机关及首都重大政治、文化交流活动安全可靠供电的重要使命。公司供电面积为1.64万km^2，拥有工、农、商、居民等客户约530万户，在保障首都能源安全、服务经济社会发展、提高市民生活水平等方面发挥着重要作用。

截至2007年底，公司固定资产原值518.88亿元，固定资产净值361.02亿元。拥有35kV及以上变电站372座（不含500kV变电站），主变压器容量达46719.3MVA。其中，220kV变电站46座，21080MVA；110kV变电站227座，23812.5MVA；35kV变电站99座，1826.8MVA。输电线路583条，7430.442km；电缆线路610条，895.4km。

公司定位：充分保障首都经济社会发展的能源支柱企业；率先实现国家电网公司"一强三优"战略目标的标杆企业。

公司发展目标：建设国内一流、国际水准的责任效益型现代电力企业。

公司发展战略：第一阶段，以提速电网发展、夯实管理基础为战略重点，加快电网发展方式和公司发展方式的转变。到2008年末，同业对标全部指标达到国家电网公司平均值以上，成为国家电网公司同业对标人力资源、资产经营等主要专业评价的标杆。第二阶段，以加强运营管理、提升服务品质为战略重点，优化电网发展方式和公司发展方式。到2010年，成为国家电网公司同业对标各项专业评价的标杆，实现"国内一流"目标。第三阶段，以卓越运营电网、完善市场运作为战略重点，持续推进电网发展和公司发展。到2020年，公司主要经济技术指标达到或超过国际知名城市电力企业，实现"国际水准"目标。

2007年公司工作思路：认真贯彻党的十六届六中全会精神，全面落实国家电网公司2007年"两会"的各项工作部署，牢固树立科学发展观，推进电网发展和公司发展方式的转变，落实"集团化运作、集约化发展、精细化管理、标准化建设"要求，进一步夯实基础工作，突出奥运抓发展，突出基础抓安全，突出管理抓效益，突出责任抓服务，突出和谐抓稳定，创一流标杆企业，加快推进"一强三优"现代公司建设，在和谐电力建设中发挥表率作用。

【公司领导】

总经理兼党委副书记	时家林
党委书记兼副总经理	郭要斌
党委常委、副总经理	石　路
党委常委、副总经理	单业才
党委常委、副总经理	王风雷
党委常委、副总经理	郭　炬
党委常委、工会主席	李国华
党委常委、纪委书记兼机关党委书记	柏　磊
党委常委、总会计师	穆银安
正局级调研员	张嗣兴（2007年11月任职）
副局级调研员	陈　当
副局级调研员	阎　茂
副局级调研员	周同山

【人力资源】 以创建"四好"领导班子为载体，加强干部考核，实施后备干部挂职锻炼，形成了"重能力、看业绩"的良好风气，干部队伍不断向年轻化、知识化迈进。实施全员教育培训。举办党政正职领导干部培训班，领导干部战略思维能力、市场经济观念得到增强；组织赴美长期培训团组，为公

司培养了经营管理业务骨干。全年完成 11000 余人的职业技能鉴定，组织了班组长、劳务用工等共计 13000 余人次的专项培训，一线员工业务素质进一步提高。

【电网发展】 积极推动《北京市“十一五”电网发展规划》顺利出台，为“十一五”期间电网与首都经济社会同步协调发展奠定了基础。克服时间紧、任务重、协调难、环境差等诸多困难，“0811”工程实现又好又快全面推进。2007 年，北京电网完成电网建设投资 76.7 亿元，完成基建项目 80 项，新建架空线路 864.5km、电缆 117.8km。“0811”工程自启动以来新建扩建 110kV 及以上变电站 95 座，为电网增加变电容量 1694 万 kVA，提升供电能力 33%，电网发展实现重大跨越，为奥运会安全可靠供电和首都经济社会发展奠定了坚实的物质基础。

【经营管理】 贯彻“集约化发展、精细化管理”理念，通过完善管理、整合资源促进效益提升。强化预算归口管理，促进了业务预算与财务预算的衔接；建成资金一级账户管理体系和集团账务管理系统，公司资金归集率达到 91.33%，全年节约财务费用 5.2 亿元。加大公开招标、框架招标和打捆招标力度，全年累计节约资金 2 亿元。确立了“一部三中心”营销服务管理体系建设思路，营销集约化、专业化管理迈出坚实步伐。全年售电量 577.07 亿 kWh, 同比增长 9.52%；售电收入 360.68 亿元，同比增长 13.45%；实现利润 10.46 亿元。当年电费回收率达到 100%; 线损率 6.99%, 应收电费余额 1.3 亿元，同比下降 67.14%。公司主要经营指标见下表。

公司主要经营指标

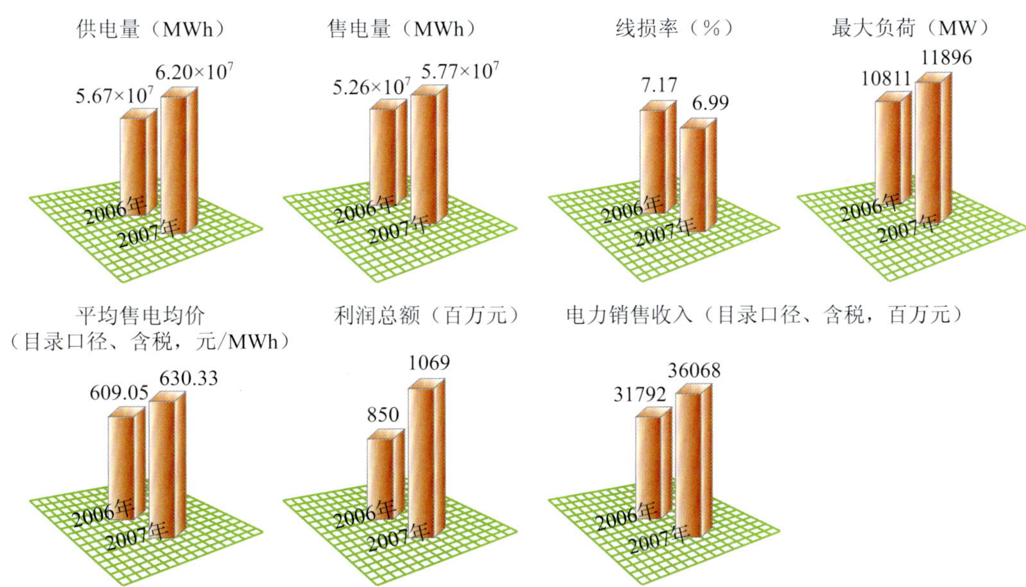

注：图中供电量、售电量、线损率为 220kV 及以下的统计数据。

【安全生产】 公司坚持“安全第一，预防为主，综合治理”的方针，以“主网稳定、配网可靠”为目标，超前分析公司安全形势，主动把握安全生产规律，全员、全时、全力投入，安全生产成绩显著。深入开展“百日安全”和“百问百查”活动，强化安全责任制的落实和“两票三制”等基本规章制度的执行，安全生产可控、能控、在控水平显著提升。开创电网运行集中监控新模式，实施设备集约化检修，推行状态监测和带电作业，生产集约化、专业化工作稳步推进。全年公司电网、设备事故率分别同比下降 57% 和 43.1%，城市用户平均停电时间 5.4 小时，同比降低 35.9%。圆满完成奥运测试赛、党的十七大、“嫦娥一号”卫星发射等 212 项政治保电任务。

【奥运保障】 全力加快奥运电力工程建设，直接为奥运场馆供电的 12 项输变电工程、公司投资承建的 19 个奥运比赛场馆及 5 个附属设施外电源工程、奥运中心区电力管线和场馆周边架空线入地工程基本完成。投资18.3亿元，启动了可靠性提升工程。围绕“好运北京”奥运测试赛供电保障工作，主动开展对奥运场馆、定点医院等重点用户的电力安全隐患排查和技术培训，圆满完成了24项奥运测试赛服务和保障任务。代表国家电网公司全面履行奥运合作伙伴的责任和义务，大力推广国家电网奥运合作伙伴品牌，彰显国家电网品牌形象。

【科技信息】 加快科技创新，公司承担的6项国家电网公司重大科技创新专项任务进入全面实施阶段，定制电力技术研究获得重大突破。全年，科技创新与信息化建设投入资金1.58亿元，为2006年的1.43倍，各项新技术在电网运行管理中发挥了重要作用。ERP系统开始试点运行，电网地理信息系统得到推广应用，人力资源、营销管理、奥运电力等信息系统功能在实践中不断优化。

【优质服务】 坚持“四个服务”宗旨，深化“三新”优质服务工程和中央企业“优质服务年”活动。启动营销服务提升计划，推行高压客户、重要客户经理制，推广低压报装“一站式”服务，低压用户平均接电时间从15天缩短到4.8天。开通网络表客户实时售电系统和农村商业银行缴费系统，新增3011家售电网点，推出节日24小时送电服务，居民购、用电更加便捷。积极履行社会责任，完成东西城2.1万户平房居民煤改电工程，开展新农村电气化建设。服务节能减排工作大局，积极推进电动汽车、蓄冷空调、地源热泵等新技术应用，减少有害气、固体排放53万t。公司全年未发生重大行风投诉责任事件，表扬数量大幅提升，并保持了“首都文明行业”称号。

【同业对标】 坚持将同业对标作为提升公司整体管理水平的重要载体。大力开展国际对标，先后派出7批78人次赴新加坡、德国、日本、美国等相关电力公司进行对标学习，进一步更新了企业管理理念，吸收引进了先进的管理技术和手段。同业对标在各项专业工作中的引领作用日益显现，基本实现了从“结果对标”向“过程对标”的转变。2007年，公司同业对标各类指标大幅提升，《电力突发事件应急服务客户服务机制》入选国家电网公司典型经验库，47个可比指标中有27个位于国家电网公司系统前五名，安全管理、营销服务和人力资源三个专业被评为专业管理标杆，公司被评为综合管理标杆单位。

（王茜）

【组织机构图】

北京电力公司组织机构图

北京电力公司

总经理工作部
思想政治工作部
发展策划部
人力资源部
财务部
基建部
招投标管理中心
生产技术部
安全监督部
营销部
农电工作部
调度通信中心
电力交易中心
审计部
监察部
科技信息部
保卫部
公司工会
行政管理中心
新闻中心
奥运电力办公室
离退休工作部
大楼筹建处

城区供电公司
朝阳供电公司
海淀供电公司
丰台供电公司
石景山供电公司
亦庄供电公司
通州供电公司
昌平供电公司
门头沟供电公司
房山供电公司
大兴供电公司
平谷供电公司
怀柔供电公司
密云供电公司
顺义供电公司
延庆供电公司
输电公司
变电公司
通信自动化公司
北京电力试验研究院
电缆公司
北京电力电能计量中心
客户服务中心
培训中心
物资公司
电力工程管理中心
北京电力经济技术研究院
北京电力工程公司
物业管理公司
综合产业管理中心
北京电力实业开发总公司
北京市路灯管理中心
北京电力行业协会

电网发展

DIAN WANG FA ZHAN

规 划 与 发 展

【编制北京电网2008～2012年规划】 2007年电网规划实施情况：公司投资完成首次突破100亿元，达到了116.62亿元，同比增长43.09%。全年新增35kV以上变电站52座，主变压器129台，容量846.7万kVA，线路837km。

“十一五”北京电网规划编制与滚动优化。2007年，结合北京市政府新城规划进展，公司及时进行新城规划变电站站点的调整工作，提出了北京地区中远期变电站站点布置，编制了顺义、通州、亦庄新城规划和首钢地区等电网规划。按照国家电网公司的要求，公司开展了电网规划原则、无功规划等深化研究工作，并形成了研究成果。在上述基础上，公司组织设计院等单位和部门，完成了北京地区电网“十一五”规划滚动修编报告。

“十一五”北京电网规划的基本思路。城市电网规划以电力需求为导向，既要考虑电网建设的社会效益，也要考虑电网建设的经济效益。规划所安排的电网建设项目必须有利于电力市场的开拓，有利于电网的安全稳定运行，有利于供售电量的增长。同时，也要贯彻电力与经济、社会、环境协调发展和适度超前的方针，加强城市电网的建设与改造，满足社会经济发展和人民生活水平的提高以及供电可靠性和供电质量越来越高的新要求，使近期、远期城市电网的建设能够兼顾长远目标。

“十一五”北京电网规划的编制原则：

（1）合理利用能源和提高供电可靠性的原则。要认真研究、科学分析能源分布，认真调查用户对供电可靠性的要求，合理规划和布局城市高压配电网的骨干网架结构，建设一张可靠、合理的电网。

（2）满足电力市场发展的需要并适当超前的原则。各项输、变、配、用电工程的设计、建设和改造都必须符合电网发展规划的总体要求。

（3）电网配套发展原则。电力的生产、供应和销售是相对独立但又不可分割的统一过程，必须同时加大输变电设施、调度通信自动化设施等的规划和建设。

（4）研究和制定电网的总体和长远发展目标的原则。目标网架应达到如下要求：网络结构合理，布局简明、可靠，层次清晰，运行灵活，有利于防止区域性垮网或大面积停电；具有充足的供电能力，适应负荷和电源建设发展的长远需要；各级电压的变电总容量与用电负荷之间，输变配电设备容量之间、有功和无功容量之间比例协调，经济合理；电网的安全稳定性应满足《电力系统安全稳定导则》的要求。各级电网的供电可靠性应符合“供电安全准则”的规定；在长远规划框架内电网的建设布局应适当超前负荷的发展，做到近期与远期相结合，新建与改造相结合，合理安排电网规划项目的建设和投产。

（5）提高经济效益的原则。对于新建的输变电工程项目，必须从城市经济建设的整体利益出发，通过严格的科学计算、经济分析和可行性研究，使电力建设符合客观经济规律，充分发挥投资效益，同时提高供电企业的经济效益。

（6）有利于环境保护的原则。北京市电网的规划建设要采用新技术、新设备，淘汰可能对环境造成严重污染的设备，切实做好环境保护工作。

（7）保证北京电网供电的特殊性与实效性的原则。北京是全国的政治中心、文化中心、金融决策中心和国际交往中心，并作为中国的首都，城市高压配电网的规划要充分考虑其政治供电的特殊性与实效性。

“十一五”北京电网发展重点：

（1）分区供电解环研究。至“十一五”末期，北京电网将形成以2～3个500kV变电站220kV母线为中心的九个供电分区，原有的大电磁环网逐步解环。供电分区形成后，北京电网短路水平较为合理，除个别500kV变电站500kV母线短路水平超过50kA外，220kV各厂、站母线电路电流均小于50kA。区内潮流基本合理，在发生500kV线路故障、主变压器N-1，220kV双回故障情况下大部分地区不会出现过载现象，局部地区通过部分负荷切改能够解决。

（2）电网技术改造。围绕国家电网公司“一强三优”的总体目标，通过电网技术改造、大修三年滚动计划的实施，消除运行设备缺陷与安全隐患，提高设备的健康水平，提高电网互带能力和支撑能力，提高设备的运行安全可靠性，达到电网安全运行的技术指标和安全指标的要求；提高设备可用率，降低设备缺陷故障发生率；减少老旧设备在

电网中的数量，提高电网应急能力。电网技术改造规模：2008～2010年，共安排电网技术改造项目1587项，实现改扩建输电线路1145.1km、变压器3770MVA、断路器1889台。

（3）新农村电气化建设。到2010年，所辖8个远郊区县、145个乡镇、2604个村达到电气化标准要求，农村农业生产、工业与农副业加工、农民生活基本实现电气化；全市农村人均用电量达到4900kWh，农村人均生活用电量达到300kWh以上；农村居民用电保障率达到99.9%以上；农业生产用电保障率达到100%；农村工业、副业、加工业用电保障率达到99.9%以上；户端电压合格率不低于98%；输、变电设备和高压配电线路完好率达到100%；一类设备完好率达93%以上；35kV及以上变电站主变压器具有有载调压功能，且均实现无人值班；低压线损率逐步降低至不大于10%；高压综合线损率不大于6%；客户满意率不低于99%。

（4）"两型一化"建设。按照典型设计总体原则，深化、细化有关技术原则和设计要求，按照"试点先行、总结完善、稳步推进"的工作步骤，全面开展建设"两型一化"变电站，降低变电站建设和运行成本。

（5）积极配合小火电关停工作和新能源发展工作，加快配套电网建设，保证用户供电质量和供电可靠性。

"十一五"北京电网规划主要结论：

（1）2010年，北京最大负荷达到约16000MW，2020年北京最大负荷约30000MW。

（2）2010年，500kV变电容量将达到27606MVA，220kV变电总容量33270MVA，110kV变电总容量36398MVA。

（3）到2010年，北京将初步实现9个供电分区供电，形成以相邻的500kV变电站的220kV母线为供电中心的双环网结构。

（4）2006～2010年，北京电网总投资703亿元；2011～2012年，北京电网投资146亿元。

【电网可靠性提升工程实施方案】 工程实施背景。通过加快电网建设和改造，2007年北京电网顺利度夏，经受住了1190万kW大负荷的考验。公司根据度夏电网运行情况和2008年负荷预测，在规划、生产、营销等方面对2008年电网进行深入分析，结合奥运测试赛期间电网运行暴露的薄弱环节，在充分考虑奥运供电高要求的条件下，认为北京电网在一些方面仍然存在差距：①主网仍然存在薄弱环节，局部网架抵御同塔并架双回线路故障的能力不强；②部分奥运场馆上级电源可靠性水平需要进一步提高；③城区配网仍然存在大量单方向双电源情况，抵御严重事故能力不足；④部分远郊地区网架薄弱，存在全地区停电风险。公司需要针对以上薄弱环节进一步采取措施，确保奥运供电百分之百安全可靠。

工程计划实施内容。可靠性提升部分包含提高主网安全水平、提高奥运场馆供电可靠水平、提高城区电网可靠水平、提高远郊地区电网安全水平四类项目，共56项，投资约18.3亿元。

（1）提高主网安全水平类："0811"工程实施后，北京电网形成5个220kV供电分区，主网安全水平显著提高。在此基础上，公司对2008年分区内部网架和所有220kV变电站进行深入分析，安排在重点分区内部完善220kV双环网，并进一步增加部分地区220kV变电容量，提高主网抵御严重事故能力。新建昌平—城北220kV线路、昆玉河—八里庄第二回220kV等9项工程，投资估算约35200万元。

（2）部分奥运场馆外电源由用户投资建设，为节约资金，其外电源可靠性存在不足，另外有部分场馆外电源由用户自建110kV变电站供电，存在110kV电源可靠性不高的问题。从确保奥运期间场馆安全可靠供电的大

■ 2月9日，2007年规划基建工作会。（丁海杰　摄）

局出发，公司出资实施用户电源完善工程，弥补其自身供电的不足，共安排八家一奥运村线路、首都机场外电源等 11 项工程，投资估算约 33900 万元。

（3）提高城区电网可靠水平类：北京城市中心区 110kV 变电站和 10kV 开闭站均为两路及以上电源供电，且大部分为电缆线路，安全水平较高。面对万无一失的供电要求，计划提前实施部分规划工程，进一步增加变电站电源数量，并实施主变压器增容和 10kV 切改工程，提高城区电网可靠性水平。安排雍和宫第三电源、西单第三电源等 25 项，投资估算约 66900 万元。

（4）提高远郊地区电网安全水平类：北京远郊区县变电站虽然实现了双路供电，但整体网架结构相对薄弱，抵御自然灾害和外力破坏能力较差，事故情况下部分地区间相互支援能力不足。计划建设区外电源工程，避免“小概率”事件发生时，局部地区全部失电，并且做到停电区域能够快速恢复。安排平谷、密云等 7 项工程，投资估算约 47300 万元。

工程预期效果。工程的实施将大大提升 220kV 电网北部地区、西北部地区、南部地区及奥运村、望京、玉泉营等地区电网的安全运行水平，提高了奥运中心区及农业大学等 6 个奥运场馆的供电可靠性。同时，对于提高平谷、密云、延庆、昌平、顺义、大兴六个远郊地区以及城市中心区的电网安全水平将起到非常重要的作用，将为 2008 年奥运会比赛期间首都电网的安全可靠供电夯实物质基础。

【2008 ～ 2012 年及“十二五”期间电力市场需求预测报告】 根据华北电网有限公司下发的《关于编制 2008 ～ 2012 年及“十二五”期间电力市场需求预测报告的通知》（网发展 [2008]1 号），在总结“十一五”以来国民经济和电力需求增长情况的基础上，深入分析影响电力需求增速的各项因素，以 2006 年、2007 年北京电网发展实际情况为基础，以 2012 年、2015 年为规划水平年，预测“十二五”期间需电量及最大负荷，展望 2020 年、2030 年电力需求。

工作重点：

（1）结合北京电网地区近两年的国民经济与电力需求特点，在已编制的《“十一五”电力需求预测》的基础上，对“十一五”后 3 年进行滚动修正，并预测 2011 年、2012 年的电力需求。

（2）在对《“十一五”期间电力需求预测》滚动修正的基础上，预测“十二五”期间的电力需求水平，同时展望 2020 年和 2030 年的电力需求。

主要成果：

（1）电力消费与经济增长呈正相关性，但国民经济的发展是多种因素综合作作用的结果，不同的经济发展阶段度电力需求的程度不同。影响未来电力需求的因素主要包括经济发展、产业结构调整、节能降耗的政策、能源与环境制约、气候环境等。

（2）“十一五”期间年用电量年平均增长率为 7.72%，2008 年用电量为 720 亿 kWh，2009 年用电量为 772 亿 kWh，2010 年用电量为 827.5 亿 kWh；“十二五”期间年平均用电量增长率为 6.00%，2011 年用电量为 886.5 亿 kWh，2012 年用电量为 950 亿 kWh，2015 年用电量为 1110 亿 kWh；2020 ～ 2030 年年平均用电量增长率为 1.5%，则 2020 年用电量为 1400 亿 kWh，2030 年用电量为 16300 亿 kWh。

（3）利用最大负荷利用小时数法、增长率预测北京地区负荷。“十一五”期间最大负荷增长率按 9.07%，2008 年极端最大负荷为 14600MW，2009 年为 15200MW，2010 年为 16000MW；“十二五”期间最大负荷按高、中、低增长率分别为 7.50%、6.50%、5.50% 预测，2011 年最大负荷为 16900 MW，2012 年为 17900MW，2015 年高、中、低负荷分别为 24000MW、22200MW 和 212000MW，2015 ～ 2020 年最大负荷高、中、低增长率分别为 5%、4%、3%，2020 年高、中、低负荷分别为 30000MW、29000MW 和 28000MW，2030 年负荷预测为 35000MW，为北京地区饱和负荷。

【北京电磁环网解环规划研究】 随着北京电网的不断发展，500kV 变电站通过单、双回线路形成大的环网后，已有的 220kV 双环网线路如果仍然保持环网运行，将会造成电网内的一些变电站母线短路容量达到或超过断路器的额定开断容量值。为了限制系统短路电流水平，逐步实现分区供电的远景电网规划以及控制潮流的合理分布，需要进一步研究北京电网的解环问题。

北京电网网络结构。500kV 环网作为北京电网的主干网架，外部电源分散接入各个 500kV 变电站。500kV 变电站达到终期主变压器规模（数量）

时，220kV侧应母线分列运行，以降低220kV系统的短路水平。新建的500kV变电站220kV侧考虑分列运行。以两个或三个500kV变电站各一段220kV母线为中心，逐步实现北京电网220kV分区供电。各个供电分区正常方式下独立运行，各分区间保留部分联络线路，事故情况下相互支援。

供电安全可靠性。满足《电力系统安全稳定导则》的要求。大方式下满足N–1的原则：任一回500kV线路或任一台500kV变压器故障时，必须保证向220kV电网供电；220kV变电站一回进线或一台变压器故障不损失负荷。计划检修方式下需要满足N–1原则：计划检修方式负荷水平按照高峰负荷70%左右考虑；一个供电区内接入同一段母线的两台500kV变压器中一台检修，另一台故障，应保证向该供电区域内的220kV电网供电。向市区供电的220kV变电站应至少有两个不同方向的电源，当失去任何一个方向电源时，另一方向电源能够保证全站负荷供应。220kV同路径线路考虑同时断开的可能。

研究结论。至“十一五”末期，北京电网将形成以2～3个500kV变电站220kV母线为中心的9个供电分区。供电分区形成后，北京电网短路水平较为合理，除个别500kV站500kV母线短路水平超过50kA外，220kV各厂、站母线电路电流均小于50kA。区内潮流基本合理，在发生500kV线路故障、主变压器N–1，220kV双回故障情况下大部分地区不会出线过载现象，局部地区通过部分负荷切改能够解决。稳定计算结果显示，除局部线路故障跳闸情况系统发生低频振荡导致失稳外，其他送电通道故障、500kV主变压器故障、区内电厂全停及重要通道故障并正常切除故障情况下系统均能够保持稳定；小方式下系统发生以上情况能正常切除故障，系统能够保持稳定。

【500kV电缆国际咨询】 拟建的海淀500kV输变电工程的输电线路穿越门头沟、石景山和海淀三个地区。根据市规划部门要求，其中部分路段需要采用电缆敷设方式，但目前国内没有长距离500kV线路电缆设计运行等经验。为此，公司委托东京电力株式会社开展了500kV电缆国际咨询工作。公司发展策划部为组织单位，北京电力设计院为工作单位，公司生产技术部、电缆公司为配合部门和单位。咨询工作分为两个阶段：2007年4～6月为第一阶段，完成了电缆和隧道的初步业务咨询；2007年7月～2008年2月为第二阶段，完善电缆和隧道咨询成果，并完成了其他业务的咨询，完成咨询报告。

咨询报告的主要内容为：对目前世界上的400kV和500kV地下输电线路的情况进行了调查，认为采用CV电缆呈增加趋势。对铝皮CV电缆导体温度在90℃以下的布置方式进行了计算，并根据计算结果对隧道截面进行了设计。另外，对照明、排水、换气等隧道附属设备以及架空线、地下线共存系统进行了设计。对操作电压、雷电过电压进行了计算。根据IEC标准及世界上的业绩情况，对现场试验方法进行推荐。围绕EMF就环保对策、工程费用等进行了论述。

■ 4月19日，北京电力公司海淀500kV电缆国际咨询签约仪式。

【规划前期工作】 2007年，完成可研报告审核213项，上报国家电网公司72项，上报发改委配网项目核准申请88项，审核电厂接入系统10项，供电咨询31项，落实项目立项批复194项、规划意见书95项。

500kV输变电工程取得重大进展。2007年1月，完成了500kV城南输变电工程可研收口工作，取得了电力工程顾问集团公司的相关批复文件。9月，落实了海淀500kV变电站的规划意见书，送电线路路径相关工作也有所突破，门头沟区政府、海淀区政府和政府相关部门基本认可了选线方案。

创造电网规划落实的外部环境。积极配合市发改委开展2020年能源发展规划方案编制工作，将电网规划纳入到政府发展规划，有机衔接了地区经济社会发展总体部署，为电网的可持续发展创造空间。以简化流程为突破口，协调北京市发改委电力管理处牵头，起草了《加快电网项目审批工作研讨会会议纪要》，组织召开了两次意见征询会，并在一定范围内进行了发布。

提前启动后续“十一五”规划前期工作。为加快后续“十一五”项目规划前期工作进度，做好项目储备工作，2007年2月公司下达了规划前期工作计划，要求提前开展规划前期工作，尽早启动，做到开展一批、储备一批。同时，针对220kV项目量大、难度高的特点，8月在“0811”工程规划前期工作暂告一段落后，组织召开了220kV及以上项目规划前期调度会，对下半年的规划前期工作进行了具体安排，工作重点从“0811”工程转入“十一五”后续工程。

（聂继军）

工程建设与管理

【综述】 2007年是公司全面实施“0811”工程的关键之年，也是公司推进电网发展和公司发展方式两个转变、建设“一强三优”现代公司的关键一年。基建干部职工认真贯彻落实公司一届三次职代会会议要求，克服建设规模大、环境制约多、协调任务重、标准要求高等困难，全面完成了电力强网“0811”基建工程，电网“三步走”发展战略的第一步已顺利告捷。基建系统坚持以奥运为契机，以500kV、220kV工程为重点，在工程建设中坚持严细管理、质量第一，大力开展红旗标杆站建设，推广应用典型设计，推行“两型一化”建设标准，严格施工现场管理，打造精品工程。“0811”工程从启动至今，新建和扩建110kV及以上变电站95座，为电网增加变电容量1694万kVA，提升供电能力33%，电网发展实现重大跨越，为奥运会安全可靠供电和首都经济社会发展奠定了坚实的物质基础。

【全年基本建设完成情况】 工程投资完成情况见表1。2007年竣工投产的工程见表2。

表1　2007年投资完成情况　单位：亿元

工程分类	年初全年计划投资	全年完成投资
220kV	26.51	26.73
110kV及以下	39.16	37.81
合计	65.67	64.54

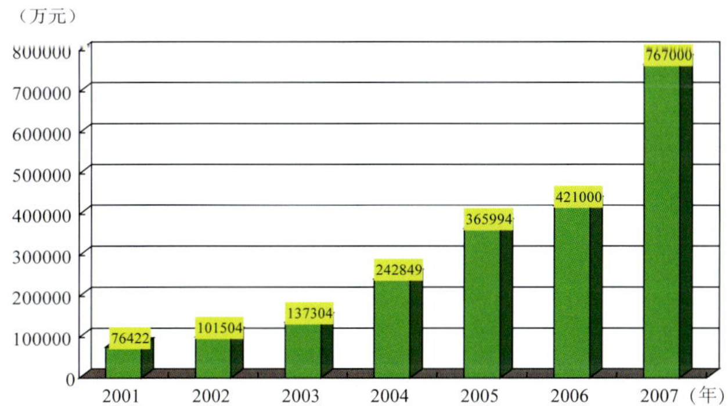

工程项目完成情况：2007年，北京电网完成电网建设投资76.7亿元（含500kV）。建成80项基建工程，其中500kV朝阳变电站顺利竣工，新建35kV及以上变电站62座，新建主变压器容量1304.8万kVA，新建架空线路864.5km、电缆117.8km。

表2　2007年竣工投产工程统计表

建设单位	工 程 名 称	新增主变压器（万kVA）	新建电缆（km）	新建架空线路（km）	竣工投产情况
基建部	220kV草桥变电站增容改造	50.00	4.20		6月22日投产
	220kV聂清破口线路改接工程			2.80	6月24日投产
	220kV台湖变电站扩建	18.00			6月29日投产
	220kV西沙屯变电站扩建	18.00			7月2日投产
	220kV红军营输变电工程	36.00	0.36	6.70	7月11日投产
	220kV奥运村输变电工程	36.00		16.40	7月25日投产
	220kV上庄扩3号主变压器变电工程	18.00			12月3日投产
	220kV阎村北输变电工程	36.00		3.10	12月6日投产
	220kV朝阳门变电站扩建3号主变压器工程	25.00			竣工
	220kV仁和输变电工程	36.00		31.40	12月26日投产

续表

建设单位	工 程 名 称	新增主变压器（万 kVA）	新建电缆（km）	新建架空线路（km）	竣工投产情况
基建部	220kV 周起营（草厂）输变电工程	36.00		14.65	竣工
	220kV 北寺输变电扩建工程	54.00			12 月 20 日投产
	220kV 青云店输变电工程	36.00		1.20	12 月 13 日投产
	220kV 回龙观升压输变电工程	36.00		44.00	竣工
	220kV 八里庄变电站改造工程	72.00	1.50		竣工
	昌太破口二期 220kV 工程			56.00	竣工
	太阳宫电厂 220kV 接入		0.07	2.50	12 月 28 日投产
	500kV 朝阳输变电工程	240.00		88.00	竣工
	500kV 通州变电站配套 220kV 线路切改			96.00	竣工
城区	白塔寺扩建	10.00			11 月 30 日投产
	东直门枢纽 110kV 输变电工程	18.90	4.12		竣工
	人定湖 110kV 输变电工程	18.90	10.702		竣工
朝阳	朝阳公园 110kV 输变电工程	10.00	8.47		7 月 25 日投产
	慧祥 110kV 输变电工程	10.00	1.087		7 月 31 日投产
	北工大 110kV 输变电工程	10.00	0.58	0.40	9 月 17 日投产
	黄杉木店 110kV 输变电工程	10.00	2.80		10 月 9 日投产
	北京电视台 110kV 输变电工程	10.00	2.35		11 月 5 日投产
	建外 110kV 输变电工程	10.00	3.43		竣工
	安慧二期	10.00			12 月 31 日投产
	周庄 110kV 输变电工程	10.00	3.00		竣工
海淀	五棵松 110kV 输变电工程	10.00	7.92		6 月 30 日投产
	青龙桥 110kV 输变电工程	10.00		9.76	5 月 29 日投产
	北太平庄 110kV 输变电工程	12.60			6 月 19 日投产
	蓝靛厂 110kV 输变电工程	10.00	2.00	0.46	8 月 7 日投产
	皇后店 110kV 输变电工程	10.00			9 月 17 日投产
	西平庄 110kV 输变电工程	10.00	1.76	6.60	11 月 30 日投产
	环保园 110kV 输变电工程	10.00		15.00	12 月 19 日投产
	大钟寺 110kV 输变电工程	20.00	3.90		12 月 28 日投产
	白家疃 110kV 输变电工程	10.00	1.33	8.80	竣工
	西三旗 110kV 输变电工程	5.00	0.42	9.20	竣工
	西北旺 35kV 输变电工程	4.00	4.202	2.60	11 月 30 日投产
丰台	小井 110kV 输变电工程	10.00	1.20		3 月 22 日投产
	樊家村 110kV 输变电工程	10.00	5.86	1.40	10 月 19 日投产
	宋家庄 110kV 输变电工程	10.00	6.40		10 月 29 日投产
	崔村 110kV 输变电工程	10.00	0.42	6.60	12 月 25 日投产
石景山	五里坨 110kV 输变电工程	10.00	6.60		12 月 5 日投产
	南山 110kV 输变电工程	10.00	7.76	6.40	12 月 27 日投产
亦庄	博兴 110kV 输变电工程	10.00	1.46		6 月 27 日投产
	华康 110kV 输变电工程	10.00	9.20	9.20	12 月 26 日投产

续表

建设单位	工 程 名 称	新增主变压器（万 kVA）	新建电缆（km）	新建架空线路（km）	竣工投产情况
通州	徐新庄 110kV 输变电工程	10.00		20.40	7 月 29 日投产
	漷县 110kV 输变电工程	6.30		13.00	12 月 23 日投产
	玉蒲 110kV 输变电工程	10.00		1.20	12 月 16 日投产
	永乐店中心镇 110kV 输变电工程	6.30		18.00	竣工
	皇木厂 110kV 输变电工程	10.00	5.76	0.70	竣工
昌平	阳坊 110kV 输变电工程	6.30		5.40	5 月 30 日投产
	白浮 110kV 输变电工程	12.00	4.67	1.52	8 月 28 日投产
	沙河高教园 110kV 输变电工程	10.00		6.80	11 月 13 日投产
	史各庄 110kV 输变电工程	10.00		0.40	11 月 30 日投产
	何营 110kV 输变电工程	10.00		1.60	12 月 30 日投产
门头沟	军响 110kV 输变电工程	6.30		1.60	12 月 25 日投产
	潭柘寺 35kV 输变电工程	1.26		12.00	3 月 28 日投产
	杜家庄 35kV 输变电工程	1.26		36.60	11 月 25 日投产
房山	兴礼 110kV 输变电工程	10.00		17.60	7 月 30 日投产
	焦庄 110kV 输变电工程	10.00		3.40	12 月 15 日投产
	长沟 110kV 输变电工程	10.00		19.00	12 月 26 日投产
	黑古台（物流园）110kV 输变电工程	10.00	1.20		12 月 28 日投产
	磁家务站升压	10.00		22.00	12 月 27 日投产
	瓦窑头（窦店升压）	10.00		9.20	12 月 25 日投产
大兴	求贤 110kV 输变电工程	6.30		49.00	4 月 26 日投产
	念坛 110kV 输变电工程	6.30		24.00	10 月 30 日投产
	施家务 110kV 输变电工程	6.30		30.00	12 月 26 日投产
平谷	峪口 110kV 输变电工程	6.30		21.00	8 月 28 日投产
怀柔	城东 110kV 输变电工程	6.30		7.00	12 月 26 日投产
密云	巨各庄 110kV 输变电工程	6.30		3.60	10 月 26 日投产
	石城 35kV 输变电工程	5.60		5.30	11 月 17 日投产
顺义	郝家疃 110kV 输变电工程	10.00		12.80	3 月 28 日投产
	新国展 110kV 输变电工程	15.00	1.76	4.80	12 月 30 日投产
	楼台 35kV 输变电工程	4.00	1.33	1.80	11 月 31 日投产
延庆	岔道 110kV 输变电工程	6.30		2.60	10 月 27 日投产
	官厅风电送出工程			73.00	竣工
合计	80 项	1304.82	117.821	864.49	

【基建工程管理】

1．安全管理工作

2007 年，基建部根据国家有关法律、法规及国家电网公司有关规定和基建过程中遇到的实际情况，制定了《北京电力公司基建安全质量巡回检查工作管理规定》、《北京电力公司基建安全质量奖惩考核暂行规定（试行）》等制度，落实了安全责任，建立了约束机制，规范了施工行为，提高了基建工程安全文明施工水平，加强和完善了基建安全保障体系建设。

创建基建安全文化氛围。在切实抓好安全管理的基础上，以宣传为导向，专门制作了《基建安全质量教育片》，编制了《基建安全质量管理工作指南》和《基建安全质量》专刊，加强安全日活动监督，营造了浓厚的基建安全氛围。充分运用和发挥常态巡回检查成果，定期通报检查情况，表扬亮点，批评不足。全年发布巡检周报 40 期、巡检月报 10 期，对学习先进和对照整改起到了很大的促进作用。

促进基建安全文明施工。2007年，基建部根据公司的总体部署和要求，先后开展了百日安全、专项治理、安全月、百问百查等活动，结合工程实际情况和施工特点，将临时用电、基坑、沟道等专项治理及争创无违章工地、巡检等活动纳入专题性和常态化治理，依靠活动的全面动员，全员参与以及全过程管理，以循序渐进、循环往复的方式，不断深化和细化管理。在各类活动中，63个项目部获得无违章流动红旗项目工地，树立了11个临电管理样板工地，5个沟道、基坑安全文明施工管理样板工地，3个安全月标杆工地，12个安全月先进工地。为了起到典型引路、整体推进“0811”工程的目的，基建系统召开了安全文明施工现场观摩经验交流会，各建设单位有关人员集体参观了垡头、焦庄和学院路三个标杆工地。在发生了“西龙线”施工障碍后，基建部深入进行案例分析，挖掘隐藏的管理问题，对施工防护不到位、管理不到位等问题深挖狠揪。全年基建部共进行了405次检查，累计查出各类隐患和问题520项，发出整改通知单137张，回复和整改率都是100%。

2. 质量管理工作

强化生产准备和质量监督。2007年的高密度投产给基建质量管理工作带来了空前压力。基建部从质量监控入手，取得较好成效。先后编制了《北京电力公司基建工程施工工艺手册》、《北京电力公司标准化项目部管理办法》，对输变电工程的关键环节进行监控、管理，引入沟道盾构技术、气垫运输等先进施工方法，提高了施工工艺水平。加强投产前的生产准备工作和旁站监理记录，完善工程洽商、变更签字不全、部分工程保护调试资料针对前期手续不全，设计方案不完善的项目。尤其是线路工程，采用初步方案、初步设计、设计修改、设计收口等多步骤审查方式，配合工程建设需求，把握设计原则，提高工程质量。

■ 6月29日，施工人员铺设110kV慧祥变电站至国家体育场配电室的10kV电缆。（滕建　摄）

加强全过程管理和创优意识。在创优工作领导小组的领导下，根据《北京电力公司工程交接验收管理办法》、《北京电力公司工程创优实施方案》等制度，不断提高设计和施工工艺标准，落实了工程移交、验收等环节的程序，加大了各建设单位、施工单位在设计审核、施工监理、运行验收和质量监督等关键环节的管理力度，加强对沟道盾构技术等新技术在工程中的应用。2007年，黄寺、平谷、八达岭、昆玉河4个220kV变电站工程获国家电网公司优质工程称号。

3. 计划与技术管理工作

精细化管理，有效推进工程进度。2007年，公司全面开展电力强网“0811”基建工程建设，在明确年度里程碑计划的基础上，针对不同阶段的建设特点，总结和梳理了输变电工程前期流程，配合2007年随路电力隧道建设工作，以专题会、现场会等多种形式，从设计、物资等各方面协调工作进展，加强对工程项目的支持力度，通过按照公司整体要求倒排工期，细化工作目标，量化工作指标；根据工程调度会调度成果，落实各环节工作进度情况，合理安排投资计划、用款计划和进度计划，保证计划的可执行性；加强计划的考核和监督；开展工程进度分析、动态盘点和阶段总结，提出公司基建项目阶段性工作重点等三方面工作，把握“0811”工程整体进度，推进工程建设进度。

个性化服务，大力推进重点工程建设进度。2007年，基建部以奥运为契机，集中力量开展奥运配套项目建设，大力推进可靠性提升工程，分层次加强重点工程建设，为不同用户提供个性化服务，从前期、设计、物资、工程等环节给予支持和服务。为确保项目按期投运，在全公司范围内调配物资，采用标准化设计，加强各单位沟通和配合，全面提升工程建设速度，高效、快速、保质保量地完成了特高压配套项目——白浮输变电工程的建设，太阳宫、郑常庄电厂送出工程，以及官厅风力发电项目的建设。及时启动了航天城配套输变电工程建设，顺利完成了奥运工程中7项折子工程的投产，5项奥运配套项目按计划竣工。

4．创一流同业对标

指标完成情况。220kV及以上输变电工程投产后第一年可靠性指标排名第一；工程决算按期完成率、年度电力建设项目环保竣工验收率为100%，并列排名第一；线路工程投产指标为104.87%，变电工程投产指标为133.04%，工程概算下降率为7.65%，工程投资控制指标为86.67%。

落实责任，明确任务。制定了《北京电力公司基建系统创一流同业对标工作实施细则(试行)》，并根据2007年《国家电网公司创一流同业对标指标体系》的要求，提出各阶段的工作任务，有的放矢地开展工作。

加强过程管理，动态分析指标情况。基建部作为基建同业对标的牵头部门，充分发挥组织协调作用，定期组织各相关责任部门学习国家电网公司文件精神，分析指标控制的流程和关键控制点，明确各相关部门在指标控制过程中的责任、工作内容和时限要求，并在基建部网页上进行指标季度公示，逐步实现由结果型对标向过程型对标的转变。

根据2007年公司里程碑计划，2007年竣工项目大部分计划在下半年完成，为缓解年底竣工压力，将5项下半年投产工程及时调度，调整提前至二季度完成，为完成指标任务奠定了基础。

强调配合，加强协调。将项目前期工作下放到各属地公司，发挥各属地公司的优势，加强与地方各级政府部门的联系，取得政府的有力支持和大力协调，集中解决前期手续问题。与相关部门配合，落实与发改委商谈《关于推动办理前期手续绿色通道》的文件批复，达到进一步缩短项目前期手续办理时间的目标。

【标准化建设】 2006年，国家电网公司提出了推进“两个转变”，实施“集团化运作、集约化发展、精细化管理”的“三化”要求。2007年工作会上又增加了“标准化建设”内容，使“三化”充实为“四化”。近年来，标准化建设工作除了基建标准化体系建设以外，输变电工程建设方面先后开展了以“三通一标”(通用设计、通用造价、通用设备和标准化建设）为基础，以两型一化、两型三新为重点，以全寿命周期建设理念为创新的一系列电网建设标准的编制和推广工作。

2007年，结合迎奥运电力强网“0811”工程的实施，电网超常规、跨越式发展对电网建设提出了前所未有的高标准要求，提高设计质量，加快设计进度，提高工作效率；统一工程建设标准，统一设备规范，减少设备形式；方便运行维护，降低建设和运营成本；增强设备的统一性和通用性，提高电网安全运行水平，实现又好又快完成电网建设任务的目标。公司全面推广“三通一标”，并及时遵从“资源节约型、环境友好型、工业化”的建设方针，实现变电站全过程、全寿命周期内“资源节约、环境友好”，满足“以用为先、简洁适用，创新优化、节约资源，以人为本、环境友好”的建设原则，在“三通一标”总体原则要求的基础上，明确变电站工业性设施的功能定位和配置要求，从设计理念、设计标准、功能定位、性能指标、建筑风格、装修材料和施工工艺七个方面进行完善和优化。开展“两型一化”变电站建设实施细则和示范工程的研究。

【招投标管理】 加强招投标管理是实现“0811”目标的重要手段，是落实公司提高工程质量、降低工程造价的基础和保障。为打造“0811”阳光工程，公司在2007年继续推进集中规模招标，通过集中招标，提高了输变电工程的设备、设计、监理、施工的质量和安全水平，降低了工程造价。2007年，公司参加国家电网公司集中招标9次，中标金额10.05亿元。自行组织招标91.46亿元，其中物资类为56.44亿元（节约资金2.04亿元，节资率为3.5%)，非物资类为35.02亿元。

2007年，公司采取了一系列相应措施切实加强招投标管理工作来保证招投标工作的“公平、公正、公开”。一是大力推进公开招标，增加招投标工作的竞争性，保证公司能够引入高质量的设备供应商和高水平的施工单位。二是招投标过程聘请了专门的法律顾问，全程给招投标活动提供法律咨询，并帮助审核招标文件和管理制度，培训工作人员。特别是评标过程中所有废标、澄清申请单必须经法律顾问同意方可发出，确保招标过程符合法律要求。三是规范评标过程，专家进入评标室前，将手机等通信工具交给监督人员，集中保存。同时，将评标专家分为商务和技术两个组，背靠背评分，发挥评委的专业特长。四是成立监督人员库，每次评标前随机抽取监督人员组成监督小组，全程监督评标环节。五是完善管理制度，公司先后出台了《北京电力公司招标代理机构管理办法（试行）》、《北京电力公司物资评标细则（试行）》、《北京电力公司物资招标工作实施细则（试行）》等管理制度。

集中规模招标在实现规模效益的同时，大大提升了公司对供应商的影响力，在铜、铝、钢材等原材料价格持续上涨的情况下，通过公开招标引入竞争机制、完善评标办法、优化评标细则等一系列措施，加大到货检测力度，在保证产品质量的前提下，提倡低价中标，使集中规模招标采购的设备、材料价格同比稳中有降，使公司取得了良好的经济效益和社会效益。

【技术经济管理】 加强技经职能管理。为合理控制投资，基建部下发了《北京电力公司“0811”基建工程概算部分其他费用管理办法》，明确了概算中其他费用管理的组织方式、编制依据和原则、其他费用资金的支付和管理等事宜，对于控制工程成本、提高投资效益、做到各建设单位合理使用资金、避免资金浪费发挥了重要作用。2007年，基建部共开展了82项110kV输变电及切改工程的概算审核工作，审定金额31.82亿元，进行35项220kV输变电工程的概算审核工作。

规范合同和管理工作。合同作为参建各方责、权、利的法律文件，是实现工程“质量控制、进度控制、投资控制”的重要手段。基建部加强了补充协议的管理工作，对于补充协议金额较大的工程，进行复核或调查后方可签订，保证了补充协议的合理性。全年技经处共签订各类合同和协议216份，合同金额达17.48亿元。

加强定额管理，做好造价基础工作。在长时间进行调研、资料积累的基础上，基建部组织编制的《北京地区浅埋暗挖电力沟道定额》，由北京市建委正式发行，为电力沟道浅埋暗挖沟道施工造价控制提供了依据，此定额已推广到北京市补充预算定额中使用。

【基建文化建设】 基建部按照“权力交给制度，制度交给监督”的原则，坚持教育、制度、监督并重，弘扬“干事、干净”的廉洁文化理念，树立有所作为的观念，发扬无私忘我精神，打造肯打硬仗、能打硬仗、善打硬仗的基建“铁军”，铸造阳光工程。基建部为了及时宣传报道“0811”工程进展，提炼在“0811”工程建设中基建员工体现出的拼搏精神，在“0811”工程启动之初就编制了《“0811”基建工程体系建设大纲》，并随着工程的深入编辑出版各类刊物，包括《启动辉煌》、《精细化管理》、《标准化建设》、《“0811”工程PIS手册》、《辉煌使命》等系列书籍；还定期编辑出版《“0811”基建工程报道》，宣传工程建设中涌现的明星故事和动人话语。

【重点工程】 2007年，完成的电力重点工程主要有以下8项：

（1）奥运村220kV输变电工程。奥运村220kV变电站位于北京市朝阳区王四营乡朝阳区奥运森林公园西北侧，该工程是北京市确定的7项奥运折子工程之一。奥运村变电站作为唯一以奥运命名的变电站，是直接向国家体育场、国家游泳中心等奥运主场馆及周边地区供电的慧祥、安慧110kV变电站的上级电源。奥运村220kV变电站总用地面积12000m²，总建筑面积约6500m²。本期安装18万kVA变压器2台，新建城北—奥运村站220kV双回架空线路16.4km。该工程设计单位为北京电力设计院，土建施工单位为鹏达建设集团公司，电气施工单位为北京电力工程公司。该工程于2006年开工建设，2007年7月25日竣工投产。

■ 7月24日，国家电网公司副总经理郑宝森在公司总经理时家林、副总经理单业才等陪同下，来到奥运村220kV变电站视察并指导工作。（范晓辉　摄）

（2）红军营220kV输变电工程。红军营220kV变电站位于朝阳区北苑来广营乡红军营，红军营变电站的投运将为黄寺 220kV 变电站提供不同方向的电源，以提高奥运期间的供电可靠性。红军营 220kV 变电站总用地面积 12000m^2，总建筑面积约 3570m^2。本期安装 18 万 kVA 变压器 2 台，新建双回架空线路 6.7km。该工程设计单位为北京电力设计院，土建施工单位为北京电力建设公司，电气施工单位为北京电力工程公司。该工程于 2006 年开工建设，2007 年 7 月 11 日竣工投产。

（3）慧祥 110kV 输变电工程。慧祥 110kV 变电站位于朝阳区奥林匹克公园西侧，慧祥变电站的投运将为国家体育馆、国家游泳中心、国际会议中心、奥运村、记者村等奥运场馆及配套设施直接提供电源，同时为中科院及周边居民供电。慧祥 110kV 变电站总建筑面积约 5600m^2。本期安装 5 万 kVA 变压器 2 台，敷设电缆 1.087km。该工程设计单位为北京电力设计院，土建施工单位为田华集团，电气施工单位为北京京电变电工程处。该工程于 2006 年开工建设，2007 年 7 月 31 日竣工投产。

（4）五棵松 110kV 输变电工程。五棵松 110kV 变电站位于海淀区前甄家坟村，五棵松变电站的投运主要为五棵松体育文化中心奥运场馆及周边住宅供电，同时解决周边大量的商用开发区的电力供应。五棵松 110kV 变电站总建筑面积约 3908m^2。本期安装 5 万 kVA 变压器 2 台，新建电力沟道 7.92km。该工程设计单位为北京电力设计院，土建施工单位为鹏达建设集团公司，电气施工单位为北京电力工程公司。该工程于 2006 年开工建设，2007 年 6 月 30 日竣工投产。

（5）郝家疃（奥运水上公园）110kV 变电站。郝家疃（奥运水上公园）110kV 变电站位于顺义郝家疃地区，郝家疃（奥运水上公园）变电站的投运主要为奥运水上公园提供电力供应。郝家疃（奥运水上公园）110kV 变电站总建筑面积约 3175m^2。本期安装 5 万 kVA 变压器 2 台，新建架空线路 12.8km。该工程设计单位为北京电力设计院，土建施工单位为顺建集团，电气施工单位为北京电力工程公司。该工程于 2006 年开工建设，2007 年 3 月 28 日竣工投产。

（6）白浮 110kV 输变电工程。白浮 110kV 输变电工程是北京电力公司启动迎奥运电力强网“0811”工程项目之一，是国家电网特高压直流试验基地重要的配套项目。白浮 110kV 变电站位于昌平区，建筑面积 2576m^2。城市建设第六集团负责前期土建工程，易成市政负责沟道建设任务，北京昌平供用电安装公司负责电缆施工和电气安装工作，设计单位为北京电力设计院，监理单位为北京吉北电力工程咨询有限公司。

建设规模：白浮 110kV 变电站为 110/10.5kV 两级电压地区性负荷站，安装 50000kVA 变压器 2 台，20000kVA 变压器 1 台，110kV 进线两回，10kV 馈电 29 回；安装 10kV 并联补偿电容器 4 组，容量为 2×（3006+6012）kvar。

配电装置：主变压器为 SZ50000/110 油浸式自冷变压器；110kV 装置为三相共箱式 GIS，电动弹簧机构；10kV 开关柜为金属铠装中置式手车开关柜，内装 VB2 真空开关，配电动弹簧操动机构。

临时外电源工程自 2007 年 3 月 2 日启动至 4 月 5 日正式发电，仅用了 32 天，比要求的时间提前 40 天完成了送电任务；110kV 输变电工程自 5 月 15 日正式开工到 8 月 28 日投产送电共计 106 天。在这 106 天里，昌平供电公司完成了 110kV 变电站土建施工和电气安装任务，完成了 4.57km 电缆沟道建设和电缆敷设任务。白浮 110kV 输变电工程创造了北京电力公司电力建设史上的新纪录，为“0811”工程建设树立了典范。

（7）官厅风电厂 110kV 送出工程情况。位于延庆县的官厅风力发电厂是北京首个风力发电厂，一期装机 33 台，容量为 4.95 万 kW，每年可生产电能约 1 亿 kWh，延庆供电公司承接了官厅风电厂 110kV 送出工程。

该工程设计单位为北京电力设计院，设计完成时间为 2007 年 8 月底；施工单位为北京诚惠电力工程有限公司；监理单位为北京吉北电力工程咨询有限公司；该工程由北京电力公司投资建设，总共完成投资 952 万元；工程开工日期为 2007 年 10 月 5 日；工程竣工日期为 2007 年 11 月 30 日；发电投产日期为 2008 年 1 月 8 日。官厅风力发电成功并网后，不仅为北京奥运会源源不断输入绿色电能，还给很多市民带来绿色能源的享受。

官厅风电厂 110kV 送出工程，主要包括三部分工作内容：

1）架空线路部分：共新建 8 基铁塔，线路单线长约 1.66km，其中，从风电厂到官聂线 64 号塔，单线长 0.63km，4 基铁塔，挂单回 LGJ-400 导线和

2根地线（1根48芯OPGW，1根24芯OPGW）；从康庄站到官聂108号塔，长1.03km，4基铁塔，挂单回LGJ-400导线和双回地线（2根48芯OPGW）。中间64～108号塔及其线路属于官聂线消隐改造工程，共计16km, 由输电公司负责组织实施。

2）康庄站和聂各庄站增加微机保护装置，其中，康庄站增加3套110kV光纤纵差保护装置和1套110kV母差保护装置，聂各庄站增加2套110kV光纤纵差保护装置和1套旁路110kV光纤纵差保护装置。同时康庄站和聂各庄站各增加1套光端通信设备及附属设备。

3）利用聂康线路由新架ADSS光缆约52km。

（8）朝阳500kV输变电工程。朝阳500kV输变电工程是北京电力“0811电力强网”的代表性工程，被列为国家电网公司重点项目，是深入北京城区的500kV电源之一。它的建成投产，将为北京东部地区的经济发展，改善北京电网的结构，提高220kV供电可靠性做出重大贡献。

朝阳变电站是国内首座500kV全户内型变电站，500kV出线2回，即通州1回，安定1回，一期上齐，共83km；220kV终期出线12回，本期出线4回，即定福庄2回，西大望2回；终期每组主变压器低压侧装设2组60Mvar电抗器和3组60Mvar电容器，本期装设2组60Mvar电抗器和2组60Mvar电容器，两组单台容量为400MVA的单相自耦风冷有载调压变压器，是目前国内投运的500kV单台容量最大的变压器。

朝阳500kV输变电工程由北京电力设计院设计、北京电力工程公司承担了变电站和送电线路的施工任务，北京送变电公司、湖南送变电公司也参与了送电线路的施工任务。该工程于2006年10月1日开工，2007年12月13日竣工，是公司第一个独立组织建设的500kV输变电项目。

■ 国内首座全户内、全组合电器变电站朝阳500 kV变电站于2007年12月13日竣工。（刘贵福　摄）

（苏丽）

经营管理

JING YING GUAN LI

计划与投资管理

【计划管理】 2007年，公司以科学发展观为指导，按照“五突出、五抓、创一流”的工作思路，加快推进公司和电网发展方式转变，提前实现了公司“三步走”发展战略的第一阶段目标。经营业绩取得了跨越式进步，主要经营指标运行良好，利润、售电量同比持续增长，线损率、应收电费余额等指标取得重大突破，盈利能力不断提高，成本发生可控、在控，全面完成了国家电网公司下达的综合计划目标。

主要计划指标完成情况：完成固定资产投资116.62亿元，同比增长43.08%，首次突破100亿元；投产110kV及以上线路904km，变电容量577万kVA，分别完成计划的112.9%、121.7%；售电量完成577.07亿kWh，完成年度指标的100.5%；线损率完成6.99%，同比降低0.18个百分点，首次低于7%的水平；资产负债率为54.24%，比年度指标降低10.78个百分点；净资产收益率完成3.52%，比年度指标提高0.1个百分点；应收电费余额完成1.3亿元，比年度指标降低2.5亿元。

计划执行的主要特点如下：

售电量持续稳步增长。北京地区全社会用电量达667.01亿kWh，同比提高9.06%。市场占有率达到96.63%，同比增长0.22个百分点。用电结构继续发生变化，第三产业用电量保持快速增长，年增长率达13.75%，高于全社会用电量增速4.69个百分点，已成为拉动全社会用电量增长的中坚力量。2007年，城乡居民生活用电增速增长达11.27%。

售电量增速高于全社会用电量增长，全口径售电量累计完成577.07亿kWh，同比提高9.52%。以第三产业为主的商业用电和非工业用电对地区售电量的增长贡献明显，分别对全口径售电量增长率贡献2.86和1.19个百分点，另外，居民生活用电贡献2.75个百分点，大工业用电贡献1.39个百分点。

安全生产成效显著。未发生人身死亡事故；未发生重大以上电网和设备事故；未发生火灾事故；未发生重大施工机械设备损坏事故；未发生性质严重的或造成较大社会影响的停电事故。荣获2007年国家电网公司系统内唯一一个“全国安全生产月活动优秀单位”荣誉称号。

城市综合电压合格率完成99.373%，同比提高0.124个百分点；农村综合电压合格率完成99.305%。城市供电可靠率完成99.9382%，同比提升0.0345个百分点；用户平均停电时间为5.412小时，同比降低35.9%；农村供电可靠率完成99.7951%，同比提升0.1048个百分点；用户平均停电时间为17.9492小时，同比降低33.8%。全年圆满完成政治供电任务212项，累计保电天数达318天。

“0811”工程全面告捷。截至2007年底，具有里程碑性质的电力强网“0811”工程目标已全面实现，顺利实现电网“三步走”战略的第一步。“0811”工程新建和扩建110kV及以上变电站95座，增加变电容量1694万kVA，提升供电能力33%；完成生产改造工程66项，由于大批老旧和运行存在安全隐患的设备得到改造和更新，以及高可靠和免维护设备的大量采用，电网装备技术水平和设备健康状况明显提高，为奥运会安全可靠供电和首都经济社会发展奠定了坚实的物质基础。截至2007年底，电网建设完成投资76.7亿元，完成基建项目80项。

经营水平显著提高。深化综合计划和全面预算管理。加强成本控制，公司主营业务成本低于收入增长0.27个百分点。在电网投资力度不断加大和购电成本上升的情况下，主营业务收入增长高于售电量增长4.04个百分点。净资产收益率同比提高0.08个百分点，盈利能力进一步增强。流动资产周转率比2006年同期提高2.93次，资产运营效益提高。应收电费余额同比下降67.1%，当年电费回收率100%，陈欠电费同比下降97.28%。

线损指标首次突破，节能降耗成效显著。线损率完成6.99%，取得低于7%的历史最好水平。各月线损率完成情况均低于同期水平，在消化农网低压损失纳入带来的损失电量及铜、铁损计收办法改变带来的铜铁损电量的基础上，同比下降0.18个百分点。

奥运保障工作有效推进，新农村建设取得阶段性成果。公司承担的12项奥运输变电工程已经竣工投产11项，5项奥运中心区电力沟道工程已有4项竣工。全年累计完成43项奥运场馆周边架空入地工程，18项奥运比赛场馆及2项配套附属设施外电源工程建设工程。结合“好运北京”奥运测试赛供电保障工作，进一步细化保障标准、强化工作措施，主动开展对奥运场馆、定点医院等重点用户的电力安全隐患排查和技术培训，圆满完成了24项奥运测试赛服务和保障任务。投资1.4亿元进行新农村电气化建设示范工程。67个村的示范工程全部竣工。完成4个电气化区县、51个新农村电气化乡镇、780个新农村电气化村的考评工作。

科技投入。2007年，科技投入累计发生3.46亿元，占主营业务收入1.09%。其中技术开发费为1.53亿元，基建、技改及其他专项工程中科技投入为1.92亿元。承担国家电网公司重大科技创新专项任务6项。电网安全稳定、状态检修、带电作业、提高电网输送能力、提高试验研究能力等方面加大资金支持力度。

职工队伍建设。全年完成了11000余人的职业技能鉴定，组织了班组长、劳务用工等共计13000余人次的专项培训，全员培训率达到99.88%，同比增长1.03%。人才密度为97.05%，较2006年末增长11.32个百分点；高技能人才比例为96.71%，较2006年末增长37.25个百分点；培训经费投入率为9.63%，较2006年末增长5.38个百分点。

【投资管理】 2007年，为了落实“十一五”电网发展规划目标，公司全力开展了“0811”工程等电网建设。全年完成固定资产投资116.62亿元，同比增长43.09%，其中新开工项目完成投资额67.8亿元，占当年完成投资额的58%。投资完成额首次突破了100亿元。

重点项目有序推进。公司2007年投资完成涉及工程建设项目571个，其中，续建项目183个，新开工项目388个，竣工投产项目79个。2007年，公司共安排8项重点建设项目（按建委批复口径），总投资29.7亿元。自开工以来累计完成投资16.4亿元，分别是城南500kV输变电工程，密云、仁和、垡头、酒仙桥、阎村北、草厂、青云店220kV输变电工程。到2007年底，除城南500kV输变电工程本体竣工、垡头变电站设备安装、缆沟施工、酒仙桥项目新开工外，其余5项均已竣工。

投资布局与结构有所变化。在投资布局上，配网项目完成投资占总投资额的七成以上。其中大中型项目建设完成投资27.2亿元，占23.31%；配网项目建设完成投资84.69亿元，占72.62%；小型基建完成投资1.27亿元，占1.09%；更新改造完成投资3.48亿元，占2.98%。投资结构上，公司的主要投资仍以设备款为主。2007年公司投资额116.62亿元中，建筑部分25.47亿元，占总投资的21.84%；安装部分28.17亿元，占总投资的24.16%；设备投资47.96亿元，占总投资的41.13%；其他投资15.01亿元，占总投资的12.87%。投资方向上，除公司本部承建工程项目外，2007年投资明显集中在城区、朝阳和海淀地区，2007年分别完成投资10.19亿元、14.06亿元和10.66亿元。

投资成效较为显著。北京电网设施建设改造已显成效。奥运、电网可靠性提升、消除电力隐患等重点工程项目得到建设；110kV电网建设力度空前加强，高电压等级电网建设取得突破；电网供电能力得到持续改善。2007年，公司新增220kV变电站5座，容量344万kVA；110kV变电站41座，容量486万kVA；35kV变电站6座，容量16.7万kVA，新增220kV架空线路157km、电缆线路19km，110kV架空线路343km、电缆线路100km，35kV架空线路198km、电缆线路20km。

全年投资管理重点工作有以下方面：

建立完善以专业管理为基础的投资计划管理体系。为实现公司专业化管理思路，2007年投资计划管理工作相应进行了转变，初步形成了以专业化管理为基础的宏观调控投资计划管理体系。年初，编发了《北京电力公司投资计划管理模式指导意见》，明确了投资计划管理流程及职责，立足于建立公司投资计划管理体系。新的投资计划管理模式体现了集约化、精细化、专业化、为“三条主线”服务等基本原则，明确了各部门及单位在投资计划管理工作中的职责，构建了公司投资计划管理新框架。

在年度投资预控计划中增设里程碑计划。2007年的年度投资预控计划编制中，为加强计划的执行力度，实行精细化管理，将里程碑计划全面引入年度投资预控计划，对于每个项目均设有可研内审、初设批复、竣工投产、财务决算等7个里程碑计划重要节点，并要求项目按照里程碑计划实施。里程碑计划管理对投资项目提出了具体实施时间要求，为年度投资计划的执行、监控创造了条件。

研究公司中短期投资发展方向。为做到以计划落实规划，使投资为公司战略服务，同时为2008年公司投资计划的编制创造条件。2007年，公司组织完成了中短期投资报告。报告在认真分析公司财务能力的前提下，提出公司中短期投资规模的大中小方案，以及投资回收条件等；并对2008～2010年公司整体投资的指导思想、发展目标、发展思路、投资时序等进行了研究，提出了公司各专业的投资规划和投资重点。

【统计管理】 修订与完善统计规章制度。按照国家电网公司、中国电力企业联合会、北京市地方政府下达的统计任务和2007年公司内部生产经营管理的需求，修订了公司统计报表制度，完善了公司统计管理办法，建立了统计工作季度通报考评制度。

建立公司电力监管信息报送机制。在国家电网公司的统一部署下，按照国家电监会《关于建立电力监管统计制度的通知》（电监信息[2006]21号）要求，组织建立了公司电力监管信息报送机制。

加强统计分析工作。组织完成了公司2006年度投资完成统计分析报告、整体统计分析报告、电网投入与发展分析报告、用电增长情况分析报告。

整理规范了部分统计指标口径。一直以来，因为专业性质不同、专业管理角度和工作出发点的不同，导致了一些生产设备数据的统计口径呈多样性，在向上级部门各专业口报送同一指标时，会因口径的不同出现多个数据，这样容易在工作上引发不必要的理解错误和混乱。2007年，公司对部分口径繁多的统计指标进行了梳理，并根据梳理的结果，通过各专业之间的沟通和认可，规范、明确统计指标的含义解释，统一口径，确保上报数据的唯一性。

组织统计专业培训。为进一步提高统计人员的业务素质，在7月底组织公司所属各单位和公司本部的统计专责人参加了华北网公司举办的统计专业培训。培训内容着重于统计法律常识、电网企业统计分析与预测方法等。从统计实际工作入手，本着业务管理和职能管理相结合的原则进行，收到良好效果。

（聂继军）

财　务　管　理

【公司经营状况】 在电网建设资金需求大幅增加、折旧快速增长的情况下，通过深入实施集团化运作、集约化发展、精益化管理、标准化建设，加强财务管理和内部控制，2007年公司经营目标全面实现，盈利水平迈上新台阶，公司整体运营状况良好。主要资产经营指标完成情况及同期对比见下表。

2007年北京市电力公司主要资产经营指标完成情况

项目	下达年度指标	2007年实际完成	2006年实际完成	与2006年同期相比情况
利润总额（亿元）	10.46	10.46	8.52	同比提高1.94亿元
资产负债率（%）	65.02	54.37	55.38	同比下降1.01个百分点
净资产收益率（%）	3.47	3.52	3.34	同比提高0.18个百分点
应收电费余额（亿元）	3.8	1.3	3.96	同比降低2.66亿元
流动资产周转次数（次）	5.72	10.50	7.62	同比增加2.88次
可控费用（亿元）	17.55	17.55	13.82	同比提高3.73亿元

【预算管理】 坚持集约化、专业化管理方向，围绕公司发展战略，以强化全面预算管理为主线，充分发挥预算的战略导向作用、资源优化配置作用和引领管理提升作用。建立起分级负责、归口管理的预算管理体系，并制定《北京电力公司预算管理办法》《北京电力公司预算管理委员会工作规则》及《北京电力公司本部预算管理规定》三个管理文件，从不同的侧面详细规定了预算的重点管理事项，共同形成公司预算管理体系。

有效地规范管理、防范风险、提升公司整体管理水平。按照过程精细化、方法科学化、内容规范化的要求，不断完善预算模型，科学合理设定各项参数和标准，明确各项业务指标与财务指标之间的关系，提高预算控制力。认真做好预算编制、控制和调整工作，提高管控能力。加强预算执行分析与控制，及时做好效益分析与预测。预算管理工作在总结改进前几年工作经验的基础上，在管理上取得了一定的进步，2007 年被国家电网公司评为预算管理先进单位。

■ 12 月，公司召开年度财务预决算暨执行新会计准则布置会议。

【电价及收费管理】 在政府“稳价格、调结构、重管理、促改革”的电价管理工作思路下，围绕“加强基础工作”的主线，开展了建立电价工作组织体系、研究购网电价和国家新政策新办法等重大课题、积累各类与价格相关的资料数据等基础性工作。成立跨专业部门的电价领导小组及工作组，研究确定电价管理工作的职责分工，为电价管理工作提供坚强的组织保障。根据国家发改委《输配电价成本监审暂行办法》、《调整销售电价分类结构指导意见》等文件讨论稿，现行的电价定价模式发生了根本性的改变，将对电网经营企业产生重大的影响。公司把电价工作思路，转变到深入分析北京电网的输配电成本、分析测算合理水平和电价结构调整上来。完成《北京电网输配电成本及电价分析》、《公司电价工作三年规划》等研究报告，提出到“十一五”末期的电价调整建议和过渡方案，为公司今后几年电价工作提供决策参考依据。

向北京市财政局汇报农村体制改革中的困难和农网建设等资金需求，取得了财政资金补贴再延续 3 年的政策；向北京市财政局汇报电力节能展厅布展的项目经费，取得布展项目的财政资金补贴。向北京发改委汇报“三线搭挂”现状、原因及收费的目的、作用及意义，获得“租用电力电缆隧道管道杆线等资源收费”的政策批复。

【资金管理】 加大银行账户清理压缩力度，公司账户结构进一步优化，账户功能更加合理，账户体系更趋完善。截至 2007 年底，公司合并口径银行账户降至 138 个，银行账户数较年初下降 13%，超额完成国家电网公司压缩账户目标。加强资金安全管理，先后组织资金风险管理、金融资产和金融负债清查等项工作，宣传了资金安全的理念，加强了风险控制制度建设，促使公司资金管理进一步制度化、程序化。

全面推广银行账户一级管理，资金集中支付系统已经开始陆续上线试运行。资金集中支付系统的启用标志着公司资金管理进入一个全新阶段，一方面有效地减少基层单位资金沉淀，提高资金运作水平；另一方面为公司进一步实施集约化运作和精细化管理提供了手段和技术支持。

融资结构得到进一步有效优化。一是依据对公司资金流特性的分析，根据短期、中期及长期三类性质的资金缺口，匹配相应期限的银行融资规模；二是采取多种手段进行融资，国家电网公司内部资金市场融资和融资租赁方式也得到了很好的运用。2007 年公司工程项目投资加速，通过提前还贷、内部运作等积极有效措施，有效控制公司借款存量；采取以适量的短期借款替换存量长期借款的资金运作方式，优化资产结构，节约财务费用 1365 万元；科学预计流动资金垫付、推迟借款而应贷未贷的金额将达到 76.7 亿元，累计节约财务费用约 5.2 亿元；积极对外争取政策，2006 年消隐工程贴息资金 1.19 亿元于 2007 年分阶段顺利落实。

■ 向国家电网公司财务部及花旗银行专家介绍公司资金管理情况。

【会计基础工作】 以稳步推进集团账务系统的实施为契机，不断提升财务基础工作。通过集团账务系统在全公司（母公司）范围内实行五个统一（即统一会计核算主体，统一经济业务处理规则，统一会计核算方法，统一会计基础工作要求，统一核算系统与信息传递方式），从而实现会计信息传递的实时、会计信息含义的规范、会计信息质量的提高，最终实现财务信息化从核算到管理的转型，实现对经营决策的精准支持。

以深入开展财务稽核工作为抓手，不断强化财务基础工作标准化建设。重点开展了审计意见整改、财务内部控制、技改工程成本和成本费用管理四个方面的专项稽核检查，通过稽核检查督导基层单位梳理管理流程，进一步规范了会计基础工作，加强了后续监管。8月，参加华北地区的财务稽核互查，向区域内兄弟网省公司学习借鉴管理经验和做法，推进了财务规范化管理水平的提高。

【资产清理处置】 开展资产清理处置工作，进一步加大非核心业务资产和低效无效资产的清理处置力度。2007年，累计完成自主处置任务的54.20%，处置资产总额7.04亿元，对应权益6.93亿元，收回资产价值2.72亿元，其中货币资金1.80亿元。在股权处置方面，共处置资产2.30亿元，其中，实开公司所属投资股权转让6项，企业清算2项，承发包公司完成股权转让1项，协议撤资3项，评估备案股权7项，为公司减轻历史包袱、提高运营效率、优化资产结构起到了积极的作用。

【财务同业对标】 加强同业对标的常态管理。对各项指标的完成情况定期进行分析诊断，按指标主要影响因素进行层层分解，落实责任到处、到专责人，采取措施改善管理手段，优化业务流程，并按季度跟踪监控改进落实情况。结合公司具体情况，推动指标结果对标向管理过程对标的转变，并将管理对标工作向基层单位延伸，鼓励各单位进行财务管理理念、机制、方法、手段创新，深入开展了预算管理、会计核算、基础工作、资金管理和固定资产管理五个方面的管理对标交流工作。通过公开评审，确立公司内部管理标杆单位，并将标杆单位的先进管理理念及管理方法进行发布、推广，促进全公司财务管理水平的共同提高。同时，通过调研、稽核等多种形式组织各单位财务人员去山东、浙江等标杆单位学习、取经，促进对标成果的实际应用。按照国家电网公司管理对标计划安排，认真指导公司内部标杆单位、完善管理对标总结材料，向国家电网公司推荐参加评选。海淀供电公司在国家电网系统地市公司管理对标中被评为会计管理标杆单位，实现了公司管理对标零的突破。

【战略研究】 按照年初财务工作会的部署，围绕公司发展战略和规划目标，着眼于财务工作新的实践和新的发展，初步制定公司财务工作三年规划。深入分析财务工作面临环境、总结公司财务经营管理经验，明确今后3年财务工作指导思想、总体目标，财务管理各专业目标、工作方向和保障措施以及重点工作，为进一步发挥财务在公司经营管理中的服务保障及决策支持作用提供方向指引。

深入分析研究制约经营管理水平提升的因素，结合公司实际，开展配网资产接收、购网电价研究以及经营工作的相关问题研究。在全面分析公司经营工作特点的基础上，找准经营财务工作存在的主要问题，明确提出公司强化经营、财务工作的整体思路、工作目标和工作措施。

【落实新《企业财务通则》和《新企业会计准则》】 严格执行新《企业财务通则》（简称新《通则》），落实各项政策措施；针对工资结余、福利费等重大政策变化，重新研究规范公司的成本费用开支范围和标准，确保新《通则》从2007年起顺利调整到位。切实做好执行新《企业会计准则》（简称新《准则》）的准备工作，认真研究新《准则》在会计目标、计量属性、资产分类、薪酬管理等方面的变化，深入分析对公司经营效益和管理决策的影响，提出应对措施；4～10月，组织公司系统财务人员进行大规模培训和调考工作，为执行新《准则》做好知识储备；以赛促学，组织参加国家电网公司和华北电网公司会计知识大赛，分别获得优秀组织奖和团体二等奖。

■ 8月，公司组织全体财务人员参加会计知识竞赛。

审 计 管 理

【综述】 2007年的审计工作在初步实现目标、角色、内容、手段、行为“五个转变”的基础上，围绕国家电网公司对内部审计工作转型和公司发展战略的要求，从三个方面把握审计工作要点，实施审计管理：明确审计工作思路，从加强控制、防范风险、提高效益入手，将内部审计的范围向公司的工程建设、电力营销等主营业务延伸拓展；严控审计工作质量，梳理工作程序，设计业务指南，建立三级复核机制，确保审计工作的客观公正；加大力度夯实审计工作基础，通过搭建公司审计的内部控制体系，修订、补充、完善审计管理制度，先后下发《重大审计事项报告制度》《优秀审计项目评审办法》、《专兼职审计工作指导意见》等，为审计工作有效开展提供科学执行依据。

【年度各类审计项目】 2007年实施审计的116个项目涉及25家单位，审计覆盖面达到公司所属单位的78%。

工程审计。工程审计紧紧围绕“0811”及奥运工程建设重点，从资金流、业务流、管理流出发，共完成10家单位23项基建工程审计，抽审资金13亿元；完成13家单位64项消隐一期工程审计，抽审资金9.3亿元；完成11项“0811”奥运工程在建期审计检查；配合公司监察部完成奥运工程物资招投标效能监察。工程审计在制定“0811”奥运工程审计实施方案的基础上，以强化管理为核心，实行目标责任制，注重事前、事中、事后的跟踪与反馈。与基建部合作对奥运基建工程实施的联合检查，重点关注了工程建设资金、管理程序与投资控制，职能部门间由此形成的合力，推进了各类审计发现问题的及时有效解决。

任期经济责任审计。开展了对延庆供电公司、石景山供电公司、丰台供电公司，输电公司、北京电力行业协会、科学技术协会、农电学会七家单位领导干部的任期经济责任审计，范围涵盖主业、下辖供电所及其所属多经，针对各单位负责人2～7年的不同任期，选择被审计单位在审计时段内的中心工作，包括内部控制体系建设情况、财务管理、预算管理、资金资产管理、物资管理、营销管理、大修技改工程管理、供电所管理、多经改制及其经营状况等作为审查重点，适当加大审前调查环节的工作力度，缩短现场审计时间，细化审计后期的意见交换、成果落实、管理咨询等组织程序，为领导干部业绩评价提供重要参考。

本着防范风险的原则，审计部与人力资源部、监察部对离任领导干部交接工作进行联合监督。在审计计划安排、审计项目组织、审计重点圈定和审计结果通报上，与被审计单位、机关职能部室沟通协调，寓监督于服务，为更好地落实审计意见打下良好基础。

资产经营责任审计。完成了对北京电力试验研究院、北京电力行业协会、亦庄供电公司、海淀供电公司、北京电力设计院、物资公司六家单位的资产经营责任审计。审计由原来的财务收支为主逐步

■ 12月20日，奥运基建工程安慧110kV变电站审计现场。

■ 7月24日，丰台供电公司任期经济责任审计现场。

向关注企业经营环境、经营管理各个环节转变，审计分析力度加大，审计评价更加全面、客观。在计划的确定上，充分考虑对被审计单位的审计频率，均衡分配审计资源；在审计内容的确立上，关注公司中心工作落实情况的同时，兼顾被审计单位的经营特点。其中，对供电单位的营销审计从三个方面入手，包括：审查营销业务的内部控制，通过查阅资料，对立户、抄表、核算、收费等全过程进行“穿行测试”，考察营销内控体系的健全、有效与合理性；审查营销指标完成情况的真实性，通过对售电量、线损率、电费回收率、应收电费余额等指标的审查，核实指标完成的真实性，确保经营信息准确；审查营销管理薄弱环节，依据内部控制测试的结果，重点对电价执行、大工业用户管理、退补电费管理、计量管理等展开审查，为电力营销的堵漏增收把好审计关。

专项审计。实施了针对社保中心社保基金、清河集资建房、调度指挥大楼、培训中心大雁楼改建的专项审计，把握公司管理与建设的重点和热点，从被审计事项组织管理的规范性、经济性、效益性入手，及时发现问题并推动问题解决，确保重大经营管理事项的可控、在控。

【内部控制综合评价】 审计继续加大对内部控制体系建设的宣传力度，实施有针对性的业务指导，出台内部控制评价标准体系，对公司所属32家单位进行全面的内部控制评价，出具内控评价分报告32份、汇总报告1份。确定业务管理模块257个、设计业务操作流程4153条，完善修订制度4042项，为公司同业对标工作和ERP项目的开展打下了良好的基础。

【审计成果应用】 2007年，审计在坚持“三不放过”原则的基础上，以人性化方式推进工作成果落实，为被审计单位提供切实可行的整改意见，组织针对2006～2007年度实施项目的审计回访工作，督促、指导各单位落实审计意见。2007年，通过审计纠正违规违纪资金4798万元、促进增收节支3074万元、核减工程投资2388万元、采纳管理建议354条，有效促使基层单位规避风险、理顺流程、完善制度、强化管理。

【审计培训】 2007年两期审计培训工作分别安排在年度审计项目开始前和年终审计项目总结时。培训侧重提高审计人员的实际操作能力，针对公司所属120余名专兼职审计人员展开，为期4天，采用了授课、座谈、现场观摩和演练相结合的方式，收到良好效果。此外，审计部主动邀请相关职能单位与部门（包括设计院、财务部、营销部、电力经济研究中心）的领导与专家进行授课，学习公司前沿政策信息与专业实务知识，提高了专职审计人员的业务能力。

【审计评优】 2007年，国家电网公司进一步修改和完善了优秀审计项目评审的审计项目类别、评分标准和评比办法，各级审计机构参加审计评选的积极性高涨。公司审计部参评的三个项目中，大兴供电公司消隐一期工程审计、海淀供电公司资产经营责任审计获得国家电网公司优秀审计项目，输电公司任期经济责任审计获得华北电网公司优秀审计项目。

北京电力公司优秀审计项目评审工作中，获优秀审计项目的有三个，分别是丰台供电公司农村供电所经营审计、房山供电工程公司审计和综合产业管理中心企业经营管理状况审计；获表彰审计项目的有四个，分别是顺义供电公司高丽营供电所建设工程竣工结算审计、党校住房资金专项审计调查、调度通信中心多经公司2006年度财务收支审计和城区供电开发总公司审计调查。

【参加国家电网公司联合审计】 2007年，公司审计先后派出9人次，分赴国家电网公司审计部、湖南省电力公司、四川省电力公司、三峡输变电工程审计项目组完成借调任务和联合审计，外派项目累计工作38周，本着“走出去，学习新知识，培养新力量”的目的，开阔视野，加强专业沟通。

（陈晓燕）

法 律 工 作

【法律研究】 2007年，公司密切关注立法动态，通过网络等媒介及时了解跟踪立法情况，将立法中各方面的观点和意见进行收集和整理。认真学习新法条款，新法颁布后，通过参加讲座、购买辅导教材等多种方式深入学习新法精神和条款含义。结合实际深入研究并提出建议。结合公司经营管理实际，就新法对公司影响进行了深入的分析，利用《法律决策参考》分5期就《物权法》、《劳动合同法》等进行了解读，并提出法律建议。

【合同管理】 2007年，合同管理工作的重点是按照规范管理的要求，解决两个方面的突出问题，一是倒签合同的问题，二是基层合同管理问题。2007年，公司范围内倒签合同的现象已基本消灭，合同管理的规范性得到了提升。针对个别单位合同管理制度执行不利、合同文本签订质量不高的情况，公司法律事务处主动到这些单位进行调研，对其出具法律意见书，指出其存在的问题与风险，并限期要求整改。制定并下发了《关于进一步加强合同管理工作的意见》，从严格报审程序、加大合同管理员审核深度、规范合同专用章管理、杜绝倒签合同行为等十个方面，对当前基层合同管理工作提出新的要求。

加强对公司重大合同经济合同的审核力度，包括《奥运合作伙伴现金等价物框架协议》、《办公用房买卖合同》、《国际对标服务合同》等。在加强重大经济合同文本审查的同时，公司法律事务处还不断延伸管理职能，主动参与到相关合同的谈判活动，积极分析合同风险点，及时向公司领导提交法律意见书。截至2007年12月31日，公司审核本部及二级单位重大经济合同1146份，其中，本部688份，二级单位458份。与2006年相比，合同审核数量虽然增长了11%，但没有发生一起重大履约纠纷，很好地控制了合同风险。

【诉讼管理】 公司2007年诉讼案件仍存在高发阶段。截至2007年12月31日，新发案件61起，涉案金额5582万元。其中，被动应诉案件49起，涉案金额5456万元；主动起诉案件11起，涉案金额126万元。同时，2007年以前还有94起案件尚未审结，因此2007年全年处理各类诉讼案件155起。

2007年的重大案件主要有3起，即刘金勃等14人电磁侵权案件、冯金凤等5人内退职工劳动争议案件和江西抚州金球公司诉公司担保纠纷，最后均取得了胜诉。

进一步优化诉讼管理流程，对普通案件及时跟踪，对在诉讼过程中出现的问题及时予以协调和指导，较好地实现了法律事务处作为“公司法律纠纷协调处理中心”的功能定位。2007年新发案件中，法院已判决或作出裁定案件17起，挽回或避免经济损失4022万元。2007年前发生案件在本年度法院已判决案件或作出裁定案件64起，避免或挽回经济损失1011万元。2007年在诉讼案件的处理上共为公司挽回或避免经济损失5033万元。

【普法工作】 3月，公司开展了法制宣传教育和思想道德教育主题活动，公司本部和各单位按照公司的统一部署，开展了形式多样的普法活动。法律事务处作为公司“五五普法”的归口部门，密切配合思政部，广泛参与了该主题活动，并与思政部共同组织了“依法治企”普法知识竞赛。竞赛题目紧紧围绕着公司生产经营工作中所遇到的法律问题，通过案例实现了法律知识与公司经营管理的结合，这一形式得到了莅临观赛的国家电网公司经济法律部主任邓建利和公司领导的高度肯定。

坚持“送法到基层”活动。公司法律事务处先后到朝阳公司等单位进行法律讲座，并参加城区供

■ 8月27日，“依法治企”普法知识竞赛现场。（范晓辉　摄）

电公司“模拟法庭”等普法活动，积极推动基层单位根据自身情况开始形式多样的普法活动。利用《法律通讯》这一有效载体进行法制宣传教育，同时对《法律通讯》进行了改版，无论是内容还是形式与过去相比都焕然一新。结合对《物权法》、《劳动合同法》等研究成果，向有关部门进行积极的宣贯，引起了相关部门对这些法律的高度重视。

【法律服务】 2007年以来，法律事务处参与公司主要工作和重要决策的次数大幅增多，参与公司子公司改制方案的制订，负责其中的公司章程起草和注册事宜。作为工作小组成员，到天津电力公司进行了调研，参与完成了公司子公司改制的初步方案。参与公司“147”政策的相关工作，先后四次同公司领导和相关部门到市发改委进行汇报和沟通，并按发改委要求出具了3份法律意见书，所提意见被市发改委采纳。参与公司“三线搭挂”整治工作，按照公司领导要求，审查和梳理各基层单位与线缆单位订立的协议。在此基础上准备起草规范合法的协议范本，并参加了公司与各线缆单位的谈判，为解决无序搭挂的问题做了大量工作。参与公司业扩报装的改革，多次参加研讨会，就供电方案确认协议及业扩报装管理流程提出了许多建设性的意见，规避了其中的法律风险。

【信息化建设】 2007年，确定了以推进信息化为核心加强规范管理的目标。经过与国家电网公司经济法律部积极沟通，使公司争取到国家电网系统经济法律管理业务应用系统的试点单位。该系统是国家电网公司“SG186”工程的组成部分，系统建成后将使法律事务管理步入信息化和规范化的轨道，是法律事务管理的一次革命。公司作为国家电网公司选定的3家试点单位之一，在参加启动会后，与科信部密切配合，积极与开发单位进行沟通，对法律事务管理中所涉及的流程、步骤、关键点进行了进一步优化。通过绘制专业管理Visio流程图，做到管理层次更加清楚、职责更加明确、程序更加规范，该项工作正在按照时间要求顺利推进。

（徐厚华）

企业管理

【标准化管理】 2007年，公司按照国家电网公司标准化建设思路，积极启动了标准化建设。5月建立组织体系，确立了标准化职能管理专责人，本部各部门（中心）确定了标准化工作负责人和联系人，各基层单位确定了标准化工作主管领导、责任部门和专责人。印发了《北京电力公司标准化工作管理办法》，修改了《北京电力公司标准化工作导则》，组织各部门对近10年制定的有关公司标准及各项规章制度进行清理。建立企业标准化信息管理系统，推动标准化建设的信息化步伐。

【政策研究】 加大职能管理力度，强调过程控制，实现一系列管理创新。增强工作的规范性。2月，修订并印发《北京电力公司政策研究工作管理办法》，重新规定了课题分类，明确了不同类别课题计划的确立流程，增加了经费管理有关规定，加强了对委托外部课题的管理，强调了签订合同、验收等环节的工作。2007年，公司首次安排政策研究经费专项经费，由总经理工作部归口管理。2月，印发《北京电力公司本部政策研究经费管理细则》，实现经费专款专用，规范使用。同时，在“上下结合、逐级审核”的基础上，印发了《北京电力公司2007年度政策研究课题计划》，制定6类41个课题方向，并与各课题承担单位、部门签订了61份立项责任书。

强化研究过程的协调与服务。4月13日，组织召开政策研究课题协调会暨政策研究方法培训会，公司相关单位、部门40余人参加了会议，市委研究室主任康庆强就调查研究的具体方法与实际操作技巧进行了培训。8月9日，召开政策研究课题中期协调会，通报公司年度课题计划的总体进度。

严格组织评审。分初审、二审和集中会审三个阶段，对来自15个部门和25个单位共112篇论文进行了评审，评审出53篇获奖论文和8个优秀组织奖。对具有较高水平的研究论文，分别向公司领导、国家电网公司以及电力系统有关杂志推荐，共推荐近20篇。12月12日，组织召开公司政策研究成果表彰及发布大会，4个获奖单位和部门对政研成果进行了发布。

深入开展政策研究工作。完成了《北京市2007年经济产业发展计划研究报告》、《北京电力公司管控模式研究》、《公司专业化管理模式研究》、《解决电力架空线路入地工程资金问题的研究》、《城市电网管理国际对标技术方案》、《公司全过程资产管理模式研究》、《深化公司战略研究》等重点课题研究，多篇论文在公司年度政策研究论文评审中获奖。其中，与经济研究中心合作的课题《深化公司战略研究》深入解读公司战略，在公司2007年领导干部培训班上宣讲，得到较高评价。按照国家电网公司办公厅的要求，参与了国家电网公司《深化公司社会责任研究》、《集团化管控模式研究》两项课题的研究，成果均在国家电网公司层面得到运用。

编发决策参考信息。2007年，《政策研究参考》共编发8期，收集近万字地方经济、电力系统重要信息，并在《政策研究观点》栏目发表了《破窗理论与文明生产》、《提高可靠性是大方向》等8篇文章。编发9期《调查研究报告》，整理公司政研课题成果和政策建议，供公司领导参阅，《北京电力公司参与华北区域电力市场交易策略》、《北京业扩报装结存容量分析》等多篇成果分别得到多位公司领导批示，并开展了后续研究，有力促进了成果转化。

【督办协调】 2007年，公司督办工作围绕公司职代会、工作会、党政联席会（总经理工作会）、月度分析会等重点会议决策事项开展立项督办，推动重点决策项目落实。共完成职代会和年中工作会任务立项398项，编印完成两本《督办任务分解手册》，完成总经理工作会决策任务立项162项，月度分析会任务立项2031项。推动公司重点工程进展，积极申请承办市政府实事工程、奥运折子工程5项，落实公司领导文件批示10项。创新工作机制和方法，注重督办效果，对领导批示事项，实施专项督办，理顺了领导批示信息的传递渠道，建立了信息收集、督办立项、信息反馈的流程，定期进行完成情况跟踪，做到事事有结果、件件有回音。对会议决策事项，加强过程监控，在年度任务督办中引入了“倒排工期”的概念，在对目标任务进行细化、量化的基础上，以季度为节点编制了任务完成的进度计划，及时进行“过程监控”，保证了工作目标平稳有序地完成。对重点工程，强化现场督办，组织相关责任部门编制了周密的实施预案和项目责任制。规范督办检查程序，加强考核力度，配合公司机关本部先进部室考评工作，编制了《部室工作业绩考评细则》，明确考评范围、考评方式和考评程序，规范工作任务结项程序。全年共编印《督办信息》8期，及时向公司领导反馈公司重点工作任务的完成情况，为领导决策提供参考。围绕公司重大事件，撰写综合性、述评性宣传稿件，将公司重要决策思想进行宣贯，全年共完成稿件7篇。其中，刊发在《国家电网报》1篇，刊发在《北京电力报》6篇。

【外事管理】 2007年，全面完成公司年度出国计划，派出3个考察团，共21人；参加国家电网公司系统考察团6人，共计27人。

结合公司出国培训计划，组织15名技术人员以电网规划为切入点，与德国知名电力公司进行了深层次的学习、交流。根据2006年的成功经验，公司再次派出21名企业管理骨干人员赴美国得克萨斯州进行电力市场运营管理技能培训团。另外，参加国家电网公司系统其他项目培训7人，共计出国培训人数43人。

为深化国际对标工作、提升公司管理水平，策划了公司赴新加坡能源电网公司的考察，为公司与新能源电网公司签署对标协议奠定了基础。组织并配合相关部门邀请新加坡能源公司专家就资产管理、技术管理、电网规划、人力资源管理等方面开展了专题讲座，共派出28名管理技术人员，分三批赴新加坡进行了实地考察和培训，取得了多方面的对标成果。其中，成功运用状态检测技术手段，直接服务于奥运特级用户重点站和线路的测试，保障了奥运供电安全。

2007年，接待来自法国、新加坡、美国、挪威、日本、泰国、尼日利亚、蒙古等国的来访人员共计232人次。访谈主题涵盖奥运期间可靠供电、临时电源问题；国际对标业务；需求侧管理、电费、电价管理、卡式电表、带电作业和相关设备等有关方面。

完成北京市电力公司对外宣传册、《奥运电力客户用电／节电指南》的翻译；编辑《2007年度国际对标及成果汇编》。

按照国家电网文件精神加强和规范公司的外事管理工作。广泛收集国外新技术、新能源应用方面的信息。继续做好英语培训和外语人才的培养和实践工作，为迎接北京2008奥运会的召开和国际合作需求积极做好准备。

【信访工作】 完成“两会建议提案”的政治任务。2007年公司承办代表建议、委员提案22件，其中：北京市“两会”代表建议11件，委员提案5件；会后平类2件、区县4件。公司领导高度重视，承办部门认真负责，信访部门积极协调各方，加强与代表、委员和承办单位的及时沟通，创造性地开展工作，最大限度地落实建议和提案要求，做到件件有落实，事事有回复，办结率达到100%。全部建议、提案均在市政府规定的时间内提前办理完毕。

加强沟通协调能力，为公司、为基层排忧解难。信访工作必须具有高度的责任心和协调能力；强烈的责任感和事业心，一丝不苟的作风是做好这项工作的前提。“双菱公司破产”问题于2007年5月28日，北京市第一中级人民法院作出裁定，宣告北京双菱电子电器有限公司破产。至此，历经几年的艰苦努力，双菱公司的破产问题终于得到彻底解决。

坚持依法化解疑难信访。2007年，公司信访积极创新工作思路，努力寻找解决疑难信访问题的有效办法，变上访为下访，依靠法律处、基层单位联手处理，提出了以信访疏导为主，以司法裁决引导为辅，加强两者的结合，积极引导信访人通过司法途径从根本上解决疑难信访问题。2007年，通过法律途径解决了4件疑难纠纷案件，效果明显，部分缠访老户停访息诉。

公司信访共受理、咨询群众电话285个，来信218件，其中联名信6件，632人次；来访37起，92人次，其中社会群众集体访2批，32人次。2007年接到群众表扬信28件，信访办接到上访客户——馨之居公司锦旗一面。公司信访件呈逐年下降趋势，大量群众反映和关注的热点、难点问题得到有效治理和解决，全年未发生一起公司职工到重点地区、国家电网公司上访事件，为首都及公司的稳定作出了努力。

（王燕　佘妍　吴国建　弓莉莉　邓国立）

档　案　管　理

【人事档案】 公司人事档案采用集中管理模式，截至2007年底，档案馆库藏人事档案14000余卷，其中干部档案近4000卷，成为国家电网系统中人事档案保管量最大的单位之一。随着人事档案借阅量成倍增加，为了更好地提供利用，档案馆开展了人事档案重新整理工作，共计重新整理完成人事档案整理409卷，归入各种材料4442件，完成档案内动536卷，进一步规范了干部档案案卷标准。全年提供人事档案借阅1336卷，421人次，出具证明材料137件，转出回执354件。

【供用电合同档案管理】 随着公司开展的农村居民供用电合同补签工作，大量的合同档案如何规范管理、方便利用成为基层单位面临的难题。2007年通过调研，在部分单位试点后，完成了《供用电合同档案管理细则》的制定工作，并进行了集中培训，规范了合同档案的管理。

【基建工程档案】 2007年，基建档案管理工作将档案预检工作作为重点工作之一，通过耐心解答、细心指导，从档案内容完整性、案卷规范性等方面入手，在一定程度上保证了工程档案的档案质量。全年共接收、审核各类工程档案77项418卷，完成整理组卷94项1499卷，提供借阅各类工程档案970卷101人次。

【奥运电力工程档案管理】 结合奥运电力工程工期紧、任务重、质量高的特点，在建立组织体系、健全管理制度、完善归档内容、建立工作机制、注重过程管理等方面采取措施，公司档案馆组织相关单位，圆满完成北京市2008工程建设指挥部办公室的检查工作。结合奥运电力工程档案特点，印发《关于进一步加强奥运电力工程档案归档工作的通知》，明确档案管理职责与分工，规范归档内容与要求；针对奥运临时供电工程在比赛前建设完成、残奥会后全部拆除的特点，制定了奥运临时供电工程档案归档管理规定，明确归档内容及职责分工，确保临时工程档案规范管理；在做好奥运电力工程建设照片资料收集工作中，配合奥运办规范了奥运电力工程建设照片资料收集工作，从照片质量、拍摄要求等方面提出要求。

【北京电力发展展示厅建设】 2007年3月2日，第8次总经理工作会通过公司展厅建设设计初步方案，确定了展厅展示风格和内容。同年4月28日通过公开招标，与北京迪亚锋展示有限公司签订了施工合同，北京电力发展展示厅正式筹建。为全面推进展示厅筹建工作，成立了以公司工会主席李国华任组长的公司展示厅筹建领导小组和总经理工作部、思想政治工作部、公司工会、行政管理中心、新闻中心为成员的工作小组，负责展示厅筹建工作的策划、实施等工作。截至2008年3月26日，经过1年的筹建工作，展示厅落成揭幕。北京电力发展展示厅是一座以时间为主线，以北京电网的形成、发展，以及各项专业工作的逐步完善为主要内容的行业展厅。整个展厅共分为历史、现代、未来3个展区，陈列面积270m²，展出内容时间跨度从1888年至今的120年，回顾了北京有电、华商电灯公司创办以及北京电力公司发展进程中的重大历史事件，全面展现了北京电力120年间的发展历史和辉煌成就。展厅内共计收集各种展品百余件，照片万余张。特别是1924年5月发行的京师华商电灯公司股票等实物具有较高的收藏和研究价值，进一步丰富了公司历史档案的馆藏。

■ 北京电力发展展示厅中的地下沙盘。

（刘志欣）

离退休工作

【成立离退休工作部】 2007年11月15日，公司成立离退休工作部，内设系统管理处和机关退休工作处。根据京电人[2007]52号文件要求，离退休工作部编制7人，其中主任1人，副主任1人，处长2人，工作人员3人，全面负责公司离退休人员(包括机关退休人员)的管理和服务工作。

12月，公司成立了离退休工作领导小组，确立了以公司总经理时家林和公司党委书记郭要斌为组长、公司副总经理石路为常务副组长，相关部室主任为成员的领导小组。同月，公司所属31个单位，相应成立了离退休工作领导小组，明确了相关工作的主管领导和专责人。年底前，公司离退休工作管理网络全面建成，实现了整体工作的上下贯通。

【老干部工作】 2007年，公司坚持贯彻党和国家的有关政策，努力按照“政治上尊重、思想上关心、生活上关怀”的要求积极开展各项工作，通过组织政治学习、参观访问、征求意见、座谈交流、健康讲座、节日慰问、生日庆祝、住院看望等定期活动和日常工作，全面落实公司离休和退休老干部的政治、生活待遇。先后组织老干部参观了董存瑞纪念馆、北京植物园等；5月17日，公司党委组织公司离退休老领导集体参观了“2008奥运场馆”展示中心、国家体育场、国家游泳中心和安慧110kV变电站；为老干部举办了专题形势报告和老年健康讲座；组织完成老干部年度健康体检工作；分别为两位90周岁、5位80周岁的老干部举办了生日庆祝活动；慰问患病老干部45人次，节日慰问老干部及去世老同志遗属86人次。

【送温暖工作】 6月18日，公司第30次党政联席会听取并通过了关于离退休人员补贴情况的专题汇

■ 春节期间，公司党委书记郭要斌看望离休干部赵宗正。

报，确定了补贴对象、补贴标准、发放时间等相关事项。公司各级单位党政工团齐抓共管，重点针对空巢、重病等退休人员开展了献爱心志愿者服务活动。春节期间，公司各级领导分别带队对老劳模，以及生活困难的退休人员进行了慰问。重阳节期间，公司所属各单位分别组织退休人员开展了形式多样的文体活动。

【离退休职工座谈会】 9月21日，公司召开离退休职工座谈会，15名离退休职工代表参加会议。公司党委书记郭要斌、工会主席李国华，以及相关部室和单位负责人出席座谈会，并听取了老干部、老职工对规范离退休人员待遇、加强职工宿舍区建设等方面工作的意见和建议。会上，有关部室对前期公司离退休工作情况进行了汇报，老同志们对节日补贴发放、医药费报销等工作表示满意。

【老年文体活动】 2007年，公司继续加强老年活动站建设，分别对西单、右安门两个活动站的基础设施进行了整修，并增添了一些新的文体器材，为离退休职工参加文体活动提供了更加舒适、便利、安全的场所。活动站常年开办的文体活动主要包括合唱、舞蹈、民乐、太极拳、乒乓球、书法、美术等项目。

全年，公司老年文艺、体育团队积极参加公司各级和北京市组织的各类文体活动，取得了良好的成绩：公司"电力之光"老年合唱团荣获北京市第七届合唱节优秀奖；公司老干部桥牌队荣获国家电网公司在京单位老年桥牌比赛优秀奖。

■ 10月26日，公司电力之光老年合唱团参加西城区主题文化活动。

（张文旭）

机 关 管 理

【党、工、团管理】 2007年，机关党委以"服务领导决策、服务本部管理、服务基层单位、服务机关员工"为立足点，加强本部党建和作风建设，提升了机关管理水平和示范效应。机关党委深入学习贯彻"十七大"精神，为每名员工发放了《"十七大"报告学习辅导百问》，为每名党员发放了《"十七大"党章修正案学习问答》，并为支部也配发了"十七大"学习材料。年初，机关党委将承诺内容及奥运知识制作成2008年工作台历，发放给机关每名员工，时刻提醒大家自觉履行承诺。机关党委围绕机关"四个中心"的定位加强党建工作，坚持与21个党支部签订加强党支部建设责任书，将党建工作目标管理与先进部室创建考核有机结合，按照"细化、量化、科学化"的要求，完善定性与定量相结合的考核评价体系，把"软任务"变成"硬指标"；同时，着力加强党支部班子建设和能力建设，强化"一岗双责"，发挥党支部书记在凝聚人心、推动发展、构建和谐中的引领作用。2007年，机关党委向公司党委推荐报送2项优秀成果，其中基建部党支部《发挥党支部战斗堡垒作用，打造"三不要"工程》获优秀奖。机关党委围绕奥运电力保障的中心工作，在距奥运会开幕500

■ 3月27日，距2008年奥运会开幕500天，公司机关党委组织开展了"深入生产一线，服务奥运工程"主题体验日活动，组织机关部分党员干部到八里庄变电站进行义务劳动，参加奥运电力工程建设。

天之际，组织开展了“深入生产一线，服务奥运工程”主题体验日活动，80余名机关党员干部到八里庄变电站进行义务劳动。机关党委不断丰富机关形象建设的广度和深度，组织了“机关作风建设面对面”活动，深入基层单位，面对面对口沟通交流，听取意见，解决难题，服务基层，切实转变机关作风，树立机关党员干部良好形象，自2007年二季度开始，开展了机关部室“季度之星”推选活动，三个季度共推选63名在公司生产、基建、营销、管理等重点工作中有突出表现和工作业绩的员工为“季度之星”。机关党委牵头组织了先进部室创建考评工作，通过专业考评和网上测评的方式，对部室工作业绩、内部管理、廉洁从业、党建等工作进行考核评价，其中总经理工作部等8个先进部室在公司职代会上受到了表彰，对促进本部建设起到了激励和导向作用。机关党委深入开展了贯彻中纪委《中共中央纪委关于严格禁止利用职务上的便利谋取不正当利益的若干规定》专项工作，组织机关161名党员（一般干部）填写了《党员干部对照〈规定〉自查自纠情况表》；机关党委将廉洁从业教育与对新员工的岗位责任教育结合起来，与新调入机关的员工开展集体谈心交流活动，帮助新员工了解和尽快适应新的工作环境，找准自身定位，增强廉洁从业的自觉性；同时，利用行之有效的反腐倡廉教育方式，集中组织了参观西城区检察院举办的预防职务犯罪展览，观看廉政教育专题片等一系列的警示教育活动。

机关工会以服务机关中心工作、服务机关员工为目标，以全年康乐活动计划为载体，组织职工开展丰富多彩的群众性文体活动，建设先进的企业文化。2月5～13日，机关职工迎新春春联展在公司D座举办，共展出了72幅春联，共有200余名员工前往参观，并参加了最佳春联的投票活动。3月19～26日，成功举办了第二届机关乒乓球团体赛。比赛共有26支代表队，近80名运动员参加。4月21日，机关工会组织了第一届员工钓鱼比赛。4月26日，公司工会与机关工会共同举办“迎奥运，讲文明，树新风”登山健步长走活动暨机关第六届运动会。党委书记郭要斌等公司领导和300余位机关员工参加了这一活动。2月15日，机关工会举办了迎新春游艺活动，共吸引了300多名机关职工及其子女参加。4月30日，机关工会举办了迎“五一”棋牌交流赛，共有130多名机关干部职工参加了这一项活动。5月2日，机关工会和调通中心工会摄影协会组织了33名摄影爱好者赴山西省昔阳县大寨进行摄影采风。6月18日，举办了以获奖作品为主的“电力职工眼中的新大寨”摄影展。6月16日和7月18日，机关工会分别组织了机关员工和复转军人射击比赛活动。6月23日～9月1日，机关工会带领机关足球队经过3轮共9场比赛的拼杀，获得了公司“海电杯”足球联赛第四名。7月13日，机关音像借阅室正式向机关职工开放，机关工会先后办理了两批共241张借阅卡。截至2007年12月底，共有1125人次借阅各类音像图书共计2648盘册。9月，在机关开展了“迎奥运、庆十一”机关硬笔书法大赛，有90人报名参赛，书写了189幅硬笔书法作品。9月24日起，展出了12幅获奖的和30多幅参赛的优秀硬笔书法作品。中国硬笔书法协会主席庞中华先生为本次展览题词“做堂堂正正中国人，写漂漂亮亮中国字”和“书道结缘”。11月8日，公司机关第七届运动

■ 硬笔书法展。

会在颐方园体育健康城举行。公司领导与300多名机关员工一同参加了运动会的比赛项目。此外，机关工会还注重发挥文体协会在机关文化建设中的重要作用，大力支持机关羽毛球、足球、乒乓球、瑜伽、摄影协会等协会的日常活动，并适时举办交流赛、参加公司比赛等形式，不断增强协会的活力和技能水平。根据公司机关机构和人员的调整和变化，在各部门的支持下，撤销了2个分会，新组建了4个分会，并及时完成了分工会干部的增补工作。

■ 11月8日，公司机关第七届运动会在颐方园体育城举行。

机关团委在机关党委的领导下，围绕中心任务开展工作。3月31日，组织机关10名团员青年工赴昆玉河220kV变电站参加公司机关组织的义务植树活动。他们冒着5、6级的大风，与其他机关员工一道种植下了160余棵云杉、玉兰、紫薇、大叶黄杨、龙爪槐等树苗。6月16日，与机关工会共同组织了第一届射击比赛，共有20名团员青年参加了比赛，其中第一团支部还单独组队参赛。最后，有6名团员青年分获个人、集体的奖项。10月10日下午，机关团委邀请北京市国家安全局的专家对机关团员青年和部分重要岗位的员工进行了“当前国家安全形势与奥运保障工作”主题教育。专家介绍了国家安全的含义、工作内容和作用等基本知识，同时还结合几起严重威胁国家安全的案件，对当前国家安全形势的主要特点做了详细的介绍。

【物业管理】 逐步建立了机关物业规范的运转模式。按照北京市行业标准以及市场状况，对物业费用进行了科学测算，起草并签署了较为合理的、可操作性强的物业管理合同；出台了《机关物业管理服务质量考核办法》，并坚持每月检查，季度考核，机关员工代表进行满意度测评等制度，初步实现了行政管理中心、机关各部门员工和物业公司三方的良性互动；加强了过程监管，通过物业周例会、工作联系单、督办单等形式，监督和检查物业公司日常工作，进一步实现了规范化。

由于历史原因机关大院设备设施除了资料严重缺失外，设备的健康水平也参差不齐，运行风险较大。B、C、D、E座办公楼使用均已超过12年，空调系统、给排水系统、配电系统、消防系统等均已老化，频繁出现大小故障。A座办公楼虽然刚刚投入运行，但自身存在的一些缺陷和隐患也逐渐暴露，威胁设备正常运转。2007年，行政管理中心重点解决了A座330信息中心机房空调缺陷问题，同时将A座办公楼发现的32项各类缺陷基本处理完成，B、C、D、E座的缺陷问题也已列入大修计划，将于2008年逐项实施。

【财务管理】 资金管理按照资金年预算、月计划、周调度的要求严格资金申报，规范资金使用。2007年，机关累计申请经费22867万元，经费支出22699万元；累计申请工程资金1096万元，工程资金支出1166万元。为确保资金的申请与支付及时到位，在坚持每周资金申报制度的同时，注重协调与上级业务部门和开户银行的资金划拨，以及协调部门间的资金周转使用，确保资金链的安全、有序、连贯，为机关各部门有效履行其业务职能提供资金保证。预算管理重点把握了三个环节，预算编制、过程控制和预算分析反馈。

顺利完成公司集团账务的上线实施工作，2007年5月历经多次修改和反复数据录入、校验，机关财务全面完成集团账务的上线培训和大量凭证的集中补录工作；6月，实现了新旧账并轨运行；9月，实现了两套财务报表的同步编制，为全面启用新的核算系统做了大量基础性的尝试。

【人事管理】 机关人事在做好日常管理工作的同时，不断完善管理的细节和基础。由于人事数据的敏感和重要，从安全和完整性上考虑，机关人事处每月都将相关人事数据以纸质、光盘等多种媒介形式进行妥善保存。此外，还通过加强保密教育，从制度上严格数据的使用范围和权限等措施，确保数据的安全使用和存储。同时，为了保证工作的延续性，方便机关员工，还制定了相关岗位轮换制度和缺岗应急工作预案，确保机关人事工作不断、不乱。

（王希菁 林智 常青 李咏新 赵俊颖）

安全监督

AN QUAN JIAN DU

【综述】 2007年，北京电力公司生产维护、设备改造、奥运工程和“0811工程”建设任务异常繁重，安全工作面临着严峻考验。年初公司制定了《关于做好2007年安全生产工作的决定》，按照“三个百分之百”的要求，落实以安全第一责任人为核心的各级安全生产责任制，抓基础、抓细节、抓落实，夯实安全生产基础。进一步掌握安全生产的规律，及时研究解决安全管理中的问题，提出管控措施。促进安全管理从“事后处理型”向“事前防范型”转变，不断提高安全生产的可控、能控、在控水平。

2007年，公司未发生人身死亡事故、未发生重大以上电网和设备事故；未发生火灾事故；未发生重大施工机械设备损坏事故；未发生性质严重的或造成较大社会影响的停电事故。完成了“两会”、“两节”及十七大、绕月探测工程等供电保障任务，确保了首都电网的安全供电和公司安全生产形势的基本平稳，为公司全面完成各项工作奠定了坚实基础。在2007年全国安全生产月活动中，公司作为国家电网公司唯一一家电力企业，荣获2007年全国安全生产月活动优秀单位的称号。

■ 2月6日，公司召开2007年安全生产工作会。

【制度建设】 为做好2007年安全生产工作，逐步实现“主网稳定、配网可靠”的工作目标，公司相继制定了《关于做好2007年安全生产工作的决定》、《月度安全分析会制度》、《关于规范公司所属各单位安全简报的通知》、《北京电力公司安全监察证管理办法》、《关于现场工作负责人必须穿着“红马甲”的通知》、《安全技术劳动保护措施计划管理办法》、《关于规范发（承）包工程安全技术交底记录的通知》、《安监工作年历》、《变（配）电站投产前典型安全监督重点项目及现场安全监督典型要求》、《北京电力公司发包承包电力生产经营项目安全管理规定》、《北京电力公司“无违章工区”评选办法》、《电缆绝缘安全切刀使用管理规定》、《北京电力公司人身事故应急处理预案》等规定。在收集、整理《北京电力安全工作规程》试行一年多来在现场执行过程中存在问题的基础上，组织有关安全、生产专业人员对公司《安规》及工作票填写执行规定条款进行了补充完善，重新编制了示范工作票，确保了工作现场安全措施有章可循、有制可依。同时配合基建、生产、营销等职能管理部门完善有关安全生产规章制度。

■ “红马甲”制度规范了现场安全监督工作。

【百日安全活动】 公司针对2007年春季设备检修试验及奥运、消隐等“0811”工程全面展开、安全生产面临空前压力和风险的突出特点，公司党委通过超前分析生产工作季节性特点，3～5月有针对性地实施了以“落实措施抓基础，强化责任保平安”为主题的百日安全活动。公司领导带头深入工作现场进行安全督导检查，全体干部职工积极参与，各单位结合自身工作特点，制定有针对性的措施，各级领导和管理人员深入基层、深入班组、深入现场，对安全生产重点部位、关键环节进行全面检查，形成了党政工团齐抓共管的良好局面，有力促进了安全生产责任的落实。进一步加强安全生产宣传教育培训，营造浓厚的安全生产氛围，使员工在潜移默化中提高了安全意识和执行安全制度的自觉性。

【人身安全工作】 2007年，为做好一线作业人员的人身安全工作，公司在规章制度管理和现场监督检查两方面做了大量有成效的工作，确保了2007

年未发生电力生产人身伤害事故。为落实“保人身、保电网、保设备”原则，突出保人身安全的第一位工作要求，印发了《关于做好2007年人身安全工作的要求》，对2007年做好人身安全的工作提出了更进一步和更为全面的要求，从法律、法规、规定到具体工作实施，提出了一系列明确规定，重申了各级、各部门、各单位在人身安全方面的基础性工作。据统计，公司各生产单位共计签订人身安全责任书13599份、重新签订十条禁令承诺书14890份。

结合公司内外部发生的电力生产人身伤害事故、未遂事故的惨痛教训，一方面及时拟订事故电传通报、文件发至基层单位；另一方面在周例会上通报兄弟单位发生的事故情况及暴露出的问题，结合公司实际情况提出有针对性的措施，要求生产单位及其一线班组组织学习，举一反三，吸取教训，防止同类事故的发生。

公司为加强现场的监督检查，成立2个巡检组检查所属单位工作现场，共到工作现场检查537次，检查工作班组640个，检查工作票640张。主要对工作现场的安全措施，工作票执行情况，安全工器具的使用情况，工作人员对公司《安规》及“十条禁令”的执行情况等进行了检查。共发现问题109个，对现场的危险点提示64次。巡检组对发现的问题在工作现场进行了纠正、教育和讲解等工作，有些问题通知相关单位的安监处进行整改和解决，以上问题各单位已全部整改落实。

加大安全投入，确保人身安全。2007年公司投入1714万安措资金，用于消除由于劳动安全作业环境和安全防护装置不完善的人身安全隐患。消除生产现场设置不规范的安全设施，改进管理上存在的漏洞和薄弱环节。建立安全工器具定期更换制，补充和完善了安全设施和安全工器具；完善安全工器具检测设备，引进高效的安全工器具，进一步提高个人安全防护水平；完善了电力井入口安全标志牌、警示牌的制作和悬挂标准，逐步使生产现场安全设施达到规范、统一，为员工创造一个清晰、安全的工作环境。

【安全培训】 抓好工作负责人的安全培训。为满足公司综合检修工作的需要，对变电公司、输电公司、电缆公司、北京电力试验研究院和通州供电公司等10个供电公司担任第一种工作票的检修负责人，分变电专业、线路和电缆专业，共计549名第一种工作票的检修负责人进行安全培训。

对公司各单位生产、技术人员，社会施工队伍工作票签发人和工作负责人年度安全规程培训、考试工作提出明确要求，全公司主业系统共12835人（其中包括管理人员2115人）、多经系统4040人、社会施工队伍7796人参加了安全规程培训、考试，平均成绩96.96分；各单位对1054名第一种工作票签发人、134名带电作业票签发人、1013名其他工作票签发人、3575名第一种工作票的工作负责人、140名带电作业工作负责人和2668名其他工作负责人以及3642名工作许可人进行了安全生产规程培训、考试并明文公布。

组织领导干部、管理人员进行安全生产规程考试。根据《安全生产工作规定》要求，3月份组织生产技术部、基建部、营销部、农电工作部、调度通信中心部门正、副主任，公司所属各单位行政正副职领导、总工程师、安全监察部门负责人共计177名领导干部全部参加了安全生产规程闭卷考试。为保证公司新《安规》、工作票填写的有效执行和落实，在公司《安规》补充完善并印发执行后，对公司基层单位100余名安全生产监督体系人员进行了培训、宣贯。

在安全生产“百问百查”活动期间，配合公司工会“大讲堂”活动进行了两次安全培训，重点讲解了公司内外发生的典型事故及教训，提高了大家落实“四不放过”原则的认识，促进了活动的开展。组织各单位工作票管理员进行有关工作票管理系统权限管理升级软件应用培训；组织16个供电公司安监统计专工就新接农电事故统计工作进行了专题填报培训。组织安排丰台供电公司等单位安监处10名人员参加华北电网安监人员培训班，组织安排各单位参加华北电网有限公司举办的现场急救和安全教育培训班，强化职工的安全意识。

为借鉴兄弟单位优秀安全管理经验，拓宽安全监督人员的知识面，举办北京电力公司安全监督体系人员培训班，邀请国家电网公司安全管理专家——上海电力公司安全监察部处长陆懋德授课，公司31个单位共计150名安监体系人员参加了培训。

【安全宣传】 以制度的形式细化和规范了安全简报内容和要求，按月编发《安全简报》；结合公司

“0811”工程、奥运工程、消隐工程，以及维护、检修、试验等生产任务的工作特点，相继制定印发了安全警示录、安全常用语等宣传学习资料；加强公司安全生产动向的宣传，同时将巡检发现的问题编发安全检查月刊以图片方式曝光，组织一线班组学习，举一反三；强化百日安全活动督导检查和宣传，编发百日安全活动督导检查记录簿、百日安全活动简报；编写百日安全活动专刊，并将活动情况上报国家电网公司；加强安全生产百问百查活动的宣传，编辑七期活动简报，并印发学习资料和学习手册。

【安全风险管理体系建设试点】 安全风险管理是对以往安全管理工作的延续、提升和综合，是突出预防为主、实施关口前移、过程管理的科学手段。2007年，公司确定了开展安全风险管理体系建设“先行试点，逐步推广”的思路，印发了《关于开展安全风险管理体系建设试点工作的通知》，明确了工作重点和要求。变电公司、怀柔供电公司均制订了实施方案，成立安全风险管理体系建设领导小组和工作组成员，制定了各阶段的工作内容、工作要求和工作进度，确保按期完成试点工作。

【安全工器具管理】 编制并下发北京电力公司各单位安全工器具调查表、使用安全工器具生产厂家调查表，完成了对各单位主业系统、农网系统、多经系统安全工器具数量、生产厂家、定期试验情况、安全监督专用设备配备情况、开关柜带电显示装置配置情况的调查工作。加强安全工器具的入围管理，考察了解安全工器具厂家企业规模、生产产品类型、管理水平等情况，按照国家、行业、公司各项安全工器具管理标准、规范，编制完成了产品入围检验方案，对安全工器具生产厂家的产品进行严格质量检验，为安全工器具购置及各基层单位自行采购提供了有力的依据。对遥控射钉型电缆安全试扎装置的可靠性进行了检验，发现了使用上存在的局限性，以文件形式明确要求“禁止将该种工具应用于统包电力电缆工作中”。经过调研、试验等一系列工作，投入资金为各单位配备了一批电缆绝缘安全切刀，并组织41名一线人员进行使用方法的培训。为了解决各单位安全工器具检测缺少专业技术人员及试验设备的问题，筹建公司安全工器具检验机构，同公司试验研究院到承担电力行业安全工器具产品质量检验工作的苏州热工研究院进行走访调研，借鉴先进管理经验，完成了建立试验室所需试验设备的选型工作。

【特种设备和特种作业人员安全管理】 根据《北京电力公司特种设备和特种作业人员安全管理规定（试行）》，组织各单位对公司所属各种特种设备和特种作业人员进行年度检查，督促各单位及时上报特种设备和特种作业人员统计表，对未按时上报的单位，书面发出补报通知，督促有关单位上报。对报表中反映出的未按规定办理登记建档手续，或者存在设备超期未检的问题，与有关单位逐一核实，并积极予以指导，重点督促有关单位解决存在的问题。强化了公司特种设备和特种作业人员的安全管理和监督，保证特种设备使用手续齐备、状态完好、特种作业人员持有效证件安全作业。

（宗晓茜）

生 产 管 理

SHENG CHAN GUAN LI

【综述】 为打造“一强三优”的首都电网，2007年公司以“主网稳定，配网可靠”为目标，以集约化、精细化、专业化、扁平化管理为手段，把握首都特点，调整优化管控模式，实施“0811”工程和电网消隐改造工程，满足北京电力负荷增长和供电可靠性不断提高的要求，设备健康水平得到较大幅度提升，工程实施效果显著。2007年，完成城市综合电压合格率99.373%，同比提高0.124个百分点；农村综合电压合格率99.317%，同比提高0.382个百分点；城市供电可靠率99.9382%，同比提升0.0345个百分点；用户平均停电时间为5.412小时，同比减少了3.0268小时；农村供电可靠率99.7951%。架空线路可用系数，220kV为99.885%，同比提高0.899个百分点；110kV为99.894%，同比提高0.451个百分点。变压器可用系数，220kV为99.937%，同比提高0.684个百分点；110kV为99.953%，同比提高0.107个百分点。断路器可用系数，220kV为99.986%，同比提高0.352个百分点；110kV为99.984%，同比提高0.095个百分点。发生10kV配网永久性故障998次，较2006年全年减少702次，下降41.3%，其中架空线路故障857次，较2006年减少556次；电缆线路141次，较2006年减少146次。

【创新检修模式】 综合检修。2007年，为实现北京电网生产管理过程精细化管理目标，公司生产技术部成立了综合检修工作推进小组，全面开展设备分析与评估，推进设备状态检修。依据设备评估状况，调整检修周期，合理安排停电，从调度下令、运行操作、布置安措、签发工作票到现场控制，全过程体现综合检修的理念。推行以设备间隔为最小停电单元的管理方式，综合平衡公司年度基建、技改、消隐、处缺和检修预试等工作，将各类停电结合起来，统筹协调，通过对检修任务和人员分工进行优化组合，达到规定停电时间内检修任务的最佳分配。同时为加强对综合检修效果的分析，建立了综合检修后评估分析制度，从9月开始，每月月底分析本月综合检修工作执行情况，针对问题制订具体的改进措施。通过创新检修模式，2007年在“0811”基建工程任务繁重的情况下，全年停电计划2639项，比2006年减少了845项，下降24.25%，其中，基改建工程1491项，占全部计划的56.5%；全年检修计划1148项，比2006年减少1267项，下降52.46%。

状态监测。2007年，公司全面启动状态监测工作，摆脱了传统定期修试理念的束缚，重点解决“应修必修”的“应”的难点，是生产上的“一场革命”。8月，公司成立了设备状态监测工作推进小组，安排主要管理人员出国学习先进的状态监测技术及方法。8～11月，设备状态监测工作推进小组部分成员分三批赴新加坡，就新能源电网公司设备状态监测工作进行了深入的学习和交流，对新能源公司在设备状态监测方面的理念和做法形成了比较清晰和系统的认识。结合公司实际，提出了电网设备状态监测工作推进计划，并积极组织落实，全面推进公司状态监测工作由学习引进阶段向成果深化应用阶段的转化。公司专项安排了状态监测设备费用、工作启动费用，在较短的时间内完成人、财、物等相关工作的组织落实。完成了《主要状态监测项目数据判别导则》、《现场操作手册》，并制定了相关管理工作流程，初步建立了公司状态监测体系。2007年，公司结合奥运设备保障，制订了奥运供电重点设备测试计划，对状态监测工作的开展进行了规划。

■ 11月30日，在宝山变电站对设备进行了首次状态监测工作。（张晨曦　摄）

【电网设备评估】 完成《北京电力公司生产技术评估报告》，针对设备风险，全面梳理了北京电网主要设备的运行情况，对设备故障和缺陷进行了深入分析。针对主要生产设备运行、故障和缺陷情况进行全面的分析和总结，客观评估设备健康水平，动态做好设备评估，加强设备的特巡、维护、消缺和改造，提高了设备的健康水平。

2007年底，公司输变电设备完好率均为

100%，其中，一级线路共有 372 条 4660.987km，一级率 64.2%；35kV 及以上电缆输电线路中一级线路 726 条 817.645 km，一级率 97.39%；35kV 及以上变压器 812 台，一级设备 767 台，一级率 94.46%；110kV 及以上敞开式断路器 1165 台，一级设备 1052 台，一级率为 90.30%。通过消隐工程的实施和竣工投产，全公司 10kV 及以上断路器无油化率指标值已大幅提高为 95.71%，总指标较 2006 同期提高了 6.73 个百分点。

通过一系列提高电网安全稳定运行措施的实施，公司一般电网、设备事故和障碍成下降态势，电网总体安全运行水平得到了较大幅度的提高，为确保 2008 奥运电力保障奠定了坚实的基础。2007 年，公司发生一般电网、设备事故 12 次（2006 年 9 次），同比下降 33.3%，其中，输电事故 7 次（2006 年 11 次），同比下降 36.36%；变电事故 5 次（2006 年 7 次），同比下降 28.57%。公司发生电网、设备一类障碍 103 次（2006 年 111 次），同比下降 7.21%，其中，输电障碍 91 次（2006 年 83 次），同比上升 9.64%；变电障碍 12 次（2006 年 28 次），同比下降 57.14%。其中，由于恶劣天气原因事故 3 次（2006 年 0 次），外力原因事故 4 次（2006 年 1 次），占全部事故的 58.33%；由于恶劣天气原因障碍 27 次（2006 年 17 次），外力原因障碍 42 次（2006 年 49 次），占全部障碍的 66.99%。全年电网由于恶劣天气、外力原因造成的电网事故、障碍仍占主要比重。

至 2007 年底，公司在运配网主要设备的基本情况为：开闭站 543 座，与 2006 年同期相比，增加 63 座，增长率 13%；配电室 2797 座，与 2006 年同期相比，增加 407 座，增长率 17%；10kV 架空配电线路 1771 条 21229.979km，与 2006 年同期相比，增加 56 条 378.079km，增长率 1.8%；10kV 电缆线路 39364 条 14791.5km，与 2006 年同期相比，增加 2913 条 1543km，增长率 11.7%。2007 年，公司加大了电网基改建、消隐工程的建设力度，配网设备健康水平有了大幅提升，全公司电缆化率达到 41.1%，10kV 架空线路绝缘化率为 45.6%（其中城近郊为 99.4%），10kV 柱上断路器无油化率为 76.2%（其中城近郊为 90.7%）。

【电网运行环境隐患综合整治】 采取有效措施遏制输电线路外力故障。综合分析近些年北京电网事故，由于电网运行环境日趋恶化影响，社会施工队伍的管理无序、违章作业等造成吊车碰线、挖掘电缆等原因导致电网故障频繁发生。为加强输电线路隐患整治工作，2007 年制定了《北京电力公司 35 ～ 220kV 输电线路反外力工作管理办法》，健全反外力工作领导机构，明确反外力工作的各项职责，公司电力设施保护领导小组负责领导和组织公司输电线路反外力工作。领导小组由公司总经理、党委书记担任组长，公司领导班子其他成员任副组长，小组成员由公司各职能部室负责人组成。建立和落实反外力工作岗位责任制，要求各输电线路运行单位依据本办法并结合本单位实际情况，制定本单位反外力工作管理实施细则，内容包括反外力工作奖惩考核办法和反外力工作责任风险抵押金制度。加强对造成隐患责任运行单位的用电管理，要求各供电公司充分发挥自身区域优势和供电权限优势，积极协助专业公司消除所在区域线路保护区内的各类环境隐患。强化输电线路设备本身的防范隐患措施，要求新建输电线路设施的反外力技术防范措施应与电力设施同设计、同施工、同验收。加大公司内部输电线路反外力工作的考核与奖惩力度，反外力工作考核与奖惩纳入公司绩效考核体系。加大反外力工作的宣传力度，在首都的各种新闻媒体对电力设施保护知识进行宣传，对威胁线路安全的隐患进行报道；采取多种类多形式的方法和手段，设计制作了带有电力设施保护宣传内容的 T 恤、台历、画册等公众喜闻乐见的宣传品。

确定北京地区输电线路防雷综合整治措施。通过对公司近几年输电线路掉闸情况分析，雷击跳闸占各类线路跳闸总数的 49.36%，雷害已成为威胁输电线路安全运行的主要原因之一。针对北京市夏季雷害严重的情况，以历年雷击严重的 110kV、220kV 线路为整治范围和重点，2007 年 9 月公司启动了北京电网保奥运输电线路防雷综合整治工作，组织试验研究院、输电公司和设计院等单位编制了《北京地区输电线路雷害综合整治方案》，邀请国家电网公司生产部、中国电力科学研究院、武汉高压研究所、清华大学及华北电力科学研究院等的专家对整治方案进行咨询、研讨，确定了整治方案和实施计划。为加强防雷综合整治工作的组织领导，保证各项防雷措施落实到位，公司成立以生产副总经理为组长的输电线路防雷综合整治工作领导小组，领导小组在生产技术部设办公室。为确保防雷综合整治工作各项措施落实到位和实施计划如期完成，要求各单位成立相应的输电线路防雷综合整治工作组织机构，并上报公司输电线路防雷综合整治领导小组办公室备案。2007年10月，生产技术部组织试验研究院、输电公司和各远郊区县供电公司召开防雷会议，专题部署了防雷整治工作，明确责任，落实职责，要求各有关单位尽快按计划开展各项防雷整治工作，确保2008年5月31日之前实施完毕。

开展隧道综合整治工程，完成标准示范隧道的建设。对存在漏水、支架锈蚀、通风不畅等问题的电力隧道进行综合整治，实施隧道防水改造、更换支架、加装通风设施等工程，提高隧道的整体性能和承载能力，使隧道运行环境得到改善，降低电缆运行环境温度，提高电缆载流量，防止隧道坍塌事故。为了改变北京电网电力隧道建设标准低、运行环境差、防火防盗压力大、安全隐患随时威胁隧道内电缆网安全运行的局面，从2007年上半年开始，对草桥至广安门、左安门至成寿寺的电力隧道开创性地进行了以隧道防火设施加装，消除火灾隐患；电源、照明、机械通风、机械排水系统加装以及出入口建设，改善运行环境；光纤测温、摄像监控、井盖集中监控系统建设，实现电力隧道的自动化监控等为重点的标准段整治工程。

电力树线矛盾冬季集中整治工作。针对2007年夏季电网运行中反映出来的树木与电力线路矛盾的问题威胁相关区域居民人身安全和可靠供电问题，公司组织开展了“绿色京城、平安电力、和谐奥运”活动。此次活动有两个目标：一是通过修剪使树木与线路保持相当距离（自然生长至2008年盛夏不发生竖线结束、不发生实质落在裸露线路设施上）；二是通过活动在全社会营造“绿色京城”与“平安电力”和谐共处的良好舆论氛围，既保证电力可靠供应，又最大程度上保留更多绿色。10月23日，下发《关于开展“绿色京城平安电力和谐奥运”电力树线矛盾冬季集中整治工作活动的通知》，要求各供电公司从11月18日前用四周时间开展树线矛盾情况普查工作等准备工作。11月23日，公司汇编并印制了全公司树线矛盾统计表，向市园林绿化局、发改委进行专项汇报，并会同公司保卫部与市园林绿化局就工作开展进行会谈。据统计，全公司共有树线矛盾树木226060棵，其中城(近)郊61518棵。截至2007年底，各供电公司完成10%～50%的树线矛盾整治工作量，其余树木也与树主联系约定了移栽、约期砍伐等措施。

推进“三线”整治工作。抓住奥运环境整治契机，根据“二四六八”地区、“五十五处”隐患、重要干路跨越、其他地区公司类地区“三线”搭挂情况分别执行如低、整理、消除、检疫处理四类措施，建立完善综合看护、收费疏导、沟通政府、大运营商谈判四个畅销机制，深入开展了“三线”整治工作。

【技术监督管理】 持续加强入网配电设备质量管控。为了将设备管理工作重心前移，积极倡导并严格执行首都标准，重点做好供应商、设备选型选厂、项目设计可研审核、设备招投标、订货技术谈判等工作，重点加强设备订货管理，建立和完善监造、检测制度，保障设备质量可控、在控。年初，通州消隐工程中连续发生架空线路断线事故，生技部组织物资公司和试验研究院开展了深入细致的检测工作，在取得权威机构的检测数据后，组织物资公司进行了退货和补充订货等后续工作。为了进一步规范配网设备的入网检测工作，组织物资公司和试验研究院完善了配电网设备入网检测的工作流程，严把入网关。全年共完成到货电缆检测666个批次、2947盘电缆；变压器检测2026台；10kV架空绝缘线检测438盘；全年电缆的检测不合格率为3.5%，较2007年初12.5%下降了9个百分点；架空绝缘导线的检测不合格率也从年初的66.7%下降到后期的2.2%。同时，严格的检测促使各个供货厂商加强了工厂管理和内部质量控制。

开展开关类设备技术监督工作。坚持以高压开关类设备选型“首都标准”为基础，面向国内、国际的先进水平和更高标准，全面开展了以完善高压开关类设备订货技术条件和相关检修维护标准、设备评估标准为主要内容的技术管理工作。在大幅提高专业设备增量部分技术和质量水平的同时，初步实现了对设备安装、检修、运行维护等全过程的规范管理。2007年，公司高压开关设备的运行可靠性和稳定性较前些年已有了明显提高，设备故障率明显下降，事故、障碍和缺陷的发生也得到了有效控制，对于有效遏制设备故障起到了较为关键和明显的作用。按照二期消隐工程的预期目标，10kV及以上断路器无油化率将在2006年同期的基础上提高至少10个百分点；110kV及以上断路器的无油化率将达到100%；四环路以内、奥运周边地区及国家级开发区、220kV变电站及城近郊110kV变电站将全部实现断路器（开关柜）无油化。

在加强设备改造工作的同时，同步加强了开关类设备状态检修和现场标准化作业等重点发展方向的研究和探索工作。特别是随着近年来公司选用开关设备制造工艺水平和设备组合化率的不断提高，公司推出了设备抽样检修的模式。2007年，实施了对MFPT-200-40LPAR型、120-SFMT-32CA型GIS设备和250-SFM-50B型断路器的抽样检修工作。通过对具有代表性的局部个体的全面检修，完成了对同期同类型设备的整体运行状态评估，制定了科学合理的设备检修政策，并根据评估情况取消了同类设备的检修工作。

■ 工作人员进行设备巡视。

【可靠性管理】 以“检修结合工程”“二次结合一次”“变电设备结合输电设备”为原则严细停电计划编制。公司建立起一套围绕可靠性管理的预控及评估管理体系。依据年度停电计划及季度调整建议，制定了输变电设施年度累计停电次数、累计停电时间的考核指标，以及城市地区配电网年度预安排停电时户数和全区域配电网年度故障跳闸次数考核指标。为进一步优化停电工作，加强生产过程管理，制定了《北京电力公司可靠性预控及评估管理办法》。在下一月度检修工作开展前，根据月度停电计划和典型检修工作标准工时，编制可靠性指标预控方案，提前拟定调度操作命令，明确运、检人员工作内容及管控重点，协调调度、运行、检修三个方面提前做好检修准备。为及时发现问题、总结经验，每月初由公司统一组织分析上一月度停电工作，评估各级调度停电下令是否合理，运行人员操作用时是否过长，检修人员是否及时开工，工作现场是否管控到位，实际检修工作时间是否超出检修预控时间等。110kV及以上电压等级架空线路、变压器及断路器的可靠性指标见表1～表3。

【技改、大修管理】 按照国家电网公司电网技术改造“三提高、一降低”的目标（提高电网安全稳定水平、提高电网输送能力、提高设备整体简况水平、降低供电能耗）要求，公司从电网整体发展的需求出发，统筹考虑电网结构和设备存在的主要问题，统一工作思路、统一工作要求、统一技术政策、统一管理措施，坚持电网技术改造的集约化管理。由

表1 110kV及以上电压等级架空线路可靠性指标

电压等级	统计百公里年		可用系数（%）			运行系数（%）			停运率（次/百公里年）		
	2006年	2007年	2006年	2007年	同比	2006年	2007年	同比	2006年	2007年	同比
综合	48.992	48.992	99.239	99.890	0.651	99.202	99.844	0.642	8.675	3.513	-5.162
220kV	22.342	23.238	98.98	99.885	0.905	98.979	99.885	0.906	5.997	1.937	-4.06
110kV	26.651	28.561	99.457	99.894	0.437	99.39	99.810	0.42	10.919	4.796	-6.123

表2 110kV及以上电压等级变压器可靠性指标

电压等级	统计百台年		可用系数（%）			运行系数（%）			停运率（次/百台年）		
	2006年	2007年	2006年	2007年	同比	2006年	2007年	同比	2006年	2007年	同比
综合	4.997	5.489	99.718	99.95	0.232	99.027	98.822	-0.205	74.448	36.8	-37.648
220kV	0.896	0.996	99.253	99.937	0.684	99.102	99.501	0.399	108.277	31.114	-77.163
110kV	4.101	4.493	99.819	99.953	0.134	99.01	98.671	-0.339	67.057	38.061	-28.996

表3　110kV及以上电压等级断路器可靠性指标

电压等级	统计百台年		可用系数（%）			运行系数（%）			停运率（次/百台年）		
	2006年	2007年	2006年	2007年	同比	2006年	2007年	同比	2006年	2007年	同比
综合	11.435	10.931	99.818	99.984	0.166	98.767	96.510	−2.257	69.349	29	−40.349
220kV	2.712	2.58	99.634	99.986	0.352	98.719	95.081	−3.638	86.274	29.848	−56.426
110kV	8.723	8.351	99.876	99.984	0.108	98.782	96.951	−1.831	64.086	28.739	−35.347

公司生产技术部统一制定了架空线路、电缆线路、断路器、变电站接地系统、变压器等设备的技术改造立项原则。

“0811”消隐二期工程预控计划圆满完成。根据公司对“0811”工程的相关工作部署，结合技术改造工程立项改造原则和对预计实施效果所进行的评估，纳入“0811”中的技术改造工程包括主网项目94项、配网及农电项目516项。截至2007年底，有428项竣工，总计完成投资36.5亿元，其中列入北京市“实事工程”的105座配电室改造工程全部完成。消隐工程中的台湖、老君堂220kV变电站改造等工程的按期完工，为2007年迎峰度夏奠定了基础。为“绕月”探测计划保电实施的35kV不老屯站的改造，仅用了81天就完成了全部的土建和变压器更换工作，确保了天文台所需要的双路供电要求。

架空入地工程。根据奥组委和北京市政府要求，北京电力公司承担了奥运周边道路和桥梁的10kV架空线入地工程共计55项，2007年底已完成31项，在施20项，随路建设4项。

■ 架空线入地后的东中街。

高压开关设备技术改造管理工作。为适应公司进行设备的专业化检修、状态化检修的总体战略，修订了《大修技改原则》。重新制定《大修技改原则》，就是围绕状态化检修为中心，迅速将电网中的低可靠性设备进行技术改造，实现开关设备无油化，为全面推行断路器设备的状态化检修提供基础。在原则得以制定的基础上，经过反复调研，已对技改项目逐项进行了细化研究，并下达了第一批重点大修技改项目，保证了技改项目方案详尽、目标明确、效果明显。

加强职能管理提管理水平。按照“集约化、精细化”管理思路，使有效的资金发挥最大的效用。公司制定了《北京电力公司技术改造工作管理办法（试行）》、《北京电力公司设备修理工作管理办法（试行）》、《北京电力公司大型技术改造工程管理办法（试行）》3个基础性管理文件，为规范和顺利开展公司年度设备大修和技术改造工作奠定了基础。其中，《北京电力公司设备修理工作管理办法》对大修设备的范围进行了明确，即大修设备是指与电力生产有关的输电、变电、配电设备，继电保护、安全门动装置、电能计量装置、厂站自动化、电力通信、调度自动化等电力二次系统设备，还包括营销系统、信息系统、安全技术劳动保护设施以及车辆和房屋等。将大修和技改资金按照新的管理模式进行集中管理。年初，公司根据所属各单位的资产情况及设备健康水平，将年度修理预算资金的40%下达给各单位。各单位结合本单位的实际情况，自行安排的项目，明确了非生产性项目使用的资金不得超过此部分的10%。其余预算资金由公司各专业职能管理部门审核，根据公司的总体工作部署由各专业集中进行安排。2007年，共安排项目792个，资金34000万元，其中各单位自行安排项目558个，资金14000万元；公司集中安排项目234个，资金20000万元。2007年，集中安排了创建红旗站线、购置抢修车辆和工器具及仪表、配网综合整治等重点大修和技术改造项目，为公司实现专业化检修和提高电网可靠性创造了条件。引进竞争机制，积极稳妥地开放设计市场。为加快工程进度对配网工程的设计任务进行了分解，选择了3家设计单位承担二期配网工程设计任务，保证了部分10kV架空线路改造提前开工，减少了施工进地的青苗赔偿，降低了工程造价，同时，也保证了公司在配网建设上“五统一”技术政策的落实。开展框架招标，缩短工程准备时间。按照公司物资集中采购“三推进”的原则，消隐二期输电线路专业的三大材和配网工程主要设备材料均采用公开性框架招标方式，不仅为工程实施赢得了时间，相应的工程剩余物资数量也大为减少。

工程效果评价。通过“消隐二期”工程的实施，35～220kV输电线路的一类健康率由61.2%提高到64.2%，其中220kV输电线路一类健康率由87.8%提高到88.8%，110kV输电线路一类健康率由61.2%提高到65.5%，35kV输电线路一类健康率由28.2%提高到32.3%。推广采用耐热导线，增加电网供电能力。为充分利用电网现有的路径资源，公司自2002年开始组织在技改基建项目上推广使用耐热导线，到2007年底公司已有62条800km 110～220kV输电线路采用耐热导线，大大增加了北京电网输电线路单位走廊传输能力，提高了电网安全可靠性，另有12条60km耐热导线正在实施。通过近几年对老久输电线路的整体升级，输电设备对外力、雷击以及恶劣天气的应变能力明显提高，按照“首都标准”改造的新建路线因外力碰线、异物导线致线路故障明显下降，110～220kV输电线路抵御外力的能力大大增加。通过二期消隐工程陆续实施的110kV及以上断路器无油化率指标值为94.93%，其中，220kV 100%，110kV 93.65%，35kV 85.47%，10kV 95.85%，相比2006年总指标提高了5.95个百分点。

■ 检修现场。（张向东　摄）

【电压无功管理】 变电站无功补偿设备基本情况：变电站共安装并联电容器1203组，总容量7121.45Mvar，与2006年相比，新增并联电容器199组、容量967.502Mvar。其中，220kV变电站安装382组，容量3093.31Mvar；110kV变电站660组，容量3696.372Mvar；35kV变电站161组，容量331.77Mvar。变电站共安装并联电抗器58组，总容量393 Mvar。

2007年，公司供电电压监测点共设置2326个点。公司于2007年初开始组织相关职能部门对所属各单位的城市供电电压合格率指标完成情况、电压监测点设置情况以及对于核查中发现问题的整改措施落实情况进行定期检查，并对于检查结果予以通报，督促指标整改落实情况。同时，公司层面建立了电压指标的分析考核制度，细化电压合格率统计、分析，及时发现统计数据的波动情况，加强对各类指标跟踪分析，采取有效措施提高各类电压合格率。

【制定配网“五统一”标准】 公司在一届三次职代会暨2007年工作会议上提出了“建设国际一流、国际水准的责任效益型现代电力企业”的目标，在配电网管理上提出了落实“五统一”技术标准的工作方针，即从规划、设计、建设、验收、运行全方面地规范北京地区配电网的全过程技术管理。

公司生产技术部从2007年初开始，到2007年底，完成了配电网规划、设计、建设、验收和运行五个系列十三本技术标准的编写工作。公司副总经理王风雷作为常务副主任委员，领导了编写工作。生产技术部邀请了王颂虞（总工，教授级高工）、关诚（副总工，教授级高工）、宁歧（城区公司总工）、郭鹏武（变电公司总工、变电首席专家）等老一辈专家，并组织了公司各专业专家，以及设计、监理、施工、运行骨干近百人参加了编写和研讨，形成了代表北京市电力公司技术能力的一整套技术标准。

“五统一”技术标准内容包括：规划篇，《配电网规划设计技术细则》；设计篇，《配电网开闭站、配电室典型设计》、《配电网电缆线路典型设计》、《配电网架空线路典型设计》；建设篇，《配电网大修技改技术原则》、《配电网设备选用原则》、《配电网设备订货技术条件》；验收篇，《配电网开闭站、配电室施工及验收规范》、《配电网电缆线路施工及验收规范》、《配电网架空线路施工及验收规范》；运行、维护篇，《配电网开闭站、配电室运行规程》、《配电网电缆线路运行规程》、《配电网架空线路运行规程》。

■ 配电网“五统一”技术标准。

【配网故障管理】 分析配网故障情况，深抓配网故障管理和考核。开展城市地区配电线路标准化整治工作，主要内容有：实施架空绝缘线路防雷改造，设备全绝缘化改造，加装反外力标识，规范设备标志、调度标志，规范对外警告提示标识等项目，研发了夜光防撞警示带等反外力标识及拉线护管、防撞台等设施。针对电缆线路外力损坏故障，研发了直埋电缆警示带、直埋电缆地砖等设施。针对用户内部故障，逐步推广10kV用户分界负荷开关，提高供电可靠性和避免事故责任纠纷。针对树线矛盾，组织开展“绿色京城、平安电力、和谐奥运”电力树线矛盾冬季集中整治工作，并在此基础上，开展配电线路防雷专项整治，最大程度降低自然因素对配网的冲击。进一步深抓“三线”搭挂治理，联合北京市安全生产监督管理局、发改委等政府部门，对重要干路跨越、重点大街等四类地区“三线”搭挂情况分别执行入地、整理、消除、简易处理措施，建立完善综合看护、收费疏导等长效机制。

■ 供电职工在加装电杆防撞警示带。

开展线路故障指标预控、考核和监督工作。对各单位配网故障次数实际完成情况及时进行总结分析，采取了合理分解下达指标、按月通报指标完成情况、按季模拟考核、不定期抽查监督年度综合排名等办法来进行综合管控。

【红旗站、线创建工作】 创建红旗变电站、开闭站工作自2005年开始，2006年又延伸了创建红旗架空线路内容。在吸取了两年工作经验基础上，2007年公司完善了《开展红旗站、线创建活动办法》、《红旗站、线创建活动考核标准》及《创建红旗站、线标准手册》。通过开展创建活动，使北京电网220kV、110kV、35kV变电站、开闭站和线路全面达到基础管理细致化、安全生产规范化、运行管理流程化、设备管理精细化、班组管理人性化、培训工作实效化的水平。

2007年，公司对各单位上报的188座变电站（包括22座220kV变电站、133座110kV变电站、33座35kV变电站）、277座开闭站和229条架空线路（包括78条220kV线路、101条110kV线路和50条35kV线路）进行了严格考评，评出了公司2007年度的红旗标杆站、线和红旗站、线，基本实现了公司年初提出的创建红旗站完成率50%和创建红旗线完成率30%的工作目标。

220kV红旗标杆变电站有变电公司奥运村和红军营两座变电站；110kV红旗标杆变电站有城区供电公司崇文门等16座变电站；35kV红旗标杆变电站有门头沟供电公司潭柘寺和怀柔供电公司红螺寺两座变电站；另有168座变电站被评为公司2007年度红旗变电站。

红旗标杆开闭站有城区供电公司马甸南等16座开闭站；另有262座开闭站被评为公司2007年度红旗开闭站。

220kV红旗标杆线路有输电公司聂上一、二线两条线路；110kV红旗标杆线路有输电公司张青一、二线等13条架空线路；35kV红旗标杆线路有门头沟供电公司轴王线等6条线路；另有208线路被评为公司2007年度红旗线路。

【带电作业】 2007年，公司印发了《关于成立北京电力公司带电作业委员会的通知》(京电生[2007]74号)，明确了由公司主管生产副总经理任主任、生产技术部主任和北京电力试验研究院院长为副主任、公司各有关部门主管领导及各属地供电公司主管副经理为委员的公司带电作业委员会和公司带电作业委员会办公室，并明确了各自的职责，由此确立了公司层面带电作业管理机构。

年初，公司明确了带电作业的三年发展目标：2007年完成带电作业资源整合和优化工作，年底城区供电公司所属10kV架空线路率先实现不停电作业；2008年底组建带电作业专业公司。城近郊和远郊区县供电公司城镇地区10kV架空线路实现不停电作业；2009年打造北京电力公司的北方带电作业一流技术服务实体，具备独立完成新作业项目的研究和开发能力，年底北京市平原地区所有10kV架空线路实现不停电作业。

5月16日，在北京电力试验研究院组建了北京电力公司带电作业技术中心，明确了中心的主要职责是：负责公司输电、变电、配电等领域不停电作业（含带电作业）的技术管理、技术监督和技术支持。

整理和印发现执行的规章制度和标准，印发了《关于加强配电线路不停电作业管理工作的通知》、《北京电力公司配电线路带电作业统计规定（试行）》和《国家电网公司带电作业工作管理规定》。促进公司范围内各单位之间广泛交流配电不停电作业中取得的经验和创新思路。6月13日，组织召开了“配电不停电作业”论文发布、评审会，共有14个单位提交论文18篇，论文内容涉及不停电作业领域多个方面，评选出一、二、三等奖共6名，7篇论文被《供用电》期刊登载。

规范开展专业管理。严格按照《配电线路带电作业统计规定》的要求，规范进行输配电带电作业月度、年度统计和分析，每月出版一期《带电作业简讯》，用模拟对标的方式鼓励各单位开展带电作业并为公司可靠性管理提供精确的统计数据；在保证安全的前提下有条件地开放了绝缘手套作业法；制定了《带电作业库房管理细则》，同时按照专业化管理的工作原则，建立了带电作业工器具检测、试验室。

扩大对外交流、吸取先进经验。5月25～29日参加输配电线路带电作业研讨会，听取了输配电线路带电作业技术经验交流。7～8月，带电作业技术中心分别与来京的上海市电力公司、河北电力公司带电作业专项调研组就各自带电作业开展情况进行了专业交流。10月，公司组织调研培训团赴日本进行了配电线路旁路作业设备专项调研和培训，并调研日本先进的电力施工车辆。与日本九州电力公司就日本带电作业发展状况及配电线路旁路法施工技术进行了交流。

开展带电作业培训。11月20～27日，在顺义举行2007年度配电带电作业新人员培训班，14个单位共44名学员参加了培训。9月26日，组织各属地供电公司专业人员，由日本专业技术人员对配电线路旁路作业器材技术性能及使用方法和注意事项等进行了培训。12月13～14日，在顺义配电线路培训场地组织开展了配电线路旁路作业设备操作培训，特邀4名日本专业技术人员进行现场讲解并指导具体操作，城区、朝阳、顺义供电公司带电作业专工和带电作业人员参加了培训。多方搜集带电作业有关培训资料，将收集到的《美国带电作业现场录像》和《带电作业绝缘斗臂车使用维护录像资料》翻译成中文解说。编写了《带电作业绝缘斗臂车使用维护培训教材》。12月28日，公司在新街口外大街成功实现旁路作业法不停电更换不良电线杆，标志公司配电线路不停电作业已经达到国内先进水平。

■ 带电作业人员在顺义培训基地进行实地培训。

2007年，带电作业主网751次，比2006年增加

266次，增长54.8%；配电网5304次，比2006年增加1252次，增长30.9%。有效减少架空配电线路停电约618229时户，多供电量3993.44万kWh，提高了供电可靠性0.13个百分点，减少用户平均停电时间11.18小时。全公司共有带电作业持证人员307人，其中，输电专业87人、变电专业23人、配电专业197人。

■ 12月28日，在新街口外大街成功实现旁路作业不停电更换不良电线杆带电作业现场。

【电网应急体系】 2007年，公司针对应急系统，重点从完善应急预案体系、应急管理体系、救援队伍、装备建设和奥运风险评估等方面开展了有效的工作。

建立完善的应急预案体系。编制了《北京地区电力突发事件应急组织工作预案》、《北京电力公司配电网事故应急预案》、《北京电力公司突发事件信息报告与新闻发布应急预案》、《北京电力公司恶劣天气应急处理预案》、《北京电网变电站事故预案》、《架空输电线路倒塔事故抢修预案》、《地下变电站进水应急预案》、《电力隧道火灾事故抢修预案》等综合和专项预案。按照国家电网公司相关要求，制定了《北京电力公司应急管理工作规定》和《北京电力公司应急预案编制规范》，建立了统一的应急体系建设标准。

重点加强抢修队伍的专业化建设，注重专业化抢修队伍的迅捷和高效，实现应急抢修与后续处置形成阶梯式的衔接。按照集约化要求，对城近郊地区分散的配网抢修资源进行整合，对远郊区县配网抢修资源进行梳理，实现公司抢修资源的统一调配。

完善应急供电体系建设。2007年1月，公司定制的国内首台1000kW燃气轮机电源车正式配备到位，填补了国内城市供电应急领域大功率移动电源车实用化的空白，也标志着公司应急抢险装备水平又上升到了一个崭新的高度。2007年，北京市“两会”、全国“两会”、党的“十七大”、“嫦娥一号”卫星发射等一系列保电任务期间，1000kW电源车均作为主力装备投入了保电一线，为重要客户提供了应急备用电源。积极与北京市发改委沟通，协调落实了1600kW应急发电车购置项目。

开展应急演练。7月3日，公司开展迎峰度夏联合应急演习。此次演习内容包括现场抢修、应急服务、社会联动及事故拉路等主要环节。故障设置充分考虑到北京电网的网架结构特点，抓住电网运行方式分析中的重点问题，设置了500kV城北站220kV母线故障和220kV昌清一线故障，影响电网约50万kW负荷，涉及城区、朝阳、海淀、昌平、石景山、延庆等地区，严重威胁到电网主设备的运行安全和整个北京电网的稳定运行。演习充分演练了公司相关部门、运行维护单位的应急指挥、组织协调和现场处置能力，检验公司的应急管理机制和应急系统，提高电力突发事件的风险防范意识和应急处置能力。

开展“北京电网奥运期间安全风险评估”工作。为确保第29届奥运会和第13届残奥会的顺利举办，在以市发改委为主的电力突发事件风险评估工作领导小组的统一指挥和部署下，开展了奥运期间电力突发公共事件风险评估和风险源调查工作，制定了有效的风险控制措施，做到预防与处置并重，评估与控制相结合，不断完善应急预案体系。

【迎峰度夏】 2007年夏季，北京地区除入夏初期和末期气温有所偏高外，其他时间的气温基本接近常年。6～8月，平均最高气温同比上升0.31℃；30℃及以上高气温发生天数同比增加1天。夏季地区最大用电负荷为1189.6万kW，同比增加108.6万kW，增长率为10%。同时，北京电网面临着保障“好运北京”奥运测试赛、党的“十七大”召开等电力供应任务，为此公司按照“高度重视、提前动手、精心谋划、统筹部署、严格落实”的原则，以“主网稳定、配网可靠”为目标，全面实施夏季大负荷前生产准备工作。为确保北京电网夏季大负荷期间的安全可靠供电，公司经研究决定成立度夏指挥部（包括领导小组和四个专业组），并制定相应职责，以确保度夏期间安全供电万无一失。

2月13日，公司总经理时家林、副总经理王风雷就2007年迎峰度夏工作视察了220kV昆玉河、知春里变电站，并在知春里变电站召开2007年电网度夏工作专题会议。会议要求公司各部门、相关单位早准备、早动手，有效地开展工作，对2007年度夏的重点、难点问题及早采取措施；对于电网存在的度夏前不能彻底解决的问题，从运行上采取有效措施，严防死守，积极主动工作，确保度夏期间电网运行安全。7月5日，公司与北京市发改委联合召开了北京电力公司迎峰度夏暨优质服务启动誓师大会，全面启动2007年的迎峰度夏工作。

根据电网隐患整改工作的总体部署，完成“抓紧改造类”缺陷整改工程。积极配合政府全面开展“三线搭挂”整治和打击盗窃电力设施等工作，进一步改善电网运行环境。列入“0811”消隐二期工程、在6月30日前投产发电的10kV项目共计为86项，约占2007年全部141个配网重载问题的2/3，对有效提升配网供电能力、确保2007年安全度夏发挥了重要作用。

度夏前组织各单位完善了本单位应急组织工作预案和抢修工作预案，针对度夏期间电网的负荷特点和薄弱环节，组织制定了分层次的应急救援和处理预案，落实自上而下、分级负责的事故处理组织体系，组织完成了2007年度夏应急演习，检验了公司度夏应急反应能力。

结合公司开展的“百日安全”和“百问百查”活动，认真研究部署、贯彻落实公司活动要求，同时，召开会议进行动员部署，落实人员、方案，明确责任、措施和目标。认真落实安全工作“三个百分之百”，结合公司安全生产实际及迎峰度夏工作的相关要求，积极开展对照检查，查找安全隐患、制定整改措施，为迎峰度夏工作的圆满完成提供了有力的保障。

加强设备巡视检查工作，及时处理各种异常。夏季电网运行期间，合理安排设备巡视、缩短特巡周期。加强对重点、重载设备的运行监控，发现问题后及时采取应对措施。各单位加强了巡视检查工作和附属设备和冷却设备的维护消缺工作；加强了对设备接头等薄弱环节加强红外测温工作，发现问题及时处理；加强了线路走廊的巡视工作，及时清理走廊内易因风雨造成跳闸的树木或其他异物，防止发生外力破坏事故。对重点及重载线路、变电设备以及电缆终端、电缆接地线等加强了温度普测，做好了测温结果的记录和分析工作，对于温度异常的及时安排缺陷处理。

严控电网外力事故，确保电网运行安全。近年来，吊车碰线、汽车撞杆、挖断电缆等外力破坏事故已经成为影响北京电网安全运行的重要因素。2007年，公司与地方政府及相关委办局建立了反外力工作长效联系沟通机制，并积极开展重点线路群众护线等反外力工作，取得了一定的实效。在电网高峰负荷期间，组织输电公司针对昌清等重点线路，雇用390名接受过专业训练的保安人员24小时轮流看护，坚决杜绝高峰负荷期间因外力引发的大面积停电事故。

加强大负荷期间的生产值班。根据公司整体安排，度夏期间充分发挥总值班室的作用，理顺了配网停电故障的应急处置和日常的配网生产管理流程，发挥了公司常态应急管理办公室的职能作用。度夏期间，各单位加强了大负荷期间的生产值班，认真执行生产联系汇报制度，充分发挥了总值班室的作用；落实各级安全生产责任制，做好事故预案，组织好抢修队伍和备品、备件，以便发生设备事故或故障时及时应急处理。

加强无功管理，保证各级电压质量。加强现有无功补偿设备的维护和消缺工作，将电容器列入重点巡视设备、重点处缺设备，确保电容器、串联电抗器室通风设备的正常运转。综合分析制定10kV和110kV电压的综合调整原则，针对夏季无功负荷大、上升速率快的特点，根据逆调压原则和电压曲线适时投切无功设备，加大小地区无功电压的跟踪分析力度。针对用户侧无功补偿容量不足的情况，加强对工业用户、农网用户的无功管理，协助、督促用户补足并维护运行好无功设备，保证夏季大负荷电网的安全稳定和合格的电压质量。

【防汛工作】 2007年，公司提出了汛前、汛中、汛后三个阶段的工作内容和相应的目标及要求。3月，成立了以总经理时家林、党委书记郭要斌为总指挥的公司防汛指挥部，建立健全了公司系统两级防汛安全组织机构及办事机构，优化、细化防汛工作方案，明确防汛抢险分工及职责，形成了覆盖全面、任务明确、责任清晰的防汛抢险工作体系。公司防汛办公室提前编制了《北京电力公司2007年防汛工作手册》，按照汛期内的安全供电保障重点，公司所属各单位对北京地区198个重点防汛设施（单位）的安全供电情况进行了拉网式排查。公司所属各单位按照《国家电网公司供电企业防汛工作检查大纲》的有关规定，对本单位所负责的防汛重点部位，主要是各枢纽变电站、110kV及以上重要线路的防洪沟、护坡、堡坎、围墙、杆塔基础等部位，以及处于低洼地带的厂房、库房、电缆沟道、配电设施等进行了专项检查，尤其是对2006年出现过洪水险情的部位进行了重点检查，并对存在隐患的场所、部位、设施均制定了相应的应急处置预案。5月下旬，公司防汛办公室组织有关职能部室对部分重点变电站、开闭站和客户配电室的防汛准备工作进行了现场抽查，落实了公司的防汛工作要求，并对公司所有的发电车和不间断电源（UPS）车提前进行了检修，使每台发电车和不间断电源（UPS）车均处于良好的运行状态。

6月1日，下发了《关于2007年正式上汛的通知》，发布了上汛的第一号动员令。公司所属各单位严格执行汛期值班制度；认真落实各项防汛组织措施、技术措施和事故及抢修预案；加强应急抢修施工队伍和人员的组织管理；密切跟踪天气变化情况，认真做好负荷预测、运行方式安排等工作；遇有恶劣天气，公司迎汛指挥部门均在第一时间内启动了迎汛抢险预案，积极应对强降雨期间的抢险工作，在最短的时间内排除故障，及时恢复供电。2007年，汛期内主网运行情况基本稳定，10kV配电网由于树倒砸线和雷击导线、设备等原因造成局部地区出现用户短时停电故障，共发生重合未出故障52路次，与2006年同期相比下降了74%。

【政治供电】 2007年，政治供电工作进一步深化和细化，继续向着制度化、规范化、科学化管理的方向不断发展，实现了公司政治供电管理体系制度和任务流程建设同步推进的工作目标。全年共下达并圆满完成政治供电任务214项，其中，重大政治活动供电任务48项，大型政治供电任务11项，重要政治供电任务155项，累计保电天数达到328天。在此期间，累计安排各级领导值班4843人次，保电人员值班44897人次，现场保驾值班21587人次；人员特巡及专项检查83179人次，出车30569台次；发电车公司所属120～1000kW发电车、240kW不间断电源车累计出车869台次。重点完成了2007年北京市“两会”、全国“两会”、北京市第十次党代会、党的“十七大”、“嫦娥一号”卫星发射、第36届期刊大会、第十届科博会、清明节扫墓、北京市地区高考等重大及大型保电任务。圆满完成2007年24项“好运北京”测试赛供电保障任务和奥运会、残奥会“倒计时一百天”等涉奥重大活动的供电保障组织工作。

■ 8月8日夜晚，公司圆满完成奥运倒计时一周年庆典活动供电保障工作，图为供电保障现场。

（余　妍　刘庆时　张国强　刘　磊　李　红　周作春　朱　民　江　阳　赵永强　陈国峰　李洪涛　马　锋　张文军　莫　娜）

电 网 运 行

DIAN WANG YUN XING

电力供需形势

【2007年电力供需形势】 电力消费情况。2007年，北京市实现地区生产总值9006.2亿元，比2006年增长12.3%，增速比2006年回落0.5个百分点，连续第9年实现两位数增长。其中，第一产业增加值101.3亿元，增长2.1%；第二产业增加值2479.3亿元，增长12.6%；第三产业增加值6425.6亿元，增长12.3%。第三产业中，信息传输、计算机服务和软件业，租赁和商务服务业，科学研究、技术服务与地质勘查业，教育等行业发展较快，增速高于第三产业平均水平。按常住人口计算，当年全市人均GDP达到56044元（按年平均汇率折合7370美元），比2006年增长8.9%。三次产业结构由2006年的1.3：27.8：70.9变化为1.1：27.5：71.4。

全社会用电。2007年全社会用电量667亿kWh，比2006年增长9.06%。其中，第一产业用电量为13.36亿kWh，增长率9.01%；第二产业用电量为309.18亿kWh，增长率5.03%；第三产业用电量为237.84亿kWh，增长率13.75%；居民生活用电量为106.68亿kWh，增长率11.27%。三次产业及居民生活用电结构由2006年的2：48.1：34.2：15.7变化为2：46.3：35.7：16。

行业用电。2007年北京地区全行业用电量为560.33亿kWh，增长率8.66%。其中，工业用电量为288.18亿kWh，增长率5.02%；商业、住宿和餐饮业用电量为53.78亿kWh，增长率10.50%；金融、房地产、商务及居民服务业用电量为72.62亿kWh，增长率14.68%；公共事业及管理组织用电量为80.98亿kWh，增长率13.24%。以上四个主要用电行业的用电比重由2006年的57.2：9.4：12.3：13.9变化为51.4：9.6：13.0：14.5。

用电负荷。2007年北京电网最大瞬时负荷为11896MW，发生在8月21日16时48分，较2006年同期的10811MW增长了10.04%；地区累计一次供电量为644.02亿kWh，较2006年同期的590.23亿kWh增长了9.12%。冬季最大负荷1118.1万kWh，发生在1月17日17时52分，同比（1014.4万kWh）增长10.23%。

2007年，北京地方电力供应情况如下：

电源。北京地区发电机组总装机容量5318MW，发电设备容量为4920MW。其中，供热设备容量为3185MW，发电量累计2.066GWh，设备平均利用小时4033小时。

电网。北京电力公司拥有220kV变电站46座，主变压器110台，容量2108万kVA；110kV变电站227座，主变压器525台，容量2381万kVA；35kV变电站99座，主变压器182台，容量182.7万kVA。从电网总体规模看，电网变电容量基本能够满足一定时期负荷的需求，但是在部分地区还将存在变电站负载分布不均的情况，重载和轻载同时存在。

供需形势。2007年北京电网外受电比例为73.54%。由于北京电网作为华北电网重要的组成部分之一，有着来自华北大电网、内蒙古电网、山西电网的能源支持，因此在2007年均未出现拉限电情况和电力电量损失情况。但北京电网整体受电比例维持在较高水平，可能造成北京电网内缺乏电厂支撑，给电网的稳定安全运行带来隐患。

【2008年电力供需形势预测】 影响未来电力需求的因素很多，主要包括经济发展、产业结构调整、节能降耗的政策、能源与环境制约、气候环境等。

经济增长的影响。预计2008～2010年，北京地区GDP年均增长率应保持在9%～10%之间。

产业结构调整的影响。2007年第一产业、第二产业、第三产业占GDP的比例为1.1：27.5：71.4。“十一五”期间用电结构将发生变化。第一产业用电基本趋势为整体降低，第二产业用电的增长低于全地区的用电增长率，第三产业、居民生活用电在地区用电所占比例逐年上升，用电特性具有明显的季节性，同时受气温、气候的影响十分明显，使得地区的负荷特性发生了巨大的改变。

节能降耗等政策对重点行业用电的影响。节能降耗政策对电力行业的总体影响相对中性，而外部需求和内部供应结构的深远变化将使得电力行业的发展更加有序。从北京地区行业发展来看，随着北京地区大量高耗能行业的退出，北京地区行业发展更为均衡，企业的能耗管理较好、技术改造(进步)投入较大，第三产业发展较快，行业电耗不断下降。

能源紧张对电力行业发展的影响。由于北京地区电力需求将保持较高增长水平，华北电网、内蒙古电网、山西电网电煤需求增长幅度也将保持较高水平。但随着节能降耗带来的用电结构的变化，电力能源比重加大，以火电为主的电力供应必然会对煤炭资源、运输等产生更大的需求。同时，北京地区的新建电厂基本为燃气电厂，燃气的匮乏给北京电网安全稳定带来的隐患将长期存在。

气候条件变化的影响。影响夏季负荷的气象因素比较多，且对负荷的影响力及相互关系比较复杂。温度、湿度是影响夏季负荷的众多因素中最主要的，另外包括降雨等异常天气情况等。

用电量预测。利用单耗法、人均用电量法、比重法等方法预测“十一五”期间年用电量预计年均增长率为7.72%，2008年用电量为720亿kWh。

负荷预测。2008年北京地区夏季大负荷受多种因素影响，将直接造成地区负荷的大幅波动。在综合考虑气候、外来人口、本地居民个人行为等因素中可能出现的最恶劣情况下，2008年最大极端负荷的预测结果为13500～14600MW，其主要目的是最大可能地保障奥运期间的电力供应，并对各项工作的开展提供一定的参考依据。

供需形势分析。根据负荷预测和电力平衡结果，北京电网2008年需要受电10488MW，外受电比例为71.83%，电网整体受电比例仍然维持在较高水平。但由于北京电网作为华北电网重要的组成部分之一，有着来自华北大电网的能源支持，北京电网奥运期间电力负荷平衡可以满足要求。奥运期间，北京电网所有500kV线路、主变压器，220kV线路全部满足*N*–1运行要求，220kV、110kV电网容载比分别达到1.83、2.18，具备很高的裕度水平，电力供应能够得到保障。

（聂继军）

电网调度运行

【电网概况】 北京电网是特大型城市电网，是京津唐电网的重要组成部分，是京津唐电网的负荷中心和网架中心，除承担为首都电网供电的任务外，还向相邻的天津、东北部分地区转送电力，囊括北京全市土地面积16410km^2，在京津唐电网中处于十分重要的地位。

截至2007年底，北京地区共有统调发电厂16座，发电机组51台，总装机容量4780.7MW；10kV及以上用户自备电厂15座，发电机组33台，总装机容量420.7MW。110kV及以上变电站328座，主变压器755台，变电容量63858.5MVA；110kV及以上架空线路690条，共7123.34km；110kV及以上电缆线路460条，共943.63km，其中，220kV电缆49条207.74km，110kV电缆411条735.89km。

2007年，北京500kV电网共保持沙昌双回、大房双回、房保双回、源安双回、盘安单回、万顺三回、姜顺双回和安北线8个对外联络通道。500kV网架由昌顺双、顺通双、通安双、安房双、昌房线构成环网合环运行。220kV电网新京双回线与张家口电网联网运行、蓟北双回线与天津电网联网运行。110kV电网除并网线路外，全部开环运行。

北京地区2007年最大瞬时负荷为11896MW，发生在8月21日16时48分，比2006年同期增长10.04%。整体来看，北京地区区域内电厂装机容量较小，负荷大部分依靠外送电力予以平衡，受端电网特性明显。

【电网调度管理】 公司调度专业行使管理职能，在公司“主网稳定，配网可靠”工作目标的指引下，规范调度运行工作行为，推进调度工作标准化建设，努力提高电网调度运行和管理工作水平。

■ 北京电力调度指挥中心。

停电计划管理。2007年，北京电网停电计划工作管理以“综合检修”为思路，全面推进“标准化间隔”的实施进程。做好电网设备的标准化间隔定义，并配套完善相关管理制度，提高电网停电计划管理水平。其中，重点开展了220kV变电站间隔划分及应用程序的研究开发工作；制定了110kV电网间隔的实施计划，促进“标准化间隔”划分工作整体、快速推进。合理安排电网停电计划，开展电网日前方式分析，重点解决2008奥运工程、2007度夏工程及春秋季例行检修工作交叉进行、同步实施的问题，对于因停电工作造成的电网危险点情况及时在公司层面发布电网运行风险提示，形成电网风险管理的常态机制，实现对电网运行风险在公司范围内超前掌控，确保各项电网计划检修工作和有关基、改建工程的顺利实施。规范停电计划管理工作流程，深入开展停电计划执行情况分析，从2007年8月开始，调度通信中心调度处按月进行电网停电计划执行情况总结分析，以文件形式下发电网停电计划执行情况简报，强化对电网停电计划的管控，确保电网停电计划管理严格、规范、高效。电网没有发生因检修方式安排不当造成电网停电或其他事故隐患。

迎峰度夏。2007年度夏期间，北京电网负荷创历史新高，达到1189.6万kW（8月21日16时48分），较2006年同期增长10.04%。整个度夏期间，电网安全运行压力巨大，通过认真研究北京地区负荷特性和度夏高峰负荷期间的电力平衡特性，编制了2007年电网拉路限电序位，并综合考虑各种情况对拉路序位按照网调拉大路、市调拉大路、区调拉路、功率缺额、严重故障拉路进行了细化，提高了拉路序位的可执行性。加强对电网严重故障的分析，对500kV变电站、同一输电走廊及同一电缆沟道的严重故障进行梳理，并认真计算分析和仿真，编制了详细的2007年度夏电网严重故障预案，确保故障发生后调度运行人员能够快速、妥善处理。针对市调有关的电网运行参数、技术业务资料的梳理，加强电网应急工作管理，编制电网应急演习方案，做好应急演练，确保事故情况下，调度人员能够高效处理。

政治保电。北京市调始终坚持贯彻公司“保电工作日常化，日常工作保电化”的要求，加强政治保电工作管理，形成常态机制，实现保电工作制度化、规范化，保证政治供电期间电网的安全稳定运行及其他各项工作正常开展。每接到一项保电任务，即综合考虑全网方式，合理安排计划检修工作，保证重大政治活动电源点的电源数量和可靠性；加强调度员熟悉电源点，做有针对性的事故演练，积累处理突发事件的经验，并形成事故预案，装订成册以备发生突发事件时作为参考。为了保证事故发生时信息通畅、响应快速，制定并实行了突发事件应急分级汇报制度。完成了2008奥运测试赛、“十七大”等120余项政治保电任务。

职能管理。为了规范两级调度机构的工作行为，先后编制了《调度运行工作行为规范》、两级调度机构的《调度运行一日工作标准》、《电网日方式管理规定》、《可视化调度系统使用管理规定》等，促进了调度运行工作规范化、标准化，有效预防了电网误调度事故的发生。同时，通过迎峰度夏反事故演习、电网日前方式及实时方式的动态管理，加强对各区调日常调度计划及调度运行的深入管理，通过电网风险提示、日前方式单、可视调度系统等多种形式，切实提高各区调的电网风险防范意识及调度管理水平。重点对城区、海淀、朝阳、石景山、大兴、昌平、顺义等区调的迎峰度夏、奥运测试赛保电等工作进行检查指导，同时采取集中培训、跟班培训、专项培训等方式强化各区调对新版调度规程及相关规定的执行。

调度规程修编。2007年完成了《北京电网调度管理规程》及《地区电网调度管理规程》的修编工作，并以京电调[2007]25号文发布，于2007年5月1日正式执行。这两个规程对电网发展方式转变和公司管理模式转变有较强的适应性，能够满足专业管理的需求。为了配合新规程的宣贯与执行，分批次、分重点组织市调和各区调开展规程培训工作，有效推动了新旧规程的平稳过渡。

电网风险分析。2007年，以《国家电网公司三项分析制度》为指导，以强化调度专业管理、提高电网运行风险分析工作管理水平为目标，并结合《电网调度运行分析制度》和《电网调度安全分析制度》的具体要求，对调度专业管理现状进行了认真分析和梳理，讨论并落实《电网调度运行分析制度》的整改计划，分解细化《电网调度安全分析制度》的有关要求，编制如何实施电网安全分析工作的具体内容、管理要求，制定了指导两级调度落实电网运行风险分析工作的分析模板，全面规范电网运行风险分析工作。

“三公”调度。贯彻落实《国家电网公司“三公”调度“十项措施”》的规定，积极配合电力交易中心完成“三公”调度各项工作。完善厂网沟通机制，以构建厂网互信氛围为目标，密切厂网之间的交流和沟通，每个季度参加电力交易中心组织召开的厂网联席会。按照国调“四统一”原则，配合电力交易中心每季度编写“三公”调度情况报告，公开披露电厂考核情况，准确翔实地发布电网“三公”调度信息，使调度信息发布做到：发布形式统一、发布内容统一、发布周期统一、版面设计统一，定期发布更新的“三公”调度信息。以购售电合同及并网调度协议为基础，合理安排电网运行方式，发电计划制定、审批流程明确、公开。建立调度客户及发电厂问询调查制度，定期向发电企业及客户邮寄调查问卷，并对反馈信息进行汇总分析，及时调整工作方式，确保为发电厂及调度客户提供优质、高效的服务。

【建立北京电网控制中心】 2007年12月3日，国内第一家省网级电网集中控制中心在北京电力公司正式建成投运。北京电网控制中心（简称控制中心）是以北京电网220kV变电站为调控对象，以调、控一体化自动化系统为工作平台，以电网标准化管理和集约化操作为工作模式，融电网设备集中监视、远方设备遥控操作、设备状态实时调整等主要功能为一体的电网运行管理机构。控制中心主要负责北京地区220kV及以上变电站的运行监视和控制，执行调度部门下达的操作指令，对操作队部署现场操作任务，配合自动化系统传动，配合调度部门进行电网事故及异常处理。控制中心与应急指挥中心、市调采取紧耦合管理模式，并将最终过渡到调控一体化模式。

■ 12月3日，北京电网控制中心启用剪彩仪式。（唐松寒　摄）

控制中心建设本着“集约化、专业化、精细化”的管理思路，并体现资源优化、数据集中、平台开放、管控高效、响应快速、流程清晰、过渡平稳的特点，采取调度中心和控制中心人员分开、职责分开、系统运行管理合一的设置模式。这种模式有利于优化电网调度运行的系统资源、数据资源和通信资源，通过建设安全、可靠、规范、高效的基础数据与应用平台，最大限度地保障调度、变电站信息数据的一致性、准确性和可靠性；有利于公司对系统资源、人力资源、信息资源的统一管理，有效减少和优化中间环节，实现电网事故的快速处理和恢复供电；有利于体现公司集约化、专业化的管理优势，为各供电公司变电站集中控制管理提供指导，推动公司集约化管理水平再上新台阶。

【继电保护】 2007年，北京电力公司直调系统继电保护及安全自动装置18425台，比2006年增加6810台；全部装置微机化率同比增长近10.02%，达到88.67%。直调系统继电保护及安全自动装置共动作8986次，正确动作8983次，正确动作率达99.97%。其中，220kV级以上系统继电保护及安全自动装置动作266次，正确动作率100%；110kV系统继电保护及安全自动装置动作442次，正确动作440次，正确动作率达到99.55%，同比增长0.85%。全网故障录波器应动作次数178次，录波完好178次，录波完好率为100%。

全年共计完成新设备或改造设备定值计算、定值调整以及工程启动等相关工作72项，涉及220kV变电站44座、110kV变电站31座。提出并实行定值会商制度，以防止保护“误整定”为目标，整合了整定专业团队的力量，解决重点、难点问题，并给全公司的定值计算人员提供了有效的学习和交流平台。继电保护定值会商会议每月一次，对公司重点、难点及典型的基、改建工程的继电保护整定方案及定值单进行核查和评议，2007年共举办会商会议8次，得到了全公司继电保护专工的一致认可。颁布《北京电力公司继电保护现场工作保安规定（试行）》，该规定以现有的继电保护现场工作安全组织措施和技术措施为依据，借鉴了国内同行先进经验，对生产运行维护、科研实验、安装调试的工作流程和勿碰勿动运行设备都做了严格的规定。《北京电力公司继电保护现场工作保安规定（试行）》有很强的可操作性，有效防范了工作的随意性，确保继电保护现场作业逐步迈向标准化、科学化。

【自动化建设】 研究建立电网集控发展新模式。2007年，自动化专业以协调解决朝阳供电公司安惠集控站与花家地集控站为契机，总结出分散集控模式存在的系统建设效率低、运行维护工作量大、投资大、人力资源配置不能满足生产需求等问题。修改、完善并形成了《北京电网控制中心技术方案》，实现了公司在电网集控站建设管理模式上突破性的飞跃。

开展OMS系统建设工作。为了规范调度系统工作流程，实现公司调度系统专业管理标准化和协同化，2007年，调通中心开展了调度管理系统的建设工作。自动化专业一方面作为系统的建设部门，担负着调度系统内部的组织、协调工作；另一方面，作为五大专业之一，编制了“检修计划”“缺陷管理”“基建验收”“投运”“设备台账”“停复役申请”等专业管理流程及其管理办法。“设备台账”“停复役申请”流程已投入运行，“数据核对”“检修计划”“缺陷管理”流程已经进行了功能确认。OMS系统的建设和投入运行，对于提高公司调度系统整体管理水平，实现规范化的专业化管理具有重要的意义。

推进自动化系统模型合并工作。2007年，自动化专业协同调度专业，重新规范了各供电公司功率总加关口，并组织相关单位共同完成了市调110kV及以上电网大模型合并，为实现110kV及以上电网状态估计和市区调联合调度员培训系统的建设提供了技术支持和保障。

【通信工程建设】 奥运无线通信指挥系统建设。北京电力公司奥运无线通信保障系统由800M调度台、车载台、手持台组成，根据北京电力公司奥运保障组织机构、工作职责及指挥调度关系进行集群终端的分组，实现同一分组内集群终端用户的通信功能。并通过会议电话系统解决地下站无网络信号覆盖问题，确保奥运指挥系统应用通畅。

■ 应急指挥卫星车。

奥运配网监测系统通信建设。奥运配网监测系统是奥运电力供应和保障的技术支持系统，按照“三遥”（遥测、遥信、遥视）功能实现配电网实时信息的采集、传输、处理和应用功能。实现对奥运配网相关场馆和重要配套设施正常及异常情况下的监测、保护、管理功能。系统总体结构采用了分层分布式主站＋子站＋终端的模式。

奥运配网监测系统工程通信部分涉及31个场馆5个附属设施，涉及30座变电站；奥运临时供电工程涉及11个场馆、设施，涉及变电站6座。

信息化建设。针对奥运保障工作对于通信专业设备基础信息的要求，加快了包含数据平台、网络监视系统、资源管理系统、动力环境系统在内的TOMS各模块建设，完成可研、初设、技术规范书的编制，完成硬件、软件招标工作，明确了综合网管一、二期建设目标。责成专人负责各个模块的功能验证，发现问题及时调整，利用每周的工作例会沟通问题、解决问题，稳步推进系统建设。起草了《调度通信中心通信运行管理系统运行管理规定》，确定了动力环境监测系统一、二类站点名称、数量及监测内容，确定了资源管理系统的数据模型及规范。

（娄奇鹤　胡学英　胡娱欧　陈小雨）

电力市场

DIAN LI SHI CHANG

电力市场建设

【北京电力交易市场平台建设】 2007年，公司主要构建了电力市场交易“三个平台”（市场交易平台、信息管理平台和服务支撑平台），为电力交易中心开展各项业务提供重要支撑，也为今后公司实现市场化运作、提升交易服务水平打下了基础。

市场交易平台是指北京电网电力市场交易运营系统，北京电力公司按照国家电网公司统一部署，被列为第三批推广单位，开展了系统的建设工作。5月，组织编写、报送了系统建设方案；6月，参加了国家电网公司系统建设方案审查会；7月，组织召开了系统建设启动会暨第一次领导小组工作会，确定了系统建设组织机构，明确了公司各部门的职责分工，提出了项目的进度要求和系统数据需求；8～10月，进一步确定了资金落实情况，履行立项手续，并与相关单位开展了技术交流和调研；11～12月，进行了需求调研、横向数据互联，系统开发、接口统一、数据录入等关键工作；12月15日，完成了标准版本的现场安装；12月20日，实现了与国家电网公司运营系统的纵向贯通，进行了数据传输。2007年交易运营系统具备了信息发布、合同管理、计划管理、结算管理、市场分析等10项基本模块。

信息管理平台是指北京电力市场交易信息发布网站。网站按照国家电网公司统一的模版、内容和周期向市场主体发布电力市场交易信息，每月10日更新，市场主体通过电子密钥登录系统可以查询北京电力市场相关信息。

服务支撑平台是指电力交易大厅，是面向社会公众、面向市场主体、面向各级政府的电力交易服务窗口和信息发布平台。2007年3月16日，开始选址建设；6月15日，建成启用，北京市发改委领导和公司总经理时家林为北京电网电力交易大厅正式启用揭牌。电力交易大厅位于公司本部B座一层，总面积330m^2，分为服务区、交易区、洽谈区三个功能区域，配置了大屏幕显示墙、触摸式语音调度台、自助查询设备等，展示了电网实时负荷、机组出力、市场交易动态等信息，提供业务咨询、客户接洽等服务内容。自建成以来，电力交易大厅邀请或接待各类参观团体共计175人次。

【北京电力市场运行情况】 2007年，北京地区新增地方电厂1个［威立雅资源利用（北京）有限公司阿苏卫垃圾填埋气发电厂］装机容量2.724MW。

2007年，北京地区地方电厂总装机容量366.93MW，其中，火电合计186MW，水电合计178.206MW，生物质能发电合计2.724MW。

2007年，北京电力公司购地方电厂电量91557.20万kWh，同比增长43.23%，完成年度交易计划的89.39%。其中，购水电厂电量2693.12万kWh，受上游来水不足和降雨量减少的影响，同比下降38.55%，完成年度交易计划的47%；购垃圾发电厂电量1348.09万kWh，垃圾发电比较稳定，完成年度交易计划的100.6%；购火电厂电量87515.99万kWh，华润协鑫燃气电厂15万kW机组于2006年5月中旬投产运行，2007年机组运行一个完整年，影响火电机组上网电量高速增长，同比增长46.99%，完成年度交易计划的91.79%。地方水电厂上网利用小时151小时，垃圾电厂利用小时4949小时，地方火电厂发电利用小时4705小时。

【电力市场理论研究】 结合国家电网公司推动三级电力市场体系建设的总体要求，公司超前研究如何建立和运营北京电力市场，编写了《北京电力公司关于三级电力市场体系建设与运营研究报告》《北京电力公司参与华北电力市场购电策略研究》和《北京电力市场运营规则》。这三个研究报告分别从国家级电力市场、华北电力市场和省级电力市场的角度出发，逐层分级展开，由宏观到微观，研究了不同市场环境下的北京电力公司的购电行为与选择。这三个报告根据国家电网公司三级电力市场体系建设的总体构想，结合当前三级电力市场运营的具体实践，提出了北京电力市场的建设思路，为进一步优化购电空间、推动跨区跨省资源优化配置提出了合理建议。其中，《北京电力公司参与华北电力市场购电策略研究》报告获得了公司2007年政策研究论文评比一等奖。

【电力市场优质服务】 2007年，公司坚持公开、公平、公正的原则，完善了年、季、月、日的信息发布工作，促进了市场交易环境的公开透明。电力交易中心主动开展上门走访活动，陆续走访了北京地区的6家电厂。征询电厂的意见和建议，帮助企业解决实际问题，主动开展满意度调查，提高优质服务水平。

■ 4月28日，公司副总经济师李滨率队走访门头沟煤矸石电厂。

电力交易中心面向发电企业公司编制了电力市场交易工作年报，发布年度电力市场交易信息。每季度组织电力市场交易信息发布会议。电力交易中心创新和丰富信息发布会的形式和内容，坚持服务电厂、走入一线，将信息发布与电厂交流结合起来，把信息发布会地点选在了有特色的发电厂。2007年共举办四期，分别选取了燃气发电厂、煤矸石综合利用电厂和水库发电厂，为发电企业之间互相交流观摩提供了平台，增进了厂网之间、厂厂之间的理解和沟通。每月通过电力市场交易信息网站发布电力市场交易信息，每日通过电力交易大厅大屏幕滚动发布市场信息和公司要闻。

（张　丽）

电力市场营销

【综述】 2007年，公司营销工作紧紧围绕“进一步夯实基础工作，五突出五抓，创一流标杆企业”的工作思路，创新工作模式，确立了由“用电管理”向“营销服务”的管理改革方向，初步形成了以客户需求为导向的服务理念。全面开展中央企业“优质服务年”、优质服务“百问百查”活动，深化“新北京、新奥运、新电力”优质服务工程，实施营销提升计划。完成了奥运场馆及重要设施供电工程，有序推进奥运供电保障筹备工作。全面完成2007年营销工作目标。全年完成售电量577.07亿kWh，同比增长9.52%；全年完成销售收入360.68亿元，同比增长13.45%；售电平均电价，利润口径售电均价完成630.33元/MWh，同比提高21.28元/MWh。

电费回收情况：当年电费回收率实现100%；陈欠电费回收率为97.28 %。应收电费余额完成1.3亿元，同比下降2.66亿元，降幅达67.14%。

【营销体系改革】 根据国家电网公司对营销组织体系的建设要求，结合北京单一城市电网的实际情况，按照职能管理与具体业务管理分开、强化服务引导作用的思路，公司营销部调整了机构和岗位设置。撤销了业扩管理处和用电检查处。新的机构设置了9个处，即市场开发处、服务管理处、服务监督处、计量处、综合处、电费管理处、营销信息处、用电服务处和报装服务处。设置了客户经理岗位，借助营销职能管理资源，培育报装服务客户经理（代表）机制和客户用电安全服务模式，为推进客户服务改革打下了牢固基础。

【线损管理】 2007年，220kV及以下综合线损率6.99%。线损“四分”（分压、分区域、分线路、分台区）管理进一步深化。通过大力开展电网建设与改造，电网结构更加合理，运行方式进一步优化，网损持续下降，220kV、110kV网损分别下降0.11、0.24个百分点。各供电公司通过完善计量关口设置、合理切分指标等举措，基本实现了按区域对10kV及以下配电网线损进行管理和考核。城区、朝阳等城近郊供电公司利用采集手段，开展了占10kV售电量30%以上的直配客户的供售电量同期监控，线损异动控制水平明显提高。丰台供电公司在城(近)郊公司中率先实现了分台区考核。远郊供电公司努力推进分线分台区管理，密云、怀柔等供电公司已基本实现了按10kV线路分线管理，并在农村地区广泛开展了分台区管理。通过强化线损管理，建立责任明确的考核机制，有效调动了一线员工的积极性，降损效果显著。2007年，在消化取消农村合表用电带来的低压线路电量损失1.1亿kWh及铜(铁)损计收办法改变带来的减收电量1.4亿kWh后，线损率同比仍下降0.18个百分点。

【电能计量管理】 2007年，积极推进电能计量体系建设。增补和修订了《北京电力公司电能计量装置现场装换管理办法》等11项管理制度，结合营销信息系统的应用，规范、统一了工作流程和标准。完成了电能计量中心办公大楼的改造工作，投资1500万元完成了检定试验室、型式试验室和智能化库房的建设，装备了全新的检定、试验设施，提升了履行公司计量专业集约化管理职责的能力。

电能计量改造工程成绩显著。2007年开始使用基建资金开展电能计量消隐改造工程建设，开创了电能计量资本性投资的新途径，为计量装置的安装、运行维护和更新换代提供了稳定的资金来源。组织开展计量消隐和新农村电气化计量改造工程，全年完成投资2.9亿元，更换新时段峰谷表5.5万具，改造6万户非居民客户计量装置，完成2.6万户新农村电气化建设电能计量改造工程。电能计量装置的改造效益显著，更换峰谷表为公司增加收益5.19亿元。

技术创新工作成果显著。落实《电能计量技术导则》，2007年6月，组织完成了《电能计量装置典型设计》的编制工作。按照典型设计编制了典型概预算，为电能计量标准化建设奠定了设计基础。按照“统一、简化、长寿命、防窃电、模块化”的原则，完成了新型电量采集器海淀试点的验收工作，并在全公司范围内开始推广使用；完成了单相单（多）费率全电子卡表的开发工作，10月份开始在朝阳区进行新产品试运行；开展了两级计量智能化库房的建设和计量现场工作PDA的推广工作，提高了公司计量资产的管理效率。

各项生产指标完成情况：关口电能表现场周期检验率100%；关口电能表计量用互感器现场周期检验率100%；关口电能计量用电压互感器二次回路电压降现场周期测试率100%。

【用电安全服务】 按照公司统一要求，按月进行客户停电事故统计和分析，总结并不断完善停电事故状态下的应急服务工作，努力降低停电事故对客户造成的影响。全年，对921户特级、一级、二级、重要客户及化工、煤矿等高危客户进行用电安全隐患排查和客户用电培训工作。2007年11月15日～12月15日，由北京市发改委、北京市公安局和北京电力公司牵头，各区县公安局和相关供电公司具体实施打击窃电行动，在全市范围内开展警企联合打击窃电专项工作。2007年12月20日，在公司门户网站建立了大客户服务专区，设立服务动态、资料下载、技术交流等相关栏目，用电客户可以通过网络了解公司大客户服务方面的相关内容，为大客户提供方便、快捷的网上服务，建立与大客户互动及有效沟通的环境。

【奥运保障工作】 按照“全面准备、精益求精”的工作标准，奥运保障筹备工作扎实有序地开展。组织实施了公司投资的19个奥运场馆外电源工程，组织完成了2万户居民煤改电、78个居民小区临时用电代永久等工程项目；建立了奥运用电安全服务管理制度体系，实现对奥运重要客户分级管理；完成了2007年度“好运北京”测试赛用电安全服务工作，为奥运正式比赛用电安全服务工作积累了宝贵的经验；组织开展了针对奥运定点医院、奥运签约饭店及场馆配套设施的用电安全隐患排查及督促整改工作，对发现的电气设备、电气运行管理、自备应急电源、电工配置及管理、反事故预案等五类共计699处隐患逐一编制整改建议，并协助开展了整改工作。

5～6月，北京市卫生局、北京市电力公司联合开展奥运会定点医疗服务单位用电安全隐患排查工作，重点对22个奥运定点医院逐一进行了用电安全联合排查。6～8月，北京市旅游局、北京市电力公司联合开展奥运会签约饭店用电安全隐患排查工作，重点对124个奥运签约饭店逐一进行了用电安全联合排查。

6月14日，公司下发了《关于发布2008年奥运会和残奥会重要客户名单以及供电保障服务原则的通知》（京电奥办[2007]36号），明确了奥运特级、一级、二级客户定级原则及服务范围。按照公司“提前启动、测赛结合、技术支撑、服务到位”的奥运保障工作目标，进一步做好奥运客户侧用电安全服务工作，公司在原《用电检查通用工作标准》的基础上，结合奥运重要场所电力保障工作的要求，编制并下发了《奥运电力客户用电安全服务工作标准》。

12 月 27 日，公司下发了《关于对重点客户开展用电安全隐患排查的通知》（京电奥办 [2007]104 号），要求在已开展的奥运场馆、定点医院、签约饭店、等级旅游景区等重要客户进行用电安全隐患排查的基础上，对所有涉奥重点客户及城市运行重点客户进行用电安全隐患排查。

■ 用电检查人员针对奥运定点用户配套设施的用电安全隐患进行排查。

【信息系统建设】 2007 年 10 月 25 日，随着石景山和亦庄供电公司营销信息系统的顺利上线，公司所属 19 个从事营销业务的单位全部推广上线完成，公司跨越两年的营销信息系统建设正式进入了稳定运行阶段。该系统在公司全面上线，首次实现了用电报装、计量、电费、用电安全服务等全部营销基础业务的数据共享，信息互通。实现了公司营销业务信息集中管理，从根本上消除了过去各专业分散管理造成的信息孤岛现象。为实现营销工作专业化、集约化管理目标创造了良好的条件。

【需求侧管理】 截至 2007 年底，北京地区已推广使用蓄冷空调 53 项、蓄热式电锅炉 491 个、地源热泵应用面积 1000 万 m^2 和居民电采暖 3.3 万户。这些项目的实施，可有效转移高峰负荷约 40 万 kW。按照“确保总量、解决瓶颈、保障奥运、应对突发、供用和谐”的要求，针对可能出现的电力供应缺口，制定了涉及调控客户 7115 户、具有 200 万 kW 调控能力的“总量调控、局部调控、奥运保障、应急调控”等四套电力需求侧管理调控方案，并以“可中断负荷补偿”等经济激励政策，保障电网的安全、稳定运行和社会的有序用电。

（于志勇）

优 质 服 务

【低压客户“一站式”用电报装服务】 2007 年 8 月 20 日，在城区供电公司成功试点的基础上，公司向全市范围内的低压用电客户正式推出了“一站式”用电报装服务（公司通过优化业务流程，简化手续，为客户提供集中办理用电业务，为客户实现一次性办结的低压报装卡表抢修等用电服务），增加了“95598”热线电话和“www.bj95598.com.cn”客户服务网站受理方式，使“一站式”用电报装服务更加方便、快捷、贴近客户。通过 95598 热线、网站等方式受理客户报装，首次尝试了全公司范围内的“同城报装”。9 月 4 日，朝阳供电公司为第一户 95598 电话报装的居民客户接电，从客户申请报装到完成接电不到 3 个工作日。9 月 10 日，第一位通过客户服务网站报装的居民客户享受到了通州供电公司带来的方便、高效的“一站式”用电报装服务。截至 2007 年 12 月底，完成“一站式”服务 9000 多次，户均接电时间从同期 15 天缩短到 4.88 天。

■ 朝阳公司引用“一站式”服务，仅用 3 天时间，为村民改装电采暖设备。（罗文德　摄）

【建立大客户经理制】 2007 年 9 月，根据国家电网公司对营销组织体系的建设要求，结合北京单一城市电网的实际情况，按照“四化”要求和职能管理与具体业务管理分开、强化服务引导作用的思路，公司营销部调整了机构和岗位设置，设置了客户经理岗位，借助营销职能管理资源，培育了报装服务客户经理机制，为推进客户服务改革打下了牢固基础。

自建立公司层面大客户经理制以来，充分发挥了客户经理作用，承担了国家及市政府重大项目的供电工程协调工作，加强公司内部各部门和单位间的协调，有效解决了项目规划设计、配套变电站建设、供电方案实施等问题，积极推动了京津城际、官厅风电厂、南水北调、京沪高铁等重点工程的实施。

通过主动协调重点客户用电报装全过程中遇到的问题，带动了公司整体客户报装服务效率的提高，全年协调重点工程 196 项，完成接电容量 647 万 kVA，同比增长 23.83%，结存容量同比下降 64.51%，高压客户平均接电时间从同期 180 天缩短到 65 天。

【报装服务标准化制度建设】 按照突出服务、强化职能的思路，营销部率先调整了机构和岗位设置，撤销了原业扩管理处和用电检查处，成立了负责客户服务职能管理的服务管理处和负责服务监督管理的服务监督处。本着职能与业务分开的原则，新成立了承担具体业务管理的报装服务处、用电服务处，设置了客户经理岗位。增强了职能管理水平和业务协调能力，带动了公司整体客户报装服务效率的提高。全年完成接电容量 647 万 kVA，同比增长 23.83%，结存容量同比下降 64.51%，高压客户平均接电时间从同期 180 天缩短到 65 天。

建立客户报装服务管理制度和技术标准体系，从规范管理、统一标准两个方面出台了客户报装受理、客户工程竣工验收送电等相关管理办法和技术标准，初步形成了客户报装服务业务的标准化制度体系。出台了《客户供电方案编制标准》等多项管理制度和技术标准，从报装受理、供电方案编制及审批、审图及验收送电等方面，明确了各服务环节的工作内容、时限要求，初步完成了报装服务工作的标准化制度建设。

确定了客户与公司关于用电报装工程的投资界面，探索建立因客户报装引起的配电网改造工程投资建设渠道，从制度上规范了用电报装工程的收费行为。2007 年，公司投资 1116 万元完成了 6 项因客户报装引起的配电网改造项目，增加报装接电容量 25500kVA，实现了由首先满足公司自身电网生产需求向首先满足客户用电需求的转变。

【举办大客户论坛活动】 针对不同群体的用电客户，有针对性地开展客户论坛活动。北京市发改委、北京市奥组委、北京市卫生局、北京市旅游局等单位的领导出席并观摩了论坛活动。公司副总经理郭炬、副总工程师干银辉、副总经济师李滨以及各职能部门及属地公司的相关领导出席了论坛。论坛邀请了中国电科院等单位的专家教授和公司相关部门的主管领导就“动态电能质量管理”和“客户内部电力系统运行管理”等与安全用电紧密相关的内容向客户进行了详细的讲解和介绍。

10 月 26 日，公司营销部组织召开了高科技企业客户论坛，包括联想、诺基亚、中关村软件园、中芯国际等 27 家高科技企业派代表参加了此次论坛。12 月 18 日，公司营销部组织部分新闻和广播通信单位在海淀供电公司召开了新闻广播通信大客户论坛。中央电视台、北京电视台、航天城、卫星地面站以及新浪网、搜狐网等 20 余家新闻广播和通信单位的代表参加了此次论坛。

■ 12 月 18 日，公司组织中央电视台、北京电视台、航天城、卫星地面站以及新浪、搜狐等 20 余家新闻和广播通信单位，召开北京市新闻广播通信大客户论坛。

【规范化示范营业窗口建设】 为了强化公司供电营业窗口的形象建设和服务管理，将供电营业窗口建设纳入规范化、标准化、动态化管理，形成全市统一的供电营业窗口品牌服务标准和管理规范，持续提升客户对北京电力供电服务品质的感知和评价，体现北京电力公司的统一良好形象。依据国家电网公司供电营业规范化服务窗口标准，借鉴国内外相关行业在营业窗口服务规范方面的成功经验，9 月，营销部出台了《供电营业窗口规范化管理制度》，并在全公司范围内全面开展了“规范化服务供电营业窗口和规范化服务示范供电营业窗口”创建工作。11 月，出台了《形象建设规范手册》。

采取明确创建工作要求、组织窗口人员轮训、开展形象建设、完善运营制度、规范服务人员行为等具体措施，创建工作在北京地区 200 多个为客户服务的供电营业窗口深入开展。规范化服务窗口是每个供电营业窗口应该达到的基本要求。规范化服务示范窗口的服务质量代表着供电营业窗口的先进水平，对其他供电营业窗口具有典型示范作用。2007 年，圆满完成了在各供电公司建成 1 ～ 2 个规范化服务供电营业窗口的目标。在 16 个供电公司和公司客户服务中心的 31 个营业窗口中，共评选出了 9 个（公司客户服务中心，城区、朝阳、海淀、丰台、大兴、怀柔、密云、顺义供电公司客户服务中心）规范化服务示范供电营业窗口、22 个规范化服务供电营业窗口。

【新开通便捷售电网点】 2007 年 6 月 28 日，北京市信息办携手北京电力公司共建便民售电网点，并签署《共同推进“数字北京缴费通”便民售电服务合作备忘录》。充分发挥信息技术优势，将售电服务引入社区，均衡发展城乡地区的便民售电网点，使北京城乡地区居民均可以享受到便利的电力服务。截至 2007 年底，新开通便捷售电网点 3011 个。

（于志勇）

农电工作

NONG DIAN GONG ZUO

【综述】 北京地区农电涉及10个远郊区（县）及4个近郊区的部分农村地区。截至2007年底，北京地区已全部完成国务院提出的农电管理体制改革、农网改造及同网同价（简称“两改一同价”）工作，原由地方政府管理的电管站全部改为供电企业的派出机构——供电所，其人员及资产已全部上划供电企业管理。改革后，对供电所的机构进行了重新整合，对人员进行了招聘，14个区（县）现共有农村供电所150个（见表1），供电所人员3296人（其中农电工1454人）；负责3980个行政村、110多万农村用电客户的抄表、收费及优质服务工作；并承担22744km的农村低压线路、31856台配电变压器以及部分10kV线路（不含4个城近郊区）的运行维护、事故抢修等工作。贯彻国家电网公司“新农村、新电力、新服务”的农电发展战略，落实公司“集团化运作、集约化发展、精细化管理和专业化管理”的要求，在公司实行专业化管理和农电工作部归口管理相结合的新的农电管理模式，不断完善农电各项管理工作细节，将国家电网公司的各项农电工作要求，通过各职能专业部门落实到各基层单位，并对工作的实施过程进行督促管理。以开展红旗供电所创建工作为契机，深化国家电网公司“三个十条”的贯彻落实，全面提升农村供电所精细化管理及优质服务工作水平。推进新农村电气化建设并取得了初步的成效，不断缩小北京城乡电网差距，使公司城乡电网协调发展，开拓、规范农村电力市场。

表1　　公司各区（县）农村供电所数量

区县	通州	昌平	门头沟	房山	大兴	平谷	怀柔	密云	顺义	延庆	朝阳	海淀	丰台	石景山	合计
数量（个）	10	14	7	20	14	10	14	18	19	8	3	7	5	1	150

【农电管理体制改革】 2007年初，公司下发了《关于农电工作部机构与岗位设置调整的通知》，对农电管理采用归口管理与专业管理相结合的管理模式。各相关职能部门承担了部分农电专业化管理职能。农电工作部主要负责继续深化农电体制改革工作；推进农村供电所规范化、标准化建设；接受国家电网公司农电部布置的各项任务，分解落实到各相关职能部门完成，并负责综合汇总归口上报；负责联系北京市有关委办局农电事务。积极探索和不断完善新的管理模式下的农电工作，加强管理、强化责任、落实分工，分析、研究、查找工作中存在的问题并制定措施，按新的工作流程对公司各项农电工作的实施过程进行协调、督促，使公司农电工作在新的管理模式下不乱不断，有序衔接。

【首都新农村电气化建设】 新农村电气化建设是贯彻中央1号文件精神，落实国家电网公司“新农村、新电力、新服务”农电发展战略的一项重要举措。2007年，公司按照“统一规划、分步实施、整体推进”的原则，与北京市发改委共同推进新农村电气化建设。

加强领导。成立了由公司党政一把手挂帅的新农村电气化建设领导小组，明确了2007年的建设任务及农电部内部和相关职能部室的职责分工。领导小组下设办公室，全面负责新农村电气化建设工作的整体实施。同时加强与北京市发改委等政府部门联系，取得了政府部门的支持，将新农村电气化建设纳入到了政府社会主义新农村总体规划中，与政府共同成立了由北京市发改委主管领导和公司副总经理共同参加的北京市新农村电气化建设工作小组，共同出台了《首都新农村电气化建设标准》，形成了与政府共同推进新农村电气化建设的良好局面。

工作部署。结合国家电网公司新发布的《新农村电气化标准体系》和《新农村电气化建设实施纲要》，在对14个区(县)公司的情况进行了详尽的摸底工作后，公司提出了适应农村经济发展需求，提升农村百姓生活质量的工作目标。2007年初，滚动修编了《“十一五”首都新农村电气化建设发展规划》，明确了到“十一五”末建成8个电气化区(县)、100个电气化乡镇、1500个电气化

■ 建设改造完成后的新农村。

村的新农村电气化建设目标（见表2）。制定了《北京电力公司新农村电气化建设实施方案》，明确了“十一五”期间实施新农村电气化建设的分年计划，提出了推进新农村电气化建设的工作要求和保证措施。对《北京电网规划设计技术原则》中涉及农村地区中低压配网部分原则进一步细化、完善和明确，4月，制定了《北京电力公司“新农村”中低压配电网建设与改造技术标准实施细则》。

表2　北京市电力公司“十一五”新农村电气化建设内容及规模

序号	单位	2007年已建设完成			2008年规划完成			2009年规划完成			2010年规划完成		
		电气化区(县)	电气化乡(镇)	电气化村	电气化区(县)	电气化乡(镇)	电气化村	电气化区(县)	电气化乡(镇)	电气化村	电气化区(县)	电气化乡(镇)	电气化村
1	通州	1	6	148		1	30						
2	昌平		5	30	1	4	64						
3	门头沟		1	11		1	20				1		
4	房山		4	33	1	7	111						
5	大兴	1	6	167		3	30						
6	平谷		5	48	1	4	65						
7	怀柔		2	21		3	40	1					
8	密云	1	8	136		2	20						
9	顺义		4	47	1	4	80						
10	延庆	1	6	112		1	15						
11	朝阳		1	7		1	15						
12	海淀		2	11		1	15						
13	丰台		1	7			5						
14	石景山			2									
合计		4	51	780	4	32	510	1	20	200	1	20	200

新农村电气化建设实施。2007年，公司首先开展了8个试点电气化村的示范工程建设。在工程建设中，以建立例会制度、及时掌握建设情况、积极进行现场督导、制定验收细则、规范验收内容、严格验收程序等工作内容确保建设工程目标如期实现。

资金保障。公司以奥运为契机，对远郊区(县)投资72亿元实施“0811”电力强网计划，优化农村电网结构，全面提升农村地区电气化水平。同时，投入1.4亿元专项资金用于新农村电气化村低压电网的建设与改造。截止到2007年底，共完成了67个新农村电气化示范村的改造工程。

新农村电气化建设取得的主要成果。新农村电气化建设工程改造前，原有的10kV及以下配网线路已满足不了当地经济的发展，低压电网凌乱，接户线不合格，计量表箱腐蚀严重，无法加封，用电管理难以到位，特别是用户的进户线严重老化，安全隐患多，安全事故随时可能发生。改造后，高低压电网结构合理，电网线路排列有序，且全是绝缘导线，对供电半径超标的地方，新安装了变压器分解用电负荷，各台混合配电变压器的低损都在8%以内，居民电压合格率和供电可靠性都达到了国家电网公司的标准；接户线全部更换了质量高的16～35mm^{2}的铜塑线和不小于6mm^{2}以上的进户线，表箱全部使用非金属材料，安装规范、整齐、表计三封齐全，计量表箱进出线全部采用PVC管地埋和架空相结合，用户窃电根本无从下手，堵塞了漏洞，提高了用电安全可靠性，使用电管理进一步规范、有序。

2007年，北京地区共建成新农村电气化区（县）4个，电气化乡镇51个，电气化村780个。通州、大兴、密云、延庆4个区（县）全部通过了国家电网公司新农村电气化区(县)建设的验收考评。

【农电安全生产】 贯彻国家电网公司《关于2007年农电安全生产工作的意见》、《关于开展农电安全生产专项督查的通知》，公司印发了《关于做好2007年人身安全工作的要求》。开展了对基层单位100余名安全生产监督体系人员进行了培训；以"安全生产大检查"、"百日安全活动"为载体，开展了安全生产大检查活动；按月编发《安全简报》，印发了《安全警示录》、《安全常用语》等宣传、学习资料；编发《安全检查月刊》。公司农电系统2007年安全生产情况：未发生重大以上电网和设备事故；未发生火灾事故；重大施工机械设备损坏事故；未发生性质严重的或造成较大社会影响的停电事故；未发生农村供电所电力生产人身轻伤及以上事故；未发生农村地区村民人身触电伤亡事故；未发生负有人员责任的交通事故；全年发生设备事故5次，一类障碍304次。完成农网供电可靠率99.7736%，用户平均停电时间1.6847小时，综合电压合格率99.363%。

【农电部职能管理】 按照新的农电管理机制制定了工作标准及流程，各部门明确农电工作协调人，建立公司农电工作网络。将国家电网公司的农电工作任务，以《北京电力公司农电工作协调函》的形式转发到13个职能部门组织实施。对各项工作的进展情况进行督促，并通过召开农电工作协调会和编发农电工作信息，及时总结交流农电管理情况及各项工作的进度和指标完成情况。做好公司农电工作承上启下的角色。全年向公司本部13个部室发送农电工作协调函124份；召开农电工作协调会6次；转发国家电网公司农电综合信息11份；编制北京电力公司农电工作信息3期；召开区（县）农电管理专题会4次。上报国家电网公司各种专业报表12个（套），各种专业总结和专题汇报材料30份。

完成并上报《北京电力公司2006年农网科技工作总结和2007年工作思路》、《北京电力公司2007年度农村电网科技进步实施项目计划》、《2007年农电培训工作计划表》、《2007年农电"两率"管理工作思路和工作计划措施》、《关于农网急需改造工程投资还贷电价的测算》、《北京电力公司春节期间优质服务暗访活动情况汇报》、《关于开展农电资状况调查》以及《关于在县供电企业全面开展现场标准化管理工作》等农电专业工作，推荐上报公司2007年农电标杆单位经验材料；上报了公司春季农电安全生产专项督查工作总结、农网供电可靠性评价软件应用情况调查、非晶合金变压器使用情况、开展县供电企业现场标准化管理工作的总结、县供电企业领导干部管理及责任制考核等情况调研提纲及开展农电资产状况调查等工作。

根据专业职责分工，协调完成了国家电网公司2007年第1～10期《农电综合信息》布置的有关农电工作。完成国家电网公司农电综合统计年报的统计汇总、北京电力公司关于农网"十一五"发展规划报告等文件的上报。组织海淀、大兴、怀柔、平谷供电公司完成国家电网公司农电体制改革书面调研报告以及北京电力公司农电体制改革调研报告，并上报国家电网公司。为加强公司农电信息的交流，及时了解全公司农村电网实行专业化管理的动态及新农村电气化建设工作情况，发布了三期《北京电力公司农电工作信息》。

【农电综合管理】 建立健全财务管理制度体系，将农电资金纳入公司全面预算管理。严格管理电费等各项经营收入，所有电费账户统一纳入财务管理。出台《北京电力公司关于深化线损管理工作的指导意见》；规范计量装置配置标准，提高计量精度等级；加大普查力度；进一步加强关口管理和考核力度；加强线损考核与过程管理，实现线损工作的可控、在控，开展了线损理论计算和低压台区线损实测工作。2007年，10个远郊区县供电公司完成110kV及以下季度线损率指标7.1%，完成农村地区低压季度线损指标7.41%。

开展红旗供电所创建工作。为促进社会主义新农村建设，落实国家电网公司"新农村、新电力、新服务"农电发展战略，根据国家电网公司农村供电所规范化管理工作要求，以夯实农村供电所的管理基础、规范供电所工作流程为目的，公司开展了红旗供电所创建工作，组织制定了《北京电力公司红旗供电所考核实施细则》，统一考核标准、规范管理程序和工作标准，全面开展创建红旗供电所活动。各区县供电公司按照公司的工作部署，通过对供电所包括基础资料在内的各项工作的整改、梳理及精心的准备，共有12个区县供电公司的18个农村供电所进行了红旗供电所考核评比的申报工作。

公司于4月11～20日组织考评组对各区（县）供电公司推荐的红旗供电所进行了考核评比，考评按照《红旗供电所评选验收细则（试行）》的规定，必备条件、机构和人员管理、安全生产及设备管理、营销管理、专业管理、优质服务、基础资料管理等7个方面进行全面、细致的考评，根据考评标准和考评方式进行逐项打分，考评工作始终坚持公开、公正、公平的原则，对12区（县）18个红旗供电所的申报进行了考评验收。共有17个供电所获得“红旗供电所”荣誉称号，其中3个供电所获得“红旗标杆供电所”荣誉称号，并参加了北京电力公司“平凡孕育伟大　劳动奉献光荣”主题表彰大会。

开展标准化管理。根据国家电网公司《关于开展农村供电所标准化管理工作的通知》的要求，公司积极推进供电所标准化管理，成立了供电所标准化管理领导小组及办公室，按照不同的专业分工完善标准化管理流程，全面推行供电所标准化管理工作。公司农电工作部组织编制并下发《农村供电所低压现场工作标准化作业指导书范本》13本。供电所标准化管理流程包括安全管理、生产管理、营销管理、专业管理、优质服务、综合管理六个方面，共计46项工作流程。2007年，在通州、昌平、大兴、平谷、密云、顺义、延庆等区(县)的部分农村供电所开展了作业组织专业化试点工作，重新制定了各岗位的职责、工作标准及要求、考核办法。召开了农村供电所作业组织专业化专题工作会。进一步落实农村供电所标准化管理信息系统工作，在试点实施的供电所的基础上，通州供电公司所属供电所全部完成了标准化管理流程软件的安装培训工作。

组织通州、密云两个区（县）供电公司参加国家电网公司一流县供电企业同业对标综合评价工作，在国家电网公司农电系统232个一流县供电企业同业对标排名中，完成了各项数据指标，成绩良好。

开展公司“优质服务年”供电服务明察暗访活动。贯彻落实“优质服务年”专项工作，结合公司“新北京、新奥运、新电力”的优质服务活动，深化国家电网公司“三个十条”“十个不准”的贯彻落实，全面提升农村供电所精细化管理及优质服务工作水平，公司对延庆、昌平、门头沟、石景山、怀柔、密云、平谷、顺义、平谷、通州10个区（县）的30个农村供电所营业厅进行了明察暗访，对服务工作当中的亮点及存在问题进行了梳理。

5月，组织通州等4个区县公司到江苏、上海进行新农村电气化建设和农电管理调研学习。9月，组织部分区（县）参加了中电联农电分会召开的共建和谐农电研讨会。组织大兴、怀柔、平谷供电公司完成国网公司布置的农电体制改革书面调研报告。2007年，公司投资1284万元继续建设完善农村供电所办公环境与软硬件设施。

【北京市农电系统人力资源】 截至2007年底，公司有农村供电所职工（电管员）1842人，全年累计增加18人，减少人员27人，与2006年底相比人员仍保持负增长，平均年龄35.2岁。其中，大学本科60人，占总人数3.2%；大专以上408人，占总人数21.5%；中专427人，占总人数22.5%；高中745人，占总人数39.3%；初中及以下257人，占总人数13.5%；持有供电所技能鉴定技师证6人，占总人数0.3%；高级工证550人，占总人数29%；中级工证561人，占总人数29.6%；初级工证629人，占总人数33.2%。1842名农村供电所职工（电管员）与公司所属劳务公司签订了劳动合同，均已缴纳养老保险、医疗保险、失业保险、工伤保险、生育保险。

截至2007年12月底，全公司有农村供电所职工（农电工）1454人。2007年1～12月累计增加56人，减少人员75人，与2006年底相比人员呈负增长趋势。平均年龄32.2岁。大学本科22人，占总人数1.5%；大专以上164人，占总人数11.3%；中专238人，占总人数16.4%；高中502人，占总人数34.5%；初中及以下528人，占总人数36.3%；持有供电所技能鉴定高级工证人员31人，占总人数2.1%；中级工证人员67人，占总人数4.6%；初级工证人员347人，占总人数23.9%。全部1454人已与公司所属劳务公司签订了劳动合同。缴纳养老保险、医疗保险、失业保险、工伤保险、生育保险人数为799人，占总人数55%；部分农业户口职工缴纳了医疗保险、工伤保险人数为655人，占总人数45%。

农电队伍建设。2007年，农电培训工作坚持“以能力提升为核心、持证上岗为标准，整体轮训为主线”的思路，形成培训、考核与使用相统一的劳务用工培养机制。按照既定的劳务人员培训实施方案，全年共举办各类培训班66期，共有3264人参加了公司统一组织的培训，通过培训取得各类工种技能鉴定初级工资格620人。培训的工种包括用电客户受理员、抄表核算收费员、电力电缆、配电线路、装表接电等专业。

按照国家电网公司《关于开展2007年北京电力公司供电所人员调考活动的通知》（人资培[2007]14号），公司于8月16日组织开展了2007年农村供电所人员调考活动，共有14个单位、192人参加了本次调考。在国家电网公司举办的2007年农村供电所人员调考活动中，公司14个区（县）的5名供电所长和10名农电工组成的代表队获得了团体成绩第6名、供电所长团体第3名的优异成绩。同时，平谷供电公司马坊供电所李玉海获供电所所长个人成绩第3名、门头沟供电公司永定中心供电所王洪涛获农电工个人成绩第8名，为公司赢得了荣誉。

（何志勇　王诜）

科技与信息化

KE JI YU XIN XI HUA

科 技 工 作

【承担国家电网公司重大科技创新专项任务】 2007年，公司共承担了6项国家电网公司重大科技创新专项任务，这六个项目是：奥运电动汽车配套设施关键技术以及能源供给模式研究、电能在终端能源竞争力应用技术研究、北京电力应急指挥技术支持系统的研究与完善、北京奥运电力在线查询系统的研究和建设、北京城市高可靠性供电区域建设和改造评估研究及示范工程的建设、北京城区重要供电客户数字化供电系统的研究与建设。获得国家电网公司拨付的科技项目资金达7700万元，这在公司历史上尚属首次。公司专门成立了落实国家电网公司重大科技创新专项任务的组织机构。公司领导高度重视并亲自参与重大科技创新专项任务的实施过程，定期组织项目的阶段调度会，及时协调解决问题，从而保证重大科技创新专项任务按计划顺利实施。

■ 公司承担的6项国家电网公司科技项目可研论证会会场。

【科技项目立项】 按照公司“十一五”科技发展规划，围绕公司2007年公司总体工作思路，重点开展城市电网安全性评估研究、状态检修的理论和实践研究、带电作业和不停电作业技术的研究和标准的制定，开展提高电网输送能力、提高城市电网供电可靠性相关技术的研究，开展数字化电网及数字化供电系统的研究等。公司组织召开了多次科技项目的可行性论证会，分四批下达了科技项目计划，共下达项目68项，下达项目总资金2317.5万元。这些项目围绕公司安全生产、营销服务、保奥运和电网建设等重点工作。在电网安全稳定方面，开展了“北京电力可视化调度系统的研究和开发”“北京电网无功电压协调控制策略的研究”的立项；在输变电设备状态检修方面，开展了“变压器状态评价机制的建立及检修策略的制定”“变压器状态检修技术支持系统的研究和开发”等的立项；在提高供电可靠性方面，开展了“北京电网供电可靠性评估及提高供电可靠性技术措施的研究”的立项；在带电作业和不停电作业技术方面，开展了“带电作业人员理论基础与实际操作应用研究”“配电线路手套法带电作业标准化研究”等的立项。

【创新型企业建设】 按照国家电网公司的总体要求，公司组织制定了《北京电力公司创新型企业建设方案》。该方案包括加强组织领导、提高自主创新能力、提升试验研究能力、推进产学研合作、推广新技术应用、加大投入力度、建设创新人才队伍、推动群众性创新活动八个方面的内容，明确了建设任务、具体措施、工作进度以及分年度目标，落实了保障措施。在该方案的指导下，公司开展了国家电网公司重大科技创新专项任务的攻关、提高供电可靠性技术实验室的初步论证、积极和科研院所大专院校进行科技项目合作、加强知识产权（专利技术）的管理、鼓励和推进群众性技术创新活动的开展等方面的工作，逐步推进公司建设创新型企业的工作。

【群众性技术创新】 2007年，公司在员工中普遍开展群众性创新活动，引导和鼓励员工开展技术革新、小发明、小创造等创新活动，涌现出一大批优秀的群众性技术创新成果。公司第一次组织了群众性技术创新成果的评审工作，共计评选出32项群众性技术创新成果奖、23项群众性技术创新成果鼓励奖、这些项群众性技术创新成果在实际工作中发挥了很好的作用，如城区供电公司研制的熔断器绝缘护罩，该绝缘护罩适合于10kV架空线路FW-11型熔断器，是采用进口EVA为主要原料并加入抗氧化剂、阻燃剂、光亮剂等组合而成的一种复合材料精制的绝缘罩，具有耐火、阻燃、抗老化、安装简便快捷等优良特性，硬度较硅橡胶高，有利于全面保护熔断器。

【知识产权】 2007年，结合国家电网公司知识产权座谈会的精神，公司起草了《北京电力公司专利工作管理办法》。在各级部门的工作职责、经费、专利的申请、专利的实施转让、专利的终止、对发明人的奖励等方面从制度上予以明确，使公司知识产权工作做到有制度可依，有规章可循。在公司年度资金预算中设立专利保护专项基金，从资金上有力地保证专利工作的开展。公司认真分析和总结历年来的科技项目和科技成果，积极挖掘各单位在新产品、新技术、新材料、新工艺的研究与应用，技术改造，引进技术的消化吸收等工作中的发明创造，全年公司共申请专利13项，其中发明专利6项，实用新型专利7项。

【科技成果】 公司组织申报了国家电网公司科技进步奖5项，其中“IEC61970标准在北京电网调度自动化系统中的研究应用”“送电线路OPGW参数设计导则、框架招标技术规范及送电线路中ADSS、OPGW施工规范研究”获得了国家电网公司科技进步三等奖。组织申报了华北电网有限公司科技进步奖25项，其中，两项获得一等奖，12项获得了二等奖， 11项获得了三等奖。开展了公司科技成果的评审工作，共评审出科技成果77项，其中，技术改进一等奖16项，二等奖24项，三等奖7项；推广应用一等奖18项，二等奖7项，三等奖5项。

公司承担的国家电网公司科技项目“定制电力技术的研究和示范工程的建设”于2007年完成项目建设，并在技术上取得了重大突破。这是我国自主研发具有自主知识产权的第一台10kV固态切换开关（SSTS）和10kV动态电压恢复器（DVR），是我国在定制电力技术研究上的重大突破。项目的理论研究和技术创新成果对我国定制电力技术措施的应用与推广具有重要意义。两套设备在航天五院北京卫星制造厂投运至今，运行稳定，并有效地避免了一起事故的发生，挽回了可观的经济损失，取得了良好的社会效益和经济效益。

■ 公司副总经理王风雷、郭炬观摩定制电力技术现场实验。

【环保工作】 公司在年初组织制定环评和验收计划，积极与地方环保主管部门沟通，协调解决工作中的问题。2007年，公司建设项目环境影响评价完成率100%，各电网建设项目竣工均申请了环保验收。公司加强了电网环保对外宣传力度。按照国家电网公司要求，结合“6月5日世界环境日”，开展系列宣传活动，在北京繁华地区开展“6月5日世界环境日”电网环保咨询活动；在30个公交车站设立电网环保宣传公益广告；组织公司各供电营业网点向公众发放电网环保科普宣传手册等。配合人大代表组织有关专家分别对市发改委、规委、国土局、卫生局、环保局、建委等政府部门举办“输变电设施电磁环境”的科普专题讲座，向政府部门工作人员进行了电力科普宣传与交流，起到了很好的效果。公司与北京市环保局、北京电视台合作，开展了输变电设施电磁环境科普宣传片的拍摄工作，在北京电视台魅力科学栏目中播出。通过答复人大代表、政协委员、人民来信，解答疑问，宣传环保政策和标准，促进了沟通，增进了解，消除了隔阂。公司荣获国家电网公司颁发的“2007年度环境保护宣传先进单位”荣誉称号。

■ 公司开展“6月5日世界环境日”电网环保咨询活动现场。

（汪兴盛　杨洪洁　沈　琪）

信 息 化 建 设

【综述】 2007年是国家电网公司统一组织建设“SG186”（国家电网公司“十一五”信息化规划项目的简称）工程的起步年，也是公司信息化建设快速推进的一年。2007年公司信息化建设总体投资1.28亿，项目总计21个，其中，配网工程11个，技改工程10个，是公司历年来信息化建设项目最多、投资最高的一年。

2007年，公司加大信息管理工作力度，一方面做好规划与年度计划的衔接，发挥规划指导作用，同时根据公司年度总体要求和信息化发展目标进行相应调整和细化；另一方面，加强与国家电网公司的汇报和沟通。公司承担着业务咨询、ERP系统（企业资源计划系统）、生产管理信息系统等国家电网公司“SG186”工程试点项目建设工作，在保证符合国家电网公司统一部署要求、满足公司对信息化建设的基本业务需求和保证资金的合理计划投入、产出效益方面，做好要求、需求和投入的整体平衡。积极参与、配合国家电网公司信息化建设管理和技术标准编制、政策制定方面的工作，公司信息门户、数据中心、运维管控和信息安全等方面都得到了国家电网公司的好评。

充分发挥信息工作的职能管理作用，加强对基层单位的协调和指导。在信息化建设政策、信息安全管理、网络改造工程和资金安排等方面加强集中指导和管控。下达了关于基层单位信息化工作指导性意见，每季度召开公司信息化工作例会，贯彻公司信息化总体要求，不断强化对工作目标和重点的认识。组织开展业务交流，安排技术和管理培训，提升信息管理人员的业务能力。

【信息安全保障体系建设】 2007年，公司参与国家电网公司应用系统安全定级工作，配合国家电网公司进行信息安全渗透演练工作，完成了十七大期间信息安全保障工作。完成了因特网系统的信息安全评估，按照国家电网公司的要求，编制了信息网安全隔离临时过渡方案和实施方案。组织开展2007年度重要应用系统和6个二级单位的信息安全风险评估，在财务资金集中支付系统中首次应用数字证书。实施信息网络隔离方案并开展信息安全十大威胁主机公示，使感染病毒数量有了大幅度的下降，公司信息安全水平有了较大提升。

【信息化基础设施建设】 2007年，公司统一组织实施信息网络改造和信息安全工程。在网络改造过程中，根据公司制定的网络改造典型设计要求，明确网络改造组织建设、资金投入等指导意见，并要求各单位对网络进行评估，找出与典型设计的差距，按照指导意见提出整改方案或需求，公司统一组织安排了网络整改工作，使基层单位网络基础设施有了极大的改善，提高了信息网络的可靠性。在信息安全工程的实施中，公司为各基层单位配制了防火墙、入侵检测等防护设备，并制定了详细的项目实施计划，有效地提高了网络的可靠性和系统的安全性。同时，通过网络改造，将各单位信息网络接入综合数据网，提高了信息传输速度；调整IP地址，打下了网络规范管理的基础；推广应用网络管控、运维管控系统，提高了运行管控的水平；制定内外网隔离工程总体方案，实施公司本部内外网隔离工程，降低了网络信息安全的风险。通过公司开展的“百问百查”活动等形式，提高各级人员对信息安全工作的认识和重视程度，信息网络运行安全隐患得到了较好的整治。

【“SG186”工程建设项目】 国家电网公司根据“十一五”信息发展规划，决定实施信息化“SG186工程”。构筑由信息网络、数据交换、数据中心、应用集成、企业门户五个部分组成的一体化企业级信息集成平台；建设财务（资金）管理、营销管理、安全生产管理、协同办公、人力资源管理、物资管理、项目管理和综合管理八大业务应用；建立健全信息化安全防护、标准规范、管理调控、评价考核、技术研究、人才队伍六个保障体系。

2007年，公司根据国家电网公司“SG186”工程的总体目标要求，按照公司“十一五”规划中的“切合实际、适度超前、信息共享”的建设原则积极稳进地开展公司信息化建设。公司作为业务咨询项目的试点网省公司之一，主要的目标是配合国家电网公司总部完成咨询工作，同时还要完成符合北京实际情况的相关的概念流程设计、业务规范设计、系统蓝图设计和详细流程设计。

ERP 系统是国家电网公司的试点项目，公司肩负着为国家电网公司积累经验、丰富直辖市模板、验证典型设计的任务。公司 ERP 系统实施项目是在国网信息化建设工程“SG186 工程”的建设框架下，基于前期业务咨询项目三个阶段的工作成果，在公司本部、城区供电公司、变电公司、物资公司四个试点单位，开展业务应用系统的试点实施。6 月，项目正式启动，2008 年 1 月 1 日成功完成了 ERP 系统在公司本部以及城区供电公司、变电公司、物资公司三个试点单位的上线试运行。其工程项目管理实现了统一项目类型和管理职责规范、工程信息管理专业化、项目转资专业化、进度与预算采购管理精细化；财务管理实现了财务人员向财务管理角色的转变、实现财务与其他业务部门的融合、提高财务核算的严谨性和完整性；物资管理实现了统一的物资管理平台、严格计划管理和预算控制、物资的集中共享；设备管理实现了完善的资产管理理念、规范了设备维护计划、实现了标准化设备检修流程。

生产管理系统的建设目标：在满足“SG186”工程总体建设目标的前提下，在积累生产信息元素的基础上，进行风险分析与辅助决策，通过标准化规范、流程监控、资金控制、物资控制等一系列手段，实现对生产过程的精细化管控，实现公司生产管理水平的大幅度提升。2007 年生产管理系统完成了各相关系统间的接口开发，完成主要生产设备数据准备。

GIS 系统（地理信息系统）在原有配电网管理的基础上增加了输电、电缆等管理功能，在 16 个属地供电公司、变电、输电和电缆公司全面推广，初步形成了在全市域范围内基于统一 GIS 平台的、贯通输变配用等信息的一张数字化电网，空间信息辅助支持平台初见雏形。

营销管理信息系统完成全面推广工作，公司 530 万用电客户纳入了一套系统进行统一管理，实现了营销业务流程统一、单据统一、管理规范统一、运行标准统一。开展了高级应用的设计工作和国家电网公司营销辅助决策系统的推广工作，为高级应用的整体推广奠定了基础。

奥运电力信息系统建立了奥运重要场所的符号库，研究了多种空间信息媒体的集成设计，建设面向奥运电力的多专题可视化互动展示子系统，基于两个样例场馆模型通过空间可视化技术实现了三维效果图和鸟瞰效果图的展示，为 2008 年奥运会的赛前、赛中的电力信息管理提供了技术手段。

2007 年数据中心开展了基于 CIM（公共信息）模型公司公共数据模型建设和验证，通过实践验证了数据中心技术路线。

按照国家电网公司总体部署和年度工作目标，开展了安全监督、审计管理信息系统的试点建设工作，电力市场交易、安全监督、审计、综合计划、国际合作、远程教育、纪检监察等推广系统按期完成了阶段性建设任务。

（汪皓　张静　官丽　赵蔚　叶妍　赵勇）

人力资源

RENLIZIYUAN

【综述】 2007年，公司人力资源工作以国家电网公司建设“一强三优”现代公司为目标，全面贯彻落实公司“两会”精神和各项工作部署，服务于公司战略发展定位，建立统一协调的专业化、扁平化组织管理模式；服务于“安全生产、市场营销、电网建设”三条主线，梳理规范高效的精细化工作流程和岗位职责；服务于“素质过硬、作风顽强、业务精湛、执行高效、团结进取”的高素质人才队伍建设，着力开发合理有效的绩效考核及人力资源管理新机制，提高人力资源使用效率；探索非核心业务的集约化和市场化，强化主营业务管理和操控能力。

按照总体工作思路，以同业对标为抓手，加强对人力资源专业工作有效的“量”化控制，开展以“过程”为主的对标，提升业务管理水平；对公司管控模式、深化电力体制改革等问题进行超前研究，以优化组织结构，突出主营业务，实现管理体系的上下贯通；按照新劳动合同法规定，调整梳理、健全和完善公司人力资源管理相关规章制度，规范用工管理，协调劳动关系，确保劳动合同法实施后公司用工管理工作合法合规；完善绩效考核体系，健全内部分配机制，加强了公司所属单位及其企业负责人业绩考核管理工作，实施了公司本部先进部室创建考评办法；基于公司战略、绩效和干部个人潜能开发构建了中层领导干部胜任力模型，以干事创业为着眼点，选拔了一批德才兼备、年富力强的同志走向领导岗位，形成了“看业绩、用干部”的良好风气；多层次、多渠道开展管理人员培训、加强专业技术人员培养的系统化建设、加大技能人员的培养力度、开展劳务人员技能培训等工作，深入、系统地推进全员教育培训，兼职教师、培训基地等基础资源建设初见成效。

全年全员劳动生产率达到787285元/人年，同比增长26.7%；人事费用率控制在5.81%；全员培训率达到99.88%；人才密度达到97.05%；重点提升生产技能人员和劳务派遣人员的技能水平，高技能人才比例达到96.71%，农村供电所人员轮训率达到70%，持证上岗率达到61%。获国家电网公司系统人力资源专业标杆单位荣誉称号。

（路俊海　张铁恒　李伟　谷媛媛）

领导干部队伍建设

【“四好”领导班子建设】 2007年，公司党委继续强化“四好”领导班子创建活动，大力加强领导班子和领导干部能力建设，努力把公司所属各单位领导班子建设成为“政治素质好、经营业绩好、团结协作好、作风形象好”的“四好”领导集体。先后完成31个基层单位“四好”领导班子年度考核和领导干部现场考察谈话工作，并将职代会测评与创建“四好”领导班子活动相结合，完善细化评价指标，对测评结果进行横向和纵向多维比较分析，坚持定量与定性分析相结合，同时将全面、客观的评价结果由公司领导进行反馈，为各单位班子及领导干部发现不足、改进工作、提升业绩提供参考。继续加强对班子成员的年度考核及试用期干部的跟踪考核，客观评价干部的思想、组织领导能力、工作作风、工作实绩、廉洁自律等方面的情况。

■ 8月17日，公司领导干部培训班邀请北京大学光华管理学院院长张维迎教授做专题讲座。

【完善干部交流机制】 2007年，在对班子和干部进行全面分析的基础上，从优化班子结构、提升班子合力、促进干部成长出发，提出长远交流建议，发挥公司党委的参谋助手的作用。全年调整任职的领导干部达122人次，涉及公司28个基层单位，以及公司本部19个部门、机构，其中提拔干部41人。在干部交流、调整中，认真执行民主推荐、任前考察、任前公示和提任干部试用期满考核等干部选拔、任用工作程序，为领导班子的优化、干部的锻炼成长提供有力的组织保障。

【领导干部培训】 以“现代企业管理和战略研究”为主题，于2007年8～9月期间进行了为期11天、共计68个课时的领导干部培训班。按照“理论讲座”、“实践交流”、“战略研讨”三个模块，围绕强化领导干部战略思维能力、提高市场经济条件下现代企业管理水平设置了内容丰富的课程。通过层层递进的模块化教学，力求提高培训的系统性和实效性，实现促进党政主要负责人开阔视野，强化战略思维能力，提高市场经济条件下现代企业管理水平，推动公司发展战略深入实施的培训目的。2007年11月，作为2006年美国“电力市场知识及管理技能提升”长期培训团的延续和深化，选拔21名管理人员进行为期一个月的美国德州大学奥斯汀商学院“电力增值及延伸服务项目设计与评价”培训，持续打造国际化经营管理队伍。

【中青年干部培养】 按照公司党委的要求，结合公司实际，加快中青年干部的锻炼、培养。2007年8～10月，在对各单位推荐的中青年干部进行全面考察的基础上，选拔了22名优秀中青年干部进行为期3个月的挂职锻炼，在帮助中青年干部快速提升能力、转变观念、开阔视野、加强基层与机关交流沟通等方面取得了显著成效。继续跟踪培养60名优秀中青年干部进行为期两年的人民大学德鲁克EMBA的系统管理理念和知识学习，为公司快速发展培养和储备高级管理人才。

【领导干部胜任力研究】 在领导干部队伍建设中引入基于胜任能力的人力资源管理手段，从行为科学的角度出发，通过对公司内部领导干部的结构化访谈，采用行为编码的方法整理优秀领导干部的行为表现，并且通过问卷调查的方法筛选区分优秀干部与一般干部的核心特征，结合语义学的方法与统计分析构建适合公司特点的胜任能力模型，为领导干部的选拔评价、个性化培训及后备人才的培养提供科学的技术支撑和管理手段。

（樊功成　谷媛媛　毕春勇）

人才队伍建设

【各类人才培养】 针对管理人员队伍，开展多层次、多渠道的培训工作。强化人力资源管理者队伍建设，面向基层单位劳动人事处长，开展以“深化政策研究，加强沟通交流，实现从学习知识向解决问题的转变”为主题的培训；面向公司本部，举办以提高综合素质与管理技能为主题的管理人员培训班；为全面履行奥运责任，积极推广公司品牌的核心价值，开展了企业品牌战略与推广培训讲座；围绕公司发展战略，结合公司各专业重点工作，分部门、分专业组织二级单位管理人员从战略思维、管理创新、务实工作、提升水平等方面进行有针对性的培训；与相关部门配合完成了电力市场理论系列讲座、公司系统财会人员培训与调考等工作。

针对生产技能人员培训，修订并发布了《北京市电力行业职业技能鉴定实施细则（试行）》、《北京电力公司生产技能人员离岗轮训管理办法》、《北京电力公司技术比赛管理办法（试行）》3项培训制度，为公司生产技能人员的培训管理工作提供制度依据。

开展技能人员强化培训，面向符合条件的生产岗位人员开展了10个工种、共16期、722人参加的高级工强化培训班，以及3个工种、共3期、116人参加的技师强化培训班。

按照国家电网公司《关于组织实施“学习型班组长培训”项目的通知》（国网人资[2006]1021号）要求，结合公司开展班组长培训的实际情况，组织开展了“学习型2007年班组长”的培训工作，共开展13期班组长培训，1118人参加了培训。举办了两期农村供电所长培训，来自14个区县的200多名供电所长参加了培训。

【各级各类优秀人才推荐】 组织北京市级、华北电网有限公司级、北京电力公司级2006年度优秀工程师和优秀青年工程师的推荐工作。公司3人荣获北京市优秀青年工程师称号，20人荣获华北电网优秀工程师和优秀青年工程师称号，53人荣获北京电力公司优秀工程师和优秀青年工程师称号。组织公司全国电力行业技术能手的报名和推荐工作，公司3人荣获全国电力行业技术能手称号。

【人才评价】 2007年，组织开展了2006年度、2007年度两次专业技术资格认定工作。2006年度经认定取得专业技术资格的全民职工共计275人，其中，中级17人，初级258人；集体及劳务派遣人员共计154人，为初级。2007年度经认定取得专业技术资格的全民职工共计758人，其中，中级41人，初级717人；集体及劳务派遣人员共计127人，为初级。2007年度的专业技术资格认定工作首次对生产岗位的后续学历人员放开，对高技能人才密度的指标有所贡献。

2007年，组织开展了2006年度专业技术资格确认工作。2006年度经全国专业技术资格统一考试合格并经公司确认取得相应专业技术资格共计55人，其中中级40人，初级15人。

2007年，发布了由国家电网人才评价中心组织的经评定取得专业技术资格人员名单，2005年度经评定取得相应专业技术资格人员共计168人，其中，高级65人，中级103人。

全年共开展两批电力行业特有工种共30个工种、11126人（含劳务人员）参加的职业技能鉴定工作。

【学历教育】 按照《国家电网公司关于开展生产技能人员离岗轮训工作的意见》的要求，结合公司实际，与相关院校合作开展了面向较低学历层次人员的定制式在职学历教育。2007年，参加中专学习的有1196人、参加技校学习的有329人。截止到2007年底，有1235人毕业。鼓励员工利用业余时间进行继续教育，2007年有854人取得相应学历并通过学历认证。

【培训资源基础建设】 为更好地开展公司新工种的技能鉴定和培训工作，组织公司相关专家编制了电力调度员、电网调度自动化站端调试检修员、电网调度自动化维护员、电网调试自动化运行值班员、运行方式员5个新工种的技能鉴定题库。

为落实国家电网公司和公司对技能实训基地建设的要求，成立了有关部门和单位组成的专项工作小组，多次召开专项工作会，组织专家多次讨论并完成了公司技能实训基地建设初步方案，组织编制了《北京电力公司实训基地建设三年规划（2008～2010年）》。

针对装表接电、变电运行、继电保护、抄表核算收费员培训任务较重的工种，经详细征求各专业公司和相关部室专业人员的意见，并综合比较其专业技术水平、教学授课能力、组织能力、专业技术资格、学历和鉴定等级情况，提出定期式兼职教师人选建议，并确定4个工种共4名定期式兼职教师的最终人选，为解决培训中心现有培训师资不足问题、锻炼和培养兼职教师队伍进行有益的尝试。

（冯爱玲　陈　林　袁　泉　刘　明）

机构调整与体制改革

【机构调整】 1月12日，以京电人[2007]4号文对奥运电力办公室机构与岗位设置进行调整，奥运电力办公室主要负责奥运电力建设与服务的日常管理工作。

1月12日，以京电人[2007]5号文对新闻中心内部机构与岗位设置进行调整，新闻中心主要负责公司的新闻策划、新闻发布，协助进行企业活动策划，做好对内、对外宣传报道工作。

2月6日，以京电人[2007]10号文在北京电力试验研究院成立北京电力公司带电作业技术中心，定位为工区级，主要负责公司输电、变电、配电不停电作业的技术管理、技术监督和技术支持。同时撤销输电公司下设原华北带电作业技术中心。

6月26日，以京电人[2007]35号文成立北京电力公司电价管理领导小组及工作小组，主要负责根据公司整体战略发展目标，审核确定公司电价管理规划、电价工作管理制度等。

8月27日，以京电人[2007]43号文对公司营销部部分机构与岗位进行了调整，撤销公司营销部业扩管理处、用电检查处。公司营销部设立服务管理处、服务监督处，作为公司营销部序列内机构，其中，服务管理处主要负责客户报装、用电安全及优质服务等职能管理工作，服务监督处主要负责对公司客户报装、用电服务及优质服务的监督检查工作。公司营销部设立客户报装服务处、客户用电服务处，作为公司营销部序列外机构，客户报装服务处主要负责公司对客户报装服务业务的管理工作，客户用电服务处主要负责公司对客户用电服务业务的管理工作。

10月23日，以京电人[2007]47号文成立北京电网控制中心，为调度通信中心所属序列外部门，主要负责北京地区220kV及以上变电站的运行监视和控制。电网控制中心的成立将有效发挥变电站集约化管理优势，整合优化人力资源。

11月15日，以京电人[2007]52号文成立公司离退休工作部，主要负责指导公司系统离退休人员管理工作，负责公司机关离退休人员的管理与服务等。同时撤销公司思想政治工作部老干部工作处、公司工会退休人员管理中心。

【变电专业化检修职责调整】 1月11日，以人部[2007]1号文对实施变电专业化检修工作后劳动组织和定员进行了调整。调整后，城区等6个供电公司在变电专业管理方面只负责变电运行和操作，继电保护、高压试验、仪表、试验、变电自动化、变电其他设备检修专业业务分别划归变电公司和电力试验研究院；郊区10个供电公司35kV及以上SF_6断路器、组合电器（GIS）检修业务划归变电公司。城区6个供电公司根据业务调整情况相应调整变电专业部分工区和班组设置。变电公司在业务调整后对内部机构进行了相应调整，最终实现了继电保护和自动化专业的融合。

【农电体制创新与深化】 2007年1月12日，以京电人[2007]6号对公司农电工作部机构、岗位及管理职责进行了调整，公司农电管理采用归口管理与专业管理相结合的管理模式，农电工作部管理的相关专业工作分别由发策、人资、财务、基建、生技、安监、营销、科信等专业部门负责，农电工作部主要负责落实"新农村、新电力、新服务"农电发展战略，负责组织、协调相关部门共同推动新农村电气化建设，推进农村供电所规范化、标准化建设。

各供电公司按照农电工作职责调整情况和专业化管理要求，对本单位农电管理及相应部门职责进行了相应调整与深化，进一步优化了供电企业农电管理职责，加强了供电所专业化管理，提升了农电工作整体管理水平。

【分公司改制为子公司】 2007年2月，公司决定由人力资源部牵头，总经理工作部、发展策划部、财务部、生产技术部、营销部、调度通信中心、电力交易中心配合，成立子公司组建研究工作小组，开展子公司相关研究工作。5月，完成《子公司组建研究报告》，以及对上海、天津、重庆市电力公司的调研报告。《子公司组建研究报告》从基本情况、财务、交易、电网规划、生产管理、调度管理、关口管理等方面对北京、天津、上海、重庆4个直辖市电力公司情况进行了深入的对比研究，提出了子公司应争取的主要权利及3个具体方案，根据国家电网公司初步拟订的方案，提出公司下一步工作对策和思路。2007年8月，完成《关于北京电力公司与华北电网公司需协商解决的若干问题的汇报》，上报国家电网公司，从电网规划等几个方面提出公司的建议。

2008年1月24日，国家电网公司以国家电网体改[2008]86号文正式同意将北京电力公司调整为华北电网有限公司的全资子公司，公司于2008年1月29日取得了北京市工商行政管理局核发的企业法人营业执照。2008年3月7日，北京市电力公司正式揭牌成立。

（李之彧　刘　辉）

人事劳动用工管理

【全面贯彻落实劳动合同法】 为全面贯彻落实《劳动合同法》，规范劳动用工管理，构建和谐劳动关系，促进和谐企业建设，人力资源部组织两次大规模的全公司范围内《劳动合同法》的宣讲，通过电视电话会的形式组织全公司范围内各级领导和劳动人事部门学习《劳动合同法》，并组织相关职能部门对照《劳动合同法》开展全方位、多轮次的自查工作；针对查出的各类问题，制定了明确的整改措施和整改计划，依法编制实施方案，合理安排过渡期间的应对措施，确保《劳动合同法》实施后公司各项人力资源工作不违反劳动合同法的要求。在此基础上，人力资源部对现有劳动用工管理体系进行了全面分析和梳理，并认真贯彻落实。

对劳动用工情况进行全面梳理。根据国家电网公司整体工作部署，下发了《关于贯彻落实〈劳动合同法〉的指导意见》，对企业各类用工劳动合同签订情况、社会保险缴纳情况等进行了全面清理，对不符合《劳动合同法》规定的，要求在2007年底前完成整改工作。对于存在事实劳动关系而未签订劳动合同的临时用工，要求在2008年1月底以前完成相关调整工作。《指导意见》同时要求各单位根据实际情况，全面梳理全民员工与劳务派遣人员混岗问题，实现全民员工和劳务派遣人员从事不同岗位工作。

修订完善了企业劳动用工管理制度。按照《劳动合同法》的规定，公司对涉及员工切身利益的劳动报酬、工作时间、休息休假、劳动安全卫生、保险福利、职工培训、劳动纪律等用工制度，进行了系统梳理和修订，共计形成了9个劳动用工相关制度，经2007年12月20日职代会团组长会议讨论通过，下发了正式文件，同时通过多种形式告知员工，由员工签字确认。

■ 12月11日，公司召开贯彻落实劳动合同法专题电视电话会议。

依法修订了《劳动合同书》文本。以《劳动合同法》规定的必备条款为框架，对原有的《劳动合同书》文本进行了重新修订，经2007年12月20日职代会团组长会议审议通过，从2008年1月1日起正式启用。

【人力资源同业对标】 本着“高度重视、提前准备、精心策划、统筹部署、严格落实”的工作思路，积极采取各项有效措施，紧紧围绕年初既定工作目标，查找、分析工作中出现的问题，切实将同业对标工作作为全面提升公司人力资源管理水平的重要载体。经过一年的不懈努力，公司人力资源专业对标各项指标圆满完成，并成为国家电网公司2007年人力资源专业标杆单位。

2007年，公司全员劳动生产率787285元/人年，较2006年末增长26.7%，高于国家电网A段平均值29.92%，全员劳产率持续增长，员工劳动投入所获得的经济效益呈稳步增长趋势；人才密度为97.05%，较2006年末增长11.32个百分点，高于公司全年目标值3.25个百分点，高于国家电网A段平均值3.66个百分点；高技能人才比例为96.71%，较2006年末增长37.25个百分点，高于公司全年目标值6.71个百分点，高于国家电网A段平均值2.83个百分点；培训经费投入率为9.63%，较2006年末增长5.38个百分点，高于公司全年目标值3.13个百分点，高于国家电网A段平均值3.47个百分点；全员培训率为99.88%，较2006年末增长1.7个百分点，高于公司全年目标值1.68个百分点；人事费用率为5.81%，严格控制在公司全年目标值内。获国家电网公司系统人力资源专业标杆单位荣誉称号。

【公司内部岗位竞聘考核】 为满足公司业务发展需要，在全公司范围内进行了公司本部部分岗位、变电公司专业化检修相关岗位、公司带电作业技术中心部分岗位的竞聘考核。共计30个管理岗位和9个类别的生产岗位纳入竞聘范围，128人报名，31人竞聘上岗，促进了人才交流和相关业务的发展。

【高校毕业生招聘及新员工培训】 以突出主营业务为原则，以岗位需求为核心，公司从近4000名前来应聘的高校毕业生中择优选聘了154名毕业生。其中，博士研究生4名，硕士研究生及本科双学位毕业生66名，共占总数的45.5%；学生党员86名，占总数的55.8%；省级优秀毕业生7名，校级优秀毕业生及获得省市级以上奖项的15名。

以提高实际工作能力为重点，分阶段实施新员工入企培训。集中封闭培训为期一个月，主要开展了企业认知与电力专业理论知识培训，同时加大了基础技能培训和常用操作技能培训力度。集中培训结束后由新员工所在单位进行岗位实践培训。

【劳动合同管理】 认真执行《中华人民共和国劳动法》和《北京市劳动合同规定》，按照《北京电力公司劳动合同管理办法》，加强劳动合同管理工作，依法操作程序，及时办理新签劳动合同、续签劳动合同和解除劳动合同手续。2007年，共办理了包括公司本部在内33个单位590人的劳动合同续签；办理了入企员工初签劳动合同179人，因员工本人辞职解除劳动合同5人。

【人员退出管理】 加强用工管理，做好减员工作。2007年，共计减员256人，其中，自然减员244人（退休减员231人，死亡减员13人）；离职减员12人（调出减员7人，辞职减员5人）。根据《北京电力公司职工内部退岗休养规定》，全年办理3个单位共6名员工的内部离岗退养手续。

【人力资源管理系统建设】 人力资源管理系统是公司信息化建设的重要基础，通过系统建设旨在为公司提供全面的人力资源管理服务，为信息资源平台及其他各应用系统提供实时准确的人员、机构等基础信息，通过数据中心实现与其他业务系统的信息共享。2007年是人力资源管理系统机构岗位、人事管理、薪酬管理等模块的试运行阶段，基本完成培训管理、绩效考核、BO查询等的开发、测试和应用，在年底成功实现了对公司本部的网上在线测评打分。

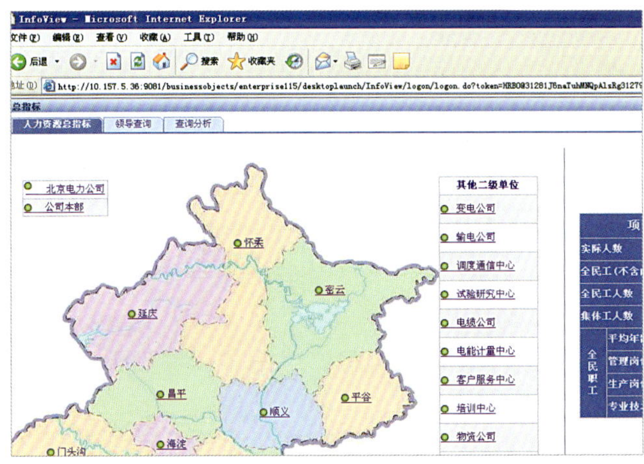

■ 人力资源管理系统BO查询首页面。

【劳务人员管理】 2007年按照公司领导提出的要求："强化用工机制研究，把外聘工纳入公司人力资源系统，实施规范管理，健全外聘工引进、培训、使用、考核、激励机制，切实提高外聘工的素质"。年初，启动人才交流服务中心，并明确了以下几个主要问题：一是对劳务人员的管理由人才交流服务中心统一安排，变以前的松散式管理为统一管理，与各单位的劳动人事部门对接，指导相关工作；二是按照专业化管理的原则，二级单位对现有劳务人员的管理统一纳入劳动人事部门，要求各单位尽快组织交接工作；三是由人才交流服务中心直接管理银杰公司，银杰公司作为人才交流服务中心的下级业务机构，在中心的管理下负责组织实施劳务派遣具体业务，办理各项劳务派遣用工手续，签订劳动合同及处理劳动争议等。印发了《北京电力公司劳务用工管理办法》和《北京电力公司劳务人员薪酬管理指导意见》。

■ 北京电力银杰员工高级技工实操技能培训班上，学员正在进行更换高压导线模拟训练。（赵宝全 摄）

2007年劳务人员岗位轮训是公司有史以来第一次大规模组织的针对劳务人员的培训，制定《北京电力公司2007年劳务人员培训实施方案》。坚持"以能力提升为核心、持证上岗为标准，整体轮训为主线"的思路，并提出了将劳务人员的培训表现作为岗位业绩考核的依据之一。形成培训、考核与使用相统一的劳务用工培养机制，全面提高劳务人员队伍的综合素质，促进公司生产经营活动的开展。全年共举办包括用电客户受理员、抄表核算收费员、电力电缆、配电线路、装表接电等专业各类培训班66期，共有3264人参加了公司统一组织的培训，通过培训取得各类工种技能鉴定初级工资格620人。

通过系统的培训，劳务人员的整体素质得到了提升，在国家电网公司举办的2007年农村供电所人员调考活动中，公司代表队获得了团体成绩第6名、供电所所长团体第3名的优异成绩。同时，平谷供电公司马坊供电所所长李玉海获个人成绩第3名、门头沟供电公司永定中心供电所王洪涛获农电工个人成绩第8名，为公司赢得了荣誉。

（李之彧　谢　华　张丽萍　李　蓉　汪海涛）

业绩考核与薪酬管理

【业绩考核管理】 2007年，国家电网公司下发了《国家电网公司企业负责人年度业绩考核管理暂行办法的通知》，对建立有效的企业负责人激励与约束机制，提高经营管理水平和经济效益，提出了具体部署和要求。2007年是北京电力公司与国家电网公司直接签订业绩考核责任书的第一年，为促进北京电力公司业绩考核工作的全面提升，加强过程管理，公司对指标分工、管理流程等事项进一步组织落实到位，按照国家电网公司业绩考核的任务要求，结合公司实际，向所属单位分解落实全年业绩考核目标，狠抓考核指标的落实与完成。通过一年的工作，公司全面超额完成了2007年国家电网公司下达的包括财务、营销、安全、科技创新、党风廉政建设和反腐败工作等内容在内的29项业绩考核指标，在国家电网公司系统业绩考核排名中位居第六，成为业绩考核结果进步速度最快的网省供电企业。

总结2006年的公司绩效管理方案的实施情况，公司修订并下发了《北京电力公司所属单位绩效管理暂行办法》，建立并实施了公司新的业绩考核制度、考核指标体系和考核奖惩办法。

业绩指标。为突出公司发展战略和核心业务目标，落实重点工作，将业绩考核指标共分为资产经营类；安全与生产类；电网建设类；精神文明建设、党风廉政建设、优质服务、队伍稳定类；同业对标指标五大类。考核指标设置少而精，考核方式简单易行，明确引导公司主营业务和战略重点的有效落实。

考核管理。督促公司各所属单位结合本单位实际情况，制定和完善本单位的业绩考核办法，健全激励约束机制，确保公司全年目标的完成。2007年，公司所属31家单位都与公司签订了业绩考核责任书。强化对业绩考核执行情况的过程监控，实施季度统计、年度考核方式，加强对业绩考核指标情况的过程监控，对各季度完成情况不达标的单位及时进行分析提示。

实施效果。通过将各单位年度业绩考核结果与其工资总额挂钩的方式，建立起收入与其经营业绩完成情况相联系的分配方式，考核兑现结果更加直观。

【薪酬管理】 巩固工资规范管理成果，加强工资收入的宏观调控，确保完成了全年工资总额计划目标。2007年，公司严格执行国家电网公司下达的工资总额宏观调控计划，对各单位继续实行工资总额计划控制和管理。公司进一步理顺管理机关和基层单位的工资收入分配关系，指导各单位内部分配制度改革工作，依照法律法规、上级主管部门及公司的有关规定，规范、监督、检查各单位薪酬分配行为。各单位根据实际情况，合理确定和调整内部职工之间的工资分配关系，适当拉开职工收入差距，使工资分配向责任重、贡献大、能力要求高的关键岗位倾斜，向工作业绩突出的优秀人才倾斜。

健全内部分配的自我约束机制，规范非工资性支出管理。按照国家电网公司对规范非工资性支出管理的明确规定和控制，做好2007年部分人工成本项目的列支渠道调整工作。同时，要求各单位严格执行公司制定的其他企业补充保险、企业年金和医疗补助金等非工资性支出管理制度和规定，不得擅自使用本单位工资基金结余。

根据2007年公司发展目标和工作任务，适时实施奖励，调动广大干部职工积极性，夯实“0811”工程、奥运电力工程的物质基础。结合安全度夏工作、圆满完成“十七大”保电等适时实施各项奖励。

（冀　强　宋丽平　戴　泓）

社　会　保　险

【社会保险情况】 公司依法参加了北京市的全部社会保险，包括基本养老保险、基本医疗保险、大额互助医疗保险、失业保险、工伤保险和生育保险共6个险种。本年平均缴费基数6053.62元，与2006年基本持平。2007年缴费总计327468392.82元，同比增长6.6%，收支平衡，年末基金无余额，具体情况如下：

基本养老保险：本年缴费210866582.13元，同比增长6.6%。

基本医疗保险：本年缴费83028927.63元，同比增长6.6%。

大额互助医疗保险：本年缴费8055903.33元，同比增长6.2%。

失业保险：本年缴费15046947.28元，同比增长6.6%。

工伤保险：本年缴费4528543.7元，同比增长4.7%。

生育保险：本年缴费5941488.75元，同比增长6.6%。

【企业自办保险】 公司企业自办保险包括电力企业年金、补充医疗保险、医疗补助金、重大疾病医疗保险、其他企业补充保险和意外伤害保险共6个险种。2007年收入总计576255985.77元，与2006年总体持平；2007年支出总计109682352.11元，同比增长44.1%；年末基金总额2360065558.37元，同比增长26.3%。具体情况如下：

电力企业年金：2007年收入120926473.09元，同比增长31.4%；2007年支出20983603.35元，同比减少19.2%；年末基金余额686110515.05元。

补充医疗保险：2007年收入30179581元，同比增长6.6%；2007年支出9550802.46元，同比增长27.7%；年末基金余额81758072.98元。

医疗补助金：2007年收入41712938.77元，同比增长30.6%；2007年支出19063839.11元，同比增长35.3%；年末基金余额233892539.76元。

重大疾病医疗保险：2007年无新增投保收入，只有收益和分红收入1904606.7元，同比增长76%；2007年待遇和清退个人账户支出33675114.56元；年末基金余额2232550.17元。

其他企业补充保险：2007年，收入合计379451176.21元，支出合计24327782.63元，年末基金余额1356071880.41元。

意外伤害保险：2007年，收入合计2081210元，支出合计2081210元，年末基金无余额。

【企业年金平稳移交】 根据劳动和社会保障部关于企业年金社会化管理的要求，在国家电网公司社会保险中心的统一安排下，经过公司社会保险中心与国家电网公司企业年金中心多次沟通和协调，2007年企业年金实现了从国家电网公司社会保险中心向北京电力公司社会保险中心的平稳移交。此次年金移交的总金额为630850628.85元，由银行活期存款、定期存款、企业债券和应收收益组成。

【意外伤害保险】 2007年8月，北京电力公司根据与保险公司签订的《全面业务合作协议》，在企业原有的补充养老保险和补充医疗保险的基础上，建立了意外伤害综合保险。它的建立弥补了因突发意外而给职工带来的人身伤害及经济损失。

（陈 钊 江庆济 徐 佳 何 军 李 宝 张 羽）

党 群 工 作

DANG QUN GONG ZUO

党组织建设

【制定实施公司党建三年（2007～2009）规划】 为深入贯彻党的十六大、十七大精神，全面推进党的先进性建设，促进公司三个文明建设协调发展，公司党委坚持党要管党、从严治党的方针，在顺利完成《加强党的建设三年（2004～2006）规划》、总结工作经验的基础上，结合公司发展的新形势、新任务，制定《北京电力公司党委加强党的建设三年（2007～2009）规划》，提出发挥党组织政治核心作用6项加强党建主要任务。

【领导班子思想政治建设】 公司党委以提高理论联系实际能力为重点，加强领导班子和领导干部思想政治建设，注重将领导干部思想政治建设与推动公司改革发展稳定紧密联系，鼓励并倡导领导干部联系实际思考问题，改进工作。在认真落实党委中心组学习制度的基础上，2007年首次开展领导干部理论文章评选活动，共收到中层领导干部撰写的理论学习论文241篇，其中30篇获优秀奖，各级领导干部主动学习的积极性和理论联系实际的能力显著提高。

【基层党组织建设】 公司各级党组织落实《党支部工作条例》及《党支部目标管理考核办法》，夯实基层党组织建设基础，加强党内民主建设，尊重和保障党员参与党内事务的民主权利。2007年，共有16个党支部按期完成换届选举工作。全年共发展党员243名，其中劳务派遣员工党员15名，228名预备党员按期转正。在5个基层党委开展发展党员票决制试点工作。对243名入党积极分子进行了集中培训。召开党支部创新成果发布会，变电公司变电检修处党支部、路灯管理中心运行管理处党支部等15个党支部分别荣获一、二、三等奖；城区供电公司管理党支部等18个党支部获得优秀奖。2007年，公司党委荣获北京市国资委党委党建创新优秀组织奖。

■ 11月16日，公司党委召开2007年党支部创新成果评审发布会。

【党员教育与管理】 2007年，公司党委在全体党员中开展"知法纪，知荣辱，知责任，争做岗位模范"主题教育和"争优创先"活动，引导党员自觉学习党章，执行党章，岗位实践先进性。高度重视劳务派遣员工党员教育管理工作，注重发挥其积极作用。各基层党组织结合实际开展各种形式的"党员先锋岗"、"党员示范岗"等主题实践活动，涌现出以李向昕、吴江等为代表的一批党员先进典型。"七一"前夕，公司党委对13个先进基层党组织、33个先进党支部、11名优秀党委（总支）书记、33名优秀党务工作者、33名优秀党支部书记和128名优秀共产党员进行表彰。

（周　欣　李　萍）

思想政治工作

【法制宣传和思想道德教育】 2007年，公司党委结合落实国家"五五"普法教育规划要求，在公司全面开展法制宣传和思想道德教育活动。在法制宣传教育中，将增强法律至上、依法经营、依规办事、依法维护企业利益以及有权必有责、用权受监督意识作为领导干部的重点教育内容；将知法、懂法、守法、用法、增强依法办事、依法表达利益诉求、依章管理、依章履责意识作为员工的学习教育重点内容。在思想道德教育活动中，将落实社会主义核心价值体系、《公民道德建设实施纲要》和《国家电网公司员工守则》，倡导忠诚企业、爱岗敬业、明礼诚信、团结协作的职业道德规范作为干部、员工重点学习教育内容。法制宣传教育和思想道德教育共分为六项具体活动，即：组织法制、思想道德教育系列讲座；开展“知法纪、知荣辱、知责任、做模范”党员主题教育活动；开展廉洁文化建设“五个一活动”；继续开展“平凡孕育伟大、劳动奉献光荣”典型宣传教育活动；开展“法制·道德·奉献”网上系列谈活动；深入开展文明行业、文明单位创建活动，落实北京市国资委“迎奥运、讲文明、树新风、促发展”活动。公司党委编印下发《法制和思想道德学习材料汇编》并举办5期专题讲座，4000多人次参加学习。基层党组织面向全员、结合实际，以专题讲座、研讨会、法庭观摩等多种形式，开展一系列富有特色的教育活动。公司党委以普考、调考的方式检查教育成效，共有13543名员工参加普考。

【精神文明建设】 2007年，公司党委深入学习贯彻党的十六届六中全会和十七大精神，以“迎奥运、讲文明、树新风、促发展”为主题，以提升员工文明素质和企业文明程度为目的，扎实推进精神文明创建活动。公司党委推出“七大行动”，即：文明风尚、奥运礼仪宣传普及行动；迎奥运，国网公司奥运口号推广行动；迎奥运，“0811工程”立功竞赛与红旗站、线创建行动；迎奥运，优质服务理念推广行动；奥运供电保障行动；全民健身与奥运同行行动；奥运志愿者服务行动，为奥运会成功举办创造文明和谐的社会环境，提供“有特色、高水平”的供电保障和电力服务。公司连续3年开展“平凡孕育伟大、劳动奉献光荣”先进典型宣传教育活动，坚持开展年度“十大首都电力之星”和“十大真情事迹”评选活动。9月12日，由首都文明办副主任马润海和北京市国资委副主任张俊明带队组成的精神文明建设检查组，对公司“全国精神文明建设工作先进单位”的创建工作进行复查。2007年，公司及所属10个单位荣获“首都文明单位标兵”，5个单位荣获“首都文明单位”；门头沟、平谷供电公司获得“城乡携手迎奥运 共建文明京郊行”先进单位称号。公司所属各单位共申报创新成果129项，其中35项获优秀成果奖。公司党委推荐的《开展思想政治工作体系同业对标的创新实践》、《“法制宣传教育、思想道德教育”主题活动》和变电公司党委的《“携手同铸新变电，共担安全每一天”》获得北京市国资委宣传思想工作“创新奖”一等奖及优秀奖。

【思想政治工作研究】 北京电力公司思想政治工作研究会指导各会员单位认真制定课题和计划，积极开展理论学习和调查研究，推进政研工作取得实效；将32个会员单位负责人划分5个联系组，加强会员单位之间的工作探讨和交流。公司党委组织联系组和部分优秀党支部书记、优秀党务工作者，分别赴安徽、江西、陕西省电力公司、绍兴电力局、扬州供电公司、南京供电公司和广州供电局进行思想政治工作的调研考察，形成一批质量较高的调研报告。2007年，各会员单位共上报200篇政研论文，公司思想政治工作研究会从中评选出优秀研究成果20篇，并于12月28日召开年会给予表彰。

■ 12月28日，北京电力公司思想政治工作研究会召开2007年年会。

【思想政治工作体系同业对标】 公司党委于2007年1月12日正式颁布《北京电力公司思想政治工作体系同业对标实施办法》，在公司所属基层党组织中开展思想政治工作同业对标，以思想政治工作体系同业对标为载体，促进党的建设和思想政治工作的制度化、科学化、精细化管理。通过对政工人员集中培训、深入基层单位开展调研指导，修订完善《同业对标评价细则》，有力地推动思想政治工作体系同业对标工作开展。年底，公司所属32个党委（总支）进行了自查申报工作。思想政治工作体系同业对标工作领导小组结合申报情况，进行认真审核与检查，确定变电公司党委、客户服务中心党总支、丰台供电公司党委、朝阳供电公司党委、平谷供电公司党委和调度通信中心党委为2007年北京电力公司思想政治工作体系同业对标综合评价标杆单位。

（李　萍　赵海涛）

共 青 团 工 作

【组织建设】 2007 年，28 个基层单位团组织完成团支部换届选举工作；共发展团员 19 名，经推优入党团员 53 名。完善思想政治工作同业对标中共青团及青年工作指标，开展了基层团组织对标及调研工作。

【学习教育】 公司团委组织学习贯彻党的十七大和北京市第十二次团代会精神，举办党的十七大精神专题学习培训，公司团干部等 40 余人参加培训。举办 2007 年度团干部培训班，150 余名团支部以上团干部参加培训。

【特色活动】 在公司党委的领导下，公司团委紧密围绕公司中心任务，服务首都、服务奥运、服务企业、服务青年，开展一系列主题活动。进一步规范青年志愿者管理，成功推荐 10 名青年参加奥运驾驶员志愿者工作，开展青春光明行优质服务咨询日活动、“青春暖夕阳 爱心筑和谐”助老活动、奥组委庆祝“迎奥运倒计时一周年”活动等。围绕安全生产，开展安全生产青年 FLASH 动漫设计大赛。坚持开展“号、手、队”争创活动。2007 年，公司所属电力工程公司团委、客户服务中心团委获得国家电网公司 2006 年度“五四”红旗团委称号；朝阳供电公司华威供电所、顺义供电公司客户服务中心、通州供电公司客户服务中心荣获全国青年文明号称号；电力工程公司奥运村 220kV 变电站项目部获得全国安全生产示范岗光荣称号；丰台供电公司客户服务中心营业厅、大兴供电公司应急服务部、计量中心电能表单相试验室、物业管理公司发电车班、路灯管理中心虹光设计所荣获北京市青年文明号称号。

■ 青年志愿者在国家体育场举行迎奥运签字活动。

（张 玮 左芳芳）

纪 检 监 察

【“先期联控处置”机制建设】 为进一步加强惩防体系建设，拓展从源头上防治腐败工作领域，按照“以强化人财物监督为重点、以纪监审干联手为主体、以全方位监督信息网络为支撑、有效预防职务犯罪”的思路，整合内部监督资源，自 2007 年 2 月开始，经过一年的努力，初步建立并运作了以“监督信息网络、内控联席会议、企地联控、信访信息交流”为主要内容的预防职务犯罪“先期联控处置机制”。2 月，出台《北京电力公司内控联席会议制度》，每个季度召开一次由公司纪检、人事、审计、招投标等部门参加的内控联席会议，汇报工作，沟通信息，协调监控事务，强化了内部监控。4 月底，公司两级单位建立了由 472 名信息员组成的监督信息网络，定期报送信息，畅通了信息渠道。5 月，出台《北京电力公司信访、举报、投诉信息联动处置工作要求》，规范了公司各主要受理信访、举报、投诉部门之间对相关监督信息的流转及处置，制订了《信访举报“澄清”制度》，加强信息共享和掌控，促进了纪检监察信访办案工作。6 月底前，各单位主动与全市 18 个区县的纪委、监察局和检察院等执纪执法机关建立了规范的企地联控机制，就此项工作形成正式的文件或制度，明确与地方执法执纪单位商定的“联控”协作内容及方式；明确双方的联系部门、联系人。通过加强交流协作，共筑拒腐防变思想防线，增强预控工作的针对性和实效性，促进对相关问题的超前防范和先期处置。部分单位还将奥运电力工程监督、政风行风热线投诉处理纳入联控内容，进一步丰富拓宽了联控内涵。

■ 4月25日，公司纪委书记柏磊参加丰台属地7家单位与丰台区纪委、监察局企地联建启动仪式。

《国家电网报》、《北京青年报》等多家媒体进行了宣传报道。

【党风廉政建设责任制】 加大责任制考核结果奖惩力度，将考核与基层各单位工资总额及领导班子业绩考核密切挂钩；将定性考核与定量考核相结合，形成以“日常工作考核为主，年终群众测评、领导评价为辅”的更为有效的考核评价结构，将全年反腐倡廉8项主要任务分解为50项日常工作，明确工作标准和时限要求；将年度重点和创新工作列为考核重点管控项目，促进重点和创新工作的实施；按照时限要求，对日常工作逐项依据标准对完成情况和完成质量进行考核打分，并及时通报结果。年中召开工作总结点评会，对各单位党风廉政建设责任制和重点工作落实、推进情况进行点评，找出特色亮点、指出问题不足、提出改进建议。年底，对所属各单位责任制落实情况进行了全面检查考核。通过综合考核评定，各单位均取得了良好及以上成绩，其中，通州供电公司、变电公司、亦庄供电公司、顺义供电公司、调通中心、大兴供电公司、密云供电公司、昌平供电公司、计量中心、丰台供电公司10个单位被评为公司2007年度党风廉政建设优秀单位，上述单位的20位党政主要领导被评为公司2007年度党风廉政建设优秀领导干部。

【反腐倡廉教育和廉洁文化建设】 认真落实《国家电网公司关于加强领导干部反腐倡廉学习教育的通知》要求，抓好领导干部专题学习和教育，为两级领导班子成员配发了反腐倡廉书籍千余册，推荐了8部廉洁教育视频片，并组织6000余人次观看了《赌之害》等警示教育片及惩治与预防职务犯罪展览。按照《中共中央纪委关于严格禁止利用职务上的便利谋取不正当利益的若干规定》（简称《规定》）要求，公司两级建立工作机构，制订实施方案，召开专项工作会议168次、专题民主生活会138次，通过自查自纠，未发现严重违反《规定》的情况。配合反腐倡廉教育，领导干部述廉评廉工作进一步深化，所属各单位200多名领导干部围绕“正确用权、自觉自律、作风形象”三个方面十五项内容，在职代会上逐条明示，接受职工代表监督评议。2007年，以廉洁文化建设“五个一”（开展一次讲党课、完善一个廉洁文化阵地、组织一次廉洁文化核心理念专题解读讨论、开展一次百条廉洁从业格言警句征集、集中进行一次典型教育）活动为载体，深入宣贯“干事、干净”核心理念，推进廉洁文化建设。全年，公司两级党政主要领导和纪委书记共讲党课廉课70余次；5000余名党员干部和重点岗位人员接受了集中典型教育；广大干部员工认真学习研讨“干事、干净”廉洁文化核心理念，积极撰写相关文章千余篇，创作廉洁文化书法、摄影、漫画、篆刻等作品220余件；万余名干部员工参与了百条优秀廉洁从业格言警句的创作及评选活动，从4460余条格言警句作品中评选出百条优秀作品，编印成册并下发学习。所属单位、工区和班组三级共建立廉政网页、专刊专栏、宣传园地和橱窗等各类廉洁文化宣传阵地700余个，并制定了管理办法。

【监督工作】 以规范领导干部权力运作和掌管“人、财、物、工程”等重点岗位人员的廉洁从业行为为重点，进一步加强权力监督。督促基层单位领导班子认真执行“三重一大”决策制度，所属各单位每半年一次对执行“三重一大”制度情况进行自查上报，部分二级单位还将“三重一大”制度向掌握“人、财、物、工程”的基层部门或单位延伸。公司制定、修订了一系列招投标监督管理办法，细化监督措施。全年共与招投标各方人员签订廉洁承诺书5600余份，组织监察人员700余人次参与招标监督和督查。加强对供应商的动态管理及监督，编发了《供应商投标宣传册》，进一步强化监督，确保了招投标活动的规范运作。突出重点实施效能监察。公司两级纪检监察部门共确立了以“0811”工程、业扩报装、招标管理等为主的71个效能监察项目。重点以效能监察助力“0811”工程实施，全力打造奥运阳光工程。先后对17项奥运电力重点工程的合同签订、物资招标、资金管理、重大变更及洽商、工程结算等环节加强效能监察，并组织进行联合专项检查，促进规范管理。全年，公司两级通过开展效能监察，针对经营管理中的薄弱环节和突出问题，共提出监察建议181件，协助建立完善各类规章制度253件次，有效避免了一些经济损失，促进了经营管理的加强。公司还开展各种专题培训149次，3700多人次参加，收效良好。公司“‘0811’奥运配套工程效能监察项目”获国家电网公司系统2007年度效能监察优秀成果奖；公司“电费回收效能监察项目”荣获北京市国资委系统十佳项目称号，公司被评为北京市国资委效能监察工作先进单位。

【纠风工作】 认真贯彻国家电网公司“四个服务”宗旨，制定了《纠风工作三年规划（2007～2009年）》，确定了3年纠风工作七项目标、“教育、预防、纠建并举”的工作原则及七项推进措施。同时在“新北京、新奥运、新电力”优质服务品牌框架内，提炼出“质疑、危机、责任”的纠风工作理念和纠风工作“第一时间”观念。“质疑”即安排或从事供电服务工作时，检查有没有“不方便客户”之处；处理涉及服务问题时，反思有没有“不规范”之处；发生了服务问题时，思考有没有“激化”或“扩大”的可能。“危机”即在首都行风纠建无小事；任何一个涉及“服务”的问题，都有可能演变成“重大行风事件”，都可能造成本公司乃至整个国家电网大系统的形象和声誉“危机”。“责任”即从事供电服务工作的每位员工都是公司“形象代言人”；每位员工都必须为自己的“服务”行为和结果承担责任。“第一时间”观念，即在服务工作中，“有事”要“第一时间”作出反应；“有错”要“第一时间”诚恳道歉；“纠错”要“第一时间”着手实施；“责任”要“第一时间”安排落实。按照统一部署，公司两级利用各种宣传阵地和手段，深入宣贯纠风工作理念，促进员工服务观念转变，并把纠风工作理念转化为一线服务举措和行风纠建相关工作标准。一方面，公司修订了《供电服务投诉举报管理办法》和《窗口规范管理建设标准》等管理制度；基层各单位也进一步健全了供电服务工作相关制度和考核办法，规范员工服务行为。另一方面，为强化纠风工作理念的落实，公司两级建立了优质服务常态检查机制。上半年，公司监察、营销、思政、农电、生技等部门，组成联合检查组对全公司30%的营业窗口进行了明察暗访，对95598服务电话受理投诉和表扬情况进行回访核实，把握了一线服务状况，宣传服务亮点，分析存在问题，提出改进措施。所属各单位也纷纷开展自查自纠，及时整改，进一步完善了一线服务工作。

■ 公司各单位组织员工学习纠风工作理念和第一时间工作观念。

5月10日，公司参加北京市政风行风热线“走进直播间”节目，积极向社会宣传首都供电形势、“三个十条”、纠风工作理念及相关举措。通过按时限做好各类投诉热点问题的处理和回复解释工作，赢得广大用户更多的理解和支持。利用社会监督力量，加强行风监督，制订了《行风投诉举报奖励办法》，以及监督员工作章程和活动方案。公司两级全年共组织监督员开展明察暗访、调研座谈活动40余次，针对服务问题提出整改建议85条。8月，中纪委纠风工作调研组到公司进行调研指导，对公

■ 8月8日，中央纪委调研组对公司纠风工作进行检查，并予以肯定。

司纠风工作给予了充分肯定。公司全年未发生重大行风投诉责任事件，服务投诉大幅下降，表扬数量大幅提升，并高分通过了“首都文明行业”复查验收，社会形象得到进一步提升。

【信访办案工作】 进一步规范信访案件管理工作，公司纪委重新修订了纪检监察信访工作流程，对各工作环节作出详细规定；对基层单位进一步细化了信访办案工作要求，并纳入责任制考核，促进了工作水平的提升。结合建立先期联控处置机制，公司纪委制定了《信访、举报、投诉信息联动处置工作要求》、《纪检监察信访举报澄清工作制度》等规定，重点加强了与地方执纪执法部门的联系沟通，有针对性地指导基层单位提高对重要监督信息的先期掌控及处置力度，结合实际实施“澄清谈话”、“澄清核实”等工作程序，较好地达到了解除疑惑、消除影响、保护干部的目的。通过加强信息交流，及时得到地方执纪执法机关的指导帮助，妥善处理了苗头性问题，有效降低了发生案件的风险。全年公司系统新受理纪检监察信访37件，同比下降28.8%，各级纪检监察部门对这些信访举报件进行了相应核查及妥善处理。公司全年没有发生列入考核的违法违纪案件和重大行风责任事件，为公司的稳定和发展创造了条件。

【队伍建设】 注重内功，加强基础管理和队伍建设。立足于强化内部管理，对相关管理制度和业务流程进行梳理，有针对性地加以补充、修订和完善，制定了纪检监察《周（月）工作计划总结制度》、《日常工作处理规则》、《日常工作情况通报》等多项制度，提高日常工作管理水平。立足于加强业绩考评，制定了《纪检监察干部考核奖惩办法》，将个人工作业绩与单位党风廉政建设责任制考核成绩密切挂钩，2007年度公司共评选出30名优秀纪检监察干部。立足于提高专业素质，采取集中培训、外派学习和到管理先进的省公司学习调研等方法，加强对纪检监察干部的业务培训。加强经验交流，全年编发了25期纪检监察信息专刊和23期工作情况通报，对于加强特色工作宣传、交流先进经验、促进工作落实起到了很好的推动作用。全年先后有6名纪检监察干部得到了提拔任用。

（李国祥　杜仲荣　胡蕴鑫　胡新参　史珊玫）

工 会 工 作

【民主管理】 1月31日，公司工会组织召开一届三次职工代表大会。公司工会主席李国华向公司200名参会代表和11名特邀、列席代表传达了国家电网公司一届二次职代会暨2007年工作会精神，并作了题为《集思广益谋发展，群策群力促和谐，努力为实现公司2007年奋斗目标做出积极的贡献》的民主管理工作报告。报告介绍了公司职代会工作的开展落实情况，提出了2007年北京电力公司民主管理工作的指导思想和工作思路。会议审议通过了《北京电力公司一届三次职工代表大会关于总经理行政工作报告的决议》等10项决议。2月，在公司各级工会的组织参与下，公司所属31个单位完成了召开职工代表大会的工作。

2007年，公司一届三次职代会共收到职工代表提案32件，内容涉及改革发展、安全生产、专业管理、营销服务、科技培训等方面。经研究，立案7件，列为意见25件，截至2007年11月中旬，公司对所有提案都给予了处理和答复，提案处置率100%。

7月中旬，组织召开公司总经理联络员会议，来自公司所属各单位的31名代表，在研读公司总经理时家林《2007年年中行政工作报告》（汇报稿）的基础上，对公司各项工作提出了意见和建议。

12月下旬，组织召开了公司2007年厂务公开民主管理工作会。会议对2007年公司厂务公开民主管理工作进行了总结。根据公司相关工作要求，结合各单位工作实际，从厂务公开民主管理、领导班子建设、履行社会责任开展办事公开（政务公开）等方面对22个申报单位综合考核，经公司民主管理工作委员会研究确定，评选出4个厂务公开民主管理先进单位，即朝阳供电公司、通州供电公司、亦庄供电公司、工程公司。

【劳动保护与劳动竞赛】 6月初，工会印发了《关于开展2007年安全生产月和安康杯竞赛活动的通知》（发京电工[2007]13号），积极开展落实相关工作。6月下旬，举办公司劳动保护检查员培训班，来自公司所属各单位的120余名劳动保护检查员参加了培训。6月底，公司工会与人力资源部和安全监督部共同举办安全生产和工会劳动保护知识竞赛决赛。本次培训是公司"百日安全"活动的一项重要内容，同时也是公司工会配合上级工会开展"安全生产月"和"安康杯"劳动竞赛活动的一项重点工作。培训期间，北京市总工会生产保护部副部长路东明、中国工运学院教授陈莹、原西直门电专校长杨传剑以及公司安全监督部专工张铭，先后为参培人员授课。

强化公司生产一线班组职工的安全意识和班组安全管理。9月中旬，举办了公司安全生产和优质服务"百问百查"知识竞赛。来自30个基层单位的150名选手经过团体笔试、复赛和决赛三个阶段的激烈角逐，最后，怀柔供电公司荣获团体一等奖；调度通信中心、丰台供电公司荣获团体二等奖；城区供电公司、电力工程公司、朝阳供电公司荣获团体三等奖；海淀供电公司、变电公司、平谷供电公司、密云供电公司、门头沟供电公司、电力电能计量中心荣获优秀奖；变电公司、门头沟供电公司荣获优秀组织奖。

■ 9月，公司工会举办安全生产和优质服务"百问百查"知识竞赛。

4月，工会组织相关部门和职代会专委会完善了公司《2007年度劳动生产竞赛评比办法》(京电工[2007]9号)并印制下发。在对公司2006年八项劳动生产竞赛评比办法进行修订的基础上，增加了综合先进单位劳动生产竞赛评比办法。同时，结合公司人员变化，以及公司2007年工作思路和工作重点，调整充实了公司劳动生产竞赛委员会机构，并明确了竞赛评比要求。全年组织召开了公司创建红旗站、线活动总结表彰会暨再动员大会。评选出公司3个金牌班组、5名金牌员工、78个电力强网"0811"工程建功立业先进集体、10个"0811"工程十佳巾帼岗、10名电力强网"0811"工程建功立业特等功臣、69名电力强网"0811"工程建功立业一等功臣、174名电力强网"0811"工程建功立业二等功臣、10名电力强网"0811"工程十佳巾帼岗位能手、56名电力强网"0811"工程巾帼岗位能手、"攻坚克难"先进工作者、"十大感动家庭"活动。

【职工生活保障】 认真履行工会工作职能，坚持做好帮扶工作，通过各级工会组织，把党委的温暖和公司的关怀，及时送到员工的手中。全年，共为公司418名困难职工和退休职工申办了困难补助金43.62万元；为公司101名职工办理了互助会补助，补助金额共计200172元；为公司13名患病女职工办理理赔保险金36.03万元，并到患病女职工家中进行了慰问。

"五一"劳动节前夕，工会组织公司各级劳动模范和首都劳动奖章获得者共40余位到北京工人疗养院及密云明湖山庄进行了体检和休养活动。

7月，指导各单位工会按照《关于开展防暑工作检查慰问职工活动的通知》(工[2007]12号)要求，结合本单位的实际，重点对户外作业班组防暑措施、食堂和浴室等职工生活设施进行了检查，并与相关部门共同努力，切实保障职工的健康和安全。7月下旬，工会积极参与公司慰问迎峰度夏一线职工活动，制定了计划安排，公司工会处长以上干部，分头陪同公司党政领导，深入基层，开展慰问工作。

6月1日～10月10日，工会共连续组织了18期职工及家属休养（或培训），每期7天时间，参加休养（或培训）的职工及家属共计2004人次。

工会坚持服务和谐企业建设，服务公司职工的原则，参与组织公司和谐社区创建工作。工会制定《北京电力公司家属委员会管理办法》，并通过公司各级工会完善了所辖社区的家委会组织。坚持每季度召开公司家委会工作会议，组织相关负责人研究问题、交流经验及布置工作。2007年，公司所属社区家委会统一了标识、建立了工作制度，并按照精细化管理、标准化建设要求，以职工为本，积极协调物业、业主等各方面的关系。

【女工工作】 贯彻国家电网公司女职工委员会一届二次全委会及华北电力工委女职工委员会扩大会议精神，下发了《关于开展创建“‘0811’工程巾帼示范岗”、争当“‘0811’工程巾帼岗位能手”活动的通知》，并以此作为工作主线，开展相关活动。

3月初，组织召开公司迎“三八”妇女节交流座谈会。“三八”国际劳动妇女节之际，公司工会向每个职工家庭发出了北京电力公司“建设平安和谐家庭”倡议书。各单位开展了庆“三八”妇女节，各直属单位工会开展了女工主题座谈、演讲、报告会、专题讲座，文艺演出、体育健身、才艺展览、游园等活动。4月，公司工会女工委员会深入城区、海淀、朝阳、丰台、通州、亦庄、密云、平谷、昌平、怀柔、延庆、房山、大兴供电公司，以及工程公司、物资公司、试验研究院、路灯管理中心、变电公司、电力设计院、客户服务中心等21个基层单位，开展了十佳巾帼岗选树工作，共选树出城区、朝阳、海淀、丰台、昌平、顺义供电公司和变电公司、试验研究院、物资公司、电力设计院10个先进集体。

【宣传教育】 认真履行工会职能，发挥组织优势、文化载体优势和“桥梁纽带”作用，落实《关于做好2007年先进典型宣传工作的意见》（京电党[2007]30号），结合国家电网公司工会《关于开展“建功在企业、和谐促发展”主题活动的意见》有关指示要求，围绕公司安全生产、电力强网“0811”工程、“三新”优质服务工程及创建和谐企业工作，挖掘平凡岗位中的亮点，弘扬精神、展示风采、树立榜样。

5月25日，组织召开“平凡孕育伟大、劳动奉献光荣”主题表彰大会，公司领导和近400名各单位代表参加大会。大会对公司荣获首都劳动奖章、首都劳动奖状、全国知识型职工、全国学习型班组、全国用户满意服务明星的先进个人和集体，以及公司评选的金牌员工、金牌班组、红旗供电所、攻坚克难特别贡献奖集体、巾帼示范岗、十大感动家庭进行了表彰。工会特邀34名公司老劳模为先进个人和集体颁奖。3月，工会在培训中心组织召开公司职工素质教育工程先进表彰会，对参加2006年首都职工素质教育工程的公司先进单位和先进个人进行了表彰。

8月，工会与安全监督部利用电视电话系统在全公司范围内开办了“安全生产大讲堂”系列讲座活动，工会主席李国华主讲了第一堂课——安全文化。此次大讲堂活动共设1个主会场、38个分会场，共有2000余名职工听课。全年共参与组织举办6期大讲堂活动，约有6000名职工参加了此项活动，内容涉及安全管理和营销管理等热点课题。

■ 5月25日，公司召开“平凡孕育伟大、劳动奉献光荣”主题表彰大会。

9月中旬，工会举办2007年公司工会系统干部培训班，公司所属各单位工会主席及各级工会干部160余人参加了培训。工会主席李国华出席开班典礼并讲话。本次培训内容涵盖了新颁布的《中华人民共和国劳动合同法》、企业民主管理、职工劳动保护、女工专项工作，以及集体合同等相关理论和实践经验，对开展工会工作具有很强的指导作用。

【企业文化建设】 年初，修订了《北京电力公司企业文化建设三年（2007～2009）年规划》。开展促进“国家电网”统一品牌的推广应用工作。4月，下发《北京电力公司职工健康管理工作考评办法》（京电工[2007]11号），组织公司职工健康指导中心（设在培训中心）开展相关工作。组织完成公司“电力之光”合唱团和民乐团参加国家电网公司一届二次职代会暨2007年工作会文艺演出任务。6月，公司举办了“海电杯”职工足球联赛，23支运动队600余名公司职工进行了67场激烈较量，最终于9月1日落下帷幕。8个单位代表队获得前五名，同时评选出4个体育道德风尚奖和6个优秀组织奖组织单位。11月，组织开展与奥运同行“朝阳杯”

职工乒乓球联赛，全公司共有28支运动队近300名公司职工参赛，历经5个月100余场的比赛，于2008年4月11日在朝阳闵龙乒乓球俱乐部进行了决赛，此次比赛评选出5个体育道德风尚奖和6个优秀组织单位。

9～12月，举办“读书使女人更美丽”女工读书征文活动。此次读书活动公司共收到28个单位推荐好书193本、26个单位上报女职工读书心得体会、读后感等稿件222篇。评选出个人一等奖5名，集体优秀组织单位10个。

■ 6月，公司工会举办北京电力公司2007年“海电杯”职工足球联赛比赛现场。

（程　波）

新　闻　宣　传

【对外报道】 2007年，公司着力加大对外宣传报道力度，在包括中央、地方和行业报纸、广播、杂志、网站等在内的26家媒体，及时准确发布动态新闻和深度报道，出精品报道，树立公司良好社会形象。宣传报道“0811”工程建设、奥运电力工程建设、奥运倒计时一周年、奥运供电保障、“百日安全”活动、“优质服务年”活动、“迎峰度夏”、“春节”、“国庆节”、“十七大”保电等重要工作。特别是加大在市属主流媒体的宣传报道力度，在《北京日报》一版报眼位置发表消息《京郊农村将建200个电气化村》；一版头条发表通讯《北京二百二十一亿元打造超稳定电网》；在奥运专版发表《为了照亮奥运舞台》等重头报道。9月20日，国家电网公司与北京市政府举行北京电网发展会谈和奥运电力主体工程启动仪式，中央和地方媒体、行业媒体及各网站共报道45篇，其中国家电网报对当天活动及相关报道连续发稿5期。10月31日，公司召开奥运供电保障誓师大会，邀请包括中央媒体在内的20家社会、行业媒体对公司全面启动奥运电力保障工作，确保奥运供电万无一失进行报道，共发稿31篇。

■ 3月22日，公司召开2007年新闻宣传工作会议。（丁海杰　摄）

全年在报刊、电台、网站发表消息、图片、通讯等报道稿件共计2071篇，发稿数量为历年之最，其中在中央电视台播发新闻7条、北京电视台播发新闻37条，制作电力行业媒体电视新闻43条。此外，新华社、中新社、《经济参考报》、《工人日报》、《中国青年报》等都对公司进行了相关报道。全年共制定了19个宣传报道策划方案，在《国家电网报》发稿367篇，发稿量同比增长3.1倍。其中，发一版要闻68条，一版头条9条，在各网省公司中位居前列。先后荣获国家电网公司“2007～2008年度读报用报先进单位”、“2007年度先进记者站”、“全国‘两会’期间新闻宣传工作先进单位”称号。

【对内宣传】 完成《北京电力报》正刊52期、特刊5期，完成《北京电力》6期的出版及电子版上传工作，在内网发布公司各类信息3226条。制作公司新闻127条，专题片7部，编发基层新闻837条。

公司报刊在宣传导向、稿件质量、内容安排、版面设计、报刊发行等方面做了大量的改革、创新工作。为更好地发挥宣传导向作用，报刊彻底改变了以自然来稿为主的局面，建立“好稿子是自己采写的、好稿子是约来的”这一全新编辑理念，坚持重要稿件自己采写，重要稿件及时约稿。出报前坚持报刊“编前会”制度，做到期期有策划，事事有策划。出报后坚持进行质量分析，将经验教训汇集成《涓滴集》。年初，还对报纸发行工作进行了重大改进，将报纸发给31个基层单位改为直投各个供电所。对外，增加了行业媒体、社会媒体记者，31个网省公司的发行。报刊发行改进工作达到了对内减少发行环节，对外拓宽发行渠道的目的。

随着公司内网改版工作的顺利完成，公司内网的板块划分和栏目设置趋于合理，明确了宣传主题和重点。根据公司不同时期的重点工作，在内网先后设置了"国家电网公司两会"、"公司职代会"、"公司政工会"、"公司纪检监察工作会"、"百日安全活动"、"百问百查活动"、"迎讲树促活动"等专题宣传栏目，共发布信息600多条，有力配合了各专项工作的开展。

【舆情监测】 开展舆情监测工作，不仅为公司领导决策活动提供信息，还使新闻中心对外宣传有的放矢，有效避免了可能对公司造成负面影响的新闻事件的发生。新闻中心与公司总值班室实行24小时在线实时监测，全年没有出现对公司影响较大的负面报道，共整理编发舆情监测报告42期。其中，针对《高压线塔引发居民抗议，20余民警维持秩序》一文，新闻中心组织专题宣传，在新华网、《新京报》、《北京晨报》等媒体上登载了说明文章，用事实和数据向广大市民说明高压线不会危害居民身体健康，收到良好的宣传效果。

【新闻应急】 新闻中心成立后，进一步建立和完善了二级新闻应急体系，制定相关制度，规范公司及基层单位应急报道工作，明确了应急状态下公司内部宣传、外部与社会媒体信息沟通的原则、程序、步骤。通过专题培训和工作实践，公司新闻宣传队伍整体应急意识增强，能够执行应急规定及预案，能够准确把握，妥善处置。遇到突发事件时，主要依靠公司新闻发言人作应急发言，新闻中心人员负责快速组织，联络媒体，统一宣传口径，安排现场采访、组稿，现场发布新闻，引导媒体客观准确宣传报道。部分基层单位还与新闻中心密切配合，快速响应应急工作，在突发电力事故现场，获取第一手文字、图片和视频资料，有力地支持了公司统一口径对外发布应急新闻。

2007年，共组织、协调基层单位处理应急报道33次，到现场组织协调突发事件应急报道9次，接待26家媒体的日常来访、应急采访、电话采访，组织、协调新闻发布活动、采访活动共计27次。

【职能管理】 新闻中心从规范制度建设入手，全年共制定、修订了8项工作制度。其中，新制定的《北京电力公司突发事件新闻宣传应急工作规定（试行）》和《北京电力公司新闻预警工作实施办法（试行）》。为适应公司发展需要，完善公司新闻宣传体系建设的创新举措。制定了《基层单位联络制度》，由新闻中心每名成员与2～3个基层单位建立固定联系，帮助基层单位挖掘工作亮点、先进人物事迹，并协助其采写稿件，进行宣传。

协助基层单位与行业媒体建立联系，指导基层单位独立在行业报刊开展报道工作，对外报道工作取得新的突破。全年，基层单位采写的各类报道在《国家电网报》、《中国电力报》、《华北电力报》发稿197篇，其中，通州公司、城区公司、丰台公司发稿均在20篇以上，海淀公司、平谷公司、朝阳公司、大兴公司、客服中心、工程公司、密云公司发稿14篇以上。

针对基层单位宣传员人员流动性相对较大的实际情况，加强对基层宣传员的培训。年初，新闻中心举办了1期为期3天的全体通讯员培训班，聘请《国家电网报》副社长、《中国电力报》总编助理、《华北电力报》总编等专家就新闻采访、写作等专业知识进行授课，促进基层通讯员业务水平的提高。举办了2期电视新闻写作专项培训，加强了公司视频新闻宣传员队伍的建设。同时，新闻中心人员到门头沟公司、通州公司、昌平公司、调通中心等单位授课，协助基层开展宣传员培训。全年组织基层单位12名宣传员参与北京市企业新闻研究会举办的摄影、消息专题讲座。

（魏世峰）

后勤和保卫

HOU QIN HE BAO WEI

后勤工作

【车辆管理】 理顺生产用车管理。2007年，解决了公司多年来在生产用车的管理上流程、制度和责任都不够明确的问题，逐步理顺了生产用车，尤其是特种作业车的管理工作，明确了行政管理中心是公司生产用车的职能管理部门，进一步完善和建立了公司相应的管理规定和流程。先后修订和起草了《北京电力公司电力工程车及抢险车管理办法》、《北京电力公司特种作业车辆管理规定草案》等制度文件。直接根据一线职工的实际需求联合研发了新的工程应急抢险车，通过配发给输电公司、电缆公司、变电检修中心、城区公司使用，效果突出，有效地提高了应急反应能力和抢险工作进度，减少了停电故障时间。2007年，行政管理中心配合相关职能部门新购置了16辆新型高空作业车、8辆带电作业车和14辆一站式服务用车等特种车辆，并已将这些新型作业车分别装备了海淀、丰台、朝阳、输电、变电、通州等基层单位。行政管理中心还积极与北京市质量技术监督局协作，创立了带电作业车操作和驾驶人员的培训机制和资格证，彻底解决了因长期以来政府部门无法提供相应培训和取证造成的“无证上岗”问题。

国家电网、奥运组合标识普及推广。根据国家电网公司的要求，制定了电力工程车和抢险车辆更改奥运组合标识的工作方案，并在规定时间内完成了1300余辆电力工程车和抢险车的奥运组合标识的整改和喷标工作。此外，认真部署和落实推广国家电网统一标识的工作，在规定的时间内，完成了公司机关办公楼楼顶灯箱标识、正门地标及B座大厅标识的设置工作。

■ 在工程车上张贴国家电网、奥运组合标识。

加强车辆资产管理。2007年，公司车辆管理职能在继续夯实车辆资产基础管理的同时，进一步规范车辆成本、车辆购置、车辆选型以及处置报废的管理流程。结合公司实际和发展，分别对公司现有车辆分类、数量、匹配车型、使用情况等方面进行统计分析，为公司车辆管理实现匹配合理、成本可控打下了基础。

交通安全管理。2007年，在自上而下签订《责任书》的同时，自下而上签订了《承诺书》，实现了交通安全双向互保。在落实《交通安全防范责任制》的同时，完善了考核办法，将指标逐一量化，实行了按季度统计、分析、通报、反馈，年终总评，并有效地纳入公司大安全管理范围一并考核。各单位2007年交通违法行为得到了有效控制，违法比例逐月下降，涌现了北京市路灯管理中心、北京电力试验研究院等一批交通违法不超标的单位。同时，加大了对农村电管站人员和城近郊区以及外聘人员的管理，使之纳入公司交通安全的正常管理范围，加大对驾驶人员的普法培训工作，不留管理死角。

【小型基建和非生产性工程管理】 2007年，从规范工程及资金计划管理入手，明晰了部室间以及与各基层单位之间、岗位之间的管理流程，建立和修订了小型基建项目和非生产性工程的管理规定和制度，确定了小型基建内部管理方式。按照新的要求，在立项、计划、资金使用等方面的管理上基本实现了管理规范、过程严谨、投资科学，较好地发挥了资金的投资效应。全年共审批非生产性工程项目98项，涉及资金7585.6万元；另在建小型基建项目5项，已拨付工程资金14945.6万元；配合发展策划部完成了国家电网公司对小型基建的检查；还通过开展对2004年以来公司投资的部分非生产性工程项目的清理工作，提高了资金的使用效应，加强了对资金的监管力度。

【职工住房资金管理】 2007年，公司认真执行国家有关住房资金的各项政策，完成了住房公积金、住房补贴的年终对账及结转工作，并按照新的年度缴存基数进行了调整。其中，全年汇交住房公积金达16567万元；为2568名购房职工办理公积金支取达7928万元，为293名退休、死亡职工办理销户支取1444万元；完成10000多名职工“交通银行住房公积金联名卡”的办理、发放工作；还组织督促机关及各单位完成10400名职工2006～2007年度住房公积金利息录入和对账单的发放。住房补贴全年完成汇交1181万元，补交21万元；办理286名退休、购房职工的销户、部分支取1120万元。同时还为2007年新进公司的150名职工办理了住房公积金和住房补贴的开户手续。

【物业管理】 组织了物业管理联合检查、交流，对8处自管宿舍小区的物业管理现状和7个物业公司的管理模式、范围、水平进行了检查，以提升宿舍小区物业管理的整体水平。依据北京市建委颁发的《住宅物业服务标准（一、二、三级）》，制定了《北京电力公司物业服务星级评比办法》，加大对物业服务工作质量和效果的动态监督、考核的力度，建立起以服务质量和效果为标准的长效考核机制，实现了物业管理工作由粗放管理向基本规范管理的转变，逐步提升了公司物业管理和服务水平，从而保证了宿舍小区整体居住品质的提高。

【职工健康体检工作】 2007年是公司健康体检制度改革的第二年，行政管理中心突出了“职工健康水平是企业永续发展的战略资源的组成部分，直接关系到‘三步走’战略目标的实现”的观念，强化了对体检工作的管理，针对所选的医院、项目和费用都进一步明确了要求和标准；建立和完善了体检结果的统计、分析制度；建立了职工健康跟踪体系，科学合理调整、安排体检项目。全年，公司应检人数13010人，实际体检人数11130人，上检率超过了85%。

（彭勇　李梅）

保　卫　工　作

【综述】 公司保卫工作紧紧围绕年初公司“两会”提出的发展战略，按照“五突出五抓创一流”的工作思路，树立和落实科学发展观，以电网安全为重中之重，以同业对标工作为载体，以电力隧道防火综合整治为重点，通过大量艰苦细致的基础工作，狠抓电网环境隐患的治理，健全完善制度、强化电网运行环境安全、提高消防设施运行管理水平、反窃电、武装民兵等方面均取得了新的成绩，圆满完成了各项政治保电任务，保卫部被北京市公安局授予集体三等功。

【案例及事故统计】 公司全年没有发生政治案件，生产破坏案件和重大治安灾害事故；重大以上刑事案件发案率为零；职工犯罪率为零；没有发生冲击公司领导办公场所的事件；没有发生火灾事故；主网重点线路没有发生因盗窃、破坏而造成的倒杆、倒塔及由此引发的对社会稳定构成影响的大面积停电事故。

2007年，北京地区发生电网外力事故488起，同比（505起）下降3.3%。其中，主网外力61起，同比50起上升22%；配网外力427起，同比455起下降6.6%。盗窃破坏电力设施发案102起，同比（225起）下降54.7%。公安机关立案102起，破现案17起，破积案25起，抓获犯罪嫌疑人65人，逮捕16人，刑事拘留37人，治安拘留12人。

【电力设施保护工作】 2007年，电力设施保护工作以“主网稳定、配网可靠”目标为指导，以防外力事故、防大面积停电事故工作为重点，结合公司百日安全活动，制定电力设施保护防范措施，指导朝阳供电公司、输电公司等单位开展电力设施保护专项活动，先后6次参加公司领导带队的百日安全活动检查。

开展反外力专项活动。协调政府职能部门和新闻媒体开展反外力专项宣传活动，以遏制线路保护区固定场所违章施工、及时发现和预防临时场所施工为防外力工作的突破口，会同市发改委、市安全监督局和市公安机关召开专业会议，在全市范围内开展了为期3个月的主网反外力专项活动。针对吊车等大型机械严重威胁电网安全的现实，配合市质监局制定专项整治方案，开展前期调研。以吊车碰线、挖断电缆、风筝碰线、盗窃电力设施为主题，制作宣传短片在北京电视台黄金时段、主要频道累计播出200余次。

建立公司反外力工作机制。针对电网外力事故攀升趋势，印发了《关于建立反外力工作责任制的通知》，配合生技部制定《输电线路反外力考核办法》。制定了《电网反外力工作实施方案》，对公司内部反外力存在的问题认真分析，提出具体要求。修订了《北京电力公司电力设施保护管理办法》，完善了与市园林绿化局、市公安局刑侦总队和治安总队的日常工作机制。

开展隐患整治工作。配合政府开展101处隐患消除折子工程，公司对消除隐患严格把关，与隐患责任单位签订隐患消除确认书，并防止消除隐患出现反弹。按照政府规定的隐患消除日期，圆满完成了隐患消除任务，并作为典型经验2007年向国家电网公司进行申报，为国家电网系统在全国电网环境隐患整治方面提供借鉴。对北京电网跨区域存在环境隐患的整治工作，公司保卫部作为一项重要工作内容，对跨区域的孙家线、牛机线等线路会同设施管理单位加强与当地政府部门的协调，解决3处危急隐患。对涉及外省市的主网线路隐患，组织专业公司开展隐患排查，及时将隐患情况以文件的形式上报市发改委，研究整治措施。

开展打击盗窃破坏“三电”设施专项斗争。6月12日，公安部等八部委召开电视电话工作会议，部署在全国开展为期6个月的打击盗窃破坏“三电”设施专项斗争有关工作。公司为配合北京市公安局等七个委办局开展打击盗窃破坏“三电”设施专项斗争，按照专项斗争领导小组各项要求，制定了《北京电力公司专项斗争工作方案》。7月17日，召开公司专项斗争工作动员会，制定了本次专项斗争以“保设施、促安全；清隐患、静环境；打阻碍、畅运行；查窃电、保电能”的工作目标，将专项斗争与公司百问百查工作方案有机结合，确保专项斗争方案的有效落实。

■ 6月12日，公安部在公司召开“打击盗窃破坏‘三电’设施专项斗争”工作会议。

专项斗争开展以来，全市电力设施发案率同比下降54%。积极配合公安机关破获历年盗窃电力设施积案6件，打掉盗窃犯罪团伙2个，抓获犯罪嫌疑人9人，取缔非法收购回收站15个，罚没非法收购电力器材40t，成功破获“9.28”重大破坏电力设施案件，盗窃电力设施案件得到有效遏制。公司保卫部被授予全国专项斗争先进集体荣誉称号，邱立志被评为全国专项斗争先进个人。

开展群众护线试点工作。为确保电网安全运行，公司保卫部于4月23日在通州供电公司组织召开有关区发改委等政府部门和属地供电所所长参加的群众护线试点工作座谈会，就护线工作涉及的具体事宜进行研讨和交换意见。出台了《北京电力公司群众护线办法（试行）》和《北京电力公司群众护线办法实施细则》。5月初，对护线人员进行了专业培训。试点工作开展以来，通州地区外力事故、盗窃案件较2006年同期分别下降70%和90%，隐患实现了“零增长”。11月，召开了有关人员座谈会，对试点工作进行总结，为在全市范围开展群众护线提供了典型经验。

开展技术防范工作。为加强技术防范措施，解决信号通道和设备维护管理问题，出台了《变电站安防主机操作人员管理规定》。公司变电站158套技防设施运转正常，15个重点变电站的技防监控信号已上传公司监控平台。新安装556个防盗装置。加强反外力的监控，在反外力预防措施上积累了新经验。

【消防安全管理】 2007年，公司防火安全管理工作以“确保各种消防设施100%正常投运，减少一般火灾，杜绝考核性火灾”为管理目标，以电力隧道防火综合整治为重点，深入分析管理现状，研究制定管理政策，加强监督检查，确保各种消防设施100%正常投运。

针对火灾自动报警系统虽然实现了100%投运，但存在火灾探测器错误报警频繁的问题，公司开展了专题研究，下发了《关于加强火灾自动报警系统日常维护管理的通知》等文件，督促各单位建立内部协调机制，及时消除火灾探测器因错误报警而屏蔽的现象。

防火安全检查工作以“百日安全”、“百问百查”活动为契机，以公司文件形式周密部署、安排，指导各基层单位制定检查、整改计划，开展自检，加强对消防设施的日常检查、维护和管理。全年，消防安全大检查共出动1500余人次，对近1300个重点防火部位进行了专项检查，对监督检查中存在问题的3个基层单位提出了整改意见。

为落实公司领导对电力隧道防火工作的重要指示精神，吸取2006年长春、武汉电力公司电力隧道火灾事故教训，充分调研公司电力隧道防火现状，起草了《北京电力公司电力隧道防火措施设计和施工验收标准（试行）》，并审核通过。公司按照该标准开展了电力隧道防火隐患整治工作。

增强防火专业管控能力，为北京电力强网“0811”工程服务。为更好地服务“0811”工程，公司与北京市消防局加强沟通，做好协调工作，加快消防图纸审批速度，多次邀请消防局审批人员到公司现场办公，解决实际问题。下发《关于加强消防设施建审和验收工作的通知》的文件，理顺消防新、改（扩）建、装修工程的工作流程，加强对新建、改（扩）建工程中消防设施的监督管理，指导基层单位把好消防设施的质量关。为落实市政府2008工程建设指挥部的有关文件精神，对公司12座奥运工程变电站工地开展消防专项整治工作，完成国家会议中心110kV变电站提前使用消防安全专家论证工作。

依据国家电网公司“两型一化”变电站建设设计标准，完成了110～220kV变电站设计导则的研讨，完成了变电站二次系统通用技术原则中相关消防设施的设计原则。

与消防局建立起长效的沟通、合作机制。为确保电力隧道、变电站一旦发生火灾，能够在最短的时间内进行有效的扑救，公司与市消防局共同召开电力隧道、变电站消防工作会，双方就共同制定电力隧道、变电站灭火应急预案达成共识，为确保2008年奥运会电力设施的消防安全奠定了基础。

2007年是北京市实施烟花爆竹燃放“禁改限”的第二年，公司保卫部研究制定《北京电力公司2007年春节烟花爆竹安全管理工作方案》。在燃放高峰时段，多次组织有关人员，赴重点线路、变电站及易发生火险地区进行检查巡视。通过公司干部职工共同努力，未发生因燃放烟花爆竹造成的电网停电和火灾事故。

广泛开展形式新颖、多样的消防安全知识普及教育、宣传活动，提高公司员工的消防安全意识。2007年11月5～11日，是全国第十七届“11·9”消防宣传周。公司将“安全防火，喜迎奥运”作为本次宣传周的活动主题，为全面落实国务院《关于进一步加强消防工作的意见》，公司防火安全委员会举办了消防设施图片展，并以公司内部网站为平台，开辟了《消防安全知识动画展播》栏目。各单位按照公司的统一部署，广泛开展了消防安全知识培训、消防安全知识答卷、参观北京市民防灾教育馆、灭火及应急逃生演习等形式多样的活动，普及了消防安全知识，达到了良好的活动效果。

■ 公司机关干部、职工参观北京市民防灾教育馆。

【武装民兵工作】 根据民政部、总政治部关于双拥工作的指示精神，圆满完成中国人民解放军建军80周年纪念活动。购置了慰问品对公司伤残军人开展慰问。根据北京卫戍区的统一部署和北京市民兵工作会议精神，完成了公司预备役士兵参加部队军事训练的选送、民兵整组及民兵训练等工作。

人民防空工作。根据北京市政府办公厅《关于同意调整部分市级人防专业队伍组建的通知》和北京市民防局的工作部署，公司应急抢修队作为调整后的市级人民防空专业队，担负着战时电力设施受打击时的抢修恢复工作。重新修订了《北京电力公司人民防空专业队整组方案》，从组织体系建立、方案的可操作性等方面进行了相应的明确。

（郝振昆　崔洪春）

协、学会工作

XIE XUE HUI GONG ZUO

协会管理办公室

【概况】 北京电力公司协会管理办公室成立于2004年，机构挂靠公司本部，主要负责科学技术协会、供电后勤协会、中国电机工程学会城市供用电专委会系统发展分委会和北京电机工程学会供用电专委会等挂靠公司学、协会的日常管理工作。

【主要工作】 2007年，组织召开了2007年度由公司各学、协会主要负责人参加的协会工作座谈会。总结了2006年度各学、协会开展的工作，提出了2008年度的工作计划，交流了开展学、协会工作的经验和体会。全年协会管理办公室开展的主要工作有：

与公司科学技术协会共同召开了江苏现代南自电气有限公司江苏靖江互感器、河南明电舍避雷器、安徽森源断路器技术交流会。

截至12月11日，对公司33个输变电工程进行了质量监督检查，协助北京市对可宁卫垃圾发电站进行了质检。

对公司16个输变电工程进行了达标投产检查。

按照国家电网企协的要求，对公司各类协、学会开展普查，完成国家电网公司协、学会情况调查表的填报工作。

按照公司财务部的要求完成协、学会年度预算的申报。

协助北京电力设计院召开了中国电机工程学会城市供电专委会系统发展分专委会年会，进行了换届工作、技术交流和论文评审。

征集论文并将公司优秀论文推荐到各级会议。2007年，在公司范围为第六届输配电技术国际会议、华北六省市第十七届学术交流会、第八届北京科技交流学术月征集论文29篇；为京津冀晋蒙鲁电机（电力）工程第十七届学术年会推荐34篇论文。其中，《局部放电脉冲在XLPE电缆交叉互联系统中传播特性探讨》、《耐热导线应用的试验研究》、《在实施首都标准后架空输电线路防雷问题研究》、《220kV超高压XLPE电缆局放测试技术的现场应用》、《北京电网无功平衡策略研究》经过北京电机工程学会论文评审委员会评审，被选入大会论文集。论文《局部放电脉冲在XLPE电缆交叉互联系统中传播特性探讨》还在学术年会上进行了宣读。为中国电机工程学会2007年年会推荐31篇论文，其中，有24篇入选，显示出公司的技术力量。

（齐立军）

科学技术协会

【概况】 北京电力公司科学技术协会成立于1988年。按照中国科学技术协会对企业科协的定位，北京电力公司科学技术协会是中国科学技术协会的基层组织，是公司科技工作者自愿组成的群众组织，是公司党组织、公司管理决策层联系公司科技工作者的桥梁和纽带，是推动公司科技进步和技术创新的重要力量。业务上接受地方科学技术协会的指导，其宗旨是：为企业发展服务，为提高企业员工科学素质服务，为企业科技工作者服务。科学技术协会的主要任务：开展学术、技术交流活动；开展科学技术普及活动；开展技术创新、技术培训和科技咨询活动；接受委托参与、协调专业技术职称评定工作，推荐、表彰奖励优秀企业科技工作者；反映企业科技工作者的建议、意见和诉求，维护企业科技工作者的合法权益，加强自律管理，促进职业道德建设；支持企业科技工作者加入中国科学技术协会所属的全国学会，积极参加各级科学技术协会组织的活动，发挥团体优势，利用社会的智力资源，为促进企业科学发展服务；发挥企业离退休科技工作者的作用。

【主要工作】 2007年，科学技术协会开展的主要工作有：协助公司人力资源部组织申报评选优秀工程师和优秀青年工程师，共评出北京市优秀青年工程师3名，华北电网有限公司优秀工程师、优秀青年工程师20名，北京电力公司优秀工程师、优秀青年工程师47名。

组织参加华北电网有限公司科协优秀科技论

文、优秀科技成果发布会。公司共有4项科技成果和4篇科技论文入选。科技成果有：谢武忠等的《变电站多用途音视频综合监视系统》、刘润生的《IEC61970标准在北京电网高度自动化系统中的研究应用》、叶宽的《电缆分支箱局放信号声电联合在线检测定位技术的研究》、郝兰荣等的《老旧输电杆塔结构安全性评估——铁塔部分》。科技论文有：陈平等的《如何进行电力电缆运行状态的监测》、谭雷的《耐热导线的应用研究》、彭新立的《浅淡手套法作业中的几点注意事项》、赵磊的《目前我国大用户直购电存在的问题及对策建议》。其中，《IEC61970标准在北京电网高度自动化系统中的研究应用》科技成果和论文《浅淡手套法作业中的几点注意事项》获大会发言。

按照国家电网企协的要求，配合协会管理办公室对公司各类协、学会开展普查，完成国家电网公司的协、学会情况调查表的填报工作。

开展学术交流。2007年，组织召开了江苏现代南自电气有限公司、江苏靖江互感器厂、河南明电舍避雷器和安徽森源电器有限公司VA(J)系列真空断路等技术交流会，旨在使公司的工程技术人员及时了解行业技术发展动态和新技术、新产品。

配合科信部组织了公司2006年科技论文评审，共征集论文122篇，经过专家评审，共评出一等奖11篇、二等奖18篇、三等奖43篇、鼓励奖41篇。

为使公司设备监造验收标准化、规范化，组织专家编写《电力设备质量监督检查验收大纲》，已完成变压器、GIS、断路器、互感器、避雷器、电容器和电缆及电缆附件等主设备的编写工作，为物资公司监造采购电力设备提供技术支持，为保证电网的安全运行起到了积极的作用。

完成科学技术协会年度预算的申报。

科协系统获奖。在华北电网有限公司2007年科协工作会上，公司科学技术协会被评为2006年度华北电网有限公司科协先进集体，公司科协副秘书长齐立军被评为华北电网有限公司2006年优秀科协干部。

代表公司参加中国电机工程学会常务理事会、全国电力行业管理经验交流会暨表彰大会；代表北京市电力公司组织中国电机工程学会城市供电专委会系统发展分专委会参加2007年工作会；参加北京电机工程学会用电市场专委会工作会。

（齐立军）

北京电力行业协会

【概况】 北京电力行业协会（简称电力行协）成立于2000年8月8日，2004年隶属于北京电力公司。截至2007年12月底，协会有会员单位241家，其中理事单位56家（常务理事单位14家，副理事长单位4家），理事长单位为北京电力公司。2004年12月28日，召开了北京电力行业协会第二次会员代表大会，选举产生了新的领导集体。2007年11月19日，北京电力公司推荐李云山为北京电力行业协会副理事长，推荐陈有立、郭谊力为副秘书长。按照干部任职年限要求，副理事长袁增义、副理事长兼秘书长李永杰、副秘书长张伯廉退二线工作。

2007年，电力行协设理事长1人（由北京电力公司总经理时家林担任），常务副理事长1人（由北京电力公司副局级调研员陈当担任），主持日常工作的副理事长1人。另外，还设有专职副理事长3人、兼职副理事长4人、秘书长（兼）1人、副秘书长6人。

电力行协有正式职工25名，归属北京电力公司机关。共设四部：其中理事会工作部5人、企业管理部3人、调研咨询部3人、标准化部5人。北京电力公司史志办公室4人与电力行协合署办公，设史志办公室副主任1人。

【主要工作】 企业与会员管理。随着电力行业协会在电力行业改革发展中职能的调整和工作范围的扩大，电力企业和电力相关企业与行业协会业务关系和需求的变化，客观上要求行业协会在会员管理工作职能范围和工作程序上有所调整，2007年电力行协修订并下发了《北京电力行业协会会员管理办法》。主要修改内容：由电力行协理事会委托会员管理部门负责入会审核工作；单位会员每4年换发一次单位会员证书，每年经审合格在单位会员证书副证注册栏进行注册盖章。

推进节能减排工作。为落实中央关于节能减排工作的指示精神，推进北京发电企业节能减排工作，电力行协按计划分别走访了第一热电厂、石景山发电厂、高井电厂、张家口发电总厂和托克托电厂。在走访中详细了解发电企业在节能减排、安全生产和保十七大、保奥运等方面的需要与诉求，并按照发电会员的迫切要求重点安排对电厂的安全评估和培训，同时在大唐国际高井热电厂组织召开了节能减排工作座谈会。参会的企业有大唐国际发电股份有限公司北京高井热电厂、北京京能热电股份有限公司、中电国华电力股份有限公司北京热电厂、华能北京热电厂等。座谈会各发电企业分别介绍了节能减排工作的经验。

调研咨询。北京奥运日趋临近，电力行协为保证首都机场迎奥运安全可靠供电，应首都机场的要求，利用专家资源开展安全、节能咨询。组织供电、照明方面的专家队伍，对首都机场航站楼区域供电经常发生电压波动及闪断，影响航站正常运营的状况进行了实地调研，并多次召开座谈会进行研讨，提供了近3万字咨询报告，对其供电设施的技术改造、照明方面的节能措施提出了详尽的建议，同时承担了31个奥运场馆内的电力供应可靠性及技术评估工作。组织照明、运行、电气专家亲临现场进行逐一立项检查，并以每个场馆为主体出具检查报告。

创新成果评审。组织北京电力行业企业管理创新成果的项目申报和专家评审，电力行协组织5个单位共10项成果的审核推荐，其中，2项获二等奖（高井电厂节水成果、设计院职业生涯规划），8项为三等奖。大唐公司高井电厂《应用MBO方法降低发电综合水耗》参加在全国电力企业管理创新成果发布会，同时上报北京发改委被评为北京市节能节水工作一等奖。

安全评估。2007年，电力行协组织有关专家，对国华太仓发电有限责任公司、国华沧东发电有限责任公司、太平洋顶峰集团石家庄诚峰热电有限公司、中电国际河南姚孟发电有限责任公司、中电国际辽宁清河发电有限责任公司、广州蓄能发电厂、太仓港卸鑫发电有限公司进行安全性评估。受国家电监会的指派，协助中国电力音像出版社编辑出版《2006年全国电力重大事故警示录》安全宣传录像，并到有关事故单位进行事故调研、拍摄和编辑剧本。

QC成果推广。2007年，会员单位共推荐41项优秀QC成果发布，经协会组织专家评审，获得发布一等奖10项、二等奖11项、优秀奖11项。2007年，电力行协推荐的北京京能热电股份有限公司创新发展QC小组等7个小组获全国电力行业优秀质量管理小组奖。

电力建设定额站。华北定额站2007年重点完成京津唐地区电力建设概预算人员“电力工程造价专业资格证书”的审核与换证；完成京津唐地区材料运杂费收资和编制工作；完成建造师的培训咨询工作200人次；推荐河北省大唐发电王滩发电厂为行业优质工程，进而推荐为国家优质工程，两项均已获得批准；组织北京电力公司监理工程师培训135人。

组织城市配网技术对标交流会。为推动北京配网标准化建设和行业对标，电力行协与北京电力公司共同发起和组织了有北京、天津、上海、江苏四省市电力公司与电力行协共同参加的城市配网技术标准交流会，并邀请了上述省市电力公司的生产、设计、规划、试验、工程管理及专业人员、各行业协会领导以及中国电力科学院、华北电力物资总公司等有关单位技术专业人员和代表。通过研究与探讨，促进了城市配网技术的交流与管理水平的提高，为直辖市电网企业实现“一强三优”发挥了积极作用，开创了协会服务创新的先河。

产品技术推介鉴定。组织电气设备制造企业的产品技术推广与鉴定。2007年，协会共组织韩国电力公社（PSD等多家公司）、非开挖技术协会、北京ABB公司高压开关设备有限公司等11家产品推介工作。同时，电力行协同北京电器电材行业协会共同组织机电产品鉴定，2007年共鉴定5家19个产品。在推介与鉴定中，坚持大力推广新产品新

■ 4月7日，韩国电力设备在线监视系统推介会暨新产品交流会现场。

技术，真诚为企业服务，推动厂家开拓市场。

进网作业电工换证。2006年6月，北京电力行业协会协助华北电监局办理进网作业电工换证工作，此项工作涉及北京市电工近3万人。电力行协向协会200多会员单位和北京700多家重点用电单位发放了通知。为满足更多的电工在有效期内换证，2007年2月，协会发布了《关于延长换发〈北京市电工进网作业许可证〉时间的公告》，将换证时间从2月底延长至6月底。截至2007年6月，共填写约13600多名进网作业电工换证资料，电话咨询50000多人次。

修订《高压电力用户安全用电规范》。电力行协根据北京市电力管理办公室的要求，依据GB1.1《标准化工作导则》和DL/T600—2001《电力行业标准编写基本规定》的要求，8月13日完成了《高压电力用户安全用电规范》的修订，并推荐为北京地方标准。

（王惠娟）

农电学会办公室

【概况】 农电学会办公室担负着中国电机工程学会农村电气化分会、中国电力企业联合会农电分会秘书处的职能，致力于推动农网技术进步、促进农电企业管理创新、提升农电职工素质，为建设社会主义新农村服务，为农村电气化事业服务。同时，承担着中国科协管理的《农村电气化》和《农电管理》月刊的编辑出版工作，负责中国农村电气化信息网的编辑、管理职能。农电学会办公室有正式职工5人。

【主要工作】 受国家电力监管委员会供电部的委托，组织并完成了“全国供电企业现状调研”的课题。该课题以调研我国供电企业的分布数量、所有制形式、经营管理模式等内容为重点，研究供电企业的特点，分析供电企业存在的主要问题，提出对供电企业实施监管的建议和措施。该课题的研究成果有利于电力主管部门对供电企业现状的了解，有利于在实施电力体制改革过程中，为政府部门提供较为详实的数据。通过近一年的调研工作，对全国供电企业的现状进行了分析，对不同所有制形式、不同经营管理模式的供电企业进行了较为全面的梳理。调研的最终结果成为电监会年度监管报告的基础数据来源。

接受国家电网公司农电部的委托，与国务院研究室和中央农村工作办公室共同开展了“深化农电体制改革调研”课题。为全面贯彻落实国务院2007年19号文件关于推进农电体制改革的精神，国家电网公司将“深化农电体制改革调研”列为重点调研课题。调研工作历时半年，在学会的具体协调组织下，调研组深入到国家电网公司系统、南方电网公司系统和地方电力企业，进行了实地座谈，充分了解情况。在认真调研的基础上，按照19号文件精神的有关要求，提出了对深化农电体制改革的意见和建议，并提出促进农电可持续发展的政策性建议。

为学习和贯彻党中央关于“三农”问题的重大决策，深刻领会农电在服务“三农”工作中的重要性，学会于9月组织召开了共建和谐农电研讨会，邀请中央党校教授解读关于“三农”问题的重要精神。来自全国农电系统的200多位代表参加了会议。

组织中电联农电分会县电研究会对“农网科技建设”、“农电企业管理”、“农电企业文化建设”等内容进行了专题研讨。中国电机工程学会农村电气化分会科技与教育专委会围绕“十一五期间农电科技创新”主题，组织召开了学术年会；自动化专委会组织开展了“农电科技示范县”、“县级电网自动化现状”的调研工作；电网专委会充分发挥专业技术优势，全年完成了30多项技术咨询工作。

充分利用所承办的期刊和网站，宣传农电企业在服务社会主义新农村建设中的先进事迹和经验，集中报道了新农村建设、农网标准化建设和扶贫通电工程等重点工作。

编辑出版《农村电气化》和《农电管理》各12期，每期分别为40315、37573册。中国农村电气化信息网及时跟踪报道了农电的大政方针和典型经验与事迹。

（万立）

中国电力企业联合会供电分会

【概况】 中国电力企业联合会供电分会（简称供电分会）是中国电力企业联合会（简称中电联）的专业分支机构，在中电联常务理事会和北京电力公司领导下开展工作，接受中电联有关部门的业务指导。供电分会挂靠在北京电力公司，会长由北京电力公司总经理时家林担任。现有会员单位包括国家电网公司、南方电网公司所属地（市）级供电（超高压）企业234家。因供电企业重组等原因，2007年度会员单位由236家减至234家。

分会设会员代表大会、理事会、会长办公会、秘书处及8个专业委员会等组织机构。分会理事63位，正、副会长12位，其中副会长邢晨因工作岗位变动，不再担任副会长职务，根据供电分会工作规则，2007年5月14日经中电联会企函[2007]33号文件批准，由西安供电局局长王周祥担任副会长；正副秘书长9位；在京日常工作人员15人，其中在职6人、聘用9人。业务范围包括行业管理、信息交流、业务培训、专业展览、书刊编辑、国际合作及咨询服务。

【主要工作】 2007年度工作思路：突出服务宗旨，结合工作实际、体现行业特点，提出了“1455”供电分会工作的指导思想和工作目标（即明确一个目标：努力构建和谐电力，确保各方供电平安，促进供电企业又好又快发展；深化四项服务：为会员单位服务，为电力行业服务，为政府服务和为挂靠单位服务；加强五项建设：组织建设，制度建设，服务平台建设、创新能力建设和自身队伍建设；发挥五项作用：参谋助手、桥梁纽带、沟通协调、反映诉求和维护合法权益作用）。按照总体部署和工作方针，体现主题，做好五项重点课题调研；突出特色，专委会工作取得成效；求真务实，增强分会会议效果；反映诉求，拓宽分会服务领域；提高质量，加大分会宣传力度；落实责任，不断加强分会自身建设，较好地完成了年度工作任务。2007年度被中电联授予先进分会称号。

2007年，供电分会主要开展了以下几项工作：

课题调研。供电分会围绕供电企业发展、改革的难点和热点，2007年度完成了五项重点调研课题：一是“构建和谐电力”课题，该课题体现了创建原则和行业特点，具有一定的前瞻性和可操作性；二是“规范多种经营运作”课题，该课题为体制改革进程中的多经企业管理，提出了明确的方向和要求；三是“实施城市停电应急预案、提高供电可靠性”课题，提供了供电应急预案和安全供电的可行经验和举措；四是“加大供电企业人力资源开发力度”课题，提供了新形势下开发人力资源的可行途径；五是“探讨输配电价改革”课题，提出了市场机制下的电价体系设想。

重要会议。2月3日，在北京召开供电分会会长办公会。会议在总结2006年度工作的基础上，审议包括分会目标、任务在内的“1455”工作方略，为2007年度工作明确了方向。

3月22日，在杭州召开了联络员工作会议，会议部署32项任务、表彰了先进，进行了形势教育。11月9～12日，在广州召开的第六次输配电技术国际会议暨分会年会，实现了产、学、研、企间的广泛交流合作，得到了各方面的普遍好评。12月19～21日在上海举办的不停电作业现场经验交流会，现场演示的作业项目、会议介绍的创新经验、审议通过的试验标准，为推动带电作业开展、提高供电可靠性，提供了可行有效的举措。

3月22日，供电分会2007年度联络员工作会议在杭州召开。

专委会建设。按照不断加强专委会组织建设、充分发挥专委会作用的工作部署，各专委会在对成员单位现状调查摸底的基础上，进行组织调整，使一批热心分会事业、支持分会工作的会员单位成为专委会核心骨干，使专委会工作成效明显提高。

■ 12月19～21日，在上海举办的不停电作业现场经验交流会演示现场。

经营管理专委会完成了三项研讨课题：一是针对城市居民用电快速增长的新形势、新要求，应采取的对策和措施；二是针对日趋严重的窃电问题，应采取的包括管理制度、技术手段、经济处罚、法制教育等多项内容的综合治理措施；三是根据厂网分开后的新形势，完善对关口表的管理手段和技术措施。编辑并出版《实践与创新——全国供电企业经营管理论文精选》。

技术管理专委会围绕供电企业生产技术难点开展研讨，重点交流在线监测技术、状态检修计算机系统等管理创新经验，审议通过了《供电设备状态检修参考意见》，使这项经过多年研讨并五次易稿的成果更加完善；审议通过了《绝缘服试验参考标准》。

安全管理专委会针对供电企业安全管理的共性问题，组织进行包括农电职工安全培训、事故应急预案实用、安全生产规范管理、变电检修倒闸操作、生产班组安全管理、安全设施规范管理六项课题的研讨。编辑并出版《国内外停电事故及启示》。

民主管理专委会以供电企业工会组织在构建和谐电力中的作用为主题开展研讨，在维护职工权益、民主管理机制、创建和谐家庭、关心弱势群体等方面广泛交流，受到了各方的好评。

企业文化专委会紧紧围绕构建和谐电力课题，探讨和谐社会与和谐电力的内涵、企业文化建设创新与构建和谐电力的关系、如何构建和谐电力，并就课题调研及研讨工作，逐项落实。

多种经营专委会为确保完成重点课题调研，他们先后走访了上海、广州、赣州、盐城等多家供电企业，收集了江苏、江西、广东、北京等省市电力公司关于适应体制改革、规范多种经营管理的有关文件，在多方收集资料的基础上，完成了《规范多种经营运作课题调研报告》。

行业协会管理专委会针对地市级电力行协增长较快，而各行协间开展工作很不平衡的实际，完成了《建立地市级电力行协服务体系》和《全国电力施工市场管理组织》等调研报告，并组织交流和研讨。地市级电力行协已从2006年的121家增长到132家。

沟通与交流。通过主动汇报工作、认真落实部署，反映企业诉求，取得中电联领导的关心支持，使会员反映的电价、电磁污染、文化建设等问题得到了有效解决，供电分会需要协调的重要事项得到落实。通过举办大型会议，取得电网企业的指导帮助，并继续探讨合作项目与合作方式。通过参加调研、提供资料和参与国家电力监督与管理委员会组织的服务质量检查工作，加强与政府部门的沟通。积极参与奥运场馆安全隐患排查，服务挂靠单位。组建服务网络，扩大沟通渠道，形成了以分会管理人员、专委会负责人和省会供电企业联络员为骨干的服务网络体系，加速了分会信息沟通，促进了分会工作落实；编辑出版《会员单位通讯录》，利用分会资源，先后协助20多家供电企业完成了相互学习考察联络工作。

信息统计工作。编辑出版包括企业基础信息、安全状况、资产经营、营销服务和人力资源等方面主要技术经济管理指标汇编——《2006年度供电企业基本概况》，推动了供电企业间的同业对标、标杆选树活动。

宣传工作。供电分会宣传工作以创行业内知名品牌、创行业内有较高影响力主流媒体为目标，通过栏目调整、版式变化、优秀论文评选、通讯员经验交流等方式，使《供电企业管理》、《供电行业信息》（简称两刊）质量不断提高。中国供电信息网（简称网站）不断加强建设，使浏览人数增加。在2007年入夏以来的两个月中，利用两刊和网站刊发灾区供电企业抗灾保电先进事迹稿件上百篇，网站信息近千条，受到了会员单位的关注和好评。

（任军良　谢红）

供电公司

GONG DIAN GONG SI

城区供电公司

【概况】 城区供电公司（简称公司）是北京电力公司的直属供电企业，成立于1987年2月25日，担负着首都核心区（东城、西城、崇文、宣武四个行政区），93km^2、277万人口的供电任务，在首都承担着重要的政治责任、经济责任和社会责任，确保党、政、军机关和重要国务活动安全供电万无一失是公司的光荣使命。

2007年，公司实现3个百日安全周期，累计安全生产达1839天；配网事故同比下降53.4%，供电可靠性达99.9703%，综合电压合格率99.678%。圆满完成了“十七大”、奥运测试赛等155项政治供电任务，人民大会堂南北站创造安全运行1万天的新纪录。实现“零投诉”，表扬数量比2006年增加1倍；全年实现售电量71.4亿kWh，销售收入41.8亿元，当年电费回收率100%，线损率6.86%；创历史最高用电负荷168万kW。

2007年，公司按照“精、严、细、实”的工作标准，在安全生产、经营管理、电网建设、优质服务、精神文明建设等各方面取得了显著的成绩，圆满完成了历年“两会”、“两节”以及党和国家重要会议和国务活动等一系列重大保电任务，多次受到北京市、国家电网公司、华北电网有限公司、北京电力公司的表彰。

地址：北京市西城区西直门南小街174号
邮编：100034
电话：63128718

【人力资源】 公司共有职工781人，其中全民职工678人，集体职工103人。共设经理1人、党委书记兼纪委书记1人、副经理3人、工会主席1人、总工程师1人。公司设11个职能处室，下属有5个工区，1个客户服务中心、1个电费核算中心、1个后勤服务中心，6个供电所及1个多经总公司。

公司推进学习型企业建设，加大教育培训投入，“分层次、多角度、抓重点”开展面向岗位的特色培训。全年组织管理人员开展学习型组织、标杆与流程管理、绩效管理和危机管理等系列讲座，组织公司中层以上干部开展德鲁克管理培训，干部和管理人员管理能力、学习观念得到增强。开展了以“沟通协作、再铸辉煌”为主题的班组长拓展培训；组织了配电线路和电力电缆两个专业的专项培训。人才培养方面，制定《兼职教师管理办法》；发展和延续师徒制培训方式，在部分专业试行“手把手”技术、技能人才培养工作。通过全员培训计划的实施，企业学习氛围日渐浓厚，全年公司有202名员工取得高级工以上的职业技能资格，有91名员工通过职称评定和认定取得初级以上职称，多名同志在北京电力公司组织的普调考中取得优异成绩，李岳东同志被评为国家电网公司生产技能专家。

【电网规划与建设】 以“主网稳定、配网可靠”为目标，优化、细化电网规划，滚动修编“十一五”配网规划，对电网发展和建设发挥了指导作用。积极争取政府支持，项目前期进度进一步加快，完成奥运道路及折子工程、东西城煤改电工程、白塔寺二期工程等32个项目的立项核准工作；桃园、地安门等2座220kV变电站和望坛、珠市口等6座110kV变电站站址得到落实。全面推进“0811”工程建设，在工程实施过程中，加强工程计划管理，克服各种障碍和困难，推进各项工程按计划实施。加强施工企业管理，编制了《施工企业管理规定》，明确施工企业管理责任和工作要求。加强工程质量管理，严格执行工程验收制度，香河园110kV变电站、牛街消隐改造等191项工程建设项目顺利竣工，新增主变压器容量95.7万kVA，配网投产104万kVA，竣工决算完成率100%。

【经营管理】 深化全面预算管理，统筹各项业务和资金，成本管理不断向可控、在控的目标迈进。加强投资管理，落实预控计划，加强了执行情况监控。深化经济活动分析，通过多种方式分析经营指标变化规律，制订切实可行的措施，经营分析日趋科学有效。加强财务管理，推进“集团账务”上线运行。强化资产管理，努力实现固定资产账、卡、物相符。加强物资管理，完善《物资管理办法》等制度，规范操作流程，加强效能监察，初步实现了全过程管理。

规范多经企业管理，长期困扰多经发展的待摊费用等问题得到妥善解决。多经企业规范工程管理，积极开拓市场，参与工程招投标中标73次，中标金额3.02亿元。全年结算及预结工程427项，工程结算金额6.9亿元，同比有了较大提升；完成销售收入1.3亿元，同比增长517.9%。2007年，多经企业经营情况良好，产值完成8.19亿元，同比增长92.3%，毛利润率17.95%，利润总额完成1061万元。

【安全生产】 公司深入开展“百日安全”、“百问百查”活动，抓住“安全生产隐患排查”等专项行动的有利时机，党政工团齐抓共管，夯实安全生产基础，确保安全生产形势的稳定。在安全管理上，完善安全管理制度和现场安全措施，狠抓安全生产责任制的落实，严格执行“两票三制”、“十条禁令”等基本规章制度，加大对工作现场的检查力度，违章现象得到有效遏制。在生产管理上，全面开展综合检修，减少重复停电；加快红旗站、线建设，完成17座变电站、71座开闭站和150条架空线路的综合整治，生产规范化水平和设备健康水平大幅提升。通过对架空线路进行规范化整治、对社会施工工地进行跟踪检查和加强客户用电管理等多项措施，配网外力事故得到有效控制。

■ 1月，公司大规模启动架空线路综合整治项目。

公司以“十七大”保电工作为着力点，建立畅通有效的政治供电保障体系，制定了保障标准和组织、技术措施。一是对涉及保电的变电站、开闭站、代维站及线路进行了全面的隐患排查和整改，设备健康状况得到改善；二是对946个相关客户设备进行了检查，整改了100余起安全隐患，保证了重点客户的安全供电；三是完善各类应急预案56份，进行实战演习4次，保证在突发事故情况下，做到快速反应，快速恢复供电；四是落实反外力的各项管控措施，与辖区内69个工地的施工单位签订了《电力设备保护责任书》，对重点线路进行密集巡视和重点值守，及时制止各类危害电力设备的事故发生；五是针对人民大会堂的突出重要地位，制订专门的电网方式调整方案，使人民大会堂达到“超稳定”的供电要求。公司上下以高度的政治责任感和使命感，圆满完成了“十七大”、奥运测试赛等155项政治供电任务。

■ 工作人员对保电设备进行检查。

【营销与优质服务】 夯实营销管理基础，深化绩效考核管理，对关键指标的激励、约束、预控作用得到初步发挥。开展基础资料清查，推进营销MIS系统上线，电费实收纳入财务管理。加强线损分析，理清计量关口，实现大用户按线考核和各供电所按区域考核，线损得到有效控制。推进消隐工程及一户一表改造，规范客户计量装置，居民“合表用电”问题得到极大改善。加大用电客户设备的检查力度，开展去树、防小动物、设备周期试验等工作，消除用户故障对系统的影响；组织召开电力客户会议，积极向客户宣贯安全用电知识，营造安全用电的氛围。开展专项反窃电行动，收取违约使用电费372万元。加大电费回收力度，加强催费管理，与各区政府积极沟通，签订了《电费收缴协议》，规范拆迁地区电费回收。

深入贯彻“优质服务年”活动要求。成立了4个10kV线路应急抢修点，完善应急预案，形成生产、营销、新闻统一联动的应急机制，提高应急处置能力，实现30分钟内到现场，时间缩短近50%。加强营业厅规范化建设，深入开展规范化营业窗口创建活动，建立叫号、客户评价和电话录音等系统，服务行为和服务手段更加完善规范。开通网络表客户实时售电系统，居民购、用电更加方便。创新“一站式”服务工作，建立4个报装流动服务站，监控报装接电全过程，全年完成“一站式”服务1374户，平均接电时间从15天缩短到2.3天，客户满意度达100%。公司积极履行社会责任，争取政府支持和用户理解，解决了新街口西里、建功北里等小区8000余户的用电安全隐患问题，完成东城、西城区2万户“煤改电”工程。

■ 公司将新开发的地理信息系统以及GPS抢修车系统、800兆机群电话系统等多种高科技手段用于高考保电工作。图为应急发电车在北京八中门口待命。（逄建　摄）

【科技与信息化建设】 公司以同业对标为主线提升管理水平，完善对标管理体系和工作机制；开发对标管理信息系统，分解指标、细化责任，落实“精、严、细、实”的工作标准，科学分析指标，各专业指标明显提升。在同业对标评价体系的7个专业73项可比指标中，公司有55项指标位于A、B段；安全管理、调度管理、电网运行等3个专业被评为北京电力公司专业管理标杆；公司综合指标排名第七，位于B段，同比上升一个段位；评价总分同比提高了6.6%，进一步缩小了与标杆单位的差距。公司大力开展信息化建设，推进营销MIS系统流程，加强电网GIS系统建设，完善了系统基础资料管理；完成了配网自动化二期系统建设的技术准备与前期准备，为建设数字化电网初步奠定了基础。加强科技项目管理，公司承担的两个国家电网公司重点科技项目全部通过可研审批，进入实施阶段。ERP系统建设取得阶段性成果，开始试运行。

【党建与精神文明建设】 公司党委认真学习党的十七大会议精神，围绕中心、服务大局，加强党员队伍的思想、组织和作风建设，不断提高党员队伍的综合素质。开展法制宣传教育、思想道德教育活动和“争优创先”活动，开展“模拟法庭”等支部创新活动，党组织的政治核心和战斗堡垒作用得到进一步发挥。以廉洁文化建设“五个一”活动为主线，进行廉政警示教育，宣传贯彻“干事、干净”的廉洁文化理念，深入开展行风建设和纠风工作，定期开展“企地联控”活动。工会和共青团组织积极服务公司中心工作，开展QC攻关和管理现代化活动，在全体团员青年中开展“爱心光明行”活动和“扬青春风采、送真情服务”优质服务主题日宣传活动。新闻宣传紧密围绕安全生产、“0811”工程、优质服务等重点工作，营造了干事创业的企业文化氛围。加大后勤保障工作力度，保证队伍稳定，促进企业和谐。

（姚国元）

朝阳供电公司

【概况】 朝阳供电公司（简称公司）担负朝阳地区工农业生产、政府部门、各大商业用户及居民生活的供用电任务，供电区域470.8 km^2。截至2007年底，用电户数共102万户。

2007年是北京奥运筹备的决战之年，作为迎奥运电力强网“0811”工程的“主战场”，自年初以来，公司按照“五突出、五抓创一流”的工作思路和“六个坚持”的工作部署，围绕年初两级职代会、政工会的精神，统一思想，明确目标，抓管理、抓规范、抓落实，努力创建一流供电公司，全面完成了北京电力公司下达的各项指标和任务。

地址：北京市朝阳区关东店24号
邮编：100020
电话：65006789

【人力资源】 按照北京电力公司“专业化管理、标准化建设”的总体要求，公司结合工作实际，对原有供电所管理模式进行了专业化调整，成立了1个客户抢修中心，专项负责低压计量装置的验收与抢修、应急送电和“一站式”服务；3个区域供电所，专项负责区域内架空线路及配网设备运行、维护、事故抢修；7个营业所，专项负责区域内抄表、电费回收以及居民售电等电力营销业务。对人力、物力资源进行专业化整合，缩短了事故处理时间，提高了工作质量与工作效率，形成了“工作标准统一、人员管理统一、服务规范统一”的格局。制定《绩效考核办法》等专业考核办法，确保考核到位。

截至2007年11月底，公司共有各类职工1228人，其中全民职工561人、集体职工73人、电管员119人、农电工126人、银杰公司其他人员284人、文者汇中公司人员65人；除在职职工外还有离退休职工138人。2007年，公司职工参加各类培训241次，总计15686人次。其中，经营管理者培训58次，共计464人次；管理人员培训28次，共计695人次；技术人员培训12次，共计937人次；技能人员培训118次，共计13203人次；农电工培训18次，共计387人次。

【电网规划与建设】 2007年是实施“0811”工程的决战之年。公司按照北京市电力公司的总体要求，抓施工、抓投产、抓质量，保障各项工程的顺利实施。公司结合“0811”和奥运工程的进展情况，明确各层级的岗位责任，完善监督机制，确保工作执行到位；落实里程碑计划要求，完善了统一的工程倒排工期计划；加大工程管理力度，对工程的实施过程进行科学掌控；狠抓施工现场管理，落实监理、施工等工程参建单位的安全质量控制责任，与各施工单位签订《“0811”、奥运基建工程安全质量保证书》；严把工程验收关，统一工程验收标准。

■ 4月26日，慧祥110kV变电站主变压器吊装现场。

截至2007年底，10个110kV输变电工程项目中，慧祥、朝阳公园7个项目已投产发电，其余建外、周庄、安慧二期3个项目按施工计划分别处于电气安装和沟道施工阶段。4项主网消隐工程中，花家地、黄厂和大屯变电站3项改造工程已完工，咸宁变电站处于设计阶段。13项配网消隐工程中，59条10kV架空线路的综合整治、60台柱上变压器分换装、50台用户分界负荷开关安装、14座开闭站和26座小区配电室整体改造已全部完成。国家体育场等14个奥运场馆及4个奥运配套设施的外电源和配电室发电任务已完成；完成奥运中心区4条道路电力管井建设；奥运场馆周边架空线入地22项工程中，朝阳路等6项工程已完工，其余16项处于工程实施阶段。

【经营管理】 以同业对标为载体，坚持同业对标例会制度，明确了工作机制和考核机制；对110个指标进行了责任分解，落实责任到人；制定了同业对标年度目标，将同业对标工作纳入公司绩效考核；对年度指标加强过程管理，掌控工作完成进度；应用、吸收、转化同业对标典型经验。

规范业扩报装流程。召开专题会议，提出了“规范工作、加强监督、提高效率”的工作思路，认真梳理业扩流程，研讨在流程各环节引入“客户代表制”等8项课题；讨论建立“客户热线”和“工程回访”等配套制度。

开展工作提示（督办工作），按照发展的需要，组织探讨如何降低事故率及规范业扩报装流程等13项研讨课题；为提升职能、基层部门工作水平，组织了部门工作思路汇报，其中对33项重点工作提出了明确要求，提高了公司整体管理水平。

【安全生产】 坚持以夯实安全基础为核心，认真贯彻落实“安全第一、预防为主、综合治理”的总体方针和“突出基础抓安全”的工作要求，开展“百日安全”和“百问百查”等活动，完善了安全管理制度和现场安全措施。坚持月度安全生产例会制度，组织全员签订“安全双向互保责任书”和“人身安全责任状”；加大对工作现场的监督力度，狠抓责任制的落实，严格执行“十条禁令”等基本规章制度；发布16期《安全提示》和6期《安全简报》；制作了14块“百日安全”活动宣传展板和安全教育影视片。

完善事故抢修应急机制，建立了与区政府相关部门的工作联动；梳理报修、应急抢修工作流程，规范对报修工作的过程管理。2007年，公司供电可靠率达99.93%，主网设备事故同比下降80%，配网事故也有所下降，其中经综合整治后的59路架空线路事故同比下降51%。

加强对反外力事故的管理和考核力度，制定《反外力工作管理办法》；成立反外力突击队，发放反外力宣传材料，粘贴警示标志，重点预防因施工对电网造成的外力破坏。

落实“百问百查”活动的各项要求，以两个100条为安全生产与优质服务工作的基本要求。成立了活动领导小组及工作小组，制定《关于开展安全生产“隐患排查治理”专项行动暨“百问百查”活动的通知》、《优质服务“问查”活动工作方案》和《监督检查管理办法》等文件。将“百问百查”工作纳入到绩效考核之中，建立了监督检查机制，确保活动质量。结合隐患排查专项治理工作，重点从安全生产规章制度、安全措施落实情况和安全设施规范化程度入手，做好安全生产“问查”活动。组织安全生产“百问百查”知识的学习和考试，加强各级干部对工作现场的检查力度，深化无违章班组、工区建设。共下现场检查78次，其中领导班子成员下现场检查31次，共查出问题48件，已解决28件，其他需要兄弟单位配合的工作已列入计划，并提出了整改方案、确定了整改期限。

为做好“好运北京”测试赛电力保障，公司按照要求明确了“保电”组织体系，完善工作方案，制定了《奥运场馆及重要场所电力保障手册》。赛前对重点客户设备及装置详细核对，保证资料的准确完备，并协助客户制订事故预案。测试赛期间，加强对重点设备、重点线路的安全巡查与预控工作。确保重要客户的电网正常运行方式，确保重点设备运行状况良好。截至2007年底，公司已顺利完成曲棍球等12项奥运测试赛保电任务。同时，圆满完成了全国“两会”、“十七大”等53项政治供电任务，累计保电达247天。

圆满完成了迎峰度夏及防汛工作任务。在夏季高峰负荷到来前，完成了7路10kV线路切改和望京地区7km的10kV专路架空线建设；完成了应急调控方案等需求侧管理措施；对重点单位的安全供电情况进行排查；细化应急预案，提前做好事故预想和备品备件的物资保证，加强事故防范演习。

【营销与优质服务】 公司立足于“抓管理、强服务、求实效、避风险”的工作原则，强化营销职能管理。加强体系建设，修订了《电费回收考核办法》、《线损考核办法》和《关口管理办法》等管理制度。统一营业所管理，调整线损领导小组，理清交叉电量等方式，加强线损管理；建立常态的警电联动机制；采取指标预控及各项相关措施，实现电费按月结零；在北京电力公司的支持下，实现陈欠电费结零。

按照要求，整合电费、计量、业扩等6套系统，核实所有用户用电情况，确认80余万户卡表的归属，录入3000余户供电方案，有效提升了公司营销工作标准化管理水平。

按照北京电力公司“一站式”服务的要求，公司召开专业会议，梳理了现有流程，缩短了用户报装时间。2007年，公司通过电话、网络等方式，共受理报装643户，完成接电共计528户，平均工作时间3日/户，客户满意率100%。

贯彻北京电力公司“突出责任抓服务”的工作要求，开展“优质服务年”活动，按照“周密组织、严细安排、强化措施、力求实效”的工作思路，制定了《开展“优质服务年”活动的实施方案》，细化工作任务，明确责任部门和完成时限。

结合供电营业窗口建设，深入开展优质服务“问查”活动，深化“三新”优质服务工程。针对优质服务工作的“问查”内容，开展了对营业窗口

■ 7月18日，公司对供电服务窗口单位进行优质服务自查自纠检查。

部门的检查、暗访，共发现存在问题5项，全部整改完成。制作了《“百问百查”活动优质服务营业窗口人员25问》学习卡片，编制了《优质服务学习、活动记录本》，推出电子排队叫号和服务评价系统，开展多语种服务等特色工作。

截至2007年底，公司优质服务形势良好，实现了零责任投诉，累计发放“爱心服务卡”228张、夜间应急电卡专递服务587次，收到95598表扬件1186条、表扬信31封、锦旗53面，表扬数量同比超过120%，获得区突发公共事件应急处置先进单位和信息报送先进单位等荣誉称号。

【科技与信息化建设】 公司加强重点项目的协调与组织，加大科技创新与科技成果推广应用工作力度，加大科技投入，完善公司及所属各单位主管领导及科技网员为主体的公司科技工作网，修订《朝阳供电公司科技管理办法》，完成卡表及集中抄表、10kV不停电作业技术的研究和应用；开展环网柜进线地刀与带电显示器闭锁的设计研制工作，制作生产工程档案管理系统。创办科技刊物，开展以“打造坚强电网，科技助绿色奥运”为主题的科技活动周，2007年共收到科技论文百余篇，其中1篇获得北京电力公司优秀科技论文三等奖；2篇获得优秀科技论文鼓励奖。

根据北京电力公司的总体要求，在奥运场馆电缆分界室、配电室加装配网监测系统，在配电室加装视频监测系统，对奥运场馆的供电电源实现实时监测，截至2007年底共完成16座主要场馆监测系统的建设组织和验收工作，实现了13座场馆实时信息与市调的同步上传，实现了2座场馆的视频信息的市调上传。完成6座新建开闭站自动化的工程建设，通过无线GPRS方式实现了站内数据全部上传。

【党建与精神文明建设】 以创建“四好班子”为目标，认真按照“三重一大”要求开展工作；以《党支部目标管理考核办法》为标准，加强基础管理工作，认真开展“四型”党支部建设；落实思想政治同业对标工作；做好思想政治研究会工作，共上报政研论文15篇；完善网络政工建设，发挥政工网站的宣传、示范和推动作用。

完善精神文明绩效考核办法；围绕首都文明单位标准，组织了“精心筑精品——服务新奥运”主题实践活动，努力使职工受到教育。被首都文明办授予了“首都文明单位”称号。

搭建“企地联建”工作平台，制定了《企地联建开展党风廉政建设和反腐败工作实施方案》；推进“干事、干净”核心理念的廉洁文化理念，开展廉洁文化建设“五个一”活动；对抄核收工作开展效能监察，规范了抄核收管理流程，确保电费足额回收，避免经济损失120.34万元。

围绕“0811”奥运工程、“优质服务年”、“百问百查”等重点工作，进行典型事迹的宣传报道，共发稿件725篇，出版《朝阳供电报》11期。5月20日，共青团开展了“筑精品工程，展朝阳风采，为奥运服务”青年志愿者系列活动，公司团委荣获北京电力公司“五四”红旗团委称号。

■ 5月20日，在奥运会标志性建筑——国家体育场的施工工地，朝阳供电公司以“筑精品工程，展朝阳风采，为奥运服务”为主题的青年志愿者签名誓师活动正式启动。（罗文德 摄）

（罗 希）

海淀供电公司

【概况】 海淀供电公司（简称公司）成立于1987年，有职工547人。公司有11个职能处室、10个工区（站）和1个多种经营总公司。公司位于海淀区中关村高科技开发区的中心地带，负责海淀地区431km^{2}范围内的电力供应、销售以及变电、配电设施的建设、运行及维护。肩负着区域内国家党、政、军机关，大专院校和高科技产业及首都政治活动和全区近300万常住人口的安全供电任务。2007

年，公司先后荣获“北京电力公司先进单位”、“北京电力公司文明单位标兵”、“科技进步先进单位”、“财务及经营管理先进单位”、“电网规划及建设先进单位”等多项荣誉称号。公司工会荣获“全国能源化学系统先进工会”称号；公司财务荣获“国家电网公司会计管理标杆单位”称号；总值班室原报修中心被授予“全国质量信得过班组”荣誉称号；公司“小石头”QC小组代表中国质量界和全国电力系统参加了“2007北京国际质量管理成果交流大会”。公司有34个班组和处（科）室获得北京电力公司及以上单位授予的荣誉称号，有100余名职工获得公司及以上的各种先进荣誉。

地址：北京市海淀区双榆路南里二区8号
邮编：100086
电话：62150384

【人力资源】 公司下设经理办公室、政治工作办公室、监察室、生产技术处、劳动人事处、安全监察处、财务处、工程建设处、市场营销处、农电管理处、行政管理处、调度所、营业站、变电工区、配电工区、线路工区、电缆工区、计量工区、客户服务中心、社区服务中心、总值班室、海淀供电实业开发总公司等机构。

截至2007年12月，公司在册人数547人，其中全民职工516人，集体职工30人。全民职工按照岗位类别划分，管理人员91人，专业技术人员5人，序列外非生产管理人员10人，生产人员394人，其他人员16人。

加强人才队伍建设，公司以同业对标为载体，开展多种培训。公司人才密度、高技能人才比例、员工持证上岗率等指标分别达到100%。通过培训、考核、岗位轮换、专业互补等手段，开发和利用现有的人力资源。采用专题讲座、交流座谈等多种形式，对管理人员开展有针对性的培训，开拓管理视野，提升经营管理和创新能力。以各级技术专家为龙头，充分发挥技术专家所长，按专业分组开展技术培训和技术研究。以生产技术培训为重点，坚持人才培养政策向生产一线倾斜的政策，建立一支高水平的生产人员队伍。

【电网规划与建设】 公司以海淀区2001～2007年历史电量负荷数据及2012年负荷预测中方案结果为基础进行了2012年海淀全区负荷分布预测，并依据负荷分布预测结果，利用城网规划软件，对远景2030年、中期2020年及近期2012年高压变电站的站址分布和主变压器容量进行了优化规划。2030年，规划地区电网共有110kV变电站46座，已有25座，新建23座，拆除2座；2020年，规划地区电网共有110kV变电站46座，已有25座，新建23座，拆除2座；2012年，规划地区电网共有110kV变电站43座，其中已有25座，新建20座，拆除2座；10kV主干线5784条，其中已有4990条，新建794条；10kV主干线路总长度5381.4km，其中新建线路总长度1588km，已有线路3793.4km。2007年，在新建和改、扩建工程中，完成青龙桥、五棵松、大钟寺、学院路和航天城等13项输变电工程；海淀500kV和八家220kV变电站建设提前实现三通一平（即通水、通电、通路，变电站场地平整）。在总投资2.6亿元的消隐工程中，完成中关村等4座变电站大截面电缆改造及西山站改造。完成11座开闭站、25座配电室、68座隔离开关小室和5条分倒路、300km架空线和33km电缆改造。公司已全部淘汰110kV非全密封电流互感器、少油断路器和铝线圈变压器。所有架空线路实现了绝缘化；柱上断路器实现了无油化。在奥运场馆及配套设施外电源工程中，出色完成奥运中心区电力隧道及110kV架空线入地工程；出色完成24个奥运场馆及配套设施10kV外电源工程以及与奥运场馆周边道路、桥梁改扩建相关的10kV架空线入地工程。随着“0811”工程的全面竣工，海淀地区新增容量1276MVA，同比增长42.84%，彻底扭转了地区过负荷问题。

12月6日，北京电力公司220kV八家变电站奠基仪式现场。

【经营管理】 2007年，公司在经营管理活动中坚持贯彻“精细化管理”理念，以营销管理信息系统为依托，以电费回收管理为重点，倡导“大财务”理念。结合北京电力公司财务工作要求，加强过程控制与监督，努力挖掘收入、成本、工程管理等方面潜力，取得了明显效果。进一步完善内控体系，加强协调配合，逐步实现对一切与财务收支、资金收付、经营活动成本有关的经济活动，纳入财务管理范畴，实行财务监控；不断深化、细化全面预算管理，充分利用全面预算管理引领、控制经济活动的功能，在预算编制、控制、分析、考核各个环节逐步建立并运用预算模型。全年完成74项工程竣工决算，累计决算金额4.29亿元，决算率100%（指标为90%）；应收账款周转次数实现140.06次，超过年度指标36.95次；货币资金余额228万元，低于预算72万元。公司全年发生经济合同916件，合同金额达到7.67亿元。公司出色完成了各项资产经营指标和上级下达的各项工作任务。

【安全生产】 2007年，公司实现3个百日安全生产长周期和跨年度500天安全生产目标。公司创造出10年来首次既无人员责任事故，又无设备事故的安全生产“无事故年”佳绩，实现了“员工平安、设备平安、电网平安”的既定目标。公司坚持“安全工作是系统工程”的理念，坚持“安全第一、预防为主”方针，落实“三个百分之百”的要求。深入开展一线班组安全教育，使安全管理可控、能控和在控水平显著提升。在落实新《安规》，强化安全责任制和执行“两票三制”等基本规章制度方面，围绕工作现场，加大安全巡检力度。通过安全分析会和对违章现象进行暴光等方法强化三级控制。2007年，公司主、配网各项生产指标再次实现了历史性突破，供电电压综合合格率达到99.735%，同比上升0.176%；供电可靠率（RS1）99.9564%，同比上升0.0311%；110kV主变压器完好率100%；110kV及以上断路器正动率100%；电网并联电容器可用率100%；继电保护和电网自动装置校验完成率100%；自动装置投入率100%；继电保护正动率100%；电气设备预防性试验完成率100%；一类缺陷消除率100%。完成了“十七大”、全国“两会”、“嫦娥一号”卫星发射及“奥运测试赛”等重大政治供电任务142项，其中重大任务14项，大型任务9项，重要任务119项，累计保电天数达到338天。

■ 6月11日，公司顺利完成青东物业切改、换柜和中国联通切改，以及紫竹南开闭站更换出站电缆三项消隐工程。图为施工人员在高温天气里进行改造施工。（尹红梅　摄）

【营销与优质服务】 公司以“四个服务”为宗旨，履行社会责任，在国家电网公司开展的“优质服务年”活动中，全面深化“新北京、新奥运、新电力”服务工程。公司坚持开展对电力市场服务环节的分析，对外加大电力消费引导，在不断巩固和拓展市场份额的同时，加强需求侧管理，引导社会科学、合理、节约用电。在营造和谐用电环境方面，继续以“客户业扩报装服务意见卡”的形式征求客户对业扩报装的建议和意见，同时进一步强化、细化业扩报装管理，公司所形成的“三新”服务举措、奥运绿色通道以及特色服务、专项服务、超前服务和“一站式服务”以及大客户经理和客户代表制等成功经验继续得到深化。在业扩报装方面，一是明确了业扩报装的原则和目标，坚持“一口对外、便捷高效、三不指定、办事公开”的原则，通过营销技术支持系统对业扩报装实行全过程闭环管理，实现业扩报装工作程序标准化、业务流程规范化，简化用电手续，缩短业扩报装周期。二是业扩报装工作实行首问负责制，推行业务主办制、绿色通道制等有效制度，并准备实施大客户经理制。三是营销与配电在业扩工作中的业务分工和每月沟通制度，营销部（客户服务中心）每月向生产管理部门（包括线路、变电、配电、调度）提供客户业扩报装情况，配电部门向营销部（客户服务中心）提供配网运行情况。四是简化了高压客户、低压客户报装接电工作流程，明确了工作内容和要求，对应流程的每个环节均提出了时限要求。五是明确了考核重点，主要包括工作时限、服务质量、行业作风、落实执行“三不指定”。2007年，全区939户居民在低压报装中享受了“一站式服务”所带来的便捷。在公司内部，坚持按照“三个十条”要求，不断加强和改进供电服务工作，加强规范化服务窗口和示范窗口建设，消除优质服务和行风建设工作中的薄弱环节。3月28日，北京地铁10号线施工工地塌方，造成稻香园桥东侧的4条地下电力电缆裸露悬空，另有2条电缆安全运行受到威胁，为了保障地铁抢险救援工作的顺利进行，保障人民大学等重要单位及5620户居民的安全可靠供电，公司启动了应急预案，调动生产、调度、电缆、配电、用电等专业80多名员工快速应急，实施了多种抢修方案，为抢险救援工作提供安全高效的电力保障服务。

■ 3月28日，北京地铁10号线施工工地塌方。图为抢修施工现场。

【农电工作】 公司在深入贯彻“新农村、新电力、新服务”农电发展战略方面，积极推动“用电服务入千村、农户城乡一体化”等特色工作，塑造优质服务新亮点。2007年，除按计划完成西北旺镇和9个村的新农村电气化建设工作外，超额完成了海淀镇的新农村电气化建设工作。完成了农网二期消隐工程，共投资1163万，更换低压绝缘线21km，电杆69基，安装低压避雷器250组，安装剩余电流分支保护器183台，铺设低压电缆5km。

【科技与信息化建设】 公司充分利用科技资源优势，通过营销信息系统实用化和财务“集中支付”系统试点工作，规范了业务流程和界面。根据2007年初计划，公司组织完成了1361台采集器的补装工作，使运行的采集器达到2979台，采集电量达到人工抄见电量的77.1%。公司继续对“生产指挥系统”进行整合，并使之成为电视电话会议、短信、调度自动化、GIS、GPS等系统相结合的应用工具，为提高公司生产和应急指挥能力，最大限度缩短电力故障停电时间和范围提供了保障。

【党建与精神文明建设】 公司党委以加强党的先进性建设为重点，在思想建设上强化党员思想教育，开展了“知法纪，知荣辱，知责任，争做岗位模范”活动。在组织建设上，通过对支部的调整，使党组织政治核心和战斗堡垒作用更好发挥。在党风廉政教育方面，认真贯彻中纪委七次全会精神和国家电网公司纪检监察工作会议精神，建立了预防职务犯罪“先期联控处置机制”，开展了廉洁文化建设“五个一”活动，坚持“干事、干净”。在精神文明建设方面，积极实施“迎、讲、树、促”活动，深入开展法制宣传教育和思想道德教育。公司适时组建和完善了新闻中心，创办了“海淀供电报”，推出了介绍公司“0811”工程及弘扬奥运精神的画册专刊。12月18日，组织有中央电视台、北京电视台、国家气象局、搜狐网、北京市奥组委、北京市卫生局、北京市旅游局、海淀区发改委以及新加坡、新西兰等30多家新闻广播通讯企业及政府机关参加的“北京市新闻广播通讯大客户论坛”。工会和共青团作用得到明显提升，年内先后开展了“青春光明行”、“0811”工程建功立业和优质服务“问查”等主题活动，营造了“学先进、争先进、创一流”的良好氛围。

（刘明昆）

丰台供电公司

【概况】 丰台供电公司（简称公司）成立于1987年2月27日，是北京电力公司直属供电企业，担负着丰台区305.87km^2、169.3万人口的供电任务，负责110kV及以下电网的规划、建设与运营工作。2007年，在推进公司发展的实践中，公司干部职工取得了双文明建设新成果，圆满完成了“0811”工程，实现了3个百日安全生产长周期，确保了全年安全生产无事故。

2007年，公司荣获北京电力公司综合先进单位，北京电力公司文明单位，北京电力公司安全生产管理、科技进步、财务及经营管理、营销与优质服务、电网规划及电网建设先进单位，北京电力公司先进工会，北京电力公司精神文明建设创新成果优秀组织奖等荣誉称号。同业对标获北京电力公司综合管理标杆单位，营销服务、安全管理、调度管理、规划建设获专业标杆等多项殊荣。2007 年 9 月，公司代表北京电力公司迎接市文明委、国资委检察验收文明单位。

地址：北京市丰台区丰北路 117 号

邮编：100073

电话：63813132

【人力资源】 截至 2007 年底，公司共有职工 505 人，其中硕士研究生学历 19 人，大学本科学历 79 人，大学专科学历 156 人，中等职业教育学历 233 人，高中学历 13 人，初中及以下学历 5 人；具有高级职称 6 人，中级职称 56 人，初级职称 136 人；具有技师资格 15 人，高级工资格 424 人，中级工资格 14 人，初级工及以下资格 52 人。

完善人力资源管理机制，理顺管理关系，使公司人力资源各项工作有章可循，形成“靠制度管理，按制度办事”的良好机制，完善、修订了一系列符合公司实际情况的制度和办法，逐步规范了公司系统的人力资源管理工作。

同业对标人力资源各项指标大幅提升，生产岗位人员持证人数迅速增加。公司分工种、分专业制定生产岗位评价标准，组织相关专业技术专家及部分职能处室负责人开展考评评分，先后完成线路工区、变电工区、电缆工区等部门的生产人员岗级调整工作，确保生产人员岗级匹配。公司对部分管理岗位实行竞聘上岗制度，制订以个人工作能力与业绩为考核中心，以履行岗位职责和工作岗位需要为主要参考依据的岗位竞聘机制。组织了生产技术处、安全监察处等管理岗位的竞聘工作。

持证条件不符的全部生产人员参加了 16 个工种培训鉴定，进行 782 人次的职业技能鉴定。报名人数同比增长 47.19%。并按照人资部要求组织 81 人次的工种轮训。公司全员培训率、人才密度、高技能人才比例指标均达到 100%。人才密度、高技能人才比例同比分别增长 22.4%、62.7%，均超额完成各项考核指标。

2007 年，公司内部教育培训工作坚持“走出去、请进来、重实效、多创新”的理念，着重开展员工岗位培训，公司内部培训项目计划数为 147 个，培训项目执行数为 147 个，培训 188 班次、5538 人次，其中专业技术人员、技能人员、其他人员参加职业技能鉴定共计 555 人次。部分员工持有 2 个及以上职业技能鉴定证书。

【电网规划与建设】 充分发挥规划的龙头带动作用，结合地区需求对电网“十一五”规划进行了滚动修编，通过编制 10kV 电网能力评估报告，完成了地区配电网现状的调查和梳理工作。通过电力沟道规划的编制工作，启动了万丰路、大红门西路、跨南水北调电力隧道等沟道建设工程，满足了丰台地区建设科学合理电网以及地区经济快速发展的需求。公司围绕着“0811”工程，圆满完成了北京电力公司下达的各项任务，全年投产小井、樊家村、宋家庄、崔村 4 座 110kV 输变电工程，其中樊家村、宋家庄、崔村变电站的土建施工、电气安装、土建及电气监理等项目经理部均荣获公司基建系统颁发的无违章流动红旗荣誉。完成了和义、李窑扩建等可靠性提升工程前期工作，启动了 110kV 七里庄、五里店、高立庄变电站的规划工作，协助北京电力公司完成了玉泉营、北京南站、陈留庄等 220kV 变电站工程前期工作，玉泉营、北京南站完成拆迁面积约 2400m^2，拆迁户数 10 余户，70 余人。为奥运场馆之一——丰台体育中心外电源供电的万丰路电力沟工程于 12 月 8 日土建交安。

■ 7 月 24 日，樊家村 110kV 变电站施工现场。

在年度工程管理中，细化了工程建设工作流程，完善了现场安全管理制度，加强了工程建设质量管理。公司以同业对标为平台，在电网规划和建设专业评比中获得满分，在北京电力公司排名第一，连续第四年获得北京电力公司规划建设专业先进单位称号。

【经营管理】 规范配网设备审核与物资招标工作流程，建立以电力公司配网物资入围厂家为基础的厂家供应商信息库，对招投标评标专家库资料管理实现了信息化软件系统抽取。全年在华龙电力物资招标中心的协助下分四次共完成配网物资框架招标设备33项，产品型号涉及101种，共完成框架招标合同33份，完成公司成本采购招标和小型基建项目招标23项，拍卖退运报废物资6项。

公司加强同业对标资产经营分析，采取有效手段提高经营管理水平。注重预算管理，通过预算编制和执行中的差异性分析，细化管理责任，规范周例会、早碰头会，坚持“四不放过”。利用配网事故分析系统对每日事故进行分析，及时协调解决工作中遇到的问题，消除隐患，提高工作质量。公司加强经济活动及统计分析工作，规范和控制各项经营活动，强化经营动态管理。重视规范工程项目管理，加强审计工作对经营管理工作的促进。加强资金计划管理，合理平衡资金。重视内控制度建设，制订科学合理的内控流程。2007年，公司获北京电力公司财务及经营管理先进单位荣誉称号。

【安全生产】 公司通过加强安全生产基础管理，整章建制，全面完成各项安全生产指标。认真开展“百日安全”和“百问百查”系列活动，全员、全面、全方位、全过程查找薄弱环节，拾遗补缺，落实整改，完善了安全的组织措施、技术措施，提高了防范事故能力。对规章制度及实施细则重新进行了梳理、完善，重新制定、修订了《防止人身伤害事故实施细则》、《丰台供电公司业扩工程安全管理规定（试行）》、《丰台供电公司电力生产发包承包电力工程等对外经营项目安全管理规定》等20个规章制度。以层层签订安全双向互保责任书、人身安全保证书为入手，以安规调考、职工在百日安全条幅上签字等形式深入开展百日安全活动。以进行工作票填写、出安全专刊等形式加强安全教育培训。以开展警示教育为手段，汲取事故教训。加大反违章工作力度，做到重奖重罚。以加强安全规程的执行情况和现场的监督检查为切入点，公司于6月成立第二个安全生产现场工作巡检组，监督、检查生产一线员工安全规程制度的落实情况。

2007年是公司生产系统花大力气进行消隐改造和加强生产管理的一年。共改造110kV变电站1座，更换110kV变压器1台，改造10kV开闭站10座，配电室32座，10kV线路综合整治120路，10kV线路分倒路4路，分装重载柱上变压器40台，更换10kV电缆17.3km，更换低压电缆1.4km，更换农网低压线路110km，在一定程度上改善了丰台电网的薄弱环节，为公司夏冬两季高峰负荷期间设备的平稳运行打下了坚实基础。2007年，10kV线路的永久故障率同比降低67%，重合闸故障率降低17%，自拉合处缺率降低58%。

■ 6月2日，线路消隐施工现场。

贯彻落实北京电力公司关于奥运电力的各项工作部署，完成奥运场馆电源建设任务，建立健全奥运供电保障的组织管理和技术服务体系。生产、营销、多经、宣传、后勤各部门密切配合，制订了奥运电力保障工作方案，圆满完成了奥运测试赛期间的服务和电力保障任务。完成了全国人大、政协会议活动场所的保证供电任务，以及高考、中考、成人高考、中超足球比赛、穆斯林开斋节、地铁五号线试运行等的保电工作，同时对31个防汛防洪站点进行用电检查，特别是2007年10月，公司圆满完成了党的十七大期间南苑机场、建银大厦、北京西站三个重点保电单位的保证供电任务。

积极开展带电作业，加大对作业人员的培训力度。2007年，共开展带电作业318次，带电作业时间1488小时，减少停电时间1908小时，多供电量290万kWh，提高供电可靠性33852时户数。

根据公司红旗变电站、开闭站50%的达标要求，变电、配电工区积极开展“红旗站”的创建工作，全年对 9 座 110kV 变电站和 38 座 10kV 开闭站进行整顿站容站貌，完善设备工具和资料管理等工作，为各自专业的安全、文明生产打下了坚实基础。

截至 2007 年 12 月 31 日，丰台电网调度安全运行 4015 天。

【营销与优质服务】 公司在确保各项营销指标圆满完成的基础上，力求实现营销工作的标准化、规范化、流程化管理。加强用电各部门的计划管理，确保了各项工作有序开展；完善营销处内部考核机制，提升了职能管理水平。制定《丰台供电公司供电所考核管理办法》，加强了指标的过程管理与考核。

公司实现了电费回收从“当月 100% 结零”向“月末双结零”的超越。依照《红旗供电所建设标准》，规范供电所基础资料的管理，2007 年 5 月，花乡供电所荣获了北京电力公司授予的“红旗供电所”称号。全年共完成 2713 户的核查整理工作，占总量的 3.53%，同时完成 34618 户的排序工作，占总量的 45.05%。实施计量装置更换与改造，为 309 个新装客户安装表计 1460 组，规范了用电秩序。为老客户处理事故换表共 1511 具。组织完成四费率换表 5723 具，为提高公司售电均价指标作出重大贡献。组织采集器的新装与补装，新装 1146 台，补装 498 台，使采集器实用化率由年初的 48% 增加到 90%。

公司与咨询公司合作，加强服务人员的培训，对窗口人员进行了英语、哑语等培训，在此基础上，公司营业大厅和方庄供电所率先推出了双语服务岗，拓展了服务对象的范围。举办“优质服务年杯”窗口服务人员知识竞赛，展现公司窗口服务人员的风采，强化一线员工优质服务意识。

■ 3 月 27 日，公司对窗口人员进行手语、英语培训。

公司制定了开展“百问百查”活动的工作方案，并通过在全公司范围内开展普考、组织基层班组定期学习、在一线员工中展开“问查”大讨论、推动用电各部门对照标准自查自纠等形式，使该项活动真正深入到各部门、各班组和每位员工，在公司范围内形成了良好的氛围。

组织开展了“深化‘三新’工程，服务新社区、服务新农村”大型宣传活动。3 月 24 日和 9 月 22 日，组织公司所属 8 个供电所共同进行了大规模用电宣传活动，有针对性地发放十余种宣传资料，向居民宣传电力法规、安全用电、节约用电等常识，同时还进行了客户满意度调查。在宣传活动中，各网点共发放各类宣传资料千余份，爱心服务卡 22 张；走访了 75 户次爱心服务卡客户、1 个农村敬老院、2 户残障人家、64 户曾经提供过抢修或应急服务的客户。此项活动的开展借鉴了南京电力公司刘平“亲情服务法”，践行“六真”服务标准，向城乡居民提供全面的零距离服务，得到了广大客户的普遍称赞。

公司倡导、组织供电所加强与政府、街道委员会、物业公司、行风监督员、农村大队、居民客户的沟通，召开座谈会、走访大客户，倾听来自客户的声音，尽力满足客户的需求，主动接受外部的监督，达到客户满意的效果，从而形成供电所与客户、政府、利益相关各方的多赢。

■ 客户服务中心营业大厅荣获北京市“青年文明号”。

2007 年，公司通过北京电力 95598 热线共受理表扬 1001 件，同比增长 396%；公司营销服务在 2007 年创一流同业对标中夺得第一名，被评为标杆单位，实现了公司“争创营销服务行业标杆”的年度工作目标。

【农电工作】 按照北京电力公司“新农村、新电力、新服务”的战略要求，公司制订了新农村电气化建设实施计划。2007 年，丰台新农村电气化村建设工作任务有花乡地区 4 个村（保台村、白盆窑、四合庄、樊家村），长辛店 2 个村（辛庄村、张郭庄村），王佐 1 个村（怪村中心村）共 7 个电气化村的建设。按照国家电网公司《新农村电气化标准体系》及北京电力公司《新农村电气化考评细则》的要求，公司对所属地区的新农村电气化村进行了严格的考评验收，并上报北京电力公司进行审核。北京电力公司对 7 个村的申报材料进行了审核后，认为主要经济指标、技术指标等均符合国家电网公司《新农村电气化村考评标准》的要求，已达到国家电网公司新农村电气化村的标准。

【科技与信息化建设】 公司在北京电力公司技术改造、科技创新、专业劳动等多项竞赛、评比中屡创佳绩。《丰台供电公司配网故障分析系统的研制》获得北京电力公司技术改进三等奖。《自主制作液压式手动压力机》、《信息网络管理技术综合应用及网络改造》、《IT 设备管理系统的开发》、《10kV 放缆车的试制》等 4 个项目，获得北京电力公司群众性科技创新成果奖。《电子标识系统在直埋电缆中的应用》、《ZT-1 系列柔性电缆管道封堵装置的应用》、《户外非金属电能计量箱的研制与应用》等 3 个项目获得北京电力公司群众性科技创新鼓励奖。在北京电力公司 6 项专业劳动竞赛评比中荣获科技进步先进单位。

公司共征集科技论文 94 篇，其中《统计线损率中供售不同期问题的解决思路》获得北京电力公司优秀科技论文三等奖；《电子标识系统在直埋电缆的应用》获得北京电力公司优秀科技论文鼓励奖。

2007 年，公司信息资源平台建设进入二期开发阶段，重点加强部门间沟通和重要工作流程的监控。主要完成功能包括配网故障分析系统、内控流程展示、事件督办、车辆管理、部门资金管理、经营活动情况汇总、系统运行监控、访问统计、日志查询等。其中通过配网故障分析系统的开发应用，督促进行 95598 事故处理的后续分析、处理和预防工作，提高了配网故障管理水平。配网地理信息系统（GIS）数据补录和核查工作取得突破性进展，初步建立了公司的中压配网设备平台。进行了全公司区域的 VLAN 划分，规范网络运行管理。积极应用内网安全及补丁分发管理系统（VRV 系统），进行终端区域化安全管理，提高了信息安全的管控能力。

【党建与精神文明建设】 公司抓主线创和谐，落实精神文明建设各项措施，公司连续 7 年保持首都文明单位标兵称号。

公司党委深入开展了“五个一”廉洁文化建设活动；开展了做守法公民和做优秀员工的警示教育活动，完善了内部决策制度和监督体系；细化和规范了招投标的评标办法；建立了企地防范犯罪联控机制；继续开展行风明察暗访检查等活动，从业行为和廉政体系的建设进一步规范和健全，全年没有发生违反党风廉政建设绩效考核的问题，荣获北京电力公司党风廉政建设先进单位。组建了新闻中心。公司连续 5 年被北京电力公司评为宣传工作先进单位。

开展法制宣传教育和思想道德教育活动、“三知、三讲、三做”主题活动、安全基础“五个一”警示教育等活动，使创新工作再结硕果。分别荣获北京电力公司思想政治工作调研优秀组织奖和政研成果一等奖；北京电力公司精神文明建设创新成果优秀组织奖，两个三等奖及两个提名奖；北京电力公司党支部创新成果优秀奖。公司思想政治工作同业对标进入了北京电力公司先进标杆行列。

（李　红　赵荣生）

石景山供电公司

【概况】 石景山供电公司（简称公司）成立于 1988 年，负责石景山地区 73.74km^2、约为 27 万人口的电力供应、销售及 110kV 及以下变电、配电设施的建设和运行维护工作。

2007 年，公司经营形势良好，固定资产原值增值率为 116%，完成可控成本 1536 万元。实现 110kV 及以下售电量 18.96 亿 kWh, 同比上升了 8.19%，完成 17.8613 万 kWh 年度指标的

106.14%；110kV 及以下售电均价累计完成 592.73 元/MWh，高出指标值 1.15 元/MWh，同比增长 13.52 元/MWh；强化电费回收管理，应收电费余额 2007 年度指标为 1.065 亿元，年终实现月末余额 8281 万元，电费回收率 100%，累计完成线损率 3.32%，同比下降 0.09 个百分点，比指标降低 0.26 个百分点。

地址：北京市石景山区鲁谷路 59 号
邮编：100043
电话：68669008

【人力资源】 截至 2007 年底，公司在册职工 204 人，其中全民职工 186 人，集体职工 18 人。研究生及以上学历 6 人，本科学历 42 人，专科学历 61 人，大专及以上学历人员共计 109 人，占全体职工的 53.43%；技术职称人员共计 96 人，占全体职工的 47%。持有职业资格证书的 147 人。公司设有 9 个职能处室、10 个工区及多经总公司。

2007 年，针对北京电力公司分配制度的改革，公司加强了工资总额的预算、控制和分析，保证了按时间进度均衡安排资金；加大培训工作力度，强化了职业资格证书制度，围绕人才培养、使用、激励、保障等方面工作措施逐步落实，使公司高技能人才成长环境得到改善；针对新的劳动合同法带来的巨大挑战，加强了在用工体制、岗位序列、合同管理等方面工作的研究和改进。

结合公司特点，在3月开展了以“管理人员培训”为主题的“安全生产培训月”；8月开展了以“领导讲堂”为特色的“迎峰度夏培训月”活动，培训月以促进安全生产和优质服务为目标，以落实“百问百查”精神为主旨，深入开展对一线员工的教育，公司经理周彤就企业安全文化结合工作实际共分4次亲自为175名一线员工授课，讲解杜邦十大安全理念，在员工中树立“以珍惜自己生命的态度保障安全生产，以对待亲朋好友的热情做好优质服务”的理念，在全公司上下营造了人人保安全、事事保安全、时时保安全的舆论氛围。

通过两次职业资格技能鉴定考试和各种通用工种的考试，总参考人数达 134 人次，取得高级工资格 79 个，已经 100% 达到高技能人才比例和人才密度，其中持有 2 个及以上工种技能鉴定证书的生产人员有 22 名，既有职称又有职业资格人数达到 58 人，占职工总人数的 31.2%。

2007年度同业对标工作中实现了“三个百分百”，即100%全员培训率、100%高技能人才密度、100%人才密度。

【电网规划与建设】 2007 年公司完成了“十一五”电网规划滚动修编工作；完成石景山电力隧道规划工作；完成首钢地区专项规划工作；并着手开展“十二五”电网规划的准备工作。完成主网消隐工程共 2 项，分别是古城和杏石口 110kV 变电站改造。完成配网消隐工程 6 项，分别为 10kV 架空线路绝缘化改造、分换装柱上变压器 20 台、更换低压线 16km、加装 28 台柱上分界负荷开关、2 个电缆分界小室改造、2 座配电室改造，并完成了总投资为 1091.88 万元的大修技改工程。圆满完成五里坨、南山 110kV 输变电工程项目。新建 110kV 变电站 2 座，新增变压器容量 200MVA。

古城站全站改造工程是消隐二期工程的重点和难点，古城变电站过渡工程历时近两个月，于 12 月顺利实现新站倒路发电。

■ 5 月 19 日，古城站改造施工现场。

公司在 5 月底前率先完成了奥运场馆外电源工程。公司承建的五条道路（老山路、老山南路、五环东辅路、上庄东路、射击场规划二路）的奥运架空线路入地工程均已竣工发电。建立健全了奥运供电保障组织机构和应急体系，制订了奥运电力保障应急预案，开展了对奥运场馆、定点医院等重要用户的安全隐患排查，并督促整改，圆满完成了“好运北京”测试赛——小轮车、山地车及场地自行车国际邀请赛的供电保障工作。

【经营管理】 推广全面预算管理，对各环节进行梳理，将有限的资金重点投入到大修技改、计量消隐改造、更换峰谷表、三级关口建设、农网消隐改造、农网卡表更换、网络表升级改造、芳星园小区的低压户分装改造以及零星客户防窃电改造等多项在生产、营销等急需解决的工程上。完成了国有资产清查工作，按照清查工作的要求对部分资产做了清理。从制度上规范电费管理工作，制定了《石景山供电公司电费核算细则》，规定了各岗位的职责和有关电费核算程序。完成了集团账务核算工作，2007年共入账用户配网资产2609.02万元。2007年1、7月配合北京电力公司审计部完成了对金顶街输变电工程和公司领导的离任审计工作。

公司定期召开同业对标工作会，编写的《安全监督规范化管理》、《电能计量管理》、《110kV等级全户外变电站改造过渡期工程管理》、《奥运之光青年志愿者服务队工作实践》入围北京电力公司2007年度典型经验库。公司2007年度同业对标年度综合得分为787.5分，排名第三，处于C段，同比总分提高了87.5分，排名上升了6位，并上升了一个段位。

【安全生产】 公司全面落实“三个百分之百”要求，认真开展“百日安全”活动，成立安全生产检查小组，领导带队多次深入“0811”工程南山、五里坨2个基建工程和古城改扩建工程的工作现场，强化安全责任制的落实和现场安全风险控制，对施工过程中出现的问题和违章及时进行了纠正，并通报考核，安全管理可控、能控、在控水平显著提升。公司全年安全巡检101次，其中，领导带队共检查79次，共查出问题14项，对发现的问题均已进行了落实和整改。2007年，公司2座110kV变电站、7个10kV开闭站通过了红旗站验收。其中金顶街变电站和西黄村开闭站被评为红旗标杆站。

■ 7月17日，公司经理周彤、副经理曹广月到“0811”工程施工现场检查指导。

公司始终把“百问百查”活动与公司中心工作相结合，进一步夯实安全管理基础。严格执行月度安全生产分析会制度，重新进行了工作票签发人、工作负责人、工作许可人的审核工作。通过“百问百查”活动促进安全生产优质服务、红旗站线创建、“0811”工程建设、政治保电工作、同业对标指标和各项工作质量提升，确保了公司全年各项生产指标的顺利实现。

2007年，公司全年安全生产无事故，实现了3个百日安全长周期的目标。配网故障率同比下降25%，用户平均停电时间同比减少47.85%。供电电压合格率实际完成99.797%，同比上升0.296个百分点。实际完成供电可靠率99.9659%，较年度指标99.940%上升了0.0259个百分点。圆满完成了“十七大”、两会、度夏防汛、中考、高考、成人自学考试等重大保电任务，受理石景山区政府及各部门、单位提出的保电申请32次。

【营销与优质服务】 坚持开展经济活动分析工作，修订了经济活动分析工作实施细则。坚持做好售电量、售电均价、线损率等重要经营指标分析、预测和预控，采取周汇报、月度跟踪、重点控制等措施，加大对电费回收、线损率等指标完成情况的管控力度。每周组织召开回收分析会，开展各供电所之间的对标，实施电费回收考核，加大多方位联合催收工作力度，压缩期末余额，有效提高了电费回收率。初步实现了分区域、分线指标分解和“四分”线损管理体系建设，推动了分区域、分线、分台区考核。针对石景山地区首钢、特钢等对指标完成情况有较大影响但可控手段有限的特大型客户，建立指标预警机制，实时监测，动态分析，及时发现影响因素，采取相应措施。

2007年，以优质服务“百问百查”活动为契机，以奥运保障服务为重点，深化“三新”优质服务工程，大力实施“优质服务年”十八项举措，重点对服务意识、服务规范、制度执行、措施落实、监督保障等方面进行“问查”，公司高度重视客户意见和建议，坚持开展客户满意度调查和投诉举报分析工作。全年应急送电服务92次，建立爱心服务卡用户18户，抢修4904户次，受理“一站式”

报装130户，客户满意度100%，公司营业大厅被评为北京电力公司规范化服务供电营业窗口。

2007年，累计完成接电容量13.6万kVA；一户一表改造3000户，新装6504户；24小时售电网点累计售电64615笔，金额1705.94万元；累计受理修卡业务46579次，补办电卡业务4056次；与地方公安部门建立协作机制，采取联防联治开展营业普查，全年追补电量700万kWh，共计519万元，有效规范了地区用电秩序；推进远程采集实用化，10kV单层采集电量比例从27.8%上升到67%；顺利完成了计量消隐改造、网络表升级、农网消隐改造等多项工程；在北京电力公司电价互查工作中，公司位居第三，准确率为95.73%；顺利完成了营销信息系统上线工作。

【科技与信息化建设】 建立了科技网络，实行三级管理体制，制定与之相对应的考核办法，有效推动了公司科技管理工作的开展。2007年，公司向北京电力公司申报了2项科技成果，其中金顶街站工业电视系统开发及应用荣获北京电力公司推广应用二等奖，三相套管型便携式接地线研制荣获北京电力公司技术改进三等奖。公司积极重新整合电网地理信息系统（GIS），将GIS数据维护由原来的分散录入转为集中管理、录入，撰写了《石景山供电公司电网GIS管理规定（试行）》，公司整体GIS整合工作完成出色，获得北京电力公司的“GIS第一阶段工作最快进步奖”。

【党建与精神文明建设】 通过贯彻学习十七大精神，加强法制、廉政教育和精神文明建设。结合同业对标对思想政治工作重新进行了全面梳理，积极拓展党支部建设的新局面。按照中央关于“优质服务年”工作的要求，开展党员承诺活动，定期为社区弱势群体上门服务，献爱心。与社区居委会联手开展以“民企共努力，安全保用电”为主题的企民共建联保电力设施活动。

公司党委认真抓好领导班子自身建设。坚持、完善中心组政治理论学习制度。坚持“三重一大”民主决策制度，严格执行决策程序，有效地防止了决策失误问题的发生。各级领导干部认真学习政治理论，廉洁自律，深入基层，了解一线干部职工的学习、工作和生活，解决一线生产工作上的困难和问题。积极开展廉洁文化建设“五个一”活动，使廉洁从业的观念深入人心，“对营业抄核收效能监察工作”荣获北京电力公司效能监察优秀成果二等奖。定期组织社会行风监督员活动，对公司行风建设及优质服务进行监督。制定了《企地联建开展党风廉政建设与反腐败工作实施意见》，召开了企地联控专题座谈会。组织参加石景山法院庭审旁听、观看警示教育片、参观预防职务犯罪展览、专题会议等多种形式开展廉洁教育活动，有效预防了职务犯罪。

坚持做好退休职工的节日慰问工作，组织大学生座谈会、邀请奥运冠军许海峰进行奥运知识讲座、组织青年志愿者参加奥运自行车馆电缆施放和“好运北京”奥运测试赛电缆看护工作、召开奥运电力保障誓师大会，开展迎奥运“我参与、我奉献、我快乐”员工签名活动，组织员工开展“每天走三千、健康迎奥运”主题长走等一系列活动。在职工中成立网球、羽毛球、乒乓球、摄影协会，丰富了公司职工的业余文体生活。

7月27日，公司党委组织开展“备战奥运党员先行”主题日活动。（张云莲）

亦庄供电公司

【概况】 亦庄供电公司（简称公司）成立于1993年，主要负责亦庄开发区的电力供应、销售和输电、变电、配电设施的建设与运行，肩负着为开发区内企事业单位和居民生活提供安全供电，以及区内配网设施的运行管理等工作。

截至2007年底，地区所辖10kV用户465户，容量98.6万kVA；110kV用户4户，容量33万kVA；最大负荷达30.3万kW。地区用电量达17.2亿kWh，线损率1.65%，电费回收率100%。

■ 亦庄供电公司领导班子。左起：工会主席兼纪委书记朱青，副经理黄锦，党委书记朱岩，经理韩殿锁，副经理马永刚，总工程师刘德坤。

2007年，公司固定资产投资规模创历史新高，电网供电能力比2006年底提高36%，全年完成售电收入10.7亿元。圆满完成保"两会"和党的"十七大"等一系列政治供电任务，截至2007年12月31日，累计安全生产长周期1250天。

2007年公司工作指导思想：以"三个代表"重要思想为指导，认真贯彻十六届六中全会精神，全面落实北京电力公司2007年"两会"的各项工作部署，继续贯彻执行"安全第一、预防为主"的方针，牢固树立科学发展观，着力培育公司核心竞争力，即"超稳定坚强电网、可信赖服务品牌、高素质人才队伍"。推进电网发展和公司发展方式的转变，落实"集团化运作、集约化发展、精细化管理、标准化建设"要求，紧紧围绕北京电力公司责任效益型目标，认真落实"五突出五抓创一流"的工作思路，抓好精神文明和党风廉政建设，努力创建和谐企业。

11月15日，公司召开领导干部调整宣布会议，免去方建国同志公司党委书记兼纪委书记职务；朱岩同志任公司党委书记；朱青同志兼任公司纪委书记。

公司设有12个职能管理处室、4个工区及1个多经总公司。

地址：北京经济技术开发区北环东路11号
邮编：100176
电话：63665123

【人力资源】 截至2007年底，公司在职职工130人，其中全民职工112人，集体职工18人。大专及以上学历人员78人，占60%；有技术职称人员共计70人，占53.85%；持有职业资格证书的110人。

2007年，公司以创建学习型企业为目标，以岗位培训为中心，以同业对标为重点，以人力资源开发为主线，开展教育培训工作。公司全年组织培训共计52班次，参加人员580人次，培训率达100%。教育经费投入率同比增长4倍，高技能人才比例同比提高47个百分点，人才密度同比提高10个百分点。

组织《安规》培训及考核，组织全体人员举行触电急救与心肺复苏培训及现场考试，合格率均为100%；组织10名低学历人员参加北京电力公司学历提升培训，并全部顺利通过后续学历考核与认证；先后组织20名职工参加3个工种的高技能培训班培训；组织公司各工种人员共计30人先后参加相应工种的技能鉴定考核，22名同志通过高级工考核，8名同志通过中级工考核。

【电网规划与建设】 按照北京市政府批复的《亦庄新城规划（2005～2020年）》，全面开展《亦庄新城电网规划》编制工作，完成亦庄新城负荷预测、110kV站点选址定容、布线及中压网络规划、新城220kV的布点布线，顺利通过专家审核。完成《开发区"十一五"配网规划》滚动修编，对开发区路东及河西区的电力隧道规划进行调整，在开发区"东进"和"南拓"的进程中做到电力规划先行。编制开发区东部三羊居住区和乡工业园地区配电网规划，为地区电网的统一建设和长远发展打下基础。

■ 7月4日，北京电力公司副总经理单业才（右二）参加开发区电力基础设施共建协议签约仪式。（付义兵　摄）

圆满完成“0811工程”博兴、华康两座110kV输变电工程建成投运。其中，博兴变电站为三电压等级全户内设计的地区性负荷变电站，本期安装2台50MVA主变压器，全站设备均为合资产品，提高了供电可靠性，实现一次发电成功。博兴项目的投产不仅为河西区域提供了主供电源，有效缓解了度夏用电负荷过于集中的地区电网矛盾，同时该项目做到了项目手续与项目进展同步，体现了公司电网建设管理水平，更趋向于规范性和合理性。华康变电站地处核心区，为双电压等级全户内设计的地区性负荷无人值守变电站，本期投运2台主变压器容量均为50MVA，该项目在老君堂220kV变电站电源侧改造了5个110kV出线间隔，切改了5路110kV线路，涉及朝阳和丰台的7座110kV变电站，新建输电线路4.6km，新建电缆线路4.6km，历时10个月，于2007年12月26日一次投运成功。华康变电站的投运为亦庄地区引入220kV新电源点，缓解了该地区220kV电源点的单一现状，同时也为地区电网提高可靠性形成链式接线提供了保证。

公司负责的所有项目均在规定时间内完成达标投产核查。科创街变电站工程获得2006年度北京市市政基础设施长城杯金奖。

【经营管理】 2007年，公司完成固定资产投资资金支出11594万元，其中基建专业11431万元，生产专业126万元，营销专业37万元。统计口径固定资产投资完成16569.05万元，其中基建专业16388.05万元，生产专业126万元，营销专业55万元。110kV及以上电网投产线路21.32km，变电容量200MVA。截至2007年底，电网供电能力比2006年底提高36%。

建立同业对标组织体系和指标管理系统，构建对标管理工作的常态机制，使该项工作逐步由“结果对标”向“过程对标”迈进。在2007年北京电力公司创一流同业对标指标综合评价中，公司连续第三次被评为北京电力公司创一流同业对标综合管理标杆单位。其中安全管理、资产经营、调度管理、规划建设四类分别获得专业管理标杆单位称号。

加大资产管理力度，开展资产移交接收工作。年内完成了开发区政府投资的配网资产以及30户用户资产移交接收工作，共接收配网资产近4.5亿元，公司固定资产从年初3.45亿元增长到年末8.75亿元，大大增强了长期市场竞争力。

公司高度重视将于2008年在国家电网公司系统开始执行的新《公司法》和《企业会计准则》，认真组织参加各项培训与比赛，两名同志进入了北京电力公司《企业会计准则》笔试考试个人前30名，并在现场决赛中获得北京电力公司会计知识大赛团体一等奖。

加强和细化财务基础工作管理，将会计基础工作各项操作流程加以固化，使用电子版自制报销凭证。2007年，公司财务管理创新的典型经验材料被国家电网公司同业对标管理工作部收集，公司再次被评为会计基础工作管理标杆单位。

【安全生产】 2007年，公司以签订安全生产双向互保责任书的形式，把安全生产、安全保障的责任落实到每个岗位。结合公司开展的安全活动和公司领导带队现场检查，规范公司的安全行为。开展“百日安全”、“百问百查”活动，对电网安

■ 6月27日，“0811”工程之一——博兴110kV变电站投产。（马永青　摄）

全、二次系统安全、人身安全、设备安全、供电安全、防汛安全方面的6大问题进行梳理和整改。本着“四不放过”的原则严格执行安全生产奖惩考核办法，2007年“两票”查评、继电保护正确动作率100%，对安全生产突出事迹进行了表扬和奖惩，表扬7件次，奖励17人次。强化班组安全管理，开展反习惯性违章活动，实施危险点分析与控制。为了减少“两票”的差错率，全面启动了网络版机打工作票系统，使“两票”的填写更加规范化，现场作业的安全性得到大幅提高。开展无违章班组创建活动，鼓励班组争优创先。对评选出的6个无违章班组给予通报表彰。2007年，公司围绕关键岗位、关键人员，有针对性地组织专项安全教育培训10项；结合安全生产月及咨询活动，共制作了12块宣传展板，发放宣传资料及安全用电手册300多份；对现场作业人员、工作票签发人、工作许可人、工作负责人及有停发电“要令权”的人员进行专项考试，142名职工进行了安全规程考试，66名人员进行了“三种人”考试，68名生产一线职工进行了触电急救培训考试，12名新入厂职工、合同工、转岗员工进行三级安全教育。加强承发包工程安全管理，对25个施工队伍的营业执照、有效的专业资质证书等进行了全面审核与管理，并定期对施工队伍的相关人员进行安全生产方面的培训与考核。确保安全管理到位，规避公司的安全风险。

截至2007年12月31日，公司累计安全生产长周期125天，实现了年初确定的全年安全生产无事故目标。

调整修改生产运行模式，理顺生产流程，建立公司的技术监督体系。创建红旗变电站、红旗开闭站。加强配电网管理，做好线路维护工作，对架空线进行全面整改，提高电网安全运行能力。圆满完成政治供电任务9项。迎峰度夏工作提前对重负荷线路进行分析和线路切改，确保在地区负荷屡创新高的情况下电网稳定运行。完善应急体系建设，制定了《亦庄供电公司应急管理规定》，并进行了迎峰度夏、节日保安全供电反事故演习。

【营销与优质服务】 创新服务模式，优化服务功能，实行了业扩报装工作客户经理制，推出了公司低压小容量报装用户“一站式”服务。修订了《亦庄供电公司抄表工作管理制度》，建立了《抄表质量稽查及考核制度》及《一户一表稽查工作制度》。强化计量管理，制定了《亦庄供电公司计量专业现场工作规范实施细则（试行）》和《亦庄供电公司库房管理工作实施细则（试行）》。

■ 12月11日，公司接受北京电力公司创建规范化营业窗口的检查。（张荔红　摄）

2007年，公司对营业厅的硬件资源进行调整配置，制定并执行服务规范、运营管理制度等细则。营业厅增设并完善了电子综合显示大屏系统、触摸屏查询系统、客户服务评价系统，以及报刊架、资料架、擦鞋机、便民服务箱等硬件设施，使营业厅功能更加合理，服务更加人性化。细化规章制度，加强运营管理，明确了列队晨会制、现场管理、排班管理、窗口培训学习等方面的具体要求。推出客户经理制服务模式，深化服务内涵。对于受理的客户报装业务，由客户经理负责从报装至送电全过程的服务和总体协调，满足了客户对接电时间的需求。召开行风监督员暨大客户座谈会并实地走访开发区客户进行满意度调查。2007年底，顺利完成营销信息系统推广上线工作，并实现了营销信息共享。高学历窗口服务人员不断充实，鼓励、组织在职员工参加各种学历教育和业务培训，整体服务水平有所提升。

2007年，公司受理客户报装119户，报装容量23.76万kVA；为客户接电85户，接电容量14.7万kVA；完成售电量17.2亿kWh，完成售电收入10.7亿元。全年共处理各类报修1101次，抢修人员均在承诺时限内到达现场，并在规定时间内恢复供电。通过开展电价稽查工作，共检查1139户，执行正确1129户，执行正确率99.12%。在全公司范围内开展以“和谐电力、服务社会”为主题的学习讨论，并结合主题讨论开展了“我为优质服务献一策”活动，共收集意见建议130余条。

【科技与信息化建设】 2007年，公司共申报科技成果4项，科技论文10篇，其中《用于电缆线路的用户分界自动开关的研制》获得技术改进一等奖，《电力巡视作业管理信息系统的开发与应用》获得推广应用一等奖，用于电缆线路的用户分界自动开关已经在开发区大琛电缆分界室投入使用，电力巡视作业管理信息系统也在公司配电工区投入运行。《同业对标指标管理系统》获得群众性创新奖，《非晶合金干式变压器的推广应用》等4篇论文获科技论文三等奖。公司承担了国家电网公司重大科技项目《北京城市高可靠性供电区域建设和改造评估研究及示范工程的建设》的前期调研工作，并结合亦庄地区广泛采用10kV电缆网的特点，进行对电缆线路的用户分界自动开关的研制工作。在2007年6月，在科创街变电站进行10kV配电网现场挂网故障试验，试验结果表明研制产品的挂网运行功能性能完全满足设计要求。

将《STF系列SF_6、O_2在线监测报警系统》、《集控站微机五防系统的应用》、《开闭站光纤测温系统的应用》和《开闭站信息监测系统的应用》等4个已获得的科技成果奖励项目在实际工作中推广应用，并取得良好效果。

公司结合自身情况制定了《亦庄供电公司信息安全与网络紧急预案》。按照典型网络设计，完成了网络改造二期工程，对公司本部和所有外驻办公地点进行综合布线改造，扩充了信息点位200余个。2007年，公司获得北京电力公司科技进步先进单位称号。

【党建与精神文明建设】 公司连续第三年开展“党员的足迹”主题活动，群众测评满意率超过95%，该主题成果获得北京市国资委基层党建创新成果优秀奖，获得北京电力公司精神文明创新成果一等奖。3月，公司启动开展了党员承诺活动，党员共提出和落实承诺66项，积极履行社会责任，关爱弱势群体。6、11月，分别开展“献出一片爱心、托起一个希望”，“送温暖、献爱心”等爱心捐助活动，共计捐款21755元，捐助衣物322件。加强党员教育培训，组织了为期四天的年度党员集中学习培训。积极推动党内民主建设，发展党员票决制试点工作有序推进。基层支部建设不断加强，各党支部积极开展了军队共建、党员素质拓展等各种特色活动。获得北京电力公司2007年度文明单位称号和综合先进单位称号。

深入开展“迎奥运、讲文明、树新风、促发展”活动，组织全员脱产开展“我与奥运”大讨论活动和文明礼仪培训，职工奥运意识、文明素质得到进一步提高。公司1名团员青年成为奥运会驾驶员志愿者，1名团员青年成为北京电力公司外语服务志愿者，1名团员青年成为奥运会城市志愿者。

开展“供电人的荣誉与责任”职工思想道德教育论坛、法制和思想道德知识竞赛、“宣传工作”主题处长论坛等特色活动，开展“加强作风建设、构建和谐企业”主题教育活动，职工思想道德水平、法制观念进一步增强，全员作风建设水平进一步提升，公司全年未发生职工违纪违法现象，未发生越级上访等各类影响企业和社会稳定的问题。大力宣传纠风工作理念，全年实现零责任投诉。组织预防职务犯罪报告会、参观监狱等活动，圆满完成了党风廉政建设责任制的各项工作目标，被评为党风廉政建设优秀单位。

发挥党政工团合力，公司被评为全国电力系统劳动保护先进集体、北京电力公司厂务公开先进单位、健康管理工作先进单位。公司工会被评为北京电力公司先进基层工会。团组织圆满完成了团支部换届选举工作，组织开展了为期三天的团员集中学习培训。公司客户服务中心、调度所调度班继续保持了华北电网有限公司和北京电力公司青年文明号称号。公司调度所保护班获得2007年度青年安全生产示范岗称号。

（张素香）

通州供电公司

【概况】 通州供电公司（简称公司）成立于1958年，公司本部位于长安街最东端，京杭运河河畔。是北京电力公司授权经营的供电企业，主要负责通州地区906.7km^{2}的电力供应、销售，并负责对所管辖区内的输电、变电、配电设施的建设、运行和维护工作，同时承担着为通州地区经济建设、居民生产生活的安全供电、保证首都及通州区的政治供电任务。

2007年，公司按照北京电力公司总体发展战略，结合通州地区发展环境和企业自身特点，确立三年（2007～2009年）奋斗目标，即主动抓安全的管理理念在三年内基本得到完善和巩固；信息化管理手段（结合新办公楼建设）在三年内基本建立，实现基础数据真实、有效、唯一；以预算管理为核心的经营管理模式在三年内基本规范；以内部控制体系为主体的企业制度在三年内初步构建，同步实现实用、有效；“三抓”（抓工作落实的可行性、有效性、到位标准）、“三忌”（忌工作不求甚解、得过且过、工作随意）、“三要”（要营造风气、鼓舞士气、弘扬正气）在三年内取得明显成效；以“大潞电”意识（一家人、一条心、一条龙）为载体的和谐企业氛围在三年内初步形成。

公司管辖开闭站及配电室共计53座，其中开闭站31座，配电室22座。

全年，未发生人身死亡和重伤事故；未发生特大及重大设备事故；未发生大面积停电事故；未发生火灾事故；未发生人员责任的输电、变电事故；车辆安全行驶500余万km，未发生我方责任交通事故；完成了3个百日安全生产长周期。售电量完成29.83亿kWh，同比增长13.24%；售电均价完成608.41元/MWh，同比增加18.12元/MWh；售电收入净额15.5亿元；线损率（110kV及以下线损率）完成6.97%；电费回收率完成100%；陈欠电费为零；应收电费余额完成49万元；供电可靠性城镇完成99.9508%，农村完成99.8374%。

公司下设12个职能处室和9个工区，同时管辖区域供电所10个。另外，北京市潞电工贸总公司是公司直属的多经总公司，下设11个部室和5个公司。

2007年，公司荣获北京电力公司授予的“北京电力公司先进单位”、“安全生产管理先进单位”、“优质服务先进单位”、“电网规划及电网建设先进单位”、“科技进步先进单位”、“财务及经营计划管理先进单位”、“北京电力公司文明单位”、“北京电力公司党风廉政建设优秀单位”等称号，荣获“首都文明单位标兵”和“华北电网有限公司纪检监察先进单位”称号。

地址：北京市通州区新华东街92号

邮编：101100

电话：69519999

【人力资源】 截至2007年底，公司在册职工379人，其中全民职工332人，集体职工47人。本科及以上学历66人，专科学历111人，中等职业教育学历144人，高中及以下11人。拥有高级职称7人，中级职称28人，初级职称89人，无职称人员208人。技能队伍分布情况：高级技师3人，技师12人，高级工264人，中级工23人，初级工5人，未取证人员25人。

7月4日，公司举办了2007年度配电架空线路专业技术大赛，共有50名选手参加了比赛。

2007年，公司深入开展全员教育培训工作，组织中专以下低学历员工88人参加了在职中专学历班的学习；完成了9个工种52人参加的高级工强化培训；组织了14个电力行业特有工种668人的职业技能鉴定；组织了46人参加的通用工种持证培训考试。

公司在原有岗位评价体系的基础上进行了重新梳理，完成了23个部门185个岗位的评价，并于4月1～15日进行了竞聘上岗。公司新成立了发展策划处、稽查大队、输配电工区、计量中心、新闻中心、事故处理指挥中心，撤销了计量工区、线路工区和配电工区。公司共172个岗位361个职位，392人次参加了全员竞争。共有22人竞争上任处长、主任岗位；有44人竞争上岗处室管理岗位；包括工区班长、计划员、安全员、技术负责人在内竞争上岗，通过竞争，256名职工分别走上了新的工作岗位。

【电网规划与建设】 2007年，公司依据批复的新城建设控制性详规，编制了《通州新城电网规划（2007～2020年）》，全力支持通州新城建设。对于运河文化产业带、通州商务园等重点地区完成了专项电力咨询报告，为通州新城在后奥运时期的飞速发展提供坚实可靠的能源保证。

2007年，以“0811”工程为主旋律的电网建设任务异常繁重。7月5日，公司积极促成了北京电力公司领导与区委区政府关于通州区电网发展会谈，极大推动了“0811”工程的实施。此项经验在全北京电力公司范围内推广。

公司争取到21亿元资金全面启动了“0811”强网工程，2007年全面完成“0811”工程电网建设和改造任务，其中包括徐辛庄、漷县、玉甫、皇木厂、永乐店中心镇5项110kV输变电工程，草厂站3条110kV线路切改，以及次渠、梨园、疃里、潞城、牛堡屯、德仁务变电站的消隐改造工作。还完成了北寺站扩建和草厂站址2项前期工作，共投入主变压器容量799MVA，线路32.268km，电缆150m，电网供电能力增长63%，极大缓解了局部地区的供需矛盾。另外，公司克服了重重困难，如期完成承担的安朝、通朝500kV及220kV输电工程前期协调工作，保证了朝阳500kV变电站年内发电目标的实现。

■ 12月16日，“0811”工程之一——玉甫110kV变电站投产。

【经营管理】 公司初步建立以内控制度为核心的管理架构，将（可控）成本费用纳入预算管理，划定授权范围，提倡节约意识，鼓励节约有奖；规范采购和日常经营活动流程，通过规范定厂、定价、定支付标准、定合作伙伴等经营活动流程，实现对经营活动的事前控制，降低经营风险；事权与决策权分离，参照招投标“三分开”原则，使决策层与执行层各司其职。2007年公司先后成立了标准化管理委员会、监督委员会，8月8日，公司召开监督体系大会，标志着公司标准体系、运营体系、监督体系三大体系都已开始运作。标准化平台、招投标平台、资金结算平台和KPI成果发布平台，支撑着三大体系的正常运转。重点建设了财务管理、物资管理、人力资源管理和业扩工程管理四个模块。财务管理模块初步完成了预算管理体系的建设工作，成本费用预算执行取得了长足的进步。物资管理模块建设成绩显著，通过对厂商询价，共计发布物资定厂定价名录7163种。公司借助同业对标的管理思想，以经营会为平台，以指标对标、工作对标为切入点，透过对标结果找问题，使各项指标始终处于可控、在控状态。实现了整体工作由C段向B段推进的目标。4月3日，公司依法注册成立了潞电集团，标志着公司多种经营工作进入了一个新阶段。

【安全生产】 加大安全专项检查及考核力度，严肃查处违章行为，确保“安全的最后一道防线”。全年公司对各类工程施工现场巡检共计268次，检查班组516个，对发现的31次违章事件采取了在公司曝光栏中曝光、违章罚款、月度安全生产例会说清楚等措施，有效控制了违章行为的数量，违章罚款共计31000元。公司将“外施”人员纳入公司的安全管理范畴，严防“以包代管”，严肃了施工资质、合同、安全协议、现场安全技术交底的管理。公司对发现重大设备隐患和避免发生低压触电事故的相关人员共奖励5人次，共计10300元。对评选出的12个无违章班组和1个无违章工区进行了奖励。

■ 3月4日（农历元宵节），风雪天气恶劣，代表公司抢修队伍之一的漷县供电所抢修人员正在加紧抢修。

2007年，以完善配网建设标准为重点，新制定了28项“五统一”标准。

完成10kV配网消隐改造架空线路397km，完成35条配电线路的综合整治工作。配网故障同比下降了40%，供电可靠性同比提高了0.0977个百分点。

全年实现了50%的变电站、开闭站以及30%的输电线路达到了红旗站、线标准。成立应急指挥中心，完善公司事故抢修体系，一个“营配合一”、全方位的故障信息收集和围绕客户端故障的统一指挥体系初步形成。

11月7日，公司召开奥运保电动员大会，标志着公司正式进入奥运保电的关键阶段。11月17日，圆满完成“好运北京”第九届世界武术锦标赛奥运测试赛保电任务，为2008年奥运会的保电工作积累了经验。

【营销与优质服务】 根据北京电力公司营销服务管理模式要求，撤销了用户管理科，新组建了稽查大队和客户服务中心客户科和工程科，初步完成了公司营销服务运营体系和监督体系建设工作。重点规范了营业窗口、电费抄核收和业扩一站式服务工作标准。按照“真抓、真用、真落实”的原则，营销MIS系统于2007年初顺利上线，有力推动了营销基础数据的建设工作。共制订42项营销服务工作里程碑计划，全年计划完成率为100 %。在开展地区市场整治、营业普查及警企联动查处窃电等活动中，共查处违约用电62户，窃电7户，追补电费36.3万元，收取违约使用电费131.9万元。

结合国家电网公司“优质服务年”活动和北京电力公司“新北京、新奥运、新电力”优质服务工程，组织实施了通州“五环”服务行动计划。落实营销服务提升计划，公司在北京地区第一个开展了网上报装业务，并率先实施了高压报装“一站式”服务。2007年，315kVA及以下高压“一站式”报装服务完成39户，平均接电时间6.7天，较常规的客户报装接电时间减少了48.3天，极大地提高了服务效率。通过开展社区宣传、五环演讲比赛、社区宣传日、供电服务品质评价等具体措施积极推进优质服务“百问百查”活动，赢得了地区政府和社会的广泛认可。

【农电工作】 2007年，公司进一步明确了农村供电所作为综合工区的职责定位，将其纳入公司整体管理体系，理顺了职能管理关系，实现了安全生产、营销服务和综合管理的专业化垂直管理，强化了供电所的属地责任主体地位。马驹桥、西集供电所分别荣获了北京电力公司规范化营业窗口的荣誉称号。在北京电力公司“红旗供电所”创建评选活动中，漷县供电所和马驹桥供电所名列前两名，分别获得了红旗标杆供电所和红旗供电所称号。

根据国家电网公司“新农村、新电力、新服务”的发展战略，2007年公司投入8000余万元的专项资金，重点对18个村的低压电网进行全面改造。全年共建设完成了149个新农村电气化村、6个新农村电气化乡。12月13日，通州区正式通过北京市发改委、国家电网公司考评组验收，率先成为北京地区第一个新农村电气化区。

【科技与信息化建设】 公司高度重视科技与信息化工作，开拓创新、充分利用先进技术已成为提升科技管理水平的重要手段。结合营销MIS及配电GIS的建设，积极研发卡表抢修定位系统，切实缩短抢修时间，提升优质服务水平；针对徐辛庄等地区雷害烧表的问题，与厂家共同组织研制计量防雷装置，切实解决防雷问题。

公司荣获2007年度北京电力公司科技成果奖两项，其中移动电力服务终端的研制荣获技术改进一等奖，此项成果是针对卡表现场修补卡服务终端工作，将卡表服务尽可能延伸到了用户端，成果的实施将大大提升奥运期间的服务水平；复合水泥外壳地埋式10kV预装式箱式变电站的应用荣获推广应用一等奖；荣获优秀科技论文奖的论文有七篇，《实施首都标准后架空输电线路防雷问题研究》、《低电阻接地方式对低压电网安全的影响及措施》两篇论文荣获二等奖；荣获群众性技术创新成果奖4项。通过组织科技信息周活动，积极营造公司的科技氛围。

【党建与精神文明建设】 公司在不断强化领导班子学习培训的同时，针对工作执行过程中信息交流不畅、沟通反馈不及时的问题，要求各级领导干部重心下沉，定期到基层开展调研，分析解决工作中存在的问题。开展站队级以上干部集中学习，公司领导走上讲台，将管理学、法律知识、财务知识和电力生产专业知识等纳入学习内容，提高了全体干部的思想道德素质和业务素质，营造了遵法纪、促和谐的良好氛围。在创建和谐企业为主线，维护员工队伍的稳定工作中，开展和谐班组大讨论活动、和谐班组讲演比赛，启动幸福工程，营造了干群和谐、班组和谐、家庭和谐的文化氛围。

公司党委通过举办预防职务犯罪专题讲座、参观清园监狱、开展廉政谈话等一系列活动，大力宣传党风廉政建设正反两方面的经验教训，使广大干部员工进一步增强了法制观念，筑牢了反腐倡廉的思想防线，营造了廉洁从业、干事干净的廉洁文化氛围。

建立先期联控处置机制，加强内控体系建设。成立了以监察室、稽查大队、多经监察部为主体的监督体系，明确了责任分工和工作程序，对公司的日常生产经营活动实施了全过程监督。

公司以先进典型引路，弘扬正气、鼓舞士气，按照比贡献、比业绩、比事迹的原则，开展了金牌员工、“0811”功臣、和谐工区、和谐班组的评选。以和谐工区、和谐班组为代表的先进集体，为公司广大干部员工和各部门树立了榜样。同时，借助通州时讯、通州电视台等地方媒体，加强了对“0811”工程、新农村电气化建设、优质服务的宣传力度，争取社会各界对电网建设的理解和支持，树立了供电企业良好的社会形象。

工会坚持全心全意依靠职工办企业的方针，“0811”建功立业和八项劳动竞赛、技术比武、职工运动会等活动蓬勃开展。通过“幸福工程”，为职工亲属发红包，为200余名家属体检，组织职工家属五次慰问一线员工、“和谐家庭”评比，营造了健康和谐、积极向上的企业氛围。

（王建和　王立峰　马佩卫）

昌平供电公司

【概况】 昌平供电公司（简称公司）是北京电力公司的直属供电企业，担负着昌平地区1352km^{2}的电力供应、销售和输电、变电、配电设施的建设和运行，是集输、变、配、用和供用电工程施工为一体的体制健全、设备先进、经济实力较为雄厚的区域性供电企业。公司主业设有11个职能处室、7个工区、3个城区供电所、14个农村中心供电所及1个多经企业——北京市京电实业总公司。

2007年，公司以创一流同业对标工作为载体，全面完成了北京电力公司下达的38项业绩考核指标。完成年度3个百日安全长周期；售电量完成35.7478亿kWh，同比增长10.54%；线损率6.12%；收入净额为183794万元，超额完成年度考核指标的2.48%。2007年，公司分别荣获北京市首都文明单位标兵、北京市交通安全先进单位、北京电力公司安全生产管理先进单位、优质服务先进单位、电网规划及电网建设先进单位；工程建设处、调度运行班、输变电集控站、财务处被评为北京电力公司电力强网“0811”工程建功立业先进集体，财务处被评为电力强网“0811”工程十佳巾帼岗，公司生命园110kV变电站、文化区F开闭站、水口110kV线路分别获得北京电力公司红旗标杆变电站、开闭站和线路；公司经理金建民获得北京电力公司电力强网“0811”工程建功立业特等功臣称号。

地址：北京市昌平区永安路33号
邮编：102200
电话：69742681

【人力资源】 至2007年底，公司全民职工343人，具有大学本科及以上学历71人，占20.7%；大学专科93人，占27.1%；中专、技校103人，占30%；高中及以下学历76人，占22.2%。具有职称的142人，占41.4%；具有职业资格的技能人员201人，占58.6%。

公司将人力资源作为企业发展的第一资源，实施人才强企战略。全年组织职工、银杰劳务人员和农电工2757余人次进行了职工学历教育、职业技能鉴定和专项培训工作。员工的知识结构、业务素质显著提高，人才密度达到99.42%，同比提高13个百分点；高技能人才比例达到99.59%，同比提高34个百分点。

结合新《劳动法》的颁布实施，加强劳务派遣人员管理，拟定有关管理方法，激励劳务人员提高自身综合素质。为进一步优化组织机构及业务流程，公司从实际工作需要出发成立了路灯管理处和设计所，并对重要岗位进行了公开竞聘，择优上岗。公司还在年初选拔了一批德才兼备、年富力强的同志到主要经营管理职能部门作为后备干部进行锻炼、培养，为公司的可持续健康发展做好了干部人才储备。

【电网规划与建设】 公司在加强电网建设的同时立足长远，放眼未来，根据昌平区电网目前状况和未来社会经济发展的需要，组织编制了《昌平区“十一五”首都新农村电气化发展规划》、《2008～2012年昌平地区35kV～110kV电网规划》，研究理顺了电网建设项目进度安排，提前规划了相关架空线路、电力隧道等路径和规模；完善了220—110—35 kV电网结构性问题解决方案，为确保昌平地区电网安全可靠做了多方准备；深化梳理昌平地区电网现状，从规划上明晰了220 kV网络设计及110、35 kV系统接入方案，并加强了规划成效和投入产出的分析，提高了规划的科学性。

2007年，公司承担的19项“0811”工程和7条重载线路的改造任务全部按计划完成，仅用106天建成了一座国家电网公司特高压直流试验基地白浮110kV变电站（位于昌平区南邵镇张各庄村北），开创了北京电力公司电力建设史上新的纪录。同时，新增供电容量601.5MVA，供电可靠性达99.9308%，容载比提高了0.65，达到了2.91，区内各变电站、开闭站基本达到了*N*-1运行方式的要求，极大地缓解了昌平地区用电需求的压力，奥运供电保障能力显著增强。

【经营管理】 公司坚持将同业对标作为提升整体管理水平的重要载体，以完善内控体系建设为切入点，按照年初职代会提出的要求积极推进七个方面的精细化管理，以同业对标工作促进管理水平的切实提高，以精细化管理促进对标指标水平的提高。

2007年，同业对标工作以提升企业管理水平为最终目的，充分发挥职能部门的主导作用，狠抓关键指标，挖掘内部潜力，实现重点突破，促进全面提升，基本实现了从“结果对标”向“过程对标”的转变，并一举甩掉了总体指标排序落后的帽子，2007年度的同业对标指标综合排名由2006年的倒数第二名（D段）上升到了第八名（C段），实现了总体指标综合排序上升一个段位的工作目标。

内控制度建设方面不断完善九大管理模块，理顺215个管理流程，突出了体制、程序、责任三大牵制功能。

■ 配电检修人员检查二次设备健康状况。

【安全生产】 圆满完成“两会”、“十七大”、“嫦娥卫星”发射等政治保电和国际公路自行车邀请赛、特奥会火炬传递仪式等重大赛事活动保电任务以及迎峰度夏工作，年度安全生产责任状条款全部兑现，实现了3个百日安全生产长周期，连续安全生产长周期达到647天。

■ 8月，公司负责人深入白浮110kV变电站现场检查设备安全情况。（王德旺　摄）

2007年，公司深入开展“百日安全”和“百问百查”活动，加强新《安规》的宣贯工作，实现了《安规》考试百分之百合格、操作正确率百分之百、“三不伤害”措施的百分之百。对照《安规》，全面梳理生产管理制度、规程规定，及时宣贯并监督执行，有效抑制了事故隐患，习惯性违章明显减少，6项基建工程的施工工地相继获得了北京电力公司的“争创无违章工地”流动红旗。制定、落实《安全长周期递进式考核管理办法》，建立了以公司经理及各层级安全生产第一责任者为核心的安全生产责任制，结合同业对标、绩效考核和内控工作，建立安全生产指标控制体系，形成有效的激励和约束机制。认真梳理电网隐患，强化电网安全管理，用户平均停电时间6.0658小时，同比减少了56%，供电可靠性进一步加强；完善电网安全预警及应急处理预案，组织开展反事故演练，提高各类突发事件的应急处置能力，设备管理部门对设备缺陷及隐患做到一患一档。

建立健全电力设施保护工作制度，内部强化设备运行、管理和维护职责的落实到位，外部加大资金投入，利用各种形式开展电力设施保护宣传工作。加强与区（乡镇）政府、电力办、公安局等单位的联系与协作，线下隐患治理务求实效。积极配合公安部门开展“打击盗窃破坏电力设施案件”、“加强废品收购监督检查”等专项行动，为公司安全生产工作的可持续发展奠定基础。

【营销与优质服务】 公司面对营销管理模式的转变，加大对线损、电费回收率等关键指标的考核力度，规范管理、健全制度、强化考核、夯实基础。公司领导靠前指挥，组织相关人员对具代表性的12个供电所分5次进行现场调研，促使营销人员迅速转变观念，明确了思路和重点。制定了《线损指标考核办法》、建立了电费回收工作分析与监督催费机制。进行线损普查及交叉电量调查，找出问题的关键。营销信息系统顺利上线，实现了基础数据共享，工作流程统一管理。

加强用电检查力度，减少电费的“跑、冒、滴、漏”，查处违约用电46户、窃电3户，追补电量353.2268万kWh，追补电费100.4415万元，收取违约使用电费165.5187万元，完成考核指标的124.45%，提前超额完成指标。

针对夏季大负荷制定了度夏需求侧管理措施，积极与各界沟通电网迎峰度夏有关情况，取得政府的支持和客户的理解，使调荷措施得以顺利实施。度夏期间落实错峰用电394户，错峰能力406kW；安排避峰26户，避峰负荷7218kW；针对局部重载地区暂停施工用电164户，可控负荷20534kW；安装负控终端装置258台，可控负荷56762kW，为夏季大负荷的平稳过渡提供了可靠保障。

2007年，公司严格落实国家电网公司供电服务“十项承诺”的规定，深化“三新”优质服务工程，积极开展“优质服务年”和优质服务“百问百查”活动，推广“一站式”服务，缩短报装接电时间，减小供电服务半径。全年受理报装业务1250户，业扩报装新接27.39万kVA；接待客户咨询和解答用电问题3000余件，满意率达100%。补充完善客户资料137户，夯实了基础工作；应急售电服务789次，抢修服务16200余次，收到表扬信20封，实现了零投诉。

【农电工作】 农电系统全面完成了30个电气化村、5个电气化镇的新农村建设工作，超额完成北京电力公司下达的21个电气化村、3个电气化镇的指标。编制了《北京市昌平区“十一五”首都新农村电气化发展规划》及《2008年新农村电气化建设计划》，为更好服务新农村建设奠定了基础。完成了“0811”消隐二期农网低压线路绝缘化与防雷改造、计量装置改造、剩余电流动作保护器改造、农村低压电网综合整治4项工程的建设任务，全部实现了年内决算，完成资金使用1587万元。积极与地方政府沟通和联系，圆满完成水口路、西回线、阳高线及110kV白浮变电站工程的前期占地赔偿工作。

营业窗口规范化建设稳步推进，供电所建设取得良好成效，开展了金牌供电所创建及供电所作业组织专业化试点工作，流村、沙河供电所被北京电力公司命名为“红旗供电所”。在流村供电所率先引进了GIS系统，该系统为辖区内的资产和设备提供了信息查询、资产资料统计、现场距离面积测量等服务功能，使低压电网的自动化管理水平上了一个台阶。加强对供电所人员的培训，供电所人员技能鉴定合格率电管员达到了95.18%，农电工达到了90.08%。对241名合同到期的供电所人员进行了岗位考试，完成了人员调整工作。

■ 农电工正在查找用户线路隐患。（袁媛　摄）

【科技与信息化建设】 根据地区电网发展的要求，组织项目攻关，开展电网安全稳定分析、综合培训技术、配网改造、带电作业技术等重点课题研究，着力推广先进技术的应用。

组建配网地理信息系统推进工作小组，完成电网地理信息系统（GIS）的数据录入工作，并继续开展配网专题图绘制录入工作；昌平区调CC2000EMS系统综合数据平台和高级应用功能通过专家组的验收。结合公司员工工资查询需求，开发了工资查询系统软件，员工可以随时了解到个人收入及税金代扣代缴信息，极大地方便了职工查询。

【党建与精神文明建设】 公司党委以和谐团队建设作为工作的重心，结合北京电力公司保持共产党员先进性和党的十六届六中全会关于构建社会主义和谐社会的战略目标，为党员上了《打造和谐团队》、《如何发挥先锋模范作用》以及形势教育的专题党课。为圆满完成“0811”工程、国家电网特高压直流实验基地外电源工程和迎峰度夏工作等艰巨任务，公司党委结合国家电网公司开展的优质服务年活动和北京电力公司开展的百日安全活动，在全公司党支部和党员中开展了“百日安全五个一”、“保网立功”主题活动。各党支部根据各自的工作特点开展了“扶贫助学”、“巡视变电站”等一系列有特色的活动。

公司纪委主动与昌平区检察院联系，组织召开了“企地联建‘奥运工程’廉政建设责任书签订仪式”，共同探索加强对重要工程监督管理的方法，切实防范和化解公司发展中面临的安全风险、经营风险和法律风险。公司与昌平区纪委、监察局协商，将直接办理北京市“政风行风热线”转办事项作为联建内容之一，加大了纠风工作的力度。2007年共办理10件涉及路灯不亮、物业小区收费不合理、农村停电等投诉问题，缩短了投诉事件的办理过程。

公司工会组织开展了劳动竞赛活动、节日联欢和各项体育比赛。落实厂务公开制度，及时在网上公布奖金发放、人事变动等敏感的问题，改善了办公环境。年初职代会上提出的为职工办实事提案逐一得到落实。团委开展争创“号、手、队”、青年安全生产示范岗和青年创新创效活动。

2007年荣获了精神文明创新成果二等奖、三等奖、优秀奖（2项）、组织奖等五项荣誉以及新闻宣传工作先进单位称号。

（袁　媛）

门头沟供电公司

【概况】 门头沟供电公司（简称公司）是北京电力公司所属二级单位，法人授权经营的地区供电企业，负责地区1455km^{2}的电力供应、销售和输电、变电、配电设施的建设运行，肩负着为门头沟地区重要机关安全供电及政治供电的任务，为地区居民、企事业单位提供安全可靠的电力供应和优质服务。

■ 门头沟供电公司领导班子。左起：总工程师周宇，生产副经理孙镇华，经理董凤宇，党委书记郑丽红，经营副经理应立军，基建副经理胡立平。

公司下设11个职能处室，5个工区，1个电费核算中心，7个供电所。截至2007年底，公司共有职工164人，其中全民工150人，集体工14人。

年内，公司按照门头沟供电公司职工代表大会确立的“继续强化责任意识，优化业务流程、优化人力资源、优化激励机制，创建区域精品供电公司”工作思路，各项工作均取得较大进步。

门头沟地区电网负荷总体增长平稳，公司各项经营指标稳步上升，整体经营状况良好，售电量持续稳定增长，线损控制在指标之内，全面完成北京电力公司制定的各项经营指标。紧密围绕“百日安全”和“百问百查”活动，公司各部门加强日常管理，强化安全责任，有效减少作业违章现象。公司以法制宣传教育和思想道德教育为重点，加强员工队伍素质建设、加强领导班子建设、加强党组织建设和干部队伍建设，为创建和谐企业提供有力的组织保证。

地址：北京市门头沟区滨河路66号

邮编：102300

电话：69844354

【人力资源】 公司始终坚持人才强企战略，以建立“培养、考核、使用、待遇”一体化机制为目标，加强技能型、复合型人才培养。完善人力资源规章制度，规范劳务人员合同、保险、劳动保护用品管理。开展安全教育培训，积极宣贯培训新安全规程，建立和完善三级安全教育档案卡片。开展后续学历教育和职业技能鉴定工作，使公司人力资源对标在年内保持在各基层公司前列。优化公司人力资源开发战略和规划，为公司员工队伍建设和人才培养奠定坚实基础。公司与华北电力大学和北京交通大学联合开办用电监察专业和电力系统及自动化专业大专班，包括劳务人员在内，共有110人参加培训，提高了公司职工整体学历水平。全年完成各类培训1177人次，开展技能鉴定135人次。公司全民职工中，共有各类专业技术职称人员55人，各类持有职业技能鉴定证书的人员122人，其中高级工以上103人，公司生产人员持证率100%，高技能人才比例和人才密度均处于北京电力公司同业对标前列。8月16日，公司在北京电力公司供电所人员调考中取得团体总分第一名。

【电网规划与建设】 公司“0811”工程多在山区，为确保工程务期必成，在工期紧、施工空间小等不利条件下，于年底全面完成了“0811工程”建设任务。3月15日和5月25日，门头沟区政府领导及区市政管委、区土地局等相关单位负责人两次到公司召开门头沟区“0811”工程现场办公会，就“0811”工程和其他基础建设工程的建设情况进行沟通协调，双方就如何加快门头沟地区电网建设并落实“0811”工程等问题达成共识，为公司全面完成“0811”工程奠定良好基础。截至12月23日，完成17.76 km 35kV线路消隐改造；截至11月29日，完成110kV石门营变电站35kV多油断路器更换；完成妙峰山供电所和雁翅供电所的基建工程；11月25日，35kV灵山变电站顺利投运。12月25日，110kV付家台变电站顺利投运。自此，公司承建的“0811”工程全面竣工，共投入主变压器容量83000kWh，大幅度提高了门头沟地区电网的供电能力和电网健康水平。

■ 门头沟供电公司“0811”工程——建设中的军响110kV变电站。

【经营管理】 落实集约化、精细化管理的工作要求，利用集团账务系统，公司加大了资金资源整合、资金运作和成本指标管控力度，全面完成了公司全年的经营指标和成本指标。

有效整合各项经营指标管理体系，完善管理流程，提高管理水平。在夏季高峰负荷来临之前，完成了2046具四费率表的安装工作，取得了很好的经济效益。

年内，全区售电量突破7亿kWh，达到7.07亿kWh，同比增长5.61%；完成主营业务收入净额35785万元，完成年度指标的102.7%。售电均价592.52元/MWh；线损率完成6.15%；完成接电21276kVA；全年共签订供用电合同453份；大力查处违约用电行为，营业普查收入44.24万元，有效打击了违章用电现象。

公司开展了“我为公司发展献一计、读一本书、做一件事”三个一活动，提高了全体职工责任意识和主人翁意识，使职工能积极主动对待工作并参与查找公司在安全、生产、营销、基建、管理、优质服务、后勤和多种经营等各项工作中存在的薄弱环节，提出合理有效的解决方法，从而达到促进公司和谐发展、提升品牌形象、促进职工全面发展的目的。

【安全生产】 公司积极落实“三个百分之百”要求，紧密围绕“百日安全”和“百问百查” 活动，不断夯实安全生产基础工作。按照“三级控制目标”，从公司安全第一责任人到个人逐级签订了安全双向互保责任书。公司各部门加强日常管理，强化安全责任，不断提高设备健康水平，及时更新生产一线的安全工器具、安全防护用品和劳动保护用品。公司加大现场安全检查力度，共计安全检查241次，检查127个工作现场，发现问题26件，其中领导带队检查78次，发现问题14件，查出的问题均在规定时间内整改完毕。

自3月20日起，公司开展“百日安全”活动，从防止人身伤害事故、防止误调度事故、防止误操作事故、防止继电保护“三误”事故、防止外力破坏事故、防止基建安全事故、防止大范围停电事故七个方面深入开展工作，推进公司安全生产工作良好局面。积极开展“百问百查”活动，公司372人参与“百问百查”知识答卷活动，有效提高职工安全意识。公司采取各种措施，确保电力设施不受外力破坏，保证地区电网安全、稳定、可靠、持续运行。3月22～24日，公司圆满完成位于永定河西侧的“共和国部长纪念林”义务造林植树活动保电任务。9月9日，公司完成潭柘寺1700年庆典活动保电任务。

2007年，未发生输、变电设备事故；未发生火灾和人身事故；未发生有责任的电网和设备事故；未发生性质严重或造成重大社会影响的停电事故。截至12月31日，累计完成安全生产长周期956天。

【营销与优质服务】 以营销信息系统实用化、深化三级营销区域考核为载体，全面清理核实营销系统基础数据。完成营销系统内部考核体系的建设。以优化地区服务体系为基础，逐步完善营销系统两支队伍（高绩效管理人员队伍、高水平技术工人队伍）的建设。

公司不断创新优质服务手段，采取大客户经理制、细分客户层次等方式，对客户进行有针对性的服务。推广低压小容量报装“一站式服务”模式，全年完成130户，客户回访满意率100%。开展安全服务工程，对煤矿、林场、中小学、幼儿园等重点单位进行检查，并向客户提出安全用电建议。加大规范营业窗口建设，公司营业厅、永定供电所被评为北京电力公司规范化营业窗口。2007年，受理故障报修3016次；“95598”受理客户投诉、举报、建议和表扬共计46件，无责任投诉，办结完成率100%；应急售电专递服务15户次。

2007年，公司共经历3次大突发事件的考验。3月4日（农历正月十五）凌晨，雨雪天气造成山区电力线路覆冰，直径达5cm，出现断线、跳闸现象，35kV线路故障6路，10kV线路故障9路，山区线路断线达13处，造成门头沟西北部山区大面积停电。公司启动应急预案，领导全部上岗，指挥事故处理，至晚21时事故点全部处理完毕，此次事件的快速处理得到了区委书记伊欣欣在全区精神文明大会上的表彰。11月30日，因客户听信电价涨价的谣传，发生抢购电现象，公司启动卡表抢购应急预案，保证客户情绪稳定，售电工作有序进行。至12月1日0时44分，完成售电工作，当日共售电806笔136万kWh。12月29日，门头沟区遭遇罕见大风灾害，导致山区35kV线路下斋线、24号线同杆并架线路缠绕，直接造成35kV高堡站、灵山站、24号站、斋堂矿站共4座35kV变电站全站停电，山区两个镇，62个村，9567户客户停电。公司领导连夜指挥抢修，至12月30日下午13时40分，全部停电客户恢复供电。3次事件，公司紧急启动应急预案，公司领导和相关部门负责人快速到岗，部门间协调有序，得到了区政府和广大用电客户的赞赏，充分体现了公司的应急处置能力。

■ 3月4日凌晨，雨雪天气造成山区线路覆冰，致使门头沟西北部山区大面积停电，公司抢修人员赶赴现场抢修位于山区的故障线路。

【农电工作】 公司不断加大农电专业化管理力度，加强新农村电气化建设，共完成11个电气化村建设，完成农网二期消隐补充工程，切实提高农村供电环境。积极推进东西王平村低压改造前期工作，成效显著。加大各供电所财务管理，合理分配供电所运营成本，加强资金计划管理，提高资金使用效率。加强农电职工培训工作，达到提高农电职工综合素质的目的。2007年，完成农电职工职业技能鉴定工作培训考核，通过率为77%。

【科技与信息化建设】 公司与营销部合作开发的计量PDA系统开发与应用项目，赢得了北京电力公司科技进步一等奖。配电线路故障诊断及运行监控系统的开发及应用、门头沟供电公司停电计划申请系统的开发、低压配电线路断线保护仪的应用等均获得了北京电力公司优秀科技成果奖。

按期完成了电网地理信息系统的推广应用。在北京电力公司电网地理信息系统推进工作第二阶段总结会上，公司的GIS推进工作受到北京电力公司奖励。

【党建与精神文明建设】 继续加大精神文明嘉奖力度，鼓励职工树新风、创佳绩。坚持两级中心组学习制度。开展“法制建设和思想道德建设”主题教育活动，在员工中组织开展《国家电网公司员工守则》、法律知识和北京电力公司2006年度“双十”事迹的学习活动，涌现出雁翅供电所为饮马鞍村及时解决吃水问题的义举和几名员工见义勇为、拾金不昧的感人故事。开展文明共建活动，与潭柘寺镇赵家台村结成共建对子。年内，被首都文明委命名为北京市城乡共建先进单位。公司连续十年获得首都文明单位标兵称号。

开展“企地联控”机制建设，与区检察院联手，提前预防职务犯罪，广泛宣传“质疑、危机、责任”的纠风工作理念和“第一时间”观念。全员层层签订廉洁从业承诺书。开展廉洁文化核心理念解读征文活动和警言警句征集活动，建立议事会签制度和上会申报制度，保证“干事、干净”和公开透明。全年未发生影响稳定的集体访和越级访等恶性事件。公司开展“扶危济困、爱心行动”募捐活动，筹集资金9910元，为我国贫困地区伸出援手。

（聂杰良）

房山供电公司

【概况】 房山供电公司（简称公司）作为北京电力公司的直属供电企业，肩负着房山区110kV及以下电压等级的输电、变电、配电、调度、自动化、供电营业等服务工作。供电区域面积2019km^2，人口87万。

2007年，完成售电量24.6亿kWh，实现销售总收入13.2亿元。

2007年，公司以建设“一强三优”现代化公司为战略取向，紧紧围绕安全生产、用电营销和电网建设三条主线，拼搏进取，攻坚克难。公司安全生产形势保持稳定，各项经营指标超额完成，“0811”工程按期竣工。荣获华北电网有限公司人口和计划生育工作先进集体、北京电力公司人力资源管理工作先进单位、北京电力公司优质服务先进单位、北京电力公司电网规划及电网建设先进单位、房山区文明单位标兵、首都绿化美化花园式单位等荣誉称号。

地址：北京市房山区良乡松林路房山供电公司
邮编：102401
电话：63669123

【人力资源】 2007年，公司以人力资源对标工作为切入点，深化组织机构管理，合理配置人力资源，设立13个处室和7个工区，21个供电所，设置34个专业班组。2007年因工作需要调整人员岗位35人次，缓解了生产岗位人员紧张格局。大力开展岗位培训和技能鉴定工作，积极组织各工种的培训和鉴定报名工作，先后组织了变电站值班员、抄核收、装表接电、继电保护等培训工作，全员培训率完成100%，人才密度和高技能人才完成100%，全员持证上岗率100 %，符合岗位条件的持证上岗率96%，教育经费投入326.91万元，取得了创一流同业对标排名第一的优异成绩。

截至2007年底，公司全民员工277人，在岗员工276人，未在岗员工1人（内退）；按人员类别分：中层领导7人，管理人员43人，专业技术人员39人，技能人员187人；按专业技术资格等级分：副高级6人，中级24人，初级76人；按技能等级分：高级技师1人，技师17人，高级工219人，中级工6人，初级工2人。

【电网规划与建设】 公司按照乡镇行政区域划分，摸清区域负荷现状及其分布，重点关注大型开发建设项目，分析和研究负荷自然增长规律，并结合乡镇经济发展规划、区域负荷自然增长、大型开发建设项目与现有变电站布点和网架结构相结合统筹规划电网，形成现状负荷和未来负荷的具体分布图，使房山“十一五”电网发展规划更加符合实际、具有前瞻性。

2007年，公司把“0811”电力强网工程作为公司电网建设的重点工作之一，集中公司优质资源，按期完成了长沟110kV输变电工程，新增主变压器容量100MVA，新建双回110kV架空线路0.15km，改造110kV架空线路3km；兴礼110kV输变电工程新增主变压器容量100MVA，新建双回110kV架空线路8.3km，改造110kV架空线路2.6km；焦庄110kV输变电工程新增主变压器容量100MVA，新建双回110kV架空线路1.4km；黑古台110kV输变电工程新增主变压器容量100MVA，新建双回110kV电缆线路0.4km；瓦窑头110kV输变电工程新增主变压器容量100MVA，新建双回110kV架空线路4.3km；磁家务升压工程新增主变压器容量80 MVA，新建双回110kV架空线路3km，110kV架空线路挂单回线18 km；紫草务110kV电源切改工程，新建双回110kV架空线路5km。以上工程共计新增主变压器容量580MVA，新建架空线路62.3km、电缆线路0.8km。

■ 9月15日，公司经理刘大龙（右二）听取磁家务工地现场介绍。

【经营管理】 公司以确保电费回收和深化线损管理为抓手，重点关注河北趸售负荷倒出和燕山石化负荷倒入带来的影响，并针对区域经济形势和季节用电特点，强化电费回收分析和预测，制定严谨有力措施，强化过程控制。积极采用红外预付费电能表和破旧计量箱改造等技术手段，为电费回收提供技术支持，取得了电费回收率连续24年100%和月度期末电费余额为零的优异成绩。完善线损管理体系建设，落实定期检查、督促和培训等措施，对重点地区集中开展用电普查和故障表计梳理，减少了电量损失，有效地降低了线损。利用变电站采集系统实现线损率自动统计和分析，为线损工作提供技术支撑。线损率完成6.04%，超额完成上级下达的指标1.34个百分点。

在确保完成各项经营指标的同时，公司注重大客户的管理，成功实施了燕山石化用电负荷倒入工作和“两非负荷”调查摸底，为后续工作开展奠定了坚实的基础。按照北京电力公司的统一部署，完成1411具峰谷表、432台破旧计量箱以及222户采集器的安装、更换工作，计量装置现代化水平显著提升。

【安全生产】 2007年，面对繁重的电网建设和改造任务，公司继续坚持“安全第一，预防为主”的方针和“谁主管，谁负责”的原则，树立大安全的管理理念，从生产、基建、交通、防火、防盗等各个方面加强安全管理。编发安全监督专业现执行的规章制度汇编、危险点分析与控制清册、无违章工区的考评标准，修订了“安措”管理办法、特种设备及作业人员管理办法等一系列规章制度，形成各项工作有章可循，目标一致、责权对等、各司其职的安全管理机制，注重安全教育和培训，组织开展年度安全规程考试、一线人员触电急救、心肺复苏和“三种人”培训考试，员工安全思想意识和安全技能显著提高。开展春季安全大检查，分别对基改建、南水北调迁改、“0811”工程及设备修试作业现场进行了全面检查，对查出的75项各类安全问题，分别制订了整改措施，明确了责任部门、责任人和整改完成期限，75项各类安全问题按期完成整改。开展“落实措施抓基础，强化责任保平安”为主题的百日安全活动，加强作业现场的安全管控，规范“两票”、危险点控制与分析在实际工作中的执行和使用，加强输变配电设施和电网的运行分析，强化工作现场的安全监督与检查，强化各级责任制的落实，确保了安全生产的稳定局面。加强部门之间的沟通和协调，统筹安排工作，加大施工现场管控力度，一方面严格按照电力公司工程承发包管理规定的要求，严格审核施工单位的安全资质，严把资质审核关；另一方面根据施工进度和生产计划，安排安全巡检人员开展现场安全巡检，保证“两票三制”、“倒闸操作把六关”、“五不干”和“停电验电挂地线”等最基本的安全组织和技术措施落实到位，同时认真按照“三同时”要求，规范施工投产验收工作，确保各项工程零缺陷移交运行部门，实现安全与进度、安全与质量、安全与效益协调发展。截至2007年底，公司实现了连续安全生产2033天，安全形势稳定。

“0811”电网改造工程完成情况：

（1）输变电改造工程共7项：分别为110kV福庄、南尚乐变电站改造工程，五侯35kV变电站改造工程和35kV磁班、南五、江元、南张十T线路改造工程。截至2007年底，完成南尚乐、五侯变电站和江元线路改造工程竣工结算工作，其余4项工程均已完成招标工作。

（2）配网改造工程共20项目，共改造10kV架空线路190km，加装真空开关178台，加装故障开关180台，加装用户分界负荷开关47台，分换装柱上变压器95台、箱变1台，同时进行加、换装熔断器、避雷器和设备绝缘罩工作。截至2007年底，完成竣工决算工程10项，其余10项工程已投产，预计2008年1季度完成结算工作。

红旗站、线建设情况：

（1）线路方面：共完成22条输电线红旗线整治工作，并全部通过北京电力公司验收，达到红旗线标准，其中1条达到标杆线标准。

（2）变电站方面：共完成14座红旗变电站整治工作，并全部通过北京电力公司验收，达到红旗站标准，其中1座达到标杆站标准。

【营销与优质服务】 公司以“四个服务”为宗旨，深化优质服务“三新”工程，细化夜间应急送卡和爱心服务举措，开展重大节假日期间夜间应急送卡24小时服务。落实社区服务便捷计划，建立与社区居委会、物业公司的沟通协调机制，房山和城区供电所建立社区居委会、物业的联系台账，并至少半年以各种形式召开一次联谊会，宣传公司近期工作并听取百姓建议，营造公司与用户之间融洽和谐的服务关系。积极推广“一站式”服务，报装接电速度明显加快。建立和完善应急服务体系，对发生停电故障影响规模较大的居民用电事件进行现场服务。推进营业窗口规范化建设，从硬件设施和制度建设两方面入手，按照营业窗口规范化要求，通过对窗口人员进行礼仪培训，促进供电服务规范化。开展“微笑大使”评选活动，员工服务意识进一步提高，行为举止更加规范，群众满意度逐步上升，公司实现了零投诉目标。

【农电工作】 按照北京电力公司建设新农村电气化建设标准，公司成立了新农村电气化建设领导小组。投资2120万元对房山区长沟、石楼、阎村、周口店四个乡镇中的28个村进行了新农村电气化建设。通过增加变压器容量、增大导线截面、使用更加安全可靠的绝缘导线、更换老旧接户线、更换非金属电能表箱等措施，改造农村电网的薄弱环节，消除局部配网“卡脖子”现象，完善农村电网供电网络，满足农村用电需求的增长。开展创建红旗供电所活动，在全区农村供电所掀起了抓基础管理和制度建设、加强自身建设、提高优质服务的高潮。

■ 4月18日，红旗供电所——周口店供电所考评会现场。

【科技与信息化建设】 完善公司科技工作管理制度。在北京电力公司组织的评比中获得北京电力公司群众性技术创新成果奖6项、群众性技术创新鼓励奖4项，获得公司群众性技术创新成果奖6项、优秀科技成果奖4项、优秀科技论文6篇。

按照北京电力公司统一部署完成公司网络改造配套工程的前期准备和调研工作，配合完成了营销信息管理系统、地理信息管理系统试运行和上线工作。完成公司计算机设备资产普查、统计及建档工作。

【党建与精神文明建设】 2007年，公司党委以科学发展观为统领，坚持围绕奥运电力保障和创建和谐企业建设这条主线、加强法制宣传教育和思想道德教育。坚持党委中心组学习制度，深入学习十七大报告精神，提高领导班子和党组织的执行能力。重新制定了公司党委《加强党的建设三年（2007～2009）规划》，依据党建工作同业对标文件，围绕北京电力公司党委《保持共产党员先进性长效机制建设指导意见》，建立《房山供电公司党委党建制度汇编》等一系列规章制度。紧密结合业务素质培养，开展思想政治工作同业对标，夯实思想政治工作体系和党风廉政体系。落实"一岗双责"，促进"责任制"层层落实；组织了由44个部门700余人参加的百条廉洁从业警句格言征集活动，共征集廉政警句701条，有效推进了廉洁文化建设。

（田万军）

大兴供电公司

【概况】 大兴电网起步于1956年。大兴供电公司（简称公司）位于北京南郊，担负着大兴地区1036km^{2}的电力供应、销售和输变电、配电设施建设以及运行维护，承担着大兴地区工业、农业、商业、居民以及首都政治经济活动安全供电任务。

截至2007年底，公司已发展为拥有21座变电站，44台主变压器，5174台公用配电变压器，2978km输、配电线路的区域供电企业。全公司在册全民职工297人，年售电量达27亿kWh，综合线损率7.36%，最大负荷已达到531MW。

■ 2007年底大兴供电公司领导班子。坐席左起：党委书记李建生，经理臧勇。立席左起：副经理罗准，兴电博业公司董事马利山，副经理周松霖，党委副书记兼纪委书记张丽萍，副经理宋振秋，工会主席王继永。

2007年，公司荣获首都军（警）民共建标兵单位、2007年首都文明单位、大兴区文明单位、大兴区第二届双拥工作先进单位、北京电力公司人力资源管理先进单位、北京电力公司宣传工作先进单位、北京电力会计学会先进会员单位、北京电力公司党风廉政建设优秀单位、北京电力公司先进基层党组织、北京电力公司新闻宣传成效显著单位、北京电力公司健康管理达标单位光荣称号。

公司下设：职能处室包括经理办公室、政治工作办公室、监察室、劳动人事处、财务处、发展策划处、生产技术处、安全监察处、工程建设处、调度所、市场营销处、农电管理处、行政管理处；变电工区、输配电工区、计量工区、客户服务中心、核算中心；15个供电所（含1个直属供电所）。

地址：北京市大兴区兴政街1号

邮编：102600

电话：69223535

【人力资源】 公司人员学历状况：研究生学历12人，本科学历81人，大专学历71人，高中学历13人，中等职业教育学历87人，初中及以下学历25人，共297人。

2007年，公司加大培训工作管理，共投入经费264.91万元，占工资总额的10.43%，在岗人员全员培训率达100%。公司全年进行不同层次的培训达10657人次，其中各类岗位技术技能培训5427人次，素质类培训5230人次。公司人才密度与高技能人才比例均达到100%，人力资源在同业对标中达到北京电力公司A段，排第二名，被北京电力公司树为人力资源管理标杆单位。在八项劳动竞赛评比中被评为"北京电力公司人力资源管理工作先进单位”。李季同志荣获“北京市工业高级技术能手”称号，张影同志、李金有同志荣获“北京电力公司技术能手”称号。

2007年，公司组织了三期共351人次技能鉴定，有154人通过了技能鉴定取得职业资格证书，其中108人取得了高级工证书。公司还组织职工参加了通用工种技能鉴定，共有10人参加并全部通过考试，取得了高级工资格，有27名职工通过了专业技术资格认定，取得了初级职称。

【电网规划与建设】 为积极推进“0811”工程，公司进行多方沟通，得到了北京电力公司和区政府的关心和支持，解决了工程中的难点问题，使“0811”工程顺利进行，“0811”工程在大兴地区的投资共计20.7亿元。完成4项前期“三通一平”工作，分别为青云店220kV变电站、陈留庄220kV变电站站址征地与拆迁、城南500kV变电站待征地拆迁和线路征地与拆迁工作，上述变电站的规划将有效解决大兴地区电源不足的问题，使大兴地区的电网结构更加合理。在公司广大干部员工的积极努力下，求贤、施家务、埝坛110kV输变电工程完成发电工作；旧宫110kV输变电工程目前已进入实施阶段。生产技术处组织完成消隐二期共4大项32小项工程；完成了3项农网改造项目，以及35个技术改造项目，共投入资金2.18亿元。同时完成了新农村建设改造项目，对公司辖区内的低压线路、变压器、避雷器、表计以及4个营业厅进行了改造，共投入资金4000万元。

在北京电力公司“0811”工程表彰大会上，变电工区继电保护班被评为“0811”工程先进集体。

【经营管理】 公司年初对指标进行了责任分解，制订阶段性目标，强化指标过程管理，取得良好效果。完善经济活动分析工作，保证对重点问题进行重点分析，不回避难点和矛盾，同时建立了经济活动分析反馈与跟踪制度，形成闭环经营管理，为实现公司经营目标提供了保证。

组织开展财务预算编制工作，并根据北京电力公司最终下达的预算指标，将预算进行合理分解，在预算执行过程中重视各项资金发生的过程管理及成本的均衡发生，通过预算管理控制，逐步理顺公司成本费用支出流程。积极协调、配合完成集团账务系统试运行工作，保证了核算系统与集团账务系统的凭证一致，确保工作质量及数据的完整性、一致性、准确性。加大对资金资源整合力度、资金运作力度，强化资金风险预警机制，严格执行工作流程和审批权限，有效防范经营风险。强化会计基础工作标准化和精细化，严格执行北京电力公司会计基础工作实施细则，认真落实会计基础工作规范要求，加强基础工作管理力度，提高财务工作质量，在全公司财务稽核互查中获得好评。构建资产全寿命管理体系，完善资产平台信息化建设。优化资产内部结构，对工程拆旧物资及时进行报废处理，经过消隐工程的改造，提高了资产运营效率。财务人员专业素质明显提高，在公司组织的会计知识竞赛中获得团体二等奖的好成绩。

【安全生产】 全面贯彻落实新《安规》，加大安全培训教育力度，规范现场人员行为，夯实安全基础。对“三种人”进行了专项安全培训。组织全公司生产一线职工及管理人员进行《供电安全工作现场规程》培训及考试，共计693人参加并最终通过了考试。深入开展反违章工作，开展“无违章班组”、“无违章工区”的创建活动，把事后的“四不放过”提前到违章后的“四不放过”，从事后处理型向事前防范型转变。2007年，公司巡检共发现违章27起，现场纠正错误13起，处罚14起。

开展安全生产“百问百查”、隐患排查、安全大检查等一系列活动，各级领导和管理人员深入班组、深入现场，对安全生产重点部位、关键环节进行全面检查，消除了一批影响安全生产的隐患，促进了安全生产责任制的落实。把信息安全管理纳入公司整体的安全保障、监督体系，落实安全责任，明确信息安全管理的责任部门，制定信息安全管理制度。

2007年，公司未发生人身轻伤及以上事故、重大电网事故、重大设备事故、人员责任的一般电网事故、人员责任的一般设备事故、误操作和误调度事故、继电保护“三误”事故、责任重大的交通事故及火灾事故、小动物事故和污闪事故、性质严重的或造成较大社会影响的停电事故、基建质量事故、后果严重的信息安全一般事故，完成3个百日安全生产纪录。

2007年，公司发生输电事故0次，输电障碍2

次；变电事故2次，变电障碍2次。城市供电可靠率完成99.8869%，农村供电可靠率完成99.6681%。城市综合电压合格率完成99.603%，农村综合电压合格率99.255%。变电站总数的50%达到红旗变电站标准，开闭站总数的50%达到红旗开闭站标准，输电线路总数的34%达到红旗线路标准。

■ 4月30日，公司经理臧勇、副经理周松霖陪同北京电力公司总经理时家林、大兴区副区长潘新胜（右一）视察施工现场。

【营销与优质服务】 2007年，公司全年售电量达到27亿kWh，同比增长12.82%；售电均价为632.22元/MWh，同比增长14.17%。

在营销信息系统上线运行的基础上，对配套软硬件进行完善，保证了MIS正常运行。加大电费回收力度，对小区欠费的居民户进行入户催费，并利用周休日和下班时间到用户处收取电费，全年共查处违章用电95户，补收电费及违约使用电费107万元，保持了电费回收率100%的成绩。初步建成线损管理系统，实现了线损自动统计分析功能，通过加强分区域线损管理和技术降损等工作，有效降低了线损。农网消隐计量改造工程已实施完毕，电能计量消隐和更换峰谷表工程进展顺利。截至年底，可自动采集进行电费计算的用户已达913户，安装实用化率达89%。通过努力，部分“临时代永久”小区用电问题得到解决。

公司通过开展“优质服务年”、“新北京、新奥运、新电力”、优质服务“百问百查”、优质服务满意度调查等活动，使服务窗口更加规范，服务水平更加显著，服务形象更加深入人心。开展标准化示范营业窗口建设，完成了一个示范化、两个规范化营业窗口的建设。推行“一站式”服务模式，并在规定的基础上进一步扩大服务范围，使更多的低压客户享受到这一便捷、高效的报装接电服务。全年共实施一站式报装1978户。“共产党员电力服务队”和“刘丽艳爱心服务热线”自成立以来，得到了广大客户的一致好评。公司全年实现零责任投诉，收到的表扬和锦旗已过百件。上半年，公司代表北京电力公司接受了国家电监会的供电检查并得到充分肯定。

【农电工作】 2007年，大兴区被列为新农村电气化建设试点单位，公司为开展好此项工作，从年初开始认真整理电气化建设基础资料，编制并不断修改和完善电气化区（镇、村）实施方案。成立电气化区建设工作小组，对申报材料和工程现场安全状况进行全面检查，对工程进度进行监督。

2007年，公司投入资金7570万元用于新农村电气化建设，其中10kV线路绝缘化改造9.489km；10kV进村电缆改造51.178km；低压线路绝缘化改造290.123km；低压电缆改造22.803km；低压接户线改造7050户，317.265km；更换、分装变压器共计29台区；更换、新装JP柜共计44台；更换、分装剩余电流动作保护器156套；计量装置改造22873具。大兴现有电气化镇6个，占全区乡镇的比率为43%；电气化村167个，占全区行政村的比率为32%。通过持续不断的农网建设与改造，大兴居民的户通电率实现100%。全区人均年用电量2604.59kWh，全区人均年生活用电量528 kWh。2007年底创建新农村电气化区工作已通过了国家电网公司正式验收。

【科技与信息化建设】 在配电专业推广了放电线夹、箝位绝缘子、安普线夹、用户故障隔离开关（看门狗）、隔离开关绝缘罩、机械式故障指示器、非金属外壳箱式变电站等设备的应用；在输电专业推广放电间隙、风力清扫环、耐热导线等设备的应用；在用电部门推广激光测距仪的应用。这些新技术的应用有效扼制了雷击断线事故的发生，对提高输配电线路健康水平、减少用户故障对电网的影响、提高工作效率等均起到了较好示范作用。

2007年，公司作为运维管控的试点单位，在日常工作中，加强了设备的运行维护及管理，严格执行巡检制度、故障报修制度、两票管理制度，规范运维流程，提高管理水平。公司积极筹措资金，在公司与供电所之间架设局域网络，实现了公司会议与供电所同步进行，有效地减少人力和物力浪费，节约成本，增加了信息的交流沟通和共享。为了对公司客服大厅实施有效管理，公司在业扩大厅安装了视频采集系统和录音系统；市场营销部门进行综合信息管理系统改造，先后完成新MIS系统上线升级、客服大厅智能排队机的安装调试等工作，为客户提供了优质、方便、人性化的服务，同时也提升了信息工作实用化水平。

■ 大兴供电公司调度室。

【党建与精神文明建设】 公司党委带动广大党员、员工掀起学习党的十七大会议精神的高潮。为强化员工法制观念和文明理念，公司党委认真贯彻落实“迎、讲、树、促”活动，举办了两次思想道德专题讲座，并召开了争做“三好员工”暨法制宣传教育和思想道德教育工作动员大会，全体党员积极响应，营造了文明、和谐的内外部发展环境。开展“珍惜工作岗位，提升执行力，与企业共发展”大讨论活动，引导员工用自己的努力和勤奋，实现事业的成功和人生的价值。开展党支部创新、精神文明创新和“争优创先”活动并取得了实效，公司党委被北京电力公司党委授予先进党委称号。公司纪委大力弘扬“干事、干净”的廉洁文化核心理念，利用多种形式宣传廉洁文化建设“五个一”活动，公司的廉洁文化氛围已悄然形成。建立并完善了三级监督体系，对党员干部的党风廉政情况、“三重一大”决策制度执行情况以及纠风工作的落实情况进行了有力监督。2007年，公司被北京电力公司授予党风廉政优秀单位，公司党政主要领导获得北京电力公司优秀领导干部称号。变电工区新办公楼于2007年正式投入使用，工区办公条件得到了改善。公司对大学生公寓进行了重新调整，使其居住环境更加宽敞、舒适，上班更加方便、安全。A楼电梯投入试运行，改善了办公环境。关心员工健康，为员工进行体检，组织集体休养。公司为员工发放了购书卡，以丰富员工精神生活。深化厂务公开工作，发现、解决员工普遍关心的热点、难点问题。

（于秀玲　汪　剑）

平谷供电公司

■ 平谷供电公司领导班子。左起：副总经济师王大春，副经理杨一坚，副经理蔡小京，经理越海军，党委书记杨文生，副经理马延民，总工程师张心阳，纪委书记兼工会主席冯立祥，多经总经理周科。

【概况】 平谷区是京津冀北的结合部，位于北京市东北部，区域面积950.13km^2，其中山区、半山区约占三分之二，常住总人口42.3万，其中农村人口22.8万。平谷地区电网担负着平谷区全境的工农业生产、政治和人民生活供电的任务。

平谷供电公司（简称公司）拥有35kV用户变电站2座，容量5.8MVA；10kV用户722户，容量398.55MVA；低压用户118866户，容量491.37MVA（其中含新纳入农户104268户，容量208.54MVA）；卡表用户45558户。一类用户1户，二类用户13户。

2007年，公司实现了3个百日安全生产长周期。截至2007年12月31日，公司连续安全生产达4247天。

2007年，售电量完成86482.09万kWh，同比增长6.70%；售电均价完成594.16元/MWh，比2006年同期592.45元/MWh高1.71元/MWh；线损率完成5.83%，同比升高了0.1个百分点；电费回收率100%；2007年固定资产80540.54万元；全年竣工决算考核工程项目7个，年度竣工决算率100%；公司2007年初固定资产为60739.01万元，至12月固定资产原值达到80540.54万元，原值增值率132.60%。

地址：北京市平谷区新平南路239号

邮编：101200

电话：69961605

【人力资源】 公司设有职能处室12个，生产单位3个，直属班组4个，供电所10个，1个多种经营公司。在册职工242人，其中全民所有制职工225人，集体所有制职工17人。公司拥有硕士研究生4人，本科学历36人，专科学历85人，中专73人，高中及以下27人；拥有高级职称3人，中级职称20人，初级职称77人；高级技师1人，技师11人，高级工161人，中级工13人，初级工7人。

2007年，公司制定了《平谷供电公司对劳务派遣人员进行考核的实施方案》，建立了《教育培训经费管理办法》，组建了生产值班室和电费核算中心，使人员结构、机构设置、薪酬管理、社会保障更趋于合理，职工层次进一步得到了提高。

组织完成了58名职工的中专班学习和34名职工专升本的后续学历再教育。共有30名全民职工、4名农电工和1名集体工通过认定，取得了初级职称；完成了6名职工的职称评定申报和13名职工技师申报工作。

在华北电力会计学会举办的2007年会计知识竞赛中，公司徐磊和其他兄弟单位的同事组成的代表队共同取得了团体二等奖。客服中心营业厅QC小组的《缩短临时小报装接电时间》，获北京电力行业协会在延庆组织的QC成果发布会优秀奖。

【电网规划与建设】 2007年，编制完成了《2008～2010年三年大修技改滚动计划》，并在此基础上完成了2008年输、变、配电大型技改消隐工程项目的申报和评审工作。

2007年，公司负责的固定资产投资工程包括基建工程、主网消隐、配网消隐、农网消隐、营销工程以及小型基建共27项，截至12月底，已完成投资计划的70%。完成配网改造15项，改造10kV线路160km，低压线路75 km，更换电杆205基，加装低压避雷器921只，新装分支保护箱200台，新装、更换漏电总保护器180台，加装总保护控制器634台。配合区市政工程完成10kV迁改7路次；低压改造35处。

完成了新建110kV大华山变电站10kV线路切改工程和谷泉会议中心内部工程的发电任务。配合京平高速公路建设，继续进行高速公路10kV迁改的设计、施工组织工作。

启动了地理信息系统建设，结合GPS定位，对公司所辖设备资产进行了梳理，完成了系统的培训和基础数据整理工作，数据定位已基本完成。

2007年，公司规划投运了峪口110kV变电站（2006年2月17日线路开工，2006年9月26日变电站土建开工， 2007年6月13日开始电气安装施工，2007年8月28日竣工发电），主变压器容量2×31.5MVA，双回110kV架空线路11km。至此，公司率先全部完成了“0811”基建工程建设任务。

■ 110kV峪口输变电工程建设者在组塔放线。（李宝庆　摄）

截至2007年12月底，各项工程建设情况如下：

（1）生产调度中心办公楼工程：主办公楼、职工活动中心主体结构已完成。

（2）平谷220kV变电站110kV切改工程：平沟线路长8.4km，共计22基铁塔，已全部完成铁塔基础，组塔20基，计划在资金拨付到位后3个月内竣工发电。

（3）金海湖110kV输变电工程：已完成变电

站工程施工图设计和主设备招标采购工作，具备了施工条件，12月份进行了110kV线路和35kV切改设计工作。（应北京电力公司基建部工程调度会要求，在政府垫资到位后再继续开展具体施工工作）

（4）马坊中心供电所建设工程：9月完成施工前期手续，12月已完成办公楼和附属用房基础施工和回填土，计划2008年2月份投入使用。

（5）完成35kV沟安线路改造工程、35kV沟韩线路改造工程、配网消隐工程、农网消隐工程、更换峰谷表工程和电能计量消隐改造工程。

2007年，公司生产调度中心工程被北京市优质工程评审委员会评为2006年度结构长城杯金质奖工程；大华山110kV变电站工程被北京市政工程行业协会评为2006年度市政基础设施竣工长城杯银质奖工程。

【经营管理】 加强预算管理，制定了《2007～2010年四年滚动预算》；制定实施了《平谷供电公司物资管理制度》，明确了自行招标采购物资的权限范围、组织部门和实施的工作流程。完成了2006年资产经营和基础工作检查审计；完成了审计部和外审单位2006年消隐一期工程和配网马坊110kV输变电工程的审计；完成了财政局组织的路灯费用专项调查及资金拨款支出检查工作；完成了财务部组织的电力专项资产、电费收入等专项调查任务；完成了2007年度公司预算指标的分解和上报工作。

2007年5月，基本实现“集团化”账务上线工作，并按照北京电力公司财务部要求，将1～12月的会计凭证全部录入集团公司账务系统，实现了财务2.0操作系统账套与集团公司账套双轨运行。截至6月30日，全部完成双重账套的账务处理、财务报表上报和财务分析工作。

深入开展同业对标工作，制订年度对标工作计划，开展同行业对标知识培训，安全管理获得标杆单位称号。公司上报的“供电所规范化、精细化管理”课题，被国家电网公司典型经验库收录。

【安全生产】 2007年，公司未发生轻伤及以上人身事故；未发生电网事故、变电设备事故；未发生误调度；未发生一般电气误操作、恶性电气误操作事故；未发生火灾事故。发生输电一类障碍一次。

2007年，制定了《平谷供电公司月度安全生产分析会管理办法》、《无违章工区实施细则》、《安全工器具管理细则》、《平谷供电公司安全管理系统现行有效的规章制度》、《平谷供电公司关于电缆切割刀安全管理规定》、《平谷供电公司有害气体中毒窒息事故应急预案》；以公文形式公布了《平谷供电公司工作票签发人、工作负责人、工作许可名单》、《平谷供电公司三级安全监督网》；颁发了《平谷供电公司“无违章工区”考评实施细则（试行）》；印发了《平谷供电公司打击盗窃破坏电力设施违法犯罪专项斗争工作方案》。

■ 4月，百日安全活动督导组到35kV兴韩线清扫现场检查。

2月7日～4月10日，开展春季安全生产大检查暨保“两会”安全供电检查。3月19日～6月30日，开展了“落实措施抓基础，强化责任保平安”百日安全活动，成立了活动督导组和检查组，做到了布置、开展、检查、总结各司其职，落实到位。

开展了“防止电气误操作专项安全监督检查”、“基改建项目专项安全监督”、“承发包工程专项安全监督”、“安全教育培训专项监督检查”、“防止中毒窒息专项检查”、“安全工器具检查”等专项安全监督工作。开展了工作票管理软件培训工作，规范了工作票的填写。加强了消防保卫工作，杜绝火灾隐患。每月按时编发安全生产简报，及时传递安全生产信息。

积极开展红旗站、线创建活动，7座变电站、4座开闭站、5条线路通过验收。峪口110kV变电站电气安装施工取得三面“无违章工地流动红旗”。

严格执行车辆“三检制”，推进“调度运行一日工作标准化”建设。全面检查核对“五防”闭锁装置，制定线路倒闸操作规范；建立“继电保护定值会审制度”；加强电力设施保护宣传力度，并将《电力实施保护条例》宣传到每个乡镇及广大客户；完善与地方政府和公安机关保护电力设施的合作机制；制定事故处理应急预案，并进行演练；完成《安规》、《调规》、《交规》的考试，通过率达100%。

编制《平谷地区电网2007年度运行方式分析报告》、《平谷地区电网2007年度夏运行方式分析报告》、《2007年夏季运行方式调整计划及实施预案》、《平谷地区电网2007年冬季运行方式分析报告》，并进行月度运行方式分析。针对电网电力缺额和系统可能发生重大电网事故等情况，编制了《平谷地区电网2007年自动低频减负荷整定方案》、《2007年平谷地区电网紧急事故拉路限电序位》、《2007年平谷地区电网供电缺额限电序位》，确保在必要情况下迅速限下负荷，保证上级系统的安全稳定运行。定期开展了反事故演习、技术问答和事故预案演练活动，为迅速处理事故打下了坚实基础。完成了2007年度《继电保护动作分析报告》及《继电保护整定方案报告》；组织了平谷电网自投装置安全检查、继电保护专项监督检查；进一步完善了DMIS系统、数据网、综合数据平台建设，在OMS系统中建立了平谷电网设备参数库；完成了调度自动化系统等8套系统和通信系统搬迁方案；完成了平谷国际桃花烟花节系列活动、各类学校的重要考试、军事驻地的重要活动和平谷区重要会议等保电任务。

【营销与优质服务】 对北京电力公司下达的2007年绩效考核营销指标进行了分解，出台了《平谷供电公司用电客户电量追退管理办法》、《平谷供电公司电费违约金管理办法》和《平谷供电公司供电所营销指标暂行办法》等，确保了指标的完成。

完成了MIS系统上线工作，实现了报装、接电网络化管理，规范了流程，简化了手续，有效提高了工作效率。

加强电费回收工作，将电费结算日提前到每月的26日，保证了电费回收的圆满完成；强化线损管理，实施计量消隐工程，将开关站的采集数据实用化，并依据企业与用户产权分界点，合理计收线损；开展临时用电的清理工作，制定了临时用电管理办法，进一步净化了用电市场。

全面开展“一站式”服务，制定了工程委托协议，规范了收费标准，加快小报装接电速度，在最短时间内满足客户用电需求。

对营销系统进行了重组，整合原有用电检查、负荷管理、大客户抄表收费等资源，在客户服务中心成立了大客户服务班，有力地提高了大客户优质服务水平。

建立健全了供电所管理体系，修订了事故抢修预案和抢修流程，抢修效率进一步提高。

加强停电计划管理，合理安排检修工作，1～12月累计供电可靠率99.7885%。

【农电工作】 2007年，完成大华山供电所建设。成立新农村电气化建设领导小组，编制《供电所精细化管理手册》，在3个供电所进行了试执行，于8月在公司10个供电所全面推进，使改制后的供电所管理更趋规范、合理。完成原由农电管理处对供电所各专业的归口管理到供电所各项专业实现公司各职能的专业管理的交接过渡。撰写了《平谷供电公司农电体制改革调研报告》。针对供电所人员构成多样、用工机制不同，撰写了《供电所多种用工机制给公司带来的挑战和应对策略》，以做好供电所职工思想政治工作。组织开展了红旗供电所创建工作，金海湖、峪口供电所通过了北京电力公司检查验收，荣获红旗供电所称号。

3月26日，成立了农电培训队，为年轻人的成长搭建平台。

成立新农村电气化建设领导小组，学习讨论了《新农村电气化建设标准体系》，编制《平谷供电公司新农村电气化建设“十一五”规划》，确定2008年建成新农村电气化县的目标。对新农村电气化村进行了低压线路升级改造，使27个村全部绝缘化，改造台区67个，其中，更换JKLY-120主干线14.776km（单线长）；更换JKLY-70支线23.533km（单线长）；更换JKLY-50支线21.4km（单线长）；更换BS1-JKLV-50×4集束导线2.062km；更换BS1-JKLV-35×4集束导线6.095km；更换BS1-JKLV-35×2集束导线7.291km；更换ϕ150×10m电杆96基；更换ϕ190×10m电杆4基；更换ϕ190×12m电杆103基；更换ϕ190×15m电杆2基；加装低压避雷器921只；新装分支保护箱200台；

新装、更换漏电总保护器 180 台；加装总保护控制器 634 台；加装漏电保安器 10 只；安装电压监控表 30 块，改造电能表箱 74 台。全年，完成 48 个新农村电气化村和 5 个电气化乡镇建设，超额完成 2 个乡镇，27 个村；完成新农村电气化村用电合同签订工作。

【科技与信息化建设】 针对平谷地区处在雷电多发地带，公司成立了防雷工作小组，对历年来雷击事故进行了分析，并聘请了北京电力公司有关专家到公司进行防雷知识讲座。

2007 年共征集科技项目 17 项，其中线路综合检修队人工装设柱上真空开关工具取得科技推广应用三等奖，利用逆变器修理路灯、全角度针式绝缘子螺母螺杆紧固操作杆、10kV 架空线路新型动力放紧线机具等 3 个项目，取得了群众性创新奖。

2007 年，组织完成公司科技论文的征集、整理、印刷、评审工作，共计 50 余篇，编制了公司第一册科技论文集。

制定《平谷供电公司国际互联网络接入管理规定》、《平谷供电公司办公自动化系统管理办法》。完成 GIS 系统建设及数据采集和录入工作。开展网络改造工程，对公司内部的核心交换机和各楼层交换机、各分支机构的交换机全部更换为可网管的交换机，为公司统一接入调通综合数据网和 IP 地址切换打下了基础。

【党建与精神文明建设】 坚持党委理论学习制度，着重强调领导干部的思想建设和党风廉政建设。2007 年共组织中心组学习 41 次，重点学习了“十七大”报告，并撰写体会文章，从而提升了班子成员落实科学发展观、实现企业和谐发展的责任感。

结合党风廉政教育月活动，深入开展了“法制宣传教育、思想道德教育”活动，聘请专业律师进行了法制知识讲座。组织公司班子成员和全体党员干部到平津战役纪念馆，进行“忆党史、看发展、颂业绩”为主题的党性教育活动。组织班子成员利用中心组学习时间观看了平谷区反腐倡廉警示教育展，并在学习后组织课题组有针对性地结合公司实际工作进行了专题调研，提高了党员和领导干部拒腐防变和抵御风险能力。

不断深化“新北京、新奥运、新电力”优质服务工程，自觉加强行风建设，主动与区纪委、监察局建立了企地联控机制，主动参加区行风政风热线评议，自觉接受社会的监督。

加强党风廉政建设，开展以解读廉洁文化核心理念“干事干净”为主题的“五个一”廉洁文化建设活动，利用三级宣传阵地及时宣传上级精神。宣贯纠风工作理念，强化纠风工作机制，培育纠风工作品牌，提升优质服务的整体水平。

深化“四好”精神理念，充分利用《平谷供电报》、《平供快讯》、公司网站、宣传橱窗等载体，深入开展法制宣传教育、思想道德教育。2007 年，共编辑发行《平谷供电报》12 期，《平供快讯》241 期；制作宣传展板 68 块，视频新闻 65 期。在行业媒体上发表稿件 37 篇，市级报刊杂志发表各类文章稿件 63 篇，发表于公司内部的稿件信息 758 篇。

开展大学生“建功在企业，和谐促发展”主题演讲活动、金牌供电所创建活动、劳动生产竞赛活动以及各种有益于职工身心健康的娱乐活动，促进企业的和谐发展；开展帮残助教献爱心活动，提高团员青年的优质服务意识，树立公司在社会上的良好形象。

（张志新）

怀柔供电公司

【概况】 怀柔供电公司（简称公司）负责怀柔地区 2128.7 km² 的电力供应、销售和输电、变电、配电设施的建设与运行，肩负着为怀柔地区经济发展、政治供电和人民生活提供安全供电的任务。

公司全面落实北京电力公司 2007 年工作会议的各项部署，以科学发展观为指导，按照“集团化运作、集约化发展、精细化管理、标准化建设”的总体战略思想，积极贯彻落实“五突出五抓一创”的工作思路，进一步夯实安全生产基础，全面加快电网建设与改造步伐，强化同业对标管理，深化“三新”优质服务工程，结合怀柔地区特点提出了做好“普遍性服务、特殊性服务、个性化服务”的

■ 怀柔供电公司领导班子。左起：工会主席张凤坚，副经理赵化明，经理李殿军，党委书记卢康铭，副经理杨青，总工程师肖文清。（钟玉娟　摄）

服务理念，综合效益稳步提升，圆满完成了全年的各项工作目标。

截至2007年底，公司管辖自有变电站12座，10kV开闭站6座。地区最大负荷19万kW，年用电量10.4亿kWh，线损率5.77%，电费回收率100%。截至2007年12月31日，实现安全生产长周期2728天。

地址：北京市怀柔湖光小区36号
邮编：101400
电话：69653838

【人力资源】 公司共设12个职能处室，6个生产工区，1个多经总公司，38个班组，14个农村供电所。截至2007年底，在册职工271人，其中全民职工241人，集体职工30人；党员94人，团员46人；中专及以上文化程度的197人，专业技术人员128人，获得高级以上职业资格的181人。

2007年，公司以新《中华人民共和国劳动合同法》为依据制定了劳务用工的相关制度及办法，为规避用工风险打下了良好基础。依照干部管理规定，根据工作需要，对部分中层管理干部和管理岗位人员进行了调整和交流，以实现人力资源的最优配置，不断增强企业的活力和竞争力。出台了新的绩效考核办法，充分调动职工主动工作、干好工作的积极性，初步营造了一个“赶、学、比、拼”的企业工作氛围。以提高员工素质为主线，以提升中层管理人员的素质为重点，开展“素质建设工程”，通过中层干部之间相互授课、听讲座、外出参观等形式，提升中层管理人员的主动性、执行力、沟通能力等综合素质。根据企业发展需要和广大员工需求，公司与华北电力大学成教学院联合举办了“电气工程及其自动化”专业本科班，共有85人参加了继续教育学习。

【电网规划与建设】 修订和颁发了《怀柔供电公司电网规划工作管理办法》、《怀柔供电公司110kV及以下输变电工程项目规划前期工作管理办法》。以10kV配网规划为重点，开展地区以及14个规划中区最大负荷、用电量预测工作，确定了2007～2012年高压电网新建、扩建、改造规划和10kV及以下电网建设改造规模，初步拟定了电网建设静态投资规模。根据每个供电中区的电源点建设规划，对变电站投运后10kV馈线切改、区域内热点项目供电方案进行了详细规划。参照经济热点区域的控制性详规划分的小地块功能、性质和用电指标，编制完成怀柔新城、雁栖开发区、杨宋等重点区域10kV配网规划方案。同时，根据怀柔区平原与山区并存、各区域特色鲜明、地域经济发展不均等特点，以“统一规划、稳妥推进，因地制宜、区别建设，主配协调、重点突出”等规划原则为指导，开展了“十一五”新农村电气化发展规划的编制工作。

全年共组织各类工程58项，资金总额为2.195亿元。其中基建工程1项5769万元，市政工程10项6535万元，迁改工程24项605万元，消隐二期工程23项9044万元。完成上级考核竣工决算项目24项，总投资金额9257万元。

为满足怀柔中心城、杨宋开发区和南部板块的用电需求，促进怀柔东南部经济建设和电力市场的发展，提高怀柔东南地区的供电能力，公司于3月25日启动了城东110kV输变电工程。该工程总建筑面积为2404m^2，安装110kV主变压器（31.5MVA）2台，新建输电线路0.1km。其中，输变电工程由北京京供诚信电力工程有限公司承担施工，土建工程由怀建向前公司承担施工。10月30日，该工程顺利竣工，并通过了北京电力工程质量监督站质检验收，于12月26日一次发电成功。

【经营管理】 为提高综合计划和全面预算的执行力，在全公司树立全过程的成本管理意识，包括生产成本、工程建造成本，做到成本开支、基本建设资金严格按照预算执行。加强计划的实时控制，坚持“量入为出、收支平衡、统筹兼顾、保障重点”的原则，按从重到轻的顺序，合理安排各项财力、物力资源，重点保障电网建设与发展支出，优先安排对电网建设与发展关系重大的项目，兼顾一般性经营活动支出的基本需求，杜绝无效支出。

坚持将同业对标作为提升公司整体管理水平的重要载体。增设同业对标管理中级岗，建立健全对标常态工作机制，坚持同业对标月度、季度例会制度，强化对落后指标的分析，查找薄弱环节，及时制订改进措施。2007 年，公司有 54 项指标并列位于第一（A 段），占发布指标总数的 55.1%，其中生产管理专业指标由 E 段上升为 B 段，安全管理专业获得北京电力公司标杆单位。

【安全生产】 严抓安全基础和细节管理，强化责任落实，牢牢把握安全生产主动权，努力提高安全生产“可控、能控、在控”水平。深入开展安全百日和“百问百查”活动，内容涉及知识答卷、上街宣传、组织供电所安全技能大赛、安全工器具及急救箱的检查与更换、心肺复苏培训与考试、大型签名等。注重“问查”的实效性，以解决实际工作中几个突出问题为出发点，抓基础、抓细节、抓落实，做到边问、边查、边改，全面梳理安全生产的薄弱环节，取得了显著效果。安全月期间，在公司门口、报装大厅、变电站、供电所等公共场所内共悬挂安全生产宣传标语 17 条，张贴宣传画 650 张，组织安全生产知识答卷 740 份。在对外宣传活动中，共制作展板 12 块，发放宣传画、农村安全用电常识手册等 6000 余份。组织“百问百查”普考和调考，人员包括领导干部、管理人员、一线人员等 694 人，在北京电力公司“百问百查”知识竞赛中取得了第一名的优异成绩。加强安全巡检力度，重点强化对安全事故多发、易发部位的专项安全监督检查，特别是基建施工现场和综合检修实施过程中多班组交叉的作业现场，不折不扣地贯彻现场作业“十条禁令”，对违章现象及时给予曝光警示。2007 年，城东变电站四次被评为北京电力公司安全无违章工地，公司继续保持了全年无事故的安全生产稳定形势。

以效益为中心安排生产运营，推行综合检修，提高生产的计划性。加强电网稳定性、经济性分析，全面梳理配网运营管理中存在的问题，努力增强电网驾驭能力。做好迎峰度夏工作，针对夏季负荷高峰期电网运行特点，对重点地区和重载设备进行特巡和监视，密切跟踪负荷变化情况，做好设备测温，科学编制需求侧管理方案。完善修订了预警应急预案，并大力开展应急演习，提高公司抢修队伍的快速反应和协调配合能力。完善保电机制，规范保电程序，完成“十七大”、“十一”和网球中心奥运测试赛的重大保电工作。特别是在网球中心奥运测试赛保电工作中，组织全公司力量，仅用两天时间就完成了 5325m 的电缆敷设、100 余个电缆终端头的压制、330m 马道的铺设、14 个电源箱的安装及接线工作，并一次通电成功，创造了北京电力公司奥运临时工程建设历时最短的纪录。

■ 公司现场工作负责人身穿“红马甲”作业现场。（钟玉娟　摄）

【营销与优质服务】 强化营销基础管理。成立了计量中心，实现“一处三中心”的营销管理模式，使业务管理更加高效、顺畅。加大力度开展电价稽查工作，重点是电采暖优惠电价、中小化肥优惠电价、中小学优惠电价等，大大提高了电价执行的准确率。取消合表电价，将低压客户的抄表收费业务下放至供电所，实现了电费集中核算。年内陆续开展了破旧计量装置消隐改造、315kVA 以上客户远采改造、四费率峰谷表更换、配网综测改造等 7 项工程。对全体营销工作人员进行了营销 MIS 系统的培训，并认真做好系统数据的核对与录入工作，顺利完成了 MIS 系统的上线运行。针对农村供电所现金电费走收风险大的问题，在庙城供电所试点引入了移动 POS 机刷卡缴费业务，得到北京电力公司营销部领导的好评，其他供电所也在加以推广应用。继续深化和完善电费催收保障制度，创新引用短信催费系统，确保了电费准确、足额、及时回收，自 9

月份起电费回收和应收电费余额实现了“双结零”。

继续深化“三新”服务，推动营销服务方式由客户推动型向市场开发型转变，根据不同客户群体，实施“普遍性服务、特殊性服务、个性化服务”。强化“窗口”人员的服务意识，举办了礼仪培训，对服务人员的文明用语、言谈举止、交流沟通、待人接物等进行了规范。结合优质服务“百问百查”活动，对营业厅和供电所的营业标识、硬件设施、服务规范、优质服务知识掌握情况、服务承诺落实情况等方面进行了明察暗访，对查出的问题认真分析原因，制订了完善措施，并及时整改提高。5 月 24 日，公司新建的营业大厅正式揭牌启用，温馨、舒适的服务环境得到了社会各界的好评。

■ 5 月 24 日，怀柔区副区长祝自河与公司党委书记卢康铭为怀柔供电公司新营业大厅启用揭牌。（钟玉娟　摄）

【农电工作】 继续推进供电所规范化建设，庙城供电所不但获得“金牌供电所”的称号，还从 17 个“金牌供电所”中脱颖而出，荣获北京电力公司红旗标杆供电所称号，并参加了北京电力公司“平凡孕育伟大，劳动奉献光荣”主题表彰大会。强化农电安全技能管理，6 月 16 日，农电管理处组织以“人人讲安全、比技能、赛综合素质”为主题的安全技能大赛，内容涉及停电、验电、挂地线等，公司所属 14 个供电所的 100 多名员工参加了此次活动，增强了供电所员工的安全意识，使员工们掌握了标准的安全作业操作方法。

结合“0811”消隐二期农村低压电网改造工程，同步推进电气化镇、村建设。共更换 10kV 氧化锌避雷器 113 组、更换绝缘线 28.2 km、更换不合格电杆 79 棵、计量装置改造 1091 户、更换接户线 21.42km、横担除锈 528 条、电杆刷防撞漆 190 棵、更换低压电缆 1118m、户表箱除锈刷防腐漆 3377 台、电缆护管除锈刷防腐漆 77 根、做表箱接地线 9 处，另外还对台区负荷进行了重新计算分配，保证了三相负荷基本平衡。通过整治，大大消除了不安全隐患，使农村电网的健康运行水平得到显著提高。

■ 6 月 16 日，怀柔供电公司供电所安全技能大赛现场。（钟玉娟　摄）

【科技与信息化建设】 加大科技投入，继续推进电网地理信息系统、遥视系统、配网综测系统、调动自动化系统的建设，并对通信通道和信息网进行全面升级和改造。年内完成了范各庄 110kV 变电站主变压器扩容工程、雁栖湖 110kV 变电站新增 35kV 开关工程的自动化改造；完成了新建城东 110kV 变电站综合自动化系统建设；完成了操作队监控班机房建设，使其具备了调度自动化、OA 网络、录音通信、变电站音视频监控系统等工作条件。加强信息资源平台以及 OA 的日常维护，保证了人力资源、安监工作票、营销等系统的成功上线。

全年共收集科技论文 35 篇、科技成果 3 项，积极申报 2008 年科技项目 4 项。

【党建与精神文明建设】 2007 年，公司党委继续以建设“四好”班子为中心，认真贯彻党的十六届六中全会和十七大精神，将全体员工的思想和行动统一到科学发展上来。在党内开展了“和谐先锋——我是党员，从我做起”活动，在“百日安全”、“百问百查”等活动中，发挥了党组织的战斗堡垒和党员的先锋模范作用。继续完善精神文明和党风廉政责任制，分三个层面签订党风廉政建设责任书，做到了党委对处室、工区，工区对班组，班组对职工层层负责把关。通过确定目标、责任分解、业绩考核、责任追究等环节，提升了各级员工精神文明建设和党风廉政建设的责任意识，保证了党风廉政建设和反腐败工作的顺利进行。积极与地方执纪执法机关就党风廉政建设、预防职务犯罪和纠风等工作进行沟通与互动，加大纠风工作的力度，进一步从源头上预防腐败问题。3～5月，公司党委、纪委以“预防职务犯罪巡展”形式，在公司和14个供电所开展预防职务犯罪教育活动，大大提高了广大员工的防范意识。公司领导还分别到怀柔区纪委和文明办上门征求意见，与怀柔区人大代表、政协委员及监察局、纠风办和行政投诉中心等单位的领导进行座谈，就国有企业党风廉政建设、预防职务犯罪、行业作风建设等方面进行沟通，共同探讨电力企业廉洁建设的手段。

（解小林　赵艳霞）

密云供电公司

【概况】 密云供电公司（简称公司）坐落在享有“北京山水大观，首都郊野公园”之盛誉的密云县境内，成立于1963年，直属于北京电力公司，是集输、变、配、用为一体的供用电企业。公司承担着密云县2229.45km^2、17余万电力客户的供电任务。公司设有11个职能处室、6个工区、1个后勤服务中心、1个多经总公司、19个供电所。至2007年12月31日，公司管辖110kV变电站8座，35kV变电站14座。密云电网供电人口43万人，总用户171747户，总用电量9.3822亿kWh。

■ 密云供电公司领导班子。左起：总工程师陈阳，副经理张琪，党委书记金学，经理孙永鑫，副经理黄迅，工会主席兼纪委书记杜国成。

2007年，公司认真贯彻党的十六届六中全会精神，树立科学发展观，按照北京电力公司的工作部署，以开展“五突出五抓创一流”为落脚点，努力实现“两个转变”，围绕“北京电力公司率先实现国家电网公司‘一强三优’战略目标的标杆企业”的定位，转变观念，落实责任，营造和谐氛围，保持一流成果，团结进取，攻坚克难，各项工作取得了新的成绩。

地址：北京市密云县新中街3号
邮编：101500
电话：69042580

【人力资源】 截至2007年底，公司共有全民职工252人，集体职工9人。其中，研究生及以上学历3人，本科学历46人，专科学历101人，中专学历76人，中技学历22人，高中及以下学历13人；高级职称4人，中级职称17人，初级职称105人，其中包括集体职工3人。

公司高度重视人力资源管理工作，将人力资源分析列入了经营指标分析会。制定了《密云供电公司后备人才管理办法（试行）》等8项人才培养、使用、交流、考核、奖励办法，从实际出发、从管理入手，将成熟的工作制度化、将零散的工作系统化、将不完善的制度健全化，提升了公司劳动人事工作管理水平。

重视人才培养，提高职工的业务理论水平，促进职工岗位成才。组织开展了各类培训，全年开展培训400余期，全员培训率达到100%。

加强技能鉴定培训工作，鼓励职工争当专家，争当技术能手。共有294人参加技能鉴定，236人一次性通过考试，通过率80.27%。截至2007年底，生产岗位持证人员共有187人，占本单位生产岗位期末职工工人数的98.42%。完成了抄表核算收费员、装表接电工、配电线路工和电力电缆工4个工种30余名劳务人员的轮训工作。

2007年，公司与保定电力中等职业技术学校联合开办了供用电工程专业中专班，全年共有66

名职工报名参加学习。在北京电力公司组织的安全生产和工会劳动保护知识竞赛活动中获得一等奖；在百问百查知识竞赛中获得优秀奖。

【电网规划与建设】 2007年，公司组织修订了《北京市密云县高压配电网“十一五”规划报告》。深入分析密云地区电网现状，做到合理布点，并结合地区规划发展，研究密云地区220、110kV等高压线路走廊问题，同时提早做好可行性研究。编制了《密云供电公司“十一五”新农村电气化发展规划》，为提高农村配网布局的合理性、经济性提供了有力的依据。

全年公司如期完成了北京电力公司下达的迎奥运电力强网“0811”工程任务。完成了密云220kV变电站110kV切改工程、巨各庄110kV输变电工程、石城35kV输变电工程三项重点基建工程，工程的顺利竣工使整个密云地区的电网结构日趋合理，地区供电可靠性进一步加强。完成了重点技改工程消隐二期主网工程9项，其中包括高新35kV线路改造工程、务溪35kV线路改造工程、太子务110kV变电站改造工程、冯家峪110kV变电站改造工程、密云110kV变电站改造工程、不老屯35kV变电站改造工程、东邵渠35kV变电站改造工程、白河35kV变电站改造工程、穆家峪35kV变电站改造工程；完成消隐二期配网工程18项，更换绝缘导线328.97km，分换装柱上变压器106台，更换10kV电缆分支箱13台，加装用户分界负荷开关28台，加装联络开关15台；完成低压消隐二期农网改造工程3项。各项消隐改造任务的完成，改善了密云地区网架结构，提高了电网输送能力和设备健康水平。

■ 7月6日，“0811”穆家峪35kV变电站改造工程施工现场。（刘杰 摄）

2007年，公司首次安排基建资金进行计量改造，组织开展了更换峰谷表工程、计量消隐改造工程、新农村电气化建设计量改造工程等3项基建工程，组织了农网户表更换工作，改造计量库房，建设智能表库。

不老屯35kV变电站改造工程简介。原不老屯变电站为简易变电站，1条35kV进线，单台主变压器运行。本次工程主要工作内容是在原简易站北侧新建不老屯35kV变电站。安装容量为6300kVA变压器2台，全站采用综合自动化系统。改造后的不老屯变电站为2条35kV进线。此项工程的顺利完成，不仅解决了简易站供电能力和供电可靠性不足的问题，满足了一定时期内该地区负荷增长的需求，而且为嫦娥探月工程密云地面站提供了坚强的上级电源保障。

■ 建设中的不老屯35kV变电站。（袁登祥 摄）

由于密云不老屯卫星地面遥感监测站担负嫦娥一号监测任务，北京市发改委要求不老屯变电站的改造要在2007年4月1日前完工，2007年4月10日前实现双电源运行。自2006年12月15日确定不老屯变电站改造方案起到工程完工，工期只有100多天。为确保工期，全面做好嫦娥奔月卫星地面站保电工作，公司精心组织工程施工，创新工作方法，多支队伍协同作战，完成了原不老屯供电所搬迁、不老屯变电站前期、临时过渡方案、新站土建施工、电气施工等工作。1月9日，开始土建施工；3月31日，工程顺利竣工发电，仅用81天完成了一项输变电改造任务，塑造了密云供电人的“不老屯精神”（即众志成城挑重担、团结协作破难关的协作精神；迎难而上不畏艰、攻坚克难显本色的拼搏精神；精细管理严把关、规范措施保安全的严细精神；爱岗敬业为底色、甘心奉献真英雄的奉献精神），树立了供电企业承担责任、服务社会的良好形象。

【经营管理】 2007 年初，公司确定了线损分压、分区、分线、分台区的统计考核思路。将线损考核与生产单位经营绩效挂钩，制定了《密云供电公司 2007 年度线损率指标考核暂行办法》，并下达了季度线损考核指标计划，有效控制线损，提高企业经济效益。2007 年，公司圆满完成了上级下达的全年及各月线损预控指标。

以经营指标分析和同业对标工作为手段，落实指标责任，定期召开经济活动分析会、同业对标分析会，查找管理差距，限期落实整改，形成闭环体系，有效提升管理水平。

深化全面预算管理理念，切实把预算工作落到实处，实现预算的刚性管理。为提高预算的透明度，公司开通预算费用查询系统，使公司领导、部门处室领导及时掌握本部门费用完成情况，提高了工作效率。根据国家电网公司管理对标的工作要求，认真编写汇报材料，总结本单位在财务管理方面好的经验，积极参加北京电力公司财务部举行的公司直属单位内部资产经营管理对标工作，并获得北京电力公司资产管理标杆单位称号。

2007 年，多经总公司改制后积极适应市场变化对企业经营的要求，及时调整经营思路，优化资源配置，开拓新的市场，开展多种经营举措，同时加强内部管理，提升服务意识，加强精神文明建设和党风廉政建设，认真做好多经营业项目和多经产值、利润的预测、汇总工作，全面做好预决算工作，保证了多经总公司稳步前进。截至 2007 年 12 月 31 日，多经总公司产值同比增长 20%，利润总额同比增长 26%。

【安全生产】 本年度安全生产 365 天，连续实现了 3 个百日安全生产长周期。截至 2007 年 12 月 31 日，累计实现安全生产 2694 天。强化公司安全生产工作基础，确保“各负其责、人人有责”，公司自下而上的安全保障机制与自上而下的安全保障机制有机结合，各层级分别签订了双向互保责任书。规范员工的作业行为，组织生产人员 742 人签订了现场作业安全管理“十条禁令”承诺书。开展“百问百查”活动，加强安全生产工作，狠抓薄弱环节，消除各种隐患。完善公司安全生产管理体系，修编了《密云供电公司信息安全绩效考核实施细则（试行）》等 4 项规章制度。加强同业对标安全管理专业工作，安全管理各项指标均处在 A 段。完善公司应急预案体系，组织修编《密云供电公司突发事件应急组织预案》。组织 1 次启动应急预案的实战演习，密云县政府相关领导及公司所属生产部门参加了演习，通过演习理顺了预案组织流程。编制并印刷了《密云供电公司应急工作手册》，班组长以上人员人手一册，确保能够快速启动应急预案。

组织开展大修技改任务输电线路清扫、输电线路杆塔防腐、线路防雷改造、风力清扫环加装、变电站电压监测仪安装、低压无功补偿装置维修、变电站避雷针更换、老旧电缆分支箱更换等项目，全面提升设备健康运行水平。开展线路反外力工作，全面开展输配变线路外力隐患调查统计工作，建立健全反外力各项规章制度和电网安全运行隐患台账，借鉴兄弟单位反外力工作经验，提升反外力工作水平。开展红旗站线创建工作，提高设备运行管理水平。完成创建红旗线路 7 条，红旗变电站 10 座，红旗开闭站 5 座。

组织完成“两会”、北京工业大学“好运北京”奥运测试赛、“十七大”、绕月探测工程密云地面站等重要政治活动的保电任务，完成日常各类保电任务 27 项。

10 月 12 日，公司奥运场馆保电人员在北京工业大学“好运北京”奥运测试赛保电现场。（马震　摄）

加强“0811”工程安全管理，正确处理安全与进度、进度与质量的关系。坚持安全第一，严格落实各级安全生产责任制，加大施工现场的检查力度，确保“0811”各项工程现场安全、人身设备安全。

加强地区电网安全调度管理，全面落实各项责任制，做好“0811”基建工程、消隐工程中电网异常运行方式的风险预控工作。对在异常方式下可能出现的突发事件，认真梳理、逐项核实，提出反事故预案，加强电网风险提示，并且在方式分析上大胆提出措施与建议。规范调度专业管理，计划停电、供电可靠性、电网运行方式、调度运行、继电保护等各项管理工作水平进一步提升。将带电作业管理统一纳入调度停电计划管理体系，降低了电网运行风险；编制、印刷《密云电网一次系统图》，弥补了此项工作的空白。公司连续两年被评为北京电力公司调度管理先进单位。

【营销与优质服务】 规范营销管理，制定并完善了《营销电量采集工作管理办法》等7项营销管理制度和考核办法。将年度指标分解成季度指标落实到一线各单位，并开展月度营销指标分析及同业对标工作，全面完成了年度各项营销考核指标。开展电价自查互查工作，严格执行电价政策，确保快速执行到位。9月底，根据国家发改委出台的新电价政策，主动工作、逐个核查，确保了对学校用电优惠电价政策执行到位。以落实“优质服务年”和安全生产、优质服务“百问百查”活动为契机，深化优质服务工作。通过制订活动方案、召开动员大会、开展“百问百查”知识普考与调考、开展优质服务“五个一”活动、公司领导带队深入一线检查等方式，增强全员服务意识，提高优质服务水平。

落实北京电力公司2007年下半年营销服务提升计划。7月底，营销信息系统在公司顺利上线运行，各项营销业务纳入系统流转，全面实现实用化目标。公司继续推行客户代表制，有效推进报装接电流程，使公司高压客户业扩报装平均接电时间指标在同业对标中排名提高。落实“一站式”用电报装服务，顺利完成低压报装业务下放至供电所。积极参加上级组织的各项营销专业培训，同时有针对性地组织公司内部营销服务人员开展培训工作。

加强供电营业窗口建设，提高规范化服务水平。落实营业窗口“国家电网”奥运品牌推广工作，并按照《北京电力公司供电营业窗口规范化管理制度》要求，完善窗口硬件服务设施，规范窗口人员服务行为。发放《营业窗口人员学习手册》，方便其日常学习和查阅。2007年，完成了公司客户服务中心、城区供电所两个营业厅的规范化服务供电营业窗口创建工作。

完善优质服务奖惩机制，健全服务监督体系，加强内外部监督考核。增加了对“服务之星”先进个人及受到客户表扬的奖励。对收到的客户投诉、举报、建议、表扬情况进行内部通报，定期分析并制订整改措施加以落实。建立了密云供电公司三级行风监督体系，在供电所、多经公司层面设立了行风监督员。建立了与地方纪委监察局的工作联系，定期通报优质服务工作动态，主动接受监督检查并参加地区行业测评。

以满足用电客户需求为导向，不断改进服务方式。开发更高效、便捷的短信通知方式。从10月底增加了事故停电的通知工作，变被动服务为主动服务，及时告知高压客户事故停电及处理情况。针对营业厅在收费高峰时客户排队等候的问题，制订《密云供电公司营业窗口突发事件应急预案（试行）》，维护紧急情况下的正常营业秩序。

拓宽宣传渠道，加强与用电客户间的沟通交流。节日期间向客户发放宣传礼品、发送拜年短信，编制《居民用电指南》、印制客户联系卡，发放电价政策、需求侧管理等宣传资料。

2007年，共接到客户拨打95598电话表扬85次，同比增加70次；客户投诉5次，同比减少10次；不断接到来自当地居民、企业、政府机构等客户以送感谢信、送锦旗等形式的赞誉，公司已连续七次获得“首都文明单位标兵”称号。

【农电工作】 大力推动新农村电气化县、镇、村建设，东户部庄等136个电气化村被北京电力公司命名为“新农村电气化村”，溪翁庄镇、河南寨镇等8个镇被北京市发展和改革委员会命名为“新农村电气化镇”，公司已申报“新农村电气化县”，各项工作全面展开。

加强供电所人员培训工作及技能鉴定工作。抄核收专业参加北京电力公司培训、技能鉴定45人；银杰农电工参加北京电力公司集中培训150人；完成农网配电营业工高中级技能鉴定123人、初级工

■ 新农村电气化建设工作现场。（相英杰　摄）

143 人；350 人通过安监局考试取得高压电工本，19 人取得低压电工本，供电所从事高低压工作人员持证上岗率 100%。

【科技与信息化建设】加大节能降损科技投入，推广使用非晶合金变压器，应用蒸发冷却变压器；积极组织群众性技术创新活动，选送北京电力公司成果 2 项，获得鼓励奖；鼓励科技论文发表，实现各类刊物发表论文 7 篇；选送 6 篇论文参加北京电力公司评审，获得三等奖 2 篇，鼓励奖 1 篇。

公司信息化建设不断深入，逐渐形成四个清晰的脉络：管理信息系统建设与维护、硬件维护与耗材管理、通信网络建设与网络安全防范、电力实时系统建设与维护。组织完成营销信息系统（MIS）和电网地理信息系统（GIS）两大系统建设。电网地理信息系统（GIS）获得北京电力公司一等奖。

加强通信网络建设工作。完成主要供电所网络带宽提高到百兆的工作；完成 3 个供电所光纤通信安装调试工作；完成 5 座开闭站的网络通道建设；开通 4 个供电所的数据通道。

加强电力实时系统建设与维护工作，确保调度自动化系统传动和电量采集系统正常，建设公司调度数据专网及 DMIS 平台。

【党建与精神文明建设】加强党的建设工作，坚持党委理论中心组学习制度，全年共组织学习 41 次。公司经理孙永鑫撰写的《贯彻执行劳动合同法　促进企业和谐发展》，在北京电力公司领导干部论文和领导班子调研报告评选中获奖。

开展“学习十六届六中全会精神，努力构建和谐电力，在‘0811’工程建设中建功立业”民主评议党员工作，参观革命圣地，接受革命传统教育，组织庆七一演讲比赛，组织党员干部参加集体放线义务劳动，增强党员党性意识。

做好党员发展工作，2007 年，公司有 8 名同志被党组织接收为预备党员，4 名同志转为中共正式党员。

开展精神文明建设工作。结合不老屯 35kV 变电站输变电改造工程仅用 81 天完成的电力建设奇迹，及时发掘、总结和提炼“不老屯精神”，利用报、刊、网页以及宣传橱窗等媒介进行宣传，掀起学习“不老屯精神”的高潮。组织党员开展的“学习‘不老屯精神’在公司各项生产经营工作中建功立业”活动获得北京电力公司精神文明创新成果三等奖。

加强新闻宣传工作。2007 年，发布《密供快讯》184 期，印发《密云供电报》14 期，刊登稿件 235 篇，在行业报刊共上稿 45 篇，在县级及以上报刊媒体上稿 6 篇。

开展效能监察、工程招投标管理监督和纠风与行风监督体系建设等工作。2007 年，公司共开展 4 项效能监察项目，其中“物资采购效能监察”项目荣获 2007 年度北京电力公司效能监察优秀成果奖。以“五个一”活动为载体，开展讲廉课、参观廉洁文化漫画展和预防职务犯罪警示教育展览、廉洁从业警句征集等廉洁文化实践活动。2007 年，荣获北京电力公司党风廉政建设优秀单位称号。

共青团积极开展“号手队”和团委争优创先活动，其中多经工程三班、GIS 工作组分别被北京电力公司团委评为青年安全生产示范岗、青年突击队，徐鹤立同志被评为青年岗位能手。

（丁亚娟）

顺义供电公司

【概况】　顺义供电公司（简称公司）位于被誉为“绿色国际港”的顺义区境内，是北京电力公司的直属供电企业。肩负着区域内党、政、军机关、高科技园区及首都机场和全区 73.9 万人口的安全供电

■ 顺义供电公司领导班子。左起：工会主席马登祥，副经理黄德弟，党委书记兼纪委书记关幼辉，经理邵晓明，副经理范国平，副经理袁国强，总工程师陈长胜。（侯占泉 摄）

任务。

至2007年底，公司固定资产达12.75亿元。在册304名全民职工，其中大学本科及以上学历88名，大专学历96名，中专学历90名，中技学历18名；初级及以上职称129人，其中包括5名高级工程师和1名高级政工师。

截至2007年底，公司管辖变电站30座。其中，110kV变电站17座，比2006年同期增加2座，即110kV郝家疃变电站和新国展变电站；35kV变电站13座，比2006年同期增加1座，即35kV闫渠站。

公司设立12个职能处室、3个工区、2个中心、1个多种经营总公司、1个综合服务公司和19个供电所。多种经营总公司下设北京顺力成电力设备安装维修有限公司、北京市顺义力源供用电工程安装公司、北京市顺义光旺电力物资供应公司、北京市光远出租汽车有限公司、北京市光锐水泥制品有限公司、北京市顺义恒亮加油站、北京市京东电力设备安装有限公司共7个经济实体。

2007年是奥运筹备的决战之年，公司紧紧围绕北京电力公司发展战略和年初工作会、年中工作会精神，以科学发展观为指导，坚持“网为基础、人为核心、精细管理”的工作思路，强化安全生产，强化电网建设，强化运营管理，强化队伍建设，攻坚克难，开拓进取，努力构建和谐企业，各项工作稳步提升，公司实现快速发展。

地址：北京市顺义区站前北街4号
邮编：101300
电话：81483347　63674148

【人力资源】 开展教育培训工作。2007年，公司主要采取请进来和送出去的办法，对管理人员实施执行力和思考力以及素质、能力的提升培训；同时，通过组织职业技能鉴定加强员工队伍的能力建设。共组织了1087人次参加了24个电力行业特有工种的技能鉴定考试；32人次参加并通过工种鉴定考试，通过率63%；继续与保定电力职业技术学院联合办学；此外，与保定电力职业技术学院联合举办了“供用电管理”一年制中专班，此举措也被其他单位推广借鉴。

整合生产机构。9月20日，公司对生产机构进行了重新整合，将原检修工区、运行工区、配网管理中心、多经公司抢修班整合为变电工区、线路工区；撤销检修工区、运行工区、生产技术处下设的配网管理中心。配电工区不变。同时，为了适应企业的发展，拓宽多种经营开发领域，公司拟成立市场开发部，隶属于多种经营。

领导班子成员调整。11月15日，北京电力公司单业才副总经理到公司宣布公司领导班子调整决定：公司党委书记兼纪委书记石宝印调离公司，由关幼辉接任党委书记兼纪委书记。

【电网规划与建设】 2007年，顺义地区电网基本建设继续保持高速发展态势，配合新城发展，做好规划工作。公司以规划为龙头，按照北京市“十一五”电网发展规划，完成了顺义新城区高压电网规划的编制和2007～2020年顺义新城区配电网规划的编制，为顺利开展电网建设前期工作奠定了基础。

集中开展了“0811”工程、奥运电力工程，注重电网规划，实施了度夏工程、基建工程、消隐改造工程等大量建设项目。“0811”工程投产率达到100%。3月22日，施工历时一年的“0811”基建项目、奥运重点工程110kV郝家疃变电站正式竣工投产发电；6月15日，奥运水上公园开关站顺利发电，标志着奥运水上公园正式用电工程基本完成；作为顺义供电公司“0811”重点消隐工程和2007年度夏重点工程的110kV大龙变电站、110kV林河变电站、110kV温榆河变电站和35kV赵全营变电站改造工程先后竣工发电。12月30日，公司“0811”最后一项工程即新国展110kV输变电工程竣工发电投产。至此，由公司负责建设的“0811”基建工程全部竣工投产。2007年，公司被北京电力公司授予“0811 工程建功立业先进集体”称号。

■ 3月28日，奥运工程重点项目——110kV 郝家疃变电站竣工投产仪式现场。（仇波 摄）

积极主动推进用户工程。首钢冷轧厂项目是顺义区引进的重点项目之一，受到社会多方关注。公司以客户需求为己任，在承办首钢冷轧厂 110kV 输电工程 110kV 输电线路建设任务后，从设计、物资、招标、施工全部采取绿色通道手续办理，此工程于 5 月份顺利完成，为首钢提供了可靠的电力保障。

首都机场 110kV（东站）输变电工程属于大型客户工程。2005 年初，公司开始承担起首都机场变电站的建设工作。在以往完成首都机场旧变电站改造、首都机场东站新建、通信及上一级变电站加装保护等多项工程的基础上，11 月，公司完成首都机场外电源工程。

2007 年，公司共受理客户报装 2380 户，容量 454801 kVA，发电 1530 户，完成接电容量 532098 kVA（含首都机场变电站和首钢冷轧厂 2 座 110kV 变电站）。

■ 6月5日，北京电力公司党委书记郭要斌到奥运开闭站检查指导工作。（仇波 摄）

积极开展红旗站、线创建工作。17 座变电站、13 条输电线路、8 座开闭站达到了红旗站、线的标准。110kV 郝家疃变电站获得红旗标杆变电站称号；110kV 丽河一二输电线路获得红旗标杆线路称号；鑫浩开闭站获得红旗标杆开闭站称号。

配网建设与改造。初步实现了配网设备资料电子化。通过消隐二期配网工程的实施，配网的网架结构得到了初步改善，分段联络数量显著增加，经受住了 2007 年夏季顺义电网 63.4 万 kW 最大负荷的冲击。

【经营管理】 2007 年，公司加强内控体系建设，将成本费用纳入预算管理，提倡节约意识，提高公司全面预算管理水平。预算外支出与上年度相比大幅下降，仅为 10 万元。

开展资产经营管理对标工作。以总分第一名和第二名的成绩取得预算管理、会计管理和财务基础工作北京电力公司标杆单位称号。

规避法律风险，维护公司权益。2007 年，公司依法治企的工作重点正由普法教育逐步转变到法律工作信息化上，共接到诉讼案件 8 起，胜诉 6 起，2 起调结。通过对诉讼案件的研究，查找工作环节中的法律隐患，从而规范公司各项业务工作，为公司健康快速发展保驾护航。

【安全生产】 2007 年，在生产运行、设备改造、奥运工程和“0811 工程”建设任务异常繁重，安全工作面临着严峻考验的情况下，公司安全生产继续保持稳定局面，安全生产水平不断提高。

通过“百日安全”、“百问百查”活动提升安全生产水平。在春季安全生产大检查的基础上，3 月 19 日～6 月 30 日，公司开展了以“落实措施抓基础，强化责任保平安”为主题的“百日安全”活动。将“盯班组、抓现场、反违章”作为活动重点。通过加强安全生产管理制度化建设，及时修编、完善 10 个有关安全方面的管理制度；对违章现象处罚和安全生产突出事迹连续报道，扩大安全生产分析会人员参加范围；推广公司木林供电所安全日活动经验，细化班组安全管理资料标准；邀请部分职工家属召开“提高安全生产思想、加强职工自我保护意识”座谈会，开展“职工亲属为安全生产进一言”活动；开展反外力破坏宣传与大型施工现场电力设施保护现场会；完善消防与安防设施；强化基建工程与生产维护的管理等工作，营造了全员、全时、全力抓安全生产的良好氛围，逐步提高了安全生产“可控、在控、能控”水平。

■ 在“百日安全”活动中，结合公司开展的“职工亲属为安全生产进一言”活动，4 月 12 日，组织职工家属参观 110kV 仓上变电站。(仇波　摄)

在巩固“百日安全”活动成果的基础上，公司深入开展安全生产“百问百查”活动及隐患排查治理专项行动。组织部分班长、安全员、工作人员进行“百问”内容调考；举办“百问百查”知识竞赛；开展高危客户供用电安全隐患排查；加强与公安部门的合作，打击电力设施破坏、盗窃案件；维护检修消防、安防设备，消除大龙、郝家疃 2 座变电站的技防设备不能够满足安防需要的重大隐患；召开由顺义区发改委、北京电力公司、北京输电公司、顺义供电公司等单位参加的电力设施保护交流工作会；与区技术监督局、安监局、交通支队、区建委组成联合检查组，检查顺义城区和各乡镇“流动式起重机械”租赁市场、建筑施工现场，检查各种类型汽车吊，发放《电力设施保护宣传手册》，针对一些无牌照和未经年检上路及无相关手续进入施工现场作业的流动式起重机进行了停工整治。

2007 年，公司领导班子成员分别带队定期深入现场，对基建、生产、农电、营销、多经五大施工现场的组织措施、技术措施、安全防护措施的落实以及班组安全活动开展情况进行检查。

“百日安全”、“百问百查”活动推动了公司安全监督与保证体系的安全生产工作向精细化、标准化迈进。110kV 新国展等多项工程获得北京电力公司“无违章工地”流动红旗。2007 年，公司被顺义区人民政府授予顺义区 2007 年度安全生产先进企业称号。

2007 年，公司圆满完成了十七大、“好运北京”奥运水上项目测试赛、全国两会、胡锦涛总书记视察首都机场扩建工程、中组部会议等 49 项重要政治保电工作。9 月，公司被中共北京市顺义区委、顺义区人民政府授予 2007 年“好运北京”赛艇皮划艇赛事突出贡献单位称号。

截至 12 月 31 日 24 时，公司安全生产连续 10 年无事故，实现安全生产 4004 天；年内实现了 3 个百日安全生产长周期；并获得顺义区 2007 年度安全生产先进企业称号。

【营销与优质服务】 推进低压一站式服务，全面提升公司营销服务水平。对客户服务中心营业厅业务功能升级改造，全面启动收费、电费咨询等业务；8 月，公司全面推广低压小容量报装“一站式”服务；在此基础上，实现业扩报装、用电检查属地化管理，供电所全面开展相关业务，实现了资源优化配置，缩小了服务半径，极大方便了地区用户。开展优质服务“百问百查”活动，采取了闭卷考试、问卷答题、知识竞赛、领导抽查等多种形式。创建规范化服务供电营业窗口，2007 年，客服中心获得了北京电力公司规范化服务示范供电营业窗口称号，木林供电所获得北京电力公司规范化服务供电窗口称号。继续深入开展“爱心活动”，2007 年，公司新增了 20 户爱心服务用户，并得到了街道、居委会的肯定。12 月，公司解决了木林镇小区、杨镇仙泽园小区、天竺嘉浩商住别墅区 3 个居民小区的临电代永久供电问题。

公司在顺义区政风行风热线排行榜上的满意度达 100%；95598 表扬信件同比增长 16%。

营销专业基础化管理不断深入。一是实施计量改造工程。按照“全封闭、全监控、全采集”的技术原则，实施架空配电线路的计量改造，实现负荷的实时采集，实现线损的可控、在控。改造完毕的部分 10kV 高损线路收益明显。配合改造开展的更换峰谷表工程极大提高了地区售电均价。二是规范地区电力市场。2007 年，加大了违约用电窃电行为打击力度。10 ～ 11 月，公司启动警企联合打击窃电专项行动，组织了两次 22 户的专项打击窃电活动；根据不同季节，公司稽查人员有针对性地对可能发生窃电的重点用户进行了多次突击夜查活动。三是营销 MIS 系统上线。北京电力公司营销 MIS 系统于 8 月 25 日在公司上线。从管理上规范了报装受理、供电方案制订审批、工程管理验收发电流程，明确各环节工作内容、时限要求和执行主体，实现客户报装工作的高效、有序。四是加强大客户用电安全管理。在“好运北京”测试赛、十七大期间，为了确保首都机场等重要客户供电万无一失，公司对首都机场等大客户进行联合用电检查，督促整改存在问题，全面落实保电责任。五是电费回收取得突破性进展。6 月份开始，电费回收工作实现电费结零。

【农电工作】 2007 年是公司农电体制改革和供电所管理全面深入和加强的一年。

人员管理日趋规范，全面实现了供电所工作定位。通过三年的时间实现了供电所用工规范化管理，供电所全部 371 人纳入了北京电力公司农电工信息库管理。随着 250 kVA 报装业务和用电检查业务的下放，供电所作为公司派出机构，全面负责本区域内 10kV 及以下电网的生产运行、电力销售和优质服务工作的职责全部到位。

营销管理纳入公司大系统。完成了营销大 MIS 上线工作。完成 10kV 正路用户和 12 万户的居民用户的转数工作，实现报装“一站式”管理。

完成“消隐二期”低压项目。2007 年，完成低压消隐工程，新建低压线路 180 km、安装低压网络表 15000 具、换装新型漏电保护器 667 台、分支漏电箱 223 台。

实施新农村电气化建设工程。2007 年，公司在服务新农村建设工作中取得新进展。按照国家电网公司新农村电气化村、镇的标准，完成了计划的 56 个电气化村和 4 个电气化镇的建设工作。

创建红旗供电所。木林供电所成为北京电力公司红旗标杆供电所，南彩供电所获得北京电力公司红旗供电所称号。

【科技与信息化建设】 2007 年，《顺义供电公司综合计划管理系统的开发》和《10kV 线路带电加装断路器》获北京电力公司科技成果奖。这两项技术改进已经应用到实际工作中，减少了电量流失和停电时间。

实施信息网络改造，将公司主楼进行了综合布线，升级至三层千兆交换，实现了远程网管。

实施防雷系统工程，将公司院内通信塔、主楼楼顶的飞线进行整理，消除了雷击隐患。此项工程通过了北京气象局工程验收。

【党建与精神文明建设】 2007 年，公司将学习十七大精神与贯彻“三个代表”重要思想紧密结合，努力营造企业和谐氛围。公司连续九年获得首都文明单位标兵，获得北京电力公司新闻宣传突出贡献奖、国家电网公司文明单位等光荣称号。

在和谐企业创建中充分发挥党的政治核心作用。认真落实民主生活会、职代会评议等制度。通过“走出去、请进来”的办法，认真开展思想政治工作体系同业对标工作。如：定期召开支部书记例会，提升了基层党支部自身建设的水平；开展党支部工作创新工作，用电党支部的《把稳一杆称，调准定盘星》创新成果获得优秀奖；成立思想政治理论研究学会，开展形式多样的活动。在安全生产、电网建设、迎峰度夏、营销管理、优质服务等工作中开展“我是党员我带头”等特色活动。在注重加强党员队伍的政治理论学习的同时，加强党员队伍的思想教育和管理考核。开展“党员先锋岗”、“党员示范岗”、“吃亏是福”大讨论等主题实践活动。全年，发展了 8 名新党员，转正了 7 名预备党员。

组织开展精神文明创建活动。以首都文明单位标兵、国家电网公司文明单位为契机，健全和完善精神文明创建工作的长效机制；积极参与地方文明创建活动，在 2007 年顺义区窗口行业“迎奥运微笑服务行动”展示大赛上荣获第二名；坚持典型引路，继续深化开展全员参与的“十大首都电力之星”和“十大真情事迹”评选活动；开展“迎奥运、讲文明、树新风、促发展”活动，唱响了“我参与、我奉献、我快乐”的奥运口号，推动了公司健康发展和员工队伍文明素质的提高。

建立健全了三级宣传网络，完善了新闻宣传应急机制，加强舆情监控，提高了新闻安全防范能力。截至 2007 年 12 月 31 日，《顺供快讯》291 期，制作视频点播 56 条、专题片 3 个，在华北电力报及以上报刊上稿 9 篇。

党风廉政建设重点开展了廉洁文化“五个一”活动，在干部、员工中大力倡导“慎初、慎微、慎独、慎欲、慎权、慎友、慎终”，营造反腐倡廉氛围。推出了“宣传、培训、检查、整改、考核”五维一体优质服务工作模式，采取丰富的形式宣传第一时间观念和纠风工作理念，促进了营业窗口服务水平和办事效率的提高。建立了包括监督信息网络体系和企地联控工作机制在内的先期联控处置机制。2007年，公司被北京电力公司党委评为党风廉政建设优秀单位。公司申报的《“0811”奥运工程建设效能监察》获北京电力公司效能监察评比三等奖。

充分发挥工会的“桥梁”和“纽带”作用。坚持职工代表大会制度，维护职工合法权益，支持职工参与企业民主管理，落实厂务公开制度。2007年厂务公开内容共59条。注重企业文化建设，组织节日联欢和各项体育比赛，羽毛球协会、足球队、乒乓球队定期举行活动，活跃了职工业余文体生活。

发挥青年团助手和生力军的作用。以迎奥运为契机，公司团委深入开展“号、手、队”创建活动，开展“青春暖夕阳、爱心筑和谐”志愿助老活动，继续推进奥运之光青年志愿者服务队建设，开展了“十大杰出青年”评选活动。2007年，公司团委取得全国青年文明号、北京电力公司青年文明号、青年岗位能手、青年突击队、青年安全示范岗等多项荣誉。

（赵鹏跃）

延庆供电公司

【概况】 延庆供电公司（简称公司）是北京电力公司的直属供电企业，成立于1962年，负责延庆地区1992.5km²范围内的电力供应、销售以及110kV及以下电网的规划、建设与运营工作。

■ 延庆供电公司领导班子。左起：工会主席宋永强，副经理吕永生，经理王春燕，党委书记兼纪委书记史宝钢，副经理祝秀山，总工程师魏宽民。（张海涛　摄）

2007年，公司贯彻落实北京电力公司2007年第一届三次职代会暨2007工作会议精神，遵循北京电力公司“三步走”发展战略，深入贯彻“五突出五抓一创”工作指导思想，牢牢把握奥运机遇，加快电网建设，提高管理水平，进一步推动公司持续、快速、健康发展。

公司下设11个职能管理处室（经理办公室、政治工作办公室、监察室、劳动人事处、财务处、市场营销处、安全监督处、生产技术处、规划基建处、农电管理处、调度所），4个管理中心（科技信息中心、客户服务中心、电能计量电费核算中心、后勤管理中心），3个生产工区（变电工区、配电工区、线路工区），8个供电所（城区供电所、张山营供电所、八达岭供电所、大榆树供电所、旧县供电所、永宁供电所、四海供电所、千家店供电所）及1个多经总公司。

截至2007年12月31日，公司共有客户11.6354万户，其中居民用电客户11.2642万户，商业用电客户2222户，工业用电客户1490户。2007年，公司荣获北京电力公司安全生产管理先进单位、财务及经营管理工作先进单位称号。

地址：北京市延庆县新城街1号

邮编：102100

电话：69187029

【人力资源】 截至2007年12月31日，公司共有全民职工182人，集体工8人，银杰公司员工247人，还有其他性质的用工人员158人。

2007年，稳步推进绩效管理体系中的绩效考核方案，将绩效管理体系分为岗位说明书、岗位评价、绩效管理、薪酬管理四个环节实施管理。

坚持人才的培养，充分利用培训资源，先后投资45万元开展管理理念、专业技能、安全生产知识、优质服务等内容的培训。2007年5月，投资

150万元的永宁实操培训基地建成并投用，输电、配电、低压、计量专业技能人员在培训基地进行了实际操作培训和练习。公司开展了“请进来”、“送出去”培训，将各方面专家、教授请到公司进行现场讲授。将8名劳务人员送到辽宁锦州培训中心进行变电运行专业培训。职工素质不断提高，公司两位技术骨干被北京电力公司评为“优秀青年工程师”，两位生产一线骨干取得了技师资格，实现公司技师“零”的突破。

积极研究并不断完善劳务人员管理方法，制定10项劳务人员管理制度，将劳务人员纳入公司整体绩效考核体系。结合新《劳动合同法》的颁布，组织召开劳务人员大会进行宣贯，填补了公司劳务人员管理工作的空白。

【电网规划与建设】 2007年，公司进行了“十一五”电网规划的修编，完成《“十一五”首都新农村电气化发展规划》初稿的编制，完成电气化县申报。编制了《延庆新农村电气化县建设方案》。10月27日，“0811”工程110kV东曹营变电站正式投产发电，有效提高了八达岭地区的供电可靠性。11月30日，绿色奥运工程官厅风电厂110kV送出工程如期竣工。公司投资7800万元完成了110kV东杏园变电站及35kV白河、千家店变电站消隐改造工程，12项配网消隐工程，3项农网消隐工程，37项大修技改工程。公司管辖的4座110kV变电站电源全部切改至八达岭220kV变电站，大大缩短输电线路长度，使电网结构更加合理。

【经营管理】 建立指标考核体系，按照“过程跟踪、加强分析、定期通报、重点控制”指标管理模式，强化对各项指标的管控能力。坚持经济活动分析和月度营销例会制度。开展地区售电均价分析，有针对性地组织开展永宁等地区专项稽查活动，提高电价执行正确率。完成投资309万元的计量消隐工程建设。超计划完成四费率表更换工作，全年峰谷累计增收897万元。全面推进线损的分压、分线、分区域、分台区的“四分”管理，开展技术降损，开展营业普查、磁卡表购电零度户普查等专项活动。做好供电关口管理和母线平衡分析工作，解决了德青园专路供、售回路计量故障，挽回经济损失40余万元。建立起政、警、企联查联动、共同打击窃电的工作机制，加大打窃、防窃力度，全年累计追补电费10.6万元，收取违约金30万元。实现收入净额30409.38万元，完成指标的105.4%。

以业务流程为基础，对三个专业管理的流程、制度进行梳理和完善。形成了涵盖三大主营业务的共计117个管理流程和43个规章制度的成果报告，初步实现了最初的规范化、整合化、精细化的目的。

建立以预测、控制、分析、考核为中心的全面预算管理体系。利用月度经营分析会，充分发挥过程监控职能。提高预算执行刚性，对预算外资金建立严格的审批制度。创新电费回收新思路，扩大计划电费执行户数，对大秦铁路采取分次收费方式，对八达岭山庄、农夫家园、南菜园平房等居民客户分批实施一户一表改造，逐步缓解电费回收压力；建立了与政府、物业管理部门联合的催费机制；开展欠费分析，积极宣传电力企业的电费回收相关政策、法规，丰富催、收费方式，严格执行违约金制度；大力宣传电费回收工作中的先进典型，发扬催费工作不怕苦、不怕累的精神。最终实现2007年每月电费回收率均达100%。

【安全生产】 全面贯彻落实“三个百分百”的要求，始终坚持“安全第一，预防为主，综合治理”的方针，牢固树立科学发展观，进一步落实安全管理制度和现场安全措施。2007年，公司对289名职工进行年度安全现场规程闭卷考试，对生产一线人员共计274人进行了年度触电急救培训考试。签订年度人身安全责任书306份，现场安全管理“十条禁令”335份，签订安全双向互保责任书389份。针对“0811”工程、春检预试、配网消隐工程进行了专项监督检查，每月定期公布现场监督检查情况，累计下现场安全监督检查1750人次，发现问题103件，巡检组现场监督检查668次，发现问题69件，发放安全违章通知书3份，累计罚款15200元；检查工作票1596张。完善公司的生产现场安全管理，编制《延庆供电公司生产现场工作负责人必须穿戴红马甲制度》，加强承、发包工程管理，签订承、发包电气工程安全生产管理协议书28份。对138名具有工作票签发权的工作负责人、工作许可人进行了年度安全规程培训考试，从思想上树立“责任重于泰山”的观念。

2007年，公司组织开展红旗站线的创建工作，完成了110kV东曹营、延庆、康庄变电站和35kV延西、张山营共5座变电站；110kV聂康一、聂康二、岭延一、岭延二、岭杏一、岭杏二和35kV永大共7条输电线路；10kV政府、康开、尚书苑、高塔、金都鸿业5座开闭站的创建工作。使得相关硬件设施得到了整治，软件管理得到了一定的促进和提升。加强推进标准化作业指导书执行工作，组织相关部门对第一批转入执行的38种标准化作业指导书的执行情况进行了监督检查，对发现的问题进行整改，同时下发了第二批转入正式执行的35种标准化作业指导书，完成了第二批试行作业指导书的意见收集和修编工作。开展树线矛盾专项整治工作，截至12月31日，共处理隐患300处，涉及各类树木约5900棵，并完成了树线矛盾梳理和上报备案工作。

■ 3月，延庆地区普降大雪，工作人员进山检修线路。（张海涛摄）

2007年，公司未发生人身轻伤及以上事故；未发生一般电网、设备事故；未发生三误事故（误调度、误操作、误整定）；未发生火灾事故；实现了3个百日安全目标；自2001年2月4日～2007年12月31日，安全生产长周期累计实现了2522天。

【营销与优质服务】 2007年，公司建立营销指标管理体系，同时制定了《延庆供电公司营销指标绩效考核暂行办法》、《延庆供电公司营销工作质量考核暂行办法》等相应规章制度，将指标分解落实到部门以利于对指标和工作质量的管理与监督。营销信息系统按时上线。开展电价稽查工作，确保电价执行正确性。深入开展营业普查，坚决打击窃电，降低线损，解决了德青源专路出线计量回路少计电量的问题，为公司追补售电量61万kWh，挽回经济损失40余万元。完成计量消隐工程1051个点709具峰谷表的改造更换任务，新农村建设计量改造3580户。截至12月31日，远采客户终端达142台，采集电量占地区电量的比重已超过60%。

全面贯彻“优质服务年”活动各项要求，通过优质服务“百问百查”自查、互查、百问百查知识抽调、大讨论和征文等活动更新服务理念、打造高素质优质服务队伍。开展规范化服务窗口创建活动，完善供电营业窗口规范化管理制度，建立应急客户服务体系，落实应急客户服务队伍，分等级编写应急客户服务工作预案，规范应急汇报材料和对外宣传材料，为应急客户服务工作做好准备。30kW以下低压报装全部推行低压“一站式”报装服务，使客户接电更加便捷。坚持优质服务是企业的生命线，主动接受政府、市场和社会的监督。坚持做好爱心服务对象的上门服务和应急卡服务，建立应急客户服务体系，完善窗口标识、服装、胸卡、岗位牌等服务设施，完善95598客服系统的咨询、查询、投诉、报修、停电通知、负控管理等多项功能。加强对服务窗口员工的培训、考核和监督。全面提升营业窗口形象。

2007年，公司共收到锦旗33面，通过95598客服热线表扬7次，通过意见簿表扬5次，收到表扬信2封。永宁供电所被评为县文明单位，四海供电所被评为治保先进单位，客户服务中心、张山营供电所营业厅被授予“规范化服务窗口”称号。2007年，公司供电服务客户评价满意率保持在99.80%以上。服务承诺兑现率，供电营业窗口规范达标率均达到100%。

【农电工作】 贯彻落实国家电网公司“新农村、新电力、新服务”农电发展战略，公司充分利用新闻媒体、广播宣传、悬挂横幅张贴标语、广场活动等各种形式，提高全社会对新农村电气化县建设的认知度。按照国家电网农[2007]326号文《关于印发〈新农村电气化标准体系〉、〈新农村电气化建设实施纲要〉的通知》要求，共投资3000万元在全县选择6个乡镇、114个农村开展建设工作。共更换低压接户线工程99.6km、加装漏电分支箱165台/套、更换表箱3580个、更换电能表3214具。更换JP柜20台。更换变压器12台，新装变压器8台，新装箱式变压器6台，新敷设低压电缆16.91

km，10kV 高压线路绝缘化改造 21.4 km、综合换立杆 350 基，低压线路绝缘化改造 20.7km、综合换立杆 95 基。截至 12 月 31 日，全县 114 个电气化村已得到北京电力公司的命名，6 个电气化乡镇已通过延庆县发展和改革委员会的检查验收。

【科技与信息化建设】 加大科技和信息建设力度，提高科技创新能力，组织员工积极撰写科技论文。《配网自动化系统建设及应用》获得北京电力公司科技成果推广应用一等奖，《配电变压器防盗》获得北京电力公司群众性创新成果奖。大力推进科技项目的组织实施，在公司 35kV 杏张西支一、二线共安装 165 组防雷间隙，为 35kV 线路防雷提供了一种经济、有效的手段。完成营销 MIS 上线运行和电网 GIS 建设任务。全面开展了电机工程学会征文、奥运建议和摄影作品征集工作。完成新调度大楼、永宁、大榆树、延西供电所网络布线工作，完成康庄、延西、永宁、大榆树供电所和输配电工区、变电工区综合数据网工程实施工作，极大地提升了公司本部及供电所信息化水平，为信息平台及各应用系统正常运行提供了可靠保障。结合十七大开展信息安全自查、整改工作，消除信息安全隐患；配合科信部实施内外网隔离，从硬件上保障公司信息安全。编制完成了《延庆供电公司信息化工作实施细则》等 12 个信息管理制度，使部门职责更加清晰，员工职责更加明确，信息管理更加精细。

■ 4 月 15 日，工作人员在 35kV 线路上安装防雷间隙。（张海涛　摄）

【党建与精神文明建设】 2007 年，公司开展了党支部创新、思想政治研究等工作，有两项支部创新成果获得北京电力公司优秀成果奖；思想政治研究工作获得北京电力公司优秀组织奖，党委书记史宝钢撰写的一篇论文获得北京电力公司思想政治研究论文二等奖。公司党委作为北京电力公司党委实行党员发展票决制试点单位，在接收预备党员、确定积极分子和发展对象、预备党员转正环节，均推行了投票表决，顺利接收 7 名发展对象为预备党员、确定 9 名发展对象、18 名积极分子，预备党员转正 3 人，为北京电力公司进一步推广此项工作积累了一定的经验。

公司积极落实北京电力公司加强思想道德教育和法制教育、创建和谐企业的总体部署，组织开展了“强化教育促和谐，维护安全保稳定”主题活动。以加强职工培训教育、发挥党员模范带头作用为主线，开展了“安全与和谐”演讲比赛、优质服务、先进人物事迹宣传等活动，有效提高了广大职工的职业素养和爱岗敬业意识，促进了“0811”工程建设以及优质服务等工作的开展。

■ 8 月 29 日，在公司三楼会议室开展“安全与和谐”演讲比赛。（康艳　摄）

在精神文明建设工作中，公司认真落实上级相关工作要求，努力提高职工综合素质，营造和谐企业氛围，深入开展了“迎、讲、树、促”活动。在党风廉政建设工作中，加强对地方政府的沟通交流，建立了有效的企地联控机制。公司作为首都文明单位标兵，积极落实市文委的工作要求，与八达岭镇帮水峪村建立帮扶对象，帮助解决该村观光果园的果树灌溉问题。2007 年，公司不仅继续被推荐为首都文明单位标兵，还被评为 2007 年度延庆县文化工作先进单位。

（武永军　张海涛　高　冲）

其他单位

QI TA DAN WEI

输电公司

【概况】 输电公司（简称公司）是北京电力公司主网主系统专业公司，主要负责北京电网35、110、220kV，4000多km架空输电线路的安全运行维护巡视、设备检查、线下隐患治理、违章建筑拆除、砍树剪枝、防洪、设备管理、施工验收、信息数据、技术管理、保电任务以及2008年奥运会电力可靠供应等任务。作为北京电力公司主网输电资产管理单位，承担所辖输电资产保值增值的经营责任，是北京应急体系电力抢修事故的抢修队伍之一，承担着北京电力公司所属主网输电线路的紧急事故抢修任务。

■ 输电公司领导班子。左起：副总工程师蔡思平，工会主席阎长起，副经理常立智，党委副书记兼纪委书记李继东，党委书记邹跃中，经理乔海，副经理戴宝生，副经理冯海全，副总经济师荣建杰。

截至2007年底，公司共有固定资产原值35.9亿元，净值27亿元。“0811工程”和消隐二期工程相继竣工后，输电线路全部为Ⅰ、Ⅱ级线路，完好率为100%。其中，220kV线路一类率为89%，110kV线路一类率为63%，35kV线路一类率为35%，总体一类率为76%。

2007年完成可控成本：2422.4万元，完成全年指标的100%。完成大修项目：6133.9万元，完成全年预算100%；技改项目1719.9万元，完成全年预算100%。

地址：北京市丰台区洋桥72号
邮编：100068
电话：63129241

【人力资源】 截至2007年底，公司共有职工336人，其中，全民职工306人，集体职工30人。职工的平均年龄为41.5岁，生产岗位人员215人，主业管理岗位人员30人，其中领导班子成员8人，站队级干部24人。共有北京电力公司专家体系工程师8人，其中，首席工程师1人，一级工程师3人，二级工程师4人，技能专家体系技师5人。在职职工中取得高级职称人员9人，中级职称28人，初级职称86人。取得国家职业技能鉴定高级工资格263人，中级工资格23人，初级工资格4人。在职职工中研究生以上学历人员3人，大学专科以上学历152人。

公司以同业对标为载体，加强教育培训基础管理工作。2007年，公司举办各类培训班32期，全年累计培训1085人次。组织2次送电线路工种技能鉴定工作和2次通用工种（物业、汽车修理、仓库保管等）技能鉴定工作。鉴定前，公司根据工种和人员个体状况的不同开展了培训，共计318人次。公司有高级技师资格人员1人，技师资格人员12人，高级工资格人员58人，中级工资格人员14人，初级工资格人员35人。

截至2007年12月底，公司全员培训率已达到100%，人才密度已达到100%，高级技能人才比例达到100%，全员持证上岗率达到98%，符合岗位条件持证上岗率达到93.91%。

【电网建设】 组织完成24项用户迁改项目的现场勘察任务，编制23项迁改意见，组织召开各类会议共计20余次。本年度用户申请的迁改工程中，其中9项工程竣工，新建杆塔61基，改造输电线路共计29.55km；截至2007年12月底，在施工程2项，涉及输电线路23路，已签订补偿协议10份，收取补偿款共计11439.87万元。配合2006年消隐工程组和其他部门共计完成工程概预算的编制10项，投标29项，审核各类合同90份，配合完成设计5项。2007年上半年，110kV及以上基建工程开工89项，开工率达到94%，有21项工程竣工并全部实现达标投产。消隐二期工程已完成184项，完成总项目数的30%。2006年7月～2007年7月，北京电网投产主变压器容量481万kVA，提升电网供电能力9%，分别是2005年、2006年同期投产容量的2.1倍和1.6倍。

■ 7月10日，在高达60m，表面温度接近50℃的220kV红寺输电线路铁塔上，施工人员正在进行平衡挂线工作。（迟兴江　摄）

【安全生产】 2007年，公司未发生人身死亡事故；未发生重大电网事故；未发生重大设备事故；未发生重大生产火灾事故；未发生重大施工机械设备损坏事故；未发生性质恶劣、社会影响较大的责任事故；未发生人身重伤事故；未发生人身轻伤事故；未发生有人员责任的一类电网、设备障碍。完成了三个百日安全生产长周期。

2007年，公司以“保两会、消隐工程、春季安全大检查活动、百日安全活动、百问百查活动以及其他各类安全活动”等工作为重点，加强现场安全管理，安全监察人员及公司领导进行现场巡查达1500余人次，对发现的问题进行及时纠正和整改。

3月19日～6月30日，开展以“落实措施抓基础、强化责任保平安”为主题的“百日安全”活动。按照“落实措施抓基础、强化责任保平安”的主题活动要求，7月11日，召开“百日安全活动总结表彰暨迎峰度夏、百问百查工作部署会”，启动公司“百问百查”安全活动。

圆满完成全国“两会”、“十七大”、“嫦娥一号”探月卫星发射等46项重要保电工作，保电线路共计1025路、14439.11km，特巡14439.11km，特巡天数552天次。在北京电力公司的统一部署下，公司抓住电网隐患清理工作契机，2007年1月，对上报的101处北京电网重大环境隐患进行整治工作，并将隐患全部消除，公司在2007年创下了无外力破坏事故连续63天的历史同期最好成绩。2007年，公司带电作业工作共进行了756次，220kV 257次，110kV 475次，35kV 24次。完成瓷绝缘子测试、反污清扫线路共28路；完成接地电阻测试及处理工作，共测试7046基，其中对全部山区线路进行了接地电阻测量。根据生技部和试研院要求，对所有平原接地阻值7Ω以上、山区15Ω以上阻值进行了梳理。根据输电公司实际情况，对2006年输电公司应急体系进行了修改，下发《2007年输电公司应急体系》。

【经营管理】 2007年，按照公司“精细化管理、标准化建设”的要求，公司健全、完善工作制度，6月修订了《输电公司考核管理办法》，完善和健全公司内部考核机制，实现北京电力公司考核指标的层层分解，使各项工作与奖惩挂钩，全年共考核112人次，奖励453人次。

财务成本及预算管理水平有了很大提升，公司财务处代表输电公司参与了北京电力公司资产经营各项对标工作，并被评为北京电力公司资金管理标杆单位。多经总公司积极转变观念，努力开拓市场，完成了32项报装工程、12项基建工程、5项大修工程以及10项消隐工程，工程质量日益提高，经济效益稳步提升。

【科技进步】 加强输电技术研究。2007年，共申请科技立项11项，其中有5项成果荣获北京电力公司科技项目一等奖，争取到科技项目资金100万元。完成了2008年科技项目申报准备工作，共申报科技项目23个，为历年之最。公司被确立为北京电力公司第二批ERP系统建设的试点单位，电网地理信息系统开始在公司推广应用，人力资源、线路管理等信息系统功能在实践中不断得到优化。

【优质服务】 根据北京电力公司关于开展优质服务活动的要求，公司坚持面向社会、服务用户，使公司优质服务工作成为服务群众、服务社会的过程。加强与客户接触的一线服务员工的思想教育，要求生产服务班组将优质服务工作作为一项重要内容来做，领导曾多次深入抢修班组进行服务意识教育和检查督促。公司党委、团委将优质服务思想教育工作作为党员、共青团员思想品德教育的一项内容来落实。组织全公司党、团员认真学习《优质服务标准》，重点学习了仪容、举止、接待、会话、服务、沟通的各项要求，使《优质服务标准》贯穿于日常的工作中。

【党建与精神文明建设】 2007年，按照上级党委的相关要求，公司制定了党委理论学习中心组年度学习计划，中心组严格按照既定计划坚持开展理论学习活动，年度学习次数达到24次，出勤率达到100%，中心组成员按要求撰写了论文和调研报告。2007年8月，党委组织公司全体党员和入党积极分子开展了赴贵州革命传统教育活动，组织了以加强干部作风建设，构建和谐企业为主题党课教育等培训活动，党员培训率达到100%。2007年上半年，公司完成了党支部目标管理考核的自查、验收和上报工作。针对发现的问题，对各支部的基础资料进行了补充和完善。下半年，根据组织机构调整需要，党委撤销两个支部，组建一个支部，增补了支部委员，为部分党员重新划分了支部。为加强各支部的基础资料管理工作，公司下发《输电公司党支部基础资料标准化管理规定》，规范支部基础资料管理。4月，公司党委积极响应北京电力公司“百日安全”活动号召，深入开展了“共产党员反外力”活动。组织120名党员分成23个小组奔赴输电线路反外力现场，打响了输电公司“百日安全”反外力专项活动的第一枪。

■ 12月28日，庆祝北京电力输电公司成立20周年大会现场。

（卫光荣 宋国胜）

变电公司

【概况】 变电公司（简称公司）作为北京电力公司主网生产单位，承担着北京电网220kV变电站的运行管理及220kV变电站的断路器、隔离开关、直流设备、自动化设备、继电保护自动装置等设备的检修、维护工作并接受各区县供电公司变电站设备检修维护委托的工作，是变电站事故的抢修队伍之一，承担着北京电力公司所属变电站的紧急事故抢修任务。

截至2007年底，公司管理变电站48座，其中，220kV变电站46座，110kV变电站2座；枢纽变电站22座，负荷变电站26座；有人值守变电站34座；无人值守变电站14座；集控站4座；临时集控站4座。

2007年，公司如期完成了孙河、芦城、怀柔、莲花池、大兴、张仪220kV变电站改造、2005年保护升级改造，完成朝阳门220kV集控站建设等8项工程竣工决算考核项目，竣工决算率100%。变电公司2007年全年累计投资完成6352万元，大修、技改工程资金分别完成10358万元和5308万元。

地址：北京市宣武区白纸坊东街29号
邮编：100054
电话：63126570

【人力资源】 公司设有11个管理处室；1个多经总公司；4个变电运行管理处（南郊运行管理处、北郊运行管理处、西便门运行管理处、远郊运行管理处）；4个检修单位（变电检修处、辅助设施检修处、京电变电工程处、继电保护自动化处）。截至2007年12月31日，公司共有职工842人，其中全民职工总数为727人（含内退职工13人），集体职工总数为115人。公司有研究生及以上学历26人，大学本科116人，大学专科230人，中专35人，技校177人，高中151人，初中及以下107人。副高级职称17人，中级职称60人，初级职称241人，合计318人。高级技师13人，技师76人，高级工504人，中级工49人，初级工14人，合计656人。

由于变电站的不断增加，变电公司在年初进行了机构调整，将原来的3个运行管理处调整为4个。并对运行处的部分中层正职和副职进行了调整。根据北京电力公司竞聘原则，在公司范围内先后组织了管理岗位、生产岗位的招聘工作。完成了自动化处和继电保护运行处的合并工作，检修单位由原来的5个调整为4个。

受北京电力公司委托承办变电站值班员、变电检修工、继电保护工共3个工种、6期次的技师强化培训班和高级工强化培训班。北京电力公司近300人接受高技能强化培训。组织高中及以下学历职工参加保定电校、北京实业技术学校、海淀职业学校后续学历教育，73人取得中专学历。共有475人次通过职业技能鉴定初、中、高、技师等级的技能鉴定考核（含申报第二工种人员和劳务人员）。开办变电公司2007年度变电运行专业生产骨干培训班。出台《变电公司员工奖励办法》，激励职工学习，提高自身素质。荣获北京电力公司2007年度教育培训先进单位。

【安全生产】 2007年，实现3个百日安全长周期。全年未发生人身轻伤及以上事故。发生电网事故2起，较2006年同期增加2起。发生一般设备事故1起，与2006年同期持平。发生设备一类障碍3起，其中2起人员责任障碍，障碍总数较2006年同期减少6起，但人员责任障碍增加1起。没有发生影响公司形象和稳定的重大事件。

全年共执行：变电第一种工作票3163张；变电第二种工作票8649张；变电事故应急抢修单258张，累计执行工作票12070张，合格率100%。开展“携手同铸新变电，共担安全每一天”大型主题活动。紧密围绕防人身、防误操作、防“三误”、防外力破坏、防大面积停电事故，排除装置性隐患，加强解锁操作管理、扎实推进反误操作工作。为杜绝电气误操作事故，消除对人身安全和操作安全造成威胁的装置性隐患，各变电站对五防系统的闭锁关系进行了全面普查与核实，对闭锁规则库进行检查，实现五防装置零缺陷。每周通过公告栏以“安监简讯”的方式，发布安全工作提示，提示安全工作注意事项。制定《每季度开展电力安全工作规程调考制度》、《近电安全措施审核制度》、《公司安全生产奖励与处罚补充规定》、《监护人佩戴袖标的规定》、《检修单位联营队伍及外聘人员在施工现场佩戴胸卡规定》等一系列规章制度。为规范工作现场安全措施，制定了《变电站高压电气设备检修围栏装设规范》。全面启动标准化安全措施的建设工作，截至2007年底，完成了9座变电站安措标准化工作，努力实现变电站停电工作安全措施的标准化。公司全员、全方位、全过程参与隐患排查整改工作，共发现隐患343件，已整改333件（包括5件重大隐患），未整改的10件均已制订整改计划，并落实整改单位、整改责任人及完成期限。全年公司领导检查现场290站次，生产管理处室、生产单位领导及生产管理人员检查现场4814站次。公司巡检组现场检查521站次，其中，公司领导带队检查52站次，共计发现并纠正问题90余起，对部分重点工作现场实行全过程监控，设立违章现象曝光台。坚持安全生产重奖重罚原则，全年安全生产突出事迹奖励共17起，奖励金额38000元；一般性奖励共183起，奖励金额42750元，两项奖励共计80750元。安全生产考核事故及其他不安全现象的相关责任人共计罚款金额144260元。

■ 4月2日，公司召开“携手同铸新变电　共担安全每一天”大型主题活动动员会。

【主营业务】 公司集控站建设的土建工程全部完成，完成通州、荣华、榆管营、红军营等22座变电站的红旗站创建工作；完成变电公司奥运村、红军营、密云、草桥、闫村北、青云店、仁和、草厂站以及属地公司北太平庄、西三旗、五棵松、博兴、环保园、牛街等基建站和改扩建站的验收工作；220kV继电保护正确动作率为100%，全部保护装置正确动作率为99.93%；事故遥信正确动作率100%，远动系统可用率100%，10kV电压合格率平均为99.958%，直流专业年度直流巡检及核对性充放电工作完成率为100%；完成八里庄、清河、西沙屯、朝阳门、八里庄5座集控站的自动化系统建设工作，截至2007年底，变电公司无人变电站达28座。生技处下发《变电现场工作录音执行规定（试行）》，并给各站配备了录音笔，规范了运行人员的工作行为和语言行为，提高了倒闸操作的安全性；完成变电公司备品备件管理软件的开发工作，并修订变电公司备品备件管理制度，规范备品备件和报废物资的管理；制定《关于35kV及以下二次缺陷处理原则》，提高专业化检修夜间处缺工作效率；开展各专业作业指导书的修订工作，以便更好地指导生产实际；加强缺陷管理和分析，对缺陷进行全过程管理，召开专题会和季度缺陷分析会等专业会议，对于设备的异常及时制定行之有效的解决方案，对相关设备采取跟进的方法进行评估工作；按照北京电力公司相关要求组织变电站运行规程的修编工作，已完成初稿审核；针对专业化检修工作开展以来暴露的一些生产管理问题，各专业加强了生产流程的标准化管理，对发热缺陷处理原则和流程、停电处理缺陷的上报等作出了规范和调整；认真查找专业管理上的漏洞和空白，及时制定技术措施，针对八里庄10kV越级事故，制定并下发了《变电公司电流互感器二次安装及验收注意事项》等；结合综合检修工作的开展，规范了主要设备的标准化检修用时；加强对所维护设备的分析和评估，针对性地开展技改工作；加强运行单位对设备管理数据准确性的审核工作；安排公司和六个属地公司10kV间隔发电和配合“0811”消隐验收等工作，合计593个间隔。

■ 公司京电变电工程处工作人员夜间为110kV慧祥变电站GIS仓体除尘。（郑剑　摄）

【经营管理】 对可控费用、货币资金期末余额与竣工决算完成率三项指标，确定责任目标，实行严格考核。2007年，北京电力公司下达公司材料费指标567万元，实际完成567万元；其他可控费用4744万元，实际完成4770.6万元（其中含财务部批准可列支的公司在海淀供电公司通过开办费购买的低值易耗品摊销26.6万元）；竣工结算考核项目共计8项，总计18452万元，截至2007年底全部按期竣工结算，结算率100%。货币资金期末余额严格按照北京电力公司资金管理要求执行。2007年实现全面预算管理的重点突破与整体推进，实现生产预算与财务预算的统一，核定定额，夯实预算管理基础，将预算管理纳入奖金考核体系。

根据北京电力公司财务部的要求及公司年度工作计划，2007年，对公司全部固定资产进行全面清查。年初，公司领导班子确定了“横到边、纵到底；不重不漏；宜简不宜繁”的工作原则和“通过软件对实物资产进行实时、有效的监控，对固定资产实施增加、转移、拆除、改造、报废等资产全生命周期动态管理，形成实物和价值的动态统一”的工作目标，制定了工作方案和工作流程。通过对固定资产进行全面清查，做到存量有人监管，避免了国有资产的流失；变量及时掌握，节省了大规模资产清查费用；实现优化配置，充分发挥资产使用效益。

【工程管理】 2007年，公司工程管理紧紧围绕加快和规范工程项目建设开展相关工作，并将“0811”工程建设列为2007年三大重点工作之一。变电公司作为建设方的工程项目合计22项，电网改造项目13项，调度通信自动化类项目共9项。电网改造项目中续建3项：孙河站、芦城站、怀柔站改造，新开工9项：李遂站、王四营站、吕村站、清河站、回龙观110kV变电站、张仪站、大兴站、莲花池站、台湖站改造；调度通信自动化类项目中新开工7项：西沙屯集控站、芦城集控站、清河集控站、高丽营集控站、八里庄集控站、220kV站接入集控站、2007年保护装置改造。公司作为变电电气安装总包方完成220kV项目4项：北寺、西沙屯扩建、聂清双破进上庄、八里庄改造；110kV项目15项：蓝靛厂、青龙桥、兴礼、磁家务、田家园、人定湖、环保园、岔道、华康、新国展、军饷、航天城、北京台、南泥沟、北务；作为电气安装参建单位完成220kV项目3项：仁和、青云店、通州500、220kV切改；110kV项目3项：西平庄、徐辛庄、黑古台。截至2007年底，按照北京电力公司固定资产投资预控计划要求，全年工程任务圆满完成。

根据2007年工程项目“数量多、工期紧、内容新”三大特点，公司加强了对工程项目的统筹调度，多次组织项目调度会，重点就停电时间、图纸、物资、资金进行协调，加速变电公司以及各检修施工单位资源合理调度和工程进度控制的水平，加强了公司各专业的沟通和配合。下发《施工企业准入制度》、《“0811消隐工程”安全措施》、《工程施工方案暨安全措施模板》、《基改扩建工程争创无违章标杆工地实施办法（试行）》和《关于使用〈施工现场违章整改通知单〉的通知》，设置专职工程安全巡检员，定期公布巡检情况；设立《工程聚焦》电子宣传刊物，定期将工程管理中开展的各项工作及资金批复、物资采购、工程招标等信息进行通报。完善公司物资管理。对《采购制度》、《报废制度》集中宣贯，下发《关于进一步做好报废物资现场交接工作的通知》，规范报废物资的管理。

【科技与信息化建设】 取得北京电力公司科技成果3项：变电站监控系统程序化操作、直流充电设备综合测试系统的应用、指纹识别在变电站集控系统的开发。

进行的跨年度科技项目开发有：高压开关类设备在线监测和状态检修信息支持平台的研究和应用、变电站运行规程修编、支柱绝缘子运行状态监测的前期研究等。

作为ERP试点单位，参与北京电力公司ERP系统建设，提出变电公司业务需求；为系统建设提供基础信息和业务数据；学习、改进ERP业务流程；学习SAP财务模块操作技能；执行用户接受测试；执行权限测试；编写用户操作手册；执行最终用户培训；执行系统试运行；系统上线后作为系统运维支持小组现场支持成员。

【党建与精神文明建设】 2007年，公司党委紧密围绕企业中心工作，紧紧把握住安全生产的主旋律，以同业对标工作为载体，开展了“携手同铸新变电，共担安全每一天”和“迎奥运、讲文明、树新风、促发展”大型主题活动，深入开展法制宣传教育和思想道德教育。2007年，公司获得2005年、2006年度国家电网公司文明单位、北京电力公司文明单位标兵、先进单位等多项荣誉。公司党委在思想政治工作同业对标、精神文明创新成果、党支部创新成果、思想政治研究成果、党风廉政建设评比中都名列前茅。

在北京电力公司的精神文明创新成果评选中，公司党委报送的“携手同铸新变电，共担安全每一天”大型主题活动获得了一等奖，“让规则守护和谐”党风廉政建设活动获得了二等奖。

在北京电力公司的党支部创新成果评选中，变电检修处党支部创新成果《奥运排头兵，设备守护神》和远郊运行处党支部创新成果《亲情与远郊同行，亲情与安全同在》，分别获得了一等奖和二等奖。

（张宁）

调度通信中心（通信自动化公司）

【概况】 调度通信中心（通信自动化公司，简称中心）承担北京电网安全、经济运行，继电保护动作信息分析、整定计算的工作，是北京电力通信和北京电网自动化建设的中心，负责电网调度、运行方式分析、继电保护、自动化、电力通信专业职能管理和调度、自动化、通信专业的运行管理。

2007年，中心认真落实“集团化运作、集约化发展、精细化管理、标准化建设”要求，强化管理求高效，规范专业管理行为。以同业对标管理促进各项指标再上新台阶。加强电网调度管理“三项分析制度”，落实通信网“十一五”规划，通信骨干环网已经形成，数据通信网覆盖公司各主要站点。北京电网控制中心的投入运行使电网调度与控制水平有了很大的提高。全年未发生电网稳定破坏事故，未发生大面积停电事故，未发生人员轻伤及以上事故，未发生人员责任的一般电网和设备一类障碍及以上事故。全面完成了公司下达的安全生产、经营、人力资源、精神文明及党风廉政责任制各项指标。

地址：北京市西城区前门西大街41号

邮编：100031

电话：63128826

■ 调度通信中心领导班子。左起：副主任陈守军，党委书记付军美，主任刘润生，副主任唐涛南，工会主席郑雪。

【人力资源】 截至2007年底，中心共有全民职工311人，集体职工241人。具有博士学历人数占总人数的1%，研究生学历占7%，大学本科占23%，专科占28%，高中、初中学历占5%，中专技校占31%；按职称划分：具有高级职称的占6%，中级职称占20%，初级职称占28%；中心高级工占88%，中级工占4%，初级工占2%，高级技师占1%，技师5%。

2007年，中心加快人才培养，全年共选派6名同志到相关处室挂职锻炼3个月，拓展专业范围，提升工作能力。

加强中层干部考核。2月，在中心召开的职代会中，采用民主测评方式，分别对所有处长、书记、管理人员、调度人员进行了民主测评。建立和完善了竞争上岗和择优聘用制度。全年共计调整中层干部13人，调整管理人员10人。加强管理干部人员的培训，采取“请进来”与“走出去”相结合的方式，2007年开展管理人员“沟通技巧”、“工作压力管理”、“六项思考帽”、“领导力”、“学习型组织管理”、“思维导图”等培训。选送优秀的中青年干部到国外进行学习，形成了标准健全、层次分明的管理岗位培训体系。以新知识、新技术及综合管理知识为主要内容，加强专业技术人员的培训，对中心专业技术体系5个专业制定了22项培训项目。以学习新设备、新工艺及操作规程为主要内容，开展生产技能人员培训，近270位生产岗位人员参加了各种技能鉴定考试和技能比赛。

【安全管理】 2007年，中心全面完成了安全生产目标。截至3月20日24时取得了连续1000天无事故安全生产长周期，截至12月31日，中心连续安全生产1286天。组织生产一线职工签订《人身安全责任书》、现场作业“十条禁令”、中心安全生产“十个必须”、《安全双向互保责任书》，制定安全生产三级控制目标措施工作，落实以安全第一责任人为核心的全员安全生产职责。补充、修订了《调度通信中心危险点分析与控制工作实施细则》、《调度通信中心班组安全管理规定实施细则》，制定了《月度安全生产分析会实施细则（试行）》、《调度通信中心工作票管理规定》、《调度通信中心现场安全检查标准》等配套制度，规范健全了各项安全生产规章制度。

采取三大举措治理习惯性违章，一是巡检加互查、安全生产双把关。成立安全生产互查组，严肃查处各种违章违制行为，加强现场安全管理。二是自查自纠自省、防微杜渐。对自查、互查出的问题进行剖析，对照《电力安全工作规程》检查学习，对查出的违章行为，不论是否造成后果，都要以“四不放过”的原则严肃处理。三是安全管理、一视同仁。以同样的管理、同样的要求、同样的标准，将外施企业的安全管理纳入到中心的管理当中。以巡检、互查为手段加强工作现场安全管理和监督，2007年，中心各级领导、安监及管理人员共计下现场检查794次，查出并制止违章27件。

2月1日～4月10日，中心分三个阶段开展了保“两会”及春季安全生产大检查活动。做好全国人大、政协“两会”期间政治保电工作，确保春季生产维护、“0811”奥运工程、基改建施工等各项工作的顺利进行。

3月19日～6月30日，开展“落实措施抓基础，强化责任保平安”百日安全活动。6月，开展了以“综合治理，保障平安—落实措施抓基础，强化责任保平安”为主题的“安全生产月”活动。两项活动以抓实、抓好“两票三制”、《十条禁令》、《十个必须》为主要手段；以逐级落实安全生产责任，加强现场管理，规范人员行为为着力点；以抓好反违章为突破口，重点在防止人身伤害事故、防止人员责任事故、防止外力破坏事故三个方面加强防范。

6月20日～12月，组织开展安全生产“百问百查”活动，明确了“百问百查”活动的五项原则：坚持领导带头，全员参与；坚持全面系统，突出重点；坚持问查结合，强化整改；坚持统筹兼顾，协调推进；坚持健全机制，常抓不懈。

■ 8月3日，中心组织百问百查抽考。

中心网页上滚动播出的“首都供电无小事”、“最大的节约是安全，最大的浪费是事故”、“安全生产勿侥幸，违章蛮干要人命”等安全警语，让安全的理念深入人心。为全体一线员工印制“安全卡”，体现对员工的人文关怀。通过“百日安全信息”、“百问百查活动简报”、“我的岗位我负责”、“表彰先进宣传栏”、“违章曝光栏”等宣传平台，努力营造安全氛围。评选“安全之星”，树立“安全”典型。

【生产运行】 电网生产运行。2007年，未发生大面积停电及电网稳定破坏事故。未发生误调度事故。市调共执行检修计划3316项，执行基改建工程送电批准书232项；完成操作票2054张，下达操作指令18533步，操作票合格率为100%；妥善处理电网故障及异常100起；完成政治保电任务151项，保电天数325天；举办各类培训班20余次，接受培训人数超过600人次；开展反事故演习70次，其中联合反事故演习25次。全年电网计划检修、消隐改造及基建工程进展基本顺利。

提高电网事故快速处理水平。通过对八达岭等几次停电事故处理程序和恢复时间的分析，发现了现场事故处理模式存在的问题。自动化专业从技术及管理两方面入手，开展了对无人变电站遥控传动和确认、确定变电站自动化信息优化原则、讨论报警分类技术要求三方面工作，实现了具备遥控条件的变电站在事故情况下的远方操作，提高事故快速处理水平。

推进工程建设工作。结合变电站视频整合工作，编制了《北京电力公司视频监控系统通用接口规范》。配合华北电力设计院完成了220kV变电站视频监控系统建设可研报告的编制、审核以及初步设计的编制工作。确定了奥运相关110kV变电站视频监视系统的建设方案。组织、配合调度、运行方式专业完成了WAMS系统技术方案、PMU布点原则以及WAMS系统和PMU设备技术条件的编制、审核和确认。成立配网自动化推进工作小组，下发《北京电力公司配网自动化技术原则》、《北京电力公司DTU终端技术规范》、《北京电力公司FTU终端技术规范》、《北京电力公司TTU终端技术规范》4个技术原则和标准。

开展保“十七大”电力二次系统安全防护工作。2007年，为确保“十七大”安全供电，提高二次系统安全防护水平，自动化专业组织对中心管辖范围内的二次系统安全情况进行自查和整改。协同公司安监部、各供电公司成立了公司电力二次系统安全防护联合检查组，聘请国家电网公司信息安全实验室专家，对16个供电公司、变电公司以及抽检变电站进行了联合检查，并对公司二次系统进行了专业检测。针对检查出的问题进行汇总分析，制订了保“十七大”紧急整改措施。

弱电线缆三线整治。在北京市政府的统一部署下，北京电力公司2007年开始逐步实施三线整治工作。成立了整治组织机构，制定了整治技术标准及规范，组织看护队伍，配合北京环境建设办公室完成了长椿街的示范整治工作及前三门大街废线清除工作，组织人力对五环内400多条大街进行排查，发现80%大街存在三线搭挂隐患，根据排查结果，确定了94条三线隐患严重的大街为后期重点治理对象。

【经营管理】 2007年，为了加强预算管理，以“细化预算项目，明确管理责任”为原则，根据2006年预算执行情况及本年度经营指标，将成本预算细化到各个费用项目，并遵照《调度通信中心货币资金管理实施细则》的规定履行审批手续，定期召开经济活动分析会。2007年，中心顺利完成成本指标3431万元，其中：修理费1641万元，材料费60万元，其他可控成本1730万元。

通过账、卡、物的逐一核对，核清了中心账面资产与运行维护资产的对应关系，确切掌握了有关运行维护资产的数量，为中心大修更改资金的使用提供了基础数据。通过资产清理，理顺了资产变动的流程，明确了各部门在资产管理中的责任，修订了《调度通信中心固定资产管理实施细则》。

【工程管理】 2007年，大量基、改建工程集中投产。中心作为通信数据通信网建设、奥运配网监测系统建设等项目的建设单位，承担着公司通信网完善及奥运保障主要支撑系统的建设任务，同时负责朝阳500kV变电站、草桥220kV变电站切改、北京电视台等80多项基建项目配套通信系统的建设。针对奥运相关项目工程工期紧、任务急的特点，充分考虑奥运保障工作的需求，合理安排工程实施计划，强化施工现场的安全管理，严把工程质量关，保证了各项工程计划的按时完成，为2008年奥运保障的通信自动化系统奠定了坚实的基础。吸取前段工程资金管理、物资管理方面的经验，对工程管理制度进行了修编，制定了中心施工企业评价体系，规范了施工队伍准入流程，提高了工程组织各环节的规范管理水平。

【科技进步】 2007年，中心承担科技项目15项，项目总费用3851万元。其中，“奥运电网运行管理系统”和“奥运配网监测系统”属于国家电网公司六大专项任务之列。“北京电力应急指挥技术支持系统的研究和完善”列入国家电网重点科技项目，“基于继电保护及故障信息系统的高级应用研究”和“北京电网无功电压协调控制的研究”两个项目列入北京电力公司科技重点项目。北京电网可视化调度系统的研究和开发作为中心重点研发项目。2007年度，中心获公司科技成果奖8项、优秀科技论文13篇；获国家电网公司科技成果奖2项。申报北京市科技成果奖励2项。在国家正式刊物上发表科技论文11篇。

可视化调度系统的建设：其目标是开发一套北京电网可视化调度系统，将SCADA的实时信息、EMS的状态估计信息以及OMS的管理信息进行重新整合，在北京电网主网接线图、地理接线图及母线接线图的基础上，将电网运行中各种关键信息以图形等高线色谱等形式动态描述电网运行数据，并在此基础上实现实时分析功能和辅助决策功能，从而构成一个数字化、可视化的调度平台。目前一期工程已经完成，二期工程正在抓紧实施。这套系统建设将提高调度员的决策能力，提高电网安全分析能力，增强对北京电网运行状态的掌控程度，提高北京电网安全性和供电可靠性。

北京电网发电计划安全校核及最优调整系统建设：实现了对日发电计划的安全校核，当出现潮流越限等不安全的情况时，可以自动修改发电计划，校正越限。“北京电网电厂管理系统的建设”搭建了北京地区电厂调度管理的技术支持平台和北京市调与北京地区各电厂的信息交流平台。

北京电网无功电压协调控制策略的研究：制定适用于北京电网的无功电压优化控制策略，实现与网调和区调之间的上下级协调控制，并在在线静态电压稳定评估和预防控制策略方面取得了成果。

北京电网负荷模型深化研究及适应性分析：其目标是提出符合北京电网实际的各类典型负荷的综合负荷模型（SLM）和参数。推荐适用于北京电网仿真计算的综合负荷模型（SLM）和参数。

这些项目的开展将提高北京市调对电网的运行管理水平，为2008年北京奥运会安全调度，确保电网安全稳定运行提供有力的技术支持。

【党建与精神文明建设】 2007年，中心党委全面完成2007年度精神文明建设与党风廉政建设责任目标，并荣获2006～2007年度北京电力公司先进基层党委、2007年度北京电力公司文明单位标兵、北京电力公司2007年度党风廉政建设优秀单位等称号。

以法制宣传教育和思想道德教育为重点，组织领导干部学习《法制宣传教育思想道德教育汇编》、《责任胜于能力》，观看视频讲座《阳光心态》、《赢在执行》、《社交礼仪》和警示教育片《赌之害》，并对郑筱萸案例认真剖析。细化思想政治工作同业对标各项指标，落实思政工作责任制。荣获公司思想政治体系同业对标综合标杆单位和党组织建设专业标杆单位称号。建立调通中心党委党支部标准化建设文件夹，按季度对党支部工作进行点评，推进支部标准化建设，提高基层党支部的整体水平。开展“珍惜前途、珍爱岗位”警示教育活动，组织参观清园监狱，百名职工写下近20万字的参观体会；邀请政法大学教授对全体员工进行普法教育；宣传财务、纪检制度，在中心形成了人人自觉学法、守法、用法、遵章守纪的氛围。开展“十大杰出青年”和“双十”评选活动，在全公司推出以郑广君为代表的调通中心先进典型。创办了《北京调度》期刊，获得北京电力公司“基层优秀报刊特别奖”、“2007年度新闻宣传成效显著单位”称号。制定《携手共建一流调度 实现奥运百年梦想》——调度通信中心“迎讲树促”活动方案。组织“讲法制知荣耻，保安全创和谐”知识竞赛和“读书为人生添精彩”等系列活动，为中心和谐发展营造了良好的环境。

团委积极开展“青春暖夕阳，爱心筑和谐”志愿助老活动，组织团员进行义务植树，开展以“和谐电力，服务社会”为主题的“青春光明行”活动，与国旗护卫队的战士进行爱国主义教育活动，组织奥运倒计时一周年“8·8环二环”活动和“责任胜于能力——我奉献、我参与、我快乐”的演讲比赛。先后荣获“全国青年文明号”、“中央企业学习型红旗班组”和“国家电网公司优秀调度员”、“北京电力公司十大杰出青年”、“北京电力公司青年岗位能手”等荣誉称号。

（赵重芸　潘旭东　赵霞　于纪青　娄奇鹤　胡娱欧　陈小雨　赵钢　蒙建新）

北京电力试验研究院

【概况】 北京电力试验研究院（简称试研院）是北京电力公司的直属主网专业公司、技术监督执行机构、主要的技术支持与技术服务单位。承担着北京电力公司全网800余台主变压器的检修、维护和事故抢修等工作；负责所有220kV变电站以及城区6个供电公司所属220kV变电站内一次设备的电气试验、油气化验、电测热工仪表的校验和电压、电流互感器及其他充油设备的检修、维护工作；具备了500kV及以下电压等级主变压器的现场检修、施工和安装能力，能够独立完成220kV/180MVA变压器的返厂大修工作，能够进行国家规定的所有电气设备的预防性试验项目。作为公司技术监督的执行机构，试研院受公司职能部室委托，负责在绝缘、化学、电能质量、电测热工、电网环境五大专业开展技术监督工作，对公司内部和社会电力用户提供技术支持和技术服务，是北京电力公司技术管理体系和技术监督体系的重要组成部分。2007年，试研院顺利通过了中国合格评定国家认可委员会的认可，具备了谐波电压、谐波电流、三相电压不平衡度、闪变、噪声、工频电磁场、无线电干扰等项目的监测和分析能力。

试研院领导班子8人，机构设有9个职能处室，3个工区，2个专业技术研究室，3个中心，6个实验室，1个多经总公司。

地址：北京市丰台区南三环中路30号
邮编：100075
电话：63677123

■ 北京电力试验研究院领导班子。左起：总工程师常晓旗，副院长涂明涛，党委副书记兼纪委书记金小岗，党委书记顾联军，院长刘维刚，副院长韩国庆，副院长周洪，工会主席周毅。（宋雨昕　摄）

【人力资源】 截至2007年12月底，试研院在册职工308人，其中全民所有制职工252人，集体所有制职工56人；博士学历2人，研究生学历22人，大学本科学历43人，专科学历45人；高级职称12人，中级职称41人，初级职称68人；取得国家职业技能鉴定高级技师资格4人，技师23人，高级工123人，中级工26人，初级工1人。

5月，为转变电网发展方式，拓展试研院业务范围，经北京电力公司党政联席会研究，决定在试研院成立带电作业技术中心。2007年，公司系统内输电和配电线路带电作业同比分别增加333次和1252次。有效减少架空配电线路停电约515208时户，多供电量3373.92万kWh，北京地区城市供电可靠性提高了0.13个百分点，用户平均停电时间减少了 9.13 小时。为公司提升创一流同业对标水平作出贡献。

为保证北京电力公司奥运工程计量器具的量值和量值传递的准确可靠，试研院于 6 月成立了电测实验室。2007 年，电测实验室共计检测 / 校准的便携式计量器具 293 块次，完成便携式电测校验仪 9 台次，电压检测仪 505 块次。电测室所有在岗人员均考取国家电网公司检定员证书。

试研院秉承“以人为本”的方针，实施人才强企战略。开展实施各岗位、各层次的业务培训，人才密度及高技能人才分别达到 98.41% 和 97.19%，全员持证上岗率达 98.31%。2007 年，累计投入教育经费 107 万元，是公司下达指标的 1.97 倍，在职人员人均培训达 45 学时，全员培训率达 100%。先后选拔了一批素质高、能力强的中青年骨干走上领导岗位。结合工作实际需要引进、培训劳务人员，为生产一线补充新生力量。

【安全生产】 全年未发生恶性轻伤及以上事故；未发生电网、设备事故；未发生一般及以上火灾事故；未发生一般施工机械设备损坏事故；未发生有重大社会影响的停电事故；未发生负同等以上责任的一般交通事故；未发生后果严重的信息安全重大事故；实现连续 3 个百日安全生产长周期，安全生产达到 966 天。

全年累计投入安措资金 25 万元，配备、更新绝缘梯、安全帽等安全工器具和安全防护用品 1532 件，执行工作票奖励 16620 元，工作票合格率达 99.6%，创历史最高水平。开展“工区安全日”、“绿色通道”、“安全宣言书”、“事故案例学习”等安全管理活动，并作为常态机制固定下来；完善各级安全生产责任制，组织全院 317 人签订安全责任书及“十条禁令”；完成了全院现场工作人员 221 人、合同工共 93 人的《安规》考试，及格率 100%，并对《安规》考试成绩进行了公示；完成了 314 人的触电急救的考试和实操工作；对 61 名现场工作负责人进行了安全技术考试；完成了 3 台特种设备和 21 名特种作业人员的按期审验工作，确保了特种设备的安全使用和特种设备作业人员定时考核；院工会组织员工签订 230 份“安全宣言书”；团组织创作的“百问百查”应用软件在北京电力公司范围内得到了推广应用，为促进企业安全作出贡献。

启动“百日安全”、“安全生产月”、“隐患排查治理专项活动”、“百问百查”等活动，利用试研院期刊、网络、标语、板报和宣传栏等载体进行宣传报道，营造了人人保安全的氛围。“百日安全”活动期间，试研院领导、管理人员、安监人员（含巡检组）共计下现场检查 395 次，检查工作现场 419 个，发现问题 54 件，整改 54 件。其中院领导带队检查 85 次，检查了 109 个工作现场。

全年累计完成主变压器停电检修 143 台次、带电处缺 406 台次、互感器等充油设备检修 239 台次、消除各类设备缺陷 824 件、高压设备试验 4475 件、油气化验分析 1424 件。在电网迎峰度夏期间，共巡视主变压器 262 台次，电流互感器 4536 台次，完成了 104 台主变压器的色谱分析工作。圆满完成了奥运测试赛、党的十七大等 43 项高标准的保电任务和“0811”工程建设。

试研院检测中心全年累计完成配电变压器检测 2026 台、电缆检测 2946 盘、架空绝缘导线检测 438 盘，并先后有 21 个批次的设备用于奥运工程。在检测期间共发现不合格设备 50 余个批次，设备数量达 200 多台（盘）；共涉及 20 余个厂家的 20 种设备，退换货设备、材料涉及资金 2000 余万元，为公司挽回了大量经济损失，确保了奥运工程和首都电网建设所用设备的性能质量，从设备源头确保了电网的安全可靠运行。

“0811”强网工程之一——220kV 台湖变电站施工现场。（赵建勇 摄）

【经营管理】 2007 年，按照公司“精细化管理、标准化建设”的要求，相继出台多项可操作性强、可执行性强的管理制度，优化工作流程、规范工作秩序、提升整体管理水平，各项管理指标在公司同业对标中均名列前茅。

财务成本及预算管理水平有了很大提升。初步构筑了以年度预算为控制目标，滚动执行预算为控制手段，覆盖全院的全面预算管理体系，为全院生产经营目标的完成提供了重要保障。

物资管理部门健全完善了物资领料、工程退料等多项制度，规范了物资采购的招评标程序，降低了采购成本，保证了物资供应质量。

多经总公司努力开拓市场，完成了 19 项配网工程和两项 110kV 主网改造工程，实现产值 8362 万元，利润 315 万元，经济效益稳步提升。

【科技进步】 2007 年，试研院先后荣获北京电力公司“朝阳杯”QC 成果发布优秀奖 1 项、科技成果技术改进二等奖 5 项、科技成果推广应用一等奖 2 项、优秀科技论文 3 篇、政策研究论文评审三等奖 1 篇、优秀奖 1 篇，荣获北京第五十一次 QC 成果发布一等奖 1 项。

2007 年，试研院在公司范围内突破性地承担了 27 个科技项目，资金额达 787.5 万元；先后进行了北京电力公司主网中期年度方式计算和理论线损计算工作，开展了 220kV 安左一回线路延长环断裂分析、延庆地区电能质量测试与分析等 26 项故障分析工作。其中“城市电网可靠性技术实验室”成为北京电力公司唯一进入国家电网公司框架范围的实验室，为将来的研究工作提供了更广阔的平台。围绕奥运供电保障工作，试研院各研究室先后承担了保奥运输电线路防雷整治方案制订、奥运供电重点保电站 GIS 设备检测以及电能质量测试等工作。

■ 12 月 5 日，北京电力试验研究院主变工区主变一班获“朝阳杯”北京电力公司 QC 成果发布优秀奖。

2007 年，试研院配网研究中心配合公司生产技术部完成了《2008～2010 年北京电力公司大修技改三年滚动计划》、《北京电力公司 2006 年生产技术评估报告》、《北京电力公司 2007 年线损理论计算报告》的编写工作，开展了北京电力公司主网中期年度方式计算工作，为公司职能部门科学合理安排运行方式打下坚实的基础。

试研院 15 个检测 / 校准项目顺利通过了国家认可委员会检测 / 校准实验室认可，标志着试研院电气、电缆、化学等 6 个实验室具备了按国际准则进行质量管理和技术管理的先进能力，所出具的检测、校准结果开始获得国际认可。

【党建与精神文明建设】 召开加强领导班子作风建设专题民主生活会，坚持理论中心组学习，深入学习贯彻党的十七大会议精神，不断提高干部队伍和党员的理论素养及履职能力。开展支部创新、精神文明创新及思想政治理论研究工作，圆满完成了发展党员票决制在试研院的试点工作，全年共发展新党员 9 名、转正 7 名，为近年来组织发展工作任务最重、数量最多的一年，改进了党员队伍结构，为党组织的发展壮大注入了年轻鲜活的力量。

实施党风廉政建设与行政工作同部署、同落实、同检查、同考核的新机制，建立预防职务犯罪“先期联控处置机制”，开展廉洁文化建设“五个一”活动，出台多项廉政建设制度，采取廉政谈话、警示教育等一系列有力措施，确保干部职工做到“干事、干净”。

在构建和谐企业的工作中，坚持做好“送温暖”工作，拨出专款改善院容院貌，职工办公环境更加优越，职工食堂通过了非营业场所最高标准的 B 级标准验收。坚持深化企业民主管理工作。在办公楼等显要位置增设显示屏，扩大职工信息获取途径。职工集中休养等 3 项实事工作计划和为职工做工装等 8 项职工代表提案全部得到落实。组织职工进行了体能测试、健康体检，开展职工运动会及各种球类比赛活动，增强体魄、陶冶情操。

试研院党委所属管理二党支部的《党支部的“五元晶格”工作模式打造卓越职能管理》荣获北京电力公司 2007 年党支部创新成果优秀奖。《撑起北京电力试验研究院的天空》荣获北京电力公司 2007 年度精神文明建设创新成果提名奖。

（周　芬）

北京电力电缆公司

【概况】 北京电力电缆公司（简称公司）是北京电力公司直属专业管理单位，承担着北京电网中全部110、220kV、城近郊区内35kV电缆线路、变电站10kV大截面电缆线路和城近郊区内除独立小区隧道以外的全部电力隧道的运行、检修、维护工作。

■ 北京电力电缆公司领导班子。左起：副经理李华春，党委副书记兼纪委书记郝永林，经理陈平，党委书记穆怀山，副经理李钢。（吴艳云　摄）

截至2007年底，电缆公司共计管辖220kV电缆线路72路146.951km、110kV电缆线路531路565.529km、35kV电缆线路64路51.7403km，各种规格型式电力电缆隧道共计486km。

公司为公司、处室（工区）、班组三级管理模式，下设8个职能处室（5个管理职能处室和3个生产职能处室）、3个工区、设计室以及多种经营公司。管理职能处室包括经理办公室、政治工作办公室、监察室、劳动人事处、财务处；生产职能处室包括安全监察处、生产技术处、工程管理处；工区包括高压运行工区、高压检修工区、后勤机械工区；高压运行工区下设3个高压运行班；高压检修工区下设4个检修班和1个材料班；后勤机械工区下设行政班和车管班。

2007年，公司未发生人身、电网、设备和信息安全事故；未发生重大火灾、交通和施工机械设备损坏事故；未发生性质恶劣、社会影响较大的停电事故和设备停运事件。可控成本完成3811万元（其中材料费72万元；修理费3020万元；可控费用719万元）。货币资金期末余额达到36.7万元，小于100万元。竣工决算率达到100%。达到精神文明和党风廉政建设各项要求，未发生影响北京电力公司形象和稳定的重大事件，年度优质服务综合考核达标。获得了2007年度北京电力公司先进单位。

地址：北京市朝阳区三里屯塔园村
邮编：100027
电话：64620092

【人力资源】 截至2007年底，公司共有在册职工170人。其中，副高级职称9人，中级职称22人，初级职称51人；研究生学历9人，本科学历56人，大专学历27人。高级技师1人，技师10人，高级工64人。公司人才密度100%，高技能人才比例100%，生产岗持证上岗且岗证匹配率100%。

开展管理干部与专家队伍2007年度考核工作。44名管理干部和专家参与了考核，17名中层干部进行了工作述职。公司对10名中层干部进行了岗位轮换，促进干部全面发展。

2007年，共开办各类培训班46期，参加培训1800余人次，全员培训率达到了100%。发挥专业公司技术与人才优势，4月19日～6月24日，协办了两期电力公司电缆高级工强化培训班，由公司技术骨干授课，对百余名职工进行电缆专业知识培训。组织职工参加学历教育，9名40岁以上的职工完成了中等学历教育。开展电缆状态监测等专项培训，提升公司专业水平。获得了北京电力公司人力资源管理先进单位。

【安全管理】 全年安全无事故天数累计365天。公司以“百日安全”、“百问百查”活动为载体，采取了“六抓”的有效措施：抓思想、抓责任、抓培训、抓投入、抓奖惩、抓落实，夯实安全管理基础。层层签订安全双向互保责任书、治安消防责任书、“三不伤害五不干”保证书和“十条禁令”保证书，细化岗位安全职责，将自下而上的安全责任落实机制和自上而下的安全作业保障机制紧密结合，传递了安全压力。全年组织598人次参加《安规》培训，三次进行施工配合企业安全强化培训，组织81名工作票签发人及工作负责人参加专业培训，举行触电急救抽考，提高人员岗位责任意识和安全技术水平。改善作业条件，落实了有害气体测试仪、无线核相器等安全投入。奖惩分明，严格管理，对内加强考评，树立典范，公司两个工区、六个班组分别取得电力公司无违章工区、无违章班组的荣誉称号；对外创新思路，采取配合施工企业联合互查组的新形式，通过互查评比和发放“流动红旗”，奖励无违章现场，纠正处罚违规施工企业。

深化“三防两查一落实”安全管理内涵，即防火、防盗、防外力，查两票三制、查现场安全措施，落实突发事件应急工作预案。通过实施电力隧道防火综合整治，有效控制各类火灾险情，获得了北京市2007年度消防安全先进单位的荣誉称号。通过采取高压电缆网、电力隧道在线监测的技防措施，采取20余次3000km的电力隧道拉网式夜间巡查、封闭重点地区电力隧道井盖和发动群众集体护线的人防措施，减少了隧道内各种偷盗案件的发生。通过采取缩短巡视周期以及对重点线路24小时看守等方法，及时发现并制止了12起违法施工事件，外力故障较2006年下降了50%，外力隐患下降了30%。对工作票进行三级审查，层层把关，提高了合格率。对217个现场进行巡检，发现问题及时整改，确保施工安全。完善应急抢修方案，充实备品备件，多次开展实战练兵，提升抢修能力。

■ 3月14日，公司经理陈平与工作人员现场落实八里庄变电站220kV电缆改造方案。（吕晨　摄）

2007年，公司圆满完成了“奥运倒计时一周年庆典”、“奥运测试赛”、“十七大”等21项保电任务，累计保电232天，以重点看护、增加夜巡、施工隐患排查等切实措施，确保各项任务万无一失，获得了北京电力公司安全生产管理先进单位。

【电缆网建设】 公司以隧道防火整治和标准段建设为重点，初步实现设备先进规范。开展二期隧道防火综合整治，完成了长安街、东二环等9段48km电力隧道防火整治任务，实现了隧道内不同电压等级电缆、光缆的防火隔离，为电缆中间接头和重点部位配置防火设施；组织草桥至广安门、左安门至成寿寺5km电力隧道标准段整治试点工程，为大范围开展隧道整治提供了样板，为后续隧道建设积累了经验，确立了标准，夯实了基础。草桥至广安门电缆隧道标准示范段获得了北京电力公司红旗标杆电缆隧道。

以线路改造为重点，初步实现运行安全稳定。完成了二八一、二会支进等6路老旧充油电缆更换工程任务，改造6路小截面和严重缺陷的电缆线路，实施了西直门、永安里等11座变电站夹层综合整治，改善高压电缆网健康水平。

以创新管理为手段，推进电缆网自动化进程。12月20日，国内首个电缆网运行监控中心投入运行，监控中心集合了光纤测温、井盖监控、隧道摄像等八大系统，构建了电缆网、电力隧道智能化管理的枢纽和核心。220kV高压电缆线路温度在线监测率实现100%，电力隧道温度监测率达到50%，井盖在线监控率接近50%，初步实现了电缆网和电力隧道的可控、在控。运行监控中心基本解决了设备信息不完整、数据不准确等问题，弥补了以往运行巡视周期长、效率不高的缺陷，转变了粗放的管理模式。

■ 12月20日，北京电缆网运行监控中心启用仪式。

以专业技术优势为依托，承担了“0811”相关工程48项，其中包括基建部组织建设的220kV电缆工程，变电公司、输电公司等相关参建单位委托的变电站送电和站联电缆工程以及城区、朝阳、海淀、丰台等单位组织的110kV送电工程、站联电缆工程等，共计敷设电缆约290km，安装各类电缆接头约900只。公司职工在白浮、黄杉木店、大钟寺等送电工程中创造了多项佳绩，为“0811”工程的顺利实施奠定了坚实的基础。

【生产管理】 理清生产管理流程，编制完成《北京电网电力隧道建设“首都标准”实施细则》和电缆设备及隧道竣工验收标准，修订完善隧道运行管理规定，颁布公司停电管理及验收管理等新办法，为电缆网建设提供了技术支持。

夯实生产基础，在半年时间里完成了232km无竣工资料隧道的专业补测补绘和竣工档案的整理工作；将467km电力隧道与800km电缆线路的数据资料进行了分析整理并录入，资料准确率和归档率达到100%。通过制订隧道建设首都标准实施细则，参与主网主系统建设审核，推广隧道运行管理规定和严细工程竣工验收，逐步强化专业职能。完成电力隧道的分段命名和台账建设。将电缆接头和隧道纳入设备体系，对现状运行的各种设备进行编码管理，为地理信息系统和生产管理系统的应用奠定了基础。

优化运行检修，不间断采集分析设备数据，处理了24处缺陷，进行千余次施工配合，完成了208次设备预试，配置了具备GPS定位功能的手持PDA，实现了现场和运行监控中心的动态联络。修建了备品备件仓储库房，购置了200万元的备品备件，完成了110kV及以上高压电缆现场变频谐振试验设备等装置的购置工作，完善施工、检修、试验工器具配置。

【经营管理】 以同业对标为载体，确保终端指标圆满落实。借助内控建设、ERP等管理手段，整合内部资源，优化工作流程，显著提升管理效率。汇编了120项制度，为各项管理工作提供了依据。整合电缆专业规划、设计、安装验收等各类标准，充分发挥了专业技术平台作用。

结合内控建设，加强公司经营管理。深化预算分解和成本核算，获得了北京电力公司2007年度财务及经营管理先进单位。完善用工、绩效考核和岗位管理机制，夯实企业人力资源基础。提升办文办会办事效率和综合管控能力，强化辅助决策，政策研究论文获得了北京电力公司优秀奖。加强后勤管理，增强服务保障能力，改善办公和生活条件。

【科技进步】 2007年，公司科技成果和科研项目数量和规模达到了历年之最。8项成果分别获得北京电力公司推广应用和技术改进一、二、三等奖。9篇科技论文在北京电力公司年度评审中取得了4个一等奖、2个二等奖、3个三等奖的好成绩。整体复合密封交叉互联箱与接地箱成果获得了北京电力公司QC成果发布三等奖并取得了国家专利。公司荣获了北京电力公司科技进步先进单位。

广泛参与技术交流，先后接待了山东电力公司、珠海供电局、新加坡能源公司等兄弟单位来访，多次配合北京电力公司组织变频试验车、局放在线监测技术等专题会。夯实专业平台，在国际输配电会议和电机工程学会年会等活动中，累计投稿10余篇。

■ 隧道火灾侦察机器人现场演示。(刘皓　摄)

【党建与精神文明建设】 公司同步推进物质文明、精神文明建设。11月14日，召开公司全体党员大会，深入学习贯彻党的十七大会议精神。全年进行思想政治体系同业对标，夯实了党建基础。抓好中心组学习，积极创建“四好”领导班子。加强基层支部建设，开展“法制宣传与思想道德教育”系列活动，提高党员干部的法制和思想道德意识。全面推进“迎奥运、讲文明、树新风、促发展”活动，开展“七个一”活动，推出了10篇精神文明创新成果，弘扬奥运理念，营造文明风尚。

加强党风廉政建设，落实北京电力公司纪委关于“开展廉洁文化建设‘五个一’活动”的要求，建立廉洁宣传阵地和加强廉政建设考核，使廉洁从业理念深入人心。确立了两个效能监察项目，加强舆情监测，有效防范风险，确保企业稳定。

开展群众性创新创效活动，公司QC小组成果获得了电力公司三等奖。团员青年发挥突击队作用，参与了“青春光明行”等多项主题活动。全面培育企业文化，努力营造“和谐、敬业、创新”的良好氛围。积极解决热点、难点问题，维护企业稳定。关心离退休职工生活，解决实际困难，通过公司力量承担社会责任，维护社会和谐。

（刘媛）

北京电力电能计量中心

【概况】 北京电力电能计量中心（简称计量中心）前身为北京供电局计量管理所，始建于1987年。2004年6月，随着北京电力公司的建制调整，更名为北京电力电能计量中心。2005年12月，计量中心经北京市质量技术监督局授权为北京市电能表计量检定中心，与北京电力电能计量中心合署办公，肩负着确保电力贸易结算准确、公正的社会使命。

■ 北京电力电能计量中心领导班子。左起：副主任李飞，副主任兼工会主席李文增，主任杨云峰，党总支书记张伟，副主任张宏宾，总工程师张松。

计量中心是北京电力公司的主网生产单位，在专业管理方面参与电能计量专业各项工作标准、技术条件和规章制度的修编；负责全公司计量资产的统一管理，并对各供电公司的电能计量工作进行业务指导、技术监督。在生产管理方面主要负责全公司电能计量装置的检定、配送；负责公司关口电能计量装置的安装验收、运行管理。在质量管理方面负责电能计量标准器具的量值传递、周期检定工作以及电能计量装置全生命周期各环节的质量监控。在技术管理方面负责电能计量专业新技术的研发和应用，并为公司营销系统及各供电公司提供计量专业技术解决方案。计量中心严格按照计量法律、法规的要求，在北京市质量技术监督局授权范围内开展计量表计的出厂首检工作。

计量中心领导班子成员共有7人，下设7个处室，4个工区，1个直属科室和多经总公司。

地址：北京市丰台区莲花池西里28号

邮编：100161

电话（传真）：63128602

【人力资源】 截至2007年底，计量中心共有职工162人，其中具有高级职称者6人，中级职称者20人；高级技工54人，中级技工38人，技师9人，高级技师2人；研究生学历8人，本科学历33人，大专学历34人；中心人才密度达到100%，比2006年同期增长7.45%；高技能人才比例98.15%，比2006年同期增长35.89%；生产岗位全员持证上岗率达到100%，比2006年同期增长12%。

开展职业技能鉴定和专业技术资格认定工作，有2个工种、57人次通过了鉴定考试，涵盖中、高级工以及技师、高级技师四个等级；通过认定及评定工作，共14人取得了专业技术资格，其中包含1名高级、2名中级、11名初级。配合公司培训工作，2人担任天津市电力公司技能鉴定考评员、10人次担任公司级技能鉴定考评员，2人次担任高技能培训班教师，2人次参加技能鉴定题库的修编工作，2人担任国家电网电能计量调考比赛裁判。

【安全生产】 深入贯彻“安全第一、预防为主、综合治理”的方针，按照安全生产“三个百分之百”

的要求，重点围绕变电站现场校验工作，强化安全责任制的落实和“两票三制”等基本规章制度的执行。全年无安全事故发生，完成3个百日安全生产长周期，创造中心连续安全生产4093天新纪录，荣获公司2007年安全生产管理先进单位。

扎实开展安全教育培训，大力开展《安规》的教育培训，开展安全工器具使用培训、工作票培训，组织全员进行《安规》考试、安全常用语考试、“百问百查”考试，对工作票签发人、工作负责人、工作许可人进行考试并发文公布。整理汇编了近几年电力系统计量专业事故案例，提高一线人员安全意识。大力加强安全宣传，中心全年编发安全报道30余篇，安全简报12期，安全专刊4期，编写安全生产同业对标典型经验一篇。通过开展各项安全检查以及“安全活动月”、“百日安全”和“百问百查”等一系列活动，提升计量中心安全生产水平。

【经营管理】 按照公司“集团化运作、集约化发展、精益化管理、标准化建设”的要求，计量中心历时四年的大楼改造建设全面完成。11月16日举行了“新址落成典礼”，标志着计量中心的发展进入到集约化、精益化、法制化的新阶段。这是继2005年取得电能表检定授权后，计量中心取得的又一项突破性的工作，是公司营销系统“一部三中心”建设的重要里程碑之一。

2007年，计量中心克服大楼改造过程中的各种困难，圆满完成了公司下达的各项经营指标。其中：利润总额完成–2464万元；可控成本984万元；技改工程资金514万元。

严肃财务纪律，严格执行公司财务工作要求。完成公司财务“集团账务系统”和“集中支付系统”的培训和应用工作，结合计量中心特点与公司财务部门沟通，反复调整和更改账务模版，6月，开始实行双轨运行。深化、细化全面预算管理，按照各处室上报，财务部门协调，中心领导审批的步骤重新编制了中心预算，将部分费用分解到处室，由专人负责，保证了预算的可控、在控。

【主营业务】 2007年，计量中心圆满完成了公司下达的各项生产指标：关口电能表现场周期校验率（同业对标指标）达到100%；二次导线压降测试率（同业对标指标）达到100%；全年无人员责任的关口差错电量发生；电能表、互感器检定计划完成率100%；电能表、互感器配送计划完成率100%。

细化供货商生产、优化计量中心检定、配送方案，提高检定和配送工作水平和质量，保证各供电公司营销服务的有效需求。2007年共检定单、三相电能表456510具，同比增长15.4%；低压电流互感器检定95576具，同比增长56.5%；高压互感器检定8624具，同比增长34.8%；随着计量中心检定工作的集约化、规范化程度越来越高，计量中心利用现有资源，制订了完善的配送方案，全年配送计量装置462129具，同比增长31.4%。在确保优质完成配送工作的同时，及时完成了与物资公司及财务部门的账物结转工作。

落实国家电网公司加强互感器现场检验及同业对标工作的要求，首次开展了变电站（电厂）内计量用互感器的现场检验工作，全年共完成11个变电站共计582台110～220kV互感器以及24个站1240台35 kV以下互感器的现场校验工作，实现了公司新增关口计量互感器100%的现场校验，把好公司关口准确计量的第一关。电能计量关口电能表现场周期校验率、二次导线压降测试率这两项同业对标指标也达到100%，在国家电网公司系统电能计量专业位居前列。

■ 互感器校验工作现场。

根据公司加强专业化管理的工作思路，采取和上海、天津、重庆三个直辖市电能计量中心同业对标等管理手段，梳理出计量专业生产体系、技术支持体系和质量管理三大专业体系建设的思路及具体方案，推进公司电能计量专业化管理及专业化体系建设。

配合公司消隐改造工程做好电能计量消隐工程前期隐患排查工作，编制电能计量装置改造标准和技术原则，并对全部排查出的隐患进行详细的分析汇总。

【质量体系建设】 在认真贯彻执行《中华人民共和国计量法》等法律法规的基础上，加强与政府计量行政主管部门的联系与沟通，主动接受北京市质量技术监督局的指导与监督，全年共配合技监局完成单相表复核测试17852具，合格率99.91%；三相表2004具，合格率99.95%。通过标准设备管理、检定质量控制、不合格品的改进、新版规程的宣贯、封钳印管理等内容保证质量体系的运转及完善，保证计量装置的准确和可靠。

按照公司部署，6月开始对1999年安装的预付费卡表进行抽检，组织有关单位综合抽检资金测算、检测结果的权威性、抽检工作的可实施性和各属地供电公司更换抽检表计的易操作性等多方面因素，在三个抽检方案基础上，确定了优选的测试方案，方案规定了具体的检测内容和合格判断标准，明确了各部门分工和具体工作流程，规定了具体的检测内容和合格判断标准，并以抽检结果为依据制定了北京电力公司1999年卡表轮换方案。

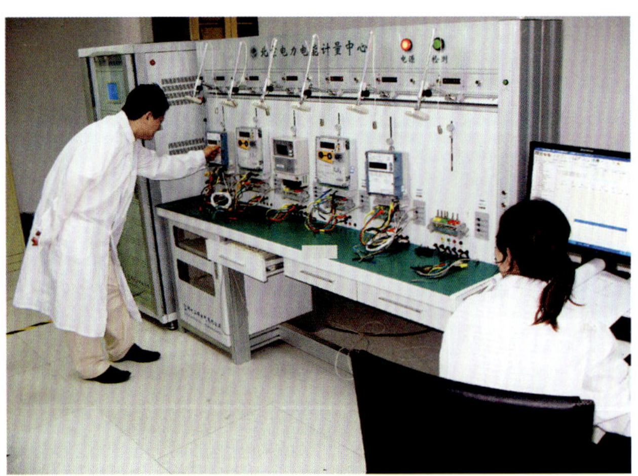

■ 型式试验人员对表计故障进行比对分析。

【技术支持体系建设】 按照公司对电能计量装置提出的"统一、标准、简单、模块化、防窃电、低成本"的要求，准确、全面、及时了解计量专业发展需求，建立全方位的技术研发、跟踪、合作交流平台。2007年，共开展公司级重点项目8项，其中典型设计（改造部分）项目从1月正式启动，到10月结束，共完成典型设计方案50个，均由中国电力出版社正式出版，以公司文件下发，应用于2008年的消隐工程中；基于标准通信接口的多功能表设计及应用项目于1月启动，主要经历了厂家技术方案分析、现有产品差异性分析、需求调研、设计文件讨论、外观设计、公司评审、样机设计、互联互通调试、采集主台测试等过程，该项目针对北京地区远程电能量采集的实际需求，按照"统一技术方案，统一测试平台，统一运行维护模式"的设计思路，综合应用了通信技术、嵌入式系统设计技术，系统地提出了多功能电能表标准通信接口设计，完成了电能表和通信模块的设计，实现了不同厂家的电能表和通信模块的互换，具备很高的推广价值，该项目通过了公司科技项目和科技成果的评审验收。中心"IC卡电能表仿真测试系统的建立和应用"项目以及"卡表全性能检定装置的研制"项目取得了公司科技项目的验收，"非金属表箱的研制"、"三相卡式预付费电能表的研制"等项目取得阶段性成果。

为了加强对公司计量专业技术的前瞻性研究，提高对计量器具全面、系统地检测分析能力，按照电能计量器具的最新国际和国家标准，开展计量型式试验室的设计、建设。2007年，计量中心型式试验室建设已进入到安装调试阶段，并于2008年初正式投入使用。2007年，计量中心荣获了公司科技进步先进单位称号。

【党建与精神文明建设】 党总支开展"树立标杆意识，打造和谐计量"主题教育活动，全力打造安全计量、节约计量、效益计量、和谐计量，构筑计量中心思政工作新格局。主题教育活动涵盖"十大工程"：突出"思想工程"，通过组织管理岗位、重点岗位、领导干部参观丰台检察院"反腐倡廉警示教育"大型展览和最高人民检察院主办的"惩治与预防职务犯罪展览"等活动，筑牢了基础性警示教育。巩固"龙头工程"，通过民主生活会等多种形式开展思想政治学习、高层管理学习，提高班子的学习能力和领导能力。夯实"基础工程"，有计划地组织好党员集中学习，中心5个党支部在公司同业对标考核中都获得了95分以上的好成绩，跨入了优秀党支部的行列。抓好"喉舌工程"，加大宣传力度，《计量中心报》荣获公司基层优秀报刊特别奖。推进“人才工程”，加强经营管理人才、高素质的技能技术人才、复合型党群工作人才队伍建设。强化“文明工程”，开展“我为奥运做贡献”、“做文明乘车志愿者”、“奥运在我心中、工作在我手中”等特色活动。深化“文化工程”，将文化与安全生产、廉政建设、依法治企等工作对接，营造和谐计量氛围。完善“廉政工程”，通过纪检专刊大力宣扬廉洁文化，围绕计量装置公开框架招标样品性能测试开展效能监察工作，荣获了北京电力公司2007年度效能监察优秀成果二等奖。落实“民心工程”，通过厂务公开和座谈会等形式，密切党群干群关系。构筑“桥梁工程”，与工会、共青团一道，创新工作方式方法，单相表班团支部获得了2007年度北京市青年文明号，并被北京电力公司团委推荐参评全国青年文明号。计量中心荣获了北京电力公司2007年度党风廉政建设优秀单位。

（张迎　张平）

客 户 服 务 中 心

【概况】 北京电力客户服务中心（简称客户服务中心）是北京电力公司的二级单位，通过95598热线开展营销业务受理、信息咨询、信息查询、故障报修、投诉与建议、信息发布、催缴电费、市场调查等。通过需求侧管理展示中心向全社会宣传公司服务措施、企业动态、电力政策法规和电力科普知识。客户服务中心服务覆盖全市1.64万km^2，成为国家电网公司“四个服务”的窗口和面向首都532万电力客户提供全方位、多层次电力服务的平台。2007年7月1日，95598热线被命名为北京市非紧急救助分中心。2007年，客户服务中心实施“和谐电力”服务创新工程、“同业对标”深化管理工程、“服务奥运”素质提升工程、“守护光明”品牌建设工程，提升了服务理念和品质，完成了与公司签订的各项绩效考核指标，客户满意率达到99.7%。获得了国家电网公司文明建设单位、首都文明单位、公司文明单位标兵、公司先进基层党组织等光荣称号。

■ 北京电力客户服务中心领导班子。左起：副主任纪洪，主任李顺平，党总支书记王家维，副主任任自勇。（彭志军　摄）

地址：北京市西城区前门西大街41号
邮编：100031
电话：63129755

【人力资源】 全面完成人力资源同业对标。2007年客户服务中心实现全员培训率、高技能人才比例、人才密度3个100%，在培训经费投入率达到17.22%。加强人力资源制度建设，补充制定《客户服务中心值班管理办法》、《客户服务中心补充养老金保险实施细则》、《客户服务中心绩效考核管理办法》、《值班员星级考核制度》，制定了《学习卡制度》、《管理人员应急上岗制度》等。2007年，1名后备干部被选派到国家电网公司挂职锻炼，1名后备干部参加了公司EMBA的学习，1名技术干部代表公司选派参加国家电网公司“SG186”工程营销业务标准化设计工作，担任专家组成员。组织“电采暖、电工基础”、“英语”、“电卡表”、“低压电工”、“业扩受理业务”、“电磁污染”、“法律知识”、“劳动合同”、“公文写作”、“电力市场理论系列”等培训。据统计，客户服务中心安排的教育培训总时长达到了人均201小时，99%的人员通过考试取得了资格证书。

截至2007年底，客户服务中心共有全民职工45人，平均年龄39岁。其中，博士1人，研究生4人，本科学历16人，大专学历22人，中专以下2人。副高级职称4人，中级职称15人，初级职称22人，无职称的4人。客户服务中心现有银杰公司派遣职工83人，其中在客户服务中心95598工作的有79人，公司机关4人。

■ 95598 服务工区。（彭志军　摄）

【优质服务】 伴随“0811”工程的实施，首都电力供应紧张局面已经缓解，电网供电可靠率大幅提升，95598热线完成服务功能的初步转型。2007年，咨询、查询电话已经占到总电话量的85%，有关停电信息的查询逐步减少，服务功能向营销业务类转型，具体为：8月20日，95598热线和网站同时开通报装服务，全年共受理“一站式服务”155户；组织完成居民应急送电业务3810件；完成相关用电业务、电费电价等咨询4.7万件；开展国家电网重大课题节能减排研究，需求侧管理展示中心接待参观1.5万人次；实现与属地营业厅联网运行，为服务质量监控、客户关系管理奠定基础；参加国家电网公司“SG186”工程营销业务标准化设计工作并担任专家组成员。2007年，95598热线共受理电话842699个，处理市政管理平台业务16442件，完成客户回访13288件，收到客户表扬电话和信件248件，连续6年实现服务质量零责任投诉。组织开展客户服务中心建设的筹备工作，提交了《客户服务中心的功能规划及体系建设方案》、《业扩报装服务改进方案》、《客户服务中心新址建设方案和资金估算》、《能源展示中心项目和策划方案》，争取到北京市政府补贴能源展示中心资金2920万元；着手落实能源展示中心建设方案，其中《业扩报装服务改进方案》、《客户服务中心新址建设方案和资金估算》、《能源展示中心项目和策划方案》通过了总经理工作会的审定。95598热线服务由原来以应对电网事故和故障报修为主逐步转变为以营销业务受理和用电咨询为主。2007年，咨询、查询电话已经占到总电话量的85%，有关停电信息的查询逐步减少，服务功能向营销业务类转型。搭建24小时生产值班运行体系，生产、营销、社会影响事件、政府要求等信息反馈更加高效、快捷；电网事故催办、协调、汇总、上报等辅助生产管理效果更加明显。95598热线于2007年7月正式挂牌北京市非紧急救助分中心，并进行了信息平台整合。需求侧管理工作依托新能源展示厅建设，搭建企业与政府互动的平台，进一步拓展优质服务的各项举措，电网迎峰度夏期间发送短信35612条，网站咨询回复上百条。全年发布上网信息千余篇。2007年完成北京市冬季6户、夏季7户电蓄冷（热）工程调查测试与对策研究课题。完成近20户的蓄冰蓄冷工程项目的评审、验收、补贴工作。撰写节电方案报告三份，组织企业节能减排交流三期。

【科技进步】 2007年，客户服务中心共申报并完成科技项目四项，申请项目资金35万元，项目包括《客户服务受理员知识题库的建设》、《北京地区节电技术发展及应对措施的研究》、《北京市蓄能工程实施效果调查及对策和政策研究》及《北京电力客户服务文明礼仪培训教材》。同时《用电客户受理员实用英语口语》、《客户服务受理员知识题库的建设》、《北京地区热泵工程效益抽样测算和推广前景分析》申报了公司科技成果，并获得了公司推广应用一等奖、技术改进三等奖及群众性创新成果奖的好成绩。并有三篇科技论文获得公司科技论文鼓励奖。

【党建与精神文明建设】 2007年，客户服务中心党总支紧密围绕中心发展和四个工程（和谐电力、同业对标、服务奥运、守护光明）建设，全面完成党建、精神文明建设、宣传及团青工作四大类41项指标，实现了综合评比达到A段的目标，被公司党委树立为思政同业对标六个标杆单位之一。组织员工参加公司各种法制教育和思想道德教育活动，获得公司“法制宣传教育和思想道德教育知识调考”先进单位奖及“法制宣传教育和思想道德教育网上系列谈”活动优秀组织单位奖。其中团员陈静在公司调考中取得满分的好成绩。总结应急上岗、英语服务、学习卡和志愿服务四个方面的实践经验作为客户服务中心精神文明创新成果参加了公司评选，分别获得二等奖、三等奖和提名奖，客户服务中心整体荣获优秀组织奖，取得了客户服务中心自成立以来精神文明创新成果的最好成绩。结合实际开展思想政治研究工作，客户服务中心有两篇政研论文分别获得一等奖和三等奖。

（岳兵　苏保强　陆璐　刘小鹰　魏力项　李超　钟宏伟　王亚稚）

北京电力培训中心（党校）

【概况】 北京电力培训中心（党校）（简称培训中心）隶属北京电力公司，是北京电力公司职工教育、人才培养的基地，也是面向北京市社会办学的综合性培训中心。

■ 电力培训中心领导班子。左起：工会主席王立平，副主任张明军，主任吴建明，党委副书记兼纪委书记周矗，副主任赵天旺。（刘士亮　摄）

培训中心内设机构有校长办公室、政治工作办公室、监察室、劳动人事处、财务处、教务处、监察室、管理人员培训处、生产人员培训处、技能鉴定办公室、外联处、健康指导中心办公室、行政处、基建处、大雁楼宾馆。6 月 12 日，北京电力公司纪委书记柏磊宣布培训中心领导班子调整。周矗担任培训中心党委副书记兼纪委主席，刘玉良退二线工作。

培训中心继续保持了年度交通安全先进集体、石景山区文明单位、华北电网有限公司人口和计划生育工作先进集体等称号，由培训中心主办的《北京电力培训报》在北京电力公司 2007 年度优秀报刊评选活动中荣获基层优秀报刊奖，单位论文《培训质量管理与评估体系建设研究》、《实施闭环管理加强过程控制》荣获公司 2007 年度政策研究论文评审优秀奖。《培训中心企业文化手册》获得北京电力公司 2007 年度精神文明建设创新成果提名奖。

地址：北京市石景山区模式口三号院

邮编：100041

电话：63679901

【人力资源】 培训中心共有职工 162 人。其中，主业 135 人，多经 27 人，集体 21 人。按文化程度划分，大专占总人数的 34%，本科占总人数的 38%。管理岗位有 38 人，从事各种管理工作。

加强党委一班人的思想建设。坚持中心组学习制度，提高学习效果，全年集中学习 50 次，党政领导出勤率达到 100%。紧密围绕培训教学开展各项工作，认真贯彻落实公司党委的重大决策和工作方针，发挥党组织的政治核心作用，积极推进精神文明建设。2007 年，在公司“四好”领导班子建设考核中，培训中心较 2006 年度有大幅度提升。

培训中心认真做好教育培训计划的制定工作，完善了教育培训的考核。建立了教育培训档案。参加培训共计 2701 人次，总学时数 17000，人均 134 学时，全员培训率达到 100%。

兼职教师队伍建设工作有所突破。经基层单位推荐，人力资源部认真筛选，首批 4 名定制式兼职教师 8 月份开始到培训中心工作，逐渐在教学、调考比赛、鉴定题库修编、基地建设等方面发挥了较好的作用。

加大对实操教师的培养，确认实操项目，边学习边实践，参加高级工职业技能鉴定，自觉提高技能水平。加强对教学岗位聘用人员的培养、管理、考核、使用，经过严格的培训考核，在教学组织方面发挥了一定的作用。

建立了培训中心中层后备干部队伍，确立了 14 名中层后备干部，并制定了培训学习与考核计划。

【培训工作】 为了配合公司人力资源同业对标工作，提高人才密度指标和高技能人才比例指标，2007 年，培训中心采取了一系列措施共承办培训、会议、鉴定、体测项目 656 期、人员 57424 人次、139182.4 人天次；其中培训 197 期、13297 人、75517.4 人天次；承办会议 298 期、参会 19027 人次、52704 人天次；考试 13 期、3673 人次、5789

人天次；职业技能鉴定 98 期、11445 人次。2007 年鉴定人数比 2006 年增加了 1 倍。改变鉴定组织方式，制定科学合理的实施方案，确保时间缩短、鉴定质量不降低。开展健康指导，推进体质达标工作，对 33 个单位进行了体能测试，共 7678 人。

■ 7 月，北京电力公司领导干部培训班在培训中心举办。（马建飞　摄）

探索领导干部培训新的方式。根据公司部署，将领导干部培训方式由集中脱产改为以周休日时间为主的封闭式脱产方式进行，将 11 天的培训分为五个阶段进行。

加大高级工和技师强化培训，将高技能班列为 2007 年生产岗位人才培训的一项重点任务，加大教学力量的投入。共举办奥运电力工程培训 7 期、培训 357 人。

【经营管理】 加强工作任务、工作负荷、工作质量的管理。对下达的重点任务跟踪工作进程，对未能如期完成的加强督办，对各部门职责工作的履行情况、工作的完成质量情况和人员的工作负荷情况进行定期分析，形成闭环管理，提高执行力。根据 2007 年培训中心经费紧张的形势，加强了预算的控制，对经费使用坚持定期分析，严格控制。修改完善了培训中心的综合考核体系。对培训中心季度考核管理办法进行反复研究、重新修订，划小考核单位，调整考核指标，具体考核内容。完善内控体系，重新修改、补充了部分工作流程和管理制度，完成了整改报告，组织职工进行内控知识答卷，普及内控流程，加强内控体系的宣贯工作。设立了劳务人员管理专责岗，增强了对劳务人员的管理，建立了规范的岗位设置，聘用人员重新与银杰公司签订劳动合同，培训中心外聘人员与银杰公司签订劳动合同率达到了 90%。

【教学与科研】 鼓励职工积极参与科研开发工作。承接了“500kV 线路及变电站费用预算定额标准制定（二期）”课题、“华北电网公司标准成本”课题的研究工作。承接了公司“农网配电低压综合模拟故障查找柜”项目、“培训质量评估体系建设研究”开放式政研课题的研究工作。2007 年，完成校内科研课题 18 个，个人论文 80 多篇。科研工作成果显著，科研论文在外发表共计 9 篇，研制配电低压综合模拟故障查找柜 6 台，培训中心的政策研究、思想政治工作研究、科研工作及职教理论研究分别在公司和中国职教协会、北京职教协会获 4 项组织奖，2007 年科研工作获得各种奖项 26 项。

【基础建设】 为了配合公司 ERP 培训和实训室建设，对模式口校区教学楼进行了加层，建成两个计算机的机房，其中一个可以容纳 90 台计算机，以便进行大规模的计算机类培训和变电仿真培训。新购置了 140 台教学用计算机，对网络中心机房进行改造，对部分设备进行了更新。完成了清河仿真楼加层工程，增加了一个容纳 100 人的大教室，并新配备了桌椅、投影等设备，提高了清河校区的培训接待能力。生产人员技能培训基地建设取得进展，公司已正式明确将南苑变电站作为生产技能培训基地，划归培训中心管理。模式口校区 6 个实训教室已经初步建成，结合计量专业调考和营销培训需要，还新增建了计量实训室和客户服务受理室。

■ 5 月，新计算机教室建成。（刘士亮　摄）

【大雁楼宾馆工作】 2006年6月，大雁楼正式交付培训中心管理，7月经北京市旅游局批准，正式升级为四星级宾馆。经过了一系列的改扩建工程，大雁楼宾馆于2007年1月31日正式重新开业。大雁楼重新开业以后承担了大量的会议接待任务。全年共承接各种会议、培训班等230期，接待人数14450人，41921人天次。成功承办了北京电力公司职代会等一系列重要会议，还承接了国家电网公司的一些重点会议，实现了公司领导提出的“收支平衡略有盈余”的目标。

【党建与精神文明建设】 开展“金诺工程”主题实践活动，量化党员承诺指标和具体内容，发挥广大党员、干部的先锋模范作用。完成了以“和谐、发展”为主题的党员民主评议工作，对照党员先进性标准，认真总结一年来的学习、思想和工作情况，找出差距，改进工作，保持共产党员先进性。结合培训中心实际，先后制定了《培训中心党风廉政责任制责任追究实施细则》等文件。坚持执行重大事项决策制度，完善经营管理内控机制，落实一岗双责和廉洁从业的责任制，巩固和完善预防和惩治腐败体系建设。开展党风廉政教育和廉洁文化建设，继续签订廉洁从业承诺书。发挥廉洁文化宣传阵地作用，大力宣传“干事、干净”的廉洁文化理念，组织全体员工开展廉洁文化“五个一”活动，征集廉洁文化格言警句，开展“遵纪守法、构建和谐”专题教育，进行廉洁从业自查，使廉洁从业深入人心。举行第二届党支部创新成果发布会，发布了党支部创新成果。成立新闻中心，创刊发行《北京电力培训报》。开展了“2007年感动培训中心十件文明小事”评选活动，大力弘扬先进人物和事迹，倡导健康、文明、积极向上的校园文化理念。重新修订了校务公开工作实施细则，明确了各部门的职责、流程及检查制度，丰富多种公开形式、拓宽广开渠道。加大二级（部门）、三级（班组）公开工作管理和考核力度，坚持校务公开月报制度，并将校务公开情况纳入工作考核。

（王绍云　郭晓静　李淑霞）

物 资 公 司

【概况】 北京电力物资公司（简称公司）是北京电力公司直属单位，承担着北京电力公司大宗物资招标、采购和仓储配送以及非电力物资供应工作。

“0811”工程是北京电力公司2007年的主要工作任务之一。物资公司作为北京电力公司大宗物资的招标采购配送平台，以确保按时、按质、按量保证物资供应到位为2007年工作的首要任务，完成了2007年各项工作任务以及北京电力公司考核的26项指标。

2007年，公司在党风廉政和精神文明建设方面，没有发生领导班子违纪事件，没有发生干部职工严重违纪和违法案件，没有发生影响企业形象的恶劣事件，确保完成了A类、B类的各项规定指标。

地址：北京市宣武区樱桃二条七号

邮编：100054

电话：63679252

【人力资源】 截至2007年12月31日，公司员工总数为219人（其中集体工13人），大专以上学历人员92人，中级以上技术职称人员21人。设有10个处室（经理办公室、政治工作办公室、监察室、财务处、安监处、综合处、劳动人事处、招标处、采购处、采购二处）和2个序列外处室（行政处、综合产业处）。设立了1个工区——仓储配送中心。公司多经系统有北京远能电力线材厂、北京华光电力设备运输公司、北京明科开关控制设备制造公司、北京市供电物资电气工程公司、北京今佳物业管理中心、北京鸿运鑫宾馆6个经营实体。

引入劳务派遣用工机制，2007年，劳务派遣员工共计41名。到2007年底，物资公司共设管理岗位66个，生产岗位58个。公司再次对采购处机构设置进行了调整，将五十万工程管理科调整为质量管理科；将工程管理一科调整为超高压工程科；将工程管理三科调整为工程管理一科。

截至2007年12月底，公司全员培训率达到100%（不含内退职工），培训经费投入率6.25%；

人才密度100%；高技能人才比例100%。

2007年11月，物资公司根据“京电党任[2007]11号”文件精神，决定：石宝印任物资公司党委书记；马殿敏兼任物资公司纪委书记；免去王冠荣物资公司党委书记兼纪委书记职务，退二线工作。

【安全管理】 2007年，公司肩负着“0811”工程物资保障工作，坚持了安全第一、预防为主、以人为本。全年，没有发生火灾事故，没有发生人身轻伤事故，没有发生甲方责任的交通事故和机械设备事故。实现了安全生产6882天，防火安全9765天，交通安全9965天。确保安全生产狠抓了六防工作（防人身、防设备、防火、防盗、防汛、防交通）。实现了零事故的安全目标，为物资平台的正常运转提供了保障。开展春季安全生产暨保“两会”供电安全大检查活动，自2月5日起至4月10日结束，以保人身和保两会安全供电为重点，杜绝事故的发生。

加强一线职工逐级责任制的落实，签订人身安全责任书152份，签订安全、交通、消防治安互保责任书48份、公司全体职工，外聘员工签订现场作业安全管理“十条禁令”承诺书267份。公司职工，全体驾驶员签订交通安全承诺书183份。加强制度管理，确保2007年未发生安全方面的考核指标。

3月23日，对公司所属各部门、处室及多经实体的安全第一责任者和安全员、工会主席、团总支书记等40人进行了《安规》考试，提高了各级安全负责人的安规知识。

开展安全生产和优质服务“百问百查”活动。7月9日，召开了“百问百查”动员大会。要求各部门、各单位结合实际情况，认真开展好“百问百查”活动。2007年8月27～30日，开展了安全生产和优质服务“百问百查”知识培训互动讲堂。

安全管理形式多样化。1～10月份，由公司领导等部门组成综合安全检查组，到公司各单位、施工现场检查指导工作16次。发布简报、快讯17期，每月定期编制安全日学习计划，提高职工安全自我保护意识。

2007年，公司按照《关于做好年度安全规程培训、考试工作的通知》（京电安[2006]63号）的要求，在“百问百查”基础上，对新来的员工进行三级安全培训6期，20人次。

在消防安全方面，坚持“预防为主、防消结合”的消防方针。层层落实消防责任制，年初公司与职工签订消防治安互保责任书48份，并与二级单位签订了承发包工程、出租房屋、基建施工等授权委托书13份，为消防安全工作打下了良好的基础。加强消防安全检查制度，及时消除不安全隐患，为保证物资公司仓库安全，在“元旦”、“春节”、“五一”、“十一”期间，公司组织了安全综合检查工作，分4次对燕郊、大兴库和施工现场进行防火、防盗检查。共检查安全项目98件，存在问题29件，已整改29件。2007年，公司整改维修了消防器材655具，更新消防器材、消防水带、消防箱、禁止烟火标志牌等，共用资金5万余元，使消防设施始终保持良好状态。

完成电力公司关于2007年防汛工作的要求，汇报了公司的防汛计划、组织机构落实，部署研究制定了各库防汛预案和防汛应急物资。

11月8日，物资公司结合一年一度的全国“119”消防活动日，组织员工到北京消防局教育培训中心参观学习火灾事故警示录、模拟灭火训练、烟雾逃生、家庭火灾隐患训练等多种项目，提高了公司消防骨干人员的消防常识和自防自救灭火能力。

2007年，严格交通安全管理，公司机动车交通违章42次，按照北京电力公司季考核20%指标，公司没有超标，与2006年同期比较，交通违章下降50%以上。为加强交通管理，安全月活动中安监处与行政处组成机动车联合检查组对公司所属24部机动车进行了细致的常规检查，所有车辆全部符合上路标准达到100%安全合格。

【物资供应】 2007年，物资公司共完成了基建工程98项、消隐主网工程94项、消隐配网工程400余项的工程物资供货任务。

组织完成招标204批次，制作招标文件17000余册，中标金额56.44亿元，资金节约率为3.50%，共计2.04亿元。相当于4个110kV变电站的设备投资。

2007年公司下达采购计划11186笔；签订采购合同10853份；合同总金额64.65亿元，实际付货款58.45亿元，结转工程物资领票41.39亿元，申请支付资金近59亿元；完成结算工程859项，组织供应商的售后服务人员配合安装和调试工作1500多次。到施工现场工作3000人多次；监造验收组织382批次。

2007年，公司为24个建设单位、938处施工项目配送物资9519批次，各种设备234479台，各类电缆14291102m，钢芯铝绞线1795345.7kg，铁塔430基。共结转领票19478笔42.75亿元，全部按照要求做到货到、人到、票到。完成退运报废物资招标竞售，共计93批次，4968多万元。

7月4日，北京电视台110kV变电站主变压器入地。

公司非电力采购累计签订非电力物资采购合同52份，合同金额1.015亿元。申请资金31954675.5元，支付资金31954675.5元。完成1006份办公用品订单，订单金额1373307.04元；直接管理IC加油卡1429张，注入资金13169041.28元，支付资金9184039元。

2007年，公司在“0811”工程的物资保障中，做到了“三确保”工作，既保证了各项工程的顺利实施、投产，又实现了公司整体利益最大化。

公司员工在高温酷暑下，积极配合工程公司承担的朝阳500kV变电站的主变压器安装运送主变压器、GIS组合电气设备等物资。图为公司员工正在用钢轨移动主变压器。（于鸿涛　摄）

【诚信服务】 2007年，公司始终践行“优质服务，诚信服务是物资公司生命线”的服务理念，以弘扬“千方百计，千言万语、千辛万苦”的精神，精心打造物资招标、采购、储运一体化的物资团队，全面做好“四个服务”工作，有效地推进了优质服务工作体系的完善，使优质服务工作更加规范化、制度化。公司被评为2007年度北京电力公司优质服务先进单位。

2007年，为全面提升公司内质外形建设水平，由公司党政领导负总责，成立了优质服务领导小组，下设办公室，重新修订完善了优质服务三级网络，充分发挥各处室优质服务专责人作用；建立了业务处室的优质服务档案；为了及时了解并掌握在服务过程中存在的问题，公司制定了走访、服务信息反馈制度；制定了公司优质服务考核体系，完善了优质服务工作考核细则及绩效考核办法，明确规定了各岗位服务职责，执行优质服务事故和违规行为的调查、处理和责任追究制度；开展了优质服务创新工作，通过开展质量管理、业务技能培训和岗位练兵等活动，不断提高员工优质服务的能力。

开展多种形式的优质服务活动，打造物资服务品牌。公司领导亲自研究优质服务有关重大问题、部署优质服务工作重大举措。为了加强与各建设单位沟通交流、主动服务，领导班子成员亲自带领业务处室相关人员走访各基层建设单位和施工现场，及时了解建设单位对招标、采购、配送工作的需求和建议。各处室优质服务专责人每季度上报服务反馈信息，并针对招标、采购、配送主要业务部门的服务特点，开展了优质服务意见征询活动，分别从不同渠道向电力公司职能部室、各建设单位、投标厂商及评委发出意见征询函。2007年度，已反馈回来148份意见征询函，经分析汇总，收集意见和建议12条，服务满意度达到98%。广泛宣传国家电网公司“三个十条”内容，规范员工的廉洁从业行为，弘扬“千方百计，千言万语、千辛万苦”的“三千”精神，以高效、快捷、周到的服务赢得建设单位、供应厂商的赞誉，并赠送锦旗表示感谢。通过电力物资报、监察月报、优质服务专刊、物资信息网络系统以及宣传文化长廊等宣传媒体，对优质服务行风建设进行专题宣传、报道，营造优质服务氛围。按照北京电力公司《关于开展安全生产和优质服务“百问百查”活动的通知》的指示精神，公司于6月20日开展了优质服务“百问百查”活动。并由监察室及各处室优质服务专责人组成了检查组，每月对各处室落实“百问百查”活动情况进行监督检查。在活动中，组织开展了优质服务“问查”答卷活动，收到答卷265份，汇总具有建设性建议20余条，同时利用宣传文化长廊广泛宣传“百问百查”活动内容，出版《优质服务》简报5期。

公司招标处荣获国家电网公司北京电力公司“0811”工程巾帼示范岗荣誉称号。

【经营管理】 2007年，公司面对严峻的经营形势和各方面的压力，完成了北京电力公司下达的各项电网建设与运营服务任务，为确保奥运、“0811”工程、消隐、农网工程及成本采购的大宗物资招标采购配送任务的完成，发挥了积极的作用，实现了采购规模效益和廉政建设双目标。同时实现了企业产值和经营利润逐年积累，企业保值增值状况每年递增。

在预算管理手段上，通过安装预算费用查询系统，使预算管理工作更加规范、准确，提高了预算管理工作的效率和效果。一方面，坚持实行预算管理制度，有效地实行了全员、全面、全过程的成本费用和利润管理；另一方面，坚持预算管理收支责任制制度，坚持严格执行财务管理与预算管理一致性的制度。加强经济活动分析，有效增强中层干部及职工的经营理财意识，确保实现企业年度经营目标，职工收入水平有所提高。

2007年，随着物资平台的稳固发展，业务规模的扩大，企业的资产数量不断增加。为了用好、管好资产，公司贯彻执行对资产的“实名制”管理。公司的固定资产和低值易耗品，均建立了资产卡片档案，使资产的实物管理部门、使用部门和资产的价值管理部门三者信息统一共享，规范了资产的日常管理并实现对资产的全寿命周期管理。

物资平台的建立为发挥规模效益，降低北京电力公司工程建设资金发挥了重要的作用。但是，物资公司的定位在自身经营发展中遇到了很多难题。为了规范物资经营模式，降低经营风险，物资公司参照网省其他兄弟单位的做法，结合自身实际和电力公司的政策要求，积极研究物资取费政策，化解企业经营风险。

继续贯彻优化资产结构、增强经营获利能力的工作思路，为清理以前年度债权做了大量细致艰苦的工作。通过律师风险代理，不断清偿不良资产，盘活低效存活资产，处理税务财产损失，达到提高企业资产周转、使用效率的目标。至2007年底，共清理追回债权2000多万元（含现金和实物抵款），占债权总数的50%，挽回了企业部分经济损失。

【科技与信息化建设】 2007年，公司组织科技论文的征集撰写及科技成果申报工作。组织工程技术人员与经营管理人员撰写科技论文45篇。经过公司评审组的综合评议，推荐了4篇论文报送到北京电力公司科技信息部。公司组织编写的《北京电力公司设备（材料）监造验收大纲》获北京电力公司科技成果的优秀奖。通过开展群众性的QC小组活动，2007年发布创新成果6个，招标支会荣获北京电力公司创新成果三等奖。公司“正宗”QC小组获得了由中国质量协会、中华全国总工会、共青团中央和中国科学技术协会联合颁布的“2007年全国优秀质量管理小组”的光荣称号。

2007年，公司MIS系统建设启动，成立了MIS建设工作领导小组及工作小组，召开了需求调研会及系统模型演示会，并于2007年年底前开始推广运用。作为ERP系统的第一批试点单位，公司积极配合北京电力公司科信部及埃森哲公司，从公司物资管理职能的角度，完成了物资管理流程的梳理工作，同时和ERP物资工作组一起，设计了ERP的物料分类和物料主数据表的编制，组织了ERP概念推广活动和职工的ERP操作培训工作，并针对各建设单位开展了ERP系统采购计划培训会，以保证上报计划的准确性和招标工作的顺利进行。

【党建与精神文明建设】 2007年，公司党委把创建“四好”领导班子作为首要工作来抓。将创建活动与企业的发展目标和中心工作结合起来，按照建设“四好”领导班子基本要求，坚持中心组学习制度，围绕中心工作开展理论学习和调研工作，开展了理想信念和党性、党风、党纪教育，领导班子成员带头撰写政研论文，研究探讨公司发展中的各种问题。组成5个政研课题研究小组进行课题研究，完成了10项政研成果，按照党委“三重一大”决策程序，召开党委会、党政联席会议46次，对公司多项重大事项做出了正确决策，领导班子总体的谋划能力有了较大提高。开展以“精细管理筑基础同业对标促发展”思想政治工作同业对标，规范基础管理工作。面对供货紧张的局面，领导班子成员将项目分工包干，带领专责人深入施工现场，与供应厂家协调生产供货进度。确保了“0811”工程物资保障任务按期完成。

2007年初职代会上，公司党委、纪委与公司所属各处室、单位签订了《精神文明与党风廉政绩效考核责任书》，制定了2007年两条重点目标：一是加强对领导干部和重点岗位人员从业行为的规范管理。二是完善优质服务体系，提高客户满意率。两项具体指标得到了落实，取得了显著效果。

2007年，公司党委对支部委员会、支部成员进行了相应调整，健全了支部组织。在各支部开展的“争优创先”活动中，涌现出“物资公司的老黄牛——徐忠厚”等一批先进人物，公司党委对这些有突出成绩的先进党支部集体和优秀党员个人进行了表彰和重点宣传。以“迎奥运、讲文明、树新风、促发展”七大行动为主题，组织了文明风尚、奥运礼仪宣传普及讲座和“我与文明同行”征文活动。举行庆祝“七一”活动并组织了“共产党员献爱心”活动，党员干部带头，102人共捐款11800元。

公司党委组织全体党员到革命老区接受传统教育。举办首次党支部创新成果发布会，公司所属的6个支部参加了成果发布，其中管理一支部创新成果获得北京电力公司支部创新成果优秀奖。

2007年，公司党委提出“更新观念，创新机制，用构建和谐的理念指导和促进公司的全面发展”，以“和谐物资”为主题开展精神文明创新活动，确保完成奥运工程、“0811”工程物资保障任务。开展“迎讲树促”活动，打造和谐物资团队；开展“迎奥运、讲文明、树新风、促发展”系列活动，坚持公开招标，打造“0811”规范工程；坚持保质、保量、保工期，打造“0811”信得过工程；坚持货到、人到、票到，打造“0811”优质服务精品工程；坚持“干事、干净”，打造“0811”阳光工程；坚持精细化管理，打造“0811”节俭工程，坚持团结协作，打造“0811”和谐工程。形成了具有物资特色的12字精神（即：坚韧——顾全大局，使命为责；诚信——主动热情，服务为魂；敬业——精细尽责，奉献为先；无畏——攻坚克难，以苦为荣；包容——和谐共赢，大局为重；团队——学习创新，以人为本）。

2007年，公司党委围绕公司的安全生产、招标、采购、配送等中心任务，策划宣传方案，充分发挥新闻中心、网络、报刊以及视频等多种媒体的作用，对招标、采购、配送等工作情况进行及时的报道，宣传物资公司在“0811”工程进行期间的工作动态，为公司的发展创造良好的舆论环境。一年来，在《北京电力报》以上发表文章报道28篇；积极策划制作视频新闻片23部，其中21部在北京电力公司视频点播平台上播出；撰写、编辑、发表《物资快讯》119期；编辑、排版、发行《北京电力物资报》12期、发表各类文章100余篇，在“0811”工程副刊上刊登每月的物资招标、采购情况，详细、准确地向建设单位提供工程物资招标、采购信息。

公司团总支组织开展了奥运倒计时签名活动、奥运知识培训普及等活动。组织了“安心工程”调查问卷活动，使公司领导了解外聘员工的需求，达到沟通、交流的目的，为外聘员工创造一个轻松的工作环境。

公司工会开展“和谐物资—2007”系列主题月特色活动；开展了年度“健康之星”、“学习之星”、“交通安全之星”、“服务之星”及“0811”功臣集体和功臣个人评选活动，适时召开了“0811”工程物资保障誓师大会，组织了“不辱使命、成就梦想”“0811”功臣事迹演讲会，举办了首届物资公司职工健身运动会，深入推进“迎讲树促”活动。

（韩伟）

电力工程管理中心

【概况】 电力工程管理中心（简称中心）成立于2004年10月16日，是北京电力公司六大资源平台之一，承担着电力工程市场资源平台的运行和维护工作，主要负责公司投资工程和业扩工程的设计、监理、施工招标和受用电客户委托的其他招标。

中心成立3年来，本着公平、公正、公开和诚实信用的原则，逐步建立、完善了招标投标各项规章制度，理顺了招标流程，建立起招标投标信息系统，对招标全过程进行信息化记录和管理。公司和中心监督部门对在平台上招标的各项工程实施全过程监督，保证了平台公开、公平、公正的运行。通过制度建设和技术保障，将管理深入到发标、邀标、开标、评标、定标工作的每一个环节，使中心招标管理工作逐步走向规模化、专业化，体现了集团化运作、集约化发展、精细化管理、标准化建设的要求。

中心设综合办公室、监察室、劳动人事处、财务处、服务厅、综合计划处、技经一处、技经二处、业务处、资质预审办公室等10个处室。形成了以服务厅为招标业务受理窗口，综合计划处内部管控协调，技经一、二处为专业技术支撑，业务处组织开标评标、监察室全方位监督的完整的招投标体系。

地址：北京市崇文区东打磨厂街1号

邮编：100062

电话：63129035

【人力资源】 中心共有职工79人，聘用银杰劳务人员33人。全民职工中，党团员46人，占总人数的58%；大专及以上学历76人，占职工总数的96%；中级以上职称人员45人，占职工总数的57%。

领导班子成员带头参加中心组学习、支部学习和业务学习，下发《党政联席会议管理办法》，坚持“三重一大”民主决策，下发《领导干部联系点制度》，努力解决员工群众关心的热点、难点问题。通过厂务公开、献计献策等活动鼓励员工参与民主管理，关心退休职工生活，创建和谐企业氛围。通过竞聘和选聘方式，调整部分中层管理岗位人员，充实中层管理干部队伍，举办两期针对中层管理干部的“精细化管理”研讨班，促进中层管理干部管理能力的提高和在管理中追求精细化的自觉性。鼓励处室内部的业务学习与处室间的业务交流，在主营业务处室范围内定期进行招投标业务培训；鼓励员工岗位成才，在员工中选拔专业技术能手。

【安全生产】 2007年，中心完善安全生产组织保障体系，健全安全生产各项规章制度；逐级签订安全生产责任状；坚持月度安全例会和安全生产分析会制度，及时组织各类安全生产文件及事故通报的学习；按照公司要求，组织安全规程培训考试、保“两节、两会”安全检查、春季安全大检查、百日安全大检查、安全生产“大讲堂”、安全生产“百问百查”等活动。全年安全生产形势稳定，没有发生任何安全事故。

【经营管理】 2007年，接收招标申请2821件，组织完成招标2772项，中标金额56.87亿元，同比增加28.6%。公司工程招标完成率104%，客户工程招标完成率96.5%，业扩工程竣工结算率109%。全面完成了上级下达的各项考核指标。

通过加强招投标工作中的经济活动分析，合理安排招标工作进度，优化配置平台资源，有效提高了工作效率。以基建项目为试点，推广招标计划任务单制，对招投标工作各环节提出明确的完成时限要求，保证招标项目的可控、能控。从招投标任务繁重的二季度开始，招投标工作调度例会由每月两次增加为四次，及时跟踪、协调解决问题，保证了招标项目时刻处于在控状态。

【平台建设】 不断建立、健全招投标制度保障体系，形成了一整套指导招投标工作、保证招投标程序规范运作的管理制度。严格按照法律法规要求，规范、充实、调整招标代理合同，招标公告，投标邀请书，资格预审合格通知书等格式文本的内容。进行招标文件范本的研讨和制定，完成了资格预审文件、监理招标文件、四种施工招标文件以及四种施工评标办法范本的编制工作。2005年，完成了招投标信息系统第一阶段的开发工作，并不断修改、完善，2007年系统已经覆盖了招投标工作的全部环节，并实现了开标、评标电子化，极大地减轻了业务人员和专家评委的工作强度。按照设施先进、监控科学、环境优美、开标区与评标区相互隔离、相对独立的设计理念，建设新的开、评标场所，于2007年3月15日正式投入使用。开、评标区安装了门禁系统、摄像头，每个开、评标室都安装了无线信号屏蔽器、监听麦克风和广播系统。监督人员可在独立的监控室内实现对开、评标现场的实时监视、监听。新的开评标区已成为展示中心良好形象的窗口，先后接待了北京市发改委、华北电监局、国家电网公司、北京电力公司领导的视察，均受到好评。

■ 9月12日，天坛110kV变电站改造工程评标会现场。（覃祖斌 摄）

自2006年3月开始启动公开招标以来，中心以法律法规为依据，以北京市建筑市场操作模式为参照，坚持“公开、公平、公正”的原则，编制并认真落实《公开招标实施细则》，引进了众多的公司内外、行业内外、全国各地优秀的施工、设计和监理企业参与招投标活动，参与“0811”工程和可靠性提升工程建设，引进先进的管理理念和安全质量控制标准，达到树立榜样、降低造价的目标，满足了工程建设工期要求，为公司赢得了社会各界的普遍赞誉。

随着北京地区电网建设的快速发展，中心招标规模逐年增加，公司投资工程招标申请从2005年的221项，增长到2007年的738项，中标金额也从5.2亿元增长到35.2亿元。

【优质服务】 树立以最大限度的满足客户需求，以塑造“新北京、新奥运、新电力”社会形象为中心，以强化履行社会责任、规范优质服务工作流程为基本点的优质服务形象。为了应对业务量剧增的情况，中心各处室通过调整作息时间、加班加点，技经处连续超常工作，中心党总支适时开展“迎七一、保工期、党团员干在前”主题活动，出色地完成了繁重的招投标工作任务，确保了奥运工程、“0811”工程等重点工程务期必成，没有发生一起人员责任的招标工作质量事故。坚持每月编制中心招投标业务报表，及时上报公司职能部门。对客户代表坚持上门服务，主动走访各建设单位，协调解决招标过程中出现的问题，使建设单位工程项目能够更快更顺利地完成招标。新的开、评标区投入使用后，以业务处为试点，开展形象工程建设。中心专门下发《首问负责制度》、《工作着装管理制度》、《强化优质服务暂行规定》等项制度，推动实行“首问负责制”、“挂牌服务”、“微笑服务”、“统一工作着装”等服务举措，从语言规范化、接待标准规范化、开评标服务规范化上下工夫，提升服务品质，树立优质服务形象，赢得了客户的一致好评，扎扎实实地推进了中心的“内质外形”建设。

【科技进步】 2007年，组织电缆及变压器到货检测工作606项。通过与试研院建立工作联络单制度，避免了漏检及误检情况的发生；通过加强与属地供电公司的沟通，在审核支付工程尾款时，严格把关，对于没有实行到货检测的工程，拒绝支付工程尾款。通过这些措施，保证了到货检测率达到100%。

努力提高平台的科学化、信息化管理水平，为平台建设提供科技支撑。完成招投标信息系统的二期开发工作，基本实现通过招投标信息系统完成所有资格预审、开标及评标工作，完成数据录入、分数计算及汇总打印等各项工作，基本满足了业务工作的需要。完成招投标系统与营销信息系统的接口工作。

【党建与精神文明建设】 2007年，党总支始终坚持按“四好班子”标准加强思想作风建设，充分发挥党总支的政治核心作用，将“坚持一条主线，突出两项重点，做到两个加强”贯穿于创建活动的全过程。

结合庆祝建党86周年，在全体党员中开展了“五个模范”党内民主评选活动，在中心招投标工作涌现出的一批先进典型中，评选出了5位先进模范人物（即：“优质服务、勤政廉洁”的模范苗振广，“精通业务、管理到位”的模范郑冬雪，“攻坚克难、作风硬朗”的模范陶艺侠，“以身作则、团结协作”的模范张华禹，“勤奋学习、创新奉献”的模范沈春艳）。并将5个模范的先进事迹汇编成册、制作宣传展板，大力弘扬了先进人物的模范事迹，收到了典型引路的效果。组织党员、入党积极分子和员工进行了“延安行”革命传统和爱国主义教育活动，将活动内容编辑成画册并下发全体员工，激发了参与活动员工的政治热情。

■ 中心评选出的“五个模范”与领导班子成员合影。前排左起：工会主席郝长智，党总支书记蹇爱民，主任孙绍兴，副主任孙树泉，总工卢立军。后排左起：郑冬雪，张华禹，陶艺侠，苗振广，沈春艳。（覃祖斌　摄）

以法制教育和思想道德教育为重点，提高精神文明创建活动的开展。2007年年中，公司“0811”工程招投标任务繁重，进入攻坚阶段，在艰巨的挑战面前，党总支组织开展了“迎七一、保工期、党团员干在前”活动。中心领导深入处室慰问和探望加班的员工，制作了《他们是能打硬仗的集体》和《举全中心之力，再创业绩辉煌》的宣传板，激励了员工全身心投入“0811”工程建设的热情。

■ 2007年春节团拜会上职工自编自演的节目。（覃祖斌　摄）

深入推进党风廉政建设，为创建和谐企业提供保障。2007年，中心党风廉政建设责任制注意坚持抓好四个环节：一是党政领导坚持一岗双责；二是抓好任务层层分解；三是强化责任考核；四是注重预防为主，做到警钟长鸣。2007年初，中心各处室均签订了党风廉政建设责任制，重点岗位人员签订了廉洁自律保证书。月度经济活动分析会自查和汇报党风廉政责任制落实情况。坚持每年两次集体廉政谈话和领导干部及重点岗位人员的任前廉政谈话。

（韩新惠）

北京电力设计院（北京电力经济技术研究院）

【概况】 北京电力设计院（简称设计院）与北京电力经济技术研究院是一套人马、两块牌子。北京电力经济技术研究院前身是北京电力经济研究中心，2006年8月更名为北京电力经济技术研究院。设计院具有国家甲级送变电工程设计、甲级送变电工程咨询、乙级火力发电、乙级勘察岩土工程、乙级电子通信、乙级工程测量等相关资质。1999年，取得ISO9001质量体系认证，2002年，完成质量体系2000版转版工作，开展了环境和职业健康安全体系建设工作。是国家科技企业档案管理一级达标单位，是中国电力规划设计协会常务理事单位，先后被评为全国电力行业质量效益型企业、全国电力行业实施卓越绩效模式先进企业、全国电力行业用户满意企业、全国电力勘测设计企业信用评价AAA级企业。2007年，设计院获得了行业、公司、社区等各项荣誉13项。

■ 北京电力设计院领导班子。左起：总工程师夏泉，副院长李蕴，副院长郑利纺，院长阎澥，党委书记兼纪委书记王心宁，副院长蔡红军，工会主席王江。

院组织机构情况如下：共有职能处室 6 个，其中政治工作处与监察室合署办公；辅助生产处室 1 个；专业室 5 个；经济研究室 4 个。北京电力设计院主要从事 500 kV 及以下电压等级的电网规划、咨询、设计业务，主要市场是北京地区。

地址：北京市宣武区广安门车站西街 15 号

邮编：100055

电话：63364200

【人力资源】 截至 2007 年 12 月底，全院共有职工 168 人，全民职工 138 人，集体职工 30 人，其中高级工程师 42 人，工程师 52 人，初级职称 35 人，有初级职称以上人员占职工总数 77%；研究生及以上学历 19 人，本科学历 74 人，专科学历 45 人，大专以上学历占职工总数 82%；具有各类执业资格的人员共有 45 人次，占职工总数的 27%。拥有华北院一级专家 3 名，北京市评标专家 32 人，电力公司物资评标专家 40 人，电力公司工程评标专家 20 人。继续实施设计师等级评定制度，在 2007 年的设计师评比工作中，共评出一级设计师 1 名，二级设计师 7 名，三级设计师 21 名。继续加强后备干部培养力度，在后备干部中开展了岗位能力研究、组织结构、岗位风险等课题的研究，提升后备干部的学习能力和解决问题的能力。围绕专业技术及管理等方面，开展各项培训工作，其中专业技术培训 39 次，管理人员培训 11 次。

【安全生产】 设计院完成了公司下达的各项工作任务，全年未发生任何人身、设备、火灾、交通等各方面安全事故；未发生任何因设计质量原因造成的事故，截至 2007 年 12 月 31 日实现 1976 天安全无事故。

【设计任务】 全年共完成 500kV 可行性研究 1 项，初步设计 4 项，施工图设计 10 项；220kV 可行性研究 15 项，初步设计 74 项，施工图设计 143 项；110 kV 可行性研究、咨询 114 项，初步设计 192 项，施工图设计 524 项；35kV 及以下可行性研究、咨询 53 项，初步设计 83 项，施工图设计 154 项；测量、定位长度 1056km，测量面积 25.4km^2。用户供用电咨询 72 项、迁改移规划 125 项，通信工程可行性研究报告 1 项、初步设计 45 项、施工图设计 123 项，电力规划、课题、报告等研究 23 项，2007 年设计院共完成各类工程共计 1756 项。全年共出版图纸 3485 卷册，图纸总重达到 36218kg。

完成了一批有代表性的工程。完成海淀 500kV 变电站可行性研究报告，崇文西（磁器口）220kV 输变电工程、奥运村—八家输变电工程及国贸三期、航天城、白浮（特高压实验基地）110kV 输变电工程等多项可行性研究报告；完成八家、望京、玉泉营、北京南站等 220kV 输变电工程的初步设计；完成亦庄东、陈留庄、广渠门升压等 220kV 输变电工程的初设及施工图设计；完成人定湖、北京理工大学、学院路、航天城、新国展、白浮（特高压实验基地）、黑古台（物流园）等 110kV 变电站初设及施工图设计。

【优质服务】 以服务奥运、服务公司、服务客户为宗旨，紧密围绕“0811”强网工程，把优质服务工作贯穿于设计工作的整个流程中，从前期工作、规划、政研课题、技术支撑等方面入手，不断提高客户满意度。开展优质服务合理化建议活动；开展“宣贯纠风理念，增强服务意识”演讲比赛；开展“服务观和道德观”专题讲座；开展了 5 次设计回访工作。委托第三方开展了客户满意度调查，设计院客户满意度持续提升。

【科技进步】 修编、完善了《科技工作管理办法》、《科技论文管理办法》、《科技项目管理办法》和《设计师等级评定办法》等管理办法，为规范和促进科技工作提供了制度保证。

参与典型设计编制和行业标准编写。完成了国家电网公司下达的国家电网公司输变电工程典型造价——35kV线路、10kV配电工程、电缆敷设分册的编制任务，完成了公司变电站二次系统典型技术条件的编制任务。主编了《城市电力电缆工程初步设计内容深度规定》、参编了《66kV及以下架空线路设计规范》和《城市配电网建设规范》。

多项设计咨询成果获奖。朝阳500kV输变电工程可行性研究获得全国优秀工程咨询成果二等奖，这也是迄今为止设计院在工程咨询方面获得的最高奖项。朝阳500kV输变电工程可行性研究获电力行业优秀工程咨询成果一等奖，北京电网发展战略研究获电力行业优秀咨询成果二等奖。成寿寺110kV变电站工程获电力行业优秀工程设计二等奖，第三热电厂并网220kV线路工程获电力行业优秀工程设计三等奖。气体绝缘变压器冷却器错层布置获得行业专有技术评定。

继续开展科技项目和论文工作。获北京电力公司科技项目一等奖两项，分别是八宝220kV线路改造、变电工程造价评价指标研究；获科技项目二等奖两项，即：北新桥110kV变电站优化设计、慧祥110kV变电站优化设计。参加技术交流论文10余篇，在各级别刊物上发表论文10余篇。《移动式变电站在北京地区应用前景分析》获北京电力公司优秀科技论文一等奖；获优秀科技论文三等奖四项，即：《慧祥110kV变电站噪声控制设计》、《西大望变电站并联电抗器改造》、《北京市市区电力沟道规划研究》、《北京市典型区域负荷密度指标研究》；获优秀科技论文鼓励奖一项，即：《朝阳500kV变电站66kV GIS空气终端钢平台优化设计》。在院级优秀论文评审中，共评出优秀论文一等奖2名，二等奖11名，三等奖24名。

继续发挥经济技术研究优势。2007年共完成北京电力公司政研课题7项，全部获奖，完成其他研究课题24项，包括国家电网公司输变电造价指标研究、国家电网公司工程造价典型案例分析、北京市电力公司管控模式研究、财务规划等重要课题，完成了北京电力公司发展战略宣讲。

【党建与精神文明建设】 认真开展思想政治同业对标工作，在全院共产党员、共青团员中开展了“迎奥运、创佳绩、打造精品工程”主题活动；开展了“学法律、重操守、严格自律廉洁从业”宣传教育活动；举办了企业文化、廉洁从业、职业道德等讲座，开展了优质服务演讲、《回望“0811”》主题宣传、十佳奖项评选、党风廉政教育展览和“干事、干净”征文等丰富多彩的精神文明活动，在公司组织的精神文明建设创新成果评选中，设计院两项成果获奖，并荣获优秀组织奖。编写并印制了《企业文化理念释义》和《企业职工行为规范》两本宣传手册；出版了《回望“0811”》宣传书籍和《鏖战0811》专题报纸。

（孙松合）

北京电力工程公司

【概况】 北京电力工程公司（简称公司）是北京电力公司下属全资子公司，下设送电、变电、电缆、调试、物流、电力设计和实业开发等10余个分公司，主要从事电网建设及其相关服务。公司具有国家电力工程施工总承包一级资质、国家送变电工程专业承包一级资质，具备承装、承修、承试国内外电力设施一级资质，可以承揽各种电压等级送变电工程和相关变电站的建筑施工任务。公司是北京市科学技术委员会认定的高新技术企业，拥有国家商务部批准的对外经济合作经营资格，曾先后承担塞浦路斯、巴林、蒙古等国的电缆和输变电工程，为老挝、蒙古等国电网工程提供物资供应，向国际电建市场输出了数百人次的技术力量和劳务。

■ 为2008年奥运会提供可靠电源保障，特购置6辆880kW的大型低噪音环保发电车。（刘贵福　摄）

公司拥有24台28t及以下大型进口张力机、牵引机，可以展放各种类型的输电导线；拥有6套真空滤油机、6台真空机组和7台SF_6回收装置等变电安装装备，满足从事各种室内变电站的安装需要；拥有放缆机259台，满足各种电压等级大截面电缆的放缆施工任务；拥有大型电缆运输、起重车辆53部，另外由公司研发的双轴电缆放缆车，已通过专项技术鉴定；公司可以从事500kV及其以下各种电压等级的高压试验，是国内引进德国海涡高压试验设备第一家，目前全国也仅有3套这样的设备；公司拥有6辆880kW的大型低噪音环保发电车，并联使用，最大发电额定功率可达5280kW，是当前国内最大的功率应急发电机组。

公司具备了年施工220kV及以上线路工程700km，年敷设110kV及以上电缆400km的施工能力，其中，包括200km的城市复杂环境下的输电线路，年安装调试28座110kV及以上变电站。在北京电网运行的300多座变电站中，北京电力工程公司承建了90%以上的工程。

地址：北京市丰台区南四环西路188号8区8-12号楼
邮编：100070
电话：63678123

【人力资源】 截至2007年12月，公司共有员工890人，具备专业技术职称人员197人，其中高中级专业技术人员82名；具备国家一级建造师资格人员12名，二级建造师资格32名。

公司根据生产发展的需要，在2007年度，深化用工制度改革，优化人员队伍结构，继续积极推进薪酬分配制度改革。加大了对专业人员培训力度，尤其对分公司项目管理和技经人员进行了专业知识的培训，关注培训效果，建立了优胜劣汰的人才流动机制。全面推进技术进步，管理团队带头学技术，多次组织专业技术骨干外出培训学习。2007年，公司成立了专家委员会，首批聘任了专家9名、候补专家3名，完善了公司技术体系的建设，实现了各专业技术领域力量上的整合，形成了辅助公司决策的支撑力量。同时，公司在完成2006年32名技师的评审工作的同时又增聘10名技师，发挥技师在生产中的专业能力和表率作用，在公司技能队伍建设上形成了培养、输送、成材的良性循环，充分利用现有的技术资源，鼓励首席师培养年轻的技术骨干，建立起一支自己的专家队伍，真正实现公司制定的战略人才目标。

2007年，围绕公司发展战略目标及集团化、集约化、精细化、标准化的管理要求，开展了一系列的职工教育培训工作。截至12月底，完成年初教育培训工作计划140个培训班中的97个培训班，培训班完成率达到70%，同时增加了43个计划外办班。截至12月底，全员培训率达到100%。全年有335人次参加了电力行业特殊工种的技能鉴定，19人参加了高级工强化班的培训，132人参加了社会通用工种的技能鉴定，共计486人次。其中，188人获得高级工、166人获得中级工、59人获得初级工。

截至12月底，公司在供电生产岗位上工作的企业长期职工（不包括内退职工）255人，其中具有高级工、技师、高级技师职业资格，或具有初级及以上职称的人员已达到100%。

【安全生产】 公司认真贯彻国家电网公司及北京电力公司各项安全生产会议精神，开展百日安全检查活动和安全月活动，结合“落实措施抓基础，强化责任保平安”和“综合治理、保障平安”两个主题活动，开展多种宣传形式，利用报刊、板报、橱窗和流动宣传载体，及时报道工作动态，宣传普及安全知识，宣传安全生产工作中的先进经验、典型事例。开展百问百查和隐患排查工作，梳理安全生产中的薄弱环节，解决突出问题，健全常态机制。

在外协劳务队伍安全施工管理上，公司严格执行有关的法律、法规和相关规定，对外协队伍的安全资质进行了审查，同时为加强管理和考核，纠正安全管理不到位的情况，公司特编制施工队安全管理及现场检查表，此表共包含安全资质及协议、工作票、人员持证上岗以及安全防护措施等18个检查项目，安全巡检组每天执此表对在施工程现场的外协施工队伍进行检查，检查后进行总评并提出整改要求，受检单位负责人签名并落实整改，安全巡检组待整改规定日期后对原发现问题进行复查并填写复查结论，加强过程督导，形成安全闭环管理。

公司加强对新入职人员及特种作业职工的安全培训力度，严把安全教育关，全年共进行各种专业的特种作业证件复审107个。组织多层次安全工作培训、特种作业人员复审和新人员学习培训，使特种作业人员可控、在控、能控。将近3年不安全现象和事故汇编成册，配合“百日安全”开展了“劳动安全经验大家谈”的征文活动，制作了安全教育读本，把安全作为第一要务实施，用有益的经验和教训启迪教育员工。

截止2007年12月底，全公司未发生电力生产人身伤亡事故；未发生电网、设备事故；未发生重大及以上火灾事故；未发生重大施工机械设备损坏事故；未发生性质恶劣、社会影响较大的停电事故；未发生负同等及以上责任造成人身死亡、重伤的重大及以上交通事故；未发生后果严重的信息安全重大事故；未发生职业病例；轻伤负伤率为零；实现了2007年度三个一百天的安全生产目标。

【工程建设】 2007 年，公司圆满地完成了北京电力公司以草桥、奥运村、红军营、草厂等为代表的一批 220kV 送变电工程项目；通州大通道工程（含通朝 500kV 线路工程和安朝 500 kV 线路工程）全部竣工；顺利完成国内首座全户内、全组合电器变电站朝阳 500 kV 变电站工程的建设，该工程已于 2008 年 1 月 16 日顺利投运。

■ 公司承建的通州—朝阳 500kV 线路工程，该工程为直接为奥运场馆供电的输电线路工程。（刘贵福　摄）

2007 年，公司承揽的一批工程都属国内高新尖端的电网工程，其中包括国家电网公司项目 2 项；南方电网公司项目 1 项；华北电网公司项目 1 项。

国家电网公司项目：①中俄联网 500kV 送电线路工程，这是公司第一次承揽国家电网工程项目。500kV 中俄联网送电线路新建工程为新建工程（黑河换流站至绥化兴福变），线路全长 415km，单回路架设。线路位于黑龙江省黑河市、绥化地区海伦市内。公司负责施工 500kV 中俄联网送电线路新建工程（标包 5），起于黑龙江省北安市群力经营所西侧 5km（J22），止于黑龙江省绥化地区海伦市肖家屯附近，线路途经北安市建设农场、海伦市海伦农场，线路长度 45km。铁塔共计 110 基。导线采用 LGJ-400/35 型钢芯铝绞线，每相四分裂，架设两根地线，一根为 OPGW 复合光缆，另一根为 GJ-80 钢绞线。本标段从黑龙江省北安市群力经营所西侧 5km（J22），经海伦农场。送电线路路径在海伦农场的东方红水库东侧跨越扎音河，经红光农场、护林乡、止于黑龙江省绥化地区海伦市肖家屯附近；②银川东—白银 750kV 输电线路Ⅱ接入黄河变电站工程，该工程是当前国内运行电压等级最高的输电线路工程。银川东—白银 750kV 输电线路 π 接黄河变工程是向自治区成立 50 周年献礼的重点工程。是宁夏 750kV 网架的重要组成部分，是实现宁夏“大外送、南北供、东西联跨越式发展的关键性项目，也是宁夏自治区“十一五”发展规划的重点建设项目。该工程起于 750kV 黄河变架构，银川东侧、白银侧分别止于 750kV 白银—银川东输电线路 N509、N501 塔附近，线路长分别为 14.044km、12.51km。全线采用单回自立式铁塔共 57 基，其中直线塔 49 基，耐张塔 6 基，终端塔 2 基。导线采用 LGJ-400/50 型钢芯铝绞线，每相六分裂，子导线分裂间距采用 400mm。架设两根地线，一根采用 JLB23-100 型铝包钢绞线地线，另一根采用 OPGW 光缆复合地线。

南方电网公司项目：云南至广东 ±800kV 直流输电工程，这是全世界第一条 800kV 直流输电线路工程。具有重大的经济意义和政治意义。公司通过不懈努力连中三个标段（第 7 标段、第 10 标段及第 30.1 标段）工程建设，创南网工程建设一个公司承建一项工程多标段之最。

华北电网公司项目：朝阳 500kV 变电站工程，这是全国首座全户内、配电装置全部采用组合电器的 500kV 变电站；该变电站在空气净化、油务处理、站内 GIS 设备气垫运输安装及配套线路工程采用动力伞放线施工等领域均达到国内最高或先进水平。

■ 7月25日，公司承建的奥运重点工程、同时也是唯一一个以奥运命名的变电站——奥运村220kV变电站投运。（刘贵福　摄）

公司还承担了大批"迎奥运"电力强网工程建设，为奥运水上项目提供供电保障的郝家疃奥运水上公园110kV变电工程、为奥运会篮球赛场馆直接供电的五棵松110kV变电工程、为新建首都机场3号航站楼供电的仁和220kV变电工程、直接向奥运会主会场国家体育场、国家游泳中心提供供电保障的奥运村220kV输变电工程及朝阳500kV变电工程、通朝和安朝500kV输电线路工程等一批奥运重点工程的及时实施，确保了国家体育场、国家游泳中心等奥运主体育馆的电源可靠供应，确保了"好运北京"奥运测试赛供电稳定，得到国家电网公司、华北电网公司及南方电网公司的认可。

2007年，公司在开拓南方电网的过程中取得了令人可喜的收获。其中大批工程创下公司多项第一：施秉—贤令山工程是公司首次在南方电网公司承接的500kV紧凑型双回线路工程；滇南外送工程是建设中所遇到的施工难度最大的输变电工程；云南—广东±800kV（第7标段和第10标段）特高压直流线路工程，是目前世界上电压等级最高的直流线路工程。这些代表性工程标志着公司在输电线路安装施工领域的实力和技术水平的领先地位，并得到业主的认可，对公司稳固拓展南方市场份额起到了积极作用。

2007年，公司承建的天广四回500kV交流输变电工程2007年荣获国家优质工程银质奖；黄寺、昆玉河、平谷、八达岭4项220kV变电工程获国家电网公司输变电优质工程奖。郝家疃、科创街等5项110kV变电工程获北京市优质工程长城杯奖。公司严格按照打造精品工程的要求建设各涉奥工程，奥运村、红军营220kV变电站工程在施工工艺和施工质量上得到国家电网公司领导和业内人士的一致好评，成为北京电力奥运标志性工程。

【经营管理】 2007年，公司全面完成了北京电力公司下达的各项经济技术指标任务。截至2007年12月底，共完成施工总产值48330万元；实际完成资产负债率89.96%；实现净利润671万元；实现净资产收益率5.71%；国有资产保值增值率不小于100%。2007年，累计投产的实物工程量完成情况：输电架空线路203.32km/回；变电投产主变压器容量662.1万kVA/54台；电缆敷设完成99.92km/回；一次交验合格率为100%。

公司于2007年10月通过了国家建设部的资质审核，取得了电力施工一级总承包资质（含房屋建筑工程施工总承包三级资质）。由原来的专业一级升为施工总承包一级资质，标志着公司整体上了一个新台阶，实现了公司历史性的跨越。

【科技进步】 2007年，公司圆满完成了以朝阳500kV电气安装工程、通州大通道工程、奥运村220kV输变电工程为代表的一批重点工程任务，在施工工艺和技术水平上取得多项突破。特别是在对国内首座500kV电压等级全户内、全组合电器变电站朝阳500kV变电站电气安装工程中，公司取得了多项施工工艺和技术设备领域的第一：①率先采用空气净化装置。为满足组合电器接口连接工作对施工环境的特殊要求，在组合电器设备间设计并安装了空气净化系统，保证对接的局部区域的空气洁净度达到十万级标准。②油务处理系统等创新工艺。为满足主变压器绝缘油过滤工作的持续性和有效性，在施工现场安装120t绝缘油的全封闭油务处理系统，一方面最大限度地缩短了主变压器的安装周期，另一方面提高了油品过滤效果，改善了过滤后的油品质量，确保主变压器施工过程中这一核心的质量要求。③站内所有GIS设备安装工作全部采用气垫运输。减少了对GIS本体在运输过程中的震动，避免了设备内部损耗；对土建成品也起到了保护作用。④通朝500kV线路工程作为朝阳500kV变电站线路配套工程，施工过程中多次采用动力伞放线施工，为打造和谐工程、平安工程提供了技术保证，线路组塔采用25、50、120、240t四种级别吊车进行吊车组立，其中240t的吊车在北京地区只有一台，被称为"京城第一吊"。

公司开通了数字图书馆、万方数据资源系统和维普资讯网网上账户，为大家自学、查阅和研讨提供了有效的信息平台，实现了科技信息维护成本的降低的同时又增强了信息更新的实效性。

组织北京电力公司电力试验规程（新颁）、北京电力设备状态监测方案、500kV海淀电缆运输、800kV直流送电工程施工、1000kV交流变电工程施工等研讨会，使公司的施工技术保持领先水平；与德国海沃公司研讨500kV电缆试验方案，就电缆隧道施工进行岩石掘进技术研讨，发挥装备的综合效能。2007年，“电缆安全刺锥接地装置”、“电缆施工虚拟仿真培训系统”、“对牵法进行山区长距离张力架线”、“应力锥内表面估量检查内窥镜”、“组合电器施工现场空气净化系统”5项成果具备行业领先水平，科技论文27篇。

【党建与精神文明建设】 2007年，公司党委紧密围绕企业中心任务，按照上级党委的要求，积极开展法制宣传教育和思想道德教育，采取普法讲座、廉课教育、参观丰台区法院预防职务犯罪展览、与法院座谈、征文等形式有计划、按步骤、多层面的开展廉洁教育活动。公司党委积极关注工程进展及施工人员思想建设，在2007年公司承揽奥运村220kV输变电工程、朝阳500kV变电站电气安装工程及草桥220kV输变电工程等多项重、难点工程中，公司党委多次发感谢信与慰问信，深入项目部调研，激励一线施工人员在平凡的岗位上建功立业。

公司纪委认真贯彻落实党风廉政建设责任，与基层单位负责人签订了“三项责任书”，提高了各基层班子对落实党风廉政建设责任制重要性的认识。开展“廉洁从业”警句征集及“廉洁作品大家评”活动，建立标准化廉洁文化园地，编辑出版了公司廉洁文化理念解读作品集《解读》；定期编辑纪检监察电子刊物《释廉》，收录公司监察动态、监察理论学习和廉政知识等内容；以党风廉政建设为内容在工程公司内部报纸上出版了教育专刊。

2007年，公司工会成立了维稳工作领导小组及办公室，制定了积极稳妥的工作方案。加强离退休职工的管理，设立了专门的工作人员，延伸服务，定期专访，发放物品到家，发现问题及时解决。着力建好职工之家，保持了与职工群众的密切联系，妥善处理好企业与员工的关系问题，开展合理化建议有奖征集活动，举办“鹊桥”联谊会、为青年人办实事等。同时，工会协助党委、行政开展企业自主管理和厂务公开工作，党政联席会及经理办公会会议纪要通过OA向全体员工公示，使广大员工及时了解企业发展动向，增强了干部员工的民主意识。

公司团委积极响应了胡锦涛总书记向灾区和贫困地区献爱心的号召，落实国家电网公司开展“爱心活动”和“平安工程”，连续3年组织前往山西五台革命老区献爱心，捐款、捐粮、义务植树活动，公司团委注重加强团支部基础建设，开展了团员意识教育活动，评选出团员示范岗，将其个人事迹做成展板在全公司范围内巡回展出，倡导广大团员青年向他们学习。组织编辑《新风》电子团刊，由青年团员组成的奥运村220kV电气安装项目部荣获了“国家青年安全生产示范岗”的称号。

■ 奥运村220kV变电站工程项目部荣获“全国青年安全生产示范岗”称号。（李燕楠　摄）

公司党委坚持党管新闻宣传的原则，深入基层，配合施工组织、安全质量、科技创新、企业文化等方面进行了大量的宣传报道，2007年，全年共编辑视频新闻28条，出版《北京电力工程公司报》15期，《北京电力工程》杂志4期，发布北京电力公司公告231篇，发布本公司公告583篇，及时报道了公司的各项重要活动。

（何剑　马少羿）

物业管理公司

【概况】 北京电力公司物业管理公司（简称公司）成立于2004年6月，在工商行政管理部门注册，注册资金400万元人民币，是北京电力公司授权的二级单位，公司具有独立法人资格，实行独立核算、自主经营、自负盈亏的运行模式。

按照北京电力公司的要求，为北京电力公司提供全方位的后勤保障服务；按照北京电力公司应急保电的要求，提供应急发电车保障服务；按照北京电力公司系统及职工住宅物业小区的需要，提供相关服务产品，主要包括办公楼、职工住宅小区的物业管理服务，供暖系统的运行、维修及安装；职工的班车运行服务；机关的用餐服务；办公场所及生产厂房的装修改造，同时根据市场的需求进行各类电力工程及工业民用建筑工程建设。

公司设有行政办公室、政工办、劳动人事处、财务处、经营处、工程管理处、安监处、保电处及监察室等9个职能部门。有机关物业一部、机关物业二部、小区物业部、华明电气安装公司、绘都建筑公司、美好装饰公司、应急发电公司、汽车运输公司、锅炉安装公司、大众汽车修理公司、机关食堂、青年公寓及医务室等13个二级单位。

2007年6月，经北京电力公司党委批准，陈若星任物业公司党委书记。

地址：北京市西城区西交民巷34号
邮编：100031
电话：63127737

【人力资源】 截至2007年12月31日，公司共有职工296人，其中，全民职工155人，集体职工141人，聘用职工约483人，其中长期固定工人员总数实现了负增长。公司全民工中大专及以上学历者42人占27.1%；经营者、管理人员、专业技术人员、技能人员、其他人员所占比重分别为3.87%、11.61%、5.8%、63.23%、1.55%，专业技术人员中中、高级职称占22.22%；技能人员中中、高级工占49.03%。

开展定岗定员工作，加强基础劳务管理，通过对公司各工种岗位的分析、评价，定岗、定编、定责，预控了公司人力资源的需求，制订人力资源发展规划，同时按照实际工作的需求理顺人才引进渠道，优化人员结构，对下属单位的各级领导层及时进行调整补充，2007年，调整任命公司中层干部7次，提拔任命站队级干部2人，公司之间干部交流6人。

积极落实北京电力公司的培训计划，实行公司与班组两级培训管理，开展辐射不同范围的管理培训、职业技能培训、专业职称培训。

【安全生产】 建立健全公司安全生产管理体系，加强安全生产的制度制订，建立安全网员制度，认真落实执行北京电力公司的各项安全生产的工作部署，针对公司专业工种多、生产过程中危险点多的特点，公司领导班子要求安全生产的宣传不放松，安全生产的检查不放松，认真落实安全生产责任制，重点加强在建项目的施工管理，努力消除事故隐患，在检查中深入到安全生产的重点部位、关键环节、重点人群，大力开展反违章和反事故斗争活动，确保公司各生产项目安全运行，截至2007年12月31日，公司已实现了安全生产的第13个安全长周期100天。

■ 2月25日，公司召开2007年安全生产工作会议。

【经营管理】 2007年，公司主营业务收入3484万元。公司与所属的下属公司签订经营工作协议书，对各项业务都明确了经营指标，每月召开一次经营活动分析会，及时把握市场状况和公司的经营情况，调整经营策略，及时进行合理的调度、调配，发挥公司的整体优势。公司建立每周领导班子周例会制度、公司月度例会制度，对本月工作总结及下月计划进行汇编。

鉴于公司的体制性质，职工的工资、奖金及成本全部产生于公司的经营收入，在各种生产资料不断上涨的压力下，公司的大部分经营业务受到市场因素的严重影响，经营、服务等业务遇到较大的困难，北京电力公司领导及时了解情况，对公司的工作给予了很大的支持。公司领导班子也积极开拓市场，加强了对生产指标的细化和分解，加强成本核算，努力降低成本，平衡服务与生产之间的不足，坚持资金使用的预算制度，使公司的各项业务保持了良性运转。

【优质服务】 在人性化、个性化服务等方面努力探索，收效良好，全年综合服务满意率达到97%。所管辖的北京电力公司办公大楼、协会办公楼及各宿舍物业小区的服务均得到各方认可，服务质量逐年提高。

2007年，公司发电车承担重大活动供电保障工作56次，包括奥运倒计时一周年，“两会”等政治保电任务。努力做好机关食堂、青年公寓、北戴河休养点的服务接待工作，所有这些工作都严格按工作标准予以考核、检查、评比。在提高改善职工宿舍物业小区的居住环境、便民服务方面，针对宿舍楼及平房的公共设施老化，公司及时制订计划、申请资金，对小区内的设施进行改造更新，了解各小区内居民住户的基本情况，尤其对孤寡老人、空巢老人制订了特殊服务工作方案。2007年，共对上述类型人家慰问87次。对冬季供暖、夏季防汛等重要工作加强管理，提前安排，走访到户，服务到位。共解决居民的难点、热点问题29次。

■ 3月28日，北京电力公司高空作业车启用仪式在物业公司右安门基地举行。（丁海杰　摄）

【党建与精神文明建设】 公司党委坚决贯彻执行北京电力公司党委的各项工作部署，建立了中心组学习制度、党委会召开制度，按照会议制度的要求，中心组成员认真进行理论学习，加强党风廉政教育、警示教育，不断提高各级干部的政治理论素养。

采取丰富多样的活动形式，教育和提高公司员工的政治素质，在庆祝建党86周年活动中，表彰了一批优秀党员、优秀党支部。3名党员、1名党务工作者和管理支部受到了北京电力公司党委的表彰。2007年，发展新党员9名，巩固发展了社区党支部的工作。采取多种形式推动开展爱心活动，慰问困难家庭的职工，向农民工献爱心，向灾区人民捐款等。公司连续四年荣获西城区文明单位称号。

（余志宏）

北京电力综合产业管理中心

【概况】 北京综合产业管理中心（简称综产中心）成立于2006年6月，其前身是经营管理处。2006年，北京电力公司贯彻和落实国家电网公司郑州会议及国网人资[2005]745号文件精神，结合北京电力公司多经企业实际情况，决定将实业开发总公司转为待处置公司，不再开展新的业务，采用“留、走、卖”的方式依法处置其主要资产，资产处置完毕成立清算组，依法进行企业清算，并组织终止清算工作，申请公司注销。综产中心下设综合管理处、政工监察处、劳动人事处、财务处和计划发展处。综合产业管理中心八项主要职能：负责制定北京电力公司多种经营企业管理制度和办法；负责北京电力公司多种经营企业的改制和主多分离工作；负责北京电力公司多种经营企业的信息收集整理和经济活动分析等综合管理工作；负责指导和协调北京电力公司多种经营管理工作；负责实业开发总公司范围内所有集体职工人事档案管理工作；负责实业开发总公司综合产业投资管理，对资产的保值、增值、置换、退出等进行调研分析，提出可行性研究报告，报北京电力公司批准后组织实施；负责实业开发总公司在职、内退及退休职工的管理工作，保证多经改制工作的顺利进行；负责实业开发总公司直属企业在过渡期间的全面管理。

综产中心下属七个直属公司：创世博源公司、京电公司、诚信公司、华德公司、银杰公司、京电房地产公司、代维公司。

■ 1月31日，综产中心召开一届六次职工代表大会。

地址：北京市丰台区南蜂窝路5号
邮编：100055
电话：63123018

【人力资源】 截至2007年12月底，综产中心从业人员901人（不含银杰公司派往其他单位的劳务人员）。其中全民职工101人（指主业岗位24人，多经岗位42人，内部退养35人）；集体职工162人；社会招聘人员501人；劳务派遣人员38人；退休返聘人员99人。退休人员143人（其中全民退休126人，集体退休17人）。

2007年，在岗全民职工65人均为管理岗位人员，公司人力资源同业对标考核指标共三项，完成情况如下表所示。2007年综产中心被评为电力公司人力资源管理先进单位，人力资源同业对标获单项奖。

■ 7月13日，综产中心绩效考评会。

同业对标考核指标完成情况

考核指标	2006年完成	2007年完成	同比提高
培训经费投入率	3.51%	9.98%	6.47%
人才密度	94.2%	100%	5.8%
全员培训率	100%	100%	0

【安全生产】 2007年，综产中心未发生轻伤以上的人身伤害事故；未发生上级认定的和造成影响的人员责任事故；未发生火灾、火险事故；未发生电力生产治安保卫各类案件；实现了年初制定的安全目标。

遵照国家电网公司、北京电力公司的指示精神，综产中心大力开展了“百日安全”系列活动、安全生产“百问百查”活动、“安全生产月”活动。在开展各项活动中，针对单位的特点，围绕保人身安全，预防人身事故，始终把保证现场施工安全当作重点，狠抓安规的现场执行与落实，坚持开展反违章专项斗争，大力开展形式多样的宣传教育。组织“专题安全日”、“安全生产合理化建议”、“安全专项培训”等工作，不断增强职工安全生产责任意识；开展“安全检查、隐患治理”，不断消除隐患，降低安全风险，加强了安全生产基础保证。

【主多分离“五分开”】 2007年12月，国家电网公司出台关于规范主业与有关多经企业关系的决策，北京电力公司对此十分重视，公司主要领导明确强调：这是国家电网公司的一项重大决策，是改革的需要，是企业持续健康发展的需要，更是干部队伍建设的需要。推进这项工作尽管有一定难度，但北京电力公司一定要坚决执行、认真贯彻，不打折扣的按国网人资59号文件要求完成国家电网公司所下达的各阶段任务。12月19日，北京电力公司召开了多经工作会议，传达了国家电网公司党政主要负责人会议精神，参会各基层单位多经主管领导和多经总经理进行了专题座谈讨论，对今后一个时期多经的重点工作进行了布置，明确并重申了工作制度和要求。12月28日，通过汇总各基层单位填报的报表，如期上报了《北京电力公司多经企业调查报告》。

【资产处置】 实开总公司共持有27项股权，继去年处理5项后，2007年又进行了6项股权处置，分别是富根公司、双新宇公司、诚信恒盛公司、京供诚信公司、云城公司、瑞恒工贸公司的股权，实开公司的27项股权投资中已经完成11项，占投资项目总数的40.74%，收回处置金额4000多万元，股权处置取得了阶段性成果。

努力解决双翎公司遗留问题。由于诸多历史原因，双翎公司生产经营处于停顿状态，42名职工的工资和各种保险等费用均无着落，职工多次到双翎公司、实开公司及北京电力公司集体上访。2007年，综产中心成功化解双翎公司职工上访两次。为了彻底解决双翎公司问题，在中心领导多次协调和电力公司总经理工作部的大力配合下，在北京市政府信访办的大力支持下，经过多次与法院、劳动局沟通，得到有关部门的理解和支持，最终使双翎问题的解决迈出了关键的一步。2007年6月15日，双翎公司宣布破产。实开公司作为双翎公司债权人委员会委员，目前，仍有许多双翎公司破产后续事宜需要解决。

2007年，电力公司开展了全局性的债权债务清理工作，作为电力公司债权债务清理办公室的主要成员，综产中心在短期内完成了北京电力公司多经系统债权债务清理的汇总统计工作，并与公司领导及相关部门一同对电力公司债权债务清理方案进行了会审。

【党建与精神文明建设】 2007年，综产中心党委努力加强领导班子建设。在全面推进公司改制、资产处置、处理历史遗留问题、企业发展这四项任务中，努力加强思想理论建设、工作作风建设、规章制度建设和党的领导能力建设，开展了法制宣传教育和思想道德教育、党风廉政教育等活动。加强多经企业思想政治工作，开展各种形式的活动促团队凝聚力。按照廉洁文化“五个一”活动的总体方案，加强党风廉政教育。组织“踏访先辈足迹，干事干净做人”参观教育活动。

中心党委努力加强党的组织建设，及时调整基层党组织。2007年，成立创世博源党支部，撤销原吉北公司党支部和华商公司党支部。培养发展了5名新党员，4名预备党员按期转正。

完成了上级有关在深化改革过程中确保国有资产不流失，确保职工队伍稳定的“两个确保”任务，在资产处置、处理历史遗留问题、深化改革、实现直属公司发展等方面取得了成绩。综产中心的直属公司和机关之间虽然存在任务不同、企业性质不同和人员身份不同等客观不利因素，但是，在党委领导下，党、工、团组织密切配合，积极工作，化解了许多推进工作中遇到的矛盾和问题。

综产中心工会充分发挥“桥梁纽带”作用，认真履行工会维护、参与、教育、建设四项工作职能和基本职责，积极组织落实民主管理、劳动竞赛、职工教育、表彰先进、职工生活福利等基本任务，切实维护广大职工的利益。出台了综产中心《班组建设管理工作标准》。11月，工会举办了第一届综产中心职工运动会。

（张洁民）

北京市路灯管理中心

【概况】 北京市路灯管理中心（简称中心），是北京电力公司和北京市市政管理委员会共同领导下的事业单位，实行企业化管理。负责北京市城八区路灯的规划、设计、施工、运行维护与管理工作，为首都提供安全可靠的路灯照明保障。

2007年，中心指标完成情况：未发生人身轻伤及以上事故；未发生造成大面积灭灯的设备事故；未发生火灾事故；未发生交通事故；未发生治安保卫事故；未发生造成社会影响的停电事故。完成路灯政治保电任务17次。亮灯率保持在98.3%以上、部分主干道路亮灯率达到99.2%。完成市政管委下达的设备改进财政拨付资金使用率达到70%，超期电缆更换财政拨付资金使用率达到70%，配电室改造计划财政拨付资金使用率达到90%，财政拨付基本经费使用率达到100%。全面完成北京电力公司对路灯中心安全生产、资产经营、党风廉政和精神文明建设的责任考核目标。2007年，获得国家电网公司文明单位、首都文明单位标兵、北京市国资委系统先进基层党组织、北京电力公司文明单位标兵、北京电力公司先进基层党组织、北京市交通安全先进单位、北京市爱国卫生先进单位等荣誉称号。

地址：北京市丰台区方庄路2号
邮编：100078
电话（传真）：67618030

【人力资源】 2007年，中心在册全民职工219人，集体职工30人；外聘及银杰劳务派遣人员96人；全民职工具有大专及以上学历的职工80人；具有中级及以上专业技术职称的职工33人。

4月份，中心开展第三届职工技能大赛。通过理论和实操两项考试，评出一、二、三等奖，并对各工种产生的技术能手，给予内部浮动一岗级12个月的奖励。

■ 4月6日，中心开展第三届职工技能大赛。（段勇 摄）

根据中心整体用人计划以及基层工作的实际需求，通过不同层次、不同渠道共招收劳务人员45人次，涉及配电线路安装、检修、施工配合、工程监理、设计、驾驶员、厨师等10个专业。根据培训方案进行了集中培训与各部门各岗位不同层面、不同专业的培训，最终通过考试合格后上岗。

12月份，为全面贯彻落实新《劳动合同法》，特制定了《路灯管理中心贯彻落实〈劳动合同法〉实施方案》。对全体职工和劳务派遣人员的劳动合同进行逐一核审，及时掌握各类人员劳动合同签订履行情况。

【安全管理】 1月19日，召开了由中心领导及班组长、安全员、生产一线的骨干共95人参加的“路灯管理中心2007年安全生产工作会议”，会议明确2007年安全生产工作思路、安全目标和工作重点，为全年安全工作的顺利完成奠定了基础。会上分四个层次签订了“2007年度安全双向互保、风险抵押责任书”，明确了各自的安全职责和所承担的风险。并组织生产班组人员分别签订了2007年人身安全责任书和“十条禁令承诺书”。

2月5日～4月10日、9～10月中下旬开展了以“五查”（查领导、查思想、查管理、查规程制度、查隐患）、防人身事故、防小动物事故及防火防爆、防盗防破坏安全保卫、隐患排查等为主要内容的安全大检查活动，对中心全年生产任务及政治保电工作的顺利完成打下了基础。

3月16日和11月16日，两次组织了全员《安规》考试，按照安全生产三级教育的要求，对新进的23名银杰员工进行了安全教育培训和考试，对考试不合格的人员退回考卷重答，使《安规》考试100%合格。

3月19日，在全中心范围内强势启动并开展了以“落实措施抓基础，强化责任保平安”为主题的“百日安全”活动。

6月1～30日，在全中心范围内开展主题为“综合治理，保障平安—落实措施抓基础，强化责任保平安”的安全生产月活动。

7月27日，举行了“路灯管理中心2007年安全生产、交通安全百问百答知识竞赛”活动。评出了一、二、三等奖，并对获奖队伍给予了物质奖励。

11月9日，中心举办了一年一度的“11.9”小型消防运动会。对新保安人员事先进行消防设施、灭火器使用等消防安全方面的培训，并对保安人员进行队列演练验收、检查。

【政治保电和迎峰度夏】 2007年，完成了“两节”、“两会”、“奥运会倒计时一周年庆典”、“残奥会倒计时一周年庆典”、“好运北京测试赛”、“2007年诺贝尔奖获得者北京论坛”、“十七大”等政治保电任务17次。

防汛度夏期间，制定“迎峰度夏错峰保电”的路灯负荷控制预案，在保证照明的情况下最大停运负荷3405kW。组织人员、车辆组成了专门的设备保障小组，建立通信联络表，客户服务热线24小时保证畅通，抢修队伍随时待命，监控中心根据天气变化人性化遥控开关路灯，确保按服务承诺时限完成故障报修，圆满完成了2007年迎峰度夏工作。

■ 8月26日，长安街华灯清扫工作。（段勇　摄）

【生产任务】 2007年，利用奥运契机，加快现有路灯设施改造。路灯设备改造项目总计66项，电缆改造工程总计23项。

2007年，共争取到1.38亿元的路灯改造资金和2215万元的超期服役电缆改造资金。配电室改造资金1956万元，柱上变压器消隐资金400万元、长安街华灯改造资金660万元，为路灯设备整体水平的提升提供了资金保证。新立各类铁杆1095基，撤各类旧铁杆225基，撤灰杆104基；敷设并搭接各种型号电缆60858m，累计撤出旧电缆20900m；更换灯头56份，灯杆降阻202基，新立箱式变压器11台，华灯清扫及维修249基，安装三遥设备400台，控制箱改造85台。完成路灯设计项目235项，设计里程560km，设计新立铁杆12271基，立庭院灯3758基，立混凝土杆1285基，装半弧灯769份，装米弧856份，敷设地下电缆512567m，挂架空线83570m，安装柱上变压器38台，安装箱式变电站167台。完成了奥运中心区道路照明方案的研讨、起草以及专家讨论工作，上报市规划委员会。在三季度内完成了奥运中心区路灯设计图纸。完成了在用设备的正常巡视和维护任务，夜巡修更换大小灯泡59638个，更换镇流器13783个；处理各类故障、缺陷3377个，其中紧急故障2317个，包括处理汽车撞杆事故751棵。

【经营管理】 多经总公司完成质量体系认证和复审工作，完成多经企业9个营业执照的年检、法人变更、统计年报工作。完成质量体系监督性审核工作。建立合同管理制度，规范合同管理工作以此确保以多经公司名义签订合同的合法性，保障公司权益。借助奥运商机，积极拓展路灯工程以外的项目，先后与海淀、西城、东城、朝阳四个城区的区委洽谈了“北京市科技创安工程”，利用路灯资源安装监控探头。完成2008年度中心房屋、车辆、人员情况等基础数据的修改及人员经费、公用经费和31个专项（3个为2007追加项目）资金的按时编制、上报工作。继续实行行政督办工作。截至12月31日，60项督办任务已全部反馈，其中60项督办任务圆满完成，完成率为100%。

【优质服务】 路灯作为一项市政公益设施，优质服务工作是永恒的主题。2007年，中心启动了“心连心和谐工程”，以“优质、方便、规范、真诚”的实际行动把优质服务工作提高到一个新水平。

与朝阳区潘家园街道党工委隆重召开了“心连心和谐工程”启动大会。北京电力公司党委书记郭要斌、朝阳区人大常委会主任王力军出席仪式并剪彩。中心先后为潘家园社区安装路灯和庭院灯217盏，彻底解决了当地百姓出行难的问题，让市民和企业共同分享“心连心”创造出的和谐果实。

通过“心连心和谐工程”，在回族同胞的开斋节前夕解决了牛街街道春风社区的无灯问题。北京市人大常委会常委委员、北京市伊斯兰教协会会长、牛街清真寺大阿訇薛天利也亲自写来了表扬信。

中心组织召开了2007年路灯行风监督员座谈会。重新聘任了包括全国政协委员、北京市两级人大代表和政协委员在内的具有广泛影响的社会知名人士共31人为路灯行风监督员。全年共收到人大代表建议、政协委员提案和人民来信327件，表扬信41件、锦旗40面。对每一封来信均按照规定要求给予答复，做到件件有落实，事事有回音。

中心下属虹光室外照明工程设计所以热情的工作和优质服务的精神，荣获北京市“青年文明号”称号。

【科技进步】 10月10日，在北京市路灯管理中心院内举行了新型华灯检修车交接仪式。拥有世界先进液压平衡系统、全部应用电脑操作的控制系统、代表国内路灯检修车新一代高科技含量的华灯检修车亮相于北京，这是北京路灯科技创新工作的又一新亮点。

大力推进路灯“三遥”系统建设步伐，截至年底，“三遥”终端设备总量已经达到1300台。对“三遥”后台的安全管理做出了进一步的规范，有效地提高了“三遥”系统的可靠性。

中心成立了集控中心筹建工作小组，经过与财政评审中心进行充分沟通，得到评审中心的理解和认可，终于获得了建设项目的批复，现正在投入建设实施。

2007年，共确定8个科技小组课题，20多人参加了科技小组活动，通过活动让更多的年轻人增强主人翁精神，学会主动参与中心工作、关注身边事情，学会收集、学会分析、学会整理和总结。提高了动手、动脑、动笔的能力。通过各小组人员的努力，新型华灯车研制项目获公司科技成果技术进步一等奖，地埋式变压器研制与应用项目获得推广应用二等奖，路灯电缆直埋式施工工艺的合理改进获得群众性创新成果奖，中心推荐的4篇科技论文都获得公司2007年度优秀科技论文三等奖。

【党建与精神文明建设】 中心党委以“明确建设理念，创新党建思路，建设学习型、服务型、创新型党组织”为基础，连续以“共产党员连心卡”、“共产党员服务队”、“心连心和谐工程”等系列党建创新课题，践行优质服务的目标，通过三项活动的开展，突显出为市民、为政府、为社区、为和谐社会服务的作用和影响，展示了公司系统基层党组织带领党员履行职责、奉献社会的良好形象。“心连心和谐工程”在2007年度支部创新成果评审中，连续第三次荣获2007年党支部创新成果一等奖荣誉。

认真贯彻北京电力公司纪委监察工作，强化教育机制和监察机制建设，加强党风廉政教育。与丰台区纪委、监察局、检察院开展关于“企地联建工作”的文件起草和签字仪式、并定期参加企地联建工作研讨会。开展“五个一”活动、廉洁文化格言警句征集109条工作；并充分发挥共青团作用，在稳定队伍、增强活力方面做了大量工作。

中心团委坚持“两不误、两促进”的原则，以灵活多样的方式，举办了2007年路灯中心团委“百日安全杯”辩论赛。经过北京电力公司团委审批，中心志愿服务队被正式冠名为奥运之光青年志愿者服务队。组织发起了“有多少精神值得传承”征文大赛和 “有多少精神值得传承”主题演讲比赛。为改善中心职工住房，中心与北京中瑞建达房地产开发公司协商，合作销售阳光倾城商品住房，使36名职工直接与开发公司办理了购房相关手续。

（阎欣）

人物及先进集体

RENWU JI XIAN JIN JI TI

北京电力公司党委管理的领导干部名单（2007年12月31日）

姓　名	单位（部门）名称	处（室）名称	职　务
王常平	北京电力公司		副总工程师兼总值班室主任
乔　海	北京电力公司		副总工程师兼农电工作部主任（2007年4月离任）
杨　超	北京电力公司		副总工程师兼奥运电力办公室常务副主任
何家建	北京电力公司		副总工程师
贺建平	北京电力公司		副总工程师
于银辉	北京电力公司		副总工程师（2007年6月任职）
于　萍	北京电力公司		副总政工师
李　滨	北京电力公司		副总经济师
谢志国	北京电力公司		二线
王昕伟	总经理工作部		主任
赵　云	总经理工作部		副主任
肖兴立	总经理工作部	秘书处	处长
赵海峰	总经理工作部	法律事务处	处长
王　燕	总经理工作部	政策研究室	主任
李一鸣	总经理工作部	督办处	处长
姜小英	总经理工作部	外事处	处长
赵先阳	总经理工作部	综合处	处长
刘志欣	总经理工作部	档案馆	副主任
李　军	思想政治工作部		主任
吕　彬	思想政治工作部		副主任兼公司团委书记
赵海涛	思想政治工作部	综合处（党委办公室）	处长（主任）
高连杰	思想政治工作部	宣传处（党委宣传处）	处长
张　炜	思想政治工作部	青年工作处（公司团委）	处长（副书记）
赵洪磊	发展策划部		主任
王　健	发展策划部		副主任
邓　华	发展策划部		副主任兼工程前期管理中心主任
陈斌发	发展策划部	发展战略处	处长
张　凯	发展策划部	电网规划处	处长
范在丛	发展策划部	投资经营计划处	处长
关　涛	发展策划部	综合统计处	处长
路俊海	人力资源部		主任兼人才交流服务中心主任
张铁恒	人力资源部		副主任兼社会保险中心主任
李　伟	人力资源部		副主任
樊功成	人力资源部	领导干部处	处长
李之彧	人力资源部	组织人事处	处长
冀　强	人力资源部	绩效考核与分配处	处长
冯爱玲	人力资源部	培训开发处	处长

续表

姓　　名	单位（部门）名称	处（室）名称	职　　务
陈　钊	人力资源部	社会保险中心	副主任
汪海涛	人力资源部	人才交流服务中心	副主任
邹伟平	财务部		主任
杜爱霞	财务部		副主任兼资产及产权管理中心主任
张　钺	财务部		副主任兼预算管理处处长
王　晖	财务部	会计信息处	处长
邓　雪	财务部	综合价格处	处长
周　斌	财务部	资金结算及管理中心	副主任
尚　颖	财务部	资产及产权管理中心	副主任
李景中	基建部		主任兼北京电力公司招投标管理中心主任、“0811”工程基建办公室主任
张兴义	基建部		副主任兼超高压工程建设管理中心主任
邱建军	基建部		副主任
张　靓	基建部	设计计划处	处长
董　毅	基建部	技经处	处长
刘玉珍	基建部	安全质量处	处长
吕　鑫	基建部	综合处	处长
程晓春	基建部	超高压工程建设管理中心500千伏工程管理处	处长
李　臻	基建部	超高压工程建设管理中心220千伏工程管理处	处长
朴天高	招投标管理中心	招投标管理处	处长
牛进苍	生产技术部		主任
郭建府	生产技术部		副主任兼总值班室副主任兼配电网管理中心主任
王　鹏	生产技术部		副主任兼生产技术改造工程管理中心主任
张国强	生产技术部	输变电处	处长
徐　林	生产技术部	生产运营处	处长
竺懋渝	生产技术部	政治供电处	处长
赵进科	生产技术部	企业管理处	处长
魏世岭	生产技术部	生产技术改造工程管理中心	副主任
刘　磊	生产技术部	配电网管理中心	副主任
高迎君	安全监督部		主任
李　铮	安全监督部		副主任
马银山	安全监督部	安全监督处	处长
李新儒	安全监督部	综合管理处	处长
贾海生	营销部		主任
赵　磊	营销部		副主任
王　罡	营销部		副主任兼客户报装服务处处长
黄　磊	营销部		副主任兼电费管理中心主任
崔晓丹	营销部	市场开发处	处长

续表

姓　名	单位（部门）名称	处（室）名称	职　务
宋　鹏	营销部	服务管理处	处长
刘　彬	营销部	服务监督处	处长
洪沅伸	营销部	计量管理处	处长
秦　帅	营销部	综合处	处长
李连兴	营销部	电费管理中心营销信息处	处长
沈春雷	营销部	客户用电服务处	处长
牛　磊	农电工作部		主任兼新农村建设办公室主任
张建国	农电工作部	综合管理处	处长
刘润生	北京电力调度通信中心		主任
付军美	北京电力调度通信中心		党委书记兼纪委书记
唐涛南	北京电力调度通信中心		副主任
陈守军	北京电力调度通信中心		副主任
郑　雪	北京电力调度通信中心		工会主席
马书魁	北京电力调度通信中心		二线
金江远	北京电网电力交易中心		主任
王蔚丽	北京电网电力交易中心		副主任
安开泉	北京电网电力交易中心		副主任
张　丽	北京电网电力交易中心		市场处处长
佟　欣	审计部		主任
俞学军	审计部		副主任兼一处处长
高　蕴	审计部	二处	处长
张　强	审计部	三处	处长
陈　颖	审计部	四处	处长
曹新社	监察部		主任
胡新参	监察部		副主任
史珊玫	监察部	一处	处长
李国祥	监察部	二处	处长
胡蕴鑫	监察部	三处（纠风办）	处长（主任）
邴冬燕	科技信息部		主任
柳　军	科技信息部		副主任
汪兴盛	科技信息部	科技环保处	处长
汪　皓	科技信息部	信息管理处	处长
官　丽	科技信息部	信息中心	副主任
代玉坤	保卫部		主任
邱立志	保卫部	电力设施保卫处	处长
郝振昆	保卫部	防火安全管理处	处长
张路加	公司工会		公司工会副主席
周　游	公司工会		公司工会副主席
唐娅静	公司工会		公司工会女工委员会主任

续表

姓　名	单位（部门）名称	处（室）名称	职　务
陈　莹	公司工会	工会办公室	主任
张海生	公司工会	生产保护部	部长
徐瑞华	公司工会	生活女工部	部长
张铁英	公司工会	宣教文体部	部长
马继泉	行政管理中心（机关服务中心）		主任
陈　爽	机关党委		副书记兼纪委书记
曲启春	行政管理中心（机关服务中心）		副主任、机关工会主席
彭　勇	行政管理中心（机关服务中心）		副主任兼行政管理处处长
赵俊颖	行政管理中心（机关服务中心）	综合办公室	主任
李　梅	行政管理中心（机关服务中心）	房地产管理处	处长
李咏新	行政管理中心（机关服务中心）	劳动人事处	处长
常　青	行政管理中心（机关服务中心）	机关财务处	处长
刘　恒	行政管理中心（机关服务中心）		挂靠（借调北京市建设委员会进行重点工程建设，机关副主任待遇）
高逸峰	行政管理中心（机关服务中心）		挂靠（借调北京市“2008”工程建设指挥部办公室，机关处长待遇）
陈廷华	行政管理中心（机关服务中心）		二线
蒋连海	行政管理中心（机关服务中心）		二线
刘凤臣	行政管理中心（机关服务中心）		二线
唐如海	新闻中心		主任
周　宏	新闻中心		副主任
魏士峰	新闻中心	新闻策划部	主任
陈　洁	新闻中心	报刊编辑部	主任
唐松寒	新闻中心	记者站	站长
滕　建	新闻中心	影像新闻部	主任
李晓辉	奥运电力办公室		副主任
王志慧	奥运电力办公室		副主任（借调奥组委工程部）
韩　良	奥运电力办公室		副主任
洪延风	奥运电力办公室		副主任
许　岩	奥运电力办公室	工程建设协调处	处长
朱　洁	奥运电力办公室	运行保障服务处	处长
冷　冰	奥运电力办公室	综合经营管理处	处长
王淑平	离退休工作部		主任
刘　磊	离退休工作部	系统管理处	处长
纪士凯	离退休工作部	机关退休工作处	处长
丁梦华	“0811”工程基建办公室		副主任
李自强	“0811”工程基建办公室		副主任
方建国	协会管理办公室		主任兼科协秘书长兼农电学会办公室主任
王以京	协会管理办公室		二线

续表

姓　　名	单位（部门）名称	处（室）名称	职　　务
齐立军	科协		副秘书长
陈利民	史志办公室		史志办公室副主任
张贺庆	农电学会办公室		二线
张学增	科协		二线
李云山	北京电力行业协会		副理事长
陈有立	北京电力行业协会		副秘书长
刘　博	北京电力行业协会		副秘书长兼理事会工作部主任
郭谊力	北京电力行业协会		副秘书长
方旭升	北京电力行业协会		副秘书长兼企业管理部主任
李佳铭	北京电力行业协会		副秘书长兼调研咨询部主任
李永杰	北京电力行业协会		二线
袁增义	北京电力行业协会		二线
张伯廉	北京电力行业协会		二线
于金镒	城区供电公司		经理
王喜元	城区供电公司		党委书记兼纪委书记
石　工	城区供电公司		副经理
兰宝民	城区供电公司		副经理
孙　兵	城区供电公司		副经理
屈桂琴	城区供电公司		工会主席
孙　白	城区供电公司		总工程师
阎立坤	朝阳供电公司		经理
谢　迎	朝阳供电公司		党委书记
靳福东	朝阳供电公司		党委副书记兼纪委书记
马　磊	朝阳供电公司		副经理
石凤岗	朝阳供电公司		副经理
邱明泉	朝阳供电公司		副经理
姚　红	朝阳供电公司		工会主席
关瑞利	朝阳供电公司		总工程师
朱玉凤	朝阳供电公司		二线
李百顺	海淀供电公司		经理
杜小东	海淀供电公司		党委书记兼纪委书记
齐小伟	海淀供电公司		副经理
马林峰	海淀供电公司		副经理
岳国荣	海淀供电公司		副经理
马　强	海淀供电公司		工会主席
黄仁乐	海淀供电公司		总工程师
胡克军	海淀供电公司		二线
王德斌	丰台供电公司		经理
张玉海	丰台供电公司		党委书记

续表

姓　名	单位（部门）名称	处（室）名称	职　务
阎东生	丰台供电公司		党委副书记兼纪委书记
辛　放	丰台供电公司		副经理
陈晓东	丰台供电公司		副经理
徐于海	丰台供电公司		副经理
杨凤兰	丰台供电公司		工会主席
刘晓民	丰台供电公司		总工程师
周　彤	石景山供电公司		经理
高玉春	石景山供电公司		党委书记兼纪委书记
曹广月	石景山供电公司		副经理
于泽贤	石景山供电公司		副经理
曹　昆	石景山供电公司		副经理
王　刚	石景山供电公司		工会主席
韩殿锁	亦庄供电公司		经理
朱　岩	亦庄供电公司		党委书记
马永刚	亦庄供电公司		副经理
黄　锦	亦庄供电公司		副经理
朱　青	亦庄供电公司		工会主席兼纪委书记
刘德坤	亦庄供电公司		总工程师
王增志	通州供电公司		经理
梁红强	通州供电公司		党委书记兼纪委书记、大楼筹建处主任
戴　宁	通州供电公司		副经理
陈士军	通州供电公司		副经理
史景坚	通州供电公司		副经理
闫　莉	通州供电公司		工会主席
张　平	通州供电公司		总工程师
周福春	通州供电公司		二线
金建民	昌平供电公司		经理
李宝华	昌平供电公司		党委副书记兼纪委书记
林　泉	昌平供电公司		副经理
李　梁	昌平供电公司		副经理兼工会主席
郭国平	昌平供电公司		副经理
简朝阳	昌平供电公司		副经理
吴金玉	昌平供电公司		总工程师
董凤宇	门头沟供电公司		经理
郑丽红	门头沟供电公司		党委书记兼纪委书记
应立军	门头沟供电公司		副经理
孙镇华	门头沟供电公司		副经理
胡立平	门头沟供电公司		副经理
周　宇	门头沟供电公司		总工程师

续表

姓　名	单位（部门）名称	处（室）名称	职　务
刘大龙	房山供电公司		经理
王志刚	房山供电公司		党委书记
薛福军	房山供电公司		党委副书记兼纪委书记
李长海	房山供电公司		副经理
谢连富	房山供电公司		副经理
李　捷	房山供电公司		副经理
李　岩	房山供电公司		总工程师
常克林	房山供电公司		二线
李爱民	房山供电公司		二线
臧　勇	大兴供电公司		经理
李建生	大兴供电公司		党委书记
张丽萍	大兴供电公司		党委副书记兼纪委书记
罗　准	大兴供电公司		副经理
宋振秋	大兴供电公司		副经理
周松霖	大兴供电公司		副经理
王继永	大兴供电公司		工会主席
王学军	大兴供电公司		总工程师
陈若颊	大兴供电公司		二线
越海军	平谷供电公司		经理
杨文生	平谷供电公司		党委书记
蔡小京	平谷供电公司		副经理
杨一坚	平谷供电公司		副经理
马延民	平谷供电公司		副经理
冯立祥	平谷供电公司		工会主席兼纪委书记
张心阳	平谷供电公司		总工程师
李殿军	怀柔供电公司		经理
卢康铭	怀柔供电公司		党委书记兼纪委书记
赵化明	怀柔供电公司		副经理
杨　青	怀柔供电公司		副经理
张凤坚	怀柔供电公司		工会主席
肖文清	怀柔供电公司		总工程师
孙永鑫	密云供电公司		经理
金　学	密云供电公司		党委书记
黄　迅	密云供电公司		副经理
张　琪	密云供电公司		副经理
杜国成	密云供电公司		工会主席兼纪委书记
陈　阳	密云供电公司		总工程师
邵晓明	顺义供电公司		经理
关幼辉	顺义供电公司		党委书记兼纪委书记

续表

姓　名	单位（部门）名称	处（室）名称	职　务
范国平	顺义供电公司		副经理
黄德弟	顺义供电公司		副经理
袁国强	顺义供电公司		副经理
马登祥	顺义供电公司		工会主席
陈长胜	顺义供电公司		总工程师
王春燕	延庆供电公司		经理
史宝钢	延庆供电公司		党委书记兼纪委书记
祝秀山	延庆供电公司		副经理
吕永生	延庆供电公司		副经理
宋永强	延庆供电公司		工会主席
魏宽民	延庆供电公司		总工程师
乔　海	输电公司		经理
邹跃中	输电公司		党委书记
李继东	输电公司		党委副书记兼纪委书记
戴宝生	输电公司		副经理
常立智	输电公司		副经理
冯海全	输电公司		副经理
阎长起	输电公司		工会主席
陶晋生	变电公司		经理
王士华	变电公司		党委书记
赵　红	变电公司		党委副书记兼纪委书记
吕广耀	变电公司		副经理
盛宇军	变电公司		副经理
徐　驰	变电公司		副经理
吴宝山	变电公司		工会主席
刘　音	变电公司		总工程师
王兵志	变电公司		二线
刘维刚	北京电力试验研究院		院长
顾联军	北京电力试验研究院		党委书记
金小岗	北京电力试验研究院		党委副书记兼纪委书记
韩国庆	北京电力试验研究院		副院长
周　洪	北京电力试验研究院		副院长
涂明涛	北京电力试验研究院		副院长
周　毅	北京电力试验研究院		工会主席
常晓旗	北京电力试验研究院		总工程师
陈　平	电缆公司		经理
穆怀山	电缆公司		党委书记
郝永林	电缆公司		党委副书记兼纪委书记
李　钢	电缆公司		副经理

续表

姓　名	单位（部门）名称	处（室）名称	职　务
李华春	电缆公司		副经理
姜绿先	电缆公司		二线
杨云峰	北京电力电能计量中心（北京市电能表计量检定中心）		主任
张　伟	北京电力电能计量中心（北京市电能表计量检定中心）		党总支书记
李文增	北京电力电能计量中心（北京市电能表计量检定中心）		副主任兼工会主席
张宏宾	北京电力电能计量中心（北京市电能表计量检定中心）		副主任
李　飞	北京电力电能计量中心（北京市电能表计量检定中心）		副主任
张　松	北京电力电能计量中心（北京市电能表计量检定中心）		总工程师
李顺平	客户服务中心		主任
王家维	客户服务中心		党总支书记
任自勇	客户服务中心		副主任
纪　洪	客户服务中心		副主任
吴建明	培训中心（党校）		主任（常务副校长）
周　矗	培训中心（党校）		党委副书记兼纪委书记
赵天旺	培训中心（党校）		副主任（副校长）
张明军	培训中心（党校）		副主任（副校长）
王立平	培训中心（党校）		工会主席
刘玉良	培训中心（党校）		二线
林　克	物资公司		经理
石宝印	物资公司		党委书记
马风铁	物资公司		副经理
曾　翼	物资公司		副经理
彭　勇	物资公司		副经理
马殿敏	物资公司		工会主席兼纪委书记
张学哲	物资公司		总工程师
马文月	物资公司		二线
王冠荣	物资公司		二线
孙绍兴	北京电力工程管理中心（北京市供用电承发包公司）		主任（经理）
蹇爱民	北京电力工程管理中心（北京市供用电承发包公司）		党总支书记
孙树泉	北京电力工程管理中心（北京市供用电承发包公司）		副主任（副经理）
郝长智	北京电力工程管理中心（北京市供用电承发包公司）		工会主席

续表

姓　　名	单位（部门）名称	处（室）名称	职　　务
卢立军	北京电力工程管理中心（北京市供用电承发包公司）		总工程师
阎　澍	北京电力设计院（电力经济技术研究院）		院长
王心宁	北京电力设计院（电力经济技术研究院）		党委书记兼纪委书记
郑利纺	北京电力设计院（电力经济技术研究院）		副院长
李　蕴	北京电力设计院（电力经济技术研究院）		副院长
蔡红军	北京电力设计院（电力经济技术研究院）		副院长
王　江	北京电力设计院（电力经济技术研究院）		工会主席
夏　泉	北京电力设计院（电力经济技术研究院）		总工程师
陶延黎	北京电力工程公司		经理
成志锋	北京电力工程公司		党委书记
赵　龙	北京电力工程公司		党委副书记兼纪委书记
孙长清	北京电力工程公司		副经理
戴富华	北京电力工程公司		副经理
王彦杰	北京电力工程公司		副经理
陈临年	北京电力工程公司		工会主席
张志良	北京电力工程公司		总工程师
梁和平	物业管理公司		经理
陈若星	物业管理公司		党委书记兼纪委书记
潘根生	物业管理公司		副经理
张伟生	物业管理公司		副经理
张书欣	物业管理公司		副经理
丁占营	物业管理公司		工会主席
王宝华	综合产业管理中心		主任兼北京电力公司劳动服务中心主任
张家华	综合产业管理中心		党委书记兼纪委书记
孙一民	综合产业管理中心		副主任
杨　志	综合产业管理中心		副主任
张海洋	综合产业管理中心		副主任
于文革	综合产业管理中心		副主任
彭　涛	综合产业管理中心		工会主席
魏胜利	综合产业管理中心		二线
杜红旗	综合产业管理中心		二线
王阿鹿	北京市路灯管理中心		主任
张　洁	北京市路灯管理中心		党委书记

续表

姓　名	单位（部门）名称	处（室）名称	职　务
李维仁	北京市路灯管理中心		副主任
王　健	北京市路灯管理中心		副主任
孙怡璞	北京市路灯管理中心		副主任
张连山	北京市路灯管理中心		工会主席兼纪委书记

北京电力公司专业技术体系工程师名单

首席工程师（共3人）

姚　翔　张文新　袁利红

一级工程师（20人）

陈红顺　施立伟　余亚非　尹亚军　王建华
刘达京　刘立垚　吴小林　赵亚平　郝兰荣
王景廷　张　述　李华春　叶　宽　庞海龙
王金焕　肖永立　王　伟　郝伟兵　郑秀玉

二级工程师（108人）

尚　博　韩京哲　逯彦辉　王小峰　陶　雄
刘四春　孙秀国　赵春秋　李忠纯　古世东
纪利军　夏博雅　徐振亚　王大勇　许文静
史雪华　姬鹏宇　张振军　杨红春　宋文明
何连泉　王国良　康建军　刘东文　陈　璋
张玉年　柴景汉　李连晖　王丽杰　刘　伟
聂小锁　乔志欣　薛　强　杨志福　王　立
金　钏　陈晨刚　潘韵秋　田静萍　刘汉邦
张玉明　余新和　郭广林　孙路厚　王利民
王哲辉　段振刚　高　兴　马志俊　郭文全
赵　锐　孟宪琨　杜　权　刘永利　吴昊亭
高国中　黄　宇　李海生　孙希恒　屈　平
李春光　王春艳　武　昱　李林松　曹　辉
王海波　徐卫东　赵　敏　徐光兵　杨海霞
杜　志　黄宝华　杨根生　陈登明　李静波
孙立臣　刘文军　何承永　霍向荣　肖　通
赵桂军　刘　广　张海东　张昌斌　郎德龙
赵宇彤　原志军　张君宗　张殿松　崔龙海
王　新　钱　萌　杜朝晖　张　军　周维利
许　成　李晶晶　沈春雷　王　鉴　郝金鹏
姚利民　王　强　岳宏云　丁　红　王云飞
王　斌　魏务泰　张立涛

北京电力公司生产技能体系技师名单

首席技师（1人）

徐建义

一级技师（6人）

左智英　王振风　刁文刚　张庆国　艾占生　李路华

二级技师（48人）

徐向东　夏文武　刘建全　杨云生　丁卫东
黄阮生　刘　光　张彦平　谢景林　于淑霞
苏京文　杨　熠　孙德荟　张树友　孙　勇
任立志　沈光中　张旭生　杨聚全　李晓云
冯连顺　张九山　李文辉　黄连坤　司宝山

王月鹏　刘立祥　张凤岐　陈国强　赵立军
张志成　齐小军　侯铁栓　张重仁　王佳庆
郝建民　王建辉　孙一山　贾金祥　李岳东
马阳波　刘景明　毛晓峰　张国庆　孙　诚
李江河　李燕雄　张文亭

北京电力公司华北电力技术院专家名单

工程技术名誉院专家

郭鹏武

工程技术一级专家

张国强　陈光华　周作春　刘庆时　陈　林
张　丽　徐　驰　孙　白　武光宇　庞海龙
韩晓鹏　舒　彬　李树恩　董　宁　姚　翔

经营管理一级专家

陈红顺　张瑜

生产技能首席专家

徐建义

生产技能专家

刁文刚　马振强

北京电力公司荣获的先进荣誉称号

北京电力公司

全国精神文明建设工作先进单位（中央文明委）
首都文明单位标兵（首都文明委）
全国安全生产月活动优秀单位（全国安全生产月活动组织委员会）
全民健身活动先进单位（国家体育总局）
国企党建工作创新成果优秀组织奖（北京市国资委党委）
北京市“安康杯”竞赛优胜单位（北京市总工会）
北京市“经济技术创新工程”先进企事业（北京市总工会）
北京市国资委效能监察工作先进单位（北京市国资委）
北京市消防先进单位（北京市消防局）
市国资委宣传思想工作创新奖（北京市国资委党委）
首都能源与经济运行调节工作贡献突出单位（北京市能源与经济运行调节工作领导小组）
北京市“迎奥运、讲文明、树新风”活动优秀集体（北京市总工会）
政务信息工作先进单位（北京市人民政府办公厅）
北京市纳税信用A级企业（北京市国、地税局）
北京市地方税务局纳税千强企业（北京市地税局）
北京市地方税务局个人所得税代扣代缴先进单位（北京市地税局）
北京市企业景气调查通报表扬单位（国家统计局北京调查总队）
信访稳定工作目标管理考评优秀单位（北京市国资委）
北京市国资委系统信访稳定工作目标管理考评优秀单位（北京市国资委）
圆满完成党的“十七大”供电保障任务予以表彰（中共中央直属机关颁发感谢信）
圆满完成“嫦娥一号”卫星任务供电保障工作予以表彰（总装备部航天指挥控制中心颁发感谢函和锦旗）
圆满完成“嫦娥一号”卫星绕月探测工程供电保障任务予以表彰（中国科学院国家天文台颁发感谢信）
北京2008年奥运会倒计时一周年庆祝活动供电保障任务予以表彰（奥组委文化活动部颁发感谢信）
圆满完成北京市第十次党员代表大会供电保障任务予以表彰（市委秘书处）
北京市五四红旗团委（北京团市委）
北京市质量管理小组活动优秀企业（北京质量协会）
第十二届北京市工业职业技能竞赛北京市科技条件平台测试技能竞赛优秀组织奖（北京市工业促进局）
企业效能监察电费回收十佳项目（北京市国资委）
《北京电力报》荣获北京市企业报刊“优秀企业报”称号
圆满完成党的“十七大”供电保障任务予以表彰

（国家电力监管委员会贺信）
国家电网公司优质服务效能监察先进单位
国家电网公司信息化工作先进集体
国家电网公司审计工作先进单位
国家电网公司年度预算工作先进单位
国家电网公司“百问百查”知识竞赛活动组织奖
国家电网公司安全生产和优质服务“百问百查”活动“平高电气杯”知识竞赛组织奖
《国家电网报》有奖读报活动组织奖
国家电网公司全国“两会”期间新闻宣传先进单位
国家电网公司春节期间新闻宣传工作先进单位
国家电网公司电网调度自动化专业技术调考活动团体优秀奖
国家电网公司农村供电所人员调考农村供电所长团体第三名
IEC61970 标准荣获国家电网公司科技技术进步三等奖
送电设备 OPGW 参数设计导则、框架招标技术规范及送电线路中 ADSS、OPGW 施工规范研究获国家电网公司科技进步三等奖
华北电网有限公司“安康杯”优秀组织单位
西城区按比例安排残疾人就业工作先进单位
西城区 2006 年度民兵工作先进单位
首都劳动奖状先进集体：朝阳供电公司配电运行一班
首都劳动奖章获得者：北京电力工程公司　张文新

国家电网公司劳动模范

城区供电公司　石　工
北京电力工程公司　张文新

推荐北京市“经济技术创新”优秀班组

顺义供电公司　木林供电所营销班

推荐北京市“经济技术创新”标兵（6 名）

城区供电公司　邓佳翔
通州供电公司　徐向东
怀柔供电公司　陈保华
北京电力试验研究院　王晋昌
密云供电公司　高　嵩
变电公司　张树友

北京市优秀青年工程师（3 名）

公司机关　潘玲娇
城区供电公司　孙　兵
北京电力工程公司　吴昊亭

公司机关

北京市公安局授予集体三等功：保卫部
国家电网公司优秀审计项目：对人力资源部原主任任期经济责任审计
全国电力系统劳动保护优秀领导干部：王风雷
北京市消防先进个人：李国华
北京质量管理小组活动卓越领导者：李国华
全国电力系统劳动保护先进个人：张路加
第十二届北京市工业职业技能竞赛优秀工作人员：冯爱玲
北京市公安局授予个人嘉奖：郭正怀
办理人大代表建议、政协提案先进个人：邓国立（市政府办公厅）
国家电网公司经济法律工作先进个人：刘　颖
国家电网公司信息工作先进个人：肖兴立
国家电网公司 2006 年度先进离退休工作者：刘　磊
国家电网公司优秀共青团干部：左芳芳
华北电网有限公司“安康杯”优秀组织先进个人：张海生、田守江

城区供电公司

2006 年度北京市纳税千强企业
2007 年东城区煤改电工程突出贡献单位
北京市公安局授予集体嘉奖：总经理办公室
为国家大剧院工程建设作出贡献：城区供电开发总公司
全国优秀质量管理小组：“萤火虫”QC 小组
北京市质量信得过班组：“萤火虫”QC 小组
北京市质量协会“中南海”杯三等奖：“萤火虫”QC 小组
北京市行业协会第二名：检修工区“亮剑”QC 小组
北京市公安局授予个人三等功：石　工
北京市公安局授予个人嘉奖：谷　峰

朝阳供电公司

2006 年度首都文明单位
北京市交通安全先进单位
国家电网公司青年文明号：华威供电所
华北电网有限公司青年文明号：客户服务中心营

业厅

“好运北京”2007国际排联女子沙滩排球挑战赛筹备组织工作突出贡献单位

“国酒茅台”杯全国QC小组成果发表赛一等奖

全国优秀质量管理小组：“好助手”QC小组

北京市质量信得过班组：调度所保护科

北京质量管理小组活动优秀推进者：阎立坤

北京市公安局授予个人嘉奖：董伯均

国家电网公司优秀共青团干部：李丽鹃

第十一届国际田联世界青年田径锦标赛筹备组织工作先进个人：段峥辉

海淀供电公司

国家电网公司会计管理标杆单位

海淀区交通安全先进单位

海淀区“安全迎汛”优秀单位

国际质量交流大会奖：“小石头”QC小组

全国“万科杯”QC成果发布一等奖

全国优秀质量管理小组：“决策”QC小组

全国质量信得过班组：报修中心

北京电力行业QC成果发布二等奖

北京市公安局授予个人嘉奖：俞　滨

国家电网公司优秀共青团员：孙　蕾

全国质量管理小组活动优秀推进者：马　强　王书进

海淀区交通安全先进个人：白　欣

海淀区“安全迎汛”先进个人：陈　芳

中央电视台《舞蹈世界》风云榜“优秀舞者”：陈晓琳

全国“yonex杯”羽毛球比赛男单冠军：罗　川

全国“东西南北中”羽毛球大赛男子单打冠军：罗　川

全国“东西南北中”羽毛球大赛男子双打冠军：罗　川　闫　葳

北京市“微笑创和谐　健康迎奥运”企业青年羽毛球比赛男单冠军：罗　川

北京市“微笑创和谐　健康迎奥运”企业青年羽毛球比赛女单第三名：张　优

丰台供电公司

2006年度首都文明单位标兵

北京市青年文明号：客户服务中心营业厅

第十七届北京市优秀青年工程师：史金成

全国电力系统工会劳动保护先进个人：杨凤兰

石景山供电公司

2006年度首都文明单位

亦庄供电公司

2006年度首都文明单位

全国电力系统劳动保护先进集体

通州供电公司

2006年度首都文明单位标兵

国家电网公司青年文明号：客户服务中心营业厅

北京市消防先进个人：李　海

通州区“十大”交通优秀驾驶员：刘力军

昌平供电公司

2006年度首都文明单位标兵

北京市交通安全先进单位

北京市爱国卫生先进单位

北京市企业保卫工作先进集体

北京市公共场所禁止吸烟工作先进单位

昌平区科普工作先进集体

北京市青年岗位能手：王月鹏

国家电网公司优秀共青团员：王月鹏

北京市首都绿化美化积极分子：徐连成

北京市公共场所禁止吸烟工作先进个人：闫云青

门头沟供电公司

2006年度首都文明单位标兵

北京市“城乡携手迎奥运　共建文明京郊行”先进单位

门头沟区安全生产先进单位

门头沟区绿化美化先进集体

门头沟区首届“足协杯”精神文明运动队

门头沟区第十一届“乒协杯”精神文明运动队

国家电网公司农村供电所人员调考个人成绩第八名：王洪涛

门头沟区交通安全优秀管理干部：韩永生

门头沟区绿化美化先进个人：韩永生

门头沟首届“足协杯”精神文明运动员：宋建国

房山供电公司

2006年度首都文明单位

房山区文明单位

首都绿化美化花园式单位

大兴供电公司

北京团市委青年文明号：客户服务中心应急服务部
大兴区文明单位
大兴区第二届双拥先进单位
北京市优秀合理化建议：用电支部延长户外卡表箱的使用寿命
全国电力行业优秀 QC 小组：“YDZB”QC 小组
北京电力行业优秀 QC 小组：“YDZB”QC 小组
2007 年全国电力行业优秀 QC 小组活动卓越领导者：王继永
2007 年北京电力行业 QC 小组活动卓越领导者：王继永

平谷供电公司

2006 年度首都文明单位标兵
首都绿化美化花园式单位
北京市交通安全先进单位
北京市爱国卫生红旗单位
北京市内保平安单位
2006 年度国家电网公司文明单位
平谷区防空警报试鸣演练先进单位
平谷区文明单位
平谷区交通安全先进单位
平谷区爱国卫生红旗单位
平谷区治安卫生先进单位
平谷区消防先进单位
平谷区节水先进单位
平谷区绿化美化花园式单位
北京电力行业协会 QC 成果发布优秀奖

怀柔供电公司

2006 年度首都文明单位标兵
首都平安示范单位
北京市交通安全先进单位
怀柔区平安单位
怀柔区经济贡献百佳企业
怀柔区经济建设贡献先进单位
怀柔区社会治安综合治理工作先进基层单位
华北电网公司科技成果三等奖：变电站多用途音视频综合监视系统的建设及应用
北京电力行业质量信得过班组：带电班
北京电力行业 QC 成果发布二等奖
北京电力行业 QC 小组活动卓越领导者：张凤坚
北京电力行业 QC 小组活动优秀推进者：刘玉祥

密云供电公司

北京市国资委宣传思想工作“创新奖”优秀奖
全国电力系统劳动保护先进集体
国家电网公司人口与计划生育管理先进集体
密云县文明行业

顺义供电公司

2006 年度首都文明单位标兵
全国青年文明号：客户服务中心营业厅
“好运北京”赛艇皮划艇赛事突出贡献单位（顺义区政府）
华北电网有限公司“四五”普法先进单位
北京市青年岗位能手：胡继峰

延庆供电公司

2006 年度首都文明单位标兵
首都平安示范单位

输电公司

北京市交通安全先进单位
北京市公安局授予集体嘉奖：电力设施保护办公室
北京市公安局授予个人三等功：岳　旺
北京市公安局授予个人嘉奖：李　辉

变电公司

华北电网有限公司继电保护运行安全竞赛优秀单位
北京市公安局授予集体嘉奖：行政保卫处
华北电网有限公司纪检监察工作先进集体：纪检监察室
北京市消防先进个人：吕广耀
国家电网公司电力可靠性管理先进工作者：熊洋静
北京市“发动职工查找本岗位事故隐患、提安全合理化建议”活动一等奖
变电公司　张欣然
北京市“发动职工查找本岗位事故隐患、提安全合理化建议”活动二等奖
变电公司　徐建义

调度通信中心

2006 年度北京交通安全先进单位
全国电力行业优秀 QC 小组：五人工作室 QC 小组
北京电力行业优秀 QC 小组：五人工作室 QC 小组
北京电力行业优秀 QC 小组：实践探索 QC 小组
北京电力行业质量信得过班组：智慧结晶 QC 小组
北京电力行业质量管理小组活动卓越领导者：郑 雪
北京电力行业质量管理小组活动优秀推进者：赵 钢

北京电力试验研究院

北京市卫生先进单位
北京市第五十一次 QC 成果一等奖：高压室 QC 小组
北京市青年岗位能手：刘 鹏
全国电力系统工会劳动保护先进个人：周 毅
全国电力行业职工羽毛球比赛个人第二：史 杰

电缆公司

朝阳区节水型单位
北京市消防先进个人：陈 平
北京市公安局授予个人嘉奖：王燕泽
第十七届北京优秀青年工程师：薛 强

北京电力电能计量中心

北京市青年文明号：电能表单项表计检定室
国家电网公司技能竞赛优秀选手：张 缘 吴小林 朱 雷 周文斌 张 影

客户服务中心

2006 年度文明单位
国家电网公司五四红旗团委

培训中心

北京市卫生红旗单位
北京市花园绿化单位
北京市禁烟单位先进单位
北京市思想政治工作研究会优秀项目奖
石景山区文明单位
北京市素质教育办公室北京市素质教育先进站点
华北电网有限公司人口与计划生育先进集体
中国职教协会科研成果职工教育类分获一、三等奖
北京市职教协会论文评比分获一、二、三等奖
华北电网有限公司科技成果三等奖
华北电网有限公司管理创新三等奖

物资公司

全国优秀质量管理小组："正宗" QC 小组
2007 年度北京市质量信得过班组：配送班
北京市公安局授予个人嘉奖：丁福才
全国质量管理小组活动优秀推进者：石海源

北京电力工程管理中心

华北电网有限公司财务工作先进单位

北京电力设计院

全国电力行业用户满意企业
全国电力行业企业文化优秀奖
全国电力行业实施卓越绩效模式先进单位
全国电力企业管理现代化创新成果二等奖
全国电力勘测设计行业企业信用评价等级三级
2007 年度中国电力行业优秀工程咨询成果一等奖：朝阳 500kV 输变电工程可行性研究
2007 年度中国电力行业优秀工程咨询成果二等奖：北京电网发展战略研究
2006 年度电力行业优秀工程设计二等奖：成寿寺 110kV 变电站工程
2006 年度电力行业优秀工程设计三等奖：第三热电厂并网 220kV 线路工程

北京电力工程公司

国家电网公司五四红旗团委
宣武区按比例安排残疾人就业贡献突出单位
全国青年安全生产示范岗：奥运村 220kV 变电站项目部
中国电力优质工程：500kV 天广四回输变电工程
国家电网公司优质输变电工程：宝山 220kV 变电站
北京市优秀质量管理小组：电缆公司南苑工程项目部
全国优秀质量管理小组："探索号" QC 小组
北京市公安局授予个人三等功：杨长海

物业管理公司

华北电网有限公司人口和计划生育先进单位

北京市青年文明号：发电车班

西城区文明单位

综合产业管理中心

华北电网有限公司计划生育先进个人：王宝华
杜红旗 李 晖

北京市路灯管理中心

2006 年度首都文明单位标兵

国家电网公司文明单位

北京市爱国卫生红旗单位

北京市规范化食堂

北京世界跆拳道锦标赛突出贡献单位

北京市青年文明号：虹光设计所

国企党建工作创新成果三等奖：运行党支部《共产党员服务队》

北京市青年岗位能手：宋云龙

北京电力公司先进单位、先进集体和先进个人

北京电力公司先进单位（10 个）

丰台供电公司　城区供电公司
通州供电公司　海淀供电公司
北京电力设计院　亦庄供电公司
调度通信中心　变电公司
朝阳供电公司　电缆公司

公司本部先进部室（8 个）

总经理工作部　安全监督部
营销部　生产技术部
人力资源部　财务部
思想政治工作部　基建部

北京电力公司文明单位标兵（6 个）

平谷供电公司　海淀供电公司
客户服务中心　北京电力设计院
变电公司　调度通信中心

北京电力公司文明单位（11 个）

平谷供电公司　通州供电公司
海淀供电公司　朝阳供电公司
城区供电公司　客户服务中心
丰台供电公司　亦庄供电公司
北京电力设计院　变电公司
调度通信中心

北京电力公司安全生产管理先进单位（11 个）

北京电力试验研究院　怀柔供电公司
丰台供电公司　电缆公司
通州供电公司　昌平供电公司
平谷供电公司　密云供电公司
延庆供电公司　北京电力电能计量中心
城区供电公司

北京电力公司人力资源管理工作先进单位（10 个）

城区供电公司　朝阳供电公司
海淀供电公司　房山供电公司
大兴供电公司　输电公司
变电公司　电缆公司
北京电力工程公司　综合产业管理中心

北京电力公司科技进步先进单位（10 个）

调度通信中心　输电公司
电缆公司　北京电力电能计量中心
北京电力试验研究院　城区供电公司
通州供电公司　亦庄供电公司
丰台供电公司　海淀供电公司

北京电力公司财务及经营管理先进单位（9 个）

密云供电公司　通州供电公司
丰台供电公司　海淀供电公司
延庆供电公司　变电公司
电缆公司　调度通信中心
北京电力设计院

北京电力公司调度管理先进单位（5 个）

怀柔供电公司　城区供电公司
朝阳供电公司　密云供电公司
顺义供电公司

北京电力公司优秀服务先进单位（9个）

丰台供电公司　通州供电公司
昌平供电公司　朝阳供电公司
怀柔供电公司　房山供电公司
输电公司　客户服务中心
物资公司

北京电力公司电网规划及电网建设先进单位（9个）

城区供电公司　丰台供电公司
房山供电公司　朝阳供电公司
海淀供电公司　昌平供电公司
北京电力设计院　平谷供电公司
通州供电公司

电力强网“0811”工程建功立业先进集体（78个）

公司机关：基建部220kV工程管理处
安全监督部安全监督处
生产技术部生产技术改造工程管理中心
奥运电力办公室工程建设协调处
城区供电公司：调度自动化综合班
中心供电所政治供电科
检修工区二次综合班
工程建设处
线路工区应急修理班
朝阳供电公司：配电运行一班　工程建设处
调度室　物资公司仓储科
海淀供电公司：客服中心工程科　电缆检修一班
基建工程处
丰台供电公司：工程建设处
计量工区运行维护班　调度室
石景山供电公司：工程建设处
亦庄供电公司：工程建设处
通州供电公司：马驹桥供电所工程科　基建处
变电工区开关班
昌平供电公司：输变电工区集控站　工程建设处
财务处　调度运行班
门头沟供电公司：生产技术处　市场营销处
房山供电公司：工程建设处　生产技术处
大兴供电公司：工程建设处　继电保护班
北京兴电博业电力工程有限公司工程部
平谷供电公司：变电检修班　大客户服务班
怀柔供电公司：庙城供电所检修班　工程建设处
密云供电公司：生产技术处　工程建设处
顺义供电公司：调度班　变电一次安装班
延庆供电公司：配电工区配电班　用电营业班
输电公司：检修三班　东北郊保线站
生产技术处
变电公司：南郊运行处芦城集控站
继电保护自动化处继自二班
检修工程班
八里庄220kV工程项目部
调度通信中心：继电保护处
机务运行处运行四班
北京电力试验研究院：检测中心电缆检测班
生产技术处　主变一班
电缆公司：高压检修三班
北京电力电能计量中心：装试一班
客户服务中心：需求侧管理处
培训中心：职工健康指导中心　校长办公室
物资公司：采购计划科
北京电力工程管理中心：计划处
北京电力设计院：变电综合室系统室
北京电力工程公司：变电安装公司第一项目部
物流公司设备部
送电安装一公司朝阳500kV工程项目部
送电安装二公司仁和项目部
物业管理公司：发电车班
综合产业管理中心：京电工程管理部
博源吉北工程部
机关综合管理处
诚信高电压等级工程项目部
北京市路灯管理中心：生产技术处　机械管理处
运行管理处

电力强网“0811”工程十佳巾帼岗（10个）

城区供电公司：前门变电站
朝阳供电公司：客户服务中心营业厅
海淀供电公司：青龙桥变电站
丰台供电公司：客户服务中心营业厅
昌平供电公司：财务处
顺义供电公司：劳动人事处
变电公司：检修处二次线班一组
北京电力试验研究院：检修工区电测仪表班

物　资　公　司：招标处
北京电力设计院：变电综合室二次设计组

北京电力公司红旗标杆变电站、开闭站、线路、隧道（48个）

变　电　公　司：奥运村220kV变电站
　　　　　　　　红军营220kV变电站
城区供电公司：崇文门110kV变电站
朝阳供电公司：慧祥110kV变电站
海淀供电公司：会城门110kV变电站
　　　　　　　　紫竹院110kV变电站
丰台供电公司：东管头110kV变电站
石景山供电公司：金顶街110kV变电站
亦庄供电公司：博兴110kV变电站
通州供电公司：徐辛庄110kV变电站
昌平供电公司：生命园110kV变电站
门头沟供电公司：潭柘寺35kV变电站
房山供电公司：兴礼110kV变电站
大兴供电公司：天宫院110kV变电站
平谷供电公司：大华山110kV变电站
怀柔供电公司：雁栖湖110kV变电站
　　　　　　　　红螺寺35kV变电站
密云供电公司：统军庄110kV变电站
顺义供电公司：郝家疃110kV变电站
延庆供电公司：东曹营110kV变电站
城区供电公司：马甸南开闭站
朝阳供电公司：万达开闭站
海淀供电公司：万柳二号开闭站
丰台供电公司：太平桥开闭站
石景山供电公司：西黄村开闭站
亦庄供电公司：万宏开闭站
通州供电公司：华堂开闭站
昌平供电公司：文化区F开闭站
门头沟供电公司：绿岛开闭站
大兴供电公司：磁各庄开闭站
平谷供电公司：和兴开闭站
怀柔供电公司：石厂开闭站
密云供电公司：密西开闭站
顺义供电公司：鑫浩开闭站
延庆供电公司：政府开闭站
输　电　公　司：聂上220kV线路　张青110kV线路
通州供电公司：通门110kV线路
昌平供电公司：水口110kV线路
门头沟供电公司：轴王35kV线路
房山供电公司：管江110kV线路
大兴供电公司：会礼35kV线路
平谷供电公司：平华110kV线路
怀柔供电公司：雁螺35kV线路
密云供电公司：巨铁35kV线路
顺义供电公司：丽河110kV线路
延庆供电公司：岭杏110kV线路
电　缆　公　司：草广电缆隧道标准示范段

规范化服务示范供电营业窗口（9个）

公　司　机　关：客户服务中心
城区供电公司：客户服务中心
朝阳供电公司：客户服务中心
海淀供电公司：客户服务中心
丰台供电公司：客户服务中心
大兴供电公司：客户服务中心
怀柔供电公司：客户服务中心
密云供电公司：客户服务中心
顺义供电公司：客户服务中心

规范化服务供电营业窗口（22个）

城区供电公司：天坛供电所
朝阳供电公司：小庄营业所
海淀供电公司：西北旺供电所
丰台供电公司：花乡供电所
石景山供电公司：客户服务中心
亦庄供电公司：客户服务中心
通州供电公司：西集供电所　马驹桥供电所
昌平供电公司：客户服务中心　流村供电所
门头沟供电公司：客户服务中心　永定供电所
房山供电公司：客户服务中心　周口店供电所
大兴供电公司：庞各庄供电所
平谷供电公司：金海湖供电所　峪口供电所
怀柔供电公司：庙城供电所
密云供电公司：城区供电所
顺义供电公司：木林供电所
延庆供电公司：客户服务中心　张山营供电所

电力强网“0811”工程建功立业特等功臣（10名）

公　司　机　关：李景中
朝阳供电公司：马　磊

海淀供电公司：郭春利
丰台供电公司：杨东生
通州供电公司：王亚利
昌平供电公司：金建民
房山供电公司：李　捷
调度通信中心：苑画舫
北京电力设计院：吴　江
北京电力工程公司：王海超

电力强网“0811”工程建功立业一等功臣（69 名）

公 司 机 关：李　铮　牛进苍　赵洪磊
城区供电公司：龙　飞　佟慧宇　汤丽英　刘志鹏
朝阳供电公司：关瑞利　李连晖　安宝华　王兰荣　冯　军
海淀供电公司：张树楷　王　鹏　刘　军　宋海军
丰台供电公司：辛　放　贾金祥　马有军
石景山供电公司：曹广月
亦庄供电公司：刘　念
通州供电公司：陈士军　赵长青　王金禄
昌平供电公司：齐福存　张　冲　马士林
门头沟供电公司：胡立平　薄晓东
房山供电公司：蔡有军　游良愚　殷卫东
大兴供电公司：罗　准　王　超　王学军
平谷供电公司：杨一坚　乔润合
怀柔供电公司：赵化明　汪　洋
密云供电公司：李继森　刘卫东
顺义供电公司：袁国强　李志刚　吴有群　刘德刚
延庆供电公司：吕永生　沈　洋
输 电 公 司：戴宝生　朱树增
变 电 公 司：蔡雅丽　赵　磊　李辉　蔡　庆
调度通信中心：韦凌霄
北京电力试验研究院：郝树泉
电 缆 公 司：王　立
北京电力电能计量中心：马振强
客户服务中心：纪　洪
培 训 中 心：贾忠和
物 资 公 司：徐忠厚
北京电力工程管理中心：郑冬雪
北京电力工程公司：杨　宇　张　华　高玉峰　张春江
物业管理公司：王广富
综合产业管理中心：张海洋
北京市路灯管理中心：张　军　赵永春

电力强网“0811”工程建功立业二等功臣（174 名）

公 司 机 关：王　罡　唐如海　高　蕴　黄　蕾　邱立志　李　军
城区供电公司：张会隽　唐季洁　石国华　荣建平　刘国鹏　李　军　蒋天祥　郝志刚　冯　军
朝阳供电公司：张　彭　王连海　郑爱民　左锡武　何越峰　姬耀昌　韩　冬　周文涛　苏　宁　金　玮　王立群　马　军
海淀供电公司：陈　芳　郝国娟　李朝晖　李　昕　吴克勇　郭大勇　张秋立　安联生　解汉林
丰台供电公司：方宝元　张　岩　李　建　李　斌　贾昭华　刘达京　林　凯　刘晓民
石景山供电公司：王建国　岳　辉　周鸣一
亦庄供电公司：张立军　丁　镭
通州供电公司：金增玉　高　杰　董立新　王　旺　高廷禄　张树明　闻继周　范立春　吕长勇　胡宝玉
昌平供电公司：邱海波　李向东　谷振华　李国东　凡广宽　齐文凯　林　泉　李宝华
门头沟供电公司：韩永明　王志海　陈登明　杨涛
房山供电公司：田　涛　曹　峰　朱文秀　郭文全　刘百新　赵　文　李建忠　王　胜　赵鹏鹏
大兴供电公司：丁希华　刘　兵　龙国标　宋　东　张海军　周松霖　聂小锁
平谷供电公司：杨宝林　邢术强　王燕京　闫　兵　曹红宝
怀柔供电公司：谢武忠　高昕森　刘显虎　郭爱军　白　海　欧阳小木
密云供电公司：赵晓军　邵欣忠　彭新立　金洪涛　何少君　孙长魁　孙朝晖
顺义供电公司：刘鸿斌　才志国　张　军　张永清　贾春生　李孟东　杜朝晖　李艳民　刘洪海
延庆供电公司：赵红星　马志红　赵连秋　徐伟平
输 电 公 司：王计朝　常　忠　杨　仑
变 电 公 司：李兆鸿　李士庆　王大勇　谢景林　闫维生　孙　杰　刘守全　王　飙

郑鑫鹏　马　俊　李增宝　杨　玲
调度通信中心：高贵兰　张　婷　刘　谦　才建明
北京电力试验研究院：吴国勋　宋胜利　张建民
高天宝　韩国庆
电缆公司：陈　平　薛　强
北京电力电能计量中心：李国昌　牛　磊
客户服务中心：翟亚辉
培训中心：滕　龙　陈恒义
物资公司：鲁　敬　张立男　孟庆林
北京电力工程管理中心：刘　岩
北京电力设计院：韩晓鹏　陈　凯
北京电力工程公司：秦志刚　张朝新　张海宾
王飞虎　孙元生　王玉良
王　唯　王卫东　杨长海
赵　俭
物业管理公司：徐荣京　刘海泉　魏万芳
综合产业管理中心：吕　晶　石建喜　李　杰
北京市路灯管理中心：韩彦瑾　李保书　洪建国

电力强网“0811”工程十佳巾帼岗位能手（10 名）

城区供电公司：李岳东
朝阳供电公司：刘　颖
海淀供电公司：王鸿如
亦庄供电公司：冯玉娴
通州供电公司：王朝凤
大兴供电公司：刘丽艳
平谷供电公司：陈悦红
怀柔供电公司：李路华
调度通信中心：宁　燃
北京电力工程公司：张　丹

电力强网“0811”工程巾帼岗位能手（56 名）

公司机关：刘玉珍　尚　颖
城区供电公司：高美霞　平惠英　朱艳茹　袁效军
朝阳供电公司：任立新　梁春红　张海航　庞红华
陈家蕊
海淀供电公司：祁　宏　庞启玲　王翠梅　谌　斐
丰台供电公司：胡　欣　王　菊　王玉梅　尉　娜
石景山供电公司：李亚锜
通州供电公司：赵文辉
昌平供电公司：张春来
门头沟供电公司：吕　俐
房山供电公司：李艳丽　李　巍　杨连艳
大兴供电公司：于秀玲
怀柔供电公司：马文新
密云供电公司：胡立霞
顺义供电公司：李春香　张丽君　金　萍
延庆供电公司：曹艳秋
输电公司：蒋晓君
变电公司：周新苗　苏京文　陈　晨　陈卫民
调度通信中心：崔彦玲
北京电力试验研究院：赵俊国　刘蔼茹
电缆公司：吴艳云
北京电力电能计量中心：周凤霞
客户服务中心：郑　林
培训中心：刘　丰　增慧荣
物资公司：周　平
北京电力工程管理中心：王淑美
北京电力设计院：杨然静
北京电力工程公司：朱　缨　付尚莹
物业管理公司：崔　蔚　董淑七
综合产业管理中心：彭玉凤　王艳晓
北京市路灯管理中心：陈贵萍

北京电力公司优秀工程师（20 名）

公司机关：王　健
朝阳供电公司：李连晖
海淀供电公司：李林松
石景山供电公司：杨文生
亦庄供电公司：马万松
通州供电公司：陈士军
房山供电公司：朱文秀
平谷供电公司：杨一坚
怀柔供电公司：杨　青
密云供电公司：刘卫东
顺义供电公司：袁国强
输电公司：袁利红
调度通信中心：王宝利
客户服务中心：苏保强
培训中心：赵洪涛
物资公司：刘燕琴
物业管理公司：崔　蔚　张书欣
综合产业管理中心：孙一民
北京市路灯管理中心：于景萍

北京电力公司优秀青年工程师（33名）

公 司 机 关：邓　雪　侯本忠
城区供电公司：黄　宇　万　莉
朝阳供电公司：马晓东
海淀供电公司：陈　岩
丰台供电公司：于克飞
石景山供电公司：石宇鸿
亦庄供电公司：吴　江
昌平供电公司：尚　可
门头沟供电公司：王金双
房山供电公司：蔡有军
大兴供电公司：王　超
平谷供电公司：李宏宇
密云供电公司：徐鹤立
顺义供电公司：曹智勇
延庆供电公司：窦家本　赵红星
变 电 公 司：刘　洋　赵小彬
调度通信中心：金广厚
北京电力试验研究院：尹克伸
电 缆 公 司：冯伟杰
北京电力电能计量中心：张　松
客户服务中心：钟宏伟
物 资 公 司：林子霞
北京电力工程管理中心：张华禹
北京电力设计院：刘　昱　史梓男
北京电力工程公司：马卫华　朱　勇
综合产业管理中心：杨新颜
北京市路灯管理中心：于德海

北京电力公司2007年度党风廉政建设优秀单位（10个）

通州供电公司	变电公司
亦庄供电公司	顺义供电公司
调度通信中心	大兴供电公司
密云供电公司	昌平供电公司
北京电力电能计量中心	丰台供电公司

北京电力公司2007年度党风廉政建设优秀领导干部（20名）

（按2007年11月领导干部调整前所在单位）

通州供电公司：梁红强　王增志
变 电 公 司：王士华　陶晋生
亦庄供电公司：方建国　韩殿锁
顺义供电公司：石宝印　邵晓明
调度通信中心：付军美　刘润生
大兴供电公司：李建生　臧　勇
密云供电公司：金　学　孙永鑫
昌平供电公司：关幼辉　金建民
北京电力电能计量中心：张　伟　杨云峰
丰台供电公司：张玉海　王德斌

北京电力公司2007年度优秀纪检监察干部（30名）

变 电 公 司：赵　红　程振华
通州供电公司：董菊平　王永华
亦庄供电公司：王启东
顺义供电公司：冯永全　寇晨光
调度通信中心：张福义
大兴供电公司：张丽萍　邢红军
密云供电公司：杜国成　杨秋霞
昌平供电公司：吴振富　康慧平
北京电力电能计量中心：费迎生
丰台供电公司：阎东生　高洪芳
海淀供电公司：韩晓红
北京电力工程公司：肖　立
朝阳供电公司：董秀荣
怀柔供电公司：刘玉祥
培 训 中 心：王汝祥
平谷供电公司：张爱青
北京电力试验研究院：顾节建
石景山供电公司：蒋贵云
城区供电公司：张　画
电 缆 公 司：曹海艳
机 关 党 委：赵俊颖
公司监察部：李国祥　杜仲荣

北京电力公司2007年度效能监察优秀成果（15个）

一等奖（2项）
变 电 公 司：固定资产动态管理系统效能监察
通州供电公司：用电抄核收效能监察
二等奖（5项）
石景山供电公司：营业抄核收效能监察
密云供电公司：物资采购效能监察

亦庄供电公司：用电抄核收效能监察
平谷供电公司：用电抄核收效能监察
北京电力电能计量中心：计量装置公开框架式招标样品性能测试效能监察

三等奖（8项）

通州供电公司：业扩报装效能监察
海淀供电公司：不良资产处置效能监察
大兴供电公司：用电抄核收效能监察
亦庄供电公司：计算机耗材领用效能监察
变电公司：电力强网“0811”工程管理效能监察
城区供电公司：“一站式”服务效能监察
顺义供电公司：“0811”奥运工程效能监察
门头沟供电公司：电费回收效能监察

北京电力公司工会先进集体和先进个人

北京电力公司先进基层工会（6个）

海淀供电公司工会
物资公司工会
朝阳供电公司工会
亦庄供电公司工会
城区供电公司工会
丰台供电公司工会

北京电力公司工会优秀工作者（12人）

马　强　马殿敏　姚　红　朱　青
屈桂琴　杨凤兰　王　江　周　毅
阎　莉　郑　雪　杜红旗　王兵志

北京电力公司工会积极分子（60人）

朝阳供电公司工会：王爱芝　刘　颖　吴　欣
海淀供电公司工会：焦建林　王佳音　董立刚
丰台供电公司工会：彭新义　章春芬　熊兰香
城区供电公司工会：王广林　王荣生　王　萍　谷　峰
石景山供电公司工会：王　伟
通州供电公司工会：朱连军　王晓明
昌平供电公司工会：张　涛　彭兴燕
门头沟供电公司工会：张卫东
房山供电公司工会：路林波　朱卫国
大兴供电公司工会：李海峰　周　丹
平谷供电公司工会：李宝庆
怀柔供电公司工会：孙　诚
密云供电公司工会：金立东
顺义供电公司工会：王建平　郭树杰
延庆供电公司工会：王延生
亦庄供电公司工会：李伟群
公司机关工会：李　萍　王　玲
客户服务中心工会：陆　璐
变电公司工会：张庆全　黄　植　马　力　陈卫欣
输电公司工会：李聪轩　周士义
调度通信中心工会：肖春红　陆来冬
试验研究院工会：刘燕英　谢　明
电缆公司工会：程傲鹰
电能计量管理中心工会：范美辉
北京电力工程公司工会：隋安华　肖绍坤　孔小冬　马世新
北京市路灯管理中心工会：李春立　王瑞萍
物资公司工会：古书华
电力设计院工会：杨琳琳
电力工程管理中心工会：赵春莲
综合产业管理中心：李佟冬　苏春荣　李　晖
培训中心工会：林春晓
物业管理公司：李　军　谭文玲

北京电力公司工会职工之友（34人）

时家林　郭要斌　陈　爽　谢　迎　杜小东
张玉海　于金镒　高玉春　梁红强　金建民
董凤宇　刘大龙　臧　勇　越海军　李殿军
金　学　邵晓明　王春燕　韩殿锁　李顺平
陶晋生　乔　海　刘润生　顾联军　穆怀山
杨云峰　成志锋　王阿鹿　林　克　阎　澍
孙绍兴　张家华　吴建明　梁和平

北京电力公司历年劳动模范基本情况（截至2007年底）

姓名	荣誉称号	授予单位	授予时间	现状	现所在单位	获得劳模时所在单位
何刚长	全国劳动模范	国务院	1956 年	退休	公司机关	公司机关
芦静萍	全国劳动模范	国务院	1959 年	退休	电力工程公司	电力工程公司
王 建	全国劳动模范	国务院	2000 年	在职	电力工程公司	电力工程公司
徐建义	全国劳动模范	国务院	2005 年	在职	变电公司	变电公司
崔乃营	北京市劳动模范	北京市人民政府	1952 年	离休	公司机关	公司机关
蒋俊元	北京市劳动模范	北京市人民政府	1952 年	退休	公司机关	公司机关
唐素梅	北京市劳动模范	北京市人民政府	1954 年	退休	变电公司	变电公司
腾英武	北京市劳动模范	北京市人民政府	1955 年 1959 年	退休	变电公司	北京二建机电安装公司
赵寿春	河北省劳动模范	河北省总工会	1955 年	退休	通州供电公司	通县专区工业局面粉厂
孙全德	北京市劳动模范	北京市人民政府	1957 年	退休	变电公司	变电公司
蔡荣林	北京市劳动模范	北京市人民政府	1959 年	退休	电力工程公司	电力工程公司
崔玉顺	北京市劳动模范	北京市人民政府	1959 年	退休	电力工程公司	电力工程公司
赵家珑	北京市劳动模范	北京市人民政府	1959 年	退休	公司机关	公司机关
赵国泰	北京市劳动模范	北京市人民政府	1959 年	退休	公司机关	公司机关
韩庆丰	北京市劳动模范	北京市人民政府	1959 年	退休	输电公司	输电公司
刘炳仁	北京市劳动模范	北京市人民政府	1959 年	退休	物资公司	物资公司
刘 志	北京市劳动模范	北京市人民政府	1959 年	退休	通州供电公司	通州供电公司
孙万清	北京市劳动模范	北京市人民政府	1959 年	退休	调度通信中心	调度通信中心
于庆福	北京市劳动模范	北京市总工会	1959 年	退休	城区供电公司	城区供电公司
范鹏年	北京市劳动模范	北京市人民政府	1979 年	退休	石景山供电公司	输电公司
邢文萍	北京市劳动模范	北京市人民政府	1982 年	退休	昌平供电公司	电缆公司
崔季民	北京市劳动模范	北京市人民政府	1981 年	退休	电力设计院	电力设计院
芦静萍	北京市劳动模范	北京市人民政府	1984 年	退休	电力工程公司	电力工程公司
马宝忠	北京市劳动模范	北京市人民政府	1986 年	退休	变电公司	物业管理公司
景连仲	北京市劳动模范	北京市人民政府	1987 年	退休	路灯管理中心	路灯管理中心
王耀杰	北京市劳动模范	北京市人民政府	2000 年	退休	城区供电公司	城区供电公司
马文月	北京市劳动模范	北京市人民政府	2000 年	退休	物资公司	电缆公司
陈 当	河北省劳动模范	河北省人民政府	1995 年	在职	机关	河北省
刘佩霞	北京市劳动模范	北京市人民政府	1984 年	在职	城区供电公司	城区供电公司
屈桂琴	北京市劳动模范	北京市人民政府	1995 年	在职	城区供电公司	变电公司
王 建	北京市劳动模范	北京市人民政府	2000 年	在职	电力工程公司	电力工程公司

续表

姓名	荣誉称号	授予单位	授予时间	现状	现所在单位	获得劳模时所在单位
虞东祥	北京市劳动模范	北京市人民政府	2000 年	在职	电力工程公司	物业管理公司
白　晶	北京市劳动模范	北京市人民政府	2005 年	在职	调度通信中心	调度通信中心
彭新立	北京市劳动模范	北京市人民政府	2005 年	在职	密云供电公司	密云供电公司
龙　飞	北京市劳动模范	北京市人民政府	2005 年	在职	城区供电公司	城区供电公司
李成华	北京市农业系统劳模	北京市总工会	1963 年	退休	顺义供电公司	顺义供电公司
张庆明	北京市农业系统劳模	北京市总工会	1963 年	退休	延庆供电公司	延庆供电公司
王恩达	北京市农业系统劳模	北京市总工会	1963 年	退休	昌平供电公司	昌平供电公司
吴俊茹	北京市农业系统劳模	北京市总工会	1963 年	退休	大兴供电公司	大兴供电公司
杨福之	北京市农业系统劳模	北京市总工会	1964 年	退休	公司机关	公司机关
曹保德	北京市农业系统劳模	北京市人民政府	1965 年	退休	密云供电公司	密云供电公司
张　琪	全国电力系统劳模	中燃部电业总局	1950 年	离休	公司机关	公司机关
刘佩霞	全国电力系统劳模	北京市人民政府	1984 年	在职	城区供电公司	城区供电公司
吴鼎宏	全国水利电力劳模	水利电力部	1984 年	退休	丰台供电公司	丰台供电公司
骆忠民	全国能源工业劳模	能源部	1988 年	退休	顺义供电公司	顺义供电公司
施更生	全国能源工业劳模	能源部	1989 年	退休	公司机关	公司机关
姚敬兴	全国能源工业劳模	能源部	1989 年	退休	昌平供电公司	昌平供电公司
王铁龙	国家电网公司劳模	国家电网公司	2006 年	在职	路灯管理中心	路灯管理中心
李顺平	国家电网公司特等	国家电网公司	2006 年	在职	客户服务中心	客户服务中心
石　工	国家电网公司劳模	国家电网公司	2007 年	在职	城区供电公司	城区供电公司
张文新	国家电网公司劳模	国家电网公司	2007 年	在职	电力工程公司	电力工程公司
屈桂琴	全国五一劳动奖章	全国总工会	1996 年	在职	城区供电公司	变电公司
骆忠民	首都劳动奖章	北京市总工会	1987 年	退休	顺义供电公司	顺义供电公司
王凤年	首都劳动奖章	北京市总工会	1992 年	退休	公司机关	公司机关
闫　茂	首都劳动奖章	北京市总工会	1990 年	在职	公司机关	电力工程公司
闫文凤	首都劳动奖章	北京市总工会	1993 年	在职	城区供电公司	城区供电公司
王　建	首都劳动奖章	北京市总工会	1996 年	在职	电力工程公司	电力工程公司
龙　飞	首都劳动奖章	北京市总工会	1999 年	在职	城区供电公司	城区供电公司
王学义	首都劳动奖章	北京市总工会	2001 年	在职	昌平供电公司	昌平供电公司
徐建义	首都劳动奖章	北京市总工会	2002 年	在职	变电公司	变电公司
彭新立	首都劳动奖章	北京市总工会	2004 年	在职	密云供电公司	密云供电公司
肖永立	首都劳动奖章	北京市总工会	2006 年	在职	变电公司	变电公司
郭　炬	首都劳动奖章	北京市总工会	2006 年	在职	怀柔供电公司	公司机关
张文新	首都劳动奖章	北京市总工会	2007 年	在职	工程公司	工程公司

重要讲话和重要文件

ZHONG YAO JIANG HUA HE
ZHONG YAO WEN JIAN

重 要 讲 话

夯实基础　精细管理　努力超越　争创一流 确保全面完成2007年工作任务

——总经理时家林在北京电力公司2007年年中工作会议上的报告（摘要）

（2007年7月20日）

一、上半年工作回顾

上半年，公司全体干部职工紧紧围绕年初公司“两会”提出的发展战略，按照“五突出五抓创一流”的工作思路，思想统一、步调一致、攻坚克难、积极进取，实现了电网发展与安全生产共同进步，公司效益提升、管理提升、形象提升，各方面工作取得良好开局。

（一）“百日安全”活动带动安全生产水平明显提升

落实“三个百分之百”要求，超前分析生产工作季节性特点，主动把握安全生产规律，有针对性地实施了“百日安全”活动。公司干部职工全员参与，形成了党政工团齐抓共管的良好局面。在安全管理上，以夯实安全基础为核心，进一步完善安全管理制度和现场安全措施，狠抓安全生产责任制的落实，严格执行“两票三制”、“十条禁令”等基本规章制度，加大对工作现场的检查力度，有效减少了违章现象。在生产管理上，以“主网稳定、配网可靠”为目标，全面开展综合检修，实施专业化检修，大力推行状态检修、带电作业，深入推进配电网自动化试点。积极主动工作，加大“三线搭挂”整治和反外力工作力度，电网外力事故同比下降29.6%。上半年，公司安全生产工作取得较好成绩，未发生人身伤害事故，主网设备事故同比下降77%，配网事故同比下降36.8%，供电可靠率达99.93%，用户平均停电时间缩短为3.23小时，同比减少37.8%，圆满完成了全国“两会”、第36届世界期刊大会等106项政治供电任务。

（二）“0811”工程促进电网供电能力显著增强

面对“0811”基建和消隐工程的艰巨任务，公司上下齐动员，充分发扬敢为人先的拼搏精神和艰苦奋斗的工作作风，团结协作、锐意进取，抓开工、抓进度、抓质量。积极争取政府支持，克服前期手续难、拆迁难、路径难等重重困难，为工程如期开工创造条件，500kV朝阳和城南变电站、220kV奥运村输变电工程以及110kV慧祥变电站等重点、难点工程取得了突破性进展。推进“通用设计、通用设备、通用造价”的应用，认真落实“五制三算”，提高工程设计、物资采购工作效率。建立和完善施工“标准工艺”，规范现场施工管理，大力开展了奥运红旗标杆站创建工作，为全面提升工程管理水平和施工质量积累了经验。上半年，110kV及以上基建工程开工89项，开工率达到94%，有21项工程竣工并全部实现了达标投产。消隐二期工程已完成184项，完成总项目数的30%。从2006年7月～2007年7月，北京电网投产主变压器容量481万kVA，提升电网供电能力9%，分别是前两年同期投产容量的2.1倍和1.6倍。

（三）奥运电力工程夯实奥运电力保障物质基础

主动将奥运电力保障工作纳入奥运筹备工作大局，以充分满足奥运测试赛用电需求和保障2008年奥运会电力供应万无一失为目标，全力加快奥运电力工程建设。直接为奥运场馆供电的12项输变电工程到7月底可完工11项，公司承建的24项奥运比赛场馆及附属设施外电源工程已完工10项，奥运中心区电力管线建设全部完成，场馆周边道路和环境整治架空线入地工程按计划实施，奥运客户电力报装工作通过“奥运绿色通道”快速推进，奥运电力主体工程建设已进入尾声，为奥运电力保障打下了坚实的物质基础。提早开展奥运赛时电力保障的各项准备工作，建立了组织管理和技术服务体系；开发完成了奥运地理信息系统，建立了奥运客户电力信息共享平台；对奥运定点的22家医院和124家宾馆开展了电力安全检查、技术服务工作。代表国家电网公司全面履行奥运合作伙伴的责任和义务，大力推广国家电网奥运合作伙伴品牌，彰显了国家电网品牌形象。

（四）集约化发展推进经营指标超额完成

以集约化发展为取向，以提高运营效率和经济效益为中心，加强资源整合。合理调整大修、技改资金切分比例，资金规模效益初步显现。资金集中支付系统开始启用，标志着公司资金管理进入一个全新的阶段。加强和规范招投标工作，进一步推进公开招标、框架招标和集中招标，共完成6个批次设备、物资公开招标和238项工程招标，节约资金约1亿元。稳步推进不良资产和债权债务清理处置工作，采取“关停并转”等多种措施盘活存量资产，优化了公司资产结构。积极推动配套配电设施建设费政策的出台，目前已提交市政府审议。推广营销信息系统应用，将8个供电公司402.8万客户纳入了营销信息系统统一管理。狠抓业扩报装管理，上半年完成接电355.39万kVA，比2006年同期增加45.79%，结存容量比2006年同期减少33.67%。认真检查电价政策执行情况，加大电费回收力度，应收电费余额从2006年底的3.64亿元下降到1.83亿元，创历史同期最好水平，较好地实现了增供扩销、堵漏增收。上半年售电量273.59亿kWh，同比增长9.05%，销售收入168.85亿元，同比增长14.91%，实现利润5.65亿元。

（五）“优质服务年”活动彰显公司良好社会形象

坚持“四个服务”宗旨，深化“新北京、新奥运、新电力”优质服务工程，深入贯彻公司“优质服务年”要求，推出四大主题、18项优质服务新举措。建立三级应急服务体系，建设了4个抢修基地，加强了57个抢修服务所软硬件条件和人员配置，信息反馈和急修响应速度明显加快。推出了节日期间24小时送电服务，开通了网络表客户实时售电系统和农村商业银行售电及收费系统，居民购、用电更加方便。城区“一站式服务”试点工作取得显著成效，低压小报装平均接电时间从15天缩短到3.3天。克服重重困难，争取用户理解，着力解决临时代永久问题，上半年共为46个小区4万户居民实施了供电改造。服务政府节能减排工作大局，深入研究电动汽车和地源热泵等新技术。上半年，公司实现“零责任投诉”，表扬数量达到了2006年同期的1.9倍。

（六）同业对标促进企业管理理念明显转变

坚持将同业对标作为提升公司整体管理水平的重要载体。大力倡导学习观念和一流意识，派出多个工作组到国内外先进企业进行学习交流。深化同业对标工作，进一步细化分解指标责任，加强对指标的分析，认真研究改进措施，对标工作开始向“过程对标”迈进。拓展对标视野，开展国际对标，与新加坡能源电网公司关于城市电网管理的对标已进入实施阶段，第一批赴新加坡对标交流人员即将成行。与德国、日本电力公司的国际对标方案也在积极研究制定中。同业对标工作进一步开阔了干部职工的视野，更新了企业管理理念，在全公司树立了争创一流、争当标杆的意识。公司主要专业基本实现了以指标评价工作、以数据衡量业绩，同业对标对各专业工作的引领作用逐步显现。上半年，公司有12项指标达到最优值，46项指标好于2006年同期，占全部可比指标的89%；人力资源和安全生产类指标实现了大幅攀升。

（七）突出人才强企、科技兴企工作方向

坚持将人才资源作为企业发展的第一资源，实施人才强企战略。以干事创业为着眼点，认真开展了“四好”领导班子、领导干部和后备干部综合考核工作，选拔了一批德才兼备、年富力强的同志走向领导岗位，形成了“看业绩、用干部”的良好风气。加大教育培训投入，完善培训基地功能，加快兼职教师队伍建设，全面开展全员教育培训工作。上半年完成了5700余人的职业技能鉴定，组织了班组长、高级工、外聘劳务人员和低学历人员等共计2000余人的针对性培训，生产一线人员技术素质明显提高。

坚持“以科技进步提高电网技术水平，以信息化手段提升企业管理水平”。公司承担的6个国家电网重大科技创新专项任务项目均已完成可行性研究，进入实施阶段。“锈蚀铁塔安全性评估研究”等25项成果分获华北电网系统科技进步一、二、三等奖。信息化手段应用更加广泛，建成了电力交易信息系统，完成了公司ERP系统业务咨询工作，电网地理信息系统建设稳步推进，人力资源、营销管理、奥运电力等信息系统运行稳定，系统功能在实践中不断得到优化。

（八）精神文明和党风廉政建设保障企业和谐氛围

公司各级党组织围绕中心、服务大局，深入开展法制宣传教育和思想道德教育，创建和谐企业的法治道德基础得到巩固。实施党建三年规划，加强党的先进性建设，在全体党员中开展了“知法纪，知荣辱，知责任，争做岗位模范”活动，党组织政治核心和战斗堡垒作用得到充分发挥。认真贯彻中纪委七次全会精神和国家电网公司纪检监察工作会议精神，进一步细化落实党风廉政责任制，强化作风建设和监控机制建设，初步建立了预防职务犯罪“先期联控处置机制”，开展了廉洁文化建设“五个一”活动。工会和共青团组织积极服务公司中心工作，开展了“建功在企业、和谐促发展”、“青春光明行”等主题活动，评选出了“金牌班组”、“金牌员工”等先进典型，营造了“学先进、争先进、创一流”的良好氛围，促进了企业与职工的共同进步、和谐发展。

二、总结经验，把握规律，推进公司战略实施

在全体干部职工的共同努力下，从理思路、定战略、作规划到各项重点工作的推进，公司的发展一直是快速、稳健而卓有成效的，管理的优化和业绩的提升有目共睹。但从长远来看，建设“超稳定”电网和“国内一流、国际水准”的责任效益型现代电力企业刚刚起步，电网发展总体滞后于首都经济社会发展的局面仍然没有得到根本扭转，公司经营管理水平距离国家电网公司系统标杆单位还有一定的差距，公司管理工作依然处在强化基础的阶段。基础工作的薄弱是制约公司经营管理水平提高的主要因素，只有夯实基础，才能为公司下一阶段又好又快发展积蓄充足的力量。

从现在开始的一年多时间，我们将面临两次夏季高峰负荷的严峻考验，还将承担保障“好运北京”测试赛、党的十七大和2008年奥运会安全供电的重要任务，在加快电网发展、确保安全稳定、深化细化管理、提高效率效益等方面还有大量工作要做，决不能有任何自满和懈怠思想，决不能放松工作要求，降低工作标准。对成绩，要认真总结，提升为指导工作的规律；对差距，要清醒认识，找出下一步努力的方向。要充分认识实现公司发展战略目标的艰巨性和长期性，始终保持奋发向上的精神状态。当前，要按照年初制定的工作思路，着眼于全年工作目标的完成，在思想观念、发展方式、体制机制、内质外形建设等方面进一步加大工作力度，做到“六个坚持”。

（一）坚持战略引领，准确把握发展方向

战略是企业把握发展方向，掌握发展主动权的基础，是统一员工思想和行动，形成企业发展合力的必须。2007年年初，在认真研讨、充分酝酿的基础上，公司明确提出了自身定位、发展目标、工作思路和核心竞争力，确定了公司总体发展战略，并得到了公司干部职工的充分认同，激发了干部职工推动企业又好又快发展的强烈愿望。上半年，在各项重点工作推进过程中，公司战略发挥了统一思想、凝聚力量、引领行动的重要作用。下一步，公司将对专业化管理模式、“国内一流、国际水准”的具体标准、责任效益型现代电力企业的内涵、提升公司核心竞争力的手段等课题进行持续深入研究，进一步明晰公司战略发展思路。各部门和单位要在公司的战略指导下，按照统一标准，调整、充实、细化本专业、本单位的发展分战略，形成系统、完整的战略体系，促进公司战略的有效延伸和落实。

（二）坚持团队精神，目标一致共谋发展

“0811”工程、“百日安全”活动等重点工作的实践证明：充分发挥领导班子的核心带动作用，做到思想统一、目标一致，是抓好工作的重要前提。公司的每一项阶段性重点工作都与公司的整体发展密切相关，对各部门和单位而言，在工作推进过程中要从公司工作的大局出发，思考和谋划本部门、本单位的工作，做到思想和行动的高度统一。对每位员工而言，要充分认识企业是员工发展的基本平台，个人价值的实现与企业效益的提升是一致的，要主动把个人的发展融入企业发展中，实现与企业的共同进步。在公司下一阶段发展中，我们要用事业凝聚人心，用目标统一行动，发扬员工的企业主人翁精神，集中公司全体干部职工的智慧和力量，共同推进迎峰度夏、“百问百查”、奥运电力保障、十七大政治供电等重点工作的开展。

（三）坚持狠抓基础，推进管理水平提升

基于对公司发展状况的深入分析和科学判断，

公司今后几年管理的着眼点依然要放在加强基础工作上。“0811”工程建设、“百日安全”活动、同业对标等工作能够取得较好的效果，根本原因在于我们持续不断地对制度、标准、流程、机制进行完善和优化，持续不断地强调工作责任和工作措施的落实到位。必须更加深刻地理解基础工作对于公司可持续发展的重要性，把打牢基础作为公司若干年内要始终坚持的一项基本管理方针，全力完善制度、优化流程、健全标准。同时，要进一步解放思想、开阔眼界，借鉴国内外先进管理经验和管理方法，不断提升管理层次，按照“四化”要求，加快向精细化、信息化管理的迈进步伐。

（四）坚持全面协调，持续改进发展方式

从单纯关注安全生产的车间式企业到责任效益型现代企业，目标定位的变化体现出公司对科学发展观的认识在不断深入，全面协调发展的观念逐步深入人心。从公司当前实际出发，我们尤其要在两个方面坚持全面协调的发展观念。首先，各专业发展要全面协调。上半年公司在基建、生产方面进行了较大规模的管理优化，取得了明显的效果；下半年，要将营销服务作为提升管理水平的重点领域，大胆改革，全面夯实营销工作基础，认真解决影响服务水平的问题。其次，安全、质量、效益、速度要相统一。当前，在电网建设、生产改造等工程全面开展的情况下，我们必须坚定不移地确保电网安全的首要地位，任何时候都不能动摇和懈怠。在确保安全的前提下，坚持好中求快，注重优化电网结构、资产结构、人才结构和科技结构，提高发展的质量和效益，提高服务质量和水平。特别在电网建设和改造过程中，要高度重视并切实提高工程质量，打造精品工程，以质量保安全，以质量促效益，以质量促服务。

（五）坚持“四个服务”，彰显公司社会价值

一直以来，我们坚持“四个服务”的宗旨，把公司的发展与首都经济社会发展紧密结合，与客户日益提高的用电需求标准紧密结合，与和谐社会建设紧密结合，树立了勇于承担社会责任的企业形象，营造了良好的外部发展环境。目前距离2008年奥运会还有不到400天，奥运筹备工作已经成为政府工作的中心，高可靠性和高质量的奥运电力保障工作将成为北京电力公司落实“四个服务”的重中之重。北京市第十次党代会提出要建设“更加繁荣、更加文明、更加和谐、更加宜居”的首都北京，要求电力供应必须做到安全、充足、节能、环保；电力服务必须真正实现以客户需求为中心，做到优质、高效、文明、和谐；电力企业应该在和谐社会建设的更广泛领域发挥表率作用。只有抓住这些关键点，才能使我们的工作彰显公司的社会价值。

（六）坚持“两越”精神，体现一流工作标准

企业精神是企业核心竞争力的集中体现，也是企业发展和员工成长的动力。近几年，在公司加快推进“两个转变”的进程中，“努力超越、追求卓越”的企业精神日益深入人心。但是仍有部分同志满足于一般化要求，工作标准不高，工作主动性不强。追求的高低决定了业绩的大小。面对2008年奥运会和北京市“和谐社会首善之区”建设对电力保障工作提出的高标准要求，我们需要大力培育和弘扬“两越”精神，以优秀的企业精神推动事业又好又快发展。学习、创新是我们实践“两越”精神的根本方法，同业对标是我们实现“国内一流、国际水准”目标的有效载体。下一步，要继续面向系统内标杆单位和国际先进企业，大力开展学习、交流，不断加大在管理和技术培训方面的投入，倡导夺标杆、创一流理念，深入推进国际国内对标，不断向更高标准看齐、向更高目标迈进。

三、下半年工作计划

下半年工作的总体要求是：认真贯彻党的十七大会议精神，全面落实国家电网公司2007年年中工作会各项部署，牢固树立科学发展观，扎实推进公司战略的实施，按照“五突出五抓创一流”工作思路，坚持不懈地夯实管理基础，创新管理手段，不断深化管理层面，着力提升营销服务工作水平，实现各项工作又好又快发展，圆满完成2007年各项工作任务。

下半年主要工作目标是：不发生电网稳定和大面积停电事故，不发生人身伤亡等恶性事故，确保迎峰度夏、奥运测试赛和党的“十七大”安全供电；全面完成“0811”工程任务；落实营销服务提升工作方案，圆满完成上级下达的各项经营考核指标；实现党风廉政和精神文明建设责任制规定的年度指标；同业对标指标和企业服务形象得到明显提升。

围绕上述工作要求和目标，下半年要重点做好

以下几方面工作：

（一）确保迎峰度夏安全供电

迎峰度夏是公司当前面临的首要任务。抓好迎峰度夏工作，既要看到一年来电网建设与改造的成果，树立坚定的信心，又要充分认清2007年度夏的形势：2007年夏季高峰负荷来得早、来得猛，6月底就已突破2006年最大负荷，2007年的最大负荷完全有可能达到甚至突破1300万kW；电网局部地区还存在一些薄弱环节，仍然会出现设备重载状况；奥运测试赛在高峰负荷期间举行，对电力供应提出了更高的要求。电网迎峰度夏的任务依然十分艰巨。

目前已经进入迎峰度夏的实战阶段，各部门和各单位要以防止电网大面积停电和保证度夏期间正常情况下不出现拉闸限电为目标，加强对迎峰度夏工作的组织领导，全员参与、分级负责。各单位主要负责人要深入一线、靠前指挥，出现问题及时协调处理，防患于未然。要强化技术保障，合理安排运行方式，加强电网运行监控，增加设备巡视密度，加大反外力工作力度，对重要线路要增派人力，严防死守，降低电网运行风险。要以确保奥运测试赛场馆、居民生活、农业生产等重要负荷用电为目标，配合政府细化落实需求侧管理方案，缓解高峰负荷压力。要做好应急抢修准备，针对夏季恶劣天气、外力破坏等引发的电网突发事件，加强应急演练，提高应急响应速度，最大限度地减少事故损失。要加大度夏宣传力度，倡导广大客户安全、节约用电；及时通报抢修工作信息，为公司度夏工作营造良好舆论环境。

（二）全面提升营销服务水平

营销服务工作是公司的效益之源和形象之基。上半年公司营销服务各项指标持续改善，但是营销服务基础薄弱的现状还没有得到根本转变。为此，公司把营销服务水平的全面提升作为下半年工作的重要着力点，制订系统方案，优化业扩报装流程，夯实营销管理基础，提高优质服务水平，增强营销队伍素质。

要在加强营销职能管控力度的基础上，强化“三个中心”建设。拓展公司客户服务中心的服务功能，使其能够全面掌握公司的客户报装服务信息，成为公司业扩报装管理中枢；强化电费管理中心对公司电费电价业务的稽核与指标管控能力，使其成为公司电费业务管理中枢；强化电能计量中心表计检定、研发、运行管理功能，充分发挥其对公司计量业务的技术支撑作用。

落实“三个十条”要求，继续深化“三新”优质服务工程，实施“优质服务年”18项举措，结合优质服务“百问百查”活动，认真梳理、检查、改进服务工作。规范业扩报装收费标准，在公司本部和属地公司两级客户服务中心分别设立客户经理和客户代表，全面负责客户用电报装和业扩工程管理，切实做到“一口对外”；在公司范围内全面推广低压小容量报装“一站式服务”模式，提高客户报装接电的服务效率。继续下大力气解决临时代永久问题；加快建设三类新农村电气化村；加强服务窗口标准化建设，强化服务监督考核，持续提升优质服务水平，争取实现服务“零投诉”和“零事件”。

加强营销人员培训，打造素质高、能力强的营销服务团队，夯实人员基础。全面开展电能计量消隐改造工作，夯实计量基础。完成16个供电公司、3个相关单位营销信息系统上线运行。细化落实分线、分台区线损管理责任，降低管理线损。强化电价电费的分析与管理，确保完成全年营销指标。积极响应节能减排要求，扎实推进东、西城区2.2万户“电采暖”工程，推动电动汽车、蓄冷空调、地源热泵等新技术的研究和应用。

（三）深入开展安全生产“百问百查”活动

“百问百查”活动是国家电网公司下半年做好安全生产和优质服务工作的重要载体，对北京电力公司抓好安全生产工作恰逢其时。上半年，“百日安全”活动营造了全员、全时、全力抓安全生产的良好氛围；下半年，“百问百查”活动将有力推动安全生产工作的精细化、标准化，对于进一步夯实安全生产基础意义重大。我们要抓住“百问百查”活动的有利契机，抓好安全管理和生产管理工作，确保人身安全、电网安全、设备安全和对客户的可靠供电，圆满完成党的“十七大”政治保电任务。

抓好安全管理，要进一步总结、固化、推广“百日安全”活动经验，以夯实安全基础为核心，强化安全责任制的落实和“两票三制”等基本规章制度的执行。重点从安全生产规章制度、安全措施落实情况和安全设施规范化程度入手，按照“百问百查”工作要求，逐条对照检查，认真加以整改。

积极开展安全风险评估试点。认真实施安全隐患消除、反误操作管理等专项安全监督检查工作。继续加大反违章工作力度，深化无违章班组、工区建设。

抓好生产管理，要坚持“主网稳定、配网可靠”原则，从基础工作入手，抓好生产工作流程的优化和运行规程、设备标准、作业标准的完善。进一步提高检修工作规范化水平，深化综合检修；充分利用设备带电检测和监测技术，推进设备状态检修。深入贯彻配网“五统一”技术标准，推进配电GIS实用化和城市中心区配网自动化的推广应用，年底前在城区实现10kV架空线路不停电作业，完成重点地区“三线搭挂”整治工作任务，大力推进反外力工作，进一步提高配电网供电可靠性。

（四）圆满完成“0811”工程任务

下半年是公司实施“0811”工程的攻坚阶段。公司上下一年来的不懈努力已经为圆满完成“0811”工程任务打下了较为坚实的基础，但是经验告诉我们，往往越到最后，工作越艰苦。在确保工程全面开工的基础上，我们要切实把工作重心转到“抓安全、抓质量、抓投产”上来。

要抓好工程计划管理，倒排工期，动态盘点，阶段总结，严格执行里程碑计划；树立典型，加大工程管理交流力度，有效促使工程按期竣工投产。要按照“两型一化”变电站建设要求，发挥奥运红旗标杆站的典型引路作用，全面提升电网工程设计、设备品质、施工工艺、运行管理等各方面工作标准。坚持“安全第一、预防为主、综合治理”和“百年大计、质量第一”的方针，抓好施工现场管理，落实监理、施工等工程参建单位的安全质量控制责任，继续开展无违章工地流动红旗活动和达标投产工作，治理和消除基建安全和质量隐患，认真落实“五制三算”，强化工程审计，全力打造平安工程、精品工程、阳光工程。下半年要创一个500kV优质工程，争得国家电网公司220kV工程流动红旗，确保奥运工程全部创优，220kV以上工程50%创优。同时要认真开展后奥运时期电网规划工作，为电网下一步发展做好项目储备。

（五）大力推进奥运电力保障工作

2008年奥运会开幕距今已不足400天，“好运北京”奥运测试赛举办在即，这是公司做好奥运电力保障准备工作的关键时期，也是我们为2008年奥运会正式比赛保电锻炼队伍、积累经验的最好时机。要按照“好运北京”奥运测试赛的供电要求，再接再厉，加强管理，确保各项工程保质保量圆满完成。同时要以一流的标准、一流的管理和一流的服务推进奥运电力保障工作。

要健全保障组织，建立“好运北京”测试赛电力运行指挥体系和运行保障体系，完善测试赛电力运行保障方案和各类应急抢修预案，抓紧演练。加强技术支持与服务工作，开展包括奥运电力客户内部配电设施在内的奥运供电电网安全评估工作，查找薄弱环节，协助奥运电力客户及时进行整改，确保场馆配电设施零缺陷运行。加强奥运客户内部电力人员的技术技能和安全知识培训，组建电力专家队伍，指导奥运场馆电力运行团队以及场馆业主开展运行保障工作。要在国家电网公司统一领导下，认真履行奥运合作伙伴的责任和义务，抓住奥运倒计时一周年、“好运北京”测试赛和奥运电力工程主要项目竣工等契机，向社会广泛宣传奥运电力建设与服务的精品工程、先进事迹，大力推广国家电网奥运品牌，树立企业良好社会形象。

（六）持续改进企业经营管理

企业经营管理水平的提升是一个持续不断的过程，上半年公司以战略为引领，以同业对标为载体，强化集团化运作、集约化发展、精细化管理、标准化建设，逐步树立了管理也是生产力的理念。下阶段，要继续按照“四化”方向，深化同业对标工作，全面提升管理效率和效益。

努力提升企业效益。继续强化集约化经营，加强全面预算管理，夯实预算管理基础，进一步扩展预算管理的深度和广度。加快构建全寿命资产管理体系，做到实物资产与价值资产的实时对应。加大成本管理力度，增强各级人员的成本意识，细化分解成本指标，努力降低成本费用。深化招投标管理，继续推进公开招标、框架招标和打捆招标工作，统筹处理好技术标准和节约造价的关系。积极拓展经营空间，深入研究输配电价、电采暖电价等电价机制，着力推进配套配电设施建设费政策出台。

抓好同业对标工作。结合国家电网公司同业对标半年评价，认真总结上半年生产对标工作经验，开展专业指标的诊断分析工作，监控指标异动，保持优势指标、提升中游指标、改进落后指标，确保同业对标年度目标的实现。注重先进管理经验的总结、转化和推广，精心组织撰写典型经验，实现公司典型经验在国家电网公司“零”的突破。大力推进国际对标工作，组织好派员赴新加坡能源电网公司的学习交流，并认真撰写对标学习报告和对标成果的转化报告。同时以规划、电网建设、营销服务为重点，启动与德国等国家电力公司的对标工作。

（七）加快推进科技创新和信息化工作

推进科技创新和信息化管理手段的应用，是提升电网技术水平和企业管理水平的重要手段，是公司当前建设创新型企业的具体举措，是保证公司可持续发展，实现“国内一流、国际水准”战略目标的需要。下半年，要以科技创新和管理信息化为重点，研究制定创新型企业建设整体方案，努力建设创新型企业。

推进科技创新。以综合技术实力国内领先为目标，立足于解决电网运行管理实际问题，将科研资金和力量集中在提高城市可靠性相关技术、状态检修、带电作业和不停电作业技术、数字化电网技术等城市电网关键技术领域。加强无人站监控技术的研究，适应变电站无人化的要求。加强科技项目管理，全面完成公司承担的国家电网公司重大科技创新专项任务。加大新技术推广应用的力度，增强公司试验研究能力，开展群众性科技创新活动。

推进管理信息化。将信息部门的统筹管理责任和专业部门的应用主体责任有机结合起来，把信息工作作为规范业务工作流程的重要抓手。下半年要全面建设包括项目、物资、财务、设备管理四项耦合业务和生产管理业务的企业资源规划 ERP 系统，加快电网地理信息系统实用化步伐，实现电力交易系统上线试运行，完善和推广营销信息系统、人力资源系统、奥运电力系统。

（八）全力打造高素质人才队伍

人才是企业实现可持续发展的核心资源。公司人才基础较好，人力资源状况在国家电网系统整体较优，但是人才培养、开发和利用水平还不能满足公司跨越式发展要求。

下半年，要继续加强干部队伍建设，以开拓管理视野、强化市场经济观念、提升经营管理和创新能力为着眼点，加强领导干部培训；充分运用绩效考核、民主测评等多种方式综合考察，坚持“看业绩，用干部”。加强后备干部挂职锻炼，并选派优秀中青年干部参加 EMBA 教育和赴境外先进企业培训，为企业培养和储备高级管理人才。大力开展专业调考、技术比武和技能竞赛活动，锻炼队伍，发现人才，有意识地培养高、精、尖技术人才。加快建设技能培训基地，建成变电运行、配电线路等 6 个主要工种实训室，面向生产一线继续开展定制式学历教育、高级工和技师强化培训，提升一线人员技能素质。健全劳务人员管理机制，认真开展劳务人员岗前取证培训和岗位轮训，为公司打造一支高水平的生产一线生力军。确保全员教育培训工作实施到位，确保实现全员培训率 98.2%、人才密度 93.8% 的目标，人力资源管理同业对标创国家电网公司系统标杆。

（九）持续抓好党建和精神文明建设

思想政治工作是公司发展的有力保障，党政工团齐抓共管是我们各项工作取得成功的宝贵经验。下阶段，要以迎接党的十七大胜利召开、学习贯彻十七大精神为重点，认真落实党建三年规划，继续以干部作风建设为切入点，推进“四好”领导班子建设；加强党员教育，强化党的基层组织，夯实党建工作基础，推进党的先进性建设。

深入贯彻中纪委七次全会精神，严格执行《关于禁止利用职务便利谋取不正当利益的规定》，深化党风廉政建设责任制年度考核，广泛宣传展示廉洁从业教育和廉洁文化建设活动成果，稳步推进先期联控处置机制建设，有效规范信访案件工作查处，扎实推进效能监察和招投标监督工作，加强纠风工作机制建设，为公司发展保驾护航。

继续深入推进法制宣传教育和思想道德教育，增强员工的法制观念，倡导忠诚企业、爱岗敬业、明礼诚信、团结协作的职业道德，大力发展具有首都电力特色的和谐文化、安全文化、服务文化、经营文化、廉洁文化和责任文化，积极开展“迎奥运、讲文明、树新风、促发展”活动，提升员工的法律意识和文明道德素质。发挥共青团生力军作用，开展争创“号、手、队”、青年安全生产示范岗和青年创新创效活动。进一步完善企业民主管理制度，深化厂务公开工作。关心职工生活，改善一线班组工作条件，巩固班组减负增责成果。妥善处理职工关心和社会关注的热点和焦点问题，将不和谐因素消除在萌芽状态，实现公司内部和谐有序、外部和谐共赢。

确保奥运供电万无一失　推动公司发展再上新台阶

——总经理时家林在北京电力公司一届四次职代会暨2008年工作会议上的报告（摘要）
（2008年1月22日）

一、2007年工作回顾

2007年是奥运筹备的决战之年，也是公司战略实施的开局之年。在国家电网公司的正确领导和北京市委、市政府的大力支持下，我们以科学发展观为指导，充分发挥战略引领作用，按照“五突出五抓创一流”工作思路，攻坚克难，开拓奋进，发展步伐稳健，发展态势良好，发展业绩突出，各方面工作都取得了跨越式的进步，提前实现了公司“三步走”发展战略的第一阶段目标。

（一）安全生产成绩显著

落实“三个百分之百”要求，以主网稳定、配网可靠为目标，超前分析公司安全形势，主动把握安全生产规律，党政工团齐抓共管，深入开展“百日安全”和“百问百查”活动。重点围绕工作现场，强化安全责任制的落实和“两票三制”等基本规章制度的执行，加强安全风险控制，规范安全设施管理，深入开展一线班组安全教育，安全管理可控、能控、在控水平显著提升。实行变电检修专业化，开创电网运行集中管控新模式，生产专业化工作稳步推进。优化检修周期，全面实施综合检修，大力推行设备状态监测、带电作业，深入开展配网自动化建设，电网运行更加平稳有序。抓住安全生产主要矛盾，全面实施电网消隐二期工程，积极开展电力隧道综合整治、二次系统安全隐患梳理，加大“三线搭挂”、线下隐患治理和反外力工作力度，有效解决了影响电网安全运行的突出问题。2007年，公司安全生产保持稳定局面，电网、设备事故率分别同比下降57%和43.1%，城市用户平均停电时间5.4小时，同比降低35.9%。确保了奥运测试赛、党的十七大、“嫦娥一号”卫星发射等212项政治活动的安全可靠供电。

（二）电网发展实现重大跨越

在公司的全面参与和积极推动下，北京市“十一五”电网发展规划顺利出台，为“十一五”期间电网与首都经济社会同步协调发展奠定了基础。2007年，公司广大干部职工胸怀大局、自我加压，发扬攻坚克难、精益求精、团结协作、无私奉献的精神，克服时间紧、任务重、协调难、环境差等诸多困难，抓安全、抓质量、抓进度、抓效益，“0811”工程实现了又好又快全面推进。主动沟通，多方协调，全年共落实194项工程的立项批复和95项工程的规划意见书；在工程建设中坚持严细管理、质量第一，大力开展红旗标杆站建设，推广应用典型设计，推行“两型一化”建设标准，严格施工现场管理，打造精品工程。2007年，北京电网完成电网建设投资76.7亿元，完成基建项目80项，新建架空线路864.5km、电缆117.8km。“0811”工程从启动至今新建和扩建110kV及以上变电站95座，为电网增加变电容量1694万kVA，提升供电能力33%，电网发展实现重大跨越，为奥运会安全可靠供电和首都经济社会发展奠定了坚实的物质基础。

（三）奥运电力保障筹备工作扎实推进

全力加快奥运电力工程建设，直接为奥运场馆供电的12项输变电工程、公司投资承建的19个奥运比赛场馆及5个附属设施外电源工程、奥运中心区电力管线和场馆周边架空线入地工程已基本完成。以奥运电力保障誓师大会为标志，奥运电力筹备工作重心全面转向奥运电力保障与服务。建立健全奥运电力保障的组织管理和技术服务体系，制定了奥运电力保障工作方案和里程碑计划；投资18.3亿元，启动了可靠性提升工程，进一步解决电网结构性问题，完善奥运场馆供电方式，目前已开工2项，竣工1项。围绕“好运北京”奥运测试赛供电保障工作，进一步细化保障标准、强化工作措施，主动开展对奥运场馆、定点医院等重点用户的电力安全隐患排查和技术培训，圆满完成了24项奥运测试赛服务和保障任务，为奥运赛时电力保障积累了经验，锻炼了队伍。代表国家电网公司全面履行奥运合作伙伴的责任和义务，大力推广国家电网奥运合作伙伴品牌，加大奥运新闻宣传工作力度，彰显了国家电网品牌形象。

（四）企业经营效益明显提高

贯彻“集约化发展、精细化管理”理念，通过完善管理、整合资源促进效益提升。强化预算归口管理，促进了业务预算与财务预算的衔接；建成资金一级账户管理体系和集团账务管理系统，公司资金归集率达到 91.33%，全年节约财务费用 5.2 亿元。进一步加大公开招标、框架招标和打捆招标力度，全年累计为公司节约资金 2 亿元。确立了“一部三中心”营销服务管理体系建设思路，电费业务实现集中核算，电能计量中心业务功能进一步完善，营销集约化、专业化管理迈出坚实步伐。以营销管理信息系统为依托，以电费回收、线损分区管理为重点，加强了指标管控。经营业绩大幅提升，全年售电量 577.07 亿 kWh, 同比增长 9.52%；售电收入 360.68 亿元 , 同比增长 13.45%; 实现利润 10.46 亿元。当年电费回收率达到 100%; 线损率 6.99%, 应收电费余额 1.3 亿元 , 同比下降 67.14%, 为历史最好水平。

（五）优质服务工作实现突破

坚持“四个服务”宗旨，深化“三新”优质服务工程和中央企业“优质服务年”活动。启动了营销服务提升计划，明确了客户报装服务各环节工作标准，推行高压客户、重要客户经理制，高压客户报装更加规范高效；在全市范围内推广低压报装“一站式”服务，低压用户平均接电时间从 15 天缩短到 4.88 天；开通网络表客户实时售电系统和农村商业银行售电及收费系统，新增 3000 家售电网点，推出节日 24 小时送电服务，居民购、用电更加便捷。积极履行企业社会责任，完成东西城 2.1 万户平房居民煤改电工程，为 78 个小区 7.95 万居民用户解决了“临时代永久”问题。服务新农村建设，建成新农村电气化区（县）4 个，电气化乡（镇）51 个，电气化村 780 个。服务政府节能减排工作大局，协助政府实施“上大压小、关停小火电”工作，推动风电、热电联产等电厂的并网工作。积极推进电动汽车、蓄冷空调、地源热泵等新技术的应用，减少有害气、固体排放 53 万 t。公司全年未发生重大行风投诉责任事件，表扬数量大幅提升，并保持了“首都文明行业”称号。

（六）同业对标指标大幅提升

坚持将同业对标作为提升公司整体管理水平的重要载体。对标视野更广阔，大力开展国际对标，先后派出七批 78 人次赴新加坡、德国、日本、美国等相关电力公司进行对标学习，进一步更新了企业管理理念，吸收引进了先进的管理技术和手段，在全公司树立了争创一流、争当标杆的意识。对标范围更广泛，指标责任的细化分解和对标价值的逐步显现，促使各专业更加主动地在工作中应用同业对标手段，同业对标工作充分发挥了对各专业工作的引领作用。对标内容更深入，定期分析指标、转化应用先进管理理念、创新指标改进措施，已经成为对标工作的主要着力点，同业对标工作基本实现了从“结果对标”向“过程对标”的转变。对标业绩更突出，2007 年，公司同业对标各类指标大幅提升，《电力突发事件应急服务客户服务机制》入选国家电网公司典型经验库，47 个可比指标中 27 个位于国家电网公司系统前五名，安全管理、营销服务和人力资源三个专业被评为专业管理标杆，公司被评为综合管理标杆单位。

（七）人才建设与科技信息工作迈出坚实步伐

以创建“四好”领导班子为载体，加强干部考核，完善交流机制，优化队伍结构，继续实施后备干部挂职锻炼，干部使用坚持德才兼备原则，形成了“重能力、看业绩”的良好风气，干部队伍不断向年轻化、知识化迈进。加大教育培训投入，实施全员教育培训。举办党政正职领导干部培训班，领导干部战略思维能力、市场经济观念得到增强；组织赴美长期培训团组，为公司培养了经营管理业务骨干。培训基地功能不断完善，师资队伍力量得到加强。全年完成了 11000 余人的职业技能鉴定，组织了班组长、劳务用工等共计 13000 余人次的专项培训，一线员工业务素质进一步提高。

加快科技创新，公司承担的六项国家电网公司重大科技创新专项任务已进入全面实施阶段，关于定制电力技术的研究获得重大突破。加大科技创新与信息化建设投入，全年投入资金 1.58 亿元，为 2006 年的 1.43 倍。开展了电网安全稳定、电网输送能力与可靠性提升、带电作业和不停电作业新技术等方面的研究，设备在线监测、状态检修、可视化调度系统、电缆网集中监控等方面的新技术在电网运行管理中发挥了重要作用。建设信息化项目总计21个，ERP系统开始试点运行，电网地理信息系统在16个属地供电公司和3个主网生产单位得到推广应用，人力资源、营销管理、奥运电力等信息系统功能在实践中不断优化。

（八）精神文明和党风廉政建设取得丰硕成果

以加强党的先进性建设为重点，制定并实施了公司党建三年规划；强化党员思想教育，开展了“知法纪，知荣辱，知责任，争做岗位模范”活动，党组织政治核心和战斗堡垒作用得到充分发挥。加强精神文明建设，积极实施“迎、讲、树、促”活动，深入开展法制宣传教育和思想道德教育，顺利通过了“全国精神文明建设工作先进单位”复查验收。公司所属单位中，10个单位荣获首都文明单位标兵称号，5个单位荣获首都文明单位称号，6个单位荣获国家电网公司文明单位称号。认真贯彻中纪委七次全会精神和国家电网公司纪检监察工作会议精神，以党风廉政建设责任制为引领，突出反腐倡廉教育，加强领导干部作风建设和廉洁文化建设，建立预防职务犯罪“先期联控处置机制”，以纠风工作新理念，提升行风纠建水平，围绕奥运工程开展效能监察，有力促进了公司工作任务的圆满完成，党风廉政建设工作在国家电网公司年度考核中受到好评。加强新闻策划，开展舆情监测，为公司发展营造了良好舆论环境。充分发挥工会和共青团作用，开展“青春光明行”等主题活动，评选“金牌班组”、“金牌员工”等先进典型，营造了“学先进、争先进、创一流”的良好氛围。深化企业民主管理，加强信访工作，加大后勤保障工作力度，深入开展帮扶送温暖活动，保证了队伍稳定，促进了企业和谐。

2007年，是不平凡的一年。在推进公司发展的实践中，公司干部职工视野日益开阔，观念不断更新，对实现公司战略目标的信心越来越足，面对艰巨的工作任务，团结一心，奋勇拼搏，涌现出许多可歌可泣的先进事迹和可敬可佩的先进典型，充分体现了“努力超越、追求卓越”企业精神和“更快、更高、更强”奥林匹克精神，谱写了一曲北京电力人敬业奉献的壮丽乐章。

总结和提炼一年来推动公司蓬勃发展的经验和规律，我们深刻体会到：强化战略引领作用，有力带动了公司的发展。“国内一流、国际水准”的发展目标，“三步走”的战略步骤，发挥了统一思想、明确目标、引领方向、凝聚力量的重要作用，激发了广大干部职工推动企业又好又快发展的强烈愿望。解放思想，开拓创新，不断为企业发展注入了活力。深入开展国际国内同业对标，广泛对外学习交流，对思想观念的转变和公司管理、技术水平的提升起到了极大的促进作用。弘扬“两越”精神，争创一流，为推进公司发展提供了强大精神动力。公司大力宣传倡导“努力超越，追求卓越”的精神，在各条战线上形成了争创一流的良好氛围，激励和鼓舞了各个工作团队，不断追求更高的目标，创造出更好的业绩。实践“四化”，强化管理，有效提升了公司的发展质量。公司稳步推进生产专业化、经营集约化的改革，大力应用信息化管理手段，优化了管理结构，理顺了管理机制，提高了管理效率，工作业绩也不断实现突破。安全第一，常抓不懈，保障了公司的健康稳步发展。无论生产任务多么繁重，公司始终坚持从严从细抓安全，强调“不要没有安全的速度”，全年安全生产的稳定局面为各项工作成绩的取得奠定了坚实的基础。团结协作，形成合力，有效促进了各项工作的落实。“0811”工程、“百日安全”活动、保十七大安全供电等重要任务，无不是依靠党政工团齐抓共管，依靠公司领导干部的核心带动作用和全体干部职工的合力才得以完成。敬业爱岗、无私奉献，是公司干部职工战胜困难、创造辉煌的关键因素。许多干部职工舍小家，顾大家，战严寒，斗酷暑，无怨无悔，默默奉献，面对困难毫不退缩，硬是将许多的不可能变成了可能，使公司各方面工作实现了质的飞跃。

在充分总结经验、肯定成绩的同时，深入分析当前公司工作现状，我们也必须清醒地认识到自身存在的不足：一是管理基础工作需要进一步夯实。市场经济条件下现代企业的经营管理理念还未能深入人心，管理层级多、管理结构臃肿的问题较为突出，管理精细化、标准化、信息化程度不高。二是奥运保障能力需要进一步增强。电网还有一些结构性问题需要解决；保电责任体系、应急处理机制等有待完善和加强；公司对场馆供电安全水平还不能做到心中有数。面对奥运电力保障万无一失的要求，还有大量的工作需要完成。三是服务水平需要进一步提高。服务工作中还存在一些不合理、不规范的现象，服务水平还不能完全满足用户的期望。部分干部职工服务党和政府工作大局的意识不强，对上级的有关政策和要求，超前研究和主动配合不够。对这些问题必须高度重视，在今后工作中切实解决。

二、公司当前发展面临的形势和任务

第29届奥运会将于8月8日在北京开幕，这是全党全国的一件大事，承载着中华民族的百年梦想，凝聚着全世界人民关注的目光，也必然成为首都各方面工作的中心。胡锦涛总书记等中央领导高度关注奥运工作，近期在中央有关会议上多次强调奥运问题，并对奥运应急保障作出了重要指示。北京市将办好奥运会作为2008年工作的首要任务和重中之重，强调奥运决胜之年首都各项工作都要服从和服务于筹办奥运，围绕着筹办奥运来展开。国家电网公司一直将全面做好服务奥运的工作摆在极端重要的位置，在奥运举办之年更对奥运电力保障提出了万无一失的要求。作为奥运电力保障任务的主要承担者，北京电力公司使命无比光荣，责任十分重大。确保2008年奥运赛时安全可靠供电和电力优质服务，是我们当前部署工作的出发点和落脚点，是一切工作必须围绕的中心。

要充分认识到，奥运电力保障工作直接关系到奥运会举办的成功与否，对公司发展具有决定性意义。奥运会举办期间正值夏季电网负荷高峰和雷雨多发时期，要保证电网稳定运行，保障奥运场馆、签约饭店、定点医院、电视广播、交通枢纽等240余个重要客户的安全可靠供电，同时还必须充分满足整个城市运行对电力供应的需求，保电范围之广、战线之长、要求之高、难度之大前所未有。能否确保奥运安全可靠供电，是对公司多年工作成效的检验，是对公司专业技术水平、组织能力、执行能力、协调能力的考验，是对公司干部职工意志品质和工作作风的检阅。我们必须把奥运电力保障工作提到讲政治的高度来认识，摆在一切工作的首位。其他工作都要服从和服务于奥运电力保障的需要，围绕奥运电力保障工作来开展。要充分做好应对各种困难的准备，以万无一失为根本目的，集中全部人力、物力，全身心投入，以最好的精神状态、最高的工作标准，打好奥运决胜之年供电保障的攻坚战。

要充分认识到，奥运电力保障工作是一项复杂的系统工程，涉及电网建设、安全生产、用电管理、优质服务、企业稳定等诸多方面。目前公司工作距离万无一失的要求还有一定的差距，奥运电力保障既是对我们保障能力的挑战，又是促进电网和公司发展的良好机遇。围绕奥运电力保障这一中心任务，我们必须全面提升公司各方面工作水平。要深入贯彻落实科学发展观，以同业对标为载体，进一步解放思想、开拓创新；坚持外延与内涵并重，科学推进电网发展，提升电网坚强可靠程度；深刻理解和落实国家电网公司“四化”要求，深化专业化、集约化和信息化建设进程，提升企业经营管理效率和效益；贯彻以人为本理念，强化全员教育培训，加强劳动用工管理，提升员工队伍综合素质；规范服务行为，提高服务质量，主动履行社会责任，服务党和政府工作大局，促进社会与企业的和谐稳定。要以公司各方面工作水平的全面提升保证奥运安全可靠供电，以奥运电力保障的优异成绩推动电网和公司发展再上新台阶。

公司2008年总的工作任务可以概括为：全面提升各方面工作水平，确保完成一项中心任务。这一中心任务，就是确保奥运安全可靠供电。做好公司2008年工作的总体要求是：以科学发展观为指导，贯彻党的十七大精神，按照国家电网公司2008年“两会”工作部署，紧紧围绕确保奥运安全可靠供电这一中心任务，以提升供电能力和可靠性为中心抓电网发展，以安全为中心抓生产管理，以客户为中心抓营销服务，持续提升公司工作水平，促进企业和谐稳定，推进电网和公司发展再上新台阶。

公司2008年主要奋斗目标是：

——不发生电力生产人身死亡事故；不发生特大电网、设备事故；不发生有人员责任的重大电网、设备事故；不发生重大火灾事故；不发生重大施工机械设备损坏事故；不发生性质严重或造成重大社会影响的停电事故。

——确保圆满完成奥运电力保障任务。

——利润总额9.8亿元。

——售电量615亿kWh。

——资产负债率小于62.31%。

——净资产收益率3.19%。

——达到国家电网公司党风廉政建设责任制各项要求，不发生影响北京电力公司形象和稳定的重大事件，全面完成《2008年党风廉政建设责任书》规定的年度责任目标。

完成奥运决胜之年宏伟而艰巨的工作任务，最根本的是要全面贯彻党的十七大精神，深入落实科学发展观，最关键的是周密部署、细化落实。要牢固树立责任意识、大局意识、一流意识、忧患意识，始终保持和大力弘扬胸怀大局、勇于担责，敢于突破、攻坚克难，科学求实、精益求精，团结协作、和衷共济，爱岗敬业、无私奉献的精神，发扬“特别能吃苦、特别能战斗”的作风，充分调动公司全体干部职工的积极性和创造性，团结一心，拼搏奉献，好中求快，扎实细致地做好各项工作，向党和人民交上一份满意的答卷。

三、全力确保奥运供电万无一失

奥运电力保障工作千头万绪，要想实现赛时万无一失，必须做到赛前万事俱备、胸有成竹。要进一步提高对奥运电力保障工作重要性、艰巨性和复杂性的认识，按照北京市委刘淇书记“精益求精，不放过任何细节，做到万无一失”的指示精神，以奥运赛事供电保障为核心，以奥运相关客户为重点，测赛结合，全面保障。在计划安排上求全求细，将所有可能的情况都考虑在内，所有相关的设备都检查到位，所有工作责任都落实到人；在工作标准上求精求高，以“更快、更高、更强”的奥林匹克精神和“努力超越、追求卓越”的企业精神，激发全体干部职工的工作热情，恪尽职守，竭尽全力，保证奥运电力保障工作的高质量。

一要加强组织领导，落实工作责任。完善奥运电力运行指挥组织体系，组建各专业、各区域的电力运行保障队伍，做到全员参与、覆盖全面、指挥有力、运转高效；积极参与奥运场馆电力运行团队的组建，建立场馆用电与电网供电之间顺畅的沟通与联动机制，确保场馆用电安全管理到位、服务到位；按照《2008年奥运会电力保障工作方案》，细化分解工作任务，将各项工作责任落实到人。通过加强组织领导，落实工作责任，切实将公司干部职工的思想和行动统一到奥运电力保障工作中来。

二要加快奥运相关工程项目建设步伐。要大力弘扬“0811”精神，充分利用全公司电网建设人力、物力资源，充分发挥公司与属地两级优势，优化工程组织，加快工程进度，提升安全管理水平和施工工艺水平，在奥运举办前高标准完成电网可靠性提升工程、奥运场馆外电源工程和场馆临时供电工程建设任务，解决影响奥运安全供电的电网结构性问题，进一步优化奥运场馆供电方式。按照市政府有关要求，与城市建设和市政管理相关部门密切配合，加快推进奥运环境整治工程，为奥运会期间城市环境整洁有序贡献力量。

三要全力保障电网安全运行。围绕奥运安全供电，开展电网设备状态监测、电网安全性评价，对与奥运相关的所有一、二次设备和电网运行环境进行全面细致地再梳理、再排查，在6月30日前，完成涉奥电网重大隐患整治工作。结合2008年“好运北京”奥运测试赛保电实践，进一步细化奥运供电反恐方案和应急抢修预案，建立奥运新闻和信息应急机制，加强演练，充实物资、人员储备，提高电力应急反应能力。在奥运赛时严密监控电网设备运行状态，集中全部人力，加强电网设备巡视检查，对重点站、线实行24小时看护，及时发现和消除安全隐患，严防吊车碰线和施工外力破坏，杜绝电网外力事故。

四要抓好奥运重要客户用电安全管理。加强与奥运场馆、附属设施和其他重要奥运客户的沟通，紧紧依靠“08办”、奥组委等政府部门，主动开展奥运重要客户用电安全管理和服务工作。开展内部安全供电评估、设备检测和隐患整改，协助客户编制《奥运电力保障手册》，落实场馆内部保电措施，组织开展应急综合演练，并加强对场馆运行团队的技能和安全培训工作。在奥运会举办期间对重要场馆电力设备运行状态加强监控和检查，帮助客户及时发现和消除隐患。

五要做好奥运期间电力优质服务工作。及时了解奥运重要客户电力服务需求，有针对性地开展奥运客户特色服务活动。充分发挥“95598”英语坐席的作用，为参与北京奥运的各国来宾提供优质的电力服务；进一步丰富服务手段，提高服务标准，以尽快恢复用电为原则，保证普通居民生活用电方便、快捷。完善赛时城市运行体系中的供用电安全机制，助力奥运会期间城市有序运行。

六要营造奥运之年和谐稳定的企业氛围。加大奥运电力保障宣传工作力度，全力营造奥运电力保障万无一失的舆论氛围和工作氛围。深入开展“迎、讲、树、促”活动，充分调动广大员工参与奥运、保障奥运、服务奥运的主动性和积极性，展现电力职工良好的精神风貌。健全维护稳定工作机制，提前妥善处理好企业内部矛盾；按照国家电网公司统一部署，严格履行合作伙伴相关义务；圆满完成奥运期间各界来宾接待任务；充分利用奥运平台，大力宣传推广奥运合作伙伴形象。

四、稳步推进电网和公司发展再上新台阶

（一）以安全为中心，提升电网管理水平

安全是奥运成功举办对电力供应的最基本要求。安全生产的稳定局面不仅要依靠电网自身的坚强可靠，更要依靠严格细致的安全管理和科学合理的生产运行方式。要总结2007年公司安全生产成功经验，继续坚持“安全第一、预防为主、综合治理”的方针，落实“三个百分之百”要求，从严从细抓安全管理，稳步推进生产专业化进程，提升科技支撑能力，保持安全生产稳定局面。

夯实安全管理基础。落实各级安全生产责任制。巩固安全生产“百问百查”阶段性成果，建立安全问、查、改长效机制。强化人身安全风险分析，完善安全生产风险管理体系。大力开展安全教育培训。深化无违章班组、工区建设，重点加强交叉作业现场和外包工程安全管理，确保严格执行“两票三制”、“十条禁令”等基本规章制度。全面推广现场作业指导书，提高现场作业规范化、标准化水平。

推进生产专业化进程。推进电网运行管理专业化，完善电网控制中心功能，对具备条件的220kV变电站全部实现集中控制。深化设备检修专业化，将主网设备状态检测和检修、110kV线路带电作业纳入专业化管理，提高综合检修管理水平，减少电网计划停电。完善电缆网运行监控中心建设，实现电缆及隧道管理的专业化。规范配电网管理模式，落实“五统一”技术标准，提高配电网管理水平。

提升科技支撑能力。在国家电网公司“一流三大”科技发展战略指导下，加大科技创新投入，全面推进创新型企业的建设。高质量完成国家电网公司重大科技创新专项任务。以解决电网安全生产和经营管理中的重点技术问题为主要任务，深入开展电网稳定、设备监测、状态检修、智能电网等课题的研究，争取取得具有自主知识产权的科技成果。加快科技成果转化应用，推广城市中心区高可靠性配电网示范工程建设经验，不断提升电网技术水平，为电网安全生产提供强有力的技术支撑。

（二）以提高供电能力和可靠性为中心，推动电网又好又快发展

在全面完成奥运电力建设项目的基础上，落实科学发展观，按照“主网稳定、配网可靠”的电网发展要求，推进电网发展方式的转变，在继续加强电网外延式发展的同时，将内涵式发展的理念贯穿到电网规划、建设、改造等各个环节，全面提升电网供电能力和可靠性，为进一步提升奥运电力保障能力和后奥运时期电网又好又快发展打下坚实的物质基础。

科学谋划后奥运电网发展。紧密结合后奥运时期首都经济社会发展规划，优化、细化后奥运电网发展规划，重点做好顺义、通州和亦庄等新城电网规划，争取早核准、多核准，做好后奥运时期电网发展项目储备，使电网发展与首都城市建设同步推进。大力开展线路走廊和电力管沟等电网资源发展规划工作。启动“十二五”及2030年电网规划的研究。

全力推进电网建设。总结和推广“0811”工程经验，优化工程前期协调机制，加快工程前期进展。认真落实“三通一标”、“两型一化”要求，加强工程安全、质量和进度管理，严格执行达标投产和零缺陷移交，做到安全、质量、速度、效益协调并进。确保海淀500kV输变电工程按期开工，500kV城南、220kV八家、玉泉营等63项工程按时投产，增加35kV及以上主变压器容量789.9万kVA、线路578.8km。实现竣工决算完成率、达标投产率和新建工程创优率100%。加强工程审计，促进投资效益的提升和资产全生命周期管理。

加大技术改造工作力度。启动电网改造规划编制和项目三年滚动计划修编工作，做好技术改造项目储备。加强输变电设备技术改造，提高设备健康水平，降低电能损耗。大力推进电缆隧道综合整治工程，积极消除电缆网隐患。强化城市中心地区电网的建设与改造，通过增加城市电源布点和向周边地区切改负荷，解决局部地区供电容量不足问题。合理调整电网分区，提升电网整体抗风险能力。

（三）推进经营管理理念转变，提高经营管理效率和效益

以“国内一流，国际水准”为目标，进一步解放思想，开拓创新，深化同业对标工作；推进经营

集约化进程，优化资源配置；加强管理信息化建设，促进公司业务一体化运作；实现企业运营效率和经营效益的稳步提升，加快向经营管理现代化迈进的步伐。

提升经营集约化水平。强化综合计划的统筹、平衡、控制功能。深化全面预算管理，树立“价值管理”理念，建立有效的投入产出管理机制。加强成本管理力度，建设标准成本管理及评价体系。加强资金集中管理，推进集团账务管理系统和集中支付系统的运作，实现电费回收银电联网。进一步规范招投标管理，稳步推进大宗物资的框架招标和打捆招标。积极疏导电价矛盾，推动配电设施建设费政策的出台。加快电力交易体系建设步伐，力争成为北京地区购电主体。围绕奥运电力保障、科学发展和“两个转变”等重要课题加强政策研究。强化依法治企工作，超前分析《反垄断法》、《能源法》等新法律法规对公司经营管理的影响。以内部控制为中心，以风险管理为导向，以审计成果运用为载体，加强内部审计的监督与服务职能，促进企业健康、可持续发展。

提升管理信息化水平。在全面梳理和改进管理制度、业务流程、工作标准的基础上，大力推进ERP系统建设，初步实现资金流、物流、信息流的集成化。稳步推进营销管理信息系统高级应用模块建设，强化营销管理信息系统的应用，实现公司营销全部业务全面上线。加大GIS的完善和推广力度，初步建立空间信息辅助支持平台。按国家电网公司“SG186”工程的总体部署，加快电网交易、审计、经济法律、安全监督等系统的建设。加强信息安全防护，确保公司信息系统安全、稳定、可靠运行。

深化同业对标工作。继续充分利用好同业对标这一重要平台，全面提升公司管理水平。一方面要以更加开放的心态，更加广阔的视野，拓展国际对标的深度和广度，在更多的领域寻找差距，树立学习标杆；另一方面要进一步丰富、完善和落实对标成果，将先进的管理理念和成功的管理经验尽快转化为公司的生产力。要将引进与创新有机结合起来，以市场为导向，创新体制机制，创新方式方法，创出北京电力公司的品牌、特色。

（四）以客户为中心，深化优质服务工作

服务奥运，是全面检验公司服务能力，快速提升服务水平的良好契机。要坚持奥运标准，将以客户为中心的理念贯穿到公司业务运转的全过程，扎实推进营销服务体系完善工作，进一步优化服务流程，严格规范服务行为，持续提升服务品质，通过满足客户需求实现公司综合效益最大化。

夯实营销服务管理基础。统筹推进营销服务“一部三中心”建设，理顺业务管理关系，进一步提升营销职能管理能力和三个中心的专业支撑能力。做好100kVA及以上客户采集器安装、卡表轮换和农村户表改造工作。推行计量装置条码化管理，开发营销信息系统辅助决策、质量监督等高级功能，实现营销主要业务的精确管控。因地制宜、稳步推进线损“四分”管理。严格执行电价政策。确保完成全年营销指标。

规范客户报装服务工作。坚持“一口对外、便捷高效、三不指定、办事公开”的原则。推进客户报装服务组织体系建设，加强服务过程监管。完成客户报装服务标准体系建设，规范并公开业务流程、工作时限和收费标准，实现业扩报装服务标准化、专业化、透明化。大力推广“一站式”服务，健全客户经理和客户代表制，完善“一口对外”的服务协调机制，形成具有北京特色的客户报装服务策略。

深化“三新”优质服务工程。践行“四个服务”企业宗旨，深入推进“三新”优质服务工程。增加网上售电、移动售电等业务，方便客户购电。针对政治用电客户和高科技企业需求，实施差异化服务。开展服务示范窗口创建工作，以点带面，推动公司服务规范化水平整体提升。建设地区应急抢修站，缩小抢修半径，提升响应速度。建立全过程服务监督机制，严格服务质量考核。加强行风建设，主动接受社会监督，实现服务水平的持续提升。

积极履行社会责任。积极响应政府节能减排要求，高质高效地完成历史文化保护区5万户居民平房电采暖工程，为改善环境、改善民生贡献力量。加快电动汽车、蓄冷空调、地源热泵、分布式电源等节能环保技术的应用推广。主动服务京沪高铁、京津城际、南水北调等重点工程的实施。落实新农村发展战略，加快推进电气化区、镇、村建设。加强需求侧管理，引导用户科学、合理、节约用电，营造和谐用电环境。

（五）贯彻以人为本理念，提升员工队伍综合素质

人才是企业的第一资源。承担起奥运电力保障

和公司下一步发展的艰巨任务，从根本上只能依靠提升员工队伍素质。要以人为本，以全员教育培训为载体，加快人才的培养、选拔和使用，激发员工学习的自觉性和积极性；要改进用工方式，优化人力资源配置，提升企业用工效率，逐步解决公司结构性缺员问题。

深化全员教育培训。以作风能力建设为重点，加强干部实绩考核，推动干部培养、选拔制度化、规范化。加强中青年后备干部的培训和挂职锻炼，加速优化干部队伍结构。以提升专业管理水平和岗位履职能力为核心，加强管理人员培训，培养具有现代企业管理技能的业务骨干。加强对技术专家队伍的管理和使用，在电网生产管理中充分发挥技术专家的作用。加快建设技能培训基地，健全实训科目。制定专业技术、技能人才在企业的职业发展规划，提供针对性的技术培训，为专业技术、技能人才的成长和发展提供有利条件。要进一步明确各类岗位工作标准，严格岗位工作要求，引导员工充分认识提升自身素质的必要性；更加注重培训项目的针对性和实用性，使员工看到培训工作对提升岗位工作水平的明显效果；逐步从“要我培训”转向“我要培训”。实现全员培训率98%，高技能人才比例96.8%，人才密度98%的目标。

营造和谐用工机制。认真贯彻《劳动合同法》，落实国家电网公司关于加强劳动管理的有关要求，完善相关管理制度，开展以定编、定额、定员“三定”工作，实施劳动管理标准化建设，规范地推进非核心业务外包工作，促进人力资源优化配置。加强劳动合同管理，明确企业和员工的权利与义务；严格执行劳动纪律，规范员工工作行为，提高劳动效率。按照专业化、集约化方向，研究探索适应现代企业要求的劳动组织形式，进一步优化管理结构，压缩管理层级，从根本上解决公司结构性缺员问题。

（六）加强党的建设、精神文明和党风廉政建设，促进企业和谐发展

奥运之年，和谐稳定至关重要。要以十七大精神为指引，紧紧围绕公司中心工作，加强党建、精神文明建设和党风廉政建设。大力弘扬“更快、更高、更强”的奥运理念和“努力超越，追求卓越”的企业精神，在职工中营造奋发有为、团结奋进的氛围，为奥运电力保障任务的完成和公司战略发展提供强大精神动力。

全面加强党的建设。深入学习贯彻十七大精神，将全体员工的思想和行动统一到科学发展上来。认真实施党建三年规划，全面加强党的建设，进一步提升党组织的战斗力和党内民主、党务公开工作水平。巩固先进性教育成果，引导、激励广大党员自觉实践党员先进性，在奥运电力保障等各项工作中充分发挥基层党支部战斗堡垒和广大党员的先锋模范作用。坚持党建工作创新，深入开展思想政治同业对标工作。加强共青团工作，深入开展“号、手、队”创建活动。

加强精神文明建设。深入开展“迎、讲、树、促”活动，充分调动广大员工参与奥运、保障奥运、服务奥运的主动性和积极性。深化员工思想道德教育，大力开展理想信念教育和职业道德教育，提高员工的道德意识、责任意识和服务意识。继续开展“十大真情事迹”和“十大首都电力之星”评选活动，在公司员工中大力弘扬“平凡孕育伟大”的精神，充分发挥榜样的示范和带动效应。认真开展文明单位创建活动，争创“全国文明单位”。

强化党风廉政建设。围绕中心，服务大局，进一步在“围绕、贴近、融入、完善”上下工夫，牢牢把握“有效预防职务犯罪和重大行风责任事件”的主线；突出“奥运电力保障、内部监控机制、‘红线制度’建设”重点；巩固“基础管理、工作创新、队伍建设”成果；积极创新，努力提升党风廉政建设和纪检监察工作整体水平，扎实推进反腐倡廉和纪检监察工作，为确保奥运电力保障和公司全年各项任务的完成提供坚强政治保证。

建设和谐电力企业。大力弘扬“努力超越、追求卓越”的企业精神，营造爱岗敬业、干事创业的和谐企业文化氛围。加强机关工作作风和各级干部作风建设，强化责任意识和大局意识，消除专业管理壁垒，畅通办事流程，提高工作效率。充分发挥职工的民主管理权利，加强厂务公开工作，提升企业民主管理水平。加强信访工作，及时处理职工关心和社会关注的热点和焦点问题，化解矛盾。按照国家电网公司统一部署，结合北京电力公司实际，查清多经企业状况，稳妥实施主业与多经企业的“五分开”工作。关注职工劳动保护和身体健康，实施全员体检，完善职工健康档案。有效发挥家委会等群众性组织的作用，解决职工后顾之忧。关心

离退休老干部和老职工的生活，坚持走访慰问送温暖活动，积极为离退休干部职工改善生活创造条件。加强后勤服务工作。加大对工程车及特种车辆的管控力度。落实国家电网公司社会责任工作总体安排，做优秀企业公民，将和谐企业建设工作融入奥运保障与和谐社会建设的整体工作大局。

深入学习贯彻党的十七大精神　为确保奥运电力保障万无一失 促进公司和谐发展而奋斗

——党委书记郭要斌在北京电力公司2008年政治工作会议上的报告（摘要）

（2008年1月23日）

一、2007年工作回顾

2007年是党的十七大胜利召开之年，是奥运筹备的决战之年，也是实现公司创建国内一流、国际水准责任效益型现代电力企业战略目标的开局之年。公司党委在国家电网公司党组和北京市国资委党委的正确领导下，深入学习贯彻党的十六届六中全会和十七大精神，发挥党的政治核心作用，着力打造素质过硬的员工队伍，努力创建和谐企业，巩固了全国精神文明建设工作先进单位、首都文明行业、首都文明单位标兵创建成果，为公司全面完成2007年各项任务，取得奥运筹备决战年的胜利提供了坚强的思想、组织保证和精神动力。

总结2007年的工作，我们主要取得了以下成绩：

——和谐企业创建工作深入开展。公司党委认真贯彻落实国家电网公司党组2007年1号文件精神，将创建和谐企业作为奋斗目标，坚持以领导班子和谐、党群和谐、干群和谐、团队和谐、内外和谐共促企业和谐，取得初步成效。

——党的先进性建设进一步加强。公司党委从巩固党的执政基础的政治高度，将推进公司发展作为党委工作第一要务，发挥党的政治核心作用，各级党组织不断加强思想、组织、作风和制度建设，党组织的创造力、凝聚力和战斗力不断增强。

——党风廉政建设和反腐败工作取得新成果。进一步完善了教育、制度、监督并重的惩治和预防腐败体系建设，初步建立运作先期联控处置机制，廉洁文化建设取得新成效，维护了公司的政治安全、形象安全。

——员工队伍整体素质有效提升。坚持“党管人才”原则，着力推进法制宣传教育和思想道德教育活动，加强全员培训，公司员工队伍思想稳定，保持了积极进取、奋发有为的良好精神风貌。

——精神文明建设工作不断创新。坚持“两手抓，两手都要硬”的方针，强化精神文明建设领导责任制的落实，文明和谐创建活动蓬勃开展，“迎、讲、树、促”活动取得阶段性成果，企业文化建设深入推进。

——思想政治工作基础进一步夯实。全面开展思想政治工作体系同业对标，思想政治工作的制度化、规范化、精细化管理得到加强。

——企业民主建设广泛深入。尊重广大员工在公司发展中的主体地位，不断深化企业民主管理，加强对工会、共青团群众组织的领导，调动了广大员工投身公司发展的积极性，全面完成了2007年公司生产经营各项任务。

2007年，公司党委主要开展了以下工作：

（一）加强党的先进性建设，在和谐企业创建中充分发挥党的政治核心作用

加强各级领导班子和领导干部队伍建设。公司党委坚持以创建“四好”领导班子为载体，以思想政治建设、作风建设、落实民主集中制为重点，努力提高各级领导班子和领导干部队伍的整体素质和领导能力。2007年，公司党委注重将领导干部的思想政治建设与推动公司改革发展稳定紧密联系，积极学习贯彻党的十六届六中全会和党的十七大精

神，认真落实党委中心组学习制度，各级领导干部主动学习的积极性得到提高，并能够联系实际思考问题，改进工作。今年共收到中层领导干部撰写的理论学习论文241篇，其中30篇获得优秀奖。坚持贯彻民主集中制，增强各级领导干部的民主意识，落实“三重一大”民主决策制度，形成集体领导和团结协作的氛围。高度重视各级领导班子和领导干部的作风建设，认真贯彻中纪委七次全会和胡锦涛同志的讲话精神，大力倡导八种良好风气，通过认真落实民主生活会、职代会评议等制度，提高了广大领导干部接受监督，改进作风的自觉性。有针对性地开展领导干部培训，加强后备干部的锻炼培养，领导干部的科学管理理念和现代企业管理能力得到有效提高。

加强基层党组织建设。坚持党要管党、从严治党的方针，认真落实党建三年（2007～2009）规划第一年的工作要求。进一步健全和完善了各级党组织机构，调整配备党务干部。认真开展了党的十七大代表候选人推荐提名工作，全公司党员参与面达到99.58%。召开了公司党员代表大会，选举产生了公司出席北京市第十次党代会的党员代表。进一步加强基层党支部建设，通过认真执行党支部目标管理考核，加强基层党支部书记培训，开展工作经验交流等方式，有效提升了基层党支部自身建设的水平。尤其是通过深入开展党支部创新工作，使广大基层党支部更加积极主动地结合安全生产、“0811工程”、提升营销服务水平等中心工作发挥先进性，增强了战斗力、凝聚力和创造力。2007年共有33项优秀党支部创新成果获奖，公司党委荣获市国资委党委党建创新优秀组织奖。

加强党员队伍教育与管理工作。认真落实保持党员先进性长效机制，通过开展“知法纪，知荣辱，知责任，争做岗位模范”主题教育和“争优创先”活动，引导党员自觉学习党章，执行党章，岗位实践先进性。高度重视劳务派遣员工党员教育管理工作，注重发挥其积极作用。各基层党组织结合实际开展各种形式的“党员先锋岗”、“党员示范岗”等主题实践活动，涌现出以郑广君、李向昕、吴江等同志为代表的一批党员先进典型。“七一”期间，公司党委对43个先进基层党组织和205名优秀个人进行了表彰。认真执行《发展党员工作细则》，全年对243名入党积极分子进行了集中培训，接收预备党员243名，其中劳务派遣员工党员15名，228名预备党员按期转正。在5个基层党委开展了发展党员票决制试点，为在全公司范围内开展此项工作积累了宝贵的经验。

深入推进党风廉政建设。认真贯彻落实中纪委七次全会和国家电网公司纪检监察会议精神，加强对党风廉政建设的领导，进一步完善党风廉政建设责任制考核机制和教育、制度、监督并重的惩治和预防腐败体系建设，初步建立运作了以“监督信息网络、内控联席会议、企地联控、信访信息交流”为主要内容的预防职务犯罪“先期联控处置机制”。以廉洁文化建设为重点，强化反腐倡廉教育，深入开展“五个一”活动，在全公司营造了廉洁从业的良好氛围，为公司和谐发展提供了有力保证。

加强政工干部队伍建设。根据公司改革发展实际，注重合理选拔配备政工干部。以培养复合型人才为目标，坚持抓好政工干部培训。全年共培训政工干部438人次，提高了基层政工干部的政治理论水平和专业素质。

（二）以法制宣传教育和思想道德教育为重点，夯实和谐企业创建的思想基础

公司党委以提高员工队伍素质，服务奥运筹备决战、服务公司发展为目标，结合落实国家“五五”普法教育规划要求，开展了公司近年来内容最集中、覆盖面最广泛的法制宣传教育和思想道德教育活动，取得了良好成效。

一是活动重点突出，内容丰富，促进了员工法制观念和思想道德素质的提升。公司党委在法制宣传教育中，将增强法律至上、依法经营、依规办事、依法维护企业利益以及有权必有责、用权受监督意识作为领导干部的重点教育内容；将知法、懂法、守法、用法、增强依法办事、依法表达利益诉求、依章管理、依章履责意识作为员工的学习教育重点内容。在思想道德教育活动中，将以社会主义核心价值体系为引领，把落实《公民道德建设实施纲要》和《国家电网公司员工守则》，倡导忠诚企业、爱岗敬业、明礼诚信、团结协作的职业道德规范作为干部、员工重点学习教育内容。公司党委统一教育活动教材，集中编印下发了《法制和思想道德学习材料汇编》。各基层党组织结合实际，以专题讲座、研讨会、法庭观摩等多种形式，开展了一系列内涵丰富，富有特色的教育活动，同时，将安

全文化、服务文化和先进典型宣传融入其中，有效提高了广大干部、员工尊重法律，做守法模范，忠诚企业，爱岗敬业的自觉性。

二是全员动员，全员参与，营造了良好的法制和道德文化学习氛围。这次教育活动，公司党委以中心组学习电视电话扩大会的形式隆重启动，并发挥领导班子学习的示范带头作用，先后邀请专家、教授举办5期专题讲座，四千多人次直接参加了学习。按照公司党委部署，各基层党组织面向全员，广泛动员，有针对性地实施教育计划。公司党委以普考、调考的方式检查教育成效，共有13543名员工直接参加了普考，149人参加了调考，成绩良好。配合教育活动开展，公司党委组织了“法制·道德·奉献”网上谈、“依法治企”知识竞赛活动。各基层党组织充分利用各种宣传载体营造了浓厚的法制和道德文化学习氛围。

三是思想教育工作贴近基层、贴近一线、贴近员工，维护了公司稳定和谐的发展环境。坚持以人为本，深入基层、深入员工、深入家庭，是2007年思想教育工作的创新点。各级党组织将“领导就是服务”的理念予以实践，本着尊重人、理解人、关心人、塑造人的原则，在推进“百日安全”、“0811工程”等重点工作中，创造性地开展“致员工家属的信”、向员工家属征集“安全寄语”、邀请员工亲属参观工作场所、领导慰问生产一线员工、慰问员工家庭等活动，将亲情融入安全生产与岗位责任教育，拉近了领导与员工、企业与员工之间的距离，丰富了思想教育工作的载体，取得了良好的效果。同时，各级党组织积极关心劳务派遣员工的思想和生活，积极探索一体化管理的措施与方法，认真落实维稳工作责任，努力解决实际问题，保持了员工队伍的稳定。

（三）深入推进精神文明建设，营造和谐企业创建的浓厚氛围

完善和落实精神文明建设责任制。公司党委始终坚持将精神文明建设与生产经营工作同部署、同考核，落实“一岗双责”，不断完善考核工作机制。2007年，将精神文明建设综合绩效考核一并纳入《年度业绩考核责任书》，通过层层签订责任书，将考核责任逐级落实到基层。

扎实开展精神文明创建活动。认真落实公司“十一五”精神文明建设规划，以“全国精神文明建设工作先进单位”自检复查为契机，健全和完善精神文明创建工作的长效机制。公司所属各单位加强了与地方政府的主动联系，积极参与地方文明创建活动，公司系统共有10个单位获得首都文明单位标兵、5个单位获得首都文明单位，6个单位获得国家电网公司文明单位。结合中央企业“优质服务年”活动要求，积极教育引导广大员工提高优质服务意识，提升公司优质服务整体水平，保持了“首都文明行业”的创建成果。

坚持典型引路，连续第三年开展“平凡孕育伟大、劳动奉献光荣”先进典型宣传表彰活动，继续深化开展全员参与的“十大首都电力之星”和“十大真情事迹”评选活动，在公司上下营造了健康、进取的人文氛围。

积极推进精神文明建设创新工作。各单位把创新精神融入和谐企业创建的各个环节，丰富创新内容和形式，共申报创新成果129项，其中35项获得优秀成果奖。

深入开展“迎奥运、讲文明、树新风、促发展”活动，“七大行动”方案稳步推进，唱响了“我参与、我奉献、我快乐”的奥运口号，推动了公司健康发展和员工队伍文明素质的提高。

深入开展思想政治工作。公司党委运用现代管理手段，全面推行思想政治工作体系同业对标，通过各级党组织精心组织与积极实践，有效提高了思想政治工作制度化、规范化、精细化管理水平，共推出标杆单位6个，从总体上提升了公司思想政治工作的实效性。充分发挥思想政治工作研究会的理论前沿和实践指导作用，各会员单位紧密结合企业发展实际，深入开展调查研究，到兄弟单位考察学习，提出具有实践指导意义的研究论文和调研报告200篇，其中20篇获得优秀奖。

加强新闻宣传工作。坚持为公司发展服务，努力贴近实际、贴近基层、贴近员工，强化了新闻宣传策划和正面引导，加大了公司对外宣传力度，发挥了正确的舆论导向作用。完善了新闻宣传应急机制，整理“舆情监测报告”46期，提高了新闻安全防范能力。

积极推进企业文化建设。坚持贯彻国家电网公司企业文化战略，积极宣传推广《国家电网公司企业文化手册》，努力塑造和发展首都电力特色文化。公司所属各单位紧密围绕“0811”工程、“优质服

务年”和“百问百查”等重点工作，积极总结凝练员工创造的“0811精神”、“不老屯精神”、“设计院文化”等企业文化内涵，并努力宣传推广，起到了以文化凝聚人、团结人，提升企业凝聚力和竞争力的良好作用。

（四）加强对群众组织的领导，调动广大员工参与和谐企业创建的积极性

加强对工会工作的领导，充分发挥其“桥梁纽带”作用，坚持职工代表大会制度，维护职工合法权益，支持职工参与企业民主管理。深入开展以“0811”工程立功竞赛、红旗站线创建为主要内容的劳动竞赛，职工文体活动丰富多彩，激励了广大职工立足岗位、建功立业的工作热情。

坚持党建带团建，共青团组织以迎奥运为契机，深入开展“号、手、队”创建活动，开展“青春暖夕阳，爱心筑和谐”志愿助老活动，继续推进奥运之光青年志愿者服务队建设，开展了公司“十大杰出青年”评选活动，充分发挥了突击队、生力军作用。

总结2007年公司党委的各项工作，我们的体会是：

充分发挥党的政治核心作用是公司建设与发展的关键。必须坚持围绕中心，服务大局，落实科学发展观，使党的各项工作融入和服务于公司中心工作，将行政工作的热点、难点作为各级党组织工作的重点，以党的先进性为全面完成公司各项任务提供坚强的思想和组织保证。

充分发挥党的政治核心作用，必须坚持以人为本，将建设高素质的领导干部队伍、党员队伍和员工队伍作为根本任务，为公司的建设与发展提供有力的人才支撑。

充分发挥党的政治核心作用，必须坚持党要管党、从严治党的方针，以创新为动力，不断加强和改进党组织的自身建设，解放思想，实事求是，与时俱进，增强和焕发各级党组织的活力，不断提高战斗力和凝聚力。

充分发挥党的政治核心作用，必须发挥党的政治优势，坚持以科学的理论武装人，以正确的舆论引导人，以高尚的精神塑造人，以优秀的作品鼓舞人，创造与凝练先进的企业文化，营造团结、进取、奋进、和谐的企业思想文化氛围。

在看到我们可喜成绩的同时，着眼公司长远发展以及2008年面临的艰巨任务，必须清醒地认识到我们的工作仍存在着不足与差距：一是部分干部、员工对公司肩负的奥运电力保障任务的重要性和艰巨性在思想认识上有待提高，责任意识和使命感需要进一步增强。二是根据党的十七大提出的“以改革创新精神加强党的建设”以及“注重人文关怀和心理疏导”开展思想政治工作等新的理念和要求，探索创新党建和思想政治工作的新途径是我们面临的重大课题。三是随着改革深化，企业用工制度的不断规范，以及“主多分开、主辅分离”等各种因素的影响，保持员工队伍稳定的任务依然艰巨。

二、当前的形势

2008年是全面贯彻落实党的十七大精神的第一年，党的十七大高举中国特色社会主义伟大旗帜，坚持中国特色社会主义道路和中国特色社会主义理论体系，深入贯彻落实科学发展观，对继续推进改革开放和社会主义现代化建设、全面实现小康社会的宏伟目标做出了全面部署，对以改革创新的精神全面推进党的建设提出了明确要求，为国有企业的改革发展和党组织建设指明了方向；2008年同时又是改革开放30周年，认真学习和运用十七大总结的改革开放的宝贵经验，对进一步解放和发展生产力，推动公司及首都电网建设迅速发展具有重要意义。

2008年是北京奥运的决胜之年，北京市委明确提出将奥运的举办作为今年的首要任务，强调要举全市之力，全力以赴确保奥运会、残奥会圆满成功；2008年同时又是国家电网公司深化“两个转变”，实施“四化”管理，全面落实科学发展观的关键一年，国家电网公司强调要把科学发展观全面落实到电网发展和公司发展的全过程，推动“一强三优”现代公司建设再上新台阶，并对全面做好服务北京奥运会等有关工作做出了重要部署。

北京电力公司作为直接为奥运会提供电力保障的国有企业，不仅代表着国家电网公司的形象，代表着首都北京的形象，更代表着国家和全民族的形象。确保为奥运会举办提供安全可靠的电力服务是党和人民赋予我们的光荣使命，是公司2008年工作的首要任务，是各项工作的重中之重。因此，我们要清醒地看到奥运电力保障工作中面临的风险与挑战，把思想统一到党的十七大精神上来，统一到

北京市委和国家电网公司党组的要求上来，全面履行国有能源骨干企业所承担的政治责任、经济责任和社会责任，万众一心，全力以赴，“以最大的热情、尽最大的努力”，确保奥运电力保障的决战必胜，同时以此来巩固和发展公司建设的良好局面。公司各级党组织要充分发挥政治核心作用和战斗堡垒作用，以更加振奋的精神，更加扎实的工作，为确保奥运电力保障万无一失，建设“超稳定”电网，实现全国文明单位创建目标，提供政治、思想、组织保证。

三、2008 年主要任务

2008 年公司思想政治工作的指导思想是：以邓小平理论、“三个代表”重要思想为指导，深入贯彻落实党的十七大精神，全面落实科学发展观，紧紧围绕奥运电力保障工作，充分发挥党组织的政治核心作用，提高员工队伍整体素质，以人为本，全面加强党的建设、精神文明建设和思想政治工作，为奥运会成功举办、公司和谐发展而努力奋斗。

2008 年思想政治工作的目标和任务是：以党的十七大精神为指导，强化党的先进性建设、强化员工队伍素质建设，在公司上下营造全力以赴保奥运、凝心聚力促发展的强势氛围，为确保奥运电力保障万无一失、确保完成公司全年各项任务，提供坚强的思想和组织保证，实现全国文明单位创建目标。

（一）强化党的先进性建设，在奥运电力保障中充分发挥党的政治核心作用

1. 深入学习贯彻党的十七大精神

2. 加强领导班子素质建设

3. 加强基层党组织建设和党员教育管理工作

4. 加强干部、人才队伍建设

5. 加强反腐倡廉建设

（二）强化员工队伍素质建设，为确保奥运电力保障工作万无一失提供人才支撑

1. 进一步提升员工思想政治素质

2. 进一步提升员工文明道德素质

3. 进一步提升员工专业技术素质

（三）深入开展精神文明创建活动，营造全力以赴保奥运、凝心聚力促发展的强势氛围

1. 完善精神文明建设机制

2. 以“迎、讲、树、促”为主题，深入开展精神文明创建活动

3. 打好奥运电力保障工作的宣传总体战役

4. 全面加强企业文化建设

5. 大力推进精神文明建设创新

（四）公司上下行动起来，为夺取奥运电力保障决战决胜而共同努力

1. 充分发挥员工主力军作用

2. 充分发挥团员青年的生力军和突击队作用

3. 为成功举办奥运会营造稳定和谐环境

创新发展理念　持续推进转型　切实发挥审计的增值服务作用

——副总经理石路在北京电力公司 2008 年审计工作会议上的讲话（摘要）

（2008 年 3 月 6 日）

一、围绕中心工作、践行转型要求，内部审计全面发挥了监督与服务的双重职能

过去的审计定位于“监督”。这在前期对提高审计地位、扩大监督力量起到了良好的作用，但不利于促进生产经营管理的全过程、全方位管理，也容易使审与被审形成对立，造成不和谐。近年来，公司的内部审计工作结合自身实际和审计转型要求，在工作重点的安排上，把握生产经营、改革改制和快速发展的大局，侧重于风险和效益审计，为企业稳定健康和谐发展服务，收到了良好成效。

2007 年，公司被评为国家电网公司审计工作先进单位。审计部克服人员少、任务重的困难，开展了 130 多个审计项目，纠正违规违纪资金 4798 万元，由审计提出并被采纳的管理建议达 354 条。这里举工程审计的例子，一年时间内，工程审计共完成 10 家单位 23 项基建工程审计，抽审资金 13 亿元；完成 13 家单位 66 项消隐一期工程审计，抽

审资金9.3亿元；开展11项“0811”奥运工程在建期管理审计检查；对公司新建办公大楼、清河集资建房和大雁楼培训中心改建项目进行了专项审计。工程审计把握了“审计重点、审计热点、审计难点”的原则，通过一系列工作，及时发现问题并推进了审计问题的解决，为打造“阳光工程”奠定了基础。但同时我们也应当看到，与大规模抽审资金量相比，我们查出的问题资金还不够多，我们在审计深度上还有深入的空间，在审计范围上还有扩大的必要，这需要公司审计人员在下一步的工作中再接再厉，把审计工作做深、做细、做扎实、做出实效来。

除去完成公司自身审计任务外，审计部还先后派出7人次，利用500个工作日协助国家电网公司联审，出色的表现得到上级主管单位的认可，展现了北京电力公司审计队伍的良好素质。

成绩来之不易。总结起来，我认为这一阶段的工作在四个方面把握得比较到位。

一是服务大局，围绕企业工作中心开展审计。2007年开展的资产经营责任审计在提升经济效益，防范运营风险方面发挥了重要作用；内部控制审计评价从生产经营活动的流程出发，对完成经营目标的控制、对相应组织机构和内控制度的建立与完善进行了全面的总结；一些针对公司发展热点、难点问题进行的专项审计项目，如公司大楼效益审计以及大雁楼改造工程、清河集资建房过程审计，一经实施，受到了公司领导、被审计单位与企业职工的高度关注，并且效益显著，特别是一些过程中的审计，起到了预防作用。

二是将管理效益审计融入到各项传统审计当中。传统审计是审计转型的基础，将内部控制和风险管理为导向的内容融合到传统审计项目中去。一方面传统审计项目内容得以扩展，审计方法更加灵活，起到事半功倍的作用；另一方面，从深层次上提出有前瞻性的意见和建议，促进了审计问题的及时有效控制。

三是审计成果应用机制基本建立。发现问题、报告问题、抓好整改，是审计工作不可缺少的三个步骤，内部审计的意义最终要体现在审计成果的应用上。2007年，公司审计积极探索建立审计意见和建议的落实情况反馈与督导机制，逐步开展对被审计单位的回访和后续审计；深入对审计发现的问题进行分析，提升了审计报告的含金量，为被审计单位提供了有针对性的管理建议书。

四是一套良性的工作机制正在逐步建立。审计环境逐步改善，促进了良性工作机制的形成。首先，各级领导普遍提高了对内部审计工作的认识，从“要我加强审计”转变为“我要加强审计”；其次，各单位加强了对审计工作领导，对审计发现问题高度重视，认真整改；第三，一些必要的审计宣传将内部审计工作的定位、职能、文化以及环境进行了充分的介绍与展示，审计赢得了支持，审计人员与企业共同发展，促进了和谐企业建设。

二、正确把握形势、提高思想认识，增强做好审计工作的紧迫性和使命感

1．外部监管力度不断加大

外部监督力度继续加大，社会舆论密切关注，市场化约束逐步加强，要求公司进一步提高自我约束能力。近年来，国家加强了对国有大中型企业的监管，我们企业倍受新闻媒体和社会舆论的关注。在电力市场形成过程中，客户约束也日益增强，公司社会形象和商业信誉与公司发展越来越密切，直接影响到公司战略目标的实现。因此，客观上要求企业加强自律、加强内部控制，强化自我约束和自我纠错能力，审计在其中起着重要作用，也必须承担起相应的责任。

2．内部审计的转型对实务工作提出更高要求

随着社会经济的高速与多元化发展，内部审计作为一种独立的为管理服务的职业，面临更高质量的要求，体现在两个方面：首先，审计既要注意对结果的审计，更注重对过程的审计；既注意对静态下内部控制水平的审计，更注重对过程控制有效性的审计。其次，内部审计要体现“前瞻性”，内部审计师是“明天的审计师”，而非“今天的审计师”，关注的重点不仅要维护企业现有的利益，而且要为企业创造更多未来的利益。内部审计的使命在于为企业赢得更多效益。

3．企业改革不断深化，审计工作任重道远

公司精细化管理、标准化建设正在深入，各项业务基础工作得到逐步加强，经济效益和管理水平得到很大提升。客观上要求审计将注意力更多地转向企业绩效和风险防范方面。一般性差错和流程性管理差错，以及历史遗留问题将会逐步被刚性管理

所制约，公司有效经营主次要矛盾必将发生相应转换。这对审计深度提出更高要求，对审计人员的素质与能力也提出了新的要求。

三、全面开展审计、突出工作重点，开创公司内部审计新局面

1. 着力做好奥运及重点工程审计，确保阳光工程

国家审计署2008年审计计划将电力企业固定资产投资建设项目作为重点审计事项。近期，审计署已组成审计组赴国家电网公司及相关电力企业开展固定资产投资建设项目审前调查。近几年，公司固定资产投资规模巨大，加上我们地处首都，地理位置上紧临国家电网公司，很有可能被选为延伸审计单位。我们一定要紧绷这根弦不放松，严格按照国家基本建设项目、招投标等相关法律法规要求履行项目程序，及时取得相关许可批复，按照“五制三算”要求落实管理，有效控制工程造价，建设经得起审计的工程项目。

北京市审计局强调奥运工程是2008年审计的重头戏，重点对结算和竣工决算以及工程管理过程开展审计。2008年是公司奥运决胜之年，我们不要没有安全的工程，不要没有质量的工程，同样，也不要没有廉政的工程。这需要我们的工程管理人员克尽职守，更需要我们在座的专、兼职审计人员严格把好每一道关，从资金链和管理链入手，加强工程项目全过程审计监督，及时发现问题，提出整改意见和管理建议，全力将奥运及各项工程打造成阳光工程。

2. 强化审计成果整改落实，促进企业风险规避与效益提升

公司高度重视内部审计在合法合规经营、优化内部控制、持续改进管理和防范经营风险等方面发挥的重要作用，并多次就加强审计成果运用做出明确的指示。2007年，公司总经理办公会议先后两次听取审计工作情况专题汇报，责成相关职能部门和单位出台和完善相关规章制度，堵塞经营管理漏洞，促进管理机制理顺，起到了良好的效果。

刚才，《审计问题通报和风险分析报告》披露的问题，涉及公司经营管理、工程管理、营销管理、多经管理和财务收支等各个方面，这些问题都是公司存在的较为常见和普遍的问题，有些已经习以为常，但管理风险十分巨大，具有较强的借鉴和警示作用。各单位要高度重视，增强风险意识，并落实到行动上：首先，要对照问题进行自查，梳理自身存在的问题与不足，针对具体问题要及时进行整改落实；其次，要深入分析、举一反三，不断健全组织、完善制度和规范流程，达到治标又治本的效果；最后，“通报”反映的这些问题，有制度建设方面的原因，但更多的是制度执行不力、不到位的原因，因此要切实加强后续执行、监督、考核力度。

对于审计成果的应用上我再强调一点，各单位一定要把审计意见落实到位。在整改过程中，不要只针对具体问题进行整改，一定要延伸到整个管理环节和管理过程，千万不能“头痛医头，脚疼医脚”，要做到举一反三，标本兼治。2008年，公司将审计意见整改落实情况纳入到对所属单位绩效考核管理办法中，各单位要高度重视、认真对待。

3. 强化对审计工作的领导，营造良好的审计环境，充分发挥兼职审计队伍作用

各单位要充分认识加强审计工作的重要意义，进一步加强领导，高度重视审计反映的情况和审计成果运用，积极为审计工作开展创造良好的条件。兼职审计人员时刻要以服务大局、服务公司工作重点为中心，对审计发现问题不仅要查深查透、严肃处理，还要深入分析，找出问题的原因和症结，从完善制度、机制上有针对性地提出审计意见和建议，不断提升服务能力。

随着电力体制改革进程的加快，主多彻底分离势在必行，涉及人员、资金、资产的界定、清理和处置等工作，这是一项艰巨的系统性工作。希望各单位充分发挥兼职审计队伍作用，提前做好多经企业情况审计调查工作，及时掌握多经产权、管理、财务、经营等各方面的情况，摸清家底，为公司和各级领导决策提供客观、准确的依据。同时要在资金管控上帮领导把好关，资金如果出现问题，不仅企业受损，企业形象、职工政治生命都将受到严重影响，各单位在资金管理上一定要引起高度重视。

发扬“0811”精神　提升奥运供电可靠性
推动电网发展再上新台阶

——副总经理单业才在北京电力公司2008年规划基建工作会议上的报告（摘要）

（2008年1月30日）

公司2008年规划基建工作会议的主要任务是：深入贯彻公司一届四次职代会暨公司2008年工作会议精神，全面落实科学发展观，推动电网发展再上新台阶。认真总结2007年公司规划基建工作，分析当前形势，部署2008年工作，发扬“0811”精神，提升奥运供电可靠性，为确保奥运安全可靠供电、推动电网发展再上新台阶而努力奋斗。

一、全面完成电力强网“0811”工程

2007年，在公司党委的正确领导下，规划基建战线广大干部职工认真贯彻落实公司一届三次职代会会议要求，发扬“心系奥运，全力强网、攻坚克难、追求卓越”的基建精神，克服建设规模大、环境制约多、协调任务重、标准要求高等种种困难，全面完成了电力强网“0811”基建工程，电网“三步走”发展战略的第一步已顺利告捷，首都电网达到一个新水平。

（一）电网规划进一步优化完善

针对2007年电网度夏存在的问题，公司组织制定了投资估算约19亿元的电网可靠性提升工程实施方案，为确保奥运供电万无一失奠定了基础。滚动修编了2008～2012北京电网规划，配合市发改委启动了2020年能源发展规划方案编制工作，积极开展电网规划国际对标工作，组织完成电磁环网解环规划、500kV电缆国际咨询等专项技术研究，电网规划的质量和水平得到进一步提高。加强了与市、区两级政府的沟通，与政府发展规划进行了有效衔接，电网规划的深度和可实施性得到进一步提高。北京市政府与国家电网公司“9·20”会谈充分肯定了北京电网的发展思路和发展规划。

（二）规划前期取得重大突破

一是加快可研编制和审核进度。全年审核可研共220项，上报国家电网101项，上报发改委配网项目核准申请88项，国家电网批复89项，审批电厂接入系统10项。二是针对方案实施中出现的路径、系统接入、随路建设、切改等前期问题，加大协调力度。三是积极争取各级政府的支持，海淀500kV输变电工程等一批项目的规划意见书取得突破。四是为突破前期瓶颈制约，组织开展了电网建设外部环境分析及对策研究工作，并以简化流程为突破口，协调市发改委电力管理处牵头在一定范围内发布了《加快电网项目审批工作研讨会会议纪要》，构建了电网发展的和谐环境。全年共落实194项工程的立项批复、95项工程的规划意见书。

（三）年度建设规模再创新高

2007年，北京电网完成电网建设投资76.7亿元（含500kV投资12亿元），同比增长81%。全年建成80项基建工程，其中500kV朝阳变电站顺利竣工，新增35kV及以上变电站62座，新建主变压器容量1304.8万kVA，新建架空线路864.5km、电缆117.8km。

为了保证各项建设任务，特别是“0811”工程能够按计划完成，基建系统加强对重点工程的管理和协调，加强项目进度计划控制，逐月开展统计、分析工作，确保早竣工、多投产。

（四）基建安全继续保持稳定

基建系统按照国网公司的统一部署和安全“三个百分之百”的要求，深入开展“百问百查”活动，通过完善制度、加强宣传、营造氛围，全面巩固施工安全基础，落实安全责任。基建安全巡检组结合工程实际情况和施工特点，将临时用电、基坑、沟道等专项治理及争创无违章工地、巡检等活动纳入专题性和常态化治理，依靠活动的全面动员，全员参与、全过程管理，以循序渐进、循环往复的方式，不断深化和细化管理。在各类活动中，63个项目部获得无违章流动红旗项目工地荣誉称号，树立了11个临电管理样板工地，5个沟道、基坑安全文明施工管理样板工地，3个安全月标杆工地、12个安全月先进工地，起到了典型引路、整体推进的目的。

（五）工程建设质量稳步提高

公司从标准化建设入手，编制了《北京电力公司基建工程施工工艺手册》、《北京电力公司标准化

项目部管理办法》等标准，对输变电工程的关键环节进行标准化管理，通过全程监控、加强管理，提高了施工工艺水平。通过沟道盾构技术、气垫运输等先进施工方法的应用，提高了工程建设的科技水平。

在标准化建设的同时，不断提高设计和施工工艺标准，落实了工程移交、验收等环节的程序，加大了各建设单位、施工单位在设计审核、施工监理、运行验收和质量监督等关键环节的管理力度，黄寺、昆玉河、平谷、八达岭被命名为2007年度国家电网公司优质工程。

（六）招投标管理进一步规范

公司按照“集约化发展、精益化管理”的要求，在建立健全招投标管理制度的基础上，充分发挥纪检监察和法律保障的作用，逐步扩大公开招标的范围，在实现规模效益的同时，大大提升了公司对供应商的影响力，在铜、铝、钢材等原材料价格持续上涨的情况下，通过公开招标引入竞争机制、完善评标办法、优化评标细则、加大到货检测力度等一系列措施，在确保产品质量的前提下，达到了降低投标报价、节约采购成本的目的。全年仅公司自行招标的物资就达到56.44亿元，节约资金达2.04亿元。

（七）同业对标取得重大进展

基建系统认真总结2007年同业对标工作的经验与不足，贯彻公司2007年创一流同业对标工作部署和要求，从年初就制订了“落实责任、过程管理、动态分析、多方配合”的方针，全面推进电网建设同业对标工作，取得较好成果：220kV及以上输变电工程投产后第一年可靠性指标为3.8分，排名第一；工程决算按期完成率、年度电力建设项目环保竣工验收率为100%，并列排名第一；线路工程投产指标为104.87%，变电工程投产指标为133.04%，工程概算下降率为-7.65%，工程投资控制指标为86.67%；4项220kV输变电工程被命名为2007年度国家电网公司优质工程。

（八）基建文化初步形成

“0811”工程是举全公司之力的系统工程，是精心打造的阳光工程。要建设成为经得起历史检验的精品工程，廉政建设必须人人参与，基建文化必须积极创造。各建设单位将工程中的廉政建设纳入党委重要议事日程，党政一把手亲自抓；各级领导干部在管工程时又管廉政，统筹兼顾；对各专业人员从严教育、从严管理；各级纪检监察部门积极服务于“0811”工程建设，深入基层和一线，提供帮助和服务。伟大的事业孕育了崇高的精神，在“0811”工程建设过程中，广大基建工作者展示了风采、树立了形象、凝结了精神。在“0811”工程的各个战场，“心系奥运，全力强网，攻坚克难，追求卓越”的“0811”基建精神得到充分体现，这精神来源于集体的智慧、不懈的拼搏、顽强的品质、高尚的情操，这宝贵的精神财富将在可靠性提升的过程中、在奥运保电的战役中继续传承。

以上成绩的取得，是规划系统全面贯彻落实科学发展观，超前部署电网战略和规划梳理研究，系统谋划电网发展的结果；是基建系统推进标准化建设，开展管理创新、技术创新的重要成果；是规划基建战线广大干部、职工甘于奉献、奋力拼搏的结晶。

回顾2007年，规划基建战线继承和发扬了好传统，开拓了新思路，一是电网规划滚动优化。及时跟踪北京市经济发展方向和负荷发展热点，充分把握首都电网属性、功能定位及所处阶段，持续规划、研究电网。二是依靠政府突破前期瓶颈。公司及各单位积极向政府汇报工程的重要性，赢得了政府的理解和支持，建立工程审批的绿色通道。创新政企联动共建电网的模式，有力促进了规划前期进度。三是基建管理创新。创新基建管理思路和方法，提高建设管理的效率和效益，对推进基建标准化建设，进行了积极的探索。四是积极开展标准化建设。大力推广应用“三通一标”，“两型一化”变电站建设取得丰硕成果，环境友好、资源节约理念逐渐深入人心。五是发扬了基建战线善打硬仗的光荣传统。在建设环境差、前期时间紧等不利条件下，广大职工迎难而上、顽强拼搏，依靠科学管理、科学安排，安全优质地完成了“0811”建设任务，体现了基建干部职工昂扬向上的斗志和坚忍不拔的精神。六是涌现出了一大批可歌可泣的英雄人物和先进事迹，他们战严寒、斗酷暑，不分节假日、不顾带病躯，会聚在“0811”的旗帜下，同甘共苦、心磨胆砺，勇往直前。

二、“0811”工程体会和今后面临的形势

2008年1月16日，国内首座500kV全户内

变电站朝阳站正式投入运行，标志着经过北京电力公司万名职工18个月艰苦不懈地努力，电力强网“0811”工程基本完成，新建和扩建的2座500kV变电站、19座220kV变电站、74座110kV变电站，为电网增加变电容量1694万kVA，提升电网供电能力33%，电网发展实现重大跨越。

（一）“0811”工程实施效果

“0811”工程源于北京电力公司对奥运供电保障历史使命的深刻认知，源于主动承担自身社会责任的强烈意识，是转变电网发展方式，打造“超稳定”坚强电网的重要举措，是保障奥运安全可靠供电，服务“新北京、新奥运”战略构想的创新实践，是推动首都电网跨越式发展的历史性工程。“0811”工程全面实现五大预期目标，电网发展提质、提速、提效。

一是奥运供电保障能力大幅提升。奥运比赛场馆及重要配套设施实现来自不同方向电源的多路供电方式，国家体育场“鸟巢”采用4路供电，奥体中心、水立方等采用3路供电，奥运转播中心采用4路供电、4路备用方式，具备高供电可靠性。

二是电网供电能力大幅增长。北京110kV及以上电网供电能力增长33%，其中六大高端产业功能区和三个重点新城新建、扩建32座110kV变电站，供电能力增加329万kVA；远郊区新扩建40座110kV变电站，供电能力增加305万kVA。在2008年度夏负荷达到极端高峰负荷1460万kW，较2006年增长35%的情况下，各级电网容载比达到规划导则的上限，具备很高的裕度水平。

三是安全稳定水平显著提高，设备重载问题得到较大缓解。电网网架结构更加坚强，预计2008年夏季高峰负荷期间，北京电网所有500kV线路、主变压器，220kV线路全都满足N–1运行要求；35kV及以上变压器重载数量与工程实施前相比减少84.5%，需要停用自投装置数量减少85.7%。

四是电网技术装备水平迈上新台阶。大批存在安全隐患的老旧设备得到了改造和更新，高可靠和免维护设备的大量采用，电网装备技术水平和设备健康状况明显提高。目前，35kV及以上输电线路一类健康率达到71%；220kV及以下变电站无人值班率达到95%；35kV及以上断路器组合化率超过58%；10kV及以上高压开关无油化率达到95%，10kV线路电缆化率提高到40%。

五是用户供电可靠性得到提高。2007年城网供电可靠率为99.9382%，提高了0.0415%，用户平均停电时间为5.412小时，比2005年减少了3.64小时。农网供电可靠率为99.7951%，比2005年提高了0.1277个百分点；用户平均停电时间为17.95小时，比2005年减少了11.2小时。

（二）“0811”工程体会

“0811”工程是首都电网继“9511”、“9950”工程后更高的里程碑，以其投资规模、工程质量、工艺标准、社会作用镌刻于首都电力发展史册，成为永远的里程碑！宏伟浩大的工程之所以能够顺利完成，关键在于做到了五个结合。

一是服务首都与建设电网相结合。北京城市未来发展定位为国家首都、世界城市、文化名城和宜居城市，为了实现这一目标，建设“超稳定”电网势在必行。“0811”工程是北京电力公司站在适应城市空间发展战略和首都功能定位的高度，结合“首都电网”、“受端电网”和“现代都市电网”的特点，建设具有首都特色城市电网。2006年4月26日，国家电网公司与北京市委、市政府领导共同签署《关于共同推进北京电网建设和发展的会议纪要》，标志着北京“十一五”电网发展驶上了快车道，更标志着北京电网开始向国内领先和国际一流电网迈进。“0811”工程顺应历史潮流和时代发展，将为建设和谐社会首善之区提供强大的能源支撑。

二是服务奥运与加快发展相结合。奥运机遇，千载难逢。公司只有紧紧抓住奥运战略契机，才能开创新局面，实现新构想。“0811”四大工程，无不与奥运紧密相关。公司已完成直接为奥运场馆供电的12项输变电工程，公司投资承建的19个奥运比赛场馆及5个附属设施外电源工程、奥运中心区电力管线和场馆周边架空线入地等工程，又投资18.3亿元启动了可靠性提升工程。加快发展是服务奥运的前提，服务奥运引领电网发展，两者互为依补，相得益彰。

三是窗口形象与企业责任相结合。北京电力公司是国家电网公司的窗口，肩负着重要的社会责任、经济责任。“0811”工程是我们履行社会责任、服务和谐社会建设的重要平台，是彰显我们事业观、发展观和价值观的重要载体。“0811”工程将“树立形象”与“履行责任”有机结合，将“四个服务”

的企业宗旨与“新北京、新奥运、新电力”优质服务工程相互衔接，以纲领指导实践，达到目标与效果的结合。

四是工程建设与队伍锻炼相结合。工程建设伊始，公司就明确提出“三不”原则，即“不要没有安全的进度，不要没有质量的数量，不要没有廉政的工程”，始终驾驭着安全、质量、工艺、进度、廉政这五套马车。一系列的规章制度，一整套的保证措施，使“0811”工程自始至终都在严格的管控之下，将“0811”工程打造为经得起历史检验和时间考验的精品工程、阳光工程。如此浩大、复杂、艰辛工程的完成，极大地锻炼了我们的队伍，表现出了“胸怀大局、勇于担责”的高尚政治品格，表现出了“敢于突破、攻坚克难”的坚强意志品质，表现出了“科学求实、精益求精”的严谨工作作风，表现出了“团结协作、和衷共济”的优秀团队精神，表现出了“爱岗敬业，无私奉献”的可贵敬业态度，这就是“0811”精神。

五是历史传承与未来发展相结合。北京电力公司具有光荣的传统和厚重的文化底蕴，这一切需要发扬和继承。“‘0811”工程将历史的积淀与时代的思想相互交融，势必要显现出超常的能量、缜密的才智、过人的胆略、无畏的精神，又反作用于公司的战略思维和目标实现。“0811”工程基于历史、成于现实、惠于未来。

（三）今后面临的形势

为落实北京电网发展会谈纪要，2007 年 9 月 20 日，国家电网公司刘振亚总经理和北京市刘淇书记、王岐山市长再次共商北京电网发展，明确加大投入，按照“主网稳定，配网可靠”的要求，打造“超稳定”电网，对北京“十一五”电网规划进行了滚动优化调整，北京电网“十一五”投资由 2007 年会谈确定的 633 亿元调整到 703 亿元，增加 70 亿元，重点用于北京主干电网和奥运电力工程建设，提高电网送电能力和供电可靠性，确保奥运供电万无一失，保证首都经济社会快速发展的用电需要。“十一五”期间，新建 500kV 变电站 6 座，扩建 1 座，新增变电容量 1680 万 kVA，线路 686km；新建 220kV 变电站 40 座、扩建 10 座，新增变电容量 1705 万 kVA，线路 1127km；新建 110kV 变电站 154 座，新增变电容量 1363 万 kVA，线路 1374km。到 2010 年，北京电网拥有 1000kV 特高压变电站 1 座，变电容量 300 万 kVA；500kV 变电站 10 座，变电容量 2761 万 kVA，线路 1579km；220kV 变电站 75 座，变电容量 3315 万 kVA，线路 3465km。与 2005 年相比，500kV 变电站增加 6 座，变电容量是原规模的 2.6 倍，220kV 变电站增加 40 座，变电容量是原规模的 2.1 倍。

“十一五”后三年，公司还将投资 227 亿元，新建 135 座 110kV 及以上变电站，新投主变压器容量 2403 万 kVA，新建线路 1269km。其中，2008 年新建 61 座 110kV 及以上变电站，新投主变压器容量 1452 万 kVA，新建线路 617km；2009 年新建 45 座 110kV 及以上变电站，新投主变压器容量 676 万 kVA，新建线路 427km；2010 年新建 29 座 110kV 及以上变电站，新投主变压器容量 275 万 kVA，新建线路 226km。“十一五”后三年的项目数占“十一五”全部的 63%，新建变电站数量、投运容量分别为电力强网“0811”工程竣工数量的 193%、142%，基本建设任务依然艰巨。

全面落实“十一五”电网规划，电网建设依然处于时间紧、任务重、压力大的态势。在当前外部建设环境、相关政策日趋恶化的情况下，面对站址不易落实、线路路径选择困难、物资供应紧张、拆迁赔偿费用居高不下的建设难点，以及随着 2008 年奥运会的举办、建国 60 年大庆的临近，使有效的施工时间更为紧张的状况，各单位和相关部门急需尽早、尽快、全面开展“十一五”后三年电网基本建设工作。

三、提升奥运供电可靠性，推动电网发展再上新台阶

2008 年，是奥运电力保障的决胜之年，也是电网发展的关键之年，规划基建工作年度工作思路是：深入贯彻落实科学发展观，按公司“两会”整体部署，紧紧围绕确保奥运安全可靠供电这一中心任务，全面完成电网可靠性提升工程，科学谋划后奥运发展，加快“十一五”后三年电网建设工作，推动电网发展再上新台阶。

主要目标是：

不发生基建安全事故，不发生工程质量事故，不发生廉政问题；

保证城南 500kV 工程年内投产、海淀 500kV 工程年内开工。

计划新投运35kV以上变电站26座，新建35kV及以上变电容量789.9万kVA，送电线路和电缆588.4km。

成为国家电网公司电网建设专业管理先进单位。

为此，要重点做好以下八个方面工作：

（一）毫不放松，全力完成“0811”工程后续工作

北京电力公司万名职工18个月艰苦不懈地努力，按计划完成了“0811”工程，但还有大量后续工作存在，应尽快完成。一是输变电工程的配套切改工程。2007年年底，大量工程集中投产，主体工程竣工投产，但配套切改无暇顾及。要抓紧年初的这段时间，尽快完成切改工作，让变电站真正发挥作用。二是竣工决算工作。随着工程的相继投产，竣工决算工作将会像投产时一样集中，这就要求各建设单位要抓紧时间进行决算。职能管理部门要做好协调工作，帮助基层单位按期完成。

（二）再接再厉，按期完成可靠性提升工程

为确保奥运供电万无一失，进一步提高奥运中心区供电可靠性和北京城市电网整体抵御风险的能力，在2007年第29次党政联席会议上，公司决定启动北京电网可靠性提升工程。电网可靠性提升工程对于防止奥运会期间发生扰动电网安全稳定运行的小概率事件，提高电网安全水平，保障奥运安全可靠供电意义重大，是保障奥运会期间安全可靠供电的重要组成部分。

可靠性提升工程基建项目共28项，占56项可靠性提升工程的一半，任务繁重，时间紧。相关部门和单位要充分认识工程实施的重要性，尽快开展工作，根据工程投产要求倒排工期，针对工程中的重点、难点问题，及时开展前期工作，确保工程按期投产。一是加强管理力度。职能管理部门要尽快完成电网可靠性提升过程的开研审核、初设批复、设备订货等工作，为建设单位尽快开工创造条件、争取时间。二是加强前期协调力度。各建设单位多方协调，对于目前还没有开工项目，要重点协调。三是确保工期，在6月30日前全面完成电网可靠性提升工程，为奥运保电工作打下坚实的基础。

（三）千方百计，加快“煤改电”主网建设项目的落实

实施“煤改电”工程是北京市落实中央节能减排政策、推进和谐奥运建设的重大举措。自城四区“煤改电”工程启动以来，公司组织有关部门深入分析研究，制订“煤改电”主网规划和接线方案。目前，配套“煤改电”工程规划新建桃园、内城和菜市口3座220kV变电站，规划新建西四、什刹海、大栅栏、闹市口、交道口和金宝街6座110kV变电站。

“煤改电”主网工程是我公司承担的一项重要政治任务，具有投资巨大、工期要求紧迫、工程实施难度大、不可控的影响因素较多等特点。各相关部门、单位应精诚合作，无缝衔接，克服困难，紧紧依靠各级政府的支持，建立有效的沟通、协调、宣传机制，努力营造和谐的工作环境和社会环境，及时解决工程实施中存在的问题，确保“煤改电”输变电工程2008年投产2座220kV和3座110kV变电站，2009年全部投产。

（四）科学谋划，加快后奥运和“十一五”后三年电网建设

在全面完成电力强网“0811”工程的基础上，落实科学发展观，按照“主网稳定、配网可靠”的电网发展要求，紧密结合后奥运时期首都经济社会发展规划，全面开展新城、高端产业区、金融后台服务区、首钢地区等电网规划编制工作，大力开展线路走廊和电力管沟等电网资源发展规划工作，优化、细化后奥运电网发展规划，超前开展“十二五”及2030年电网发展规划的研究工作。

“十一五”后三年，公司将投资227亿元，新建135座110kV及以上变电站，新投主变压器容量2403万kVA，新建线路1269km。“十一五”后三年的基本建设任务依然艰巨，各单位和相关部门应统一思想、提高认识，继承“0811”工程建设的宝贵经验，抓住主要矛盾，一要进一步理顺内部管理机制，提前做好工程策划，尽早落实责任，确保工作有序开展。要密切联系政府，积极与政府做好宣传和沟通工作，尽早落实站址，加快投资划分协议的签署，积极争取和落实政府投资补助资金，同时以政府为依托开展拆迁赔偿工作，提高电网建设的效率和效益。二要特别重视外电源建设，加大可行性研究和前期工作深度，最大限度地避免路径变更，以及超估算问题的发生。三要坚持标准化建设和精细化管理，坚持应用“三通一标”，推广“两型一化”和“两型三新”建设标准，又好又快地完

成“十一五”建设任务。

（五）防微杜渐，继续提高基建安全质量水平

2008年要继续全面加强基建安全管理，连续保持基建安全稳定大局。一要加强事前策划。针对今年施工任务多、施工期短等情况，要对全年及每季度、每月的安全管理工作超前策划、及时总结，不断提高安全管理的针对性和有效性。二要抓住重点，杜绝人身事故。突出抓好扩建、改造工程临电、输电线路工程交叉跨越施工等重点部位、重点工程、重要环节施工作业的安全管理，杜绝人身伤亡事故。三要加强特殊建设环境的安全控制。针对夏季、冬季等季节性施工的特点，完善事故预案，细化防范措施，建立应急机制，防止恶劣天气及气候因素对基建安全造成影响。四要继续开展安全巡检，总结2007年的成熟经验，充分发挥安全巡检组的作用。

对于项目创优工作，要制定具体的创优规划实施细则，将创优要求落实到每一个细节、每一道工序。继续深入推行标准工艺，通过在工程中全面推行标准化的施工工艺来提高质量水平。2008年在继续取得国网公司优质工程基础上，争取朝阳500kV变电站夺得国家鲁班奖。

（六）脚踏实地，不断提升招投标管理水平

招投标管理要在全面完成招标任务的基础上，进一步规范招标程序、推广招标文件范本的应用、加强对供应商履约情况的管理、加快SG186招投标信息系统的建设，积极稳妥地进行物资类的框架招标和非物资类的公开招标，确保所采购的物资和服务，既满足技术、质量要求，符合首都特色，又兼顾企业效益。特别是，要确保提升工程、奥运临时工程、城区煤改电等重点项目的物资供应。

（七）平稳过渡，不断完善造价体系

2008年，公司系统工程造价管理按照“两全三化”总体思路开展工作，强化工程造价全过程管理和控制，逐步实现工程造价管理和控制工作的“规范化”、“实时化”和“信息化”。以基建造价管理体系为载体，以工程初步设计评审批复为手段，全面推广应用“三通一标”，提高造价管理时效性，加强技经定额管理，完善信息交流和教育培训，努力提高投资效益，降低工程造价，全面提升工程造价管理水平。要做好新预规出台后的概预算管理工作。新预规和新概预算定额的出台，输变电工程的概预算管理又将进入一个新阶段。新预规及新概预算定额与现有预规、定额之间有较大的区别，充分考虑了参建各方的责任与义务，对工程造价有较大影响。职能部门做好新旧预规在工作中衔接，加强概预算管理，做到公司概预算编制和审核工作平稳过渡。

（八）抓住时机，全面夯实管理基础

2008年的基本建设，具有明显的阶段性特征。奥运会召开前的半年时间是可靠性提升工程的攻坚阶段，全部任务都要在6月30日前完成，任务之艰巨不在“0811”之下。奥运会召开期间，为了配合奥运保电，基建战线需要休整一段时间。奥运会胜利闭幕后，我们将再次掀起开竣工的高潮。根据这一特点，要抓住奥运期间这一难得的休整期，完善制度、全员培训、突击设计、拾遗补缺，全面夯实基建管理基础，为下一个建设高潮积蓄力量。

坚持科学发展 确保奥运供电
全力推动安全生产管理向“国内一流、国际水准”迈进

——副总经理王凤雷在北京电力公司2008年安全生产工作会议上的报告（摘要）

（2008年1月26日）

一、2007年工作回顾

2007年，公司生产系统广大干部职工求真务实，开拓创新，拼搏进取，以“主网稳定，配网可靠”为目标，以集约化、精细化、标准化、专业化、扁平化管理为手段，以科技信息建设为支撑，全力保障首都电网稳定运行，安全生产成绩显著。安全管理和电网运行的25项同业对标指标中19项指标位于国家电网公司前五位，创下历史最好水平。

主要指标完成情况：

未发生人身伤亡事故，未发生误操作事故，未发生大面积停电事故，未发生重大电网和设备事故，

未发生有重大社会影响的停电事故。

发生一般电网、设备事故12次，其中输电7次、变电5次，较2006年共减少6次，下降33.3%。

发生电网、设备一类障碍103次。其中输电91次，比2006年上升了8次；变电12次，比2006年减少了16次。合计较2006年减少8次，下降7.21%。

荣获2007年"全国安全生产月活动优秀单位"荣誉称号，是国家电网公司系统内唯一获此殊荣的单位。

220kV保护动作266次，正确动作率100%。

110kV保护动作442次，正确动作440次，正确动作率99.55%。

继电保护总动作次数8986次，下降23.43%。

继电保护数字化率89.67%，同比提高10.02%。

发生10kV配网永久性故障998次，较2006年全年减少702次，下降41.3%；其中架空线路故障857次，较2006年减少556次；电缆线路141次，较2006年减少146次。

城市综合电压合格率99.373%，同比提高0.124个百分点；农村综合电压合格率99.317%，同比提高0.382个百分点。

城市供电可靠率99.9382%，同比提升0.0345个百分点，用户平均停电时间为5.412h，同比减少了3.0268h；农村供电可靠率99.7951%。

架空线路可用系数：220kV为99.885%，同比提高0.899个百分点；110kV为99.894%，同比提高0.451个百分点。

变压器可用系数：220kV为99.937%，同比提高0.684个百分点；110kV为99.953%，同比提高0.107个百分点。

断路器可用系数：220kV为99.986%，同比提高0.352个百分点；110kV为99.984%，同比提高0.095个百分点。

全年带电作业主网751次，比2006年增加266次，增长54.8%；配电网5304次，比2006年增加1252次，增长30.9%。

全年共完成到货电缆检测666批次、2947盘电缆；变压器检测2026台；10kV架空绝缘线检测438盘；全年电缆检测不合格率为3.5%，较2007年初的12.5%下降了9个百分点；架空绝缘导线检测不合格率也从年初的66.7%下降到后期的2.2%。

全年圆满完成政治供电任务212项，包括重大政治供电任务46项，大型政治供电任务11项，重要政治供电任务155项，累计保电天数达318天。

首都电网的运行管理既具有一般电网的普遍规律，又有自身的鲜明特点：首先，北京电网重要用户多、分布广，政治供电时间长、任务重，供电可靠性要求高，对于停电事件的敏感性高，受关注程度高，舆论压力大，要求我们必须建立风险分析和防范意识，确保"超稳定"安全供电。其二，作为特大型城市电网和典型的受端电网，城市中心区负荷密度高，四分之三的电力需要外部送入，保障电力输送通道尤其是为城市中心区送电的220kV电网稳定可靠，至关重要。其三，作为单一城市电网，要保证全网协调运行，就必须促进电网运行管理的扁平化。其四，作为国家电网公司的窗口单位，北京电网运行管理水平应在国家电网公司系统内处于领先地位，充分展示国家电网品牌形象。

2007年，我们准确把握首都电网的特性，重点开展了以下几方面工作，取得了可喜的成绩。

（一）强化电网风险防控管理

深入研究防范大面积停电事故策略，积极完善电网运行方式分析，从电网月停电优化、周风险分析、日工作安排、现场风险控制四个层次，建立电网安全风险防范体系，提前掌控电网运行风险，实现超前控制。

针对设备风险，全面梳理北京电网主要设备的运行状况，动态做好设备评估，深入分析设备故障和缺陷，加强设备的特巡、维护、消缺和改造，提高设备的健康水平。

针对政治供电风险，统一领导，周密部署，完善保电方案，确保措施到位，从加强过程管理和细节控制入手，圆满完成各项政治供电任务。

针对人身安全风险，完善各项安全管理制度和现场安全措施，切实做好作业现场的安全控制和监督，坚持开展作业前危险点辨识，违章现象大幅减少，有效防范了人身伤害事故。加大防止人身伤害方面的投入，有效消除装置性隐患。

针对电网运行环境风险，开展反外力专项行动，对北京地区流动吊车、大型基建场所进行了摸底排查，建立了3000余辆大型机械车辆及其操作人员的台账和联系方式，落实责任，排查隐患，电网运行环境得到改善。

计划停电本身就是风险，公司把停电计划的管控作为电网风险管理的重要内容，全面推行综合检修。在“0811”基建工程任务繁重的情况下，全年停电计划2639项，比2006年减少了845项，下降24.25%，其中基改建工程1491项，占全部计划的56.5%；全年检修计划1148项，比2006年减少1267项，下降52.46%。因为“0811”工程、电网消隐二期和市政工程要2007年完成，工期紧、任务重、范围广，造成停电和检修计划中基改建工程占了很大比重。通过实施综合检修和状态检修，严格停电计划的管控，2007年北京电网异常方式大为减少，电网运行风险明显降低。检修工作量减少了，人身安全风险也就得到了控制。否则，如果按照原来的方式安排，电网停电将成倍增加，电网风险、人身安全风险和误操作风险就会非常大。

（二）把握首都电网特点，调整优化管控模式

一是推行扁平化管控模式，缩短管理链条，提高管理实效。通过对原有生产管理的流程进行分析，我们发现尽管过程严谨、实现闭环，但中间环节多，管理链条长，不利于企业发展。扁平化管理是减少中间层次、增大管理幅度、促进信息传递和沟通的有效手段，一方面包括组织模式的转变，即一对多，要求职能部门充分发挥作用；另一方面讲究落实，一竿子插到底，既要有宏观管控，又要抓具体事务的落实，保证过程缩短，发现问题，快速解决。公司实行扁平化管理，要求各级管理者深入一线、了解一线，一手抓管理、一手抓落实，特别是抓班组层面的落实，切实将工作抓细、抓实、抓出成效。

2007年，公司推行扁平化管理，减少了流转环节，缩短了管理链条。各级领导、各级职能部门深入一线，将公司的安全生产工作理念、思路和重点直接传达到基层一线。成立设备状态监测、综合检修和配网自动化三个工作推进小组，加强领导，统筹协调，保证工作的快速推进和落实。目前，状态监测已经在公司得到推广应用；配网自动化建设初见成效；综合检修理念在基层一线得到认知。

二是推进专业化、集约化管理，梳理管理流程，优化管理结构。公司对原有大修技改管理模式进行了调整，由生产技术部归口管理大修技改工作，加强了大修技改工程的集约化管控，使有限的资金发挥最大的效用。2007年公司完成技改工程项目506项，消除隐患，提升可靠性，为奥运可靠供电奠定了物质基础。

深化技术监督体系建设，集中资金配备技术监督装备，在电网设备综合评价、线路防雷评估等方面发挥了专业管理的优势。

实施变电检修专业化，将城近郊变电设备和远郊区县SF_6设备划归专业公司检修，提高了设备检修质量，降低了检修成本，实现了检修装备和人力资源的优化配置。

创新变电站集约化管理模式，建立北京电网控制中心，负责监视和控制220kV及以上变电站，集电网设备集中监视、远方设备遥控操作、设备状态实时调整等主要功能为一体，实现调度和监控紧耦合的电网管理，充分整合电网调度运行资源和人力资源，缩短了管理链条，利于电网发生异常或事故时的快速指挥和决策。

组建电缆网运行监控中心，在电缆网综合整治的基础上，整合多种运行监控系统功能，形成一体化的电缆网监控平台，对电力隧道、电缆运行状态进行实时监控，使电缆网管理向数字化、信息化发展，实现了对近500km隧道、800km高压电缆的专业化、集约化、现代化管理。

成立带电作业技术中心，从组织、装备、人员、技术等多方面实现带电作业专业化管理，增加了带电作业种类和数量，提高了安全性。首次采用旁路作业法实现了10kV配电线路不停电作业。

三是深化精细化、标准化管理，规范管理行为，提升管理水平。严格停电、检修计划管理，严细停电计划编制，初步实现了用年度输变电设备修试计划、电网停电计划统筹全年的运行检修工作。对停电次数、停电时间进行精细化管理，建立了可靠性管理的预控及后评估管理体系。

提升站、线运行管理的精细化、标准化、规范化程度，修订完成了《变电站运行规程》，发挥了管理制度对实际工作的导向和定责作用；大力开展红旗站、线创建活动，变电站、开关站的站容站貌和输电线路线下运行环境焕然一新，红旗变电站、开关站创建完成率达到50%，红旗线路创建完成率达到30%。

从规划、设计、建设、验收、维护五个方面梳理、编制了配网“五统一”技术标准，建立了配电

站室、架空线路、电缆线路三个专业技术政策的标准化体系，为提升配网建设管理水平提供了标准化技术规则。

建立配网自动化技术体系，编制完成了配网自动化技术方案及“调配一体化”方案；组织完成了GIS与SCADA系统互操作实验及配网无线加密技术的研究论证工作；制定了《北京电力公司配网自动化技术原则》，为配网自动化系统建设提供了技术依据。城区供电公司配电网梳理已经完成，配网自动化全面启动。

将设备管理工作重心前移，积极倡导并严格执行首都标准，做好供应商、设备选型选厂、项目设计可研审核、设备招投标、订货技术谈判等工作，重点加强设备订货管理，建立健全监造、检测制度，保障设备质量可控、在控。成立质量检测中心，规范设备入网检测工作，完善设备入网检测工作流程，加强质量控制手段，把好设备入网关。

加强调度标准化建设，规范两级调度管理机构和流程设置，强化对电网二次设备运行业绩的动态跟踪，明确变电站视频监控系统建设标准，专业管理行为不断规范。

四是运用科技信息手段，生产管理信息化平台初步搭建。2007年公司信息化基础得到加强，科技信息化程度得到提升。依据SG186工程建设总体部署，将ERP系统建设作为提升管理水平的重要途径，全力推进，目前已进入上线试点运行阶段。

电网地理信息系统建设初见成效。在16个属地供电公司和变电、输电、电缆公司三个主网生产单位全面推广GIS系统，统一了GIS平台，实现了输、变、配图形一体化；初步实现由GIS平台为相关专业应用系统提供公共数据和功能服务的目标，空间信息辅助支持平台初见雏形。

积极稳妥地开展生产管理系统建设，明确了公司生产管理目标，完成了PMS、GIS、ERP、OMS及数据中心各系统间设备接口开发和主要生产设备数据准备等工作，为生产过程的精益化管控奠定了基础。

加强调度管理系统建设，增强专业管控能力，实现对专业管理的流程化控制；数据通信网及调度数据专网的施工建设，大幅度提升了通信网络的业务接入能力和二次系统的可靠性；继电保护及故障信息系统为监视保护设备运行情况，实现保护设备的状态检修提供了依据；奥运电力配网监测系统为奥运电力保障奠定了坚强的基础。

北京电网可视化调度系统正式上线运行，是图像化技术在电网调度系统中的崭新应用，将推动北京电网进入全新的智能化、信息化时代。

承担了六项国家电网公司重大科技创新专项任务，涵盖了提高城市电网供电可靠性、能源转换、SG186等关键技术。其中公司重大科技项目——定制电力技术攻克多项难关，获得重大突破，为北京奥运和重要用户高可靠、高质量供电提供了技术保障。

五是创新检修理念，开展综合检修、状态监测，提高电网运行水平。以提高供电可靠性、降低电网运行风险、减少电网相关设备的停运次数和停运时间为目标，大力开展综合检修和状态检修。通过对检修任务和人员分工进行优化组合，达到规定停电时间内检修任务的最佳分配。简单说，综合检修就是不干则已，干则干全，干则干好。综合平衡公司年度基建、技改、消隐、处缺和检修预试等工作，将各类停电结合起来，统筹协调，实现检修时间最优化，不是按需停电，想停几个小时就停几个小时，想什么时间停就什么时间停。状态检修是根据设备的健康水平和状态来安排检修和试验。不该停的不停，不该试的不试，不该传的不传，用最优的检修周期、最佳的检修手段、最短的检修时间，来保证设备处于最佳的健康水平，实现公司设备检修由简单的周期性检修向周期性检修和状态检修结合，最终向状态检修的方向发展。

按照综合检修和状态检修的理念，2007年初公司依据设备评估状况，将检修周期调整为3、6、9，合理安排停电。从调度下令、运行操作、布置安措、签发工作票到现场控制，全过程体现综合检修的理念。推行以设备间隔为最小停电单元的管理方式，停电工作计划以多个单元的组合统一编制，调度部门对同一间隔设备的停发电编制标准调度令，促进了变电站运行人员操作的标准化，极大地降低了运行人员的劳动强度和工作风险；推行停电范围的标准化，为开展检修现场标准化工作创造了便利条件。工作现场数量大幅度的减少及标准化的推行，很大程度上减少了调度和运行人员的工作量，降低了误调度、误操作的几率，进一步提升了首都电网风险管控能力。加强对综合检修效果的分析，建立了综合检修后评估分析制度。推广先进的状态监测和检修技术方法，重点开展电网和专业设备带电监测的研究应用。

（三）以“百日安全”和“百问百查”活动为抓手，电网隐患排查、综合整治成效显著

在“百日安全”和“百问百查”活动中，公司各级领导深入现场进行安全检查，各单位措施具体、落实有力，全面加强安全生产管控力度，积极开展安全隐患排查、春季安全大检查、安全生产月等一系列安全检查活动，确保了人身、电网、设备安全。

大力开展北京电网线下隐患整治工作。加大输电线路反外力破坏力度，发挥属地优势，开展群众护线；加强预控，建立反外力考核机制。

根据公司对奥运供电“电网梳理”工作的总体部署，以历年雷击严重的110、220kV线路为整治范围和重点，全面启动并实施了输电线路防雷综合整治工作。

强化配网故障管理和考核，推广用户分界负荷开关。开展配电线路和电缆隧道综合整治，实施架空绝缘线路防雷改造和设备全绝缘化改造。开展三线搭挂整治，及时解决树线矛盾。

（四）以同业对标为载体，转变观念，开阔视野，助推公司快速发展

他山之石，可以攻玉。为了实现公司的发展战略，需要拓宽视野，立足国内，面向国际，学习先进理念，借鉴先进经验，力争在较短时间内使公司各项工作向国际水准迈进。

2007年，公司大力开展国际对标，与新加坡、日本、德国等国的优秀电力企业进行了广泛深入的交流，引进先进的管理理念、工作方法及技术手段，积极思考、探索、改进公司管理模式，结合北京电网规律，及时总结对标成果，推动成果的吸收转化，快速落实各项改进措施，促进公司管理水平稳步提升。

加强指标管控，深化对标内容，细化指标分解，实现从“结果对标”向“过程对标”的转变。公司同业对标工作取得突破性进展，获得国家电网公司综合管理标杆，安全管理、营销服务和人力资源三个专业被评为专业标杆。建立典型经验培育机制，实现了国家电网公司典型经验库“零”的突破。

创办同业对标专刊《对标超越》，定期宣传和反映国际对标、安全生产、经营管理、科技创新、基层单位工作动态和经验亮点，使争创一流、争当标杆的意识深入人心。

（五）精心组织，周密部署，圆满完成各项政治供电任务

健全组织体系，创新工作模式，完善保电方案，加强与政府的沟通协调，圆满完成“两会”、“十七大”、“嫦娥一号”卫星发射、2007年“好运北京”奥运测试赛等重大保电任务，为做好奥运电力保障工作打下了良好的基础。用81天完成了不老屯变电站改造任务，为“绕月工程”地面卫星站提供了可靠电源。“十七大”召开前，对各类隐患进行排查和整治，梳理了35户重要保电客户的内外部电源，开展了涉及保电的106座变电站和248条输电线路的检修预试工作，完善电网应急处理机制和专业处置预案，对全部危险点和隐患点安排护线人员24小时看护，有力保障了电网安全运行，受到中央办公厅、国家电网公司、国家电监会、北京市委市政府的高度赞扬。

2007年是攻坚克难的一年，也是成绩斐然的一年，为2008年奥运电力保障和公司发展战略的持续推进打下了良好的基础。这是全公司干部职工团结一致、同心同德、拼搏进取、努力工作的结果。在这里，我代表公司领导班子向大家表示衷心的感谢和诚挚的敬意！

二、满怀激情，高昂斗志，脚踏实地，用心工作，全面把握安全生产规律

2007年，对于生产系统来讲，是不平凡的一年。通过我们艰苦不懈的努力，“士、势、实、事”四字方针得到了深入贯彻，公司安全生产取得了显著成绩，干部职工精神面貌发生了深刻变化。总结一年来安全生产工作经验，主要有以下几点体会：

（一）开拓创新，敢为人先，激发了广大员工干事创业的激情和斗志

2007年，在与国内先进同行对标的基础上，公司国际对标工作迈出了坚实的一大步。通过深入、广泛的对外学习交流，查找差距，自我加压，争创一流，公司干部职工身上迸发出前所未有的活力和闯劲，工作视野、工作观念、工作目标和工作状态都发生了深刻变化。在学习、借鉴的同时，我们更注重转化与创新，勇于突破传统思维观念的束缚，

敢于走别人没走过的路，安全生产工作不断开创新的纪录，“状态监测”等先进技术已成功应用于奥运场馆设备监测中，电网控制中心、电缆网运行监控中心和电网地理信息系统已处于国内领先水平。同时，在深入开展同业对标的过程中，锻炼培养了一批能力强、作风硬、业务精的年轻同志，为公司发展储备了人才。

（二）上下一心，团结协作，形成了“抓生产，保安全”的强大合力

思想统一、目标一致、精诚团结，是抓好工作的重要前提。在“百日安全”、“百问百查”活动、十七大政治保电以及红旗站线创建、班组建设等工作中，公司党政工团齐抓共管，全员参与，全心投入，将“安全第一，预防为主，综合治理”的理念贯穿到工作的各个环节。广大干部职工发扬全局“一盘棋”的团队精神，有困难共同克服，有难题共同解决，有责任共同承担，形成了推动工作的强大合力，营造了全员、全时、全力保安全的良好氛围。

（三）脚踏实地，求真务实，全面保障各项工作取得实效

安全生产，重在落实，关键看结果。一年来，我们本着“实事求是”的原则，发扬“严、细、实”的工作作风，强化各级各类人员安全责任制的落实，狠抓“两票三制”、“十条禁令”等基本规章制度的执行，确保了各项安全生产措施落实到位。各级管理人员深入基层，深入现场，敢于管理，从严考核；广大一线员工脚踏实地，夯实基础，加班加点，忘我工作；形成了“重实干、办实事、求实效”的工作机制，实现了安全生产的稳定局面。

（四）用心工作，方法科学，有效推动了整体工作迈上新台阶

干工作讲究科学的方法，讲究巧干，不能蛮干。想要干出精彩，干得漂亮，就既得使劲拉车，又要抬头看路。一年来，面对大规模的生产任务和复杂的电网运行环境，我们没有满足一般性的工作要求，而是超前思考，主动研究，积极探索首都城市电网特点和安全生产工作规律，牢牢把握安全生产主动权，紧紧围绕“主网稳定，配网可靠”的目标采取了一系列的有效措施，实现了安全生产由“事后处理型”向“事前防范型”的转变，“可控、能控、在控”水平大幅提升。

（五）坚持科学发展，既要创新，更要抓基础

坚持科学发展，要求我们在工作中必须遵循电网发展规律，做牢做好基础工作，创新电网管理模式和方法，提升生产管理水平。我们鼓励突破思维束缚和局限，大胆创新，并不意味着脱离实际和基础盲目追新追奇，而是要以脚踏实地做好基础工作为前提，从事管理的创新。脱离基础谈创新，创新就成了空中楼阁，没有根基、没有生命力，也就失去了价值和实效。2007年安全生产的良好局面，正是我们落实科学发展观，准确把握夯实基础与创新管理之间的关系，全面提升安全生产水平的实践成果。

三、认清公司安全生产工作面临的形势和任务

2008年是奥运保障决胜之年。保障奥运供电是历史赋予北京电力人的神圣使命和光荣职责，也是对北京电网安全可靠水平的全面检验，是一项超越公司利益，与党和国家利益紧密相关，对公司发展具有决定性意义的重大政治任务。公司一届四次职代会暨2008年工作会议明确提出，要“确保奥运供电万无一失，推动公司发展再上新台阶”，强调公司2008年的中心任务是奥运电力保障，要求一切工作服从和服务于奥运电力保障工作而展开，同时围绕这一中心任务，全面提升公司各方面工作水平。这为公司生产系统2008年的工作指明了方向，也提供了保证。

生产系统承担着保障奥运期间首都电网安全运行的重要任务，责任尤其重大。必须要充分认识奥运电力保障工作的极端重要性，进一步明确目标任务，细化保电方案，提高工作标准，落实保障措施，进一步夯实电网安全基础，提高应急响应能力，以全部精力投入奥运电力保障工作。同时，要以奥运电力保障为契机，总结、提炼安全生产已取得的成功经验和好的做法，将其应用到奥运电力保障工作中去，确保奥运供电万无一失。并通过奥运电力保障的实践，进一步提升生产管理水平，促进公司的又好又快发展。

四、抓生产，保安全，全力以赴确保奥运供电万无一失

要“确保奥运供电万无一失”，必须回答好三个问题，即什么是万无一失，奥运保电有什么特殊性，如何做到万无一失。

万无一失，就是要求我们必须做到精益求精，万事俱备，不放过任何细节，不能有任何闪失，要求我们付出一万、十万甚至百万的努力和工作，防止万一的事故。确保奥运供电万无一失的基础是电网无隐患、设备零缺陷、运行环境可控，归根结底是要打牢工作基础，做到细上加细、严上加严，切实保障各项组织措施、技术措施、安全措施落实到位，不放过任何细微的安全隐患。

（一）2008年奥运电力保障工作特点

一是奥运电力保障时间与度夏高峰重叠，且正值雷雨多发期。奥运会将于8月8日召开，而从2005～2007年年度最高负荷日分别是8月15日、8月8日、8月21日；2006、2007年全年输电线路雷击事故分别为87、59次，7～9月雷击事故分别为46、55次，占全年雷击比例分别为52.9%、93.2%；奥运期间，电网负荷高，防汛任务重，自然灾害频繁，保障电网安全压力巨大。

二是重大活动多，政治保电任务繁重。2008年除了大量奥运相关庆典活动以外，还有“两节”、“两会”、改革开放30周年纪念活动、中欧论坛等重大政治保电任务，保电任务交织，保电战线长。

三是上半年基改建、消缺排隐工作量大，停电多，电网风险、人身安全、防误操作压力大，容易发生安全事故。

四是新投产设备、变电站多，未经过运行考验就直接投入奥运保电任务，要求确保高标准验收、高质量投产，做到零缺陷投运。

五是奥运汇聚世界目光，任何小的失误都可能产生巨大影响。奥运会举办期间，在保障奥运场馆、签约饭店、定点医院等240余个重要客户的同时，还必须充分满足整个城市运行对电力供应的需求，不能出现任何因电力供应造成的有较大社会影响的事件，社会责任和舆论压力巨大。

（二）奥运期间电网运行形势分析

虽然经过大力实施“0811”工程和电网消隐工程，北京电网供电能力和供电可靠性大幅提升。但是，由于历史欠账较多，通过对2008年度夏和奥运电网运行方式进行分析，我们发现北京电网仍存在以下主要问题：

一是在极端事故情况下局部地区仍存在风险。安定Ⅱ站—城南1号变供电区域和昌平Ⅰ站—门头沟1号变供电区域发生500kV主变压器N–2事故，会导致相关500kV和220kV线路出现严重的过载现象并伴随电压稳定问题。在极端情况下，当安定3号、4号发生N–2故障时，城南—南苑双回线过载64%，严重过载会导致线路烧毁，造成南苑地区全部停电。

二是在“0811”工程和可靠性提升工程全部按期竣工的前提下，设备重载问题依然存在。2008年夏季大负荷期间，220kV知春里变电站变压器不满足N–1运行条件、南苑站变压器负载较重，西直门、太阳宫、左安门变电站存在10kV不满足N–1运行条件问题；110kV金星、红星、肖庄、天竺站变压器不满足N–1运行条件；35kV忠兴庄、邢各庄主变压器满载甚至过载；10kV开闭站、直配电缆、架空线路多处存在重过载情况。如期实施基建、可靠性提升、08技改、业扩等工程后，北京10kV电网仍将有1座开闭站（朝阳利民）、2对直配电缆（海淀2对）不满足N–1运行条件；4条重载架空线路（朝阳4条）。

针对上述问题，调通中心要动态分析电网情况；生技部、基建部、营销部要动态调度工程进度，确保各项奥运可靠性提升工程务期必成；对于无法解决的重载线路，属地公司必须严防死守，确保线路安全运行。

（三）以防止人身伤害和防止三误事故的发生为重点，确保安全生产稳定局面

奥运前夕要营造良好的保电氛围，展示公司的保电能力，要求安全生产工作必须做到可控、能控、在控，尤其是人身安全工作必须保证万无一失，不能发生误操作事故和有影响的事故。上半年，基改建任务重、投产压力大、检修预试任务重、工作现场多，消缺排隐等各项任务都异常艰巨，电网异常方式多、风险大，倒闸操作多，所以防人身、防三误就是重点。在奥运之年，不发生人身伤害、不发生三误事故、不发生大的停电事故是奥运保电成功的前提。

2007年“百日安全”和“百问百查”活动在提高员工安全意识、营造安全生产良好氛围、保证安全生产稳定局面等方面发挥了重要作用。2008年，公司将继续深化“百问百查”活动，加强安全教育培训，建立安全问、查、改长效机制，消除安全事故隐患，促进安全工作落实。

2月初至6月底公司还将开展“排隐患、保安

全、迎奥运”安全系列活动，发挥党政工团齐抓共管的作用，加强现场管控，多渠道进行宣传教育，深入落实各项安全管控措施，努力在全公司形成人人抓安全、人人保安全的良好氛围。公司各级领导和安全生产职能管理部门要深刻认识在奥运决胜之年做好安全生产工作尤其是人身安全工作的极端重要性，牢固树立“以人为本”的理念，切实履行安全生产职责，落实安全生产责任，做到各司其职、各负其责，将保证人身安全的组织措施、技术措施和现场防护措施落到实处。

（四）以确保奥运供电万无一失为目标，建立隐患整治的长效机制

高度重视奥运保障安全生产隐患排查整治工作，加强组织领导，明确责任分工，开展安全生产大检查，深入排查隐患，暴露隐患，全面梳理电网运行危险点，制定并落实整改措施，不断消除电网、设备、二次系统及环境安全隐患。针对配网隐患多、运行环境差的问题，继续开展三线搭挂、倒杆断线等隐患综合治理工作，加强电力设施保护宣传，积极推广群众护线工作，持续改善电网运行环境。在奥运电力保障期间，要全面加强电网设备的巡视检查，落实重点站、线实施特巡及看护措施，严防死守，防止外力破坏事故的发生，保障电网安全稳定运行。

要建立隐患整治的长效机制。以作业现场为重点，以“两票三制”为根本，以危险点分析为主要内容，全面排查现场管理违章、装置违章和行为违章。要将隐患整治纳入重点工作计划，明确责任分工，扎实有效推进。要逐条审核确认隐患严重程度，健全安全隐患档案，定期更新完善。对于重大隐患，必须做到“一患一档”，确保“条条有处理，件件有交代，全面抓整改”；对于因安全管理不到位形成的隐患，要明确责任部门，健全规章制度，监督检查整改；对短期不能完成整治的重大隐患，要采取预防措施，制订应急预案，加强预警监控；对客户原因形成的隐患，要加强与政府的沟通协调，主动为客户做好服务，积极寻求客户的理解和政府的支持，积极督促落实整改。

全面落实反事故斗争二十五条重点措施和二次系统安全防护有关要求，深化二次系统安全防护专项检查及整改工作，保障继电保护、安全自动装置、变电站直流系统、通信自动化系统等安全可靠运行。落实公司信息安全防护方案，将网络与信息系统内、外网隔离，做好信息安全风险评估和防护工作，及早解决信息系统存在的安全隐患和薄弱环节，确保信息网络、特别是涉奥信息系统安全。

（五）完善应急体系，加强应急演练，提高奥运应急服务水平

确保奥运供电万无一失，一方面要在全面开展北京电网运行环境及应急能力评估工作的基础上，再次梳理电网的运行情况，针对薄弱环节制定各项切实有效的供电保障措施；另一方面要积极加强应急队伍建设，不断提升应急能力，完善应急反应机制。要根据奥运保障重点用户的分布情况和重要程度，针对奥运保障特级用户成立专门的应急抢修队伍；在奥运比赛场馆所在的城区、朝阳、海淀、丰台、石景山、昌平、顺义、延庆供电公司成立八支面向场馆的应急抢修队伍，直接受安慧现场指挥部的调度指挥，主要负责所在行政区域内奥运特级用户的应急抢修工作。在此基础上还将成立一支公司总预备队，作为奥运特级用户应急抢修队伍的补充和加强，在奥运保障期间严阵以待、随时支援。

在做好奥运保障应急服务的基础上，要进一步加强配网应急指挥中心建设，充分发挥公司总值班室的龙头作用，完善配网应急组织保障体系和技术支持体系，理顺应急抢修流程，提升应急响应速度，缩短故障停电时间。要对城近郊地区分散的配网抢修资源进行整合，积极推动配网抢修区域化，开展地区应急抢修站的建设，规范抢修标准和工作流程，缩小抢修半径，实现公司抢修资源的规范化管理。

在正式进入奥运保电期之前，要根据公司的各种预案组织大量联合事故演习，包括公司总指挥部及二级指挥部的有效衔接、安慧现场指挥部和保障团队的密切配合、各级保障人员和重点客户的联动反应机制、各级调度的高效有序配合等，确保各项预案的可操作性和有效性。

（六）保奥运供电重点工作安排

奥运电力保障任务艰巨而光荣，公司所属各单位要高度重视，认真组织，结合自身工作特性，精益求精地落实各项保障措施。

物业公司：再配置两台1600kW发电车，尽快熟练掌握，同时要研究多台发电车并列技术，提高应急服务水平和能力。

输电公司：输电专业要做好线路防雷工作，完

成老旧线路的隐患整治，进一步加大反外力工作力度，完善线路看护组织方案。

变电公司：检修、改造任务重，特别是继电保护专业。既要保证上半年改造工程务期必成，又要做好奥运保电运行检修工作。

电缆公司：要深化隧道综合整治，提高电缆隧道健康水平。对奥运重点线路的电力隧道安全隐患要逐项排查治理，同沟道敷设双回电缆要有技术保障措施，防止双回同时出现问题，坚决保证奥运期间电缆网的安全稳定运行。

试验研究院：研究应用状态监测和检修技术，保证主变压器无缺陷运行。做好技术监督工作，完成铝绕组变压器的更换工作，完善电压质量监测系统。

调通中心：要强化电网运行管理，对奥运电网运行方式进行动态评估，开展二次继电保护、定值普查工作，并做好通信、自动化方面的排查和保障工作。

各供电公司：要确保所属奥运场馆的电力保障工作万无一失，根据公司部署做好隐患排查和整治工作，特别是同母线相关用户，其故障引发的电压骤降问题是奥运保障中最大的难题。在做好奥运电力保障工作的同时，要确保所属区域重要客户和人民群众的安全可靠用电。

五、以奥运保障为契机，持续推进，全面提高安全生产管理水平

提升生产管理水平是做好奥运电力保障工作的需要，但完成奥运保电任务并不是提升生产管理水平的终点。要“推动公司发展再上新台阶”，作为生产系统，必须回答三个问题，即什么是安全生产管理的新台阶，如何以安全生产促进公司发展，怎样推动安全生产管理再上新台阶。

面对公司的下一步发展，要进一步解放思想，转变观念，励精图治，开拓创新，以奥运电力保障为契机，用2～3年的时间，实现以现代化高效电网调度手段和集中控制为标志的一流电网管理，以专业化输电、变电、电缆运检为标志的一流设备管理，以高可靠性、高自动化配网为标志的一流配网管理，以雄厚科技实力和研发应用能力为标志的一流技术支持和以先进实用的信息化手段为标志的一流信息化支撑，打造一支“国内一流、国际水准”的电网管理团队，大步向“国内一流、国际水准”的安全生产管理水平迈进，推动电网和公司发展再上新台阶。

全力以赴　确保奥运供电万无一失
扎实工作　推动营销服务水平再上新台阶

——副总经理郭炬在北京电力公司2008年营销工作会议上的报告（摘要）

（2008年1月28日）

一、2007年工作回顾

2007年是公司“三步走”战略实施的第一年，公司关于加强营销服务工作的重大部署极大地鼓舞和激励了营销系统的干部员工。公司上下紧密围绕发展战略，积极转变营销观念，努力加强基础建设，开拓创新工作模式，确立了由“用电管理”向“营销服务”的管理改革方向，初步形成了以客户需求为导向的服务理念，完成了营销服务提升计划，优质服务水平明显提高，政府、社会的认可度大大增强，并全面带动了营销基础管理工作的扎实推进，营业指标圆满完成，同业对标成绩显著，公司营销工作呈现又快又好发展的良好态势。

（一）理清思路，明确公司营销工作的改革方向

近年来，电力企业的改革一直处于发展过程中，内外部环境发生了巨大的变化，国家由“计划经济”向“社会主义市场经济”模式的转变正逐步深化。公司虽然做了许多改革与调整，但不尽完善，暴露出了自身不适应外部改革压力和内部发展要求的不足。公司营销工作同样如此，形式上作了变化的尝试，但实质上依然沿循着过去传统的“用电管理”模式，对营销服务的科学理论和实质要求深入研究不够，努力方向始终处于不明确状态。根据这一状况，2007年年初公司首先确定了营销工作由“用电管理”向“营销服务”的改革方向，在

此基础上，通过工作重心的调整、业务管理的改革、多种形式的培训和具体扎实的工作，使营销工作在2007年取得了突破性进展，初步形成了以客户需求为导向的营销理念，为营销工作的发展打下了良好的基础。

（二）稳步改革，营销组织体系优化迈出新步伐

根据国家电网公司对营销组织体系的建设要求，结合北京单一城市电网的实际情况，按照“四化”要求和职能管理与具体业务管理分开、强化服务引导作用的思路，公司营销部调整了机构和岗位设置，设置了客户经理岗位，借助营销职能管理资源，培育报装服务客户经理（代表）机制和客户用电安全服务模式，为推进客户服务改革打下了牢固基础。通过调整，强化了服务管理、服务监督职能和服务协调职责，有效提升了公司层面统筹、引领客户服务工作的能力。 公司客户服务中心借鉴国际大型企业客户服务通行方式，开通了95598电话和网站报装受理功能，完善了信息查询、业务咨询、故障报修等功能，搭建了较为完整的客户服务信息化平台，提升了客户需求的响应速度。电能计量中心完成了检定试验室、型式试验室和智能化库房的建设，装备了全新的检定、试验设施，提升了履行公司计量专业集约化管理职责的能力。电费管理中心依托营销信息系统，加强了抄表例日管理，统一了电费核算方法，规范了电费违约金的收取及欠费停限电程序，实现了对电费抄核收业务信息的全过程监管，电费集约化管理取得了新进展。

（三）开拓创新，服务向优质的目标成功迈进

创新举措，规范管理，客户报装服务效率和服务质量明显提升。通过“95598”热线、网站等方式受理客户报装，首次尝试了全公司范围内的“同城报装”。在城区供电公司成功试点的基础上，推出了以主动服务、便捷高效为宗旨，面对低压小容量报装客户的“一站式”服务举措，截至12月底，完成“一站式”服务9000多次，户均接电时间从同期15天缩短到4.88天，极大改善了客户的服务感受。建立了公司层面大客户经理制，主动协调重点客户用电报装全过程中遇到的问题，带动了公司整体客户报装服务效率的提高，全年完成接电容量647万kVA，同比增长23.83%，结存容量同比下降64.51%，高压客户平均接电时间从同期180天缩短到65天。确定了客户与公司关于用电报装工程的投资界面，探索建立因客户报装引起的配电网改造工程投资建设渠道，从制度上规范了用电报装工程收费行为，2007年，公司投资1116万元完成了6项因客户报装引起的配电网改造项目，增加报装接电容量25500kVA,实现了由首先满足公司自身电网生产需求向首先满足客户用电需求的重大转变。出台了《客户供电方案编制标准》等多项管理制度和技术标准，从报装受理、供电方案编制及审批、审图及验收送电等方面，明确了各服务环节的工作内容、时限要求，初步完成了报装服务工作的标准化制度建设。

贴近客户，主动服务，客户关系明显改善。针对不同客户群体的差异化需求，充分运用公司专业优势，公司成功举办了北京高新技术企业大客户论坛活动，海淀、通州供电公司针对本地区的客户群体情况，先后成功举办了新闻广播通信行业和大工业行业大客户论坛活动，为客户提供了专家式的技术咨询服务，赢得了客户对公司的充分理解，融洽了公司与客户之间的关系。对921户二级及以上重要客户及化工、煤矿等高危客户进行了用电安全隐患排查和客户电工培训。圆满完成了“奥运倒计时一周年”、“十七大”、“嫦娥一号”发射等重大政治活动的用电安全保障服务。携手北京市公共缴费联盟和邮政储蓄，新开通3000家便民售电网点，部分实现了卡表居民客户购电不出小区、不出村的目标。完善了供电营业窗口规范化管理和形象建设标准，建成了涵盖16个供电公司的22个供电营业规范化服务窗口和9个示范化服务窗口。深入开展客户反响良好的应急服务工作，得到国家电网公司的高度认可，将公司“电力突发事件应急客户服务机制”选入同业对标典型经验库，在国家电网公司系统内推广，这是公司第一个入选国家电网同业对标典型经验库的案例。深入开展“百问百查”活动，通过知识竞赛、大讨论暨征文活动，增强了广大干部职工的责任意识和服务意识。制定了供电服务品质评价实施细则，形成了外部评价、内部评价、第三方评价“三位一体”的供电服务品质评价体系，2007年发放客户满意度调查问卷34529份，客户满意度超过90%。服务工作得到了社会、政府的充分肯定，大大改善了公司的外部发展环境。

（四）真抓实干，营业基础管理进一步强化

实现指标过程管理。建立了“过程跟踪，定期

通报、点名分析、重点控制”的营业指标管理模式，定期对营业指标完成情况进行通报，各公司高度重视营业指标的完成情况，克服种种困难，采取有效措施，确保了各项指标可控在控。

规范电价电费管理。结合北京地区用电市场实际，印发了细致全面的《北京地区现行电价分类指导手册》，统一了公司电价分类执行标准。加强了营销人员的电价政策培训，开展了全公司范围内营销岗位人员的电价知识专项抽调考活动，提高了一线人员的电价执行水平。组织了为期四个月的电价政策执行情况检查，对检查出的六大类问题，全部进行了整改。通过培训和检查整改，大幅提高了公司电价执行水平。完善了电费抄核收业务闭环处理流程，有效提升了电费抄核收业务规范化管理水平。

加强计量基础管理。电能计量标准化建设取得新进展，完成了电能计量装置典型设计和典型概预算的编制工作。开创了电能计量资本性投资的新途径，为计量装置的安装、运行维护和更新换代提供了稳定的资金来源。各单位精心组织开展计量消隐和新农村电气化计量改造工程，全年完成投资 2.9 亿元，更换新时段峰谷表 5.5 万具，改造 6 万户非居民客户计量装置，完成 2.6 万户新农村电气化建设电能计量改造工程。电能计量装置的改造效益显著，更换峰谷表为公司增加收益 5.19 亿元。开展了两级计量智能化库房的建设和计量现场工作 PDA 的推广工作，极大地提高了公司计量资产的管理效率。

强化线损管理。线损四分（分压、分区域、分线路、分台区）管理进一步深化。通过大力开展电网建设与改造，电网结构更加合理，运行方式进一步优化，网损持续下降，220、110kV 网损分别下降 0.11、0.24 个百分点。各供电公司通过完善计量关口设置、合理切分指标等举措，基本实现了按区域对 10kV 及以下配电网线损进行管理和考核。城区、朝阳等城近郊供电公司利用采集手段，开展了占 10kV 售电量 30% 以上的直配客户的供售电量同期监控，线损异动控制水平明显提高。丰台供电公司在城近郊公司中率先实现了分台区考核。远郊供电公司努力推进分线分台区管理，密云、怀柔等供电公司已基本实现了按 10kV 线路分线管理，并在农村地区广泛开展了分台区管理。通过强化线损管理，建立责任明确的考核机制，有效调动了一线员工的积极性，降损效果显著。2007 年，在消化取消农村合表用电带来的低压线路电量损失 1.1 亿 kWh 及铜铁损计收办法改变带来的减收电量 1.4 亿 kWh 后，线损率同比仍下降 0.18 个百分点。

（五）艰苦努力，奠定了营销现代化发展的良好开端

在 2005 年、2006 年完成业务需求调研、系统开发和上线试点运行的基础上，经过公司缜密组织、相关各方的大力付出，按计划顺利完成了营销信息系统在 19 个营销业务相关单位的全面上线应用，为营销一线业务人员提供了标准化、规范化的业务处理工具。首次实现了用电报装、计量、电费、用电安全服务等全部营销基础业务的数据共享，信息互通。实现了公司营销业务信息集中管理，从根本上消除了过去各专业分散管理造成的信息孤岛现象。为实现营销工作专业化、集约化管理目标创造了良好的条件，有力助推了公司营销工作现代化进程。新装了 9384 台客户电量采集终端，采集实用计费电量占公司售电量的 54%，为进一步提升公司营销现代化水平提供了坚实的技术支撑。

（六）精益求精，奥运保障筹备工作紧张进行

以“零缺陷”投运为目标，全力推进奥运场馆供电工程建设。与主要设备和材料的供货厂家签订质量承诺保证协议，采取严格的检测程序，确保设备和材料的可靠质量。严格规定了场馆及重要设施外电源工程施工工艺标准，对施工全环节全过程进行监控，工程质量责任到人，层层落实，高标准完成了 17 个场馆与重要设施的外电源供电工程，完成投资 2.6 亿元。全面开展 31 个比赛场馆、45 个训练场馆、22 个配套设施、22 家定点医院和 124 家签约饭店用电安全隐患排查和整改，协助客户编制和演练电气事故应急预案，组织开展电工培训，大幅提高了奥运客户的用电安全水平。克服电网可靠性提升工程未全部实施到位、公司奥运保障模式未最终完善及场馆运行团队未完全建立等困难，公司上下积极主动，精心组织，圆满完成了 2007 年 23 项“好运北京”测试赛保电任务，为 2008 年奥运会供电保障达到万无一失的标准积累了宝贵的经验。

（七）主动担责，国家及市政府重大项目供电工程进展顺利

充分发挥客户经理作用，主动填补公司管理“空白”，承担了国家及市政府重大项目的供电工程协调工作，加强公司内部各部门和单位间的协调，有效解决了项目规划设计、配套变电站建设、供电方案实施等问题，有力推动了京津城际轨道交通供电工程、官厅风电厂等数十项重点工程顺利实施。通过加强客户重点工程服务，营销系统主动服务意识明显提升，协调能力得到锻炼，与客户的沟通进一步改善。

（八）积极履责，助力和谐社会建设落到实处

针对施工难度大、工期紧张等困难，公司上下主动服务，积极协调，按期完成了东西城区 2 万户居民采暖“煤改电”工程，积极推广蓄冷空调、地源热泵等需求侧管理项目，共减少地区燃煤消耗 16.1 万 t，从而降低碳粉尘、二氧化碳、二氧化硫等有害气、固体排放 53 万 t，同时增加社会用电 8 亿 kWh。全面梳理居民小区临时代永久用电情况，督促协调相关各方解决了 78 个小区 79464 户居民临时供电问题，其中包括公司出资解决的 12 个原开发单位已破产的临时代永久居民小区。通过手机短信、宣传品的发放和客户走访、新闻广播宣传等活动，有效引导了社会有序用电，在各级政府和用电客户中树立了负责任的企业形象。

（九）成效显著，全面圆满完成营业任务

经过一年辛勤努力，公司营业销售工作取得了显著成绩，全面圆满完成了各项营业指标。具体完成情况如下：

售电量：全年完成 577.07 亿 kWh，同比增长 9.52%，高于 8% 的年度计划值。

销售收入：全年完成 360.68 亿元，同比增长 13.45%。

售电平均电价：利润口径售电均价完成 631.02 元 /MWh，比年初预算值增加 6.52 元 /MWh，同比提高 21.97 元 /MWh。

线损率：累计完成 6.99%，低于年初计划值 0.05 个百分点 , 同比下降 0.18 个百分点。

电费回收率：当年电费回收率实现 100%，陈欠电费回收率 97.28 %。

应收电费余额：完成 1.3 亿元，同比下降 2.66 亿元，降幅达 67.14%，创历史最好水平。

营业普查收入：全年完成 3030 万元。

报装接电容量：完成 646.75 万 kVA，同比增长 23.83%。

客户发展数量：新增接电户数 38 万户，截至 2007 年底，公司用电客户已达 537 万户。

从横向比较看，在参与国家电网同业对标评价的 9 项营销指标中，有 8 项指标达到国网公司平均值及以上，营销综合排名位居第五名，跨入国网系统营销工作标杆单位行列，取得了突破性的进步，实现了跨越式发展。

2007 年是转变公司营销发展方式关键的一年，我们在继承中求创新，在创新中谋发展，营销服务工作的内外部环境更加和谐、组织体系更加充实、业务管理更加精细、服务基础更加扎实、经营业绩更加显著，社会和客户对于电力服务也更加满意。公司整体营销工作呈现良好的发展势头，这得益于公司各部门、各单位的配合和支持，得益于全体员工的辛勤努力。

总结 2007 年公司营销工作快速有序发展的经验和规律，一是开拓视野，转变观念，为公司营销发展注入了创新活力。观念转变是公司营销发展方式转变的关键，从观念上实现自“用电管理”向“营销服务”的转变是带动公司营销发展进步的根本动力。现代营销服务理念下的工作模式创新和机制创新，极大地促进了公司营销发展质量，增强了营销持续发展活力和动力。二是主动工作，积极行动，有效促进了各项工作的落实。营销系统全体员工凝心聚力，面对繁杂的工作任务，迎难而上，积极主动地工作，用实际行动弘扬了“两越”精神，体现了争创一流，敢为人先的气魄，成为营销工作持续发展的强大精神动力。三是紧密围绕公司发展战略，集中精力夯实管理基础。在公司“三步走”战略的引领下，营销系统统一思想，明确目标，以同业对标为载体，以规范管理为重点，集中精力梳理营销基础管理中存在的薄弱环节，充实营销队伍，理顺服务流程，强化基础管理，为持续提升营销工作质量打下了坚实的创新基础。

营销工作作为公司专业管理“三条主线”之一，已经迈出了持续提升的坚实步伐，要坚持不懈地推行实践中形成的成功经验，在新的实践中不断丰富和完善。

在总结经验和成绩的同时，我们也必须对存在的问题有清醒的认识：

一是全员服务意识需进一步增强。当前，部分

员工的观念尚处于从“用电管理”向“营销服务”的转变过程中，传统的用电管理意识还比较浓，坐等客户上门现象依然存在。基建、生产、营销三条专业主线围绕满足客户需求的沟通机制和协作意识尚需进一步强化。尊重客户、主动服务的观念还不牢固。

二是“三个中心”建设需进一步深化。公司一直在积极探索符合北京实际情况的营销组织模式，需按照专业化、集约化建设思路，进一步强化营销部职能管理和“三个中心”业务管理能力建设，调整和完善供电公司的营销组织体系，理顺两级组织的管理和业务关系，提升公司整体营销服务水平。

三是优质服务的薄弱环节需进一步改进。2007年，公司共收到客户建议1613件，是2006年的2.19倍，这说明了客户对电力服务更加关心和关注，也给公司客户服务带来了更大的压力。公司在服务质量、停电处理、报装接电等方面与客户期望仍存在一定差距，主动服务的意识需进一步强化，业务管理需进一步规范，服务效率需进一步提高。

四是营销现代化、信息化的建设步伐需进一步加快。业务处理手段仍相对落后，客户用电、缴费的便利性仍需进一步提高，电能计量设备陈旧老化、采集率低的局面还没有根本改变。营销信息系统虽完成了基础业务模块建设，但依然存在与现行管理思路和流程不适应等诸多问题，需要进一步升级开发。

我们需要在下一阶段的工作中，认真研究这些问题，采取有效措施，着力加强和改进。

二、营销服务工作面临的形势

在新的一年中，公司营销工作将面对更高的要求和更严峻的挑战，同时也面临更大的发展机遇。总经理时家林在公司一届四次职代会上部署2008年工作时，强调要从讲政治的高度来认识奥运供电保障工作，明确指出确保2008年奥运赛时安全可靠供电和电力优质服务是公司当前部署工作的出发点和落脚点，是一切工作必须围绕的中心。

在奥运决胜之年，营销工作要按照公司统一部署，紧密围绕奥运供电保障服务这一中心任务，全面提升服务水平，就必须认清形势，理清奥运供电保障服务与营销业务工作的关系。

要充分认识奥运供电保障服务工作给营销业务工作带来的挑战。一是对突出重点、把握全局能力的挑战。奥运供电保障和电力优质服务工作是一项复杂的系统工程，对营销系统而言，要承担建设奥运相关工程项目、奥运重要客户用电安全服务及奥运期间首都社会供电优质服务等多项工作，工作千头万绪，且正值夏季高温和雷雨多发季节，点多面广，持续时间长，任务十分艰巨。需要我们提早调整原有工作节奏和工作习惯，集中人力物力，全力以赴，将奥运相关工作作为全年工作重心，同时发挥好这一重心的引领作用，带动整体工作的全面协调进步。二是对服务工作精细化水平的挑战。奥运聚集了全国、全世界人民关注的目光，我们的各项工作都将展示在世界的聚光灯下，一件小事、一个细节的疏忽都有可能被放大若干倍，造成无法估计和无法挽回的损失。我们必须以高度的政治敏感性和工作责任感，高标准、严要求、高水平地完成各项任务。三是对服务形象与服务质量的挑战。奥运之年，营销队伍需要在服务奥运重要客户、服务社会百姓用电方面展示公司优质服务的一流形象，需要参与接待奥运期间社会各界宾客和参与奥运合作伙伴形象宣传等多项活动，这些都要求营销干部员工体现参与奥运、奉献奥运的积极性和主动性，展现服务窗口良好的工作作风和精神风貌。

同时，还要把握奥运供电保障服务对营销服务工作带来的机遇。首先，要通过奥运重要客户用电安全服务，推动建立公司对大客户实施精细化和标准化的服务模式。同时，将进一步整治用电环境，减少客户安全用电隐患，提高电网安全供电水平，努力实现电网运行可靠和客户安全用电协调统一。其次，要充分抓住与政府部门、重要客户、专业机构等各方密切合作的机会，加强与外界的沟通交流，争取社会更多的理解与支持，为营销工作发展建立良好的公共关系。第三，奥运会是世界性的体育盛会，所有服务工作须按国际化标准来考量，奥运供电保障服务同样需要经受国际标准的考验，这是公司难得的对标机会，要主动按照国际化的服务标准要求我们的工作，不断总结经验，提升工作能力和水平，为发展营销服务工作积蓄力量。

在正确认识奥运供电保障服务工作与营销工作关系的基础上，做好2008年奥运供电保障服务和营销服务工作，需要树立三种意识：

要树立服从大局的意识。要充分认识到，奥运相关工作是2008年公司工作的首要任务和重中之重，营销服务各项业务工作都要服从和服务于这个工作大局，把奥运供电保障服务和电力优质服务摆在一切工作的首位。要加强与其他专业、其他部门的配合，按照公司统一部署，共同打好奥运决胜之年供电保障和优质服务的攻坚战。

要树立加快发展的意识。要抓住一切机遇，调动全部力量，进一步夯实营销管理基础，强化执行能力，规范服务行为，提高服务质量，谋求营销服务工作的持续发展，以工作水平的全面提升保证奥运相关任务的全面完成。

要树立奥运标准的意识。奥运机遇百年难逢，参与奥运供电保障服务工作更是神圣的历史使命。保障奥运，服务奥运，我们不仅要付出艰辛的努力，更要注重为今后营销工作发展积累宝贵的物质和思想财富，提炼奥运供电服务精神，激发营销队伍的荣誉感和工作热情，实现奥运服务—营销发展的精神传承。

三、2008 年重点工作

2008 年营销工作总体工作思路是：贯彻落实公司总体工作要求，全面服务于奥运安全供电这个中心任务，深化营销基础管理，完善服务体系建设，提升营销服务能力，确保奥运供电保障万无一失，确保奥运电力服务精益求精，推动公司营销工作持续发展。

公司 2008 年营销工作目标是：

——售电量完成 615 亿 kWh，实现增长率 6.57%；

——当年电费回收率达到 100%；

——实现销售收入 384.31 亿元；

——线损率完成 6.95%；

——应收电费余额控制在 1.7 亿元以内；

——高压客户平均接电时间减少到 60 天以下；

——供电服务十项承诺兑现率 100%。

围绕上述工作思路和目标，公司 2008 年的营销工作重点是：

（一）精心组织，全力以赴，确保奥运用电安全万无一失

一是确保奥运特级客户电力保障万无一失。

二是确保奥运重要客户供用电安全。

三是为奥运城市运行提供高水平服务。

（二）进一步解放思想，转变观念，持续提升客户服务质量

一是积极推动营销服务理念的逐步强化。

二是继续推动客户报装服务组织体系建设。

三是完成客户报装服务标准体系建设。

四是形成具有北京特色的客户报装服务模式。

五是保障客户重点工程顺利实施。

六是切实改善客户关系。

七是积极推进售电服务便捷高效。

（三）深化营业基础管理，稳步提升公司经营效益

一是提高线损管理水平。

二是加强电费电价管理工作。

三是加强电能计量管理工作。

四是继续推进营销现代化建设。

（四）强化服务监督，增强服务管控力度

一是落实优质服务责任制考核。

二是建立常态服务监督机制。

三是开展客户报装服务专项监督。

（五）积极响应国家政策，认真开展需求侧管理

一是全力完成居民采暖“煤改电”工程。

二是围绕奥运供电保障开展需求侧管理。

（六）加强队伍建设，提升员工队伍素质

一是要重点开展奥运保障服务培训。

二是有针对性地开展履职能力培训。

三是加强服务作风建设。

深化企业民主管理　服务奥运电力保障
促进企业和谐稳定健康发展

——工会主席李国华在北京电力公司一届四次职工代表大会暨
2008 年工作会议上的民主管理工作报告（摘要）
（2008 年 1 月 22 日）

一、2007 年公司民主管理工作回顾

2007 年，公司工会在上级工会的领导下，在公司党政领导和广大职工的大力支持下，带领各级工会组织贯彻落实党的全心全意依靠工人阶级的方

针，围绕中心，服务大局，切实履行工会“四项职能”，充分发挥了党联系职工群众的桥梁纽带作用，强化民主管理，突出维护职能，促进企业和谐发展，为公司全年各项任务的完成作出了贡献。

（一）坚持职代会制度，民主管理、民主监督机制进一步加强和完善

公司一届三次职代会暨2007年工作会闭幕后，公司所属各单位相继召开二级职代会，贯彻公司“两会”精神，保证职工知情权、参与权、监督权和决策权，把职工的思想和行动统一到落实公司各项工作任务中，为公司发展提供保障，奠定基础。

公司职代会闭会期间，公司工会认真组织职代会专门工作委员会开展工作，保证了职代会各项决议的贯彻落实。对公司职代会有关制度进行修订和完善，制定并印发了《北京电力公司职工代表参与日常民主管理暂行办法》等制度，为公司民主管理工作的开展提供了制度保障。

公司工会作为职代会工作机构，认真落实职工代表提案处理工作，及时组织召开提案处理工作委员会会议，加强对提案办理过程的督办。公司一届三次职代会32件提案分别纳入相关职能部门工作计划并得到具体落实，处理结果及时向提案人反馈。为突出提案处理工作在民主管理中的重要位置，本次职代会代表提案征集工作已于会前完成了立案相关程序。对征集到的25件职工代表提案，公司工会将按照提案工作委员会意见和相关处理程序，送达承办部门办理、回复和落实。职工代表提案的广泛征集和有效落实，切实维护了职工民主权益，体现了公司对职工的尊重，激发了广大职工发扬主人翁精神，积极参与公司建设的热情。

近年来，公司总经理联络员制度的建立和完善，为基层职工与企业决策者搭建了直接沟通的平台，拓宽了职工畅达民意、领导了解民声的渠道，为企业的科学决策提供了依据。在公司年中和年初工作会召开前听取联络员对总经理工作报告的意见和建议已形成制度。总经理联络员尽职履责，真实反映了企情民意，为公司快速发展时期正确决策发挥了重要作用。

（二）大力推进“厂务公开”，民主管理外延不断拓展

厂务公开是民主管理的基础，职工代表大会是厂务公开的基本载体。公司已经建立并完善了“党委统一领导，行政主体到位，纪委监督检查，工会主动配合，职工积极参与”的厂务公开领导体制和工作机制，并在实践中不断深化。

围绕职代会专项工作，公司工会将厂务公开民主管理纳入全年工作重点，并贯穿始终。从年初各级职代会的组织召开到闭会期间职代会专门工作委员会工作的开展，各项民主管理制度的落实，无一不贯穿着厂务公开民主管理这条主线，充分保障和全面维护了职工的民主权益。

为了进一步深化厂务公开民主管理工作，公司工会在各单位厂务公开自检自查的基础上，开展了2007年厂务公开民主管理先进单位的申报和评选工作。公司民主管理委员会充分发挥职能作用，召开专题会议，确定评选方案并对评选结果进行审议。公司人力资源部、监察部、新闻中心等相关部门，积极参与厂务公开民主管理先进单位的考评。在厂务公开民主管理工作会上，相关责任部门从落实厂务公开体制、机制建设的高度作专题发言。朝阳供电公司、亦庄供电公司、通州供电公司、变电公司、电力工程公司分别荣获2007年公司厂务公开民主管理先进单位。通过推典型、树标杆，进一步发挥先进单位的示范作用，引导各单位开拓思路，创新思维，进一步拓展了厂务公开民主管理工作的深度和广度。

公司勇于承担公用事业服务的社会责任，坚持开放、透明、规范运作的宗旨，积极推进办事公开，履行服务承诺，落实社会责任，自觉接受政府监管和社会监督。公司党委始终把推行办事公开工作与加强企业经营管理和优质服务、履行社会职责紧密结合，形成“党委统一领导、相关部门配合、新闻中心发布、纪委监督检查”的工作机制。办事公开的规模不断扩大，内容和形式不断丰富。公司通过办事公开，切实保障了广大用电客户的知情权和监督权，树立了诚信、履责的社会形象。2007年4月，中纪委、市纪委、市国资委对我公司办事公开工作给予了充分肯定。

（三）开展劳动竞赛和建功立业活动，民主管理体现“全员参与”

在民主管理的实践中，公司引导职工树立尊重劳动、尊重知识、尊重人才、尊重创造的理念，营造劳动光荣、知识崇高、人才宝贵、创造伟大的文

化氛围。为职工搭建建功立业平台，充分展示劳动者的风采和创造成果。深入开展劳动竞赛、劳动保护、争优创先、经济技术创新活动，促进创新成果向生产力的转化。职工的责任意识、安全意识和创新意识在参与中得到提升，建设“一强三优”现代公司的主动性和创造性在实践中得以发挥。

全年紧密围绕“建功在企业 和谐促发展”的主题，开展红旗站、线创建和立志岗位成才等活动，多种形式劳动竞赛的开展，营造了争优创先的良好氛围。“平凡孕育伟大，劳动奉献光荣”的理念深入人心。在以“平凡”和“奉献”为主题的表彰会上，首都劳动奖章、首都劳动奖状获得者，全国知识型职工、全国学习型班组、全国用户满意服务明星，以及公司“金牌员工”、“金牌班组”等先进集体和个人受到表彰。公司历届老劳模为先进颁奖，以榜样的力量感召职工立足岗位，建功立业，与企业共同进步，共同发展。

2007年初，结合公司“0811”工程决战决胜的艰巨任务，在全公司范围内开展了“0811”建功立业劳动竞赛活动。伴随着“0811”工程的进展，可歌可泣的感人事迹、可敬可佩的先进模范不断涌现。前不久公司召开了“0811”工程总结表彰大会，表彰了功臣群体，我们要将他们的业绩与“0811”工程凝炼出的精神，视为公司的宝贵财富，继续发扬光大。

公司工会发挥安全生产保障监督作用，组织职工参与公司“百日安全”活动，组织职代会“安全生产保障监督委员会”开展业务考核、技能竞赛、安全检查等活动，在公司广大职工中树立“落实措施抓基础，强化责任保平安”的安全生产理念，切实保障职工平安和电网安全。开展“安全生产月和安康杯”竞赛活动，与职能部门密切配合，通过举办“安全生产和劳动保护”知识竞赛、“安全生产和优质服务‘百问百查’”知识竞赛，进一步强化了班组的安全管理，职工的安全意识得到加强，安全措施得以落实。2007年，公司荣获全国“安康杯”竞赛优胜企业称号。

（四）加强职工素质教育，民主管理能力得到提高

职工综合素质的提高是企业民主管理能力提高的基础。公司工会从加强职工素质教育、培育公司核心竞争力入手，推进和谐企业建设。通过岗位技能比赛、选树先进典型、推广学习型班组经验以及组织公司《大讲堂》网络教育培训等工作，促进职工业务技能和综合素质的全面提高。

在全公司范围内举办了安全生产和优质服务《大讲堂》系列讲座。公司领导和专家亲自授课，内容涉及安全管理和营销管理等热点课题，旨在提升职工业务水平、安全意识和管理能力，受到职工普遍欢迎。

职工是企业建设的生力军，职工的智慧和创造是促进企业又好又快发展的动力。开展群众性经济技术创新活动，征集合理化建议和开展全面质量管理活动是凝聚职工群众智慧和力量的重要手段。2007年，以海淀供电公司为代表的五个QC小组荣获全国优秀质量管理小组称号。全年收集到职工合理化建议1546条，QC成果申报38项。实践证明，合理化建议和QC小组的优秀成果在安全生产和经营管理工作中得以广泛推广和应用，推动了公司生产力的发展。

（五）促进和谐劳动关系建立，民主管理体现“以人为本”

民主管理是劳动者集体劳权意志表达的体现。推行集体协商和集体合同，是构建和谐劳动关系的重要途径，是保证公司改革发展稳定的有效措施。

2006年初，由公司总经理授权委托各单位行政第一领导与本单位工会主席（代表职工）签订了新一届集体合同，为进一步完善维权工作机制，维护职工和企业合法权益，促进企业劳动关系和谐稳定发展发挥了积极的作用。两年来，集体合同履行情况良好，职工群众满意。

2008年1月1日，《中华人民共和国劳动合同法》正式实施。为了保持公司相关制度与国家法律法规的一致性，公司工会组织召开职代会代表团组长会议，会同人力资源部，针对公司即将出台的《劳动合同书》（范本）和《劳动合同管理办法》等9项政策，以及重新修订的《集体合同》（范本）、《女职工权益保护专项协议》（范本）展开讨论，听取职工的意见和建议；结合政研课题《超前防范劳资纠纷的机制研究》开展调研，为公司构建和谐稳定的劳动关系提供依据。

一年来，公司民主管理工作成效显著。职代会制度不断完善，厂务公开不断拓展。职工权益得到维护，民主意识不断增强，业务技能和综合素质不

断提高。民主管理的深入开展，为推动公司和谐稳定健康发展发挥了重要作用。

总结一年来公司民主管理工作的实践经验，我们深刻体会到：

1. 必须坚持党的领导，落实全心全意依靠工人阶级的根本方针

职工群众是企业建设的生力军，工会组织是党联系群众的桥梁和纽带。民主管理各项具体工作的落实，离不开公司党委的领导和支持。职代会制度、厂务公开民主管理长期纳入公司精神文明绩效考核机制，企业文化建设列为公司文明单位劳动竞赛的考核指标。公司党委重视职工思想道德教育，大力宣传先进模范事迹，充分发挥了党组织的政治核心作用，切实担负起公司民主管理工作第一责任人的职责，为民主管理工作的开展提供了组织保障。

2. 必须坚持围绕中心服务大局的宗旨

民主管理体现了职工群众对企业中心工作的知情、参与、监督和决策。民主管理需要有的放矢，需要群策群力。脱离于企业中心工作，游离在大局之外的民主是无源之水，无本之木。公司工会坚持围绕企业中心工作，服务企业发展大局。在主动履行社会责任，建立规范有序、和谐稳定的社会主义新型劳动关系，营造公司良好的内、外部发展环境等方面开展了扎实有效的工作。

3. 必须坚持开拓创新的工作思路

民主管理工作的深入开展源于开拓创新。公司民主管理在务实中创新，在创新中发展。实现了维护职工民主权利与强化企业管理的结合，维护职工切身利益与维护企业稳定的结合，提高职工综合素质与弘扬企业文化的结合。实现了制度和机制创新，形式和内容创新，得到党政领导的支持，职工群众的广泛参与。

二、2008 年工作思路及工作重点

2008 年，公司民主管理工作的总体思路是：在公司党委的领导下，以科学发展观为指导，认真贯彻党的十七大精神，全面落实国家电网公司 2008 年“两会”精神，紧密围绕公司中心工作，深化民主管理，努力提升“维护”水平、“服务”水平、职工队伍素质水平，团结和动员广大职工确保供电万无一失，促进企业和谐稳定健康发展。

重点做好以下几方面工作。

（一）突出“维护”职能，深化企业民主管理

（二）搭建劳动竞赛舞台，深化职工建功立业活动

（三）落实“四化”要求，推进工会工作标准化建设

（四）履行社会责任，参与公益活动，深化企业文化建设

围绕中心　服务奥运　为公司健康发展提供坚强政治保证

——纪委书记柏磊在北京电力公司 2008 年党风廉政建设暨纪检监察工作会议上的报告（摘要）

（2008 年 1 月 25 日）

2008 年党风廉政建设暨纪检监察工作会议是在公司认真贯彻落实党的十七大精神，全面推进奥运电力保障工作的形势下召开的一次重要会议，主要任务是：认真贯彻党的十七大反腐倡廉重要精神和中纪委二次全会精神，落实上级各项工作部署，认真总结公司 2007 年党风廉政建设和纪检监察工作，部署 2008 年工作任务，在党委的领导下，扎实推进反腐倡廉和纪检监察工作，为确保奥运电力保障，为公司年度各项任务的完成提供坚强政治保证。

一、2007 年主要工作回顾

2007 年，公司党风廉政建设和纪检监察工作在党委领导下，围绕中心，服务大局，积极创新，狠抓落实，以党风廉政建设责任制为引领，突出反腐倡廉教育，加强领导干部作风建设和廉洁文化建设，大力弘扬“干事、干净”的廉洁文化核心理念，建立预防职务犯罪先期联控处置机制，以纠风工作新理念提升行风纠建水平，围绕奥运工程开展效能监察，有力地促进了公司全年各项工作任务的圆满完成，为企业的政治安全、经济安全、形象安全和干部廉洁安全提供了坚强保证。

（一）创新管理考核模式，深化党风责任制落实有新成就

2007 年，在明确全年工作思路、目标及重点的基础上，公司党委及时调整了党风廉政建设责任

制领导小组，重新修订了责任制考核办法及实施方案，推出了新的管理及考核方式，以责任制为抓手，全面引领和推动反腐倡廉各项工作的落实。

一是加大力度，完善结构，形成常态，重点引领。加大责任制考核结果奖惩力度，将考核与基层各单位工资总额及领导班子业绩考核密切挂钩；进一步完善考核结构，将定性考核与定量考核相结合，形成以“日常工作考核为主，年终群众测评、领导评价为辅”的更为有效的考核评价结构，提高了考核结果的客观性和说服力。公司充分发挥责任制考核的引领作用，将全年反腐倡廉8项主要任务分解为50项日常工作，明确工作标准和时限要求；将年度重点和创新工作列为考核重点管控项目，促进重点和创新工作的实施；按照时限要求，对细化分解的50项日常工作，逐项依据标准对基层单位完成情况和完成质量进行考核打分，并及时通报结果。所属各单位按照公司统一要求，修订了责任制考核办法，并定期自查考评，确保了任务和责任层层落实，实现了以责任制引领和推进全面工作的目的。

二是过程督导，总结点评，交流提高，全面推进。公司纪委年中召开工作总结点评会，对各单位党风廉政建设责任制和重点工作落实、推进情况进行面对面点评，从传达部署的及时性、贯彻落实的完整性、推进工作的深入性和改进工作的创新性、实效性等方面，找出特色亮点、指出问题不足、提出改进建议，使工作检查总结更具新意，更具针对性和指导性。2007年底，公司党委对所属各单位责任制落实情况进行了全面检查考核。通过综合考核评定，各单位均取得了良好及以上成绩，其中通州公司、变电公司、亦庄公司、顺义公司、调通中心、大兴公司、密云公司、昌平公司、计量中心、丰台公司等10个单位被评为公司2007年度党风廉政建设优秀单位，上述单位的20位党政主要领导被评为公司2007年度党风廉政建设优秀领导干部。

（二）多措并举，强化反腐倡廉教育有新成效

公司纪委以加强领导干部作风建设和廉洁文化建设为主线，整体规划，多措并举，强化反腐倡廉教育，弘扬廉洁文化理念，营造廉洁从业氛围，取得良好成效。

一是认真组织反腐倡廉教育，加强领导干部作风建设。公司纪委认真落实国家电网公司《关于加强领导干部反腐倡廉学习教育的通知》要求，抓好领导干部专题学习和教育，为两级领导班子成员配发了反腐倡廉书籍千余册，推荐了8部廉洁教育视频片，并组织6000余人次观看了《赌之害》等警示教育片及“惩治与预防职务犯罪展览”。按照《中共中央纪委关于严格禁止利用职务上的便利谋取不正当利益的若干规定》（简称《规定》）要求，公司两级建立工作机构，制订实施方案，召开专项工作会议168次、专题民主生活会138次，通过自查自纠，未发现严重违反《规定》情况。配合反腐倡廉教育，领导干部述廉评廉工作进一步深化，所属各单位200多名领导干部围绕“正确用权、自觉自律、作风形象”3个方面15项内容，在职代会上逐条明示，接受职工代表监督评议。公司两级纪委认真落实廉政谈话制度，有针对性地加强领导干部思想道德教育。各单位还充分利用报刊、杂志、网页等宣传媒体，加强反腐倡廉教育和交流。

二是以“五个一”活动为载体，扎实推进廉洁文化建设。公司纪委以开展“五个一”活动为载体，深入宣贯“干事、干净”核心理念，扎实推进廉洁文化建设。公司两级党政主要领导和纪委书记共讲党课廉课70余次；5000余名党员干部和重点岗位人员接受了集中典型教育；广大干部员工认真学习研讨“干事、干净”核心理念，积极撰写相关文章千余篇，创作廉洁文化书法、摄影、漫画、篆刻等作品220余件；万余名干部员工参与了百条优秀廉洁从业格言警句的创作及评选活动，从4460余条格言警句作品中评选出百条优秀作品，编印成册下发学习。所属单位、工区和班组三级共建立廉政网页、专刊专栏、宣传园地和橱窗等各类廉洁文化宣传阵地700余个，并相应制定了管理办法。“五个一”活动时间上纵贯全年，活动面覆盖整个公司系统，有效地营造了公司系统良好的廉洁从业氛围。

（三）创新思路，推进防控机制建设有新突破

为进一步加强惩防体系建设，公司纪委从企业实际出发，积极创新，拓展从源头上防治腐败工作领域，按照“以强化人财物监督为重点、以纪监审干联手为主体、以全方位监督信息网络为支撑有效预防职务犯罪”的思路，整合内部监督资源，初步建立运作了以“监督信息网络、内控联席会议、企地联控、信访信息交流”为主要内容的预防职务犯罪“先期联控处置机制”。

一是公司两级单位依托党组织和纪检监察系

统，建立了由472名信息员组成的横向到边、层层覆盖的“监督信息网络”，定期报送信息，畅通了信息渠道。

二是定期召开由公司纪检、人事、审计、招投标等部门参加的内控联席会议，汇报工作，沟通信息，协调监控事务，强化了内部监控。

三是规范了公司各主要受理信访、举报、投诉部门之间对相关监督信息的流转及处置，制定了信访举报“澄清”制度，加强信息共享和掌控，促进了纪检监察信访办案工作。

四是主动与全市18个区县的纪委、监察局和检察院等执纪执法机关建立了规范的“企地联控机制”，加强交流协作，共筑拒腐防变思想防线，增强预控工作的针对性和实效性，促进对相关问题的超前防范和先期处置。部分单位还将奥运电力工程监督、政风行风热线投诉处理纳入联控内容，进一步丰富拓宽了联控内涵。这一做法得到上级肯定，《国家电网报》、《北京青年报》等多家媒体进行了宣传报道。

（四）把握重点，有效履行监督职能有新举措

一是切实落实权力监督制约，严格规范廉洁从业行为。公司以规范领导干部权力运作和掌管“人、财、物、工程”等重点岗位人员的廉洁从业行为为重点，进一步加强权力监督。在民主决策方面，督促基层单位领导班子认真执行“三重一大”决策制度，所属各单位每半年一次对执行“三重一大”制度情况进行自查上报，部分二级单位还将“三重一大”制度向掌握“人、财、物、工程”的基层部门或单位延伸，加强监督制约。在招投标监督管理方面，公司制定、修订了一系列招投标监督管理办法，细化监督措施。全年共与招投标各方人员签订廉洁承诺书5600余份，组织监察人员700余人次参与招标现场监督和相关督查活动。同时，注意加强对供应商的动态管理及监督，编发了《供应商投标宣传册》，对外延伸廉政宣传教育范围，进一步强化监督，确保了招投标活动的规范运作。

二是突出重点，有效实施效能监察。公司两级纪检监察部门结合生产经营管理实际，共确立了以“0811”工程、业扩报装、招标管理等内容为主的71个效能监察项目。重点是配合公司有关部门，以效能监察助力“0811”工程实施，全力打造奥运阳光工程，先后对17项奥运电力重点工程的合同签订、物资招标、资金管理、重大变更及洽商、工程结算等环节加强效能监察，并组织相关部门进行联合专项检查，促进规范管理。全年，公司两级通过开展效能监察，针对经营管理中的薄弱环节和突出问题，共提出监察建议181件，协助建立完善各类规章制度253件次，有效避免了一些经济损失，促进了经营管理的加强。为提升效能监察工作水平，公司还开展各种专题培训149次，3700多人次参加，收效良好。公司《电费回收效能监察项目》荣获北京市国资委系统十佳项目称号，公司也被评为北京市国资委效能监察工作先进单位。

（五）宣贯纠风新理念，行风纠建水平有新提升

公司认真贯彻国家电网公司“四个服务”宗旨，制订了《纠风工作三年规划（2007年～2009年）》，并在“新北京、新奥运、新电力”优质服务品牌框架内，从实际出发，提炼出“质疑、危机、责任”的纠风工作理念和纠风工作“第一时间”观念。所属各单位充分利用各种宣传阵地和手段，深入宣贯纠风工作理念，促进员工服务观念转变，并引导各级努力把纠风工作理念转化为一线服务举措和行风纠建相关工作标准。公司修订了供电服务投诉举报管理办法和窗口规范管理建设标准等管理制度；基层各单位也结合实际，进一步健全了供电服务工作相关制度和考核办法，规范员工服务行为，取得明显成效。公司全年未发生重大行风投诉责任事件，服务投诉大幅下降，表扬数量大幅提升，并高分通过了“首都文明行业”复查验收，社会形象得到进一步提升。

公司两级建立了优质服务常态检查机制。2007年上半年，公司监察、营销、思政、农电、生技等部门，联合对全公司30%的营业窗口进行了明查暗访，对95598服务电话受理投诉和表扬情况进行回访核实，把握一线服务状况，宣传服务亮点，分析存在问题，提出改进措施。所属各单位也纷纷开展自查自纠，及时整改，进一步完善了一线服务工作。

公司通过参加北京市政风行风热线“走进直播间”节目，积极向社会宣传首都供电形势、“三个十条”、纠风工作理念及相关举措；认真做好热线问题的处理和回复，赢得广大用户更多的理解和支持。公司还积极利用社会监督力量，加强行风监督，制定了《行风投诉举报奖励办法》，以及监督员工

作章程和活动方案。公司两级全年共组织监督员开展明查暗访、调研座谈活动40余次，针对服务问题提出整改建议85条，有效促进了供电优质服务水平的提升。2007年8月，中纪委纠风工作调研组到公司进行调研指导，对公司纠风工作给予了充分肯定。

（六）规范管理，信访办案工作有新进步

为进一步规范信访案件管理工作，公司纪委重新修订了纪检监察信访工作流程，对各工作环节做出详细规定；对基层单位进一步细化了信访办案工作要求，并纳入责任制考核，促进了工作水平的提升。

结合建立先期联控处置机制，公司纪委制定了《信访、举报、投诉信息联动处置工作要求》、《纪检监察信访举报澄清工作制度》等规定，重点加强了与地方执纪执法部门的联系沟通，有针对性地指导基层单位提高对重要监督信息的先期掌控及处置力度，结合实际实施“澄清谈话”、“澄清核实”等工作程序，较好地达到了解除疑惑、消除影响、保护干部的目的。通过加强信息交流，及时得到地方执纪执法机关的指导帮助，妥善处理了苗头性问题，有效降低了发生案件的风险。全年公司系统新受理纪检监察信访37件，同比下降28.8%；在37件信访中，已办结31件，其中完成初核的23件，举报失实的15件，基本属实且进行了相应纠正处理的5件，情况部分存在但与反映问题性质不符的3件，其余6件尚在核查中；正式立案处理2件2人次。公司全年没有发生列入考核的违法违纪案件和重大行风责任事件，为公司的稳定和发展创造了条件。

（七）注重内功，加强基础管理和队伍建设有新进展

公司纪委一是立足强化内部管理，对相关管理制度和业务流程进行梳理，有针对性地加以补充、修订和完善，制定了纪检监察《周（月）工作计划总结制度》、《日常工作处理规则》、《日常工作情况通报》等多项制度，提高日常工作管理水平。二是立足于加强业绩考评，制定了《纪检监察干部考核奖惩办法》，将个人工作业绩与单位党风廉政建设责任制考核成绩密切挂钩，2007年度公司共评选出30名优秀纪检监察干部。三是立足于提高专业素质，采取集中培训、外派学习和到管理先进的省公司学习调研等方法，加强对纪检监察干部的业务培训。四是加强经验交流，通过汇总提炼两级工作信息，全年编发了25期纪检监察信息专刊和23期工作情况通报，对于加强特色工作宣传、交流先进经验、促进工作落实起到了很好的推动作用。上述措施，有效地促进了纪检监察基础管理和队伍建设，调动了广大纪检监察干部工作的主动性和创造性，提高了能力，转变了作风，提升了工作水平，全年先后有6名纪检监察干部得到了提拔任用。

经过一年的努力，公司党风廉政建设和纪检监察工作取得了可喜成绩，在国家电网公司党风廉政建设责任制考核中取得了长足的进步，实现了年初的既定目标。这些成绩的取得，和上级领导的关怀与指导，公司党委和领导班子的充分信任与支持，公司各级领导班子的重视与用心，以及公司广大干部员工的理解和参与，特别是全体纪检监察干部的辛勤工作和无私奉献是密不可分的。

当然，在看到进步、看到成绩的同时，我们也应当清醒地认识到，“首都公司”的特殊地位，要求我们确保政治安全、经济安全、干部廉洁安全和公司形象安全的这根弦一刻也不能放松。公司系统党风廉政建设和纪检监察工作仍然面临着一些困难和挑战，在我们的工作中还存在一些明显的不足和问题。如对企业党风廉政建设、对企业管理具有根本意义的制度建设和“执行力”问题，就是一个应当引起各级领导高度重视并需要着力解决的重要问题。这里想突出强调一下“三重一大”决策制度的执行问题。“三重一大”决策制度是保证国有企业决策科学化、民主化的重要制度，是确保领导班子有效运作，确保企业科学管理、健康发展的重要制度，也是保证各级领导干部“正确用权”、正确履责的重要制度。正确认识并严格执行这一制度，对企业、对各级领导干部都是至关重要的。这些年来，公司包括“三重一大”决策制度在内的重要的管理、监督和内控制度日益健全完善，但在我们的干部队伍中，仍然存在“按制度办事，靠制度管人”的意识比较薄弱的问题，这就增大了企业管理和领导干部个人廉洁安全的现实风险。此外，公司纪检监察基础管理和队伍作风建设也有待进一步加强，工作的针对性、实效性还有待增强，纪检监察干部队伍的工作能力、执纪能力、创新能力和用心程度还需要着力提升。面对这些问题和不足，希望大家认真

总结反思，采取得力措施，有效解决问题，继续开拓创新，推动公司党风廉政建设和纪检监察工作再上新的台阶，推动公司又好又快发展。

二、2008年主要工作任务

（一）指导思想和总体工作思路

2008年，公司党风廉政建设和纪检监察工作的指导思想是：深入学习宣传贯彻党的十七大反腐倡廉重要精神和中纪委二次全会精神，认真落实国家电网公司纪检监察工作会议各项部署，在党委领导下，围绕中心，服务大局，进一步在“围绕、贴近、融入、完善”上下功夫，扎实推进反腐倡廉和纪检监察工作，为确保奥运电力保障和公司全年各项任务的完成提供坚强政治保证。

总体工作思路是把握主线，突出重点，巩固成果，努力创新，提升水平。即：始终牢牢把握“有效预防职务犯罪和重大行风责任事件”的主线；突出“奥运电力保障、内部监控机制、‘红线制度’建设”重点；巩固“基础管理、工作创新、队伍建设”成果；针对工作难题和提升水平的需求积极创新，努力提升党风廉政建设和纪检监察工作整体水平，争取新的进步。

（二）主要工作目标

（1）切实落实党风廉政建设和反腐败工作领导体制和工作机制，进一步改进、完善纪检监察工作格局，确保上级部署的党风廉政建设和纪检监察工作各项任务的圆满完成。

（2）层层落实责任，强化责任追究，强化监控预防，促进领导干部廉洁自律，及时查处违纪苗头。公司本部干部员工和公司系统处级以上领导干部不发生违纪违法案件，不发生瞒案不报、压案不查或责任追究不到位的问题。

（3）进一步完善预防职务犯罪“先期联控处置机制”，整合内部监控资源，逐步培育“大监督”格局；在监督预防的主动性、及时性、有效性上下功夫，提升源头防治腐败的效果。

（4）以“正确用权、阳光运作”为主题，开展“红线制度”建设和专题宣传教育活动，以领导班子和“人、财、物、工程”管理与监督为重点，本着“具体、管用”的原则，着手梳理选编内部预控和监督“红线制度”，并逐步充实完善，努力形成系统实用的内部预控和监督制度体系。

（5）立足于助力和促进“奥运电力保障”，继续深入宣贯落实“质疑、危机、责任”纠风工作理念和“第一时间”观念，引导推动其转化融入一线服务举措和行风纠建相关工作标准，促进行风纠建水平提升，确保不发生重大行风责任事件。

（三）重点工作安排

（1）以深化“责任制”落实为抓手，确保党风廉政建设和纪检监察工作关键指标与各项任务的落实。

（2）以“三明三强”为立足点，强化反腐倡廉制度建设和专题宣教工作。

（3）以“正确用权，阳光运作”为主题，深入推进廉洁文化建设。

（4）以强化内部监控为诉求，进一步完善落实“先期联控处置机制”。

（5）以助力“奥运电力保障”为重点，有效履行监督职能。

（6）以“宽严相济，恰当处置”为原则，严格依纪依规查办信访案件。

（7）以增强“执行力”和“创新力”为着力点，加强纪检监察部门和队伍建设。

抓住机遇　全面提升基础工作水平
理清思路　努力拓展财务管控能力

——总会计师穆银安在北京电力公司年度财务预决算暨执行新企业会计准则布置会议上的讲话（摘要）

（2007年11月28日）

一、2007年财务工作简要回顾

2007年以来，公司财务战线广大干部职工紧紧围绕建设“国内一流、国际水准责任效益型”现代电力企业发展战略，贯彻落实“五突出、五抓”工作思路，积极服务和支撑公司“三条主线”各项工作开展，深入实施集团化运作、集约化发展、精细化管理、标准化建设，做了大量卓有成效的工作，取得了可喜的成绩。

（一）经营业绩显著提升，公司财务状况保持稳定

1～10月份，公司经营指标稳步提升，盈利水平迈上新台阶，公司整体运营状况良好。

完成售电量475.3亿kWh，同比增长9.9%；销售收入254.4亿元，同比增长14.28%；利润总额8.92亿元，超过2006年全年的水平；净资产收益率3.27%，同比提高0.94个百分点；资金周转速度显著加快，资金沉淀大幅降低，流动资产周转次数8.37次，同比提高2.18次；货币资金同比降低36.66%，资金运作效率显现，1～10月，公司资本性支出达到创纪录的74.3亿元，同比增加74.2%，银行长期借款存量同比仅增加12.6亿元，资产负债率仍控制在55%以下，在高投入的情况下保持了公司财务状况的稳定，公司盈利能力稳步提高，资产质量不断优化。

（二）完善预算管理体系，财务管控能力不断增强

坚持集约化、专业化管理方向，围绕公司发展战略，以强化全面预算管理为主线，充分发挥预算的战略导向作用、资源优化配置作用和引领管理提升作用。建立起层级分明、界面清晰、管理有序的两级预算管理体系，有效地规范管理，防范风险，提升公司整体管理水平。按照过程精细化、方法科学化、内容规范化的要求，不断完善预算模型，科学合理设定各项参数和标准，明确各项业务指标与财务指标之间的关系，提高预算控制力。预算管理工作在总结改进前几年工作经验的基础上，在管理上取得了一定的进步，2007年被国家电网公司评为预算管理先进单位。

深入开展资产经营管理对标工作，结合公司具体情况，将管理对标工作向基层单位延伸，鼓励财务管理理念、机制、方法、手段创新，推广应用管理对标典型经验。通过在公司范围内开展预算管理、会计核算、基础工作、资金管理和固定资产管理五个方面的管理对标，带动了公司整体财务管理水平进一步提升。

坚持不懈地开展资产清理处置工作，进一步加大非核心业务资产和低效无效资产的清理处置力度。累计完成自主处置任务的54.16%，处置资产总额7.04亿元，对应权益6.91亿元，收回资产价值2.71亿元，其中货币资金1.79亿元，除实开公司及其所属京电房地产公司整体处置工作外，公司资产清理处置工作基本完成。实开公司和京电房地产公司整体处置也得到了稳步推进，完成实开公司所属投资股权转让2项，完成评估备案股权7项，为公司减轻历史包袱，提高运营效率，优化资产结构起到了积极的作用。

（三）推进资金集约化管理，集中管理手段取得突破

进一步加大银行账户清理压缩力度，归并利用率低的专用账户，公司账户结构进一步优化，账户功能更加合理，账户体系更趋完善。截至10月底，公司合并口径银行账户降至158个，银行账户数较年初下降6.3%。到2007年底，完成各单位农网专用账户撤户后，力争将账户总数降到140个左右，超额完成国家电网公司要求比年初压缩10%的目标。

全面推广银行账户一级管理，资金集中支付系统已经开始陆续上线试运行。资金集中支付系统的启用标志着公司资金管理进入一个全新阶段，一方面可以有效减少基层单位资金沉淀，提高资金运作水平；另一方面为公司实施进一步集约化运作和精细化管理提供了手段和技术支持。

融资结构得到进一步有效优化。一是依据对公司资金流特性的分析，根据短期、中期及长期三类性质的资金缺口，匹配相应期限的银行融资规模；二是采取多种手段进行融资，国家电网公司内部资金市场融资和融资租赁方式也得到了很好的运用。采取这些资金管理措施保证了公司基本建设和生产经营需要，大幅降低公司平均货币资金存量，提高了资金周转率，有效降低了财务费用。

（四）实施标准化建设，财务基础工作水平明显提升

以稳步推进集团账务系统的实施为契机，不断提升财务基础工作。集团账务系统通过在全公司（母公司）范围内实行五个统一，统一一个会计核算主体，统一经济业务处理规则，统一会计核算方法，统一会计基础工作要求，统一核算系统与信息传递方式；实现会计信息传递的实时，会计信息涵义的规范，会计信息质量的提高，实现财务信息化从核算到管理的转型，实现对经营决策的精

准支持。

以深入开展财务稽核工作为抓手，不断强化财务基础工作标准化建设。2007年重点开展了审计意见整改、内部控制体系、技改工程成本和成本费用管理四个专项的稽核检查，通过稽核检查一方面帮助基层单位梳理管理流程，也加强了会计基础工作和后续监管。通过组织参加华北地区的财务稽核互查，向区域内兄弟网省公司学习借鉴了许多好的管理经验和做法，有力地促进财务工作的规范化管理水平提升。

（五）努力拓展管理视野，加强重大问题和战略问题研究

国家发改委2007年6月推出了《输配电价成本监审暂行办法》、《调整销售电价分类结构指导意见》等文件讨论稿，将使现行的电价定价模式发生根本性的改变，对电网经营企业产生重大的影响。客观情况需要公司积极思考，调整思路，把单纯以电网投资申请调价的思路，转变到深入分析北京电网的输配电成本，分析测算合理水平和电价结构调整上来。2007年初步完成《北京电网输配电成本及电价分析》、《公司电价工作三年规划》等研究报告，提出到“十一五”末期的电价调整建议和过渡方案，为公司今后电价工作提供决策参考依据。

按照年初财务工作会的部署，围绕公司发展战略和规划目标，着眼于财务工作新的实践和新的发展，初步制定完成公司财务工作三年规划。深入分析财务工作面临环境、总结公司财务经营管理经验，明确今后三年财务工作指导思想、总体目标，财务管理各专业目标、工作方向和保障措施以及重点工作，为进一步发挥财务在公司经营管理中的服务保障决策支持作用提供方向指引。

深入分析研究制约经营管理水平提升的因素，结合公司实际，开展配网资产接收、购网电价研究以及经营工作的相关问题研究。在全面分析公司经营工作特点的基础上，找准经营财务工作存在的主要问题，明确提出公司强化经营、财务工作的整体思路、工作目标和工作措施，为经营、财务工作的有序开展，不断规范管理、提升管理水平打下良好的思想基础。

（六）认真落实新通则，部署执行新企业会计准则

严格执行新《企业财务通则》，落实各项政策措施；针对工资结余、福利费等重大政策变化，重新研究规范公司的成本费用开支范围和标准，确保通则从2007年起顺利调整到位。切实做好执行新《企业会计准则》的准备工作，认真研究新准则在会计目标、计量属性、资产分类、薪酬管理等方面的变化，深入分析对公司经营效益和管理决策的影响，提出应对措施；组织对公司系统财务人员进行大规模培训和调考工作，为执行新准则做好知识储备；以赛促学，组织参加国家电网公司和华北电网公司会计知识大赛，取得了较好成绩。

二、当前财务工作面临的形势和基本思路

当前公司财务工作正面临着较大的经营压力。这些压力主要来源于以下三个方面：

（一）国家宏观调控政策使公司经营面临诸多压力

近年来，公司上下共同努力，通过实施全面预算管理、资金集中调度、加大资产清理处置力度、多渠道筹集资金等方式，较好地以稳定的财务状况应对了电网建设资金的持续巨额投入。近一段时间以来，随着国家一系列宏观调控措施的出台，对电网企业效益的负面影响逐步显现，公司经营面临诸多压力。

一是受节能减排、环境整治等宏观调控措施的影响，一些耗电大户陆续迁出或减产，北京地区售电量增幅可能继续回落，收入增幅可能减缓。增量收入带来的毛利增长越来越小。

二是电价调整难度大。国家抑制通货膨胀，严格控制公共基础产品价格调整，北京地区2008年初级产品价格的调整任务依然很重，加之2008年奥运会保稳定的要求，都将进一步增加电价调整的难度。同时，学校执行居民电价的减收问题影响重大，矛盾急需疏导。

三是购电成本面临巨大上升压力。华北电网执行脱硫加价政策将间接增加公司的购电成本；燃气电厂并网加之天然气涨价等因素也将造成购电成本迅猛增长。

四是融资成本增加的刚性很强。受国家宏观调控政策影响，国家2007年内已九次上调金融机构存款准备金率，七次上调贷款利率，五年以上中长期贷款利率累计上调0.99个百分点，加大公司融资成本，对工程造价和利润实现均是不可低估的影响。

（二）巨大的电网建设投入不断增大公司经营压力

为实现国家电网公司电网发展方式转变的战略目标，客观要求较大规模的持续投入建设资金，对公司财务资源的需求进一步增加。公司通过近几年来不断提高管理水平，内部挖潜增加效益的空间已经越来越小。2008 年度预算编制中，国家电网公司又特别强调了 EVA 和 EVA 增量的问题，公司现阶段净资产收益率在 3.4% 左右，而加权平均资本成本率的要求为 4.52%，随着每年以百亿计的持续投资，实现 EVA 增量为正的难度较大。

尽管公司的盈利水平是建制调整初期的 3.4 倍，但由于电网资本投入增幅远远高于售电量的增长，利润空间压缩，资金压力增大。

（三）管理基础相对薄弱带来较大的管理压力

财务管理工作要服务和支撑公司基建、生产、营销三条主线，最终都离不开经营管理的提升，加之财务工作和公司各项业务工作都有千丝万缕的联系和协作配合，业务管理基础实际上直接决定着财务管理的水平和能力。近年来，我们在加强财务管理、夯实财务基础方面做了大量工作，但财务管理的规范化、精细化程度还不适应集团化运作、集约化发展、精细化管理、标准化建设的要求，财务工作还存在着明显的差距和不足，带动管理提升的能力还没有有效发挥出来。在制度体系上，体现于管理的体制和机制不够完善，不能随着形势和客观情况的变化而及时调整，对各项既定制度的执行不彻底。在理财观念上，体现在科学理财观念不清，依法理财意识不强，制约了财务工作的发展。在风险控制上，体现为财务监督控制不完全到位，管理比较粗放，经济分析深度不够，资源分散浪费等问题依然存在，公司运营成本持续扩张。

上述这些问题必须引起我们的高度重视。应对挑战，当前财务工作的基本思路是：深入学习贯彻党的十七大精神，落实科学发展观，牢固树立“科学理财、依法理财”理念，认真贯彻国家电网公司“集团化运作、集约化发展、精细化管理、标准化建设”要求，紧紧围绕公司“建设国内一流、国际水准的责任效益型现代电力企业”发展目标，以拓展输配电价空间为重点，积极争取内外部政策，深入挖掘内部潜力，努力提升效益水平和发展能力；以全面预算管理为主线，通过完善各项管理制度，实施标准成本管理、建立成本评价体系，引领资源高效配置，提高管理水平和管控能力；以推进公司企业资源管理系统（ERP）试点以及集团账务系统、集中支付系统实施为载体，夯实财务管理基础，强化资金精细化管理，提升管理手段和集约化能力；以加强制度建设和理顺管理流程为保障，提升标准化建设和防范风险能力；以人为本，加强财会队伍建设，提高财会人员职业素养，提高队伍素质和履职能力。

今后一段时期，财务工作的重点把握以下六个方面：

（一）筹划电价调整工作，力争解决公司面临的资金压力

2007 年，在政府“稳价格、调结构、重管理、促改革”的电价管理工作思路下，公司电价工作的重点是加强基础工作，开展电价机制和销售结构调整等重大政策问题的研究等。这些工作都是为 2008 年疏导电价矛盾做准备。尽管 2008 年有举办奥运保持社会稳定的压力，但还是积极争取在上半年把电价走出一些。要加强和政府价格主管部门的汇报沟通，有重点地提出电网公司亟须疏导的电价矛盾，主要是电厂脱硫加价、教育类用户执行居民电价等政策带来的问题。2008 年北京地区可能考虑解决燃气电厂的电价矛盾，这一方面给我们电价调整提供了契机，但另一方面由于这部分需要调整的金额大，可能会挤占较大的电价空间，要结合国家销售电价结构调整和鼓励服务业行业发展等政策取向，采用合并类别、不同涨幅等方式提出调价建议，尽一切努力促成电价的疏导。

（二）继续深化全面预算管理，发挥预算配置资源和引领管理提升的作用

深化全面预算管理，增强预算调控能力，合理安排各项财务资源，保证基建、生产、营销三条主线等重点工作的资金需求。实施战略预算管理，提高财务预算对公司发展战略的支撑保障能力。按照“完善体制、健全机制、改进流程、创新方法、科学主导”的总体要求，推动预算管理创新。在两级预算管理体制下，着力推进“各级监督、层层落实”，有效落实预算责任。树立价值管理理念，引入 EVA 评价体系，探索和建立有效的投入产出管理机制。加强预算考核与绩效评价，建立激励、约束机制，有效协同公司上下的预算目标。促进业务

与财务融合，采取分业务预算模式，增强业务部门价值管理理念，实现业务计划与预算目标的有效衔接。创新预算管理方法，完善预算模型，进一步提高参数设置的完整性和合理性，科学主导预算编制。

（三）加强成本管理力度，逐步建立标准成本管理及成本评价体系

公司将深入研究，积极探索，树立大成本的理念，开展成本管理创新，施展重要举措，加快标准成本体系建设步伐，逐步建立成本评价体系。

一是修改和进一步完善标准成本体系，逐步统一同类单位的成本支出标准，缩小单位间成本支出差异，逐步实现区域内成本参数趋同，缩小差距，建立标准成本体系。

二是加强成本管理，从严控制生产性耗费，从紧安排非生产性支出，有效降低管理消耗，规范非可控成本管理流程。根据新准则要求，规范职工薪酬管理，严格掌握福利开支的范围和标准，加强技术开发费和职工培训费的管理。

三是建立与集中招投标、推广典型设计相配套的工程概算、决算管理机制。加强工程决算管理和工程财务内控制度建设，规范工程决算，杜绝项目资金拆借混用现象。以工程造价管理为主线，全面推动大中型基建、技改、配网、农城网等工程成本研究，积极探索降低工程成本的新思路。

四是注重成本效益评价，逐步建立成本评价体系。在综合考虑实际管理数据的基础上，通过设立成本评价指标，引领资源调配，确保财务资源的有效投入。

（四）积极推动ERP建设和两个系统应用，提升财务管理手段和方法

企业资源管理系统（ERP）建设，不仅仅是管理流程的电子化，更重要的是要引入管理机制创新和先进管理理念。财务模块是ERP建设非常重要的组成部分，ERP系统建设有助于加强财务管理前端的业务环节控制，有助于打破成本管理、资产管理、物资管理、工程管理等财务环节的管理瓶颈，是实现“四化”管理的必然要求和必经之路。ERP系统建设和试点必须要和集团账务管理系统和集中支付系统的运行很好地结合起来，ERP系统主要解决业务环节的控制问题，集团账务系统重点提升财务信息质量，集中支付系统重点解决资金管理和银电联网问题，提升资金管理效率和管理效益。

（五）强化资金安全管理体系建设，确保公司发展经济安全

高度认识资金安全工作的形势和任务，进一步采取有力措施，认真自查主业和多种经营管理过程中存在的风险因素和薄弱环节，针对问题，建立事前有防范、事中有控制、事后有监督、责任有追究的全面风险管控体系，加强重点领域和关键环节管控，把资金安全风险降到最低。完善财务自律机制，深入开展财务稽核，加强职业道德教育，提高相关人员的道德素质，增强各级管理人员遵守规章制度的自觉性，确保规章制度贯彻落实。

（六）加强财会队伍建设，增强公司发展动力

推动公司发展再上新台阶，对优秀财会人才的需求日益迫切。财务工作要为公司发展提供有力支撑，必须要始终坚持以人为本，努力提升队伍素质。要进一步从职业道德和业务素质两方面加强财会队伍建设，培养一批复合型人才，锻炼一批业务骨干，打造一支财务精英队伍。要逐步完善竞争机制、激励机制和约束机制，充分调动和发挥广大财务干部的积极性和创造性。

继续加强财务人员的培训学习，提高财务人员的业务素质与工作能力，鼓励优秀人才脱颖而出。营造良好的工作环境，使广大财务人员自觉立足本职工作，加强学习，更好地服务公司发展。

三、认真做好当前主要工作，确保完成全年工作任务

时近年底，各单位要集中精力做好年末、年初各项工作，确保全年经营工作目标和主要工作的顺利完成。

一是要确保全面完成年度经营目标。2007年预算指标今年调整了两次，年底之前还要做一些微调。为确保完成全年经营任务，各单位要强化预算控制，密切跟踪和分析预算执行情况。一要努力增收，加强电费回收管理，防止新欠电费发生，确保收入指标的完成；二要严禁三项费用超支和挂账处理，增加的可控费用指标必须按照公司职能管理部门的要求落实到位，尤其要防止突击花钱和资金转移。

二是要加强财务预算决算工作的组织领导。公司所属各单位要按照公司关于预算、决算的一系列

部署，做好决算前的各项准备工作，各单位要做好执行新旧会计准则转轨衔接工作，要在2007年决算、2008年预算以及年前、年后的快报工作中落实好新会计准则，协调好年度间、月度间、新旧制度间的关系，确保实现顺利衔接。各单位预算管理工作要加强组织协调，及早布置、层层落实，提升预算编制水平，落实预算管理措施。公司本部职能部门要充分发挥业务职能管理作用，做好业务计划与财务预算、决算的工作衔接，配合财务部门圆满完成年底预算决算工作。

三是要落实金融资产和金融负债自查工作。各单位要切实提高安全意识，高度重视资金安全工作，要认真落实近期下发的《关于印发〈北京电力公司加强金融资产和金融负债管理的若干规定〉的通知》文件要求，加强组织领导，加大监督检查力度，强化金融资产和金融负债管理，全面落实资金安全管理责任，切实保证公司整体资金资产安全。

四、对当前工作的要求

现在已近年终岁尾，这是全面完成2007年公司各项目标任务的关键时期，工作繁重，任务艰巨。下面我强调以下几个方面的要求：

（一）全面完成年度经营目标

各单位要高度重视年终前的各项收口工作，确保完成今年各项经营任务。2007年预算调整指标已经下达。各单位要强化预算控制，密切跟踪和分析预算执行情况，及时研究和解决预算执行中出现的问题；严肃财经纪律，禁止年终突击花钱和转移资金。要从增加收入、控制成本入手，努力提高盈利水平。

（二）做好新会计准则实施工作

按照国家电网公司统一部署，公司将于2008年1月1日起执行《企业会计准则》。财务部及各单位要做好转轨衔接工作，完成前期准备的一系列工作；要在2007年决算、2008年预算以及年前、年后的快报工作中落实好新会计准则，协调好年度间、月度间、新旧制度间的关系，实现顺利衔接；要继续大力加强培训，认真贯彻落实《国家电网公司会计核算办法》。

（三）做好财务决算、预算编报等工作

2007年的决算、预算编制前要经历制度转轨和账务调整等工作，时间紧、难度大、任务重。我希望各单位对这几项工作切实加以重视，加强组织、领导和协调，及早布置、层层落实，扎扎实实做好本单位的报表编制工作，采取积极有效措施，全面提高报表编制的质量。

（四）认真做好2007年工作总结和2008年工作准备

各单位财务部门要认真总结2007年的工作成绩，分析存在的问题，广泛开展调查研究，听取各方面的意见和建议。以建设“责任效益型”现代公司为目标，认真思考和研究2008年的工作，及早筹划，理清思路。在安排2008年工作时，要注意结合北京电力公司的定位和发展目标，做到求真务实，科学合理，力求新的一年财务工作实现新突破。

重　要　文　件

上级单位重要文件索引（摘要）

发文单位	文号	文件标题
北京市发展和改革委员会	京发改[2007]360号	关于印发国家发展改革委部分高耗能产业实行差别电价目录和电价标准的通知
中共北京市纪委	京纪发[2007]9号	转发《关于印发〈中共中央纪委关于严格禁止利用职务上的便利谋取不正当利益的若干规定〉的通知》的通知
北京市财政局	京财采购[2007]871号	转发北京市治理商业贿赂领导小组《关于印发〈关于对不正当交易行为自查自纠进行检查评估的工作细则〉的通知》的通知

续表

发文单位	文号	文件标题
北京市档案局	京档发 [2007]11 号	关于印发《北京市机关文件材料归档范围和文书档案保管期限规定实施细则（试行）》的通知
北京市档案局	京档发 [2007]2 号	关于引发《北京市国家机关电子文件归档工作规定（试行）》的通知
国家电网公司	外事综 [2007]4 号	转发《关于坚决制止因公出访中不正之风的通知》
国家电网公司	国家电网营销 [2007]35 号	关于印发《国家电网公司供电服务品质评价办法（试行）》的通知
国家电网公司	国家电网政工 [2007]52 号	关于印发《国家电网公司员工守则》的通知
国家电网公司	国家电网招标 [2007]77 号	关于印发《国家电网公司输变电工程施工招标投标管理办法（试行）》的通知
国家电网公司	国家电网招标 [2007]78 号	关于印发《国家电网公司输变电工程勘察设计招标投标管理办法（试行）》的通知
国家电网公司	国家电网招标 [2007]79 号	关于印发《国家电网公司输变电工程施工监理招标投标管理办法（试行）》的通知
国家电网公司	科新 [2007]8 号	关于发送《国家电网公司技术标准体系表》的通知
国家电网公司	人资组 [2007]6 号	转发劳动和社会保障部《关于建立劳动用工备案制度的通知》
国家电网公司	国家电网人资 [2007]177 号	关于印发《国家电网公司企业负责人年度业绩考核管理暂行办法》的通知
国家电网公司	国家电网财 [2007]175 号	关于印发《国家电网公司股权投资管理暂行办法》的通知
国家电网公司	国家电网工会 [2007]186 号	关于印发《国家电网公司劳动模范管理办法（试行）》的通知
国家电网公司	国家电网党 [2007]31 号	关于转发《中纪委、中组部、外交部、公安部关于加强因公出国（境）团组境外纪律的通知》的通知
国家电网公司	基建综 [2007]38 号	转发关于《注册测绘师制度暂行规定》、《注册测绘师资格考试实施办法》和《注册测绘师资格考核认定办法》的通知
国家电网公司	国家电网科 [2007]211 号	关于印发《国家电网公司技术标准管理办法》的通知
国家电网公司	办研 [2007]9 号	关于印发《国家电网公司重要信息报送工作管理办法》的通知
国家电网公司	国家电网农 [2007]326 号	关于印发《新农村电气化标准体系》、《新农村电气化建设实施纲要》的通知
国家电网公司	农安 [2007]22 号	关于印发《农网配电典型作业防止重特大人身事故措施（试行）》的通知
国家电网公司	国家电网财 [2007]607 号	关于转发国资委《国有股东转让所持上市公司股份管理暂行办法》、《国有单位受让上市公司股份管理暂行规定》和《上市公司国有股东标识管理暂行办法》的通知
国家电网公司	国家电网办 [2007]717 号	关于印发《国家电网公司社团组织管理办法》的通知
国家电网公司	基建综函 [2007]40 号	关于转发建设部《工程监理企业资质管理规定实施意见》的通知
国家电网公司	农技 [2007]35 号	关于印发《新农村电气化村典型供电模式(试行)》的通知
国家电网公司	机关综合 [2007]11 号	关于转发《关于加强人口和计划生育工作若干政策措施的通知》的通知
国家电网公司	发展计一 [2007]153 号	关于转发《国务院办公厅关于加强和规范新开工项目管理的通知》的通知
国家电网公司	国家电网人资 [2007]1040 号	关于印发《国家电网公司贯彻实施〈劳动合同法〉加强和规范劳动用工管理的指导意见》的通知
国家电网公司	办文档 [2007]54 号	转发国家档案局关于废止《档案库房技术管理暂行规定》等七件规章的决定的通知
国家电网公司	国家电网安监 [2006]1114 号	关于印发《国家电网公司安全技术劳动保护措施计划管理办法（试行）》的通知
国家电网公司企协	企协秘 [2007]2 号	关于印发《国家电网公司企业管理协会章程》的通知
华北电网有限公司	华北电网办 [2007]6 号	关于印发《华北电网有限公司经济法律专家库管理暂行办法》的通知

续表

发 文 单 位	文 号	文 件 标 题
华北电网有限公司	华北电网人资 [2007]9 号	转发《北京市基本养老保险规定》的通知
华北电网有限公司	华北电网人资 [2007]26 号	转发北京市《关于贯彻实施〈北京市基本养老保险规定〉有关问题的具体办法》等三个文件通知
华北电网有限公司人力资源部	华北电网网人资 [2007]36 号	转发北京市人民政府关于修改《北京市失业保险规定》的通知

公司重要文件索引（摘要）

文 号	文 件 标 题
京电党［2007］14 号	印发《关于建立预防职务犯罪“先期联控处置机制”的指导意见》的通知
京电党［2007］15 号	关于印发《北京电力公司党风廉政建设责任制暨党风廉政建设和反腐败工作考核办法》的通知
京电党［2007］18 号	关于印发《北京电力公司党风廉政建设和反腐败工作三年规划（2007 ～ 2009 年）》的通知
京电党［2007］22 号	关于印发《北京电力公司精神文明建设综合绩效考核暂行办法》的通知
京电党［2007］46 号	关于印发《北京电力公司“十一五”精神文明建设规划》的通知
京电党［2007］47 号	关于印发《北京电力公司企业文化建设三年（2007 ～ 2009）规划》的通知
京电党［2007］51 号	关于印发《北京电力公司贯彻〈中共中央纪委关于严格禁止利用职务上的便利谋取不正当利益的若干规定〉工作实施方案》的通知
京电安［2007］3 号	关于印发《北京电力公司安全监察证管理办法（试行）》的通知
京电安［2007］10 号	关于现场工作负责人必须穿着“红马甲”的通知
京电安［2007］23 号	关于印发《北京电力公司安全技术劳动保护措施计划管理办法(试行)》的通知
京电安［2007］31 号	关于进一步加强电力生产发包承包电力工程安全管理的通知
京电安［2007］50 号	关于印发《电缆绝缘安全切刀使用管理规定》的通知
京电办［2007］10 号	关于印发《北京电力公司政策研究工作管理办法》及《北京电力公司 2007 年政策研究课题计划》的通知
京电办［2007］15 号	关于印发《北京电力公司供用电合同档案管理细则（试行）》的通知
京电财［2007］3 号	关于印发《北京电力公司预算管理办法》的通知
京电财［2007］5 号	关于印发《北京电力公司本部预算管理规定》的通知
京电财［2007］20 号	关于印发《北京电力公司财务监督检查报告制度》的通知
京电财［2007］42 号	关于下发《北京电力公司银行账户体系管理办法（试行）》的通知
京电财［2007］43 号	关于下发《北京电力公司银行账户管理办法（修订）》的通知
京电财［2007］56 号	关于印发《北京电力公司加强金融资产与金融负债管理的若干规定》的通知
京电财［2007］58 号	关于印发《北京电力公司融资管理办法（试行）》的通知
京电调［2007］9 号	关于印发《北京电网变电站标准化间隔划分原则》的通知
京电调［2007］10 号	关于印发《北京电力公司调度系统基础数据标准（一）》的通知
京电调［2007］12 号	关于印发《北京电力调度数据网运行管理办法》的通知
京电调［2007］15 号	关于印发《北京电力公司调度数据网技术原则》的通知
京电调［2007］18 号	关于印发《北京电网日方式管理规定》的通知
京电调［2007］20 号	关于印发《北京电网可视化调度系统运行及使用管理规定（试行）》的通知
京电调［2007］22 号	关于印发《北京电力公司变电站及电厂上网电量采集系统运行管理规定(修订)》的通知
京电调［2007］23 号	关于印发《北京电网调度工作规范》的通知
京电调［2007］24 号	关于印发《调度运行一日工作标准》的通知
京电调［2007］25 号	关于印发《北京电网调度管理规程》及《地区电网调度管理规程》的通知

续表

文　号	文 件 标 题
京电调［2007］44号	关于下发《北京电力公司调度管理系统（OMS）运行管理规定（试行）》的通知
京电调［2007］45号	关于下发《北京电力公司调度系统专业管理流程规范（试行）》的通知
京电调［2007］50号	关于印发《奥运场馆及其配套设施调度管理规定》的通知
京电调［2007］63号	关于印发《北京电网通信配置技术原则》的通知
京电调［2007］64号	关于印发《北京电力公司配网自动化技术原则》的通知
京电调［2007］65号	关于下发《北京电力公司配网自动化远方终端技术规范》的通知
京电调［2007］67号	关于印发《北京电力公司通信网络资源命名规范》的通知
京电调［2007］68号	关于下发《北京电网调度系统参数管理办法（试行）》的通知
京电调［2007］83号	关于印发《北京电力公司变电站视频监控系统建设规范(试行)》的通知
京电调［2007］86号	关于印发《继电保护及故障信息系统验收管理规定（试行）》的通知
京电调［2007］87号	关于印发《继电保护及故障信息系统运行管理规定（试行）》的通知
京电调［2007］88号	关于印发《北京电力公司电网集中控制自动化系统运行管理规定（试行）》的通知
京电调［2007］90号	关于发布《北京电力公司变电站自动化信息采集技术原则（试行）》的通知
京电发展［2007］84号	关于印发《北京电力公司外部垫资输变电工程还款管理办法（试行）》的通知
京电发展［2007］104号	关于印发《北京电力公司统计报表制度（2007修订版）》的通知
京电发展［2007］126号	关于印发《北京电力公司投资计划管理模式指导意见》的通知
京电发展［2007］162号	关于下达《北京电力公司经济活动分析工作管理办法（试行）》的通知
京电发展［2007］258号	关于印发《北京电力公司统计管理办法》的通知
京电工［2007］16号	关于印发《北京电力公司职工代表参与日常民主管理暂行办法》等制度的通知
京电基［2007］37号	关于印发《北京电力公司基建系统创一流同业对标工作实施细则(试行)》的通知
京电基［2007］79号	关于印发《北京电力公司基建安全质量奖惩考核暂行规定（试行）》的通知
京电基［2007］84号	关于印发《北京电力公司基建系统争创无违章工地实施办法》的通知
京电纪［2007］11号	关于修订《北京电力公司纪检监察信息工作管理办法（试行）》的通知
京电监［2007］2号	关于印发《北京电力公司干部员工“礼品礼金”上交登记及保管处置暂行规定》的通知
京电监［2007］4号	关于印发《北京电力公司2007年～2009年纠风工作三年规划》的通知
京电监［2007］6号	关于印发《北京电力公司用电营业抄核收效能监察实施方案》和《北京电力强网“0811”奥运配套工程项目效能监察实施方案》的通知
京电监［2007］7号	关于印发《关于建立招标采购不良信息记录及有关问题处理的规定》的通知
京电监［2007］9号	关于印发《北京电力公司行风投诉举报奖励办法》的通知
京电科信［2007］11号	关于印发《北京电力公司重点科技项目管理规定（试行）》的通知
京电科信［2007］27号	关于印发《北京电力公司数字证书管理办法》的通知
京电科信［2007］30号	关于印发《北京电力公司科技项目管理办法》的通知
京电科信［2007］36号	关于印发《北京电力公司电网建设项目环境保护管理实施细则(试行)》的通知
京电科信［2006］45号	关于印发《北京电力公司信息化工作保密管理规定》的通知
京电科信［2007］59号	关于印发《北京电力公司群众性技术创新成果奖励暂行办法》的通知
京电科信［2007］63号	关于印发《北京电力公司专利工作管理办法（试行）》的通知
京电人［2007］14号	关于印发《北京电力公司所属单位及其企业负责人业绩考核暂行办法》的通知
京电人［2007］19号	关于印发《北京市电力行业职业技能鉴定实施细则（试行）》的通知
京电人［2007］23号	关于印发《北京电力公司生产技能人员离岗轮训管理办法》的通知
京电人［2007］26号	关于印发《北京电力公司技术比赛管理办法（试行）》的通知

续表

文　　号	文件标题
京电人［2007］36 号	关于印发《北京电力公司兼职教师管理办法》的通知
京电人［2007］39 号	关于印发《北京电力公司劳务人员薪酬管理指导意见》的通知
京电人［2007］40 号	关于印发《北京电力公司劳务用工管理办法（试行）》的通知
京电人［2007］65 号	关于印发《北京电力公司劳动合同管理办法》的通知
京电人［2007］67 号	关于印发《北京电力公司关于解除违纪员工劳动合同的规定》的通知
京电人［2007］68 号	关于印发《北京电力公司员工奖惩办法》的通知
京电人［2007］69 号	关于印发《北京电力公司工资支付暂行规定》的通知
京电人［2007］70 号	关于印发《北京电力公司工作时间和休息休假管理办法》的通知
京电人［2007］71 号	关于印发《北京电力公司内部待岗规定》的通知
京电人［2007］72 号	关于印发《北京电力公司员工内部退岗休养规定》的通知
京电人［2007］73 号	关于印发《北京电力公司员工因私出国（境）管理办法》的通知
京电人［2007］74 号	关于印发《北京电力公司员工劳动防护用品管理办法》的通知
京电审［2007］2 号	关于印发《北京电力公司优秀审计项目评审办法（试行）》的通知
京电审［2007］4 号	关于印发《北京电力公司重大审计事项报告制度（试行）》的通知
京电生［2007］1 号	关于印发《北京电力公司技术改造工作管理办法（试行）》的通知
京电生［2007］2 号	关于印发《北京电力公司设备修理工作管理办法（试行）》的通知
京电生［2007］3 号	关于印发《北京电力公司变电设备专业化检修工作实施方案》的通知
京电生［2007］7 号	关于印发《北京电力公司设备分界分工管理制度》的通知
京电生［2007］16 号	关于印发《北京电力公司创一流同业对标指标体系（第四版）》的通知
京电生［2007］18 号	关于印发《北京电力公司电力设施迁改实施细则（修订）》的通知
京电生［2007］24 号	关于印发《变电站第一种工作票检修工作记录单填写规定（试行）》的通知
京电生［2007］28 号	关于印发《北京电力公司电力设备交接试验规程（试行）》和《北京电力公司电力设备预防性试验规程（试行）》的通知
京电生［2007］38 号	关于印发《北京电力公司班组建设管理规定》的通知
京电生［2007］39 号	关于印发《北京电力公司电气设备检修周期规定（试行）》的通知
京电生［2007］40 号	关于印发《北京电力公司所属单位及其企业负责人业绩考核生产指标考核暂行办法》的通知
京电生［2007］77 号	关于印发《110kV 官聂线等输电线路故障的技术分析报告》的通知
京电生［2007］83 号	关于印发《北京电力公司标准化工作管理办法》的通知
京电生［2007］94 号	关于印发《北京电力公司创一流同业对标工作实施办法》的通知
京电生［2007］95 号	关于印发《创一流同业对标典型经验管理办法》的通知
京电生［2007］100 号	关于印发《北京电力公司“新农村”中低压配电网建设与改造技术标准实施细则（试行）》的通知
京电生［2007］127 号	关于印发《北京电力公司应急管理工作规定》的通知
京电生［2007］128 号	关于印发《北京电力公司应急预案编制规范》的通知
京电生［2007］131 号	关于印发《北京电力公司配电线路带电作业统计规定》（试行）的通知
京电生［2007］155 号	关于印发《北京电力公司配网五统一技术标准（设计篇）配网开闭站配电室典型设计》的通知
京电生［2007］172 号	关于下发《北京电力公司配网五统一技术标准（设计篇）配网架空线路典型设计》的通知
京电生［2007］174 号	关于印发《北京电力公司变电站事故快速处理原则(试行)》的通知
京电生［2007］246 号	关于下发《北京电力公司配网五统一技术标准（设计篇）配网电缆线路典型设计》的通知
京电生［2007］252 号	关于下发《北京电力公司大型技术改造工程管理办法（试行）》的通知
京电生［2007］291 号	关于印发《北京电网大面积停电事件应急联合演练指导意见》的通知

续表

文　　号	文　件　标　题
京电生［2007］309 号	关于印发《北京电力公司 35 ～ 220kV 输电线路反外力工作管理办法》的通知
京电生［2007］310 号	关于下发《北京电力公司 10 千伏开闭站配电室运行规程》的通知
京电生［2007］311 号	关于下发《北京电力公司三线搭挂整治及管理办法（试行）》的通知
京电生［2007］332 号	关于下发《北京电力公司 10kV 开闭站配电室施工及验收规范》的通知
京电生［2007］336 号	关于印发《北京电力公司配网五统一技术标准（验收篇）配网电缆线路施工及验收规范》的通知
京电生［2007］337 号	关于下发《北京电力公司配网五统一技术标准（维护篇）配网电缆线路运行规程》的通知
京电生［2007］352 号	关于下发《输电线路防雷杆塔接地降阻施工工艺指导书》的通知
京电团［2007］1 号	关于印发《北京电力公司基层团委（总支）工作条例》等文件的通知
京电行管［2007］10 号	关于印发《北京电力公司交通安全目标管理考核标准》的通知
京电行管［2007］46 号	关于印发《北京电力公司工程抢险车管理规定（修订）》的通知
京电行管［2007］64 号	关于印发《北京电力公司电力工程车、电力抢险车管理办法》及对电力工程车、电力抢险车进行清理整顿工作的通知
京电营［2007］1 号	关于印发《北京电力公司电能计量装置现场装换管理办法（试行）》的通知
京电营［2007］2 号	关于印发《北京电力公司电能计量标准管理办法（试行）》的通知
京电营［2007］3 号	关于印发《北京电力公司电能计量设备编码管理办法（试行）》的通知
京电营［2007］5 号	关于印发《北京电力公司电能计量装置投运前管理办法》的通知
京电营［2007］12 号	关于印发《北京地区现行电价分类指导手册》的通知
京电营［2007］14 号	关于印发《北京电力公司用电客户电量追退管理办法（试行）》的通知
京电营［2007］19 号	关于印发《北京电力公司供电服务投诉、举报管理办法（修订）》的通知
京电营［2007］22 号	关于印发《北京电力公司开展“优质服务年”活动的实施方案》的通知
京电营［2007］38 号	关于印发《奥运场馆及配套设施外电源电缆工程质量管理办法（试行）》的通知
京电营［2007］41 号	关于印发《营销信息系统故障时业务工作处置预案（试行）》的通知
京电营［2007］49 号	关于印发《北京电力公司供电服务品质评价实施细则（试行）》的通知
京电营［2007］61 号	关于印发《2007 年北京地区可中断负荷补偿实施细则（试行）》的通知
京电营［2007］65 号	关于印发《奥运电力客户用电安全服务工作标准》的通知
京电营［2007］97 号	关于印发《北京电力公司服务监督工作管理规定》的通知
京电营［2007］99 号	关于印发《北京电力公司客户供电方案编制标准（试行）》的通知
京电营［2007］110 号	关于印发《北京电力公司客户供电方案管理办法（试行）》的通知
京电营［2007］111 号	关于印发《北京电力公司客户用电报装受理管理办法（试行）》的通知
京电营［2007］116 号	关于印发《北京电力公司 10 千伏及以下客户工程图纸审核标准（试行）》的通知
京电营［2007］118 号	关于印发《北京电力公司客户工程设计图纸审核管理办法（试行）》的通知
京电招标［2007］49 号	关于印发《北京电力公司物资招标工作实施细则（试行）》的通知
京电招标［2007］53 号	关于印发《北京电力公司招标代理机构管理办法（试行）》的通知
京电招标［2007］54 号	关于印发《北京电力公司物资评标细则（试行）》的通知
京电奥办［2007］83 号	关于印发《奥运临时供电工程物资管理实施细则》的通知
京电奥办［2007］82 号	关于印发《奥运临时供电工程管理办法》的通知
京电奥办［2007］88 号	关于印发《奥运供电保障筹备工作计划》的通知
京电奥办［2007］74 号	关于印发《北京电力公司奥运电力保障工作方案》的通知
京电奥办［2007］4 号	关于印发《奥运电力信息系统管理办法（试行）》的通知
京电奥办［2007］18 号	关于印发《北京电力公司奥运电力建设工程安全管理工作规定》的通知
京电奥办［2007］102 号	关于印发《北京电力公司奥运电力保障新闻宣传工作方案》的通知
京电奥办［2007］28 号	关于印发《奥运场馆及附属配套设施临时供电项目管理办法》的通知

统 计 资 料

TONG JI ZI LIAO

主要指标月度完成情况（一）

项目 \ 月份	全社会用电量（万 kWh）	售电量（万 kWh）	220kV 及以下线损率（%）	220kV 及以下供电量（万 kWh）	外购电量（万 kWh）
1 月	617099	526197	8.29	573782	5981
2 月	462999	463728	–8.50	427400	9558
3 月	535655	448267	9.89	497468	11086
一季	1615753	1438192	4.03	1498650	26625
4 月	453649	436821	–2.52	426092	6919
5 月	487531	395133	12.14	449715	3886
6 月	567022	465711	12.11	529854	6076
二季	1508202	1297665	7.68	1405661	16875
7 月	639096	514474	13.69	596100	10053
8 月	638626	541863	9.14	596592	10082
9 月	528914	549497	–11.42	493175	7207
三季	1806636	1605834	4.75	1685867	27342
10 月	489836	411597	9.27	453659	7334
11 月	590873	469976	14.26	548111	6253
12 月	658788	547468	10.59	612295	5208
四季	1739497	1429041	11.46	1614065	18795
全年	6670088	5770732	6.99	6204243	89637

主要指标月度完成情况（二）

项目 \ 月份	负荷率（%）	最大负荷（万 kW）	电费回收率（累计完成）（%）	平均售电单价（目录口径）（累计含税）（元 /MWh）	电力销售收入（目录口径）（累计含税）（亿元）
1 月	82.38	1012	99.91	614.88	31.94
2 月	83.51	924	99.91	618.51	28.34
3 月	81.72	896	99.91	619.82	27.53
一季	—	1012	99.91	617.90	87.81
4 月	80.43	805	99.96	628.35	27.25
5 月	80.53	869	99.98	629.30	24.65
6 月	80.32	1135	100	631.01	29.14

续表

月份＼项目	负荷率（%）	最大负荷（万 kW）	电费回收率（累计完成）（%）	平均售电单价（目录口径）（累计含税）（元 /MWh）	电力销售收入（目录口径）（累计含税）（亿元）
二季	—	1135	100	630.61	81.04
7 月	79.8	1113	100	638.27	32.50
8 月	80.03	1186	100	649.30	34.84
9 月	80.42	1017	100	646.04	35.19
三季	—	1186	100	644.66	102.53
10 月	78.68	894	100	651.25	26.59
11 月	80.61	1027	100	617.18	28.84
12 月	81.97	1067	100	621.52	33.89
四季	—	1067	100	629.27	89.32
全年	80.86	1186	100	630.33	360.68

主要指标月度完成情况（三）

月份＼项目	供电总成本（累计完成）（万元）	利润总额（累计完成）（万元）	全公司月末固定职工人数（人）	综合电压合格率（%）	供电可靠率（%）
1 月	258665	9229	9215	99.46	99.955
2 月	229235	8941	9193	99.46	99.963
3 月	222978	8176	9168	99.58	99.936
一季	710878	26346	9168	—	—
4 月	218630	8340	9154	99.64	99.912
5 月	197171	9604	9136	99.66	99.923
6 月	231029	12210	9118	99.62	99.88
二季	646830	30154	9118	—	—
7 月	264846	8807	9095	99.92	99.659
8 月	290467	10347	9223	99.67	99.945
9 月	287515	9771	9209	99.67	99.951
三季	842828	28925	9209	—	—
10 月	215427	3774	9185	99.7	99.975
11 月	242117	8794	9159	99.74	99.9280
12 月	284317	8886	9143	99.75	99.9520
四季	741861	21454	9143	—	—
全年	2942397	106879	9143	99.64	99.9380

公 司 行 业

行　业	用户个数	用户装接容量	1月	2月	3月	一季	4月	5月
全社会用电总计	5278809	48661714	526197	463724	448266	1438187	436822	395137
A. 全行业用电合计	264507	41527372	436396	375527	366486	1178409	361843	323542
第一产业	40462	1409740	10969	9857	8593	29419	10244	11682
第二产业	73135	14374890	204580	174704	172494	551778	171506	162847
第三产业	150910	25742742	220847	190966	185399	597212	180093	149013
B. 城乡居民生活用电合计	5014302	7134342	89801	88197	81780	259778	74979	71595
城镇居民	3826873	6083214	72175	71977	65767	209919	60066	59499
乡村居民	1187429	1051128	17626	16220	16013	49859	14913	12096
全行业用电分类	264507	41527372	436396	375527	366486	1178409	361843	323542
一、农、林、牧、渔业	40462	1409740	10969	9857	8593	29419	10244	11682
1. 农业	11747	233434	2472	2353	1897	6722	2142	2107
2. 林业	665	26287	222	221	181	624	175	116
3. 畜牧业	6115	177615	1589	1335	1269	4193	1334	1197
4. 渔业	1314	43402	326	256	209	791	247	288
5. 农、林、牧、渔服务业	20621	929002	6360	5692	5037	17089	6346	7974
其中：排灌	17966	831997	5764	4904	4344	15012	5747	7405
二、工业	64002	12173044	180276	154398	155760	490434	153960	147968
轻工业	30950	2704858	34516	30469	27046	92031	31479	29720
重工业	33052	9468186	145760	123929	128714	398403	122481	118248
(一)采矿业	1743	263753	4311	4279	3760	12350	4453	4373
1. 煤炭开采和洗选业	551	110652	1558	1982	1806	5346	1914	1882
2. 石油和天然气开采业	17	1349	8	7	8	23	3	7
3. 黑色金属矿采选业	100	57757	1827	1687	1492	5006	1774	1678
4. 有色金属矿采选业	43	2512	28	20	20	68	21	20
5. 非金属矿采选业	1005	87620	882	574	427	1883	729	772

售 电 情 况

单位：万 kWh

6月	二季	7月	8月	9月	三季	10月	11月	12月	四季	全年
465709	1297668	514471	541861	549498	1605830	411598	469977	547469	1429044	5770729
378693	1064078	409611	439823	437869	1287303	352750	369077	451601	1173428	4703218
13706	35632	13543	11386	12284	37213	9981	10014	12993	32988	135252
181371	515724	182395	193747	195277	571419	166204	181952	203202	551358	2190279
183616	512722	213673	234690	230308	678671	176565	177111	235406	589082	2377687
87016	233590	104860	102038	111629	318527	58848	100900	95868	255616	1067511
72165	191730	89568	82958	90967	263493	41736	82868	73610	198214	863356
14851	41860	15292	19080	20662	55034	17112	18032	22258	57402	204155
378693	1064078	409611	439823	437869	1287303	352750	369077	451601	1173428	4703218
13706	35632	13543	11386	12284	37213	9981	10014	12993	32988	135252
2756	7005	2816	2387	2529	7732	2075	2339	2726	7140	28599
173	464	186	177	186	549	155	154	256	565	2202
1307	3838	1406	1513	1575	4494	1300	1332	1617	4249	16774
406	941	472	449	502	1423	417	313	295	1025	4180
9064	23384	8663	6860	7492	23015	6034	5876	8099	20009	83497
8441	21593	7982	6134	6756	20872	5436	5306	7242	17984	75461
167029	468957	166947	176882	178174	522003	152706	166797	179815	499318	1980712
34599	95798	36059	38920	39212	114191	31012	31812	36420	99244	401264
132430	373159	130888	137962	138962	407812	121694	134985	143395	400074	1579448
5168	13994	4451	4739	4439	13629	4431	4821	5829	15081	55054
2365	6161	2063	2127	1797	5987	1959	2186	2979	7124	24618
2	12	10	9	19	38	6	11	6	23	96
1898	5350	1566	1776	1773	5115	1750	1770	1946	5466	20937
16	57	17	19	16	52	22	31	31	84	261
874	2375	781	793	807	2381	673	795	835	2303	8942

公 司 行 业

行　　业	用户个数	用户装接容量	1月	2月	3月	一季	4月	5月
6. 其他采矿业	27	3863	8	9	7	24	12	14
（二）制造业	56204	9918783	154227	131559	132917	418703	137635	133350
1. 食品、饮料和烟草制造业	14334	708545	10656	9941	8892	29489	10320	10246
其中：农副食品加工业	12380	292569	4310	3858	3408	11576	3827	3762
2. 纺织业	965	196621	2199	1758	1633	5590	2097	1920
3. 服装鞋帽、皮革羽绒及其制品业	2751	194443	2416	2053	1520	5989	1856	1633
4. 木材加工及制品和家具制品业	2834	248883	3466	2926	2374	8766	2936	2777
其中：轻工业	1922	161061	1942	1637	1209	4788	1524	1379
5. 造纸及纸制品业	906	127996	1630	1439	1192	4261	1562	1499
6. 印刷业和记录媒介的复制	1882	294474	3621	3275	2692	9588	3102	2711
7. 文体用品制造业	335	38849	472	392	368	1232	363	287
8. 石油加工、炼焦及核燃料加工业	274	1086130	20211	17045	21071	58327	10807	16037
9. 化学原料及化学制品制造业	1850	453539	10534	8530	9524	28588	8973	7671
其中：轻工业	779	78612	624	514	447	1585	550	463
其中：氯碱	3	95000	4310	3161	4072	11543	2739	2046
电石	0	0	0	0	0	0	0	0
黄磷	0	0	0	0	0	0	0	0
其中：肥料制造	116	14176	348	307	256	911	330	335
10. 医药制造业	804	227539	1983	1752	1832	5567	1913	1711
11. 化学纤维制造业	78	12560	163	126	97	386	173	178
12. 橡胶和塑料制品业	2003	291465	4404	3721	3304	11429	4564	4198
其中：轻工业	796	110369	1784	1540	1307	4631	1679	1627
13. 非金属矿物制品业	6882	1264083	20180	16471	14843	51494	20241	21401
其中：轻工业	186	23755	456	327	280	1063	395	376
其中：水泥制造	390	328917	9240	8049	7031	24320	9442	10757

售 电 情 况（续一）

单位：万 kWh

6月	二季	7月	8月	9月	三季	10月	11月	12月	四季	全年
13	39	14	15	27	56	21	28	32	81	200
149912	420897	149890	159249	160872	470011	137497	151313	154746	443556	1753167
12446	33012	12308	13784	13878	39970	10545	9878	10817	31240	133711
4179	11768	4153	4788	5032	13973	4192	4153	4599	12944	50261
2247	6264	2239	2248	2191	6678	1716	1827	2231	5774	24306
1799	5288	2068	2265	2343	6676	1806	1954	2497	6257	24210
2911	8624	2968	3202	3176	9346	2770	2926	3739	9435	36171
1476	4379	1504	1648	1663	4815	1444	1531	2109	5084	19066
1660	4721	1722	1900	1851	5473	1579	1537	1758	4874	19329
3155	8968	3728	4108	3995	11831	2679	2870	3493	9042	39429
339	989	361	400	426	1187	308	352	468	1128	4536
19948	46792	18551	20428	20295	59274	18314	18586	18914	55814	220207
8204	24848	8565	8949	8709	26223	7634	8013	7373	23020	102679
483	1496	523	594	628	1745	511	588	662	1761	6587
2006	6791	2079	1881	1967	5927	1927	1762	574	4263	28524
0	0	0	0	0	0	0	0	0	0	0
0	0	0	0	0	0	0	0	0	0	0
339	1004	296	276	319	891	303	315	349	967	3773
2266	5890	2452	2454	2589	7495	1891	2554	2455	6900	25852
186	537	189	182	188	559	178	198	206	582	2064
4577	13339	4542	4907	4951	14400	4407	4855	5215	14477	53645
1702	5008	1711	1824	1938	5473	1698	1782	2079	5559	20671
21839	63481	20614	22254	22748	65616	20198	23151	23072	66421	247012
380	1151	380	396	430	1206	422	450	488	1360	4780
10967	31166	9715	10257	10616	30588	9845	10879	10408	31132	117206

公　司　行　业

行　　业	用户个数	用户装接容量	1月	2月	3月	一季	4月	5月
14. 黑色金属冶炼及压延加工业	266	1126105	23179	19338	22200	64717	23462	21596
其中：铁合金冶炼	0	0	0	0	0	0	0	0
15. 有色金属冶炼及压延加工业	497	97045	1131	856	951	2938	1221	1018
其中：铝冶炼	0	0	0	0	0	0	0	0
16. 金属制品业	5985	672452	7336	6194	5458	18988	6749	6075
其中：轻工业	239	30927	273	255	196	724	236	226
17. 通用及专用设备制造业	6547	1279489	16582	14500	14491	46573	15330	13669
其中：轻工业	149	41354	293	229	243	765	238	205
18. 交通运输、电气、电子设备制造业	4958	1473858	22848	20154	19594	62596	20912	17742
其中：轻工业	602	131875	2048	1771	1718	5537	1815	1647
其中：交通运输设备制造业	1989	526286	8073	7010	7077	22160	7132	5864
19. 工艺品及其他制造业	1924	109370	1118	1001	812	2931	956	872
20. 废弃资源和废旧材料回收加工业	129	15337	98	87	69	254	98	109
(三)电力、燃气及水的生产和供应业	6055	1990508	21738	18560	19083	59381	11872	10245
1. 电力、热力的生产和供应业	3104	1632977	16733	14278	14354	45365	7169	5662
其中：电厂生产全部耗用电量	0	0	0	0	0	0	0	0
线路损失电量	0	0	0	0	0	0	0	0
抽水蓄能抽水耗用电量	1	872000	6815	5504	4818	17137	3795	4145
2. 燃气生产和供应业	350	47738	442	380	405	1227	325	170
3. 水的生产和供应业	2601	309793	4563	3902	4324	12789	4378	4413
其中：轻工业	2298	216508	2838	2459	2608	7905	2700	2740
三、建筑业	9133	2201846	24304	20306	16734	61344	17546	14879
四、交通运输、仓储和邮政业	5010	1903263	19079	15942	19272	54293	16963	15245
1. 交通运输业	2749	1613650	16081	13494	16759	46334	14674	13378
其中：城市公共交通	600	475202	2994	1056	4342	8392	2567	2375

售电情况（续二）

单位：万 kWh

6月	二季	7月	8月	9月	三季	10月	11月	12月	四季	全年
23185	68243	22603	22014	23055	67672	22198	25586	19135	66919	267551
0	0	0	0	0	0	0	0	0	0	0
1239	3478	1291	1151	1268	3710	1093	1425	1484	4002	14128
0	0	0	0	0	0	0	0	0	0	0
6410	19234	6588	7027	7255	20870	6003	6843	8170	21016	80108
226	688	248	248	275	771	248	295	373	916	3099
15620	44619	16312	17747	17644	51703	14100	16215	18603	48918	190813
259	702	291	283	302	876	220	243	290	753	3096
20852	59506	21631	22970	23063	67664	19050	21467	23803	64320	254086
1855	5317	2034	2106	2160	6300	1750	1793	2210	5753	22907
6921	19917	6531	7012	7011	20554	5965	7514	8592	22071	84702
943	2771	1062	1147	1138	3347	931	950	1155	3036	12085
86	293	96	112	109	317	97	126	158	381	1245
11949	34066	12606	12894	12863	38363	10778	10663	19240	40681	172491
6822	19653	7433	7413	7591	22437	5735	5601	13828	25164	112619
1	1	2	1	4	7	1	0	0	1	9
0	0	0	0	0	0	0	0	0	0	0
4630	12570	5306	5273	4868	15447	4099	2759	2866	9724	54878
193	688	192	226	237	655	174	238	378	790	3360
4934	13725	4981	5255	5035	15271	4869	4824	5034	14727	56512
3177	8617	3239	3333	3217	9789	3086	3010	3129	9225	35536
14342	46767	15448	16865	17103	49416	13498	15155	23387	52040	209567
16842	49050	17998	20685	18270	56953	16611	18882	25538	61031	221327
14739	42791	15382	17693	15186	48261	14272	16664	22199	53135	190521
2659	7601	2765	3363	1545	7673	1609	3471	7441	12521	36187

公 司 行 业

行业	用户个数	用户装接容量	1月	2月	3月	一季	4月	5月
管道运输业	18	12972	219	162	190	571	136	138
电气化铁路	41	499195	6575	6590	7058	20223	7030	6468
2. 仓储业	1715	230216	2262	1960	1814	6036	1682	1383
3. 邮政业	546	59397	736	488	699	1923	607	484
五、信息传输、计算机服务和软件业	6643	602512	6250	5655	5861	17766	6241	5925
1. 电信和其他信息传输服务业	6323	500640	5586	5133	5308	16027	5639	5270
2. 计算机服务和软件业	320	101872	664	522	553	1739	602	655
六、商业、住宿和餐饮业	44552	4442993	47675	40983	39436	128094	38328	35903
1. 批发和零售业	32724	2464628	28395	24775	23475	76645	23211	22413
2. 住宿和餐饮业	11828	1978365	19280	16208	15961	51449	15117	13490
七、金融、房地产、商务及居民服务业	49188	10525711	71606	59968	60863	192437	54337	43750
1. 金融业	1702	267260	3122	2348	2513	7983	2322	1980
2. 房地产业	34389	8702195	56184	46827	48334	151345	41907	34315
3. 租赁和商务服务业、居民服务和其他服务业	13097	1556256	12300	10793	10016	33109	10108	7455
八、公共事业及管理组织	45517	8268263	76237	68418	59967	204622	64224	48190
1. 科学研究、技术服务和地质勘察业	3118	1350408	13362	12270	9837	35469	10749	8980
其中：地质勘察业	81	9511	133	126	115	374	115	84
2. 水利、环境和公共设施管理业	14603	834104	6127	7660	5985	19772	7716	4258
其中：水利管理业	1315	175271	2241	1959	1997	6197	2045	1910
其中：公共照明业	6552	281757	885	2677	1177	4739	2847	572
3. 教育、文化、体育和娱乐业	10681	3031883	26839	21714	19399	67952	21343	16440
其中：教育	6445	1979311	19069	14950	13102	47121	15005	11292
4. 卫生、社会保障和社会福利业	3111	798539	8442	7219	7077	22738	6814	4995
5. 公共管理和社会组织、国际组织	14004	2253329	21467	19555	17669	58691	17602	13517

售电情况（续三）

单位：万 kWh

6月	二季	7月	8月	9月	三季	10月	11月	12月	四季	全年
136	410	133	148	151	432	173	182	180	535	1948
6535	20033	6768	6927	6879	20574	7385	7343	7576	22304	83134
1525	4590	1814	2040	2145	5999	1669	1639	2372	5680	22305
578	1669	802	952	939	2693	670	579	967	2216	8501
6850	19016	7755	8359	8436	24550	6960	6984	8034	21978	83310
6090	16999	6855	7431	7340	21626	6203	6188	7057	19448	74100
760	2017	900	928	1096	2924	757	796	977	2530	9210
42988	117219	51179	57343	56394	164916	43014	38262	46302	127578	537807
26113	71737	30979	33995	33670	98644	26507	23719	28681	78907	325933
16875	45482	20200	23348	22724	66272	16507	14543	17621	48671	211874
55283	153370	65362	68721	70460	204543	52122	53247	70488	175857	726207
2353	6655	3180	3275	3299	9754	2492	2292	2782	7566	31958
44148	120370	51467	53591	55102	160160	40854	42555	55924	139333	571208
8782	26345	10715	11855	12059	34629	8776	8400	11782	28958	123041
61653	174067	71379	79582	76748	227709	57858	59736	85044	202638	809036
12017	31746	13019	14140	14477	41636	9832	10702	14357	34891	143742
98	297	112	58	69	239	49	38	55	142	1052
7443	19417	4901	8115	5315	18331	6386	5574	10595	22555	80075
2045	6000	2079	2137	2201	6417	1944	2211	2558	6713	25327
3102	6521	599	3035	611	4245	2405	1107	4395	7907	23412
20230	58013	24679	24091	24263	73033	18772	20741	29448	68961	267959
13914	40211	17104	15248	15459	47811	12391	14457	21321	48169	183312
6193	18002	8398	9858	9210	27466	6410	6323	8284	21017	89223
15770	46889	20382	23378	23483	67243	16458	16396	22360	55214	228037

公 司 行 业

行　业	用户个数	用户装接容量	1月	2月	3月	一季	4月	5月
全社会用电总计	5278804	49095064	617099	462999	535655	1615753	453649	487531
A. 全行业用电合计	264494	41527322	527486	374950	454033	1356469	378897	415953
第一产业	40453	1409740	10560	9547	8267	28374	9716	11616
第二产业	73143	14802240	295921	174290	260229	730440	189066	255324
第三产业	150909	25748742	221005	191113	185537	597655	180115	149013
B. 城乡居民生活用电合计	5014299	7134342	89613	88049	81622	259284	74752	71578
城镇居民	3826870	6083214	71987	71829	65609	209425	59839	59482
乡村居民	1187429	1051128	17626	16220	16013	49859	14913	12096
全行业用电分类	264494	41527322	527486	374950	454033	1356469	378897	415953
一、农、林、牧、渔业	40453	1409740	10560	9547	8267	28374	9716	11616
1. 农业	11741	233434	2355	2264	1810	6429	2009	2096
2. 林业	665	26287	222	221	181	624	175	116
3. 畜牧业	6115	177615	1589	1335	1269	4193	1334	1197
4. 渔业	1314	43402	326	256	209	791	247	288
5. 农、林、牧、渔服务业	20618	929002	6068	5471	4798	16337	5951	7919
其中：排灌	17963	831997	5472	4683	4105	14260	5352	7350
二、工业	64010	12600394	271617	153984	243495	669096	171520	240445
轻工业	30951	2716858	34627	30555	27091	92273	31479	29720
重工业	33059	9883536	236990	123429	216404	576823	140041	210725
(一)采矿业	1743	263753	4311	4279	3760	12350	4453	4373
1. 煤炭开采和洗选业	551	110652	1558	1982	1806	5346	1914	1882
2. 石油和天然气开采业	17	1349	8	7	8	23	3	7
3. 黑色金属矿采选业	100	57757	1827	1687	1492	5006	1774	1678
4. 有色金属矿采选业	43	2512	28	20	20	68	21	20
5. 非金属矿采选业	1005	87620	882	574	427	1883	729	772

用 电 情 况

单位：万 kWh

6月	二季	7月	8月	9月	三季	10月	11月	12月	四季	全年
567022	1508202	639096	638626	528914	1806636	489836	590873	658788	1739497	6670088
480015	1274865	534236	536589	417285	1488110	430988	489976	562921	1483885	5603329
13671	35003	13542	11381	12284	37207	9981	10004	12988	32973	133557
282728	727118	307021	290518	174693	772232	244442	302829	314312	861583	3091373
183616	512744	213673	234690	230308	678671	176565	177143	235621	589329	2378399
87007	233337	104860	102037	111629	318526	58848	100897	95867	255612	1066759
72156	191477	89568	82957	90967	263492	41736	82865	73609	198210	862604
14851	41860	15292	19080	20662	55034	17112	18032	22258	57402	204155
480015	1274865	534236	536589	417285	1488110	430988	489976	562921	1483885	5603329
13671	35003	13542	11381	12284	37207	9981	10004	12988	32973	133557
2750	6855	2816	2386	2529	7731	2075	2337	2725	7137	28152
173	464	186	177	186	549	155	154	256	565	2202
1307	3838	1406	1513	1575	4494	1300	1332	1617	4249	16774
406	941	472	449	502	1423	417	313	295	1025	4180
9035	22905	8662	6856	7492	23010	6034	5868	8095	19997	82249
8412	21114	7981	6130	6756	20867	5436	5298	7238	17972	74213
268386	680351	291573	273653	157590	722816	230944	287674	290925	809543	2881806
34599	95798	36059	38920	39212	114191	31012	31812	36420	99244	401506
233787	584553	255514	234733	118378	608625	199932	255862	254505	710299	2480300
5168	13994	4451	4739	4439	13629	4431	4821	5829	15081	55054
2365	6161	2063	2127	1797	5987	1959	2186	2979	7124	24618
2	12	10	9	19	38	6	11	6	23	96
1898	5350	1566	1776	1773	5115	1750	1770	1946	5466	20937
16	57	17	19	16	52	22	31	31	84	261
874	2375	781	793	807	2381	673	795	835	2303	8942

公司行业

行　业	用户个数	用户装接容量	1月	2月	3月	一季	4月	5月
6. 其他采矿业	27	3863	8	9	7	24	12	14
(二) 制造业	56213	10346183	172939	148826	148510	470275	153076	149554
1. 食品、饮料和烟草制造业	14334	708545	10656	9941	8892	29489	10320	10246
其中：农副食品加工业	12380	292569	4310	3858	3408	11576	3827	3762
2. 纺织业	966	208621	2310	1844	1678	5832	2097	1920
3. 服装鞋帽、皮革羽绒及其制品业	2751	194443	2416	2053	1520	5989	1856	1633
4. 木材加工及制品和家具制品业	2834	248883	3466	2926	2374	8766	2936	2777
其中：轻工业	1922	161061	1942	1637	1209	4788	1524	1379
5. 造纸及纸制品业	906	127996	1630	1439	1192	4261	1562	1499
6. 印刷业和记录媒介的复制	1882	294474	3621	3275	2692	9588	3102	2711
7. 文体用品制造业	335	38849	472	392	368	1232	363	287
8. 石油加工、炼焦及核燃料加工业	275	1251930	24311	21045	24471	69827	14807	18907
9. 化学原料及化学制品制造业	1852	465539	11068	9067	9997	30132	9333	7937
其中：轻工业	779	78612	624	514	447	1585	550	463
其中：氯碱	3	95000	4310	3161	4072	11543	2739	2046
电石	0	0	0	0	0	0	0	0
黄磷	0	0	0	0	0	0	0	0
其中：肥料制造	116	14176	348	307	256	911	330	335
10. 医药制造业	804	227539	1983	1752	1832	5567	1913	1711
11. 化学纤维制造业	78	12560	163	126	97	386	173	178
12. 橡胶和塑料制品业	2003	291465	4404	3721	3304	11429	4564	4198
其中：轻工业	796	110369	1784	1540	1307	4631	1679	1627
13. 非金属矿物制品业	6885	1286583	21040	17287	15578	53905	21068	22262
其中：轻工业	186	23755	456	327	280	1063	395	376
其中：水泥制造	393	351417	10100	8865	7766	26731	10269	11618

用 电 情 况（续一）

单位：万 kWh

6月	二季	7月	8月	9月	三季	10月	11月	12月	四季	全年
13	39	14	15	27	56	21	28	32	81	200
165905	468535	168050	177683	177526	523259	152636	166974	171759	491369	1953438
12446	33012	12308	13784	13878	39970	10545	9878	10817	31240	133711
4179	11768	4153	4788	5032	13973	4192	4153	4599	12944	50261
2247	6264	2239	2248	2191	6678	1716	1827	2231	5774	24548
1799	5288	2068	2265	2343	6676	1806	1954	2497	6257	24210
2911	8624	2968	3202	3176	9346	2770	2926	3739	9435	36171
1476	4379	1504	1648	1663	4815	1444	1531	2109	5084	19066
1660	4721	1722	1900	1851	5473	1579	1537	1758	4874	19329
3155	8968	3728	4108	3995	11831	2679	2870	3493	9042	39429
339	989	361	400	426	1187	308	352	468	1128	4536
23438	57152	21441	24142	24480	70063	21909	22068	23371	67348	264390
8471	25741	8832	9221	8994	27047	7918	8306	7675	23899	106819
483	1496	523	594	628	1745	511	588	662	1761	6587
2006	6791	2079	1881	1967	5927	1927	1762	574	4263	28524
0	0	0	0	0	0	0	0	0	0	0
0	0	0	0	0	0	0	0	0	0	0
339	1004	296	276	319	891	303	315	349	967	3773
2266	5890	2452	2454	2589	7495	1891	2554	2455	6900	25852
186	537	189	182	188	559	178	198	206	582	2064
4577	13339	4542	4907	4951	14400	4407	4855	5215	14477	53645
1702	5008	1711	1824	1938	5473	1698	1782	2079	5559	20671
24082	67412	22258	23530	24020	69808	21189	24109	24054	69352	260477
380	1151	380	396	430	1206	422	450	488	1360	4780
13210	35097	11359	11533	11888	34780	10836	11837	11390	34063	130671

公 司 行 业

行 业	用户个数	用户装接容量	1月	2月	3月	一季	4月	5月
14. 黑色金属冶炼及压延加工业	267	1330205	35928	30880	32913	99721	33617	33732
其中：铁合金冶炼	0	0	0	0	0	0	0	0
15. 有色金属冶炼及压延加工业	497	97045	1131	856	951	2938	1221	1018
其中：铝冶炼	0	0	0	0	0	0	0	0
16. 金属制品业	5985	672452	7336	6194	5458	18988	6749	6075
其中：轻工业	239	30927	273	255	196	724	236	226
17. 通用及专用设备制造业	6547	1279489	16582	14500	14491	45573	15330	13669
其中：轻工业	149	41354	293	229	243	765	238	205
18. 交通运输、电气、电子设备制造业	4959	1484858	23206	20440	19821	63467	21011	17813
其中：轻工业	602	131875	2048	1771	1718	5537	1815	1647
其中：交通运输设备制造业	1989	526286	8073	7010	7077	22160	7132	5864
19. 工艺品及其他制造业	1924	109370	1118	1001	812	2931	956	872
20. 废弃资源和废旧材料回收加工业	129	15337	98	87	69	254	98	109
(三)电力、燃气及水的生产和供应业	6054	1990458	94367	879	91225	186471	13991	86518
1. 电力、热力的生产和供应业	3103	1632927	89362	–3403	86496	172455	9288	81935
其中：电厂生产全部耗用电量	0	0	24472	21332	22990	68794	13143	16355
线路损失电量	0	0	48157	–39013	49152	58296	–11024	59918
抽水蓄能抽水耗用电量	1	872000	6815	5504	4818	17137	3795	4145
2. 燃气生产和供应业	350	47738	442	380	405	1227	325	170
3. 水的生产和供应业	2601	309793	4563	3902	4324	12789	4378	4413
其中：轻工业	2298	216508	2838	2459	2608	7905	2700	2740
三、建筑业	9133	2201846	24304	20306	16734	61344	17546	14879
四、交通运输、仓储和邮政业	5010	1903263	19079	15942	19272	54293	16963	15245
1. 交通运输业	2749	1613650	16081	13494	16759	46334	14674	13378
其中：城市公共交通	600	475202	2994	1056	4342	8392	2567	2375

用电情况（续二）

单位：万 kWh

6月	二季	7月	8月	9月	三季	10月	11月	12月	四季	全年
33085	100434	35867	35095	33885	104847	32389	36456	30005	98850	403852
0	0	0	0	0	0	0	0	0	0	0
1239	3478	1291	1151	1268	3710	1093	1425	1484	4002	14128
0	0	0	0	0	0	0	0	0	0	0
6410	19234	6588	7027	7255	20870	6003	6843	8170	21016	80108
226	688	248	248	275	771	248	295	373	916	3099
15620	44619	16312	17747	17644	51703	14100	16215	18603	48918	190813
259	702	291	283	302	876	220	243	290	753	3096
20945	59769	21726	23061	23145	67932	19128	21525	24205	64858	256026
1855	5317	2034	2106	2160	6300	1750	1793	2210	5753	22907
6921	19917	6531	7012	7011	20554	5965	7514	8592	22071	84702
943	2771	1062	1147	1138	3347	931	950	1155	3036	12085
86	293	96	112	109	317	97	126	158	381	1245
97313	197822	119072	91231	–24375	185928	73877	115879	113337	303093	873314
92186	183409	113899	85750	–29647	170002	68834	110817	107925	287576	813442
17570	47068	20806	19710	15475	55991	16394	20591	23504	60489	232342
67794	116688	85660	58627	–52713	91574	46705	84625	70593	201923	468481
4630	12570	5306	5273	4868	15447	4099	2759	2866	9724	54878
193	688	192	226	237	655	174	238	378	790	3360
4934	13725	4981	5255	5035	15271	4869	4824	5034	14727	56512
3177	8617	3239	3333	3217	9789	3086	3010	3129	9225	35536
14342	46767	15448	16865	17103	49416	13498	15155	23387	52040	209567
16842	49050	17998	20685	18270	56953	16611	18882	25538	61031	221327
14739	42791	15382	17693	15186	48261	14272	16664	22199	53135	190521
2659	7601	2765	3363	1545	7673	1609	3471	7441	12521	36187

公 司 行 业

行　　业	用户个数	用户装接容量	1月	2月	3月	一季	4月	5月
管道运输业	18	12972	219	162	190	571	136	138
电气化铁路	41	499195	6575	6590	7058	20223	7030	6468
2. 仓储业	1715	230216	2262	1960	1814	6036	1682	1383
3. 邮政业	546	59397	736	488	699	1923	607	484
五、信息传输、计算机服务和软件业	6643	602512	6250	5655	5861	17766	6241	5925
1. 电信和其他信息传输服务业	6323	500640	5586	5133	5308	16027	5639	5270
2. 计算机服务和软件业 .	320	101872	664	522	553	1739	602	655
六、商业、住宿和餐饮业	44552	4442993	47675	40983	39436	128094	38328	35903
1. 批发和零售业	32724	2464628	28395	24775	23475	76645	23211	22413
2. 住宿和餐饮业	11828	1978365	19280	16208	15961	51449	15117	13490
七、金融、房地产、商务及居民服务业	49185	10525711	71600	59963	60857	192420	54328	43750
1. 金融业	1702	267260	3122	2348	2513	7983	2322	1980
2. 房地产业	34389	8702195	56184	46827	48334	151345	41907	34315
3. 租赁和商务服务业、居民服务和其他服务业	13094	1556256	12294	10788	10010	33092	10099	7455
八、公共事业及管理组织	45519	8274263	76401	68570	60111	205082	64255	48190
1. 科学研究、技术服务和地质勘查业	3119	1351908	13449	12347	9909	35705	10762	8980
其中：地质勘查业	81	9511	133	126	115	374	115	84
2. 水利、环境和公共设施管理业	14603	834104	6127	7660	5985	19772	7716	4258
其中：水利管理业	1315	175271	2241	1959	1997	6197	2045	1910
其中：公共照明业	6552	281757	885	2677	1177	4739	2847	572
3. 教育、文化、体育和娱乐业	10682	3036383	26916	21789	19471	68176	21361	16440
其中：教育	6446	1983811	19146	15025	13174	47345	15023	11292
4. 卫生、社会保障和社会福利业	3111	798539	8442	7219	7077	22738	6814	4995
5. 公共管理和社会组织、国际组织	14004	2253329	21467	19555	17669	58691	17602	13517

用 电 情 况（续三）

单位：万 kWh

6月	二季	7月	8月	9月	三季	10月	11月	12月	四季	全年
136	410	133	148	151	432	173	182	180	535	1948
6535	20033	6768	6927	6879	20574	7385	7343	7576	22304	83134
1525	4590	1814	2040	2145	59919	1669	1639	2372	5680	22305
578	1669	802	952	939	2693	670	579	967	2216	8501
6850	19016	7755	8359	8436	24550	6960	6984	8034	21978	83310
6090	16999	6855	7431	7340	21626	6203	6188	7057	19448	74100
760	2017	900	928	1096	2924	757	796	977	2530	9210
42988	117219	51179	57343	56394	164916	43014	38262	46302	127578	537807
26113	71737	30979	33995	33670	98644	26507	23719	28681	78907	325933
16875	45482	20200	23348	22724	66272	16507	14543	17621	48671	211874
55283	153361	65362	68721	70460	204543	52122	53247	70488	175857	726181
2353	6655	3180	3275	3299	9754	2492	2292	2782	7566	31958
44148	120370	51467	53591	55102	160160	40854	42555	55924	139333	571208
8782	26336	10715	11855	12059	34629	8776	8400	11782	28958	123015
61653	174098	71379	79582	76748	227709	57858	59768	85259	202885	809774
12017	31759	13019	14140	14477	41636	9832	10702	14489	35023	144123
98	297	112	58	69	239	49	38	55	142	1052
7443	19417	4901	8115	5315	18331	6386	5574	10595	22555	80075
2045	6000	2079	2137	2201	6417	1944	2211	2558	6713	25327
3102	6521	599	3035	611	4245	2405	1107	4395	7901	23412
20230	58031	24679	24091	24263	73033	18772	20773	29531	69076	268316
13914	40229	17104	15248	15459	47811	12391	14489	21404	48284	183669
6193	18002	8398	9858	9210	27466	6410	6323	8284	21017	89223
15770	46889	20382	23378	23483	67243	16458	16396	22360	55214	228037

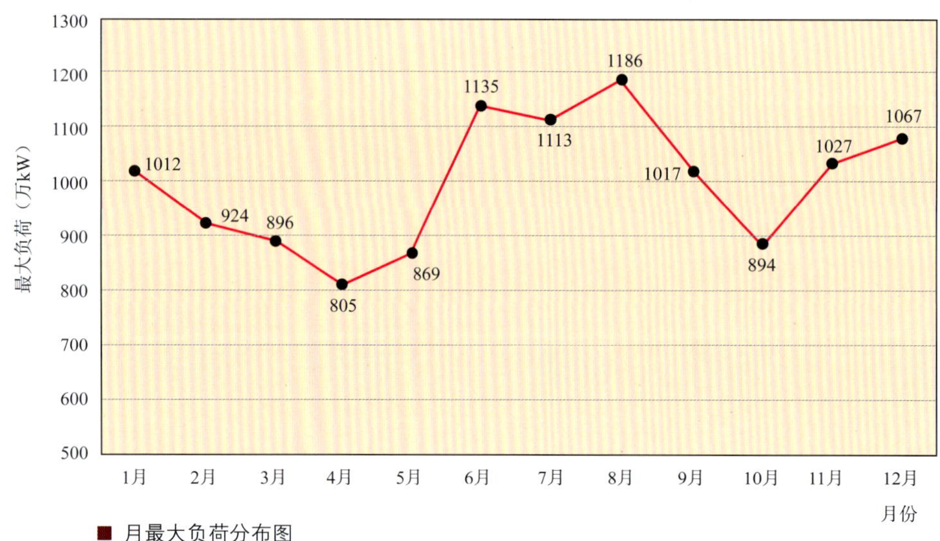

■ 月最大负荷分布图

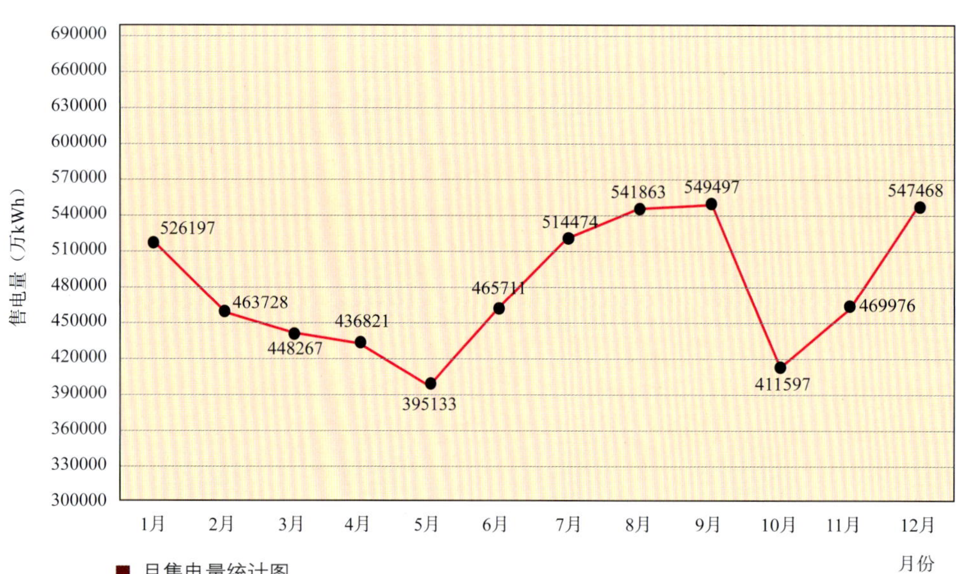

■ 月售电量统计图

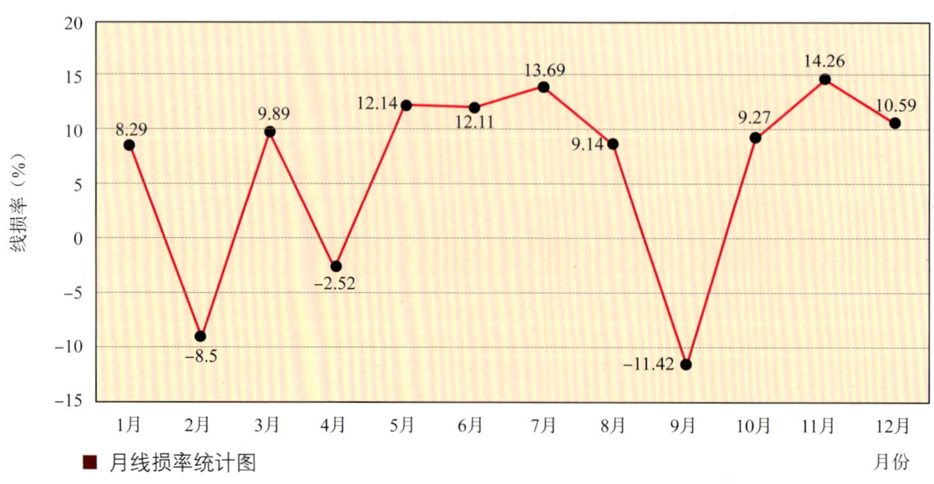

■ 月线损率统计图

北京市电网销售电价表

单位：元 /kWh

用电分类	电度电价					基本电价	
	不满 1kV	1 ~ 10kV	35kV	110kV	220kV 及以上	最大需量 元 / (kW · 月)	变压器容量 元 / (kVA · 月)
一、居民生活用电	0.4883	0.4783	0.4783	0.4783	0.4783		
二、非居民照明用电	0.7785	0.7685	0.7585	0.7485	0.7385		
三、商业用电	0.7885	0.7785	0.7685	0.7585	0.7485		
四、非工业用电	0.7385	0.7235	0.7085	0.6985	0.6885		
五、普通工业用电	0.7565	0.7415	0.7265	0.7165	0.7065		
六、大工业用电		0.5995	0.5795	0.5595	0.5445	32.0000	21.0000
1. 电石、电解烧碱、电炉黄磷生产用电		0.5895	0.5695	0.5495	0.5345	32.0000	21.0000
2. 中、小化肥生产用电		0.3250	0.3170	0.3110	0.3060	18.0000	12.0000
七、农业生产用电	0.5160	0.5060	0.4960				

北京市电网趸售电价表

单位：元 /kWh

用电分类	1 ~ 10kV	35kV
一、居民生活用电	0.3793	0.3793
二、非居民照明用电	0.6355	0.6255
三、商业用电	0.6435	0.6335
四、非、普工业用电	0.6185	0.6035
五、农业生产用电	0.4230	0.4130
其中：贫困县农业排灌用电	0.2580	0.2530

北京市电网中、小化肥用电电价表

单位：元 /kWh

用电分类	电压等级	电度电价			基本电价	
		高峰	平段	低谷	最大需量 元 / (kW · 月)	变压器容量 元 / (kVA · 月)
单一制电价	不满 1kV	0.6470	0.4300	0.2260		
	1 ～ 10kV	0.6430	0.4240	0.2190		
	35kV 及以上	0.6340	0.4160	0.2120		
两部制电价	1 ～ 10kV	0.4380	0.3250	0.2220	18.00	12.00
	35kV	0.4290	0.3170	0.2150	18.00	12.00
	110kV	0.4220	0.3110	0.2090	18.00	12.00
	220kV	0.4150	0.3060	0.2090	18.00	12.00
合成氨生产用电	1 ～ 10kV	0.4240	0.3190	0.2220	18.00	12.00
	35kV	0.4150	0.3110	0.2150	18.00	12.00
	110kV	0.4080	0.3040	0.2090	18.00	12.00
	220kV	0.4080	0.3040	0.2090	18.00	12.00

北京市电网峰谷分时销售电价表（非夏季）

单位：元/kWh

用电分类		电压等级	高　峰	平　段	低　谷
大工业用电	非优待	1～10kV	0.8099	0.5995	0.4031
		35kV	0.7869	0.5795	0.3871
		110kV	0.7659	0.5595	0.3671
		220kV 及以上	0.7479	0.5445	0.3541
	优待	1～10kV	0.7889	0.5895	0.4031
		35kV	0.7659	0.5695	0.3871
		110kV	0.7449	0.5495	0.3671
		220kV 及以上	0.7269	0.5345	0.3541
普通工业用电		不满 1kV	1.1301	0.7565	0.4039
		1～10kV	1.1151	0.7415	0.3879
		35kV	1.0991	0.7265	0.3729
		110kV	1.0891	0.7165	0.3629
		220kV 及以上	1.0791	0.7065	0.3529
非工业用电		不满 1kV	1.1115	0.7385	0.3865
		1～10kV	1.0965	0.7235	0.3705
		35kV	1.0805	0.7085	0.3555
		110kV	1.0705	0.6985	0.3455
		220kV 及以上	1.0605	0.6885	0.3355
商业用电		不满 1kV	1.1865	0.7885	0.4135
		1～10kV	1.1745	0.7785	0.4045
		35kV	1.1635	0.7685	0.3945
		110kV	1.1535	0.7585	0.3845
		220kV 及以上	1.1435	0.7485	0.3745
非居民照明用电		不满 1kV	1.1705	0.7785	0.4095
		1～10kV	1.1585	0.7685	0.4005
		35kV	1.1475	0.7585	0.3905
		110kV	1.1375	0.7485	0.3805
		220kV 及以上	1.1275	0.7385	0.3705
农业生产用电		不满 1kV	0.7430	0.5160	0.3050
		1～10kV	0.7330	0.5060	0.2940
		35kV 及以上	0.7220	0.4960	0.2860

北京市电网峰谷分时销售电价表（夏季）

单位：元 /kWh

用电分类		电压等级	高　峰	平　段	低　谷
大工业用电	非优待	1～10kV	0.8099	0.6495	0.3491
		35kV	0.7869	0.6275	0.3351
		110kV	0.7659	0.6065	0.3171
		220kV 及以上	0.7479	0.5905	0.3051
	优待	1～10kV	0.7889	0.6385	0.3491
		35kV	0.7659	0.6165	0.3351
		110kV	0.7449	0.5955	0.3171
		220kV 及以上	0.7269	0.5795	0.3051
普通工业用电		不满 1kV	1.1301	0.7885	0.3499
		1～10kV	1.1151	0.7735	0.3359
		35kV	1.0991	0.7575	0.3229
		110kV	1.0891	0.7475	0.3129
		220kV 及以上	1.0791	0.7375	0.3029
非工业用电		不满 1kV	1.1115	0.7705	0.3325
		1～10kV	1.0965	0.7555	0.3185
		35kV	1.0805	0.7395	0.3055
		110kV	1.0705	0.7295	0.2955
		220kV 及以上	1.0605	0.7195	0.2855
商业用电		不满 1kV	1.1865	0.8235	0.3585
		1～10kV	1.1745	0.8135	0.3515
		35kV	1.1635	0.8035	0.3415
		110kV	1.1535	0.7935	0.3315
		220kV 及以上	1.1435	0.7835	0.3215
非居民照明用电		不满 1kV	1.1705	0.8135	0.3545
		1～10kV	1.1585	0.8025	0.3475
		35kV	1.1475	0.7925	0.3375
		110kV	1.1375	0.7825	0.3275
		220kV 及以上	1.1275	0.7725	0.3175
农业生产用电		不满 1kV	0.7430	0.5160	0.3050
		1～10kV	0.7330	0.5060	0.2940
		35kV 及以上	0.7220	0.4960	0.2860

北京市电网峰谷分时结构调整后销售电价表

单位：元 /kWh

用电分类		电压等级	尖峰	高峰	平段	低谷
大工业用电	非优待	1～10kV	0.9301	0.8553	0.5995	0.3527
		35kV	0.8999	0.8274	0.5795	0.3404
		110kV	0.8730	0.8021	0.5595	0.3255
		220kV 及以上	0.8546	0.7844	0.5445	0.3130
	优待	1～10kV	0.9133	0.8400	0.5895	0.3478
		35kV	0.8830	0.8121	0.5695	0.3355
		110kV	0.8562	0.7868	0.5495	0.3206
		220kV 及以上	0.8378	0.7691	0.5345	0.3081
普通工业用电		不满 1kV	1.3113	1.2022	0.7565	0.3344
		1～10kV	1.2876	1.1802	0.7415	0.3260
		35kV	1.2639	1.1582	0.7265	0.3176
		110kV	1.2539	1.1482	0.7165	0.3076
		220kV 及以上	1.2439	1.1382	0.7065	0.2976
非工业用电		不满 1kV	1.2933	1.1843	0.7385	0.3163
		1～10kV	1.2696	1.1623	0.7235	0.3079
		35kV	1.2459	1.1403	0.7085	0.2995
		110kV	1.2359	1.1303	0.6985	0.2895
		220kV 及以上	1.2259	1.1203	0.6885	0.2795
商业用电		不满 1kV	1.3564	1.2453	0.7885	0.3573
		1～10kV	1.3377	1.2283	0.7785	0.3539
		35kV	1.3277	1.2183	0.7685	0.3439
		110kV	1.3177	1.2083	0.7585	0.3339
		220kV 及以上	1.3077	1.1983	0.7485	0.3239
非居民照明用电		不满 1kV	1.3383	1.2288	0.7785	0.3536
		1～10kV	1.3196	1.2118	0.7685	0.3502
		35kV	1.3096	1.2018	0.7585	0.3402
		110kV	1.2996	1.1918	0.7485	0.3302
		220kV 及以上	1.2896	1.1818	0.7385	0.3202
农业生产用电		不满 1kV		0.7430	0.5160	0.3050
		1～10kV		0.7330	0.5060	0.2940
		35kV 及以上		0.7220	0.4960	0.2860

北京市亦庄经济开发区电价表

单位：元 /kWh

用电分类		电压等级	两部制电价					单一制电价
			电度电价				基本电价 元 /（kVA · 月）	电度电价
			尖峰	高峰	平段	低谷		
工业用电	100kW及以上	1～10kV	0.8074	0.7444	0.5311	0.3250	30.00	
		110kV	0.7588	0.6988	0.4961	0.3002		
	100kW以下	1～10kV	1.0649	0.9784	0.6841	0.4000	20.00	
商业用电		不满 1kV	0.8028	0.7406	0.5265	0.3202	30.00	0.9625
		1～10kV	0.7844	0.7234	0.5135	0.3113		0.9415
		110kV	0.7694	0.7084	0.4985	0.2963		0.9265
其他用电		不满 1kV	0.8033	0.7411	0.5255	0.3181	30.00	0.9105
		1～10kV	0.7848	0.7238	0.5125	0.3092		0.8915
		110kV	0.7631	0.7027	0.4935	0.2922		0.8695
居民生活用电		不满 1kV						0.4883
		1～10kV						0.4783

注 1. 本年鉴电价表所列价格，除贫困县农排用电外均含三峡工程建设基金 0.7 分钱；除趸售电价外均含城市公用事业附加费；除农业生产用电外均含大中型水库移民后期扶持资金 0.83 分钱；除居民生活和农业生产用电外均含可再生能源附加，其中：中小化肥用电为 0.1 分钱，其他用电为 0.2 分钱。

2. 对核工业铀扩散厂和堆化工厂生产用电，按表所列的分类电价降低 1.7 分钱（农网还贷资金）执行；农业排灌用电，抗灾救灾用电，原化工部发放生产许可证的氮肥、磷肥、钾肥、复合肥生产企业用电，按表所列分类电价降低 2 分钱（农网还贷资金）执行。

3. 对采用离子膜法工艺的氯碱生产用电和年产能 10 万 t 以上的电解铝生产用电，按表所列的分类电价降低 1.98 分钱执行。

4. 对于执行峰谷分时电价的用电客户，未更换新四费率峰谷表之前执行北京市电网峰谷分时销售电价表所列相应分类电价，更换新四费率峰谷表后执行北京市电网峰谷分时结构调整后销售电价表所列相应分类电价。

电力用户报装情况表

	上年结转		本年本月止用户报装申请		本年本月止用户报装完成		本年本月止结存	
	容量（kVA）	户数（个）	容量（kVA）	户数（个）	容量（kVA）	户数（个）	容量（kVA）	户数（个）
合　计	12641653	9882	7197855	36425	5607582	31101	4486526	7282
一、大工业	1105041	528	555293	1150	229689	851	578064	378
二、非普工业	2112106	1400	723468	4552	665795	3781	473791	1326
三、商业	68693	347	72529	1837	67961	1748	28419	368
四、居民	937977	1717	988048	4214	584018	3410	682014	1228
五、非居民	4077645	2635	1894889	18687	1980132	16902	1455702	2468
六、农业	3999997	2730	2557283	4858	1748364	3450	1227345	1417
七、其他	340194	525	406345	1127	331624	959	41192	97

新增生产能力情况

一	新投变电站	52 座	
1	220kV 变电站	5 座	奥运村、红军营、阎村北、青云店、仁和
2	110 kV 变电站	41 座	郝家疃、小井、小营、求贤、博兴、慧祥、朝阳公园、徐新庄、白浮特高压试验基地、潞城、兴礼、阳坊北、五棵松、青龙桥、北京工业大学、念坛、北京电视台、巨各庄、沙河高教园、史各庄、东曹营站、西平庄、环保园、长沟、新国展、五里坨、南山、付家台、何营、大钟寺、峪口、城东、崔村、玉甫、漷县、黑古台、瓦窑头、樊家村、宋家庄、磁家务、焦庄
3	35 kV 变电站	6 座	大庄科站、韭园、潭柘寺、石城、灵山、西北旺
二	新增变压器	129 台	8466150kVA
1	220 kV 变压器	99 台	3440000 kVA
2	110 kV 变压器	18 台	4859500 kVA
3	35 kV 变压器	12 台	166650 kVA
三	新增输电线路	51 条	698.000km
1	220 kV 输电线路	13 条	157.000 km
2	110 kV 输电线路	23 条	343.000 km
3	35 kV 输电线路	15 条	198.000 km
四	新增电缆线路	128 条	139.000 km
1	220 kV 电缆线路	12 条	19.000 km
2	110 kV 电缆线路	108 条	100.000 km
3	35 kV 电缆线路	8 条	20.000 km

北京地区（包括用户）发、供、用电设备比例关系

序号	项　　目	数　　量	比例
1	发电设备：供电设备	495.1644 万 kW ：8077.7381 万 kVA	1：16.31
2	500kV 主变压器：220 kV 主变压器	1560.6000 万 kVA ：2194.0000 万 kVA	1：1.41
3	220kV 主变压器：110 kV 主变压器	2194.0000 万 kVA ：2681.9800 万 kVA	1：1.22
4	110kV 主变压器：35 kV 主变压器	2681.9800 万 kVA ：306.5670 万 kVA	1：0.11
5	35kV 主变压器：10kV 配电变压器	306.5670 万 kVA ：1334.5911 万 kVA	1：4.35
6	500kV 输电线路：220 kV 输电线路	1160.910km ：2475.421km	1：2.13
7	220kV 输电线路：110 kV 输电线路	2475.421km ：3838.385km	1：1.55
8	110kV 输电线路：35 kV 输电线路	3838.385km ：2472.148km	1：0.64
9	35kV 输电线路：10kV 配电线路	2472.148km ：23710.270km	1：9.59
10	10kV 配电变压器：用电设备	1334.5911 万 kVA ：4866.1664 万 kW	1：3.65

注　输配电线路长度中含电缆长度。

设备数据综合统计表

序号	名　　称	单　位	2007 年	2006 年
一	输电线路合计	条 /km	583/7430.442	540/6949.339
1	220kV 输电线路	条 /km	134/2329.221	125/2273.319
2	110kV 输电线路	条 /km	236/3070.044	214/2767.487
	输电公司	条 /km	135/1556.621	124/1423.945
	远郊	条 /km	101/1513.423	90/1343.542
	通州供电公司	条 /km	15/247.297	12/183.445
	昌平供电公司	条 /km	16/251.156	16/244.576
	房山供电公司	条 /km	12/118.393	10/98.516
	大兴供电公司	条 /km	15/196.788	13/129.949
	平谷供电公司	条 /km	8/148.796	8/138.505
	怀柔供电公司	条 /km	6/61.808	6/61.808
	密云供电公司	条 /km	3/75.113	3/74.982
	顺义供电公司	条 /km	16/239.513	15/238.004
	延庆供电公司	条 /km	10/174.559	7/173.757
3	35kV 输电线路	条 /km	213/2031.177	201/1908.533
	输电公司	条 /km	41/279.541	31/223.724
	远郊	条 /km	172/1751.636	170/1684.809
	通州供电公司	条 /km	19/184.402	19/184.402
	昌平供电公司	条 /km	19/153.006	18/157.148

续表

序号	名　称	单　位	2007 年	2006 年
	门头沟供电公司	条 /km	17/163.808	16/117.758
	房山供电公司	条 /km	28/249.987	28/249.987
	大兴供电公司	条 /km	17/143.401	17/144.817
	平谷供电公司	条 /km	11/107.171	12/110.211
	怀柔供电公司	条 /km	7/90.849	7/90.849
	密云供电公司	条 /km	20/255.543	16/238.559
	顺义供电公司	条 /km	23/186.933	25/215.875
	延庆供电公司	条 /km	11/216.536	12/175.203
二	变电站合计	座 / 台 / 万 kVA	372/820/4695.7750	323/700/3928.0450
1	220kV 变电站	座 / 台 / 万 kVA	46/110/2108.0000	41/99/1865.3
2	110kV 变电站	座 / 台 / 万 kVA	227/525/2381.2500	185/424/1884
	变电公司	座 / 台 / 万 kVA	2/7/32.4500	2/5/21.1500
	近郊	座 / 台 / 万 kVA	114/293/1436.1500	98/247/1198
	城区供电公司	座 / 台 / 万 kVA	24/67/338.7000	24/65/3250
	朝阳供电公司	座 / 台 / 万 kVA	31/79/372.2500	28/72/335.4000
	海淀供电公司	座 / 台 / 万 kVA	27/74/374.8500	22/53/267.2500
	丰台供电公司	座 / 台 / 万 kVA	20/45/211.7500	16/37/171.7500
	石景山供电公司	座 / 台 / 万 kVA	6/13/63.0000	4/9/43.0000
	亦庄供电局 (生产)	座 / 台 / 万 kVA	6/15/75.6000	4/11/55.6000
	远郊	座 / 台 / 万 kVA	112/228/933.2000	85/172/664.8500
	通州供电公司	座 / 台 / 万 kVA	17/33/138.6500	13/25/94.9500
	昌平供电公司	座 / 台 / 万 kVA	16/34/153.9000	11/23/103.7500
	门头沟供电公司	座 / 台 / 万 kVA	4/8/32.6000	3/6/26.3000
	房山供电公司	座 / 台 / 万 kVA	19/38/176.9000	13/26/113.2000
	大兴供电公司	座 / 台 / 万 kVA	12/26/100.8000	9/20/76.3500
	平谷供电公司	座 / 台 / 万 kVA	8/16/53.9500	7/14/47.6500
	怀柔供电公司	座 / 台 / 万 kVA	6/12/45.2000	5/10/35.2000
	密云供电公司	座 / 台 / 万 kVA	8/16/52.0500	7/14/39.9000
	顺义供电公司	座 / 台 / 万 kVA	17/35/147.6500	14/28/108.6500
	延庆供电公司	座 / 台 / 万 kVA	4/8/25.2000	3/6/18.9000
3	35kV 变电站	座 / 台 / 万 kVA	99/182/182.6800	97/177/178.7450
	近郊	座 / 台 / 万 kVA	7/13/25.0000	7/13/25.0000
	城区供电公司	座 / 台 / 万 kVA	1/2/4.0000	1/2/4.0000
	朝阳供电公司	座 / 台 / 万 kVA	4/7/13.0000	4/7/13.0000
	海淀供电公司	座 / 台 / 万 kVA	1/2/4.0000	1/2/4.0000
	丰台供电公司	座 / 台 / 万 kVA	1/2/4.0000	1/2/4.0000

续表

序号	名　　称	单　位	2007 年	2006 年
	远郊	座 / 台 / 万 kVA	91/169/160.9750	90/164/153.7450
	通州供电公司	座 / 台 / 万 kVA	9/17/17.1600	12/22/20.2300
	昌平供电公司	座 / 台 / 万 kVA	7/14/2100	7/14/20.8150
	门头沟供电公司	座 / 台 / 万 kVA	7/14/11.1700	4/8/7.3900
	房山供电公司	座 / 台 / 万 kVA	11/18/15.5450	12/20/16.6750
	大兴供电公司	座 / 台 / 万 kVA	8/16/13.7900	9/18/19. 6500
	平谷供电公司	座 / 台 / 万 kVA	7/14/15.5500	6/12/11.5500
	怀柔供电公司	座 / 台 / 万 kVA	6/11/10.4100	6/11/10.0950
	密云供电公司	座 / 台 / 万 kVA	14/25/23.6000	13/23/20.9700
	顺义供电公司	座 / 台 / 万 kVA	13/26/23.4650	13/24/18.8350
	延庆供电公司	座 / 台 / 万 kVA	9/14/9.2850	8/12/7.5350
三	电缆线路合计	条 /km	610/895.432	496/788.018
1	220kV 电缆线路	条 /km	60/146.200	52/150.063
2	110kV 电缆线路	条 /km	470/634.694	374/542.389
	电缆公司	条 /km	466/629.074	371/534.989
	远郊	条 /km	3/4.620	3/7.400
	通州供电公司	条 /km	2/2.400	2/2.400
	顺义供电公司	条 /km	1/2.220	0/2.000
3	35kV 电缆线路	条 /km	80/114.538	70/95.566
	电缆公司	条 /km	49/83.719	43/65.545
	远郊	条 /km	31/30.819	27/30.021
	通州供电公司	条 /km	7/4.424	7/4.424
	昌平供电公司	条 /km	10/16.858	10/16.756
	门头沟供电公司	条 /km	3/4.943	3/4.943
	房山供电公司	条 /km	1/1.000	1/1.000
	大兴供电公司	条 /km	2/0.415	—
	怀柔供电公司	条 /km	2/0.281	—
	密云供电公司	条 /km	2/0.808	2/0.808
	顺义供电公司	条 /km	4/2.090	4/2.090
四	配电线路合计	km	23710.27	23948.535
1	近郊	km	7941.380	7865.606
	城区供电公司	km	389.420	407.327
	朝阳供电公司	km	5176.260	4725.047
	海淀供电公司	km	1162.700	1057.376
	丰台供电公司	km	1026.000	885.000
	石景山供电公司	km	115.000	725.856

续表

序号	名　称	单　位	2007年	2006年
	亦庄供电局(生产)	km	72.000	65.000
2	远郊	km	15768.890	16082.929
	通州供电公司	km	1954.000	2377.949
	昌平供电公司	km	1383.972	1365.311
	门头沟供电公司	km	710.290	687.640
	房山供电公司	km	1444.000	1887.600
	大兴供电公司	km	2259.000	2256.893
	平谷供电公司	km	1101.198	1067.730
	怀柔供电公司	km	1771.560	1615.368
	密云供电公司	km	1772.400	1605.310
	顺义供电公司	km	2168.270	1893.728
	延庆供电公司	km	1204.200	1325.400
五	配电变压器合计	台/万kVA	47908/1334.5911	46938/1101.1681
1	近郊	台/万kVA	15307/749.7978	16827/632.2484
	城区供电公司	台/万kVA	4150/203.4319	3889/189.4095
	朝阳供电公司	台/万kVA	2558/166.6000	4426/109.6764
	海淀供电公司	台/万kVA	4069/165.9695	3797/152.1685
	丰台供电公司	台/万kVA	4129/186.5165	4322/169.2755
	石景山供电公司	台/万kVA	381/25.6679	375/10.1865
	亦庄供电局（生产）	台/万kVA	20/1.6120	18/1.5320
2	远郊	台/万kVA	32601/584.7933	30111/468.9197
	通州供电公司	台/万kVA	4697/123.4480	3906/55.0775
	昌平供电公司	台/万kVA	2556/39.8588	2777/56.3023
	门头沟供电公司	台/万kVA	1237/23.9000	1203/22.5130
	房山供电公司	台/万kVA	5706/114.5131	3688/65.1909
	大兴供电公司	台/万kVA	5174/87.8825	5214/76.4413
	平谷供电公司	台/万kVA	2435/37.9225	2285/34.5340
	怀柔供电公司	台/万kVA	2648/45.8030	2434/33.6005
	密云供电公司	台/万kVA	3019/27.6105	2996/30.6250
	顺义供电公司	台/万kVA	3480/57.0544	3562/50.4702
	延庆供电公司	台/万kVA	1649/26.8005	2046/44.1650
六	路灯合计(城近郊)	盏	176037	167258
1	高压汞灯	盏	55474	54720
2	高压钠灯	盏	112971	106265
3	白炽灯	盏	585	322
4	其他灯	盏	7007	5951

职工概况表

项目		人数	项目		人数
按性别分	全公司总人数	9143	按政治面貌分	全局总人数	9143
	其中：男职工	7041		其中：共产党员	4564
	女职工	2102		民进会员	1
按职称分	全公司总人数	9143		九三学社	3
	其中：高级职称	469		民建会员	2
	中级职称	1163		民革会员	4
	初级职称	2648		民盟会员	6
	无职称	4863		共青团员	1056
				致公党	1
				群众	3506
按文化程度分	全公司总人数	9143	按年龄分	全公司人数	9143
	其中：博士	16		其中：55 岁及以上	847
	研究生	388		50 ～ 54 岁	1721
	大学本科	2012		45 ～ 49 岁	1710
	大学专科	2607		40 ～ 44 岁	1131
	中专	1858		35 ～ 39 岁	1614
	技校	598		30 ～ 34 岁	1104
	高中	652		25 ～ 29 岁	895
	初中及以下	1012		24 岁以下	121

全公司各单位人员情况

单位	人数（人）	单位	人数（人）
公司领导	12	石景山供电公司	186
副总师	7	亦庄供电公司	112
总经理工作部	32	通州供电公司	332
思想政治工作部	13	昌平供电公司	343
发展策划部	16	门头沟供电公司	150
人力资源部	25	房山供电公司	277
财务部	24	大兴供电公司	299
基建部	31	平谷供电公司	225
招投标管理中心	2	怀柔供电公司	241
生产技术部	28	密云供电公司	252
安全监督部	8	顺义供电公司	304
营销部	35	延庆供电公司	184
农电工作部	6	输电公司	306
电力交易中心	6	变电公司	727
审计部	11	调度通信中心	311
监察部	7	北京电力试验研究院	252

续表

单　　位	人数（人）	单　　位	人数（人）
科技信息部	19	电缆公司	128
保卫部	7	电能计量中心	94
公司工会	11	客户服务中心	45
行政管理中心	62	培训中心	141
新闻中心	12	物资公司	206
奥运电力办公室	12	电力工程管理中心	79
离退休工作部	6	北京电力经济技术研究院	138
大楼筹建处	2	北京电力工程公司	684
“0811”工程基建办公室	2	物业管理公司	155
协会管理办公室	2	综合产业管理中心	101
农村电气化学会办公室	5	路灯管理中心	219
城区供电公司	680	电力行业协会	25
朝阳供电公司	559	以上全民职工合计	9143
海淀供电公司	516	集体职工	1226
丰台供电公司	469	全公司总人数（含集体职工）	10369

县供电企业基本情况

单位	供电人口（万人）		耕地面积（千公顷）	农业增加值（万元）	工业增加值（万元）	区供电企业职工人数（人）					供电所人数（人）		供电所个数（个）
	合计	其中农业人口				年平均人数	年末人数	管理层	专业技术人员	大专及以上学历人员	合计	其中高中及以上学历	
北京市	601.3	253.7	220.83	5692608.00	944728.00	2604	2607	569	205	1458	2871	2520	134
通州区	89.5	35.1	35.81	653032.00	122336.00	149	150	41	27	92	381	336	10
昌平区	82.9	22.3	12.14	878872.00	36283.00	276	277	63	39	136	273	244	16
门头沟区	27.7	6.5	1.66	227681.00	7540.00	344	343	69	32	164	131	105	5
房山区	88.6	39.4	27.98	792937.00	120651.00	304	304	57	26	169	426	388	20
大兴区	91.9	32.8	38.25	631481.00	141233.00	331	332	59	6	177	341	298	14
平谷区	42.3	22.8	11.87	204724.00	87268.00	298	299	63	34	149	202	184	9
怀柔区	33.0	16.3	9.52	475834.00	58486.00	225	225	50	3	127	257	214	14
密云县	45.0	27.1	22.37	295851.00	117574.00	241	241	56	6	157	315	271	16
顺义区	71.8	33.9	32.01	1455618.00	182160.00	251	252	53	5	149	331	302	19
延庆县	28.6	17.5	29.24	76578.00	71197.00	185	184	58	27	138	214	178	11

县供电企业售电量情况

单位	总售电量（万 kWh）	分类售电量（万 kWh）								
		农业生产	排灌	大工业	非、普工业	居民生活		非居照明	商业	其他
						小计	农村			
北京市	2079011	34095	56666	965148	347522	347609	134839	145573	179921	2477
门头沟区	70661	868	623	35338	10198	13350	2520	5326	4958	0
房山区	420954	2307	10855	302119	38408	33574	17964	16896	14318	2477
昌平区	357477	4625	5234	136779	58672	80651	21496	25543	45973	0
顺义区	319400	5907	10285	134258	62646	48947	19732	28485	28872	0
通州区	298275	6945	9420	117142	57664	64182	26809	19598	23324	0
大兴区	270040	4911	11668	82082	65378	54475	20378	26632	24894	0
平谷区	86481	3247	3951	41148	12685	13699	7221	4981	6770	0
怀柔区	104040	2255	1111	51353	14755	13888	6369	7319	13359	0
密云县	93820	2275	1563	40483	16761	16303	8641	6567	9868	0
延庆县	57863	755	1956	24446	10355	8540	3709	4226	7585	0

“0811”基建工程项目统计表

奥运配套工程

序号	所在区县	项目名称	投产年限（年）	建设规模				新增能力	
				台	MVA	条	km	MVA	km
1	朝阳	红军营 220kV 输变电工程	2006	2	180	2	3.5	360	7
2	朝阳	奥运村 220kV 输变电工程	2006	2	180	2	10.7	360	21.4
3	朝阳	安慧 110kV 输变电工程	2006	2	50	2	3.3	100	6.6
4	顺义	郝家疃 110kV 输变电工程	2006	2	50	2	0.08	100	0.16
5	朝阳	南泥沟 110kV 输变电工程	2007	2	50	2	3.1	100	6.2
6	海淀	五棵松 110kV 输变电工程	2007	2	50	2	12.8	100	25.6
7	朝阳	安慧 110kV 二期工程	2007	2	50			100	

电网应急工程

序号	分区	项目名称	投产年限（年）	建设规模				新增能力	
				台	MVA	条	km	MVA	km
220kV 输变电工程									
（一）220kV 新建输变电工程									
1	大兴	陈留庄 220kV	2007	2	180	6	1	360	6
2	朝阳	望京 220kV	2007	2	180	2	13	360	26
3	丰台	南站 220kV	2007	2	180	2	4	360	8
4	海淀	八家 220kV	2007	2	180	2	4	360	8
5	朝阳	广渠门 220kV	2007	2	180	2	16	360	32
小　计								1800	80
（二）220kV 扩建输变电工程									
1	海淀	上庄 220kV 扩建	2007	1	180			180	
2	通州	台湖 220kV 扩建	2007	1	180			180	
小　计								360	
合　计								2160	80

电网平安工程

序号	所在区县	项目名称	投产年限（年）	建设规模				新增能力	
				台	MVA	条	km	MVA	km
一、500kV 新建输变电工程									
1	朝阳	朝阳输变电工程	2007	2	1200	2	70.0	2400	140
2	大兴	城南输变电工程	2007	2	1200	2	45.0	2400	90
合　计								4800	230
二、220kV 输变电工程									
（一）220kV 新建输变电工程									
1	昌平	回龙观升压	2006	2	180	2	22	360	44
2	延庆	八达岭	2006	2	180	2	51	360	102
3	海淀	西苑	2006	2	250	4	0	500	1
4	密云	密云	2006	2	180	2	14	360	28
5	顺义	仁和	2006	2	180	2	22	360	44
6	朝阳	垡头	2007	2	180	6	6	360	36
7	丰台	玉泉营	2007	2	180	2	7	360	14
8	通州	周起营	2007	2	180	2	16	360	32
9	房山	阎村北	2007	2	180	2	23	360	46
10	亦庄	亦庄东	2007	2	180	4	15	360	60
11	大兴	青云店	2007	2	180	2	24	360	48
12	海淀	聂清破口	2007				3		3
13	通州	通州切改	2007				96		96

续表

序号	所在区县	项目名称	投产年限（年）	建设规模				新增能力	
				台	MVA	条	km	MVA	km
14	海淀	八里庄	2007	4	72	1	2	72	2
小　　计								4172	556
（二）220kV 扩建输变电工程									
1	丰台	草桥扩建	2006	2	250			140	
2	朝阳	朝阳门扩建	2007	1	250	1	8	250	8
3	通州	北寺站扩建	2007	3	180			300	
4	昌平	西沙屯扩建	2007	1	180			180	
小　　计								870	8
合　　计								5042	564
三、110kV 新扩建输变电工程									
（一）110kV 新建输变电工程									
1	城区－东城	北新桥	2006	2	50.0	2	1	100	2
2	亦庄	科创街	2006	2	50.0	2	6	100	12
3	通州	永乐店中心镇	2006	2	31.5	2	5	63	9
4	昌平	郑各庄	2006	2	50.0	2	6	100	12
5	房山	凤凰亭（燕化）	2006	2	31.5	2	6	63	12
6	大兴	施家务	2006	2	31.5	2	11	63	22
7	大兴	求贤	2006	2	31.5	2	11	63	22
8	平谷	大华山	2006	2	31.5	2	12	63	24
9	平谷	马坊	2006	2	31.5	2	12	63	24
10	顺义	北务	2006	2	31.5	2	7	63	14
11	城区－东城	东直门枢纽	2007	2	50.0	2	3	100	6
12	城区－西城	人定湖	2007	2	50.0	2	3	100	6
13	朝阳	建外	2007	2	50.0	2	3	100	5
14	朝阳	北工大	2007	2	50.0	2	4	100	8
15	朝阳	黄杉木店	2007	2	50.0	2	2	100	4
16	朝阳	北京电视台	2007	2	50.0	2	1	100	2
17	朝阳	周庄	2007	2	50.0	2	3	100	5
18	朝阳	朝阳公园	2007	2	50.0	2	3	100	6
19	海淀	青龙桥	2007	2	50.0	2	4	100	8
20	海淀	学院路	2008	2	10.0		5		5
21	海淀	西平庄	2007	2	50.0	2	2	100	4
22	海淀	大钟寺	2007	2	50.0	2	1	100	1
23	海淀	环保园	2007	2	50.0	2	1	100	2
24	海淀	白家疃	2007	2	50.0	2	2	100	3
25	丰台	小井站	2007	2	50.0	4	1	100	2
26	丰台	樊家村站	2007	2	50.0	2	4	100	8
27	丰台	宋家庄站	2007	2	31.5	2	2	63	4

续表

序号	所在区县	项目名称	投产年限（年）	建设规模				新增能力	
				台	MVA	条	km	MVA	km
28	石景山	五里坨	2007	2	31.5	2	1	63	2
29	石景山	南山	2007	2	50.0	2	3	100	6
30	亦庄	博兴	2007	2	50.0	2	4	100	8
31	亦庄	华康	2007	2	50.0	2	4	100	8
32	通州	徐新庄	2007	2	31.5	2	6	63	12
33	通州	皇木厂	2007	2	50.0	2	1	100	1
34	通州	漷县	2007	2	31.5	2	7	63	14
35	通州	玉蒲	2007	2	50.0	2	7	100	14
36	昌平	史各庄	2007	2	10.0		0	20	0
37	昌平	白浮	2007	3	12.0		5	36	5
38	昌平	阳坊	2007	2	50.0	2	7	100	14
39	昌平	沙河高教园	2007	2	50.0	2	8	100	16
40	昌平	何营	2007	2	50.0	2	8	100	16
41	门头沟	军响	2007	2	31.5	2	3	63	5
42	房山	焦庄	2007	2	50.0	2	7	100	14
43	房山	长沟站	2007	2	50.0	2	3	100	6
44	房山	物流园区	2007	2	31.5	2	5	63	10
45	房山	磁家务站升压	2007	2	50.0	2	7	100	14
46	房山	兴礼	2007	2	31.5	2	5	63	10
47	房山	窦店站升压	2007	2	31.5	2	7	63	14
48	大兴	念坛	2007	2	31.5	2	5	63	10
49	大兴	旧宫	2007	2	50.0	2	6	100	12
50	平谷	峪口	2007	2	31.5	2	7	63	14
51	怀柔	城东	2007	2	31.5	2	3	63	5
52	密云	巨各庄	2007	2	31.5	2	4	63	8
53	顺义	新国展	2007	2	50.0	2	3	100	6
54	延庆	岔道	2007	2	31.5	2	2	63	4
小　计								4416	481
（二）110kV 扩建输变电工程									
1	海淀	西三旗	2006	1	50.0	1	10	50	10
2	亦庄	景园街	2006	1	50.0			50	
3	城区一西城	白塔寺	2007	2	50.0			100	
4	海淀	蓝靛厂	2007	2	50.0	2	11	100	11
5	海淀	皇后店	2007	2	50.0			100	
6	海淀	北太平庄	2007	2	63.0			126	
小　计								526	21
合　计								4942	502
110kV 及以上总计								14784	1296

2007年北京市重点实事工程项目统计表

序号	区域	工 程 名 称	序号	区域	工 程 名 称
1	城区	商业部宿舍配电室改造（CQP054）	34	朝阳	CYP404配电室改造工程
2	城区	天坛东里配电室改造（CQP065）	35	朝阳	CYP407配电室改造工程
3	城区	牛街高层配电室改造（CQP066）	36	朝阳	CYP408配电室改造工程
4	城区	朝内外交部宿舍配电室改造（CQP139）	37	朝阳	CYP410配电室改造工程
5	城区	灯市口配电室改造（CQP140）	38	朝阳	CYP411配电室改造工程
6	城区	安化寺配电室改造（CQP144）	39	朝阳	CYP424配电室改造工程
7	城区	什锦花园配电室改造（CQP145）	40	朝阳	CYP448配电室改造工程
8	城区	东堂子配电室改造（CQP146）	41	朝阳	CYP450配电室改造工程
9	城区	刘家窑四区配电室改造（CQP153）	42	朝阳	CYP459配电室改造工程
10	城区	美术馆后街配电室改造（CQP161）	43	朝阳	CYP460配电室改造工程
11	城区	建国门配电室改造（CQP181）	44	朝阳	CYP476配电室改造工程
12	城区	罗家园配电室改造（CQP197）	45	朝阳	CYP477配电室改造工程
13	城区	文后配电室改造（CQP204）	46	朝阳	CYP480配电室改造工程
14	城区	大栅栏2号配电室改造（CQP223）	47	朝阳	CYP497配电室改造工程
15	城区	新文化街配电室改造（CQP301）	48	朝阳	CYP498配电室改造工程
16	城区	新中街配电室改造（CQP307）	49	海淀	北洼小区配电室改造（HDP653）
17	城区	德宝小区配电室改造（CQP333）	50	海淀	翠微园北小区配电室改造（HDP658）
18	城区	双秀小区配电室改造（CQP344）	51	海淀	文慧园小区配电室改造工程（HDP661）
19	城区	羊肉胡同配电室改造（CQP345）	52	海淀	恩济庄二区北小区配电室改造（HDP666）
20	城区	桦皮厂配电室改造（CQP359）	53	海淀	恩济庄三区南小区配电室改造（HDP667）
21	城区	二龙路配电室改造（CQP367）	54	海淀	恩济庄三区北小区配电室改造（HDP668）
22	城区	二轻局配电室改造（CQX005）	55	海淀	塔院南小区配电室改造工程（HDP670）
23	城区	裕中西里配电室改造（CQP326）	56	海淀	恩济庄一区东小区配电室改造（HDP674）
24	朝阳	CYP127配电室改造工程	57	海淀	恩济庄一区西小区配电室改造（HDP676）
25	朝阳	CYP128配电室改造工程	58	海淀	龙翔小区配电室改造（HDP680）
26	朝阳	CYP142配电室改造工程	59	海淀	二里庄小区配电室改造（HDP681）
27	朝阳	CYP171配电室改造工程	60	海淀	乔健里小区配电室改造（HDP682）
28	朝阳	CYP173配电室改造工程	61	海淀	恩济北里小区配电室改造（HDP688）
29	朝阳	CYP174配电室改造工程	62	海淀	恩济南里小区配电室改造（HDP689）
30	朝阳	CYP175配电室改造工程	63	海淀	东王庄西小区配电室改造（HDP696）
31	朝阳	CYP202配电室改造工程	64	海淀	西八里庄东小区配电室改造（HDP699）
32	朝阳	CYP203配电室改造工程	65	海淀	二里庄南小区配电室改造（HDP702）
33	朝阳	CYP400配电室改造工程	66	海淀	二里庄北小区配电室改造（HDP703）

续表

序号	区域	工程名称	序号	区域	工程名称
67	海淀	永泰五区小区配电室改造（HDP705）	87	丰台	合义东小区小区配电室改造（FTP299）
68	海淀	恩济庄二区北二小区配电室改造（HDP708）	88	丰台	西罗园十七区小区配电室改造（FTP801）
69	海淀	采石路北小区配电室改造（HDP709）	89	丰台	角门西区小区配电室改造（FTP805）
70	海淀	采石路南小区配电室改造（HDP710）	90	丰台	西罗园十八区小区配电室改造（FTP807）
71	海淀	定慧寺小区配电室改造（HDP712）	91	丰台	玉林西小区小区配电室改造（FTP811）
72	丰台	北大地配电室改造工程（FTP027）	92	丰台	玉林东小区小区配电室改造（FTP813）
73	丰台	周庄子小区配电室改造（FTP122）	93	丰台	万柳园小区小区配电室改造（FTP814）
74	丰台	四路通小区配电室改造（FTP143）	94	丰台	芳群园四区1号站小区配电室改造（FTP847）
75	丰台	刘家窑六区小区配电室改造（FTP155）	95	丰台	石榴庄北里1号站配电室改造（FTP859）
76	丰台	右外三条小区配电室改造（FTP273）	96	丰台	马家堡小区配电室改造（FTP864）
77	丰台	西罗园四区南配电室改造工程（FTP274）	97	丰台	嘉园一里北站小区配电室改造（FTP868）
78	丰台	西罗园二区小区配电室改造（FTP276）	98	丰台	嘉园二里南站小区配电室改造（FTP869）
79	丰台	西罗园一区小区配电室改造（FTP277）	99	丰台	嘉园二里北站小区配电室改造（FTP870）
80	丰台	西罗园五区南小区配电室改造（FTP278）	100	丰台	新华街东1号站小区配电室改造（FTP871）
81	丰台	西罗园五区北小区配电室改造（FTP280）	101	丰台	翠林一里3号站小区配电室改造（FTP876）
82	丰台	莲花池南里小区配电室改造（FTP288）	102	丰台	翠林一里4号站小区配电室改造（FTP877）
83	丰台	青塔A区2号站小区配电室改造（FTP291）	103	丰台	西罗园南里小区配电室改造（FTP878）
84	丰台	青塔B区1号站小区配电室改造（FTP292）	104	石景山	P968配电室改造工程
85	丰台	青塔B区2号站小区配电室改造（FTP293）	105	石景山	P978配电室改造工程
86	丰台	青塔D小区小区配电室改造（FTP294）			

奥运临时供电工程项目统计表

序号	工程名称	序号	工程名称
1	击剑馆转播综合区临时供电工程（有变电站直供）	15	首都体育馆转播综合区临时供电工程
2	国家体育馆转播综合区临时供电工程	16	中国农业大学体育馆转播综合区临时供电工程
3	国家体育场转播综合区临时供电工程	17	北京大学体育馆转播综合区临时供电工程
4	网球中心转播综合区临时供电工程	18	北京科技大学体育馆转播综合区临时供电工程
5	奥体中心体育场转播综合区临时供电工程	19	北京工业大学体育馆转播综合区临时供电工程
6	奥体中心体育馆转播综合区临时供电工程	20	沙滩排球场转播综合区临时供电工程
7	北京射击场转播综合区临时供电工程	21	工人体育馆转播综合区临时供电工程
8	丰台垒球场转播综合区临时供电工程	22	工人体育场转播综合区临时供电工程
9	自行车馆转播综合区临时供电工程	23	铁人三项赛场转播综合区临时供电工程
10	五棵松篮球馆转播综合区临时供电工程	24	竞走场地转播综合区临时供电工程
11	水上公园（静水区终点）转播综合区临时供电工程	25	马拉松赛场转播综合区临时供电工程（变电站直供）
12	水上公园（有障碍）转播综合区临时供电工程	26	山地自行车场转播综合区临时供电工程
13	北京航空航天大学体育馆转播综合区临时供电工程	27	自行车公路赛场（起点）转播综合区临时供电工程（变电站直供）
14	北京理工大学体育馆转播综合区临时供电工程	28	自行车公路赛场（终点）转播综合区临时供电工程

续表

序号	工程名称	序号	工程名称
29	自行车公路赛场（折返点）转播综合区临时供电工程（变电站直供）	61	北五环交通场站临时供电工程（变电站直供）
30	国家游泳中心临时设施供电工程	62	奥体中心交通场站临时供电工程（变电站直供）
31	国家体育馆临时设施供电工程	63	奥运村南区供电工程
32	国家体育场临时设施供电工程	64	自行车馆配电室增加开关柜临时供电工程
33	射箭场临时设施供电工程	65	主物流配送中心临时供电工程
34	曲棍球场临时设施供电工程	66	物流中心 A 区临时供电工程
35	网球中心临时设施供电工程	67	水上公园测试赛工程（有变电站直供）
36	奥体中心临时设施供电工程	68	自行车场馆群测试赛工程
37	北京射击场临时设施供电工程	69	奥体中心场馆群测试赛工程
38	丰台垒球场临时设施供电工程	70	网球中心测试赛工程
39	自行车馆临时设施供电工程	71	北京工业大学体育馆测试赛工程
40	五棵松篮球馆临时设施供电工程（有变电站直供）	72	奥体中心武术测试赛工程
41	水上公园临时设施供电工程（有变电站直供）	73	北京科技大学体育馆测试赛工程
42	北京航空航天大学体育馆临时设施供电工程	74	工人体育馆测试赛工程
43	首都体育馆临时设施供电工程	75	国家体育馆测试赛工程
44	中国农业大学体育馆临时设施供电工程	76	北京工业大学体育馆艺术体操测试赛工程
45	北京大学体育馆临时设施供电工程	77	北京大学体育馆测试赛工程
46	北京科技大学体育馆临时设施供电工程	78	国家体育馆手球测试赛工程
47	北京工业大学体育馆临时设施供电工程（有变电站直供）	79	北京航空航天大学体育馆测试赛工程
48	工人体育馆临时设施供电工程	80	国家游泳中心测试赛工程
49	工人体育场临时设施供电工程	81	北京科技大学体育馆跆拳道测试赛工程
50	铁人三项赛场临时设施供电工程	82	北京射击场测试赛工程
51	击剑馆临时设施供电工程	83	国家游泳中心花样游泳测试赛工程
52	马拉松临时供电工程（变电站直供）	84	好运北京排球测试赛工程
53	奥运大厦外电源临时供电工程（变电站直供）	85	竞走场地测试赛工程
54	国际广播中心 IBC 临时供电工程（有变电站直供）	86	击剑馆测试赛工程
55	主新闻中心 MPC 临时供电工程（变电站直供）	87	五棵松篮球馆测试赛工程
56	北京科技大学外电源临时供电工程	88	马拉松赛场测试赛工程
57	奥运会开闭幕式临时供电工程（变电站直供）	89	国家体育场测试赛工程
58	奥运村国际区临时供电工程（变电站直供）	90	工人体育场测试赛工程
59	奥林匹克公园公共区临时供电工程（变电站直供）	91	北京饭店二期临时供电工程
60	国际广播中心卫星上传区临时供电工程		

出版人员名单

责任编辑：姜丽敏　刘丽平　王春娟　易　攀

美术编辑：杨晓东

正文设计：张秋雁

责任校对：太兴华

出版印制：邹树群